本报告整理得到中国社会科学院重大课题 B 类项目（项目编号 0400000110）、国家社科基金重点项目（项目编号 08AKG001）和中国社会科学院哲学社会科学创新工程项目经费资助

本报告出版得到国家文物局重点文物保护专项补助经费资助

《安阳孝民屯》编辑委员会

中国田野考古报告集

考古学专刊

丁种第九十四号

安阳孝民屯

（三）殷商遗存·铸铜遗物

上册

中国社会科学院考古研究所　编著

文物出版社

北京·2020

图书在版编目（CIP）数据

安阳孝民屯．三，殷商遗存·铸铜遗物／中国社会
科学院考古研究所编著．—北京：文物出版社，2020.5
ISBN 978 - 7 - 5010 - 6690 - 2

Ⅰ．①安…　Ⅱ．①中…　Ⅲ．①冶铸遗址 - 发掘报告 -
安阳 - 商代　Ⅳ．①K878.85

中国版本图书馆 CIP 数据核字（2020）第 073885 号

安阳孝民屯：（三）殷商遗存·铸铜遗物

编　　著：中国社会科学院考古研究所

责任编辑：谷艳雪
封面设计：程星涛
责任印制：张　丽

出版发行：文物出版社
社　　址：北京市东直门内北小街 2 号楼
邮　　编：100007
网　　址：http：//www.wenwu.com
邮　　箱：web@ wenwu.com
经　　销：新华书店
印　　刷：河北鹏润印刷有限公司
开　　本：889mm×1194mm　1/16
印　　张：63.25
插　　页：2
版　　次：2020 年 5 月第 1 版
印　　次：2020 年 5 月第 1 次印刷
书　　号：ISBN 978 - 7 - 5010 - 6690 - 2
定　　价：880.00 元（全二册）

ANYANG XIAOMINTUN
III-LATE SHANG BRONZE FOUNDRY REMAINS

Volume 1

(With an English Abstract)

by

The Institute of Archaeology

Chinese Academy of Social Sciences

Cultural Relics Press

Beijing · 2020

前 言

壹 背景信息

一 孝民屯遗址的地理环境

殷墟位于太行山东麓"一个口朝东三面环山的盆地,(盆地)东西长约 20 公里,南北宽约 10 公里,盆地内的地势西高东低,高度由海拔 130 米,渐降至海拔 80 米"[1]。该盆地是太行山与古黄河漫流区所夹的一系列河川中游地带,此一地带东西宽度少则有 20 千米,多则超过 100 千米。[2]

春秋以前,黄河至少有"汉志河""山经河""禹贡河"三条先后不同的主要路线,而河北平原的黄河河道既不是固定的、也非单一的,而是在一定范围内呈扇形展开,在洪水期窜流于不同的河道间,甚至淹没整个下游地区。[3]辛德勇也认为,战国中期以前,黄河下游河段频繁改道,"基本上是流经今河北平原(包括豫北、冀南、冀中和鲁西北),在渤海西岸入海","《山海经》和《禹贡》中的黄河河道转北流,经今内黄、魏县、曲周、广宗等地"。[4]《辞海》"白陉"条目曰:"白陉,一名孟门,太行八陉的第三陉,在河南辉县西,为豫北、晋南之间的交通隧道。""(白陉)陉道的山口,古人叫孟门。这个孟门,不是吉县孟门(龙门上口的孟门),而是太行孟门,古代很有名。它出名是出在险。山都是刀劈斧削,路很窄"[5]。发源于太行山的河流南有沁水和淇水、中有洹水、北有漳水等,当时多是黄河的一级支流,自西向东流淌。这些关隘与河流一方面是殷都的天然屏障,另一方面,也给殷都的交通提供了便利。

洹河从殷墟中部穿行,西周之前,殷墟附近及其上游,遗址多沿洹河两侧台地分布;殷墟以东,西周以前遗址的分布偏离了今天的洹河河道,大体呈线性沿西北—东南方向延伸于今洹河南岸数千米,根据"洹河上游早于西周的古文化遗址都具有明显的沿河分布的特性"可知,殷墟时期殷墟以东的洹河曾有多次改道。[6]

---

[1] 中国社会科学院考古研究所编著:《中国考古学·夏商卷》,中国社会科学出版社,2003 年。
[2] 吴忱等:《河北平原的浅埋古河道》,《地理学报》1986 年第 6 期。
[3] 谭其骧:《西汉以前的黄河下流河道》,《长水集(下)》,人民出版社,1987 年。
[4] 辛德勇:《黄河史话》,第 28~29 页,社会科学文献出版社,2011 年。
[5] 李零:《我们的中国》第三编之《大地文章:行走与阅读》,第 15 页,生活·读书·新知三联书店,2016 年。
[6] 中国社会科学院考古研究所、美国明尼苏达大学科技考古实验室中美洹河流域考古队:《洹河流域区域考古研究初步报告》,《考古》1998 年第 10 期。

河流、湖泊、沼泽的分布除与地形、地貌有关外，与当时的区域气候也关系极大，充沛的降水更易造成河流泛滥、改道。现在的洹河流域地处华北平原腹地西边，为暖温带大陆性季风气候，四季分明。年平均气温 13.6℃，7 月份平均气温 27.2℃，1 月份平均气温 - 2.7℃。无霜期 201 天。年均降水量 606.1 毫米，降雨多集中在 7、8 月份，冬春多西北风，夏秋多东南风。殷商时代处在"全新世气候适宜期之末段。其气候总体特征是温和适宜，平均气温按气候纬度向北移 3 度计算，当时的年平均气温当在 16 度左右（现今为 13.6 度），年降水量也应在 800 毫米以上（现今 700 毫米）。因而颇类似于今天的长江流域，但另一方面，殷墟时期的适宜气候已呈强弩之末的态势，这与竺可桢指出的 3000 年前华北地区曾发生气温明显下降的研究结论是一致的。3000 年以前的安阳地区，气候适宜期末段温暖湿润的环境条件应是商王决定以此为都的重要条件"〔1〕。

自然环境很大程度上左右着古人的生产、生活。甲骨文献中充斥着大量的殷墟时期与"水"相关的占卜，近现代学者也曾就此取得巨大的研究成果。〔2〕

殷墟遗址范围内零星分布有若干相对低矮的岗地，洹河大体自西往东流经殷墟遗址分布区域，因岗地阻挠而形成两个相对较大的转弯。其中，沿安阳钢铁公司区域岗地的北侧进入，沿其东侧折而南下，在其东南再折而往东，孝民屯遗址位于洹河第一个转弯的内侧（南侧），第二个转弯位于遗址东部偏南。

孝民屯遗址位于殷墟都邑遗址的西部，以近现代孝民屯村落为中心，涵盖其附近周边范围的古代遗址分布区域，该区域位于安阳钢铁公司厂区（2003 年以前）东部，其北侧和东侧紧邻洹河。既往研究发现，孝民屯遗址以北，紧邻洹河北岸的是高井台龙山文化遗址，逆洹河而上，夹河两岸各有一处龙山时期遗址，位于河南岸的为连环寨龙山文化遗址，河北岸的称同乐寨龙山文化遗址，二者不排除是一处遗址的可能性；孝民屯遗址以东，洹河东岸和北岸地带是著名的侯家庄和武官村两个自然村落，殷墟王陵和贵族墓群集中分布的区域；孝民屯遗址东南，洹河南岸是孝民屯东南地铸铜遗址；孝民屯遗址南部和西部是著名的殷墟西区墓地；孝民屯遗址以西是北辛庄商代制骨作坊遗址。

2003～2004 年的考古发掘表明，孝民屯遗址的古代文化序列相对比较完整，发现有仰韶文化、龙山文化、先商文化、早商、晚商、西周、东周、汉魏、北朝、隋唐、宋、元、明、清等阶段的文化遗存。其中，仰韶文化时期发现有居址；龙山时期发现数座陶窑；先商和早商时期也发现有居址；晚商时期居址、墓葬、铸铜作坊等类型遗存皆有发现，时代贯穿殷墟文化第一至第四期，以第二至第四期遗存最为丰富；西周、东周、汉魏、隋唐、宋、元、明、清等时期的遗存主要是墓葬。另外，还发现东周和北朝时期居址，隋代砖瓦窑和铸铜作坊遗存以及宋代砖瓦窑等。

二　周边遗址的考古发掘概况

1928～1937 年，中央研究院史语所考古组在殷墟进行了 10 年共 15 次考古发掘，取得重要收获。但其发掘区域主要集中在殷墟宫殿区、王陵区、后冈、大司空等地，向西基本未过四盘磨村。

对于殷墟西区的大规模发掘始于 20 世纪 50 年代后期，主要是配合安阳钢铁厂（安阳钢铁公司）的建设进行的。在西区，这种配合基础建设的工作时断时续，直到现在仍在进行，2003～2004 年度孝

〔1〕　唐际根、周昆叔：《姬家屯遗址西周文化层下伏生土与商代安阳地区的气候变化》，《殷都学刊》2005 年第 3 期。
〔2〕　这方面的综合性研究，见张兴照《商代水利研究》，中国社会科学出版社，2014 年。

民屯遗址的发掘应是历年来一次性发掘面积最大的。

实际上，围绕此次发掘的孝民屯遗址周边区域，基本上均进行过发掘工作，但因各种原因，发掘资料未能进行及时、充分的报道。最为集中的报道材料要属"殷墟西区墓地"[1]了。很多学者都对西区墓葬进行了详尽的分析与探讨，该区域的墓葬成为研究殷墟墓葬制度的重要材料。

正如学者们论述的那样，殷墟时期实行族葬制，即同一家族成员相对集中地埋葬在一起，殷墟西区墓地应是典型案例。但除了聚族而葬之外，殷墟时期还可能聚族而居，而且"居"与"葬"之地相距不远，甚至可以说是在同一区域内。从后来的补充发掘、甚至是重新发掘来看，在所谓的"殷墟西区墓地"内也有大量同时期的生活、生产遗迹。此次孝民屯遗址的发掘情况也证实，这种"居葬合一"的模式是殷墟时期最主要的聚落形态。

下面，对孝民屯遗址周边已报道或简要介绍的发掘说明如下：

1. 孝民屯村（已搬迁）附近

1958 年以来，孝民屯以南一带全划为基建区域。1958～1960 年，共有三次发掘工作：

1958 年秋，在孝民屯村西南，清理"殷代灰坑两个、殷墓七座以及宋墓一座"[2]；关于宋墓曾有专门的报道[3]。七座殷墓基本都是殷墟晚期的长方形竖穴土坑墓，形制不大。随葬品主要是陶觚、爵、簋、盘、罐等。两座灰坑中的一座 H10 内有马骨，可能是祭祀坑。

1959 年夏，在孝民屯村正南约 500～600 米处，清理了"殷代车马坑两座，并钻探出大型长方竖穴墓一座"[4]。按此距离描述，其位置应在殷墟西区墓地分区的第六墓区内。

1960 年，在孝民屯村西，发现了主要铸造青铜工具的遗迹、遗物等。[5]由于发掘面积太小，遗迹数量少，而能辨识出可能与铸铜相关的遗迹更是寥寥。在第一区的 H103、H106～H109、H115 中发现有陶范、铜渣、木炭等铸铜遗物，这些灰坑应是废物填埋坑，与铸铜生产应没有直接关系。在第一区的 T106 内，发现一具完整牛骨，侧身屈卧，头北臀南，四肢屈折。用牛祭祀在作坊区内较为常见，推测此牛也应与铸铜作坊区内的祭祀活动有关。

熔铜遗物包括熔炉、坩埚、鼓风嘴等。共发现 14 块熔炉内壁残片，应分属两座熔炉，内壁被烧流成青灰色，上粘铜渣、木炭。草拌泥胎，外部糊泥，已烧成红褐色。被称之为"陶制熔铜器皿"者可能是坩埚，与苗圃北地出土的相同，外壁红色，内壁粘有成片的铜渣。残片含有大量粗砂，壁厚 1～3厘米。另外，发现 2 件陶鼓风嘴。

铸铜遗物有范、芯及模等。范和芯共计 322 块，其中范占 30%，芯占 40%。范皆残碎，能看出器形的有觚、爵、簋等。范面多呈青灰色，背面凹凸不平，有的带有指纹。纹饰有兽面、云雷、夔纹等，但多不精细。陶质细腻，多含有细沙。芯以工具和武器为大部，只有一块觚。工具芯有铲和锛两种，为苗圃北地所不见。武器芯为戈、矛两种。能辨识的模较少，仅数件。

〔1〕　中国社会科学院考古研究所安阳工作队：《1969～1977 年殷墟西区墓葬发掘报告》，《考古学报》1979 年第 1 期。
〔2〕　中国社会科学院考古研究所编著：《殷墟发掘报告（1958～1961）》，文物出版社，1987 年。
〔3〕　中国科学院考古所安阳工作队：《河南安阳西郊唐、宋墓的发掘》，《考古》1959 年第 5 期。
〔4〕　A. 中国科学院考古研究所安阳发掘队：《安阳殷墟孝民屯的两座车马坑》，《考古》1977 年第 1 期。B. 中国科学院考古研究所安阳发掘队：《1958～1959 年殷墟发掘简报》，《考古》1961 年第 2 期。
〔5〕　中国社会科学院考古研究所编著：《殷墟发掘报告（1958～1961）》，文物出版社，1987 年。

生产工具只发现磨石,共18块,以粗砂岩为主,另有细砂岩及砾石。

2. 北辛庄村(已搬迁)附近

北辛庄制骨作坊位于孝民屯正西约600米,东距小屯村约3千米。北辛庄村因基本建设已拆迁,现均位于安阳钢铁公司厂区内。

制骨作坊曾进行过三次调查与发掘:

1959年第一次调查发掘,共发掘247平方米,仅清理房址1座、骨料坑1个(钻探出骨料坑7个)、墓葬3座。出土大量的骨料、骨半成品以及较齐全的制骨工具。[1]

1973年再次发掘,清理骨料坑数个,获得较多的骨料和一些制骨工具,但资料尚未全面整理。[2]

2004年在遗址内进行大面积钻探与发掘,据称"在45000平方米的范围内有商代骨料层和骨料坑的堆积遗存……包括夯土建筑基址、灰坑、窖穴、墓葬及祭祀坑等十分重要的商代遗存,还出土了一批作坊遗留下来的生产工具、骨器等重要文物"[3]。

与制骨作坊相关的遗迹有半地穴式及地面式建筑、骨料坑、祭祀坑、墓葬等。

GNH3为半地穴式,在生土上挖筑,长方形,南部有七级台阶式通道。坑口东西长2.8、南北宽1.95、深1.05米。地面平坦,有红褐土居住面,四壁规整光滑。通道口东侧有一堆废骨料。另在房址填土内发现少量骨器。

2004年曾经发现2座夯土建筑,F1呈东西向,南北长12米,东西宽5米左右,有两排柱础。F2也呈东西向,有柱础2个,破坏严重。

1959年清理的GNH1为骨料坑,呈不规则长条形,南北长7.85、东西宽1.9~2.9米,深0.3~1.15米。填土中有骨料5110块及骨笄帽、骨镞、骨针、石刀、石钻、磨石、残铜锯等。

2004年清理圆形袋状坑5座,口径1.1~1.35、底径1.5~1.7、深1.1~1.4米。填土基本都是松软的灰黄色土,内含大量骨骼废料,另有制骨的工具铜锯、铜刀等。

另据报道,2004年发现有圆形祭祀坑,坑内有牛骨架1具[4]。但具体资料尚未公布。

1959年曾经发掘3座墓葬,随葬陶觚、爵、簋或豆。2004年共发掘墓葬20座,均为小型墓,未被盗。10座为俯身葬,8座为仰身葬,2座屈肢葬。其中的M8墓主俯身直肢,男,头向东。随葬品除陶觚、爵、豆和铅器外,在填土内还发现1件石钻扶手及1块磨石。

与制骨作坊相关的遗物有制骨工具、骨料、半成品、成品等。

与铁三路制骨作坊一样,北辛庄制骨工具有铜锯、铜刀、石刀、铜钻、石钻、磨石等。

1959年发现铜锯2把。GNT2④:43,扁平长条形,直背,刃近平,刃部有不太显著的锯齿,前端呈弧形,柄部残,残长5.1、宽0.9、厚0.1厘米。铜钻4件,有长条锥形和扁平长条形两种,平顶,尖锐利。石刀3件,凸背弧刃,磨制,一般为青灰色板岩制成。磨石数量较多,形状不一,有粗砂石、细砂石两种,应用于不同的骨器打磨工序。石钻1件,扁平长条形,一面中间起棱,通体光滑。

〔1〕 中国社会科学院考古研究所编著:《殷墟发掘报告(1958~1961)》,第85~89页,文物出版社,1987年。
〔2〕 中国社会科学院考古研究所编著:《殷墟的发现与研究》,第95页,科学出版社,1994年。
〔3〕 李阳:《殷墟北辛庄村商代遗存考察》,安阳市博物馆编《安阳历史文物考古论集》,大象出版社,2005年。
〔4〕 孟宪武、谢世平:《殷商制骨》,《殷都学刊》2006年第3期。

2004 年亦发现铜锯 2 把，其中标本 J2：1，完整，全长 7 厘米，有短柄，一侧有锯齿。铜刀 1 把，全长 18 厘米，刀尖上翘，刃部锋利。与铁三路制骨作坊一样，也发现一件石钻帽，半球体，直径 6 厘米。另有 2 块磨石。

1959 年共清理各种骨料 5110 块，以长条形、长条尖锥形为主，另外大量碎块、未加工骨料及骨臼等。半成品以笄杆和笄帽为最多，主要产品也是骨笄，可能附带制作骨锥、骨刀和雕花骨块等。

1973、2004 年发掘资料尚未披露详细材料。

2005 年，中国社会科学院考古研究所安阳队与安阳市文物考古研究所联合对此区域又进行发掘，仍有较大量的制骨废料出土。

3. 殷墟西区墓地

1969～1977 年，考古队在北辛庄、孝民屯村以南，白家坟村以西，梅园庄、郝家店以北的区域内，为配合基本建设，进行大规模、持续性发掘，共清理殷墟墓葬 939 座，车马坑 5 座。发掘者把该区域分为 8 个墓区，其中有 5 座是带墓道的"甲"字形大墓。939 座墓葬中，74 座为殷墟文化二期，189 座为三期，434 座为四期，不能分期者为 242 座。

1977～1985 年在梅园庄村北、孝民屯村北又分别发掘了第九、十区，但这些墓葬的材料基本未加报道。[1]

1989～1990 年，在孝民屯村东南即第五区内，发掘墓葬 132 座。[2]

4. 孝民屯东南铸铜作坊

2000～2001 年，在孝民屯村东南约 200 米，进行两次发掘，共发掘 5000 余平方米。遗迹、遗物十分丰富，其中以殷墟时期的铸铜遗物最引人注目。共清理殷墟时期墓葬 241 座（其中一座为带一条墓道的"甲"字形大墓），车马坑 2 座。[3]

该作坊北部紧临洹河。遗址保存状况很差，与铸铜相关的遗存如灰坑（窖穴）、工房（含烘范窑、熔炉等）及打磨场所、祭祀坑等多被破坏殆尽。与之相应的墓葬也多有发现，但尚未报道。在残存的灰坑等遗迹内出土大量陶范、模、芯等铸铜遗物。

孝民屯村东南的发掘资料尚未全面整理，对作坊内的遗迹现象的认识也是初步的，加之破坏严重，能够辨识与铸铜相关的遗迹较孝民屯村南作坊要少很多。

F6 被 F5、F7 叠压。平面呈长方形，南北宽约 10、东西长 16.5 米以上。F6 表面残存柱础石 1 个、柱洞 1 个、灶 2 处。在 F6 夯土的铺垫土层中发现有 3 座瓮棺葬（这种习俗在殷墟晚期比较常见）。基址夯土分三层，第一层表面有较好的踩踏痕迹，可能是人为活动形成的。在 F6 中部发现一座残窑，残长 1.86、宽 0.4、高 0.6 米。发掘者认为此窑可能属于 F6，是一处烘烤陶范的窑址。窑北约 3 米发现一堆熔炉残块，F6 活动面上还发现三块雕刻比较精细、未曾经使用的陶范。因而，F6 可能是用于生产的工房，与之相关的有制范、烘范、熔铜等生产环节。

---

〔1〕 中国社会科学院考古研究所编著：《殷墟的发现与研究》，第 121 页，科学出版社，1994 年。
〔2〕 中国社会科学院考古研究所安阳工作队：《河南安阳市殷墟孝民屯东南地商代墓葬 1989～1990 年的发掘》，《考古》2009 年第 9 期。
〔3〕 中国社会科学院考古研究所安阳工作队：《2000～2001 年安阳孝民屯东南地殷代铸铜遗址发掘报告》，《考古学报》2006 年第 3 期。

F5 的具体情况不详，但发掘者介绍有一薄层铜绿锈面属于此。此绿锈面只残存 1 平方米左右，分布均匀，厚约 0.5 厘米。被认为是铸造铜器最后一道工序——打磨修整铜器形成的。

出土铸铜遗物的遗存基本都是废弃的取土坑、窖藏坑等，一般都形制巨大。公布的三处灰坑（含窖穴）是当时典型的垃圾填埋场所，全是当时的生产、生活废弃物。因为在作坊区内，废弃物多与铸铜生产相关，譬如废弃堆积中的包含物有陶范、熔炉、木炭、烧土块、磨石等。

用牛祭祀在铸铜作坊内基本都有发现，应与铸铜活动相关。在 2001AGH27 坑的东南边缘有 1 具牛骨架，发掘者推测其与铸铜祭祀有关。该坑西北边缘发现一堆炉壁，应与熔铜有关。

熔铜器物主要是熔炉为主，其中草泥炉残块发现 3000 余件。观察分析这些残块并按曲度进行复原，发现按口径不同，可分为直径 100 厘米以上的大型炉、直径 50～100 厘米的中型炉及直径 50 厘米以下的小型炉，以中型炉数量最多，小型炉次之，大型炉最少。据熔炉基体的制作方式又可分为条筑式和堆筑式两类。条筑式炉最多，堆筑式仅发现 10 余件。另一类熔炉为夹砂炉，即坩埚，发现百余件。炉衬表面普遍粘有铜液，胎内含大量粗砂，厚度 1 厘米以上。炉内壁多数有多层粘有铜渣的衬面，说明其被多次使用。草泥炉形制往往大于夹砂炉，前者可能是浇铸大型器物和成组器物群所建，自身设有出铜口和流道；后者可能是浇铸小型器物所建，没有出铜口，浇铸时或从其口部用盛铜器物舀出，再浇入合范以铸造铜器。另外，发现陶鼓风嘴 14 件。"盉"形器 6 件，有学者认为可能是浇注铜液的浇包。此外，木炭、烧土块和炭粒等也十分常见。

铸铜器物有陶模、范、芯三类。

陶模不足百件。有全模、分模（组合模）两种，泥质，淡红或浅灰色。以兽头、錾、耳等附件模居多。器类有簋、耳、泡、錾、楞脊、柱帽、牛首及不明器物模等。

陶范共 3 万余块，绝大多数为礼器范。与孝民屯村南作坊一样，陶范有厚、薄两种。厚者较多，背面凹凸不平，有背料和面料之分；薄者较少，背面光滑，只有面料。薄范所铸器物以器形较小者如爵、觚等居多。采用榫卯方式合范。卯眼在范上挖出，多为三角形。榫或者在范上附加一小块泥刻出榫，或者直接在胎上制成。

陶范纹饰有兽面纹、夔龙纹、云雷纹、勾连云纹、蕉叶纹、乳丁纹、直棱纹、弦纹、联珠纹、三角几何纹、涡纹、凤鸟纹、蝉纹、象纹等。以兽面纹和夔龙纹为主。特别是直棱纹、凤鸟纹此前在殷墟较少见。

可辨识的器形有鼎、甗、簋、瓿、彝、卣、尊、觚、爵、斝、觯、觥、盉、盘、斗、盖、方形器座等。以觚、鼎、卣的数量最多，簋、罍、盖其次。方形器座、大垂珥簋是殷墟所不见器形。

芯有明芯、暗芯两种，明芯用于塑造器物的空腔，暗芯浇铸后留大铜器特别是足、耳等部件的内部。均因火候低而疏松，多素面，因接触铜液而形成黑灰色浇铸面。可辨识出的芯有百余块。绝大多数是铜容器芯，鼎、爵、盘等，极少数为兵器芯，有矛等。

本作坊内还发现 13 件刻字的模、范、芯，是其他铸铜作坊所未见者。可分为数字范、文字范、铭文芯三种。文字范多刻在陶范的侧面，较潦草，为习刻。铭文芯多为单独芯，与器物主体芯组成复合芯，以铸造铭文。数字范，又称易卦范，一般三个或六个数字为一组，刻在陶范或模的背面或侧面。2001AGH2：2 是殷墟迄今发现铭文最多的一件完整陶范，高约 6.2、宽 4.4、厚约 3 厘米。铭文为"舌公万（丏）敦辟，作父辛尊彝□"，阳文。

贰　考古发掘情况

一　工作概况

孝民屯遗址位于殷墟西部边缘一般保护区。孝民屯遗址自宋代以来被孝民屯村占压，千百年来村民及大型企业等生产生活对遗址本身已造成严重破坏，遗址南部地层中的文化层堆积已几乎破坏殆尽。

2003 年 2 月，按照国家文物局文物保函（2003）90 号文件要求，由河南省文物局组织，中国社会科学院考古研究所和河南省文物考古研究所（现河南省文物考古研究院）组成联合考古工作队（安阳市文物工作队［现安阳市文物考古研究所］参加了部分工作），配合河南安阳钢铁集团 120 吨转炉建设工程，在殷墟孝民屯遗址进行考古发掘工作。考古工作范围约 22 万多平方米，2003 年 3 月 27 日开工，至 2004 年 5 月上旬，田野工作结束，共计发掘面积约 6 万平方米。

考古项目领队、队长为中国社会科学院考古研究所时任常务副所长王巍；考古队副队长为河南省文物考古研究所时任副所长张志清、中国社会科学院考古研究所夏商周考古研究室时任主任杜金鹏；项目执行领队为中国社会科学院考古研究所河南第二工作队（偃师商城队）时任队长（现任文化遗产保护研究中心主任）王学荣，2004 年的现场发掘工作主要由谷飞负责；项目顾问杨锡璋；参加发掘人员中，中国社会科学院考古研究所有胡秉华、王小庆、黄卫东、金英熙、李永强、谷飞、何毓灵、岳占伟、唐锦琼、印群、牛世山、刘忠伏、岳洪彬、李志鹏、陈国梁、曹慧奇、朱岩石、何利群、艾利江、李存信、王明辉、崔良生、刘建国；河南省文物考古研究所有王龙正（王龙正任河南省文物考古研究所方面负责人时间较短，后由马俊才接任）、马俊才、李延斌、樊温泉、杨树刚、丁新功、李秀萍、李素婷、孙蕾等。中国社会科学院研究生院考古系博士生曹峻、高江涛和硕士研究生郝炎锋；四川大学考古系 2002 级硕士研究生常怀颖、苏奎、安剑华、伍秋鹏；郑州大学 2002 级硕士研究生胡洪琼；吉林大学考古系井中伟、潘玲老师及考古专业 2001 级全体同学及 2002 级硕士研究生沃浩伟、2003 级日本籍博士研究生崎川隆；郑州大学文博学院靳松安老师及部分 2000 级本科生；河南大学历史系文博专业袁俊杰、曹建墩老师及 1999 级全体同学等。

参加发掘的技师有霍廷合、屈光富、何保国、郭相坤、左亚飞、张绪武、刘兆业、郭明珠、郭中芳、郭辉、夏振民、马富堂、韩庆林、韩彦民、于忠昌、张林、郭天平、李全保、巴特尔、刘福冈、张柱良、赵六德、马平志、刘占礼、姜仕勋、王泽、钱旭、杨军峰等（以上人员不包括参加河南省文物考古研究所负责发掘区域的技师）。

考古发掘实施过程中，中国社会科学院考古研究所和河南省文物考古研究所（含安阳市文物工作队）各自发掘区域相对集中和独立，后期资料的整理和最终刊发等各自独立进行。

孝民屯遗址的发掘克服了难以想象的恶劣环境。孝民屯考古发掘队在前后近 14 个月内，大多数时间发掘工作一直在紧张进行，发掘工作同时，除与全国人民一道抗击非典外，又经历了抗地震、战污染、防事故、战酷暑、抵严寒、抗干扰等一系列的困难，最终圆满完成了发掘工作任务。考古工作区域的南侧（上风方向）和西侧是安阳钢铁公司的生产车间，几乎每日都在排放五彩的烟尘和蒸汽，严重的时候工地区域完全被灰黄色的烟尘覆盖，能见度不足 40 米，有时还面临着蒸汽上升冷凝降水的袭扰。全体参与人员在缺乏有效防护措施和防护经验的前提下，仅仅以薄薄的一次性口罩作为防护，坚持在考古现场。更为惊心动魄的是，2003年4月至6月正值非典肆虐时期，考古发掘没有中断，每日数百人奋斗在考古发掘现场，牵动着诸多的家庭。

孝民屯遗址的发掘备受瞩目，国家文物局、河南省文物局以及诸多学者均非常关注。2003年8月至11月，河南省文物局先后两次组织中国社会科学院考古研究所和河南省文物研究所的专家对安阳孝民屯考古发掘进行检查。参加检查工作的专家有张长寿、杨锡璋、刘一曼、郝本性、杨育彬、杨肇清、蔡全法等。专家们在现场考察工地、观摩出土文物、调阅发掘记录、听取发掘工作汇报。其中，11月8～9日的检查工作纪要认为：1. 本项考古发掘的组织工作认真周到。在省文物局的组织协调下，成立了发掘领导小组和专家组，参与发掘的两单位对于本项工作高度重视，抽调了两单位大量业务骨干，双方密切协作，实行统一规划，统一组织，分工合作。2. 原孝民屯村庄已经严重破坏了遗址，村庄搬迁后，已有文物盗掘现象，对遗址构成新的威胁，如不发掘，遗址保护将面临新的危机。故次抢救发掘很及时，很有必要。3. 本项考古发掘具有明确的学术目的，利用配合基本建设的机会，设定了具体的科研目标，制定了相当周密的工作计划，拟定出比较科学的工作规程。虽然该遗址破坏较为严重，现状保存较差，但通过艰苦努力，基本达到了预设的学术目标。4. 本项考古发掘通过制定切实可行的规范化措施，保证了发掘工作的科学性。从发掘计划的制定到田野发掘的实施，均符合考古规程。对遗迹现象的处理仔细到位，发掘记录认真，探方资料规范，遗址和文物保护措施得力。5. 本项考古发掘根据科研目的和发掘对象的具体情况，采用现代科技手段，集中了较多科研人员组成较强发掘力量，进行了大面积揭露，从而得以对本处遗址的布局、内涵及各种遗迹间的相互关系有了比较全面的了解。不但清理了大量殷墓，而且还发现了商代的祭祀遗迹，较完整地揭露出一组建筑基址，更重要的是通过对这里的铸铜遗迹遗物的比较全面的发掘清理，对于商代铸铜工艺流程有了新认识，填补了殷墟考古的部分空白，有力地推进了殷墟考古工作，应予肯定。6. 参加发掘的科研人员，在空气被严重污染的环境下，爱岗敬业，甘于吃苦，作风过硬，在盛夏酷暑和"非典"肆虐期间，忘我工作，成果卓著，值得赞扬。7. 建议省文物局组织发掘单位认真总结前段工作，对于有创新的科研思路和工作方法予以肯定，对于表现突出的科研人员给予表扬。综上所述，此次发掘学术目的明确，组织有力，计划周密，工作细致、规范，方法得当，成果显著。建议对发掘现场的重要遗迹现象尽快进行保护性回填；利用发掘间歇期对资料进一步进行整理、核查，使其更加完善和规范；春季继续发掘，进一步详尽地获取资料，对重要遗迹采取措施，予以妥善保护，善始善终地完成发掘工作。

2003年10月17日在国家文物局进行了专题汇报，张柏、张忠培、李伯谦等先生参加会议；国家文物局局长单霁翔、文保司副司长关强曾分别赴发掘现场检查并指导工作。河南省文物局副局长孙英民多次赴发掘现场指导工作。2003年11月5日，中国社会科学院考古研究所夏商周考古研究室在孝民屯工地召开现场会，杜金鹏、许宏、徐良高、何驽等夏商周考古研究室同仁，以及中国科学院自然科学史研究所苏荣誉参加会议。此外，发掘进行之中，在郑州市安钢宾馆还举行过多次进展情况汇报会。

2004年4月19日，河南省人民政府在安阳市召开"安阳孝民屯遗址考古工作座谈会"，省文化厅厅长郭俊民主持会议，出席会议的代表主要有国家文物局副局长张柏、文保司副司长关强、考古处处长李培松；国家文物局专家组黄景略、徐苹芳、邹衡、严文明、叶学明、张森水、谢辰生；河南省文物局局长常俭传、副局长陈爱兰、文物处处长司治平等；中国社会科学院考古研究所所长刘庆柱、副所长王巍，以及张长寿、郑振香、杨锡璋、刘一曼、高炜和杜金鹏；河南省文物考古研究所副所长张志清，以及杨焕成、郝本性和杨育彬；安阳市委副书记赵微、副秘书长李阳生、文化局长王春杰、文物局长段振美；安阳钢铁集团公司副总经理李利剑等。通过检查发掘现场和考古发掘资料，听取现场执行领队王学荣的汇报，与会专家对孝民屯遗址的发掘给予了充分肯定和高度评价。

二 发掘方法

1. 发掘方案制定和实施

鉴于此次发掘的重要性，发掘工作之初，在河南省文物局的组织协调下，两个研究所有关领导及主要业务人员经过认真研究，在《田野考古操作规程》的基础上制定完备的工作方案，主要内容有：

（1）制定考古队的《工作规程》。

（2）强化田野工地规范化和标准化建设。

A. 建立发掘区的地理信息系统。刘建国在发掘开始前，采用国家标准的测量坐标系统定位发掘区；使用全站仪定位测量并建立发掘区的探方网格系统，重要遗迹使用全站仪直接定位测量；完成发掘区现存地形地貌的测量。鉴于项目区域的范围、考古勘探结果所示的文化遗存分布特点和周围地物分布状况等，我们以东西横跨工作区域的安阳钢铁公司自备铁路线为界，将发掘区域分为南区和北区两部分。南区和北区各自建立自己的坐标体系，在编号上南区为 2003ASTXXXX，北区为 2003ANTXXXX。南北两区发现发掘的考古遗存编号按照各自所属的坐标系统分别进行。

B. 规范田野考古纲要。以国家文物局的《田野考古操作规程》为纲领，针对夏商周三代遗址的特点，进一步完善并规范田野考古纲要。为此，编制了各类遗存的考古操作要领及发掘需应注意的事项；统一各类记录的写作格式（有些规程系随考古发现即时编写）；除先期对发掘成员进行业务培训外，还注意经常召开典型遗迹的现场说明会，强化意识，全面提高发掘质量。

（3）考古发掘工作实施，先易后难，审慎推进。

依勘探信息，首先选择堆积相对简单的北区进行适应性发掘，两星期后大规模的发掘在南区展开。在省文物局的支持下，组织力量对南区重要地点重新钻探，以确保下一步工作准确并顺利展开。当发掘设计与发掘目标偏差比较大时，适时调整发掘方案和部署，突击重点。比如社科院考古所在南区对聚落群的发现与发掘；河南省文研所对北区龙山时期窑址群和商代大型建筑基址等的大规模发掘。

（4）多种形式记录发掘资料。

除文字和线图外，还采用黑白片、彩色反转片、彩色负片、数码摄影和数码摄像等多种形式记录并储存发掘资料，为保证质量，指定专人专职现场绘制墓葬等复杂遗迹的线图。另外还拍摄了部分立体彩色负片。2003 年发掘现场的影像资料获取工作主要由李存信专职负责。建立并依靠三级记录制度，保证发掘日记及记录的完整性，譬如请经验丰富的老先生专人建立整个工地的总记录；各发掘区域负责人的区域总记录；各探方具体负责人的记录。单项遗迹发掘完成后，具体负责人尽快完成该单位考古记录的写作，并交给区域负责人，由区域负责人修改并负责将其录入电脑。

（5）加强多学科合作。

具体有：体质人类学专家王明辉 2003 年全程参与发掘，在现场对墓葬人骨进行生理和病理鉴定，并负责人骨取样；印制动物骨骼图谱，力求现场初步进行动物种属鉴定；加强土壤取样工作，力争每个单位至少提取一份可供浮选的土样。土壤样品浮选后植物考古学专家赵志军对全部样本进行了鉴定，王树芝对浮选所获木材资料进行了鉴定。

（6）加强出土文物的整理与保护。

主要工作有：在发掘同时，专人负责陶片的清洗和标识，墓葬陶器等的修复也基本同步；专人负责珍贵文物及小件器物的登记造册和保管；专业技术人员现场负责起取或保护难以提取和保存的文物。譬如车马坑整体起取搬迁；大型青铜器铸造间及残存浇筑遗存等同比例模型现场制作；其他重要遗存整体提取等等。

（7）强化田野文物安全意识。

制定现场专职值班人员工作守则，日常保卫人员不少于 4 人，重要文物发掘时安全人员最多曾多至 16 人；出土文物当日回收入库。

（8）充分发挥专家作用，加强田野考古力量。

鉴于殷墟考古的特殊性，充实长期在殷墟工作的老同志、老专家作为考古队的人员，组成为老、中、青相结合的考古队伍，充分发挥老同志优势，共同努力，确保田野工作质量。

2. 发掘步骤

（1）依勘探信息，首先选择堆积相对简单的北区进行适应性发掘，两星期后大规模的发掘在南区展开。

（2）当发掘设计与发掘目标偏差比较大时，适时调整发掘方案和部署，突击重点。比如社科院考古所在南区对聚落群的发现与发掘；河南省文研所对北区龙山时期窑址群和商代大型建筑基址等的大规模发掘。

（3）在省文物局的支持下，组织力量对南区重要地点重新钻探，以确保下步工作准确并顺利展开。

（4）对发掘区域内的铸铜遗址给予特别重视，力争全面了解青铜器铸造工作流程及工匠的生活情况。

3. 明确学术目的科学确立发掘范围

通过研究以往孝民屯地区考古发掘成果，确立了学术目标。

其一，鉴于考古所安阳工作队曾在孝民屯西北地发掘到部分兵器范等铸铜遗物，在距南区东南约 300 米处，发掘到丰富的青铜礼器铸范和熔炉块等文化遗物，故寻找和大面积揭露该铸铜遗址的核心区域是这次发掘的主要学术目的。

其二，在南区的南部即是已发掘的著名"殷墟西区墓地"，发掘前，在发掘区勘探出分布密集的晚商墓葬近千座，应与"殷墟西区墓地"属同一个墓区，故本次发掘力争弄清西区墓地的族墓分布规律。

其三，建筑基址特别是大型建筑基址以往在殷墟西区很少发现，钻探显示，南北区均有较大型的建筑基址，故了解这些建筑基址的内涵和分布规律也具有较重要的学术意义。

为了完成既定学术目标，我们根据基建区域内 22 万平方米范围进行文物勘探的结果，确定对文物分布密集区进行了地毯式的大面积发掘，对零散分布的遗存定点发掘。经过一年多的努力，共发掘 6 万余平方米。

本次发掘，获得 2003～2004 年度国家文物局田野考古二等奖，发掘质量得到诸位专家的认可，这与制订的发掘方案并严格实施是分不开的。

三 重要遗迹的分布及保存状况[1]

1. 北区

钻探资料显示，除近代墓群外，该区中北部分布有大面积文化层堆积。经发掘发现龙山时期陶窑 3 组共 6 座；商代建筑基址 17 处，其中 16 处（组）为地面建筑，1 处（组）为半地穴式；古墓葬 295 座，以殷墟时期墓葬和清代墓葬为主；灰坑 469 个（含水井 4 眼）；祭祀遗存若干。在遗存中，龙山时代窑址有 2 组保存较完整；商代夯土建筑基址破坏十分严重，仅残存部分基础及裸露的柱础石，夯土基址铺垫土层中发现若干座瓮棺葬，建筑形制和布局不明确；古墓葬皆小型墓，绝大部分被严重盗毁。

2. 南区

该区域遭历代破坏，尤其被现代村庄严重毁坏。考古队进场前该区域的村庄建筑等废弃堆积又被普遍进行过清表处置，已罕见古文化层堆积，甚至绝大部分区域原生土也遭一定程度破坏，多者深度超过 1 米，残存的古文化遗存少且多为其底部。残存的古文化遗存多分布于该区域中、南部，北部有零星古墓葬分布。我们对遗存相对丰富的中、南部进行了全面发掘。清理 118 处（组）古建筑中，商代地面建筑夯土基址 15 处，商代半地穴式建筑 100 处（组），隋代半地穴式建筑 2 处，唐以后地面建筑夯土基址 2 处；古墓葬 983 座；灰坑 720 个（含水井）；祭祀遗存若干；商代铸铜遗址 1 处。这些遗存中，商代地面建筑仅残存部分基础，半地穴式房址已非原始深度，部分仅残存室内踩踏面，室外地面毁坏殆尽，部分分布较有规律的房址，可能分属三个村落；墓葬皆小型墓，绝大部分惨遭盗掘；铸铜遗址分布于该区域南部，原活动地面不复存在，残存的与铸铜工作流程相关部分少量遗存，如取土坑、陈腐池、练泥池、晾范坑、储藏坑、铸造间（坑）等也仅为其底部。

叁 发掘成果主要认识

2003～2004 年孝民屯遗址考古发掘，在 22 万多平方米范围内，一次发掘 6 万平方米，此次发掘是殷墟发掘史上一次性发掘面积最大者，取得的成果也十分显著。经过长期的整理与研究，我们对孝民屯遗址的认识也更为深刻。

---

[1] "重要遗迹的分布及保存状况"和下文"孝民屯遗址古代遗存分布及人文环境变迁"的介绍中，包括部分河南省文物考古研究所负责发掘区域的成果。

一 孝民屯遗址古代遗存分布及人文环境的变迁

整理发现，孝民屯遗址主体堆积是殷墟时期，但这并不代表整个遗址均为殷墟时期，从仰韶文化直至明清时期，人类活动于此基本没有中断过。

1. 仰韶时期

仰韶文化时期的遗存发现于遗址南区东南部，东距离洹河不足100米。发现的遗存为一不规则圆形坑，坑的西半部已经被一条南北向的现代污水沟所破坏，坑中堆积比较纯净，以灰黄色土为主，极少灰烬。灰坑中出土少量碎陶片。该时期遗址的具体情况不清楚，由于仰韶时期的灰坑是发现于铸铜遗址范围内，仰韶时期的遗存是否是受到商代铸铜活动影响而殆尽，尚待考究。综合整个区域考古发现看，仰韶时期只有为数很少的居民在此活动。

2. 龙山时期

龙山时期的遗存主要发现于北区中北部，遗存仅仅为两处相距不远的陶窑。陶窑各自位于大型取土坑的底部，残存陶窑有窑箅、火塘、火门和操作坑等，系在生土面上往下掏挖而形成窑箅和火塘。除两座陶窑外，发掘区域未发现其他该时期遗存。从所在位置推断，在两座陶窑以北约不足200米即是洹河，洹河对岸便发现有龙山时期的遗址——高井台龙山文化遗址。所以从某种意义上说，这两处陶窑遗存或许是高井台龙山文化遗址的陶器作坊遗存。同时，在北区中北部集中发现的大面积坑状遗迹，或许原本与这个制陶作坊有关。直到商代晚期，这些大面积坑状遗迹才逐步被废弃堆积填埋，并且在上部建造了地面建筑。

3. 先商和早商时期

先商和早商时期的遗存发现同样很少，集中分布于南区东南部，相对于仰韶时期的遗存而言，其更加靠近洹河。发现的该时期遗存仅是零星的小坑，堆积为灰土，出土少量陶器残片。聚落状况与仰韶时期相似。

4. 晚商时期

晚商时期是孝民屯遗址最主要的时期，所发现遗存年代自殷墟文化一期始，连续不断延续至殷墟文化四期。

（1）殷墟文化一期遗存

时代属于殷墟文化一期的遗存数量很少，主要发现于南区东南部，被铸铜遗址破坏，主要遗迹为零星的灰坑和一座瓮棺葬墓。聚落状况与先商及早商时期相似，居住人口很少。在相当于殷墟文化一期偏晚阶段，以半地穴式组合建筑为代表，在南区中部和南部陆续出现相对较多的人群，聚落初具规模。

（2）殷墟文化二期遗存

殷墟文化二期是孝民屯遗址人口急剧增多的时期，代表性特征是在南区中部和东南部出现了大量半地穴式建筑。这些半地穴式建筑按照分布规律和相对集中程度，可大体分为三个区域，或许可代表三个相对独立的群体。各群间有明显的空白地带，表明各群房址相对独立。另外，北区中北部也零星发现形制相同的房址。

相当于殷墟文化二期偏晚阶段，在南区东南部开始出现铸铜活动，此时，半地穴式建筑逐步遭到废弃，部分房屋被铸铜活动所破坏。与铸铜活动出现相应的是墓葬数量逐步呈增多趋势。

（3）殷墟文化三期遗存

殷墟文化三期时期，孝民屯遗址最主要的功能是青铜器铸造。铸铜遗址的中心区域位于南区东南部，面积近4万平方米。如果考虑到孝民屯西北地铸铜遗存和东南地铸铜遗存，那么此时的孝民屯地域自西北往东南形成了绵延数千米的铸铜遗址带，规模非常惊人，从铸造器物形制和体量分析推断，应该是属于商代王室所掌控的专业作坊。除铸铜作坊外，南区大部和北区中北部区域，都发现了大量该时期的居住址遗存，墓葬成批涌现，家族式的墓地初步形成。

（4）殷墟文化四期遗存

孝民屯地域的殷墟文化四期继续延续三期时的繁盛，铸铜作坊仍旧是主导产业。与三期所不同的是，在几乎遍布孝民屯遗址南区和北区北部的居址中，大量出现规模相对较大的地面建筑，显示出居民的地位和层次在明显提高和变化。

殷墟文化四期末，商代灭亡，商代遗存急剧减少。

5. 西周时期文化遗存

孝民屯地域的西周文化遗存主要为墓葬，数量相对较少，时代由西周早期延续至西周中期。这些墓葬中死者身份或许是殷遗民。

孝民屯地区商代墓葬大量遭到盗毁，从盗掘留下的痕迹推断，进行盗掘时相当部分墓葬的棺椁木尚且具有一定强度，盗掘者系通过在椁室顶板一端挖洞的办法，钻入椁室进行盗窃。往往这种状况的墓葬人骨被严重扰乱，有的甚至被人为地集中于墓葬一端，墓葬中的随葬品被洗劫一空。综合各种现象，我们认为孝民屯地区第一次疯狂的盗墓狂潮应该始于西周初年，其历史背景就是武王灭商。

6. 东周时期文化遗存

孝民屯地域的东周文化遗存发现于南区，遗存分为居址和墓葬，时代约为战国时期。其中，居址发现于南区东南，主要是灰坑和方形环状沟遗迹（沟不足2米宽，深度近2米。沟的形制非常规整，走向笔直。在我们的发掘区中仅暴露出一部分，呈直角形拐折。初步判断应该是方形或长方形的环状沟，位于发掘区中者应该是其西南隅，沟的内侧区域暂没有发现其他遗存）；墓葬相对集中地发现于南区最北部，呈东西向排列，在南区东南部零星发现有该时期墓葬。

7. 汉魏时期文化遗存

孝民屯地域汉魏时期文化遗存数量极少，仅在北区中北部发现砖室墓一座。

8. 北朝时期文化遗存

孝民屯地域北朝时期文化遗存同样发现很少，仅在南区东南部发现少量该时期的灰土堆积，出土遗物有石质佛像背光残件等。

9. 隋唐时期文化遗存

孝民屯地域隋唐时期文化遗存分布少且十分零散，但种类不一，功能明显，既有制陶作坊遗存，又有铸铜作坊遗存，说明该时期也曾是孝民屯地域历史中的重要时段。其中，北区中北部发现一座隋代墓葬，出土大量陶俑等；南区东南部发现两座隋代半地穴式房址，房址地面散落诸多青铜碎屑，疑似是青铜器铸造后的打磨工作间；南区中北部还发现一座隋代砖瓦窑。

10. 宋代文化遗存

孝民屯地域的宋代遗存发现数量很少，仅在南区中北部发现有墓葬和砖瓦窑各一，北区西北部发现一座墓葬。

11. 元代文化遗存

孝民屯地域的元代文化遗存也十分稀少，仅仅在北区西北部发现一座元代迁葬墓。

12. 明代文化遗存

孝民屯地域明代文化遗存发现于南区东南部，可确认的为一座砖室墓。从墓志记载看，死者是朱姓皇族后裔与其丈夫的合葬墓。在该墓葬以南发现有夯土建筑基址的夯土墙基槽残迹，因没有相关出土遗物，年代无法推定。但从其与该墓葬的关系等初步判断，其或许是该墓葬的享殿性质的建筑。

13. 清代文化遗存

孝民屯地域的清代文化遗存主要是墓葬群。墓葬群共两处，分布于北区西南和西北部。

二 孝民屯陶器群分析

孝民屯陶器可分为日用与随葬两类，日用陶器种类繁多，形制复杂；墓葬随葬陶器种类较少，形制变化也较单一，有些随葬陶器是明器，与日用陶器明显不同。

依照质地，日用陶器有粗泥陶（普通陶器）、硬陶、原始瓷和釉陶等，容器最多。其中普通陶器有夹砂与泥质不同胎质，夹砂陶分灰、红、褐、黑等不同颜色，以灰度不同的灰陶最多；泥质陶有灰、红、褐、黑皮等颜色，也以灰陶居多。

孝民屯陶器与整个殷墟陶器一样，纹饰以中、粗绳纹为主，一般都较为清晰，主要饰于鬲、盆、罐、簋等器物之上。其次是弦纹、三角划纹、附加堆纹、联珠纹等。素面或饰简单几道弦纹的陶器占比也不小。

殷墟陶器主要采用轮制、模制、泥条盘筑以及轮模兼用的方法制作。在殷墟范围内，陶窑比较集中的区域是刘家庄北地[1]，近些来年陆续发现20多座陶窑，除了大量陶器的残次品、废品外，还有

---

[1] 中国社会科学院考古研究所安阳工作队：《河南安阳市殷墟刘家庄北地制陶作坊遗址的发掘》，《考古》2012年第12期。

一些制陶的工具。其中以柄部有刻划符号，或曰族徽的陶垫最引人注目，这或许表明制陶工匠为不同族群。需要说明的是，这些陶窑生产的陶器主要是泥质陶，如陶簋、陶豆、泥质小鬲等，基本不见夹砂陶，如夹砂鬲。这说明，陶器生产组织内，已有明确的专业分工。

孝民屯遗址内陶器种类主要有鬲、甗、甑、斝、鼎、簋、豆、盘、瓿、爵、罍、觯、尊、方口器、壶、瓶、钵、盂、盆、罐、瓮、勺、缸形器、筒形器、坩埚形器、器盖、水管等，殷墟都邑内常见的器类在此基本都可发现。同种器物形制多样，除主体器形外，并不是所有器形的演化规律均十分明显，易于掌握。有些器类，如罐、瓮等，早晚变化缓慢，其演化速率与标准器如鬲、簋、豆、盆等明显不同。

依据陶器变化规律不同，孝民屯遗址的陶器与殷墟其他区域陶器一样，可分四期，并可进一步细化为殷墟一期晚段、二期晚段、三期、四期。需要指出的是，在此遗址内，未发现与小屯东北地87H1[1]相当、被认为是殷墟一期早段的器物，也未发现殷墟二期偏早的遗存。殷墟一期晚段的遗存主要是发掘南区的半地穴式房基。这说明该区域生活在半地穴式建筑内的人群离开此区域后，该地有短暂的空闲。二期晚段此地重新开始辟为铸铜作坊，殷墟三、四期之时，生产、生活特别集中，相应的，陶器也最为丰富。

值得注意的外，在孝民屯陶器中，我们明显可以区分出不同于典型殷墟陶器风格的陶器，运用文化因素分析的方法，可以辨析出一些陶器可能来自于周边区域的考古学文化，这对于进一步探讨殷墟都邑的族群构成、人群迁徙、甚至是王权统治模式等重大问题均提供了可靠的实物资料。

三　孝民屯遗址半地穴式房址群分析

孝民屯遗址发掘出土的半地穴式房址共计100组（套），逾200间。从层位关系分析，房址绝大多数直接打破生土，被殷墟三或四期的灰坑、墓葬等遗迹打破，未发现被年代更早的遗存所打破者，说明房址的年代下限不晚于殷墟三期。相当部分房址中出土有比较完整的陶器，从陶器出土位置判断，有的陶器摆放在壁龛内，也有的置于灶坑内，说明它们应是房屋使用时的遗留物品。这些陶器的年代大多为殷墟二期，有的或可早至殷墟一期晚段。结合布局和结构特征，这些半地穴房址大多呈排状分布，虽房屋结构多样，但建筑工艺基本相同，一致性比较强。说明房屋结构和组合方式不同所表现出的是聚落中房屋之间的等级差异，而非年代早晚之递变关系。由此，我们认为这批半地穴式房址群的年代应为殷墟第二期，有的或可早至殷墟一期的晚段时期。

从这些半地穴式房址的空间分布看，除北区1组外，其余相对集中于南区中南部之三个区域，各群间有明显的空白地带，表明各群房址相对独立，理应分为三个相互独立又有紧密联系的聚落。从布局上，三组房址群皆基本成排分布，排与排间的房屋错落有致，以利通风，同一排房屋的排列方向大体呈西北—东南一线分布。各房址群内房屋的组合形式，房屋结构，具体生活设施如门庭、各类灶、"土床"等的设计和建造方式基本相同，性质为日常居住用途。

同一建筑群内，半地穴根据房屋地穴内的倒塌堆积推断，原房屋墙体采用夯土、草拌泥和土坯等多种形式。

---

〔1〕　中国社会科学院考古研究所：《安阳殷墟小屯建筑遗存》，第120~131页，文物出版社，2010年。

以保存相对最好的一处房址群为例，共有半地穴式建筑 27 组（套），共 70 间。建筑群的特征可概括为：

（1）房屋分布集中，错落有序。

建筑的基本分布方式为由南往北，大体按排分布，比较成形的有 8 排，排与排间的距离多约 8 ~ 10 米，同一排间，相当部分房屋的间距接近前者。房屋相互错位，以利于通风。

（2）房屋结构紧凑，布局合理。

每组（套）房屋构成一个相对独立的单元，单元内房址结构多样，有单间、二间、三间、四间和五间（笔者注：本房址群没有五间者）等，房间组合形式不一，有"口"字形（即单间）、"吕"字形、"品"字形和"十"字形等，各组合的形式也比较固定，出入门道一般位于建筑的南部或东部。各单间房屋皆方形或长方形，多间房屋各房之间以过道连接。值得注意的是，房屋设计非常强调厅或门厅的概念，并在实际运用中灵活发挥厅的作用，其他房屋通过厅或门厅组合为一体。即除单间外，其他类型结构房屋的相同点在于门庭的地位十分突出，通过门庭而过渡到其他房间。故我们完全可以借用现代民用建筑的概念，将 1 间、2 间、3 间、4 间四种组合方式分别称为一室、一室一厅、二室一厅和三室一厅。

（3）房屋结构基本保存完好，功能齐备，饮食方式多样。

相当多的房屋在进入门厅的门道端头或一侧设置有或圆形或方形的坑，应是室内的蓄水设施，以防止室外的水淹没或浸泡室内。部分房屋发现有壁龛，有的壁龛内还保留有陶器或玉石器。门道门厅以外的其他房间，多在一侧发现土台，土台有生土的，也有熟土的，显然是用于睡觉的"床"。土台的宽度一般 1 米左右，接近于现在家庭中常见的单人床，故单个土台没有充足的空间来容纳 2 人以上就寝。绝大多数房间皆发现数量不等且保存基本完好的灶（广义上与用火相关的遗迹），依形制大体分四类。第一类灶专门用于炊煮烧饭，这种灶的结构比较复杂，具备火塘、火道、烟道等，炊煮器皿固定于火塘的上方。第二类灶比较简易，只有火塘，常在居住面上挖椭圆形浅坑而成，应是陶鬲或甗等三足类炊器的专用灶。第三类灶的结构以壁龛式为主，除部分外，多数壁龛的底部接近或低于室内居住面，其性质应主要是用于取暖或保存火种的火塘。相当部分第三类灶底部还附加有第二类灶，使之具备了保存火种或取暖和炊煮的多重功能。第四类灶的主要功能是用于取暖的火塘，有两种形式，其一是依托墙壁，三面使用草拌泥垛起；其二是壁龛和土围相结合，灶的一半以壁龛方式嵌入墙壁，另一半在外，在外的部分周围或被草拌泥或被夯土所包围。个别该类灶的火塘中也设置有第二类灶坑。另外也见有专用于烧烤食物的灶台等。由此说明当时人们的饮食方式已非常多样化。不少房间保留有实用的生活器皿，还有一些房间出土了占卜用的龟腹甲。

（4）房址址群间，房屋的等级分明。

村落房屋以二室一厅者居多，约占总数的一半；三室一厅的房屋有 3 组，由于有 2 组是二室一厅的变体，即三室一厅的房屋中有两种组合方式，前者为通过门庭过渡到各个房间，后者为在二室一厅的基础上，多开辟一间，多出的一间房和门庭以外其他房间串联在一起，实为二室一厅的变体，故真正意义上三室一厅只有 1 组。从在房址群中所处的位置判断，前者处于房址群的中部，地位应明显高于后者。一室的房屋仅 2 组，其余皆一室一厅。由单元房屋的组合，一定程度上可反映出村落内部的等级制度，村落人群的主体是居住在二室一厅和一室一厅中的普通村民，居住在三室一厅者的地位相对较高，而居住在标准布局的三室一厅内的，显然又是村落内地位最高者。

孝民屯地域发掘出的半地穴式建筑群，风格独特，在很多方面表现出与殷墟主流建筑形式不同的特性。

（1）半地穴建筑并不是殷墟平民阶层普遍居住形式。

自以偃师商城遗址和郑州商城遗址所代表的商代早期始，及至以殷墟遗址为代表的商代晚期，整个商代考古遗存中，商文化的传统核心区域中，无论是大型宫殿式建筑，抑或小型建筑，建筑形式以地面建筑为主流，只是偶见半地穴式建筑，并且以单间为主。地面建筑的基本建造方式是基础处理，往往是先挖基槽，再逐层夯筑至高于地面，在然后才构筑墙体。孝民屯地域大量且多间组合式的半地穴式建筑群，从某种意义上讲在商代中原地区尚属特例。因此，孝民屯半地穴式房基并不是殷墟常见的居住方式。从房址群布局、建筑形制特征和出土陶器等方面综合分析，或许居住其中的人们，即有独特的生活方式，同时也深受殷墟文化的影响。

（2）孝民屯遗址半地穴式建筑风格与当地传统不符，而与晋中及内蒙古中南部地方文化有相似性，不排除是由早期的窑洞式建筑演变而来。

安阳地区新石器时代半地穴式建筑特征为单间圆形或长方形，建筑特征与孝民屯半地穴式房基差别很大，不是孝民屯半地穴式建筑群的直接来源。如安阳地区新石器时代仰韶文化以后冈一期的后冈类型与大司空类型为代表，这一时期的居住址都是浅地穴式的，后冈类型的居住址可分圆坑式及带门道式两种[1]。安阳地区龙山文化时期有后冈二期文化，其中属此时的后冈遗址内分布有大量的圆形房址[2]，皆为地上建筑，房基垫土往往经夯打。墙有垛泥墙、木骨垛泥墙及土坯墙三种。房址的居住面上大都抹一层白灰面，少数居住面经焙烧，甚至铺有一层木板。居住面中部有灶。这种龙山时期圆形建筑在距后冈遗址20余千米的汤阴县白营遗址内也有大量发现[3]。共揭露出房基46座。房基的布局基本上东西成排，南北成行，门大部朝南，少数也有朝东、朝西和朝北的。房基的形状绝大部分圆形，也有长方形的。圆形房基直径2.8～5.2米不等。门宽0.4～1.67米不等，有的在门口设置门坎，门坎长条形，断面半圆形，由草拌泥做成。

早商和中商时期，类似孝民屯半地穴式建筑特征的房址曾在郑州商城遗址西城墙附近及铭功路西制陶坊遗址[4]内有所发现，但在整个早商时期并不具有代表性。如制陶作坊遗址内的C11F103、F104、F105最为典型。原报告把三间相连的单间半地穴式房基（原报告称之为向下挖筑的房基）分别编号，其意可能认为是三座房基。现从孝民屯半地穴式房基来看，应是一座三间套的半地穴房基。时代相当于二里岗上层一期。

年代更早的多间套半地穴式房基，我们在中原地区尚未发现，反而在晋西北地区见到了其踪迹，这确实耐人寻味。如晋中地区杏花村遗址第四期（相当于客省庄文化）有类似的一座两间半地穴式房

[1]　A. 中国社会科学院考古研究所安阳工作队：《安阳后冈新石器时代遗址的发掘》，《考古》1982年第6期。B. 中国社会科学院考古研究所编著：《殷墟的发现与研究》，第422页，科学出版社，1994年。

[2]　A. 中国社会科学院考古研究所安阳工作队：《1979年安阳后冈遗址发掘报告》，《考古学报》1985年第1期。B. 中国社会科学院考古研究所编著：《殷墟的发现与研究》，第428页，科学出版社，1994年。

[3]　河南省安阳市地区文物管理委员会：《汤阴白营河南龙山文化村落遗址发掘报告》，《考古学集刊》第3集，中国社会科学出版社，1982年。

[4]　河南省文物教研研究所编著：《郑州商城——一九五三年～一九八五年考古发掘报告》上册，第146～433页，文物出版社，2001年。

址。报告编写者推测原可能是窑洞式建筑，被破坏所致。在其中一间内也有"土床"[1]。另有报道，在内蒙古中南部的朱开沟文化遗址内，发现的房址"以半地穴式为主。以长方形或方形者为主，也有少量圆形房屋。多为单室，少数为双室，个别为三室。双室者大多呈'吕'字形，三室者也以同样的方式串联，也有个别双室者为并联"[2]。其中朱开沟文化南壕遗址 IF26 系三室房基，中室最大，居中，两侧有前后室，每室各有一圆形灶，并有柱础 15 个[3]。这种建筑方式在内蒙古中南部早有出现，传承相对清楚，而以属仰韶时期的环岱海地区老虎山文化较为集中。如石虎山 II 遗址 SIIF3、园子沟遗址 F3041、F3047 等[4]。据推测，这种建筑形式多为窑洞式内掏而成。与孝民屯半地穴式建筑群的建筑方式可能有所不同的是，在孝民屯半地穴式建筑群中，很少发现柱础。是否这种建筑形式在传承过程中融合了商代建筑方法，也未可知。

（3）半地穴式房基内的陶器外来文化因素浓厚，反映出与周边地区同时期地方文化比较紧密的关系。

孝民屯遗址半地穴式建筑群出土的陶器，对比殷墟同时期考古学文化，分为三个类型，即外来型、混合型及殷墟型。通过把孝民屯半地穴式建筑群内出土的非殷墟文化特征陶器与周边地区同时期考古学文化的比较，我们发现，称其为外来型陶器的高领袋足鬲与关中西部的先周文化有着极大的相似性。如 F102－2：2 陶鬲与关中西部的郑家坡遗址 H14：29[5]极为相近，二者均为高领袋足。而混合型陶鬲则与关中西部的商文化朱马嘴遗址 H15：1[6]陶鬲十分相似，特别是腹部呈直筒状，裆部凹瘪。

目前，我们还不能仅凭上述的点滴线索，来确定这种文化因素的确切来源地。但有一点则是十分清楚的，这种文化因素不是殷墟文化本身所固有的，或许是与殷墟有关的一批"外来人群"带到当时的都城殷墟的。当时，不论是关中地区的先周文化还是山西西北部、中部一带的青铜文化，均与商文化长期保持联系。关于这方面，甲骨文献中，有许多关于方国的记载，最多牵扯到的是鬼方、土方与工方。众多学者也多角度、多层面地讨论这个问题，均认为，晚商时期，特别是晚商早期，与西方、西北方的民族交流十分频繁。

至于孝民屯半地穴式建筑群的主人，我们也只能做出简单的推测，肯定与西方或西北方的方国有关。在此生活过程中，他们从多个方面表现出与殷墟文化的不同性。至于是何原因使他们能够居住于此，而当时的商人特别是统治集团与这批人是何种关系，我们似乎还难以做出回答。

四　孝民屯遗址商代铸铜遗址分析

从遗迹和遗物的分布范围判断，2003～2004 年发掘的位于孝民屯村南的铸铜遗址南北约 100 米，东西约 380 米，大致由西北往东南呈带状分布，其中铸铜遗址的北限、东限和南界皆基本可以确认。从所处位置判断，发现于孝民屯村西的铸铜遗址与此次发掘区西侧仅隔一条南北向的铁路而相望。故

〔1〕　国家文物局等：《晋中考古》，第 121～122 页，文物出版社，1999 年。
〔2〕　A. 中国社会科学院考古研究所编著：《中国考古学·夏商卷》，第 578 页，中国社会科学出版社，2003 年；B. 乌恩岳斯图：《北方草原考古学文化研究——青铜时代至早期铁器时代》，第 66 页，科学出版社，2007 年。
〔3〕　内蒙古文物考古研究所：《准格尔旗南壕遗址》，《内蒙古文物教研文集》第一辑，中国大百科全书出版社，1994 年。
〔4〕　田广金、郭素新：《环岱海史前聚落形态研究》，《北方考古论文集》，科学出版社，2004 年。
〔5〕　宝鸡市考古工作队：《陕西武功郑家坡先周文化遗址发掘简报》，《文物》1984 年第 7 期。
〔6〕　张天恩：《关中地区商文化》，图七，文物出版社，2004 年。另据张天恩先生、徐良高先生相告，这种形制的陶鬲与关中西部地区的京当型陶鬲十分相近。

我们初步认为孝民屯西地、村南部的铸铜遗址应是同一遗址，面积近 4 万平方米。孝民屯村东南地的铸铜遗址与此处相距近 200 米，面积约 1 万平方米，二者之间未发现与铸铜遗址相关的遗存，说明二者各有一定的独立性。然它们又同处洹河的南岸，距离很近，很可能在广义上属同一大型商代铸铜作坊遗址，可通称为"孝民屯商代铸铜作坊遗址"，孝民屯村西地和村南部为西区，村东南地为东区，总面积达 5 万平方米以上，是安阳殷墟迄今发现的最大一处商代铸铜遗址。

遗址地层关系较为简单，大致是上层为扰土层，中间为汉唐等晚期地层，下部为商代遗存。发掘前，许多地方文化遗存堆积均遭到极大破坏，绝大多数探方清掉扰土后，即暴露出生土及打破生土的一些遗存，种种迹象表明遗址范围内的文化层受到严重破坏，连生土层也已被削去一定高度，残存的与铸铜相关的遗迹仅剩下坑状（含半地穴式建筑）遗存的残部。由于缺乏关联各个类型遗迹的平面堆积，故各个遗迹单位在平面关系上缺乏相应的关联。

1. 与铸铜活动相关的遗迹

根据铸铜遗址区域出土遗迹的形制和出土遗物综合分析，我们大体可将发现的遗迹分为陶范原料取土坑、陶范土备料坑、陶范土沉淀坑（陈腐池或醒泥坑）、陶范土洗练坑（练泥池/坑）、陶范块阴晾坑、窖穴、水井、大型青铜器铸造场间、与青铜铸造相关的地面建筑基址、与铸铜活动有关的祭祀坑、可能是青铜铸造匠人的墓地等，其中最多者为原料取土坑和铸铜遗物废弃堆积。

A. 陶范原料取土坑

铸铜遗址区域发现的数量最多的遗存就是大量规模庞大的坑，尽管这些坑中堆积物主要为铸铜活动所产生的废弃物，但是大坑自身的形成则是制作陶范取土所形成。故此，这些大坑也可称作是陶范原料取土坑。这些坑的规模较大甚至开口面积有达上百方米者，平面形状不一，随意性较强，不少坑还相连成一片，但是坑的深度多在 3 米左右。

孝民屯地域的原生土堆积自上往下依次为红褐色黏土、黄色夹杂料礓颗粒土、纯净的黄色沉积土等。现场模拟烧造试验显示，最上层的红褐色生土因土壤发育垂直节理明显，土壤中酸性成分较多，呈黏性，且包含有较多料礓颗粒。这种质地的土壤基本不具备直接用于制作陶范的条件，而且在加热过程中因受热不均严重，很快就会出现了爆裂现象。位于中间的黄色夹料礓颗粒土虽然较红褐色土质地纯净和细腻，但是土壤中粗沙粒和料礓颗粒包含量较大，也不适宜制作陶范。上述两种生土的残存厚度约为 2 米左右。位置偏下的黄色沉积土，含有大量细沙，很少见料礓颗粒，土质纯净细腻。使用整块切割的土块干燥后可以直接进行摹刻，而且使用水搅拌成泥后，可塑性同样很强。经高温焙烧，发现这种土稳定性也很好。

现场模拟试验结果，加之分布于铸铜遗址区域内大量巨型坑的深度大都超过 2 米等，我们认为这些坑的出现显然是为了获取深度 2 米以下的质地纯净的黄色沉积土，以用于制造陶范而形成的。

B. 陶范土备料坑

在铸铜遗址区域还发现了一种堆积的坑，坑的底部堆积不是通常所见的废弃物灰烬等，而是大量呈块状的生土，生土块中多含微量细沙，它们大小、形状不一。我们推断应该是用于贮存陶范土的备料坑。有这样堆积物的坑共发现 2 处。

C. 醒泥坑（或陈腐池）

铸铜遗址区域发现一种圆形深坑，平面开口直径均超过 2 米，深度愈 1.5 米。坑的形状比较规整，但是坑中的堆积物却是十分纯净的黄色细沙土，堆积中极少发现其他包含物。我们初步推断这种坑是用于浸泡生土块使之含水均匀，以达到使用目的，亦即用于醒泥的坑。坑中残留的纯净堆积土是尚未使用的陶范泥料。这样的坑共发现 2 处。

D. 练泥坑（池）

铸铜遗址区域发现一种圆形坑，平面开口直径不足 2 米，深度不足 1.5 米，坑中的堆积可分为上层和下层，上层是灰土等废弃物，下层是十分纯净的沉积土。下层堆积最大厚度不超过 0.5 米，土壤质地细腻略呈黏性，堆积中没有其他包含物，剖面显示呈不规律的"乱层"状。这样的坑共发现 2 处，其中在一处残存下层堆积的表面发现较多赤脚踩踏的印记，脚印普遍较深且变形。初步分析认为这些脚印应该是通过用脚踩踏的方式，达到掺和搅拌泥料目的所留下的痕迹。脚印较深且变形说明被踩踏的是质地脚软的泥。据此，我们认为这两处坑应该为练泥坑。

E. 陶范块阴晾坑

初步推测为用于陶范块阴晾的坑共发现 4 个，平面开口形状不一，圆形坑 2 个，方形坑 2 个。其共同特点是呈竖穴状，制作比较考究规整，在坑的底部比较均匀地铺设木炭。以 SH453 为例，坑的开口平面略呈长方形，东西长约 210、南北宽 166～172、深 270 厘米。东、西、北三壁较陡直，有抹泥痕迹，表面光滑平整，局部发现有工具痕迹。南壁略有弧度，当是坍塌所致。坑底铺有一层炭末，厚约 6～8 厘米。炭末未铺满整个坑底，与坑壁之间有一周宽 10～16 厘米的空隙，推测空隙中原来应有某种遮挡物，由于未发现迹象，故难以复原。在坑底西北角发现少量硬泥块，能观察到人工切削的痕迹，部分阴干后的泥块人工加工痕迹更为明显。这些泥块的形状极似铜器内芯，但未经焙烧。故推测 H453 原本应是阴干陶范的场所。

F. 窖穴

主要是指发现于铸铜遗址区域内的带有上下阶梯的坑。这类坑的规模相对较小，形状呈不规则圆形，往往沿坑壁设置有呈螺旋状的阶梯，其性质应该是窖穴。

G. 水井

发现于铸铜遗址区域的深坑，开口平面有圆形和方形两种，其中圆形坑 2 个，经发掘确认为是性质比较单纯的水井；方形坑 3 个，深度均在 8 米以上，其距离开口平面约 1 米深处发现有一匹呈侧躺状的马，推断应该是祭祀遗存。当然马匹是放置于坑的近口部位，是坑中堆积填埋深度已经接近开口部位的遗存，在其下部是否还有祭祀遗存，同时该坑的原始功用是否是为祭祀而挖置，都尚未有明确结论；另一个坑的堆积下部，不同深度发现多层人骨，系多次埋入，最底层人骨个体最多。所以说不排除是利用了废弃的水井作为祭祀坑的可能性，且这种现象在殷墟也比较普遍。

H. 铸造间

比较明确的专用于铸造青铜器的房址可确认的有 2 处。铸造间的共同特征是半地穴式建筑，房屋内的基本设施是位于地面中部的浇注台，同时房间内还配置有火塘等。从解剖情况分析，这两处铸造间缺少多次从事铸造活动的迹象，铸造产品皆为圆形容器，大的直径达 1.58 米，小的直径也达 1 米左右。

I. 房址

铸铜遗址区域内发现不少地面建筑基址，平面形状呈方形或长方形，规模大小不等，较大的面积近 30 平方米，较小的约 10 平方米等。共同特点是有简单的基础，夯打质量不佳，其中不少建筑基址似乎是专门建造在熟土如灰坑之上，尚没有发现在生土地面上施工建造者。由于商代原始地面已经被严重破坏，这些建筑的形制无法具体了解。

J. 祭祀坑

孝民屯铸铜遗址内发现数座人、马、牛、猪、狗等祭祀坑，当与铸铜时祭祀有关。这些祭祀坑有的是专门以祭祀为目的挖掘的，如有一个坑仅仅是按照能紧紧放下一匹马的空间设计挖就；有的是利用取土坑进行祭祀活动，往往这种方式的祭祀遗存可分多个层次，显示出使用时间和祭祀次数都比较长等；有的是利用水井废弃后进行祭祀或等；也有的祭祀活动仅仅可能是为了建筑奠基使用。祭祀用牲以牛为最，且大量使用牛头，尤其牛的下颌骨。比较明显的是使用牛下颌骨时，牙齿皆被拔离后才使用。

K. 墓葬

铸铜遗址区域的东部和南部各发现一片墓地。这两批墓葬的埋葬方式有别于殷墟常见的墓葬类型，如随葬铸铜工具如削刀、吹管等，墓葬人骨的头向多朝南方等。我们推测死者身份很可能是铸铜作坊中的匠人。

铸铜活动作为一个系统工程，按照流程分工，可把上述遗存归属于陶范制作、铜锭熔融、浇注和打磨四个系统。

A. 陶范制作系统

陶范制作系统发现的遗迹有陶范原料取土坑、陶范土的备料坑、醒泥坑、练泥坑、陶范块阴晾坑、水井和窖穴等，结合废弃物堆积中出土的陶范残块以及考古模拟实验，我们初步认为陶范制作系统的工艺流程可分为泥范制作和泥（土）模制作两个子系统，这两个子系统的工序既存在交叉又各自具有一定独立性。其中泥范制作系统流程为：辨土或选土（陶范原料取土坑）→泥土初加工和储备（陶范土备料坑和醒泥坑）→泥土精加工（练泥坑）→翻模→阴晾→烘干和精细加工。泥模制作系统的流程为：辨土或选土（陶范原料取土坑）→土模或范芯初加工和储备（陶范土备料坑）→阴晾→烘干和精细加工。尽管殷墟铜器和陶范上的纹饰十分繁缛和精细，但主题纹饰和装饰底纹的区别十分明显，精微和粗犷的差距很大。分析出土陶土模和范芯实物资料，结合考古实验结果显示，雕刻在范模上的纹饰往往仅限于线条相对粗犷的主题花纹，而精细的花纹很可能是在陶范翻制并定型之后加工补刻而成的。

B. 铜锭熔融系统

殷墟孝民屯及殷墟其他铸铜遗址发掘状况显示，殷墟的青铜器铸造活动主要是铜锭的熔融和浇筑过程，铜矿石的冶炼系在其他区域完成，殷墟青铜器铸造所使用的铜应该是铜矿石冶炼后的成品铜锭。孝民屯遗址发现的熔铜器具只有熔炉一种，系内燃式炉，有泥条盘筑和堆筑两种制作方式。其中，泥条筑炉的炉壁由里及外分四层：炉衬层、基体层、草泥壳层、加固层。有的熔炉残片发现有多层炉衬，还有的每层衬面均粘有铜液，证明其多次维修和使用。少量炉衬表面粘有铜液和木炭颗粒，有的还有木炭压痕，说明木炭和铜块是放在一起的，属内燃式炉。遗存多为碎片，缺少固定完整的场所及典型完整器，由残存炉壁的圆弧度复原，熔炉的直径大者约 1 ~ 1.4 米。

C. 浇筑系统

浇注系统是陶范制作系统和熔融系统的协作过程。理论上可分为合范→预热→浇筑→去范四个步骤，对于部分难以一体化直接浇筑成型的部位或构件，还要进行分铸，然后再二次浇筑合成等。然而对于体量巨大的大件容器铸造而言，还要考虑到浇筑的便捷、合范整体的稳定性、预热的均匀性、散热或热气的通透性和平和性等。以大型青铜容器浇注间 F43 为例，房址为半地穴式，平面呈不规则长方形，南北最长 354 厘米，东西最宽 320 厘米，残留坑穴深 5 ~ 30 厘米不等，未发现柱洞及门道，但室内有较好的踩踏面。房址东北角有一小灶，呈椭圆形，直径 38 ~ 60 厘米，周壁呈斜坡状。房址中部清理出一件铸造大型铜容器的底范，平面呈圆形，直径约 158 厘米，斜折沿，沿宽约 7 厘米，呈青灰色。推测这很可能是一件圆形口大件容器的芯和底范相连的一部分，正中发现一片经火烧的红烧土，或许是从中（内部）部预热范体的痕迹；口沿外侧的斜边是浇铸时容器口沿留下的痕迹。平台外有一圈草拌泥，用来加固外范。再外还有一圈沟槽，槽内填碎陶范和烧土块，以加强铸件平台。沟槽外铺一层细沙，以作隔离散热之用。最外侧还发现燃烧过的草拌泥和木炭灰烬，推测在铸造时可能经过内、外同时预热处理等。

D. 打磨修整系统

孝民屯铸铜遗址尚未明确发现属于这个系统的遗迹，但废弃遗物中出土数量不菲的砺石等打磨用具。

E. 祭祀系统

祭祀是商代十分盛行的仪式性活动。孝民屯铸铜遗址范围内发现了大量同时期的遗迹遗存，用牲种类丰富多样，数量庞大。然而，以目前的资料，对于祭祀活动与铸铜各个系统的逻辑关系及铸铜整体活动中的祭祀程序等，我们则尚无法得出倾向性认识。

2. 孝民屯商代铸铜遗址的年代、布局和性质

从铸铜遗址出土器物以及遗迹单位间层位关系比较，我们认为孝民屯铸铜遗址内发现的铸铜遗存以殷墟三期和四期为主，二期罕见，一期不见。这说明孝民屯铸铜遗址的主要使用和兴盛时期为殷墟三、四期，延续使用时间较长。从陶范所见，该铸铜遗址以生产礼器为主，所浇铸的青铜礼器种类齐全，其中不少陶范反映了极高规格的青铜礼器的制作，如圆形范座、大圆鼎足陶模等，其个体之大为迄今所仅见。加之该铸铜作坊遗址规模之大等等，种种迹象表明，它很可能是一处商王室控制的铸铜作坊遗址。

关于遗址的布局问题，因商代原始地面早已经被破坏殆尽，我们无法得到具有关联各类铸铜遗迹的平面堆积，所以说布局问题在现有材料下难以言明。分析所发现的铸铜遗迹，就其分布或集中及交错程度，我们认为，如果将铸铜流程分为四个系统，即陶范制作系统、铜锭熔融系统、浇注系统和打磨系统，那么孝民屯铸铜遗址尚没有明确的专业区域功能划分，铸造流程的各个过程都相对集中在较小的区域内，表现出一定的原始性。如从取土坑堆积中出土熔炉，结合取土坑灰土堆积的斜坡状特征分析，在所发现的两个铸造间的中间地带，较大范围内没有发现取土坑，而且位于其南侧的大取土坑堆积中出土若干熔炉的残块，灰土堆积的方向系由北往南坡下，自然这些携带着熔炉残块的废弃物是

从北侧（即两个铸造间的中间地带）倾倒而来，自然熔炉的原始位置应该在北侧，我们更倾向于中间的空白地带。另一种现象是在空白地带的南侧和东侧，同样还分布着用以制范的范土贮存坑、醒泥坑、练泥坑和陶范阴晾坑等。从发现的遗迹看，与陶范制作相关的遗迹坑往往以双数形式出现，尤其是用于阴晾陶范的坑系圆形坑和方形坑搭配出现，这其中的特定释义尚待研究。

总之，结合孝民屯铸铜遗址所使用的年代范围——自殷墟文化二期末至四期末甚至西周初年的漫长时期，虽然我们说铸铜遗址分布范围很大，可以说是迄今所知商代规模最大的青铜器铸造遗址，铸造的产品规格和形体之大同样尚未有出其右者，然而从铸铜遗迹的分布、与铸铜相关的流程体系构成和组合以及各个系统运作关系来看，我们反倒倾向于认为，单位时间内，其规模、生产能力和从业人员数量等都较小，所谓的遗址规模大可能更多与铸造活动延续时间很长有关。

五　孝民屯遗址商代墓葬分析

本次共发掘殷墟时期墓葬645座，依据地层关系与随葬器物（以陶器和青铜器为主），对这些墓葬进行了年代学研究。其中属于殷墟一期晚段的墓葬一共只有4座；属于殷墟二期的有13座，殷墟三期有109座，殷墟四期有239座（其中有76座为确定为殷墟四期早段，149座为殷墟四期晚段，14座为殷墟四期），另有217座墓葬的年代无法判断，只能认定属于殷墟时期。殷墟一期晚段之时，有大量的半地穴式房基建筑，一定有大量的人群生产、生活，但同时期的墓葬却几乎不见，这着实不可思议。殷墟时期多实行的是"居葬合一"的方式，即居址与墓葬基本在同一区域，如孝民屯遗址二、三、四期之时，既有大量的生前活动遗存，又有同时期的大量墓葬。与半地穴式房基同一时期的墓葬不在该区域内，联系到半地穴式房基内有大量的异于殷墟典型陶器特征的外来陶器，这是否说明生活在半地穴式房基内的人群具有不同的丧葬制度呢？此问题值得进一步探讨。

虽然有很多墓葬无法明确判断其确切年代，但我们仍可以看出，越往后，孝民屯遗址内的墓葬越多，这说明，此区域的人群在不断增加。这一点与殷墟其他区域的特征是一致的。

孝民屯遗址墓葬分布有三个特点：其一，墓葬位置相对集中在一个小的区域内，与相邻墓地有一定的间隔；其二，同一墓地内，墓葬方向有很大的一致性；其三，同一墓地内，墓葬随葬品有很大的相似性。据此，孝民屯南区墓葬可以分为11个大小不同的墓地，南区北部墓葬较少，南部较多。

除年代不明者外，A组墓葬均为殷墟四期早段和晚段时期，这可能是殷墟四期之时新辟的墓地。B组墓葬能够明确年代的都是殷墟文化三期以后的，且本组墓葬中，能够判定墓主性别的，都遵循男性俯身葬、女性仰身葬的习俗。从已知的墓葬年代判断，一般早期墓葬位于墓地北部，相对较晚的墓葬依次往南布局。C组虽然只有3座墓葬，但SM17与SM16均出土有青铜礼器，SM17属殷墟文化三期，位于墓地北部，SM16属殷墟文化四期早段，位于墓地南部。二者均出土有夆字铭文的青铜器，可见这里确属同一家族墓地。D组墓葬也始于殷墟文化三期，并以出土有青铜礼器的SM43、SM51及SM38为中心各自形成小的"亚组"，在一个"亚组"墓地内，早期的墓葬往往位于墓地东部。E组墓葬可能大致分为四个相互独立的"亚组"，各"亚组"内，基本上仍是早期墓葬位于墓地的北部或东部，墓葬由早到晚向南、向西分布。本组中，能够判断墓主性别与年龄的墓葬较多。其中SM95～SM100共6座墓葬东西基本并列，墓葬面积基本相当，都不见腰坑、木棺。墓主几乎都是女性，年龄30～40岁，仰身直肢葬，头向北。这种现象目前还很难解释，但应不是偶然。G组墓葬可分为多个相对独立的

"亚组",从墓主能够鉴别的墓葬来看,本组墓葬主人多数仍遵循俯身直肢葬为男性的习俗,但也有例外。H组墓葬之间相对松散,"亚组"现象不明显。相邻墓葬中,能看到"北早南晚、东早西晚"的规律。I组可能属新开辟的家族墓地,只是尚未形成规模。J组墓葬开始于二期,墓葬以中、南两部分或"亚组"相对集中,中部随葬品多陶瓿爵豆,墓葬头向多朝北。南部随葬品多陶瓿爵鬲,头向多朝南。K组墓葬规模均较小,随葬品多是单件陶鬲。L组墓主以头向西为主。M组远离于其他组墓葬,似为单独的墓地。墓主头向以南向为主,随葬品以陶瓿爵盘簋为主。N组与I组一样远离于其他各组。

孝民屯北区的考古发掘工作主要由河南省文物考古研究所组织发掘,中国社会科学院考古研究所只发掘了北区的一小部分,且发掘区南北狭长,因而此次发表的墓葬应是当时家族墓葬的一部分。据此就难以从布局的角度深入讨论墓葬的分组与布局特征。

孝民屯遗址殷墟墓葬等级普遍偏低。但墓葬之间还存在一定的差异。从墓葬规模、葬具类型、随葬品数量等方面分析仍可看出,墓主之间还存在着一定的等级差异。统计可知,墓葬的葬具、墓室面积、随葬品件数三者是按相同规律变化的。

孝民屯殷墟墓葬实际上主要有三类,即一棺一椁墓、一棺墓、简易或无葬具墓。以一棺一椁墓数量最少,简易或无葬具墓其次,一棺墓数量最多,整体呈纺锤形结构。占人口最多数的中间阶层实际上还拥有一定的财力、物力甚至是社会地位,构成了当时的"中产阶级"。而居于上层的一棺一椁墓所代表的人口实际也不少,这些人是否就是当时的"上层贵族"还缺乏明显的证据。与殷墟其他区域墓葬相比,孝民屯墓葬缺乏高等级者,造成这种现象的原因有待进一步的探讨。

在孝民屯遗址内,有些灰坑、夯土基址有30余处发现有人骨。以前把这些墓葬归为另一种葬俗,称其为"灰坑葬"或"瓮棺葬",称此类人多身无分文,是"奴隶",并以此说明商代社会应是"奴隶社会"。由于这些人骨是在墓葬之外的遗存中发现,所以本报告未予收录。毫无疑问,这些人多属非正常死亡,社会等级低下。但其数量还十分有限,能否依据极少的数据来说明整个社会性质,这需要做深入的研究。我们更愿意认为,这些人可能被用于各种祭祀场景,但当时社会的主要阶层应是以一棺墓为主体的人群,他们有一定的资产甚至是社会地位。

在孝民屯遗址灰坑等遗迹中出土较多与铸造青铜器相关的工具,突出的代表就是陶鼓风嘴与磨石或砺石。这些器物在部分墓葬中也有随葬,如SM952、SM676、SM590、SM637内随葬有陶鼓风嘴;在SM22、SM384、SM51、SM867、SM73、SM607等出土有磨石或砺石。另外,还有21把青铜刀出土。虽然青铜刀在其他墓葬中也十分常见,但考虑到孝民屯遗址的性质即以青铜铸造为主体,那么有理由相信,这些随葬陶鼓风嘴、磨石、青铜刀等工具的墓主人,其生前可能是铸铜工匠,死后随葬象征其身份的工具,并葬在工作区附近。这种居葬合一的模式正是殷墟最为常见的方式。

肆   报告整理与编写

本报告所涉及资料范围为2003~2004年度,中国社会科学院考古研究所在殷墟孝民屯遗址范围内负责发掘的考古资料,河南省文物考古研究所(含安阳市文物工作队)发掘的考古资料将另行刊发。

室内整理工作自发掘结束后就陆续开始,主要是在中国社会科学院考古研究所安阳工作站进行。参加整理工作的主要有王巍、王学荣、何毓灵、印群、牛世山、岳占伟、唐锦琼、李志鹏、王树芝等;

技师主要有刘小珍、王卫国、王艳丽、马媛、郭明珠、刘缀生、刘海文、姜海丽等。

整理工作先后得到中国社会科学院重大课题 B 类（课题编号 0400000110，主持人为王学荣）、考古研究所科研经费、国家社科基金重点项目（项目编号 08AKG001，主持人为王学荣）及中国社会科学院创新工程项目的资金支持。2014 年获得国家文物局国家重点文物保护专项补助经费支持本书出版。

为了全面、系统地报道发掘资料，中国社会科学院考古研究所专门成立了报告撰写小组，成员有王巍、王学荣、何毓灵、印群、牛世山、岳占伟、唐锦琼、李志鹏。以王学荣为主草拟了报告的大纲，撰写组多次召开会议，细化大纲和讨论编写体例，协调相关工作，推进工作进度等。

资料整理和报告编写之初，小组成员们低估了工作难度。随着工作的开展，大家均发现困难重重。首先是体量庞大。房基、灰坑、水井等遗存上千处，仅陶片就达 37 万余块、陶范 7 万余块；殷墟时期墓葬就有 645 座，随葬各式器物达万件；动物骨骼数万块。相应的器物修复、统计、测量、绘图、照相等工作均需花费大量的时间、人力、物力。其次是没有任何一个人有专职时间做报告整理和写作。田野发掘工作结束后，参加发掘的成员都各自奔赴新的工作岗位，很难集中大段时间进行整理，加之各自新承担的课题任务均很重，整理工作多是利用田野发掘空余时间进行，时断时续，同时还经常面临重新熟悉资料才能进入工作状态的情况，客观上造成了资料整理和报告撰写周期大大拉长。每每遇到关心支持报告整理的领导、老师、同仁询问工作进度之时，我们既倍感压力，又备受鼓舞。

由于报告资料体量巨大，且整理进展略有差异，因此报告撰写小组经多次协商，决定把殷墟时期的遗存分为四卷，分别为《安阳孝民屯——（一）殷商遗存·遗迹》、《安阳孝民屯——（二）殷商遗存·遗物》、《安阳孝民屯——（三）殷商遗存·铸铜遗物》和《安阳孝民屯——（四）殷商遗存·墓葬》。资料整理过程中，资料统计和各个遗迹单位年代确认，由报告撰写小组统一商定。对于遗址出土的动植物遗存资料和人骨资料等，本报告将其作为遗迹单位堆积及信息构成的重要组成部分，在各个遗迹单位中进行介绍。除殷墟时期以外，本次发掘还获得大量史前、先商、西周、战国、汉唐、宋元和明清等时期的遗存，这部分资料将作为本报告的第五卷，即《安阳孝民屯——（五）其他时期遗存》，集中刊发。

《殷商遗存·遗迹》卷主要按殷墟文化分期不同，分别报道了不同时期的遗迹，包括居址、灰坑、水井、铸铜生产遗存、祭祀坑、窖藏坑等。《殷商遗存·遗物》卷主要报道的是遗迹中出土的各种遗物（铸铜相关遗物除外），以陶器为主，另有青铜器、玉石器、骨角牙蚌器、动物骨骼等。其中陶器部分，利用孝民屯发掘获取的大量陶器，对殷墟陶器的种类和组合进行了深入而系统的研究，成为本报告的亮点。《殷商遗存·铸铜遗物》卷主要报道的是与铸铜生产相关的遗物，以陶范为大宗，其次有陶模、熔炉、磨石、鼓风嘴等。把铸铜遗物单独作为一卷，首先是铸铜遗物数量过于庞大；其次是铸铜遗物如陶范的刊发方式与其他遗物有所不同，需要考虑拓片、线图和照片三者的对应，同时对线图和影像的质量要求相对更高；再次也希望借此突显铸铜遗物的重要性。虽然殷墟曾发现过大量的陶范等铸铜遗物，但报道都不够充分，此次报道应是最全面、最详细的。《殷商遗存·墓葬》卷全面报道了 645 座殷墟时期墓葬，如此全面的报道，在殷墟考古发掘报告中也属首次。在编写体例上，本卷除分期外，还依照墓葬葬具的不同进行分类，目的是想从棺具的角度，结合随葬器物来突显墓葬等级的高低。需要强调的是，虽然分为五卷出版，但各卷之间相互联系，是一个有机的整体。

目　录

插图目录

拓片目录

第一章　概述

　　1960 年 6 月，中国社会科学院考古研究所安阳工作队在配合水渠修建时，在孝民屯村西钻探出一些碎陶范和烧土块，7 月开始发掘，发掘面积 100 余平方米，地层和灰坑内出土有殷代碎陶范、芯、模、熔炉残块、坩埚片、陶管、盉形器及磨石等与铸铜有关的遗物，但数量较少，其中陶范 320 余块，以工具范和武器范为主，也有少量容器范。由于发掘面积有限，故当时认为孝民屯村西可能是一处殷代以生产工具和武器为主的民间手工业铸铜作坊，作坊面积很小，我们称之为"孝民屯西地商代铸铜作坊遗址"[1]。

　　2000 年上半年和 2001 年上半年，为配合安阳钢铁公司的基本建设，中国社会科学院考古研究所安阳工作队在孝民屯村东南进行了两次大规模发掘。此处紧靠洹河，原是一处高台地，后被砖窑场取土破坏。两次发掘面积达 5000 余平方米，出土了丰富的殷代铸铜遗物，其中陶范 3 万余块，模近百块，芯辨认出的百余块，熔炉残片 3000 余块，磨石 200 余块，另有数块铜削、刻针等铸铜工具。还发现了一些重要的铸铜作坊遗迹。这是继苗圃北地铸铜作坊遗址之后，殷墟新发现的一处重要的铸铜作坊遗址。该遗址面积达 1 万平方米以上。我们称之为"孝民屯东南地商代铸铜作坊遗址"[2]。

　　2003 年至 2004 上半年，为配合安阳钢铁公司的基本建设，中国社会科学院考古研究所和河南省文物考古研究所组成庞大的联合发掘队，对已搬迁的孝民屯村址进行了"卷地毯式"考古发掘，发掘面积达 6 万平方米以上。我们在孝民屯村的南部，1960 年发掘区的东部，又发现了大面积的铸铜遗存，出土了极为丰富的铸铜遗物，还清理了多处重要的铸铜作坊遗迹。在孝民屯村中和村北，也零星出土了一些铸铜遗物。这次发掘，无论从发掘面积、铸铜遗址范围、出土遗物等哪方面来讲，都是历年来殷墟所发掘的其他铸铜遗址所不及的[3]。

　　2005 年，为配合安阳钢铁公司的基本建设，中国社会科学院考古研究所安阳工作队在紧靠 2004 年发掘区东部又进行了考古发掘，也出土了一些商代铸铜遗物[4]。

　　本报告介绍的是 2003～2004 年中国社会科学院考古研究所发掘的铸铜遗物。众所周知，殷墟的总体布局是"聚族而居，聚族而葬"。据此，我们推测，殷代的手工业生产应该是家族行为，而作为殷代最重要的青铜器铸造业也应该是某一家族行为。这一家族在他们的族邑内既进行生产（铸造青铜器），又在此生活，所以该族邑（遗址）内既有生产垃圾陶范、陶模、泥芯、炉壁等，又会有生活垃

〔1〕　a 中国社会科学院考古研究所编著：《殷墟发掘报告（1958～1961）》，第 60～69 页，文物出版社，1987 年。
　　　　b 中国社会科学院考古研究所编著：《殷墟的发现与研究》，第 91～92 页，科学出版社，1994 年。
〔2〕　中国社会科学院考古研究所安阳工作队：《2000～2001 年安阳孝民屯东南地商代铸铜遗址发掘报告》，《考古学报》2006 年第 3 期。
〔3〕　殷墟孝民屯考古队：《河南安阳市孝民屯商代铸铜遗址 2003～2004 年的发掘》，《考古》2007 年第 1 期。
〔4〕　中国社会科学院考古研究所安阳工作队资料。

圾陶片和兽骨等。还有一些遗物，既可以用于生产，又可以用于生活，很难判定其用途的唯一性，如铜刀、骨锥、骨针等器物，有人认为是生产工具，也有人认为是生活用具，对这些遗物，我们暂不放入铸铜遗物，而作为小件放入其他遗物来描述。所以本报告所谓的铸铜遗物是指那些明确与青铜器铸造有关的遗物，包括熔炉、陶模、陶范、泥芯、陶管、磨石、铜刻针、铜渣等。铸铜遗物的分期是以同单位共出的陶器（片）判断的，与出土它们的铸铜遗迹单位的分期保持一致，其中肯定会有少数较早的铸铜遗物因进入了较晚的遗迹单位而被定为较晚时期铸铜遗物的可能。

还有，本报告在铸造术语规范和定义之前，为了表述的方便，结合考古学和铸造学以前惯用的术语，把浇注成型的器物称谓"铸件"；把以前传统称谓的"外范"改为"陶范"，"内范"改为"泥芯"，把包裹在器物内不用取出的泥芯称谓"盲芯"；把陶范的垂直分范的块数称谓"扇"，水平分范的段数称谓"段"，一件完整铸件所用的陶范总数称谓"块"；范与范之间组装时的结合面称谓"分型面"，完整分型面上观察到的榫卯数量，表述为"有多少榫卯"，残缺分型面上观察到的榫卯数量，表述为"发现多少榫卯"；陶范若有两层，内层称谓"面范"，外层称谓"背范"。该铸铜遗址浇注的青铜器，均设有"顶范"，所谓"顶范"，是指浇铸青铜器时位于顶部的陶范，因青铜器多为倒浇，故"顶范"多指位于青铜器底部的那块陶范。

铸铜遗物的分期是依据本单位伴出的陶片的分期隶定的，从不少单位常出早于本单位年代的陶片看，不能排除伴出的部分陶范也会早于本单位的年代，因无十分准确的判断为早于本单位的年代依据，故即使有早于本单位的陶范也只能暂放入本单位。铸铜遗物若是出自殷墟以后的遗迹单位，无论是出自东周、汉魏、唐宋等时代明确的遗迹单位，还是出自近、现代扰坑，甚至地面或探方采集到的铸铜遗物，其时代均统称为殷墟时期。相对于殷墟各期而言，这些被扰进殷墟以后的遗迹单位、近现代坑以及地表的殷代铸铜遗物，很难判断它们属于殷墟时期的哪个分期。

另，为便于读者对每类铸铜遗物的整体把握，本报告没有采用传统的"先分期，后分类"的惯例，而是采用"先分类，再分期"的体例。

第二章　铸铜遗物

　　该铸铜遗址是殷墟目前发现的面积最大的铸铜遗址，其内出土的铸铜遗物，数量之多，种类之全，是殷墟以前所发现的其他商代铸铜遗址所不及的。依据功能的不同，该遗址出土的铸铜遗物大致可分熔铜器具、铸铜器具、辅助器具及其他四大类。

第一节　熔铜器具

　　辨认出的仅有熔炉一种，共计10528块，均为残块，它们大小、厚薄不一。除变形的熔炉残块外，皆有一定的弧度，故推测这些熔炉的形制应该是圆形或者椭圆形。依据熔炉体量的大小，可分为大型熔炉和小型熔炉两大类，大型炉由于体量较大不易移动，小型炉因其体量较小或可以移动。从数量上看，大型熔炉残块明显多于小型熔炉。

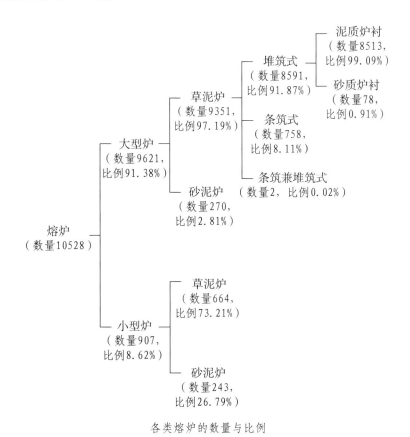

各类熔炉的数量与比例

一 大型熔炉

计 9621 块，占熔炉总数的 91.38%。从肉眼观察，大多数大型熔炉的炉衬表面看不到铜锈，少数炉衬表面附着有少量铜锈或铜锈颗粒。绝大多数熔炉残块是被熔融到报废程度而拆除废弃的。它们以材质的不同又可分为草泥炉和砂泥炉两类，草泥炉远远多于砂泥炉，另有一些仅存砂质炉衬而没有基体的大型熔炉暂放入砂泥炉内。

（一）草泥炉

指基体是以草拌泥筑成的熔炉。计 9351 块，占熔炉总数的 88.82%。占大型熔炉的 97.19%。草泥炉的炉壁由里及外可分为三层：炉衬层、基体层、外壳层。

炉衬层一般较薄。多数为草泥炉衬，既含草，又夹杂少量砂子；少数为砂质炉衬，不含草。因其所处炉子部位和受热温度的不同变化较大。口沿处衬面多呈红褐色或灰褐色，多稍烧结，无龟裂，未熔融，内部无气孔。近口部衬面多呈浅灰色或青灰色，多已烧结，有龟裂，未熔融或微熔融，内部没有或有少量细小气孔。炉子上部衬面多呈青灰色或深灰色，稍熔融或基本熔融，龟裂纹多较深，内部气孔较密小。炉子中、下部衬面多呈紫灰色或紫黑色，有的呈紫红色，完全熔融，呈玻璃态，"发亮"，少数还有向下流动的现象；内部有大量大小不一的气孔，似蒸馒头前的"发面"；炉衬背面多呈青灰色。

基体层一般较厚，为炉子的主体，内夹杂大量秸秆。经过高温后，口沿上部基体多呈红褐色。近口沿处基体内侧多呈红褐色或灰褐色，外部多呈浅褐灰色或泥土本色。上部基体内侧多呈深灰色或灰色，外部多呈浅灰色或浅灰褐色。中、下部基体内侧与炉衬烧结在一起，多呈青灰色，中、外部多呈灰黑色或深灰色，表层因温度较低多呈浅灰褐色。多数基体内的秸秆已炭化，有的因秸秆被烧掉留下较多的孔洞。

外壳层一般较薄，多数含草，少数还夹砂，其内含草量远少于基体，且秸秆的方向较杂乱。外壳层的受热温度一般较低，多呈浅灰色或浅灰褐色，甚至为泥土本色，黄褐色或浅黄色。由于外壳层温度较低，容易从基体上脱落，暴露出基体部分，故我们看到的草泥炉残块多数只有炉衬和基体两部分。有少量熔炉残块的炉衬已脱落，存基体和外壳层两部分；另有少量熔炉残块仅存基体部分；还有少量熔炉残块仅存炉衬部分。

少数熔炉残块的炉壁上截面或下截面较平整，且表层大部分或烧结，或熔融，多呈灰色，内侧多呈红褐色，与基体内部多呈深灰色或灰黑色明显不同，证明这些炉壁不是整体的，应是分为上、下两段或数段的分节炉。

大多数炉壁因太碎小或已变形而无法测量熔炉的直径和高低，仅有少量保存较好的炉壁残块可以测量出炉子的大约直径。少数草泥炉残片有多层炉衬，可能是其多次使用和维修所致。还有少量炉衬表面粘有铜液和木炭颗粒，有的还有明显的木炭戳压痕迹，这证明木炭和铜块是放在一起的，属内燃式炉。

以建造熔炉方式的不同又可分为条筑式草泥炉和堆筑式草泥炉，它们大多数可能是不同形式的熔炉：条筑式炉为地上熔炉，堆筑式炉为土坑式炉。少数可能是大型熔炉的上、下两部分：条筑式位于炉子的上部，堆筑式位于炉子的下部。因它们均属废弃物而出土于灰坑等遗迹单位，并非原始所建和使用过的位置，故无法判断属于以上哪一种情况。我们发现数块熔炉残块上部条筑、下部堆筑，应是后种情况的佐证。另外，部分熔炉残块的泥条已脱落，仅存炉衬，无法判断其系条筑或堆筑，本书暂归入堆筑式熔炉，故从数量上看，堆筑式草泥炉多于条筑式草泥炉。

1. 条筑式草泥炉

是指基体是由草拌泥条盘筑而成的熔炉。计758块，占熔炉总数的7.20%。占大型熔炉的7.88%，占草泥炉的8.11%。泥条原应为圆形，盘筑受力后多呈圆角方形。泥条内夹杂的秸秆多顺向，即与泥条的方向一致。

二期

1/ST2711⑯：3，现存炉衬和基体两部分。衬面完全熔融，呈紫黑色，有木炭压痕。基体部分脱落，内呈青灰色，中间灰黑色，表层泛褐。残宽9.7、残高13、最厚4厘米。（彩版一）

三期

2/SH225②：208，现存炉衬和基体两部分。衬面完全熔融，变形，叠压在一起，正面呈紫红色，背面呈青灰色，表面粘有铜锈颗粒。基体大部分已脱落，呈青灰色。残宽7.3、残高5.8、最厚3.2厘米。（彩版一）

3/SH226①：197，现存炉衬、基体、外壳层等三部分。炉衬较厚，内部呈青灰色，衬面完全熔融，呈紫红色，局部泛紫灰，有较多泡孔，有木炭戳压痕。基体泥条较扁平，呈灰黑色。外壳层较薄，呈浅灰褐色。残宽11.4、残高9.8、最厚5.3厘米。（彩版一）

4/SH261：32，应为炉子的近口部。现存炉衬和基体两部分。衬面已烧结，有龟裂，未熔融，呈青灰色，局部泛红。基体内部呈灰黑色，外部呈浅褐灰色。背面较平。残宽6.8、残高6.1、最厚2.8厘米。（彩版一）

5/SH277：33，现存炉衬和基体两部分。衬面上部已烧结，有龟裂，微熔融，呈青灰色；下部已熔融，呈深灰色。基体保存较好，内侧呈青灰色，中部呈深灰色，外部呈浅褐色。背面较平。残宽9.2、残高9.1、最厚3.6厘米。（彩版二）

6/SH295①：4，现存炉衬和基体两部分。衬面完全熔融，呈紫红色，局部发黑，木炭压痕明显；内部呈青灰色，有大量气孔。基体呈深灰色。残宽8.8、残高6.3、最厚4.3厘米。（彩版二）

7/SH295①：8，炉子的口部，直口。现存炉衬、基体、外壳层等三部分。炉衬较薄，衬面已烧结，未熔融，呈浅灰色。基体的泥条较粗，呈深灰色。外壳层呈灰色，表面微泛褐，较薄，秸秆为竖向，与基体内横向的秸秆呈十字相交。残宽14.9、残高7.5、最厚4.5厘米。（彩版二）

8/SH411：16，应为熔炉的近口部。现存炉衬和基体两部分。炉衬呈青灰色，下部颜色略深，衬面有龟裂，未熔融。基体内侧呈灰褐色，外部呈红褐色。残宽7.2、残高7.9、最厚3.3厘米。（彩版二）

9/SH420：1，应为熔炉的近口部。现存炉衬、基体、外壳层三部分。炉衬呈青灰色，下部微发亮，衬面出现龟裂纹，下部稍熔融。基体和外壳层皆呈黑灰色。外壳层较薄，表面较光滑，有手抹痕迹。残宽20.2、残高20.9、最厚4.7厘米。（图一A；彩版二）

10/SH603：25，现存炉衬、基体、外壳层三部分。衬面完全熔融，呈紫黑色，微泛黄，有大量气孔。基体泥条扁平、规整，内呈青灰色，外呈深灰色。外壳层较薄，表面较光滑。残宽9.1、残高6.7、最厚3.3厘米。（彩版三）

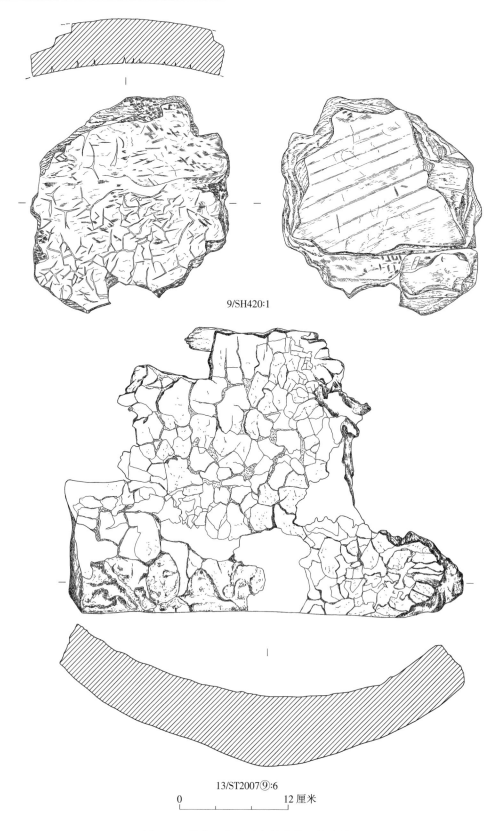

9/SH420:1

13/ST2007⑨:6

0 ——————————— 12 厘米

图一 A　殷墟三期大型条筑式草泥炉残块

11/ST2007⑥:73，现存炉衬和基体两部分。炉衬保留较少，衬面基本熔融，呈紫红色；基体仅存一根泥条，较粗，截面呈方形，内侧呈青灰色，中间呈深灰色，外侧呈浅褐灰色。残宽11.3、残高

3.6、最厚 3.9 厘米。（彩版三）

12/ST2007⑦A：21，炉子的近口部，略外侈。现存炉衬和基体两部分。衬面上部呈浅灰色，下部呈青灰色，几乎无龟裂。基体较薄，内侧呈深灰色，外部呈浅褐灰色。残宽 7.9、残高 8.6、最厚 1.8 厘米。（彩版三）

13/ST2007⑨：6，现存炉衬、基体、外壳层三部分。炉衬呈紫黑色，衬面龟裂，下部温度高于上部，下部几乎全部熔融，有气孔，上部大部分熔融，局部有木炭压痕。基体泥条较粗，呈黑灰色，局部泛红。外壳层呈浅灰色，局部为泥之本色，局部外壳脱落，暴露出基体泥条部分。弦宽 39.2、弦高 6.2、直径约 53、残高 29、最厚 6.5 厘米。（图一 A；彩版四）

14/ST2007⑨：7，位于熔炉的中部。现存炉衬、基体、外壳层。炉衬夹砂，含少量秸秆，呈紫黑色，衬面龟裂，下部温度高于上部，下部已熔融，发亮，炉衬内部有气孔现象，上部稍熔融。基体用含有大量秸秆的泥条盘筑而成，泥条较粗，呈黑灰色。外壳层呈浅灰色，局部泛褐，少量外壳脱落，暴露出基体泥条部分。残宽 23.1、残高 24.9、最厚 5.1 厘米。（图一 B；彩版五）

15/ST2007⑨：8，应是熔炉的口部，敞口。现存炉衬和基体两部分，炉衬夹细砂，含秸秆，表面呈浅褐色，内部呈紫黑色，无龟裂。基体内含有大量秸秆，内部呈浅褐色，表面为泥之本色，较光滑。残宽 9.1、残高 9.5、最厚 3.2 厘米。（彩版五）

16/ST2007⑨：9，应为炉体上部。现存炉衬、基体及外壳层。炉衬夹砂，且含少量秸秆，上部呈青灰色，少许龟裂，下部呈灰黑色，部分熔融，发亮，有气孔。基体用含有大量秸秆的泥条盘筑而成，呈黑灰色。外壳层大部分为泥之本色。弦长 25.4、弦高 3.1、直径约 52、残高 14.7、最厚 3.2 厘米。（图一 B；彩版五）

17/ST2007⑨：10，应为熔炉的中部。现存炉衬层、基体层、外壳层。炉衬夹砂，含秸秆，呈紫黑色，衬面龟裂，熔融，发亮，有少量木炭压痕。基体用含有大量秸秆的泥条盘筑而成，泥条较粗，呈黑灰色，局部泛红。外壳层呈浅灰色，局部为泥之本色。弦长 40、弦高 6.3、直径 58、残高 27.3、最厚 8.6 厘米。（图一 B；彩版六）

18/ST2007⑨：13，现存炉衬、基体、外壳层。炉衬夹砂，呈紫黑色，衬面龟裂，有少量气孔现象，大部分已熔融，发亮。基体用含有大量秸秆的泥条盘筑而成，发现最粗的秸秆直径约 0.5 厘米，泥条较粗，呈黑灰色。外壳层呈浅褐灰色。部分外壳脱落，暴露出基体泥条部分。背面较平。残宽 10.3、残高 9.8、最厚 4.3 厘米。（图一 B；彩版七）

19/ST2007⑨：23，炉子的近口部。现存炉衬、基体、外壳层三部分。炉衬较薄，衬面有龟裂，呈青灰色，上部已烧结，未熔融，下部微熔融，颜色比上部略深。基体泥条较扁，内部呈深灰色，外侧呈浅褐灰色。外壳层表面为泥土本色。背面平整。残宽 8.8、残高 8.6、最厚 3.2 厘米。（彩版七）

20/ST2007⑨：25，现存炉衬、基体、外壳层三部分。炉衬较薄，衬面上部微熔融，呈青灰色；下部完全熔融，呈深灰色。基体泥条较细，内侧呈深灰色，外侧与外壳层皆呈浅褐灰色。外壳层较薄。背面较平。残宽 11.7、残高 11.1、最厚 2.9 厘米。（彩版七）

21/ST2812④：18，现存炉衬和基体两部分。衬面微熔融，有龟裂，呈深灰色，气孔甚少。基体内部呈黑灰色，外部呈浅褐灰色。背面较平。残宽 7.3、残高 8.5、最厚 3.5 厘米。（彩版七）

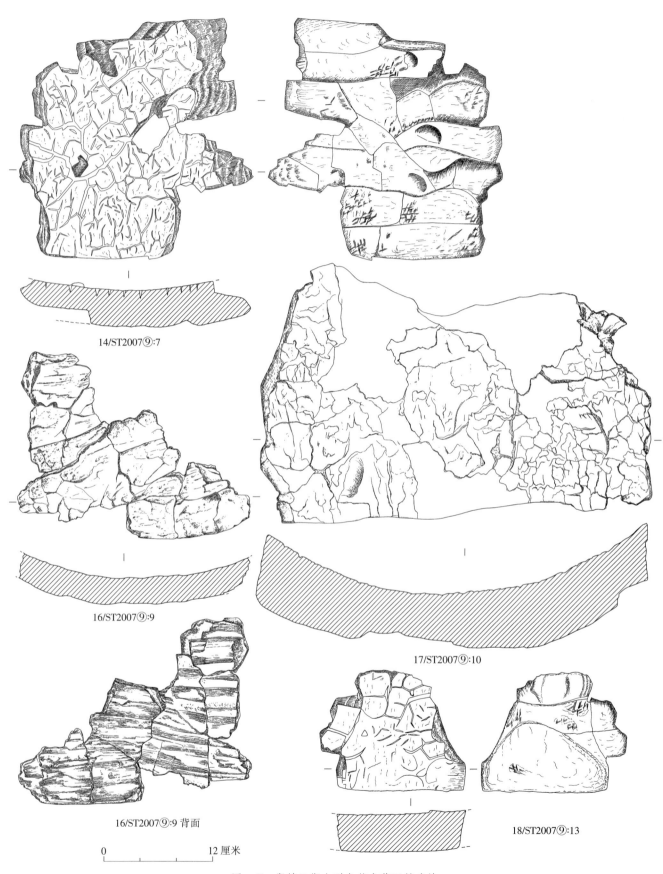

14/ST2007⑨:7

16/ST2007⑨:9

17/ST2007⑨:10

16/ST2007⑨:9 背面

18/ST2007⑨:13

0   12厘米

图一B   殷墟三期大型条筑式草泥炉残块

四期

22/SH233：93，应为炉子的近口部。现存炉衬、基体、外壳层三部分。衬面稍烧结，无龟裂，未熔融，呈浅灰色，炉衬内部呈深灰色。基体较厚，泥条较粗，呈浅褐灰色。外壳层呈灰色，表面平整、光滑。残宽7.2、残高7、最厚4.9厘米。（彩版八）

23/SH268：66，现存炉衬、基体、外壳层三部分。衬面已熔融，呈紫红色，局部泛紫黑。基体泥条粗细不一，内侧呈青灰色，中间呈深灰色，外部呈浅褐色，局部泛红。外壳层几乎全部脱落，呈红褐色。残宽11.3、残高13.3、最厚3.5厘米。（彩版八）

24/SH268：69，现存炉衬和基体两部分。衬面完全熔融，呈紫红色，内部粘有铜锈。基体仅存一根泥条，内部呈深灰色，外部呈灰褐色，局部泛红。残宽5.4、残高2.4、最厚2.5厘米。（彩版八）

25/SH268：72，炉子的近口部。现存炉衬和基体两部分。草泥炉衬，夹砂，衬面微烧结，无龟裂，未熔融，呈浅灰色，局部微微泛红。基体内部呈深灰色，外部呈浅褐灰色。残宽5.3、残高4、最厚3.1厘米。（彩版八）

26/SH269：152，现存炉衬和基体两部分。炉衬较厚，衬面已熔融，呈紫红色，局部粘有较多铜锈。基体残存较少，较细，呈青灰色。残宽5.6、残高4.8、最厚2.5厘米。（彩版八）

27/SH269：154，应为炉子的口部。现存炉衬和基体两部分。衬面微烧结，无龟裂，未熔融，呈红褐色，局部泛灰。基体的泥条较细，内部呈深灰色，外部呈浅褐灰色。残宽7.3、残高3.5、最厚1.9厘米。（彩版九）

28/SH269：158，现存炉衬和基体两部分。炉衬较厚，衬面完全熔融，呈紫红色，局部粘有少量铜锈，有木炭压痕；内部呈青灰色，有大量气孔。基体呈深灰色，外侧微泛褐。残宽7.9、残高4.8、最厚3.1厘米。（彩版九）

29/SH356⑤：33，现存炉衬和基体两部分。炉衬完全熔融，且变形、熔叠在一起，衬面呈紫黑色，局部泛紫。基体大部分已脱落，其内侧呈青灰色，中外侧呈灰黑色。残宽12.8、残高12.3、最厚4厘米。（彩版九）

30/SH546：72，现存炉衬和基体两部分。衬面完全熔融，呈紫红色，粘有少量铜锈颗粒。基体的泥条较细，内部呈青灰色，外部呈深灰色。残宽10.2、残高11.2、最厚3厘米。（彩版九）

31/SH611①：83，炉子的口部，直口，平沿，沿面呈红褐色。现存炉衬和基体两部分。炉衬较薄，草泥夹砂，大部分已脱落，衬面已烧结，未熔融，呈深灰色。基体内层褐色，中部呈深灰色，外部呈浅褐灰色，泥条较扁。背面较平。残宽11.1、残高4.8、最厚3.4厘米。（图二；彩版九）

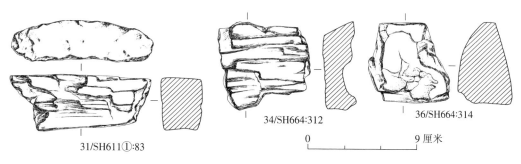

31/SH611①:83   34/SH664:312   36/SH664:314

0   9厘米

图二　殷墟四期大型条筑式草泥炉残块

32/SH664：303，现存炉衬、基体、外壳层三部分。衬面有龟裂，微熔融，呈紫灰色。基体呈红褐色，颜色由里及外渐浅。外壳层较薄，呈浅褐灰色。背面较平。炉壁上截面平整，应是分节炉。残宽8.3、残高6.5、最厚4.1厘米。（彩版九）

33/SH664：308，炉子的近口部。现存炉衬和基体两部分。衬面已烧结，上部呈青灰色，局部泛青，无龟裂；下部呈青灰色，泛紫，有龟裂，未熔融。基体内部呈深灰色，外部呈浅褐灰色，泥条较扁平。残宽6.6、残高4.8、最厚3.8厘米。（彩版一〇）

34/SH664：312，炉子的口部，侈口，平沿。现存炉衬和基体两部分。衬面呈青灰色，已烧结，无龟裂。基体内部呈深灰色，外部呈浅褐灰色。残宽7.1、残高6.6、最厚2.5厘米。（图二；彩版一〇）

35/SH664：313，炉子的口部，直口微侈。现存炉衬和基体两部分。衬面呈浅灰色，下部颜色略深，已烧结，有碎小龟裂。基体内部呈深灰色，外部呈浅褐灰色。背面较平。残宽7.6、残高4.5、最厚2.7厘米。（彩版一〇）

36/SH664：314，炉子的口部，直口微侈，口上部较薄。现存炉衬、基体、外壳层三部分。衬面上部呈红褐色，中部呈浅灰色，下部呈深灰色，中下部已烧结，下部有碎小龟裂。基体呈浅褐灰色，外壳层为泥土本色，微泛褐。背面较平。残宽6.1、残高6.5、最厚4厘米。（图二；彩版一〇）

37/ST1906④：45，现存炉衬和基体两部分。衬面微熔融，呈紫红色，粘有较多铜锈。基体局部呈红褐色，局部呈深灰色。残宽9.2、残高4.8、最厚3.1厘米。（彩版一〇）

38/ST1906⑤：42，炉子口部。现存炉衬和基体两部分。衬面上部未熔融，呈灰黑色；下部微熔融，呈青灰色；炉衬内部也呈青灰色，未见气孔。基体部分脱落，呈黑灰色。残宽7.3、残高7.8、最厚4.7厘米。（彩版一〇）

39/ST2108③：22，炉子的近口部。现存炉衬和基体两部分。衬面已烧结，龟裂缝较小，灰色，颜色由上及下渐深。基体内侧呈深灰色，外部呈浅褐色。残宽6.1、残高5.4、最厚2.8厘米。（彩版一一）

40/ST2312③：14，现存炉衬、基体、外壳层三部分。炉衬完全熔融，且变形、熔叠在一起，衬面呈黑紫色，局部泛灰绿色，局部粘有铜锈。基体的泥条较细，呈黑灰色，局部泛红。外壳层较薄，呈黑灰色，局部泛红，部分脱落，暴露出基体泥条。残宽13.4、残高9.8、最厚3.5厘米。（彩版一一）

41/ST2312⑥：9，为炉子的近口部。现存炉衬、基体、外壳层三部分。衬面已烧结，稍有龟裂，未熔融，呈浅灰色。基体的泥条较细，呈深灰色，局部泛红。外壳层较薄，呈浅褐灰色。残宽8.8、残高6.5、最厚3.5厘米。（彩版一一）

42/ST2412④A：27，现存基体和外壳层两部分，炉衬全部脱落。基体的泥条较细扁，呈深灰色。外壳层含秸秆量较大，呈灰色，微泛褐。残宽6.4、残高3.8、最厚2.5厘米。（彩版一一）

43/ST2412④A：28，应是炉子的近口部。现存炉衬、基体、外壳层三部分。衬面已烧结，稍有龟裂，未熔融，呈浅灰色。基体的泥条较细，呈深灰色，局部泛红。外壳层较薄，呈浅褐灰色。残宽7.6、残高9、最厚4.3厘米。（彩版一二）

44/ST3203⑤：5，上截面平整，且呈青灰色，应是分节炉。现存炉衬和基体两部分。炉衬较厚，衬面已熔融，呈紫红色，泛青灰。基体保存较好，内部呈青灰色，外部呈黑灰色，表层微泛褐。背面平整。残宽8.7、残高5.9、最厚4.1厘米。（彩版一二）

45/ST3203⑥：7，现存炉衬和基体两部分。炉衬较厚，衬面完全熔融，呈紫红色，局部泛紫黑，粘有少量铜锈颗粒。基体大部分已脱落，内部呈青灰色，外部呈深灰色。残宽11.2、残高7.9、最厚2.8厘米。（彩版一二）

殷墟时期

46/SH214：20，现存炉衬和基体两部分。衬面完全熔融，呈紫黑色，局部泛紫红，内部呈青灰色。基体泥条竖截面略呈圆角方形，内部呈灰黑色，表面微泛褐。残宽11.2、残高9.6、最厚4.4厘米。（彩版一二）

47/ST3004⑤：8，现存炉衬和基体两部分。衬面完全熔融，呈紫红色，粘有少量铜锈，内部呈紫黑色。基体部分呈浅灰色，部分呈红褐色。残宽4.8、残高4.2、最厚3.4厘米。（彩版一二）

2. 堆筑式草泥炉

是指基体是由草拌泥堆筑而成的熔炉。计8591块，占熔炉总数的81.60%。占大型熔炉的89.29%，占草泥炉的91.87%。基体层内含草量与条筑式基体内含草量相当，有的还加入一些砂子。其内的秸秆多杂乱无章，多呈黑灰色，灰度由里向外渐浅，少数呈红褐色，颜色由里及外渐淡。依据炉衬材质的不同又可分为泥质炉衬堆筑式草泥炉和砂质炉衬堆筑式草泥炉，数量上前者远远多于后者。

（1）泥质炉衬堆筑式草泥炉

是指炉衬是以泥质为主体的堆筑式草泥炉。计8513块，占熔炉总数的80.86%。占大型熔炉的88.48%，占草泥炉的91.04%，占堆筑式草泥炉的99.09%。有的炉衬内添加少量秸秆，有的掺入少量细砂。

二期

48/SH290③：45，炉子的近口部。现存炉衬和基体两部分。衬面已烧结，稍龟裂，未熔融，呈灰色，微泛褐。基本保存较好，上薄下厚，呈红褐色，颜色由里及外渐浅，内层局部呈深灰色。背面较平整。炉壁下截面较平，且已烧结，呈红褐色，应为分节炉。残宽12.3、残高10.2、最厚4.3厘米。（彩版一三）

49/SH486②：14，现存炉衬和基体两部分。衬面基本熔融，呈深灰色，粘有少量铜颗粒。基体保存较好，较薄，呈红褐色，颜色由里及外渐浅。背面光滑。上截面平整，且内侧已熔融，应为分节炉。残宽5.9、残高6.5、最厚2.8厘米。（彩版一三）

50/SH651①：46，炉子的口部，直口，卷沿。现存炉衬和基体两部分。衬面全部脱落，炉衬内部呈紫灰色，布满细孔，粘有少量铜颗粒。基本呈红褐色，颜色由里及外渐浅。残宽5.2、残高6.7、最厚2.6厘米。（图三；彩版一三）

51/ST2711⑯：6，炉子的口部，直口略侈，宽平沿。现存炉衬和基体部分。衬面已烧结，未熔融，呈深灰色，有黄垢。基体保存较好，较厚，内部呈红褐色，颜色由里及外渐浅，外部为泥土本色，浅黄色，局部微泛灰。残宽9.6、残高4.1、最厚4厘米。（图三；彩版一三）

三期

52/SH225：217，应为炉子的上部。现存炉衬、基体、外壳层等三部分。衬面已烧结，有龟裂，下部微熔融，呈青灰色，下部颜色稍深。基体较薄，内部呈青灰色，外部呈深灰色。外壳层呈浅褐灰色。残宽8.4、残高9.6、最厚2.4厘米。（彩版一三）

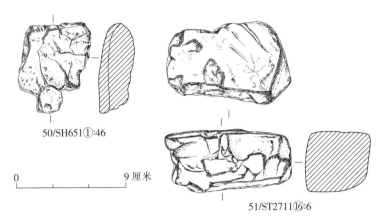

50/SH651①:46

0   9厘米

51/ST2711⑯:6

图三　殷墟二期大型泥质炉衬堆筑式草泥炉残块

53/SH225②:234，现存炉衬和基体两部分。衬面已烧结，有龟裂，未熔融，呈深灰色。基体呈红褐色，局部泛青灰。炉壁上截面平整，且已烧结，呈深灰色，应为分节炉。残宽7.5、残高6.9、最厚4.3厘米。（彩版一四）

54/SH225②:235，现存炉衬和基体两部分。衬面上部已烧结，下部微熔融，有龟裂，呈深灰色。基体呈红褐色，颜色由里及外渐浅。炉壁上截面平整，且已烧结，应为分节炉。残宽6.6、残高6.2、最厚4.3厘米。（彩版一四）

55/SH261:34，应为炉子的近口部，现存炉衬和基体两部分。衬面已烧结，下部微熔融，呈深灰色，内部呈青灰色。基体较薄，保存较好，内部呈深灰色，外部呈浅褐灰色。背面较平。残宽9.5、残高5.4、最厚2.8厘米。（彩版一四）

56/SH445③:23，炉子的口部，敞口。现存炉衬和基体两部分。衬面近口沿处呈红褐色，向下呈灰色，且颜色加深，已烧结，少龟裂，未熔融。基体上薄下厚，呈红褐色，颜色由里及外渐浅，表面局部泛灰。背面较平整。弦长9.8、弦高1.6、直径30、残高6.2、最厚2.2厘米。（图四；彩版一四）

57/SH445③:24，炉子口部，直口。现存炉衬和基体两部分。衬面未熔融，近口沿处呈浅灰褐色，稍烧结，无龟裂；中下部呈青灰色，已烧结，少龟裂。基体上薄下厚，呈红褐色，颜色由里及外渐浅，表面局部泛灰。背面较平整。炉壁下截面平整，且已烧结，应为分节炉。残宽7.6、残高12、最厚3厘米。（图四；彩版一五）

58/SH468:15，现存炉衬和基体两部分。衬面完全熔融，呈黑色。基体呈红褐色，颜色由里及外渐浅。炉壁下截面平整，且已烧结，内侧呈深灰色，应为分节炉。残宽7.3、残高5.4、最厚3.8厘米。（彩版一五）

59/SH571②:11，炉子口部，敞口，卷沿，沿面呈红褐色。现存炉衬和基体两部分。炉衬含砂量较大，衬面已烧结，无龟裂，未熔融，呈青灰色。基体内部呈浅灰色，外部为泥土本色，浅黄色。背面较平。残宽8.5、残高5.9、最厚3.2厘米。（图四；彩版一五）

60/SH573④:287，炉子的近口部。现存炉衬和基体两部分。有两层炉衬，皆已烧结：外层炉衬残存较少，衬面呈灰褐色，内部呈浅褐色；内层炉衬衬面呈深灰色，内部呈红褐色。基体内部呈深灰色，外部呈浅褐灰色。残宽7.1、残高5、最厚3.9厘米。（彩版一五）

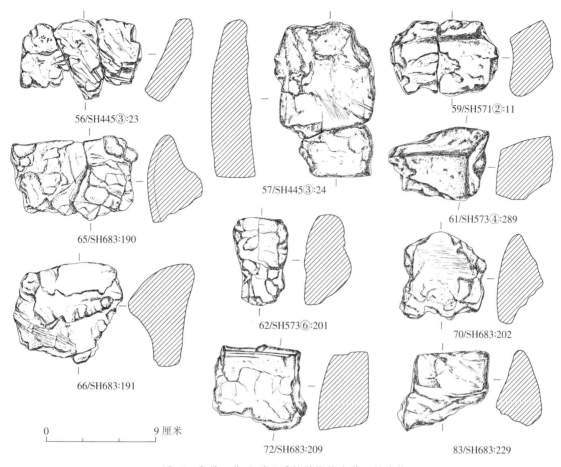

56/SH445③:23

59/SH571②:11

57/SH445③:24

61/SH573④:289

65/SH683:190

62/SH573⑥:201

70/SH683:202

66/SH683:191

0   9厘米

72/SH683:209

83/SH683:229

图四 殷墟三期大型泥质炉衬堆筑式草泥炉残块

　　61/SH573④：289，炉子口部，敞口，宽平沿。现存炉衬和基体两部分。衬面稍烧结，红褐色，局部泛灰。基体较厚，呈红褐色，颜色由里及外渐浅，表层为泥土本色，浅黄色。残宽6.6、残高3.8、最厚4.5厘米。（图四；彩版一五）

　　62/SH573⑥：201，炉子的口部，敞口。现存炉衬和基体两部分。衬面几乎全部脱落，残存部分已烧结，呈深灰色，炉衬内部呈灰褐色。基体保存较好，较厚，呈红褐色，颜色由里及外渐浅。残宽3.8、残高6.7、最厚3.1厘米。（图四；彩版一六）

　　63/SH683：110，炉子的近口部。现存炉衬和基体两部分。炉衬夹砂，呈青灰色，衬面有龟裂，稍熔融。基体内含大量秸秆，部分呈黑灰色，部分呈红褐色，基体背面较光滑。炉壁下截面较平，应是分节炉。残宽14.6、残高10.7、最厚3厘米。（彩版一六）

　　64/SH683：111，现存炉衬和基体两部分。炉衬夹砂，衬面有龟裂，下部温度高于上部；上部呈青灰色，稍熔融；下部呈暗红色，大部分已熔融，局部已玻璃化，发亮。基体内含大量秸秆，内部呈黑灰色，外部呈红褐色。背面较光滑。炉壁下截面较平，应是熔炉的下部。其右侧面近下部有一个圆形凹窝，直径约5厘米，推测应是鼓风口。弦长12.7、弦高1.6、直径32、残高10.8、最厚5.3厘米。（彩版一六）

　　65/SH683：190，炉子的口部，侈口，尖圆唇。现存炉衬、基体、外壳层等三部分。有两层衬面：外形衬面大部分已脱落，所剩部分已烧结，呈浅灰色；内层衬面上部已烧结，呈浅灰色，下部微熔融，呈深灰色，局部微泛紫。基体和外壳层保存较好，上薄下厚，呈红褐色，颜色由里及外渐浅。背面较平整。残宽10.2、残高6.2、最厚4.2厘米。与SH683：191、202应系同一炉子。（图四；彩版一六）

66/SH683：191，炉子的口部，侈口，尖圆唇。现存炉衬、基体、外壳层等三部分。有两层衬面，外形衬面下部已脱落，上部已烧结，仅唇处呈红褐色，其下呈浅灰色；内层衬面下部已烧结，有龟裂，未熔融，呈深灰色，局部微泛紫。基体和外壳层保存较好，上薄下厚，呈红褐色，颜色由里及外渐浅。背面较平整。残宽9、残高8、最厚4.9厘米。与SH683：190、202应系同一炉子。（图四；彩版一六）

67/SH683：195，现存炉衬、基体、外壳层等三部分。衬面已熔融，上部有较深龟裂纹，呈紫黑色，局部微泛紫红。基体和外壳层保存较好，上部较薄，下部较厚，呈红褐色，颜色由里及外渐浅。背面平整，且较光滑。炉壁上截面较平整，且微熔融，呈紫灰色，应为分节炉。其左上角上内弧，可能是炉子的鼓风口。残宽8.3、残高11.8、最厚4厘米。（彩版一七）

68/SH683：198，应为炉子的近口部。现存炉衬、基体、外壳层等三部分。衬面上部已烧结，呈浅灰色，近口处微泛褐；下部微熔融，呈青灰色，有碎小龟裂纹。基体呈深灰色，外壳层呈浅褐灰色。背面较平。炉壁下截面已烧结，呈红褐色，应为分节炉。残宽7、残高7.6、最厚3.9厘米。（彩版一七）

69/SH683：201，现存炉衬、基体、外壳层等三部分。衬面基本熔融，有较深的龟裂纹，呈青紫色，局部泛紫红。基体和外壳层保存较好，较薄，呈红褐色，颜色由里及外渐浅，表层微泛灰。背面较平整。炉壁下截面平整，且已烧结，呈浅灰褐色，应为分节炉。残宽6.9、残高6.7、最厚3.2厘米。（彩版一七）

70/SH683：202，炉子的口部，侈口，尖圆唇。现存炉衬、基体、外壳层等三部分。有两层衬面：外层衬面已烧结，呈灰色，微泛褐；内层衬面下部微熔融，呈深灰色，局部微泛紫，粘有少量铜锈。基体和外壳层保存较好，上薄下厚，呈红褐色，颜色由里及外渐浅。背面较平整、光滑。残宽6.1、残高6.9、最厚4.1厘米。与SH683：190、191应系同一炉子。（图四；彩版一七）

71/SH683：204，应为炉子的近口部。现存炉衬、基体、外壳层等三部分。衬面已烧结，下部微熔融，龟裂纹较深，呈浅灰色。基体和外壳层保存较好，壁薄，内部呈浅褐灰色，外部呈红褐色，局部微泛灰。背面平整，且较光滑。炉壁下截面较平整，且已烧结，内侧呈浅灰色，外侧呈红褐色，应为分节炉。残宽7.1、残高7.9、最厚1.9厘米。（彩版一八）

72/SH683：209，炉子的口部，侈口。现存炉衬和基体两部分。炉衬含草，夹砂，衬面呈浅灰色，已烧结，少龟裂，未熔融。基体保存较好，较厚，内部呈红褐色，中部呈深灰色，外部呈灰褐色。上面较平整，呈红褐色。背面较平。残宽6.5、残高5.9、最厚4.3厘米。（图四；彩版一八）

73/SH683：211，现存炉衬和基体两部分。衬面基本熔融，部分呈紫红色，部分呈青灰色。基体呈红褐色，颜色由里及外渐浅。炉壁上截面平整，发现有铜颗粒，可能为分节炉。残宽9.5、残高9、最厚3厘米。（彩版一八）

74/SH683：213，应为炉子的口部。现存炉衬和基体两部分。衬面已烧结，有龟裂，未熔融，上部呈灰褐色，下部呈灰色。基体口沿处及下部呈红褐色，中部呈深灰色。背面较平滑。残宽10.8、残高8.5、最厚3.3厘米。（彩版一八）

75/SH683：214，应为炉子的口部。现存炉衬和基体两部分。衬面已烧结，下部有龟裂，未熔融，上部呈灰褐色，下部颜色加深，呈灰色，炉衬内部为泥之本色，浅黄色。基体较薄，口沿处呈红褐色，内部呈深灰色，外部呈浅褐灰色。背面较平。残宽12.6、残高11.4、最厚3.9厘米。（彩版一八）

76/SH683：216，应为炉子的口部，敞口。现存炉衬和基体两部分。衬面含砂量较大，已烧结，稍龟裂，未熔融，呈浅灰色，局部泛褐。基体较薄，且上薄下厚，呈红褐色，颜色由里及外渐浅。背面较平。炉壁下截面较平，应为分节炉。残宽8.9、残高8.5、最厚2.3厘米。（彩版一九）

77/SH683：221，炉子的口部，直口微侈。现存炉衬和基体两部分。衬面稍烧结，无龟裂，未熔融，呈浅灰色。基体较薄，内部呈灰色，外部呈红褐色。背面较平。残宽7.5、残高4.4、最厚2.3厘米。（彩版一九）

78/SH683：222，应为炉子的近口部。现存炉衬和基体两部分。衬面稍烧结，无龟裂，未熔融，呈灰白色。基体上薄下厚，呈红褐色，颜色由里及外渐浅。背面较平。残宽10.8、残高6.3、最厚2.9厘米。（彩版一九）

79/SH683：224，现存炉衬和基体两部分。衬面基本熔融，呈深灰色，局部呈米黄色。基体呈红褐色，颜色由里及外渐浅。炉壁下截面平整，且已烧结，局部熔融，应为分节炉。残宽7、残高6.1、最厚2.7厘米。（彩版一九）

80/SH683：225，炉子的口部，直口。现存炉衬和基体两部分。衬面已烧结，有龟裂，未熔融，呈灰色，近口处微泛褐。基体上薄下厚，近口处呈红褐色，内部呈浅褐色，外部呈灰黑色。背面平整、光滑。残宽5.8、残高6.6、最厚2.1厘米。（彩版一九）

81/SH683：226，炉子的口部，直口。现存炉衬和基体两部分。衬面不平，稍烧结，无龟裂，未熔融，近口部呈红褐色，向下呈灰色，局部泛白。基体含草量较少，内部呈深灰色，外部呈浅褐灰色。炉壁下截面较平整，且已烧结，应为分节炉。残宽9.4、残高7.1、最厚3.4厘米。（彩版一九）

82/SH683：227，现存炉衬和基体两部分。衬面微熔融，呈青灰色，只有极少铜颗粒。基体内部呈红褐色，外部呈灰黑色。炉壁下面平整，且已烧结，应为分节炉。残宽8.6、残高7.1、最厚2.7厘米。（彩版一九）

83/SH683：229，炉子的口部，直口。现存炉衬和基体两部分。衬面稍烧结，无龟裂，未熔融，口部呈红褐色，向下呈灰色，且灰色加深。基体上薄下厚，呈红褐色，颜色由里及外渐浅。背面平整。残宽6.8、残高5.2、最厚3.5厘米。（图四；彩版二〇）

84/SH683：232，应为炉子的近口部。现存炉衬和基体两部分。衬面已烧结，稍龟裂，未熔融，呈浅灰色。基体较薄，内部呈深灰色，外部呈灰褐色。背面较平。残宽9.2、残高7.4、最厚3.5厘米。（彩版二〇）

85/ST1906⑥：40，炉子的口部。现存炉衬和基体两部分。衬面口部已烧结，未熔融，呈灰色，炉衬内部呈红褐色；中下部基本熔融，呈深灰色。基体较薄，内部呈青灰色，外部呈深灰色。背面较平整。残宽5.3、残高9.9、最厚2.2厘米。（彩版二〇）

86/ST2006⑦：12，炉子的口部，直口微侈。现存炉衬、基体、外壳层三部分。衬面已烧结，稍龟裂，未熔融，呈浅褐色，颜色由上及下渐深，下部泛灰。基体上薄下厚，呈深灰色。外壳层呈浅褐色。背面稍平。残宽6.3、残高7.6、最厚3.7厘米。（彩版二〇）

87/ST2007⑦A：22，现存炉衬和基体两部分。衬面基本熔融，龟裂纹较深，呈紫黑色。基体保存较好，内部呈深灰色，灰度由里及外渐浅，外层呈浅灰褐色。背面较平。炉壁下截面平整，呈红褐色，应为分节炉。残宽5.3、残高7.8、最厚3.8厘米。（彩版二○）

88/ST2212⑦：33，应为炉子的口部，敞口。现存炉衬和基体两部分。衬面大部分已脱落，稍烧结，未熔融，呈灰褐色，粘有铜颗粒。基体内部呈红褐色，外部呈浅褐色。残宽5.1、残高9.4、最厚3.3厘米。（彩版二○）

89/ST2505D⑥：8，为炉子的上部。现仅存炉衬部分。衬面已烧结，有碎小龟裂纹，未熔融，呈青灰色，内部呈深灰色。背面呈红褐色，较平整、光滑。炉壁上截面平整，且已烧结，呈青灰色，应为分节炉。残宽4.3、残高6.5、最厚1.2厘米。（彩版二○）

四期

90/SH220：35，现仅存炉衬部分。有两层衬面：外层衬面夹砂，含草，呈浅灰褐色，微微烧结，无龟裂，似未曾使用；内层层面已烧结，呈青灰色。炉衬含砂量较大，呈浅黄色。残宽5.3、残高5.8、最厚1.5厘米。（彩版二○）

91/SH227：58，炉子的近口部。现存炉衬、基体、外壳层三部分。炉衬大部分已脱落，衬面已烧结，未熔融，呈灰色，上部微泛褐。基体内部呈深灰色，外部与外壳层皆呈浅褐灰色。残宽10.5、残高7.6、最厚4.1厘米。（彩版二一）

92/SH227：68，炉子的近口部。现存炉衬和基体两部分。衬面已烧结，局部稍龟裂，未熔融，呈青灰色，较平整。基体较厚，内部呈深灰色，外部呈浅褐灰色。残宽10.6、残高7.8、最厚4.8厘米。（彩版二一）

93/SH227：85，炉子口部，直口。现存炉衬、基体、外壳层等三部分。衬面上部已烧结，未熔融，呈青灰色，下部微熔融，泛紫红。基体内部呈深灰色，外部及外壳层呈浅褐灰色。残宽5.8、残高7.8、最厚4.4厘米。（彩版二一）

94/SH227：96，现存炉衬和基体两部分。衬面完全熔融，呈紫红色，粘有较多铜锈和铜颗粒，且有木炭压痕。炉衬内侧及基体内侧皆呈青灰色，基体外部呈深灰色。残宽6.2、残高5.2、最厚2.2厘米。（彩版二一）

95/SH233：83，现存炉衬和基体两部分。衬面完全熔融，呈紫红色，局部泛紫黑。基体残存较少，呈青灰色。残宽4.9、残高3.9、最厚1.9厘米。（彩版二一）

96/SH241：11，炉子的口部，侈口。现存炉衬、基体、外壳层等三部分。衬面已烧结，无龟裂，未熔融，口沿处呈红褐色，其下呈浅灰褐色，炉衬内部呈红褐色，局部泛灰。基体和外壳层保存较好，较薄，内部呈深灰色，外部呈浅褐灰色。背面较平。残宽6、残高5.6、最厚2.8厘米。（图五；彩版二二）

97/SH241：12，现存炉衬和基体两部分。衬面完全熔融，呈紫红色，局部泛紫黑，粘有较多铜锈颗粒。基体残存较少，内部呈青灰色，外部呈深灰色。残宽7.7、残高6.5、最厚2厘米。（彩版二二）

98/SH252：82，现存炉衬和基体两部分。衬面完全熔融，呈紫灰色，局部泛紫红。基体较厚，内部呈青灰色，中部呈深灰色，外部呈浅褐灰色。炉壁下截面平整，已烧结，呈红褐色，应为分节炉。残宽7.3、残高8.3、最厚3.7厘米。（彩版二二）

99/SH252：90，炉子的口部，直口微侈，宽平沿，沿面呈浅灰色。现存炉衬和基体两部分。衬面

微熔融，呈浅紫红色。基体内部呈深灰色，外部呈浅褐灰色。残宽7.4、残高4.4、最厚4.3厘米。（图五；彩版二二）

100/SH268：81，现存炉衬和基体两部分。衬面完全熔融，呈紫灰色，局部微泛紫红。基体残存较少，内部呈青灰色，外部呈深灰色。炉壁上截面平整，且已烧结，应为分节炉。残宽7.7、残高8.5、最厚2.5厘米。（彩版二二）

101/SH268：82，现存炉衬和基体两部分。衬面基本熔融，龟裂纹较深，呈紫灰色，局部泛黑红。基体保存较好，内部呈青灰色，中部呈灰黑色，外部呈浅褐灰色。炉壁上部光滑，已烧结，呈红褐色，弧状，推测可能是鼓风口。残宽7、残高5.1、最厚3.5厘米。（图五；彩版二三）

102/SH269：162，炉子口部，直口微侈，宽平沿，沿面呈浅灰褐色。现存炉衬和基体两部分。衬面较薄，较平，含砂量较大，稍烧结，无龟裂，未熔融，呈浅灰色，上部微泛褐。基体内部呈青灰色，外部呈红褐色，颜色由里及外渐浅。残宽11.1、残高6.3、最厚3.9厘米。（图五；彩版二三）

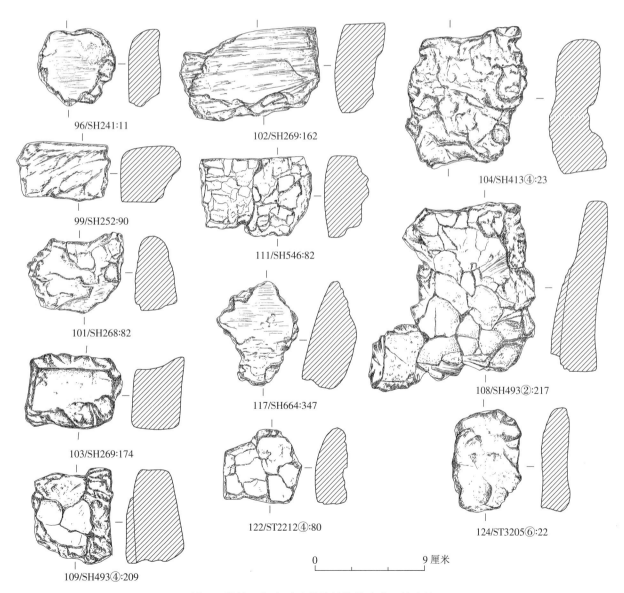

96/SH241:11

102/SH269:162

104/SH413④:23

99/SH252:90

111/SH546:82

101/SH268:82

108/SH493②:217

103/SH269:174

117/SH664:347

109/SH493④:209

122/ST2212④:80

124/ST3205⑥:22

0　　　　　　　　9厘米

图五　殷墟四期大型泥质炉衬堆筑式草泥炉残块

103/SH269：174，炉子的口部，敞口，平沿。现存炉衬和基体两部分。炉衬稍烧结，无龟裂，未熔融，呈灰褐色。炉衬内部及基体内部呈红褐色，颜色由里及外渐浅，基体外部呈浅褐灰色，口沿外侧呈深灰色。背面较平整。残宽7、残高4.6、最厚3.9厘米。（图五；彩版二三）

104/SH413④：23，炉子口部，敞口。现存炉衬和基体两部分。近口部衬面稍烧结，无龟裂，呈红褐色；中下部已烧结，有龟裂，未熔融，呈灰色。基体内部呈浅灰色，中部呈浅褐灰色，外层为泥土本色，浅黄色。背面较平。炉壁下截面较平整，且已烧结，应为分节炉口部。残宽9.2、残高10.1、最厚4.2厘米。（图五；彩版二三）

105/SH413④：24，炉子的近口部。现存炉衬和基体两部分。衬面已烧结，稍龟裂，呈浅灰色，内层下部呈红褐色。基体保存较好，较薄，内部呈深灰色，外部呈红褐色，表层局部泛浅灰，中部呈浅褐灰色。背面较平整。炉壁下截面平整，且已烧结，呈青灰色，局部泛红，应为分节炉。残宽10.2、残高8.6、最厚2.7厘米。（彩版二四）

106/SH493：218，炉子的口部，直口。现存炉衬和基体两部分。炉衬稍烧结，无龟裂，未熔融，呈灰白色，内部及下表面呈红褐色。基体较薄，内部呈深灰色，外部为泥土本色，微泛灰褐色。背面较平整。弦长10.5、弦高1.4、直径24、残高7.5、最厚3厘米。（彩版二四）

107/SH493①：213，现存炉衬和基体两部分。衬面已熔融，呈深灰色。基体上薄下厚，呈红褐色，颜色由里及外渐浅。背面平整，较光滑。炉壁上截面平整，且已烧结，应为分节炉。残宽6.4、残高6.5、最厚2.3厘米。（彩版二四）

108/SH493②：217，应为炉子的口部，直口微侈。现存炉衬和基体两部分。炉衬上部大部分已脱离，未熔融，呈浅灰色，下部微熔融，呈深灰色。基体较薄，呈红褐色，颜色由里及外渐浅。背面较平。弦长12、弦高1.5、直径30、残高13、最厚3.8厘米。（图五；彩版二四）

109/SH493④：209，炉子的口部，直口外侈。现存炉衬、基体、外壳等三部分。衬面已烧结，下部微熔融，呈深灰色，有一层白垢。基体保存较好，较厚，呈红褐色，颜色由里及外渐浅。外壳层较薄，夹砂，呈浅褐色。背面平整。残宽5.8、残高7.7、最厚4.4厘米。（图五；彩版二四）

110/SH502①：11，炉子的近口部。现存炉衬和基体两部分。炉衬已烧结，稍龟裂，未熔融，呈灰色，微泛褐。基体上薄下厚，内部呈深灰色，外部呈浅褐灰色。背面较平。炉壁下截面平整，且已烧结，呈红褐色，应为分节炉口部。残宽4.7、残高6.9、最厚3.1厘米。（彩版二五）

111/SH546：82，炉子的口部，直口微侈，宽平沿。现存炉衬和基体两部分。衬面已烧结，有龟裂，未熔融，呈浅灰色，局部泛褐，内部呈红褐色。基体内部呈深灰色，外部呈浅褐灰色。残宽8.5、残高5.4、最厚3.7厘米。（图五；彩版二五）

112/SH642③：13，应为炉子的口部。现存炉衬和基体两部分。衬面已烧结，下部微熔融，呈灰白色，炉衬内部呈浅褐色。基体较薄，保存较好，口部呈红褐色，内部呈深灰色，外部呈浅褐灰色。背面较平。残宽7.3、残高6.6、最厚3厘米。（彩版二五）

113/SH649：174，应为炉子的近口部。现存炉衬和基体两部分。衬面已烧结，稍龟裂，未熔融，呈浅灰色，炉衬内部呈浅褐色。基体较薄，保存较好，内部呈深灰色，外部呈浅褐色，局部微泛灰。背面较平。残宽9.2、残高4.6、最厚2.3厘米。（彩版二五）

114/SH649：176，应为炉子的口部，直口。现存炉衬和基体两部分。衬面已烧结，微龟裂，未熔融，呈浅灰色，炉衬内部呈浅褐色。基体保存较好，较薄，内部呈灰色，外部为泥土本色，微泛褐。背面较平。残宽7.2、残高7、最厚2.6厘米。(彩版二五)

115/SH664：324，应为炉子的口部，敞口，宽平沿。现存炉衬和基体两部分。衬面已烧结，未熔融，上部呈浅褐色，无龟裂，中下部呈灰色，有龟裂。基体保存较好，较薄，内部呈灰色，外部呈浅褐灰色。背面较平整。炉壁下截面平整，应为分节炉口部。残宽4.5、残高6.8、最厚2.3厘米。(彩版二五)

116/SH664：335，应为炉子的口部，侈口。现存炉衬和基体两部分。炉衬夹砂，衬面已烧结，无龟裂，未熔融，呈浅灰色。基体较薄，呈浅褐色。残宽6.8、残高6.1、最厚2.3厘米。(彩版二六)

117/SH664：347，炉子的口部，敞口。现存炉衬和基体两部分。衬面稍烧结，无龟裂，未熔融，呈浅灰色，颜色由上及下渐深。基体内部呈灰色，外部为土之本色，浅黄色，微泛灰。残宽7.8、残高5.8、最厚3.5厘米。(图五；彩版二六)

118/SH664：350，现存炉衬和基体两部分。衬面微熔融，呈紫灰色。基体内部呈灰黑色，外部呈灰褐色。炉壁上截面平整，呈红褐色，应为分节炉。残宽10.4、残高7.3、最厚3.4厘米。(彩版二六)

119/ST1806③：21，应为炉子的上部。现存炉衬和基体两部分。衬面上部已烧结，未熔融，呈浅灰色；中部稍熔融，龟裂纹较深，呈青灰色；下部已熔融，呈紫灰色。基体内部呈青灰色，中部呈深灰色，外部呈浅褐灰色。残宽6.4、残高10.1、最厚3.9厘米。(彩版二六)

120/ST1806⑤：49，炉子的口部，直口微侈，宽平沿。现存炉衬和基体两部分。衬面已烧结，有龟裂，未熔融，呈浅灰色，炉衬内部及口沿处呈红褐色。基体上部呈浅褐色，下部呈青灰色。残宽4.4、残高3.7、最厚3.4厘米。(彩版二六)

121/ST2006③：65，现存炉衬和基体两部分。两层炉衬，皆较薄，砂质，两衬面均已烧结，有龟裂，未熔融，呈浅灰色，粘有极少铜颗粒。基体甚厚，保存较好，内部呈青灰色，颜色由里及外渐浅；中间呈深灰色，灰度由里及外渐淡，外部呈浅褐灰色。背面较平整。残宽9.4、残高13.3、最厚7.4厘米。(彩版二七)

122/ST2212④：80，为炉子的口部，敞口。现存炉衬和基体两部分。衬面上部已烧结，呈浅灰色；下部微熔融，呈深灰色，有较多白垢；炉衬内部呈紫褐色。基体呈红褐色，颜色由里及外渐浅。残宽6.2、残高5.6、最厚2.6厘米。(图五；彩版二七)

123/ST2212④：83，似为炉子的口部，直口，卷沿。现存炉衬和基体两部分。衬面基本熔融，呈紫灰色，粘有少量铜锈和铜颗粒。基体残存甚少，呈红褐色，局部泛灰。残宽5.3、残高6.9、最厚1.6厘米。(彩版二七)

124/ST3205⑥：22，炉子的口部，侈口。现存炉衬和基体两部分。衬面已烧结，未熔融，上部呈红褐色，无龟裂；下部呈灰色，稍龟裂。基体保存较好，较薄，呈红褐色，颜色由里及外渐浅。背面较平。残宽5.4、残高7.5、最厚2.2厘米。(图五；彩版二七)

殷墟时期

125/SH214：26，炉子的口部，现存炉衬和基体两部分。衬面已烧结，无龟裂，未熔融，呈浅灰色。基体较薄，内部呈深灰色，外部呈浅褐灰色。背面较平。残宽7.6、残高6.5、最厚2.4厘米。(彩版二七)

126/SH230①：3，炉子的口部，直口略侈。现存炉衬、基体两部分。衬面已烧结，未熔融，无龟裂，呈红褐色。基体保存较好，近口部较薄，内部呈灰色，外部呈浅褐色。背面较光滑，有手抹痕迹。残宽8.4、残高10、最厚3.8厘米。（彩版二八）

127/ST2007②：9，现存炉衬和基体两部分。衬面完全熔融，呈紫红色，粘有少量铜颗粒。基体内部呈青灰色，外部颜色加深。残宽6.8、残高6.7、最厚3.3厘米。（彩版二八）

128/ST2412：35，炉子口部，敞口，平沿，沿面外侧呈红褐色。现存炉衬和基体两部分。衬面稍烧结，无龟裂，未熔融，呈浅褐灰色。基体内部呈深灰色，外部呈浅褐灰色。残宽8.1、残高4.1、最厚3.1厘米。（图六；彩版二八）

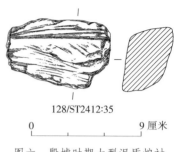

128/ST2412:35

0　　　　　　　　　9厘米

图六　殷墟时期大型泥质炉衬
堆筑式草泥炉残块

129/ST2711①：2，现存炉衬和基体两部分。炉衬部分脱落，衬面基本熔融，呈紫灰色。基体保存较好，较薄，呈深灰色。背面较平整、光滑。残宽8.6、残高5.8、最厚2.8厘米。（彩版二八）

130/03AXS：045，采集。炉子上部。现存炉衬、基体、外壳层三部分。衬面已烧结，有龟裂，未熔融，呈青灰色，有手抹平痕迹。基体和外壳层保存较好，基体内侧呈青灰色，外部呈深灰色，外壳层呈浅褐灰色。炉壁下面较平，且烧结，内侧呈灰色，外侧呈红褐色，应为分节炉。残宽8、残高8.1、最厚3.5厘米。（彩版二八）

131/03AXS：059，采集。炉子的近口部。现存炉衬、基体、外壳层三部分。草泥炉衬内含砂量较大，衬面稍烧结，无龟裂，未熔融，呈灰褐色，内部呈红褐色。基体和外壳层保存较好、较薄，基体内侧呈青灰色，外部呈深灰色，外壳层呈浅褐灰色。残宽4.5、残高5.9、最厚2.3厘米。（彩版二八）

（2）砂质炉衬堆筑式草泥炉

是指炉衬是以砂质为主体的堆筑式草泥炉，砂子颗粒径大小不一，且多呈白点状。计78块，占熔炉总数的0.74%。占大型熔炉的0.81%，占草泥炉的0.83%，占堆筑式草泥炉的0.91%。衬面多已烧结，无龟裂，未熔融，少数粘有铜锈。

二期

132/SH290①：42，现存炉衬和基体两部分。有两层炉衬：外层炉衬呈灰白色，上部微泛褐，下部微泛紫，微熔融，有龟裂；内层炉衬呈紫灰色，已熔融，有较多气孔。基体残存甚少，呈灰黑色。残宽5.3、残高11.9、最厚1.8厘米。（彩版二九）

133/SH290①：43，现存炉衬和基体两部分。有两层炉衬：外层炉衬呈紫褐色，局部泛灰，局部稍熔融，粘有少量铜锈；内侧炉衬呈紫灰色，基本熔融，粘有较多铜锈。基体内侧呈浅灰色，局部泛青，外部呈浅灰黄色。残宽6.5、残高9.7、最厚2.4厘米。（彩版二九）

三期

134/SH202②：238，现存炉衬和基体两部分。衬面已全部脱落，炉衬较厚，呈青灰色，表层有大量白点。基体内部呈黑灰色，外部微泛褐。残宽4.1、残高9.3、最厚4.9厘米。（彩版二九）

135/SH217②：10，现存炉衬和基体两部分。有两层炉衬，皆呈青灰色，局部泛红：外层炉衬灰度较深，局部呈紫红色，有龟裂，粘有少量铜锈；内侧炉衬含砂量及白点多于外层。基体内部呈黑灰色，

表层微泛褐，局部泛红。残宽5.2、残高8.9、最厚2.6厘米。（彩版二九）

136/SH217⑥：11，现存炉衬、基体、外壳层等三部分。衬面呈紫灰色，粘有极少铜锈。炉衬呈灰黄色，有较多小白点。基体内侧下部呈青灰色，上部呈浅灰色，外部呈灰黑色。外壳层呈浅褐灰色。残宽6.8、残高7、最厚3.5厘米。（彩版二九）

137/SH225②：159，炉子口部，敞口，卷沿。现存炉衬和基体两部分。炉衬较薄，口沿上部呈红褐色、下部呈青灰色，稍熔融。基体上部呈灰黑色，表层泛褐，下部呈青灰色。残宽3.7、残高5.8、最厚2.9厘米。（彩版三〇）

138/SH427：42，炉子口部，敞口，卷沿。现存炉衬和基体两部分。炉衬较薄，暴露出基体的草泥，口沿上部呈红褐色，下部呈深灰色，内有较多白点。基体上部呈浅褐灰色，下部呈青灰色。残宽7.7、残高4.7、最厚3厘米。（彩版三〇）

139/SH606③：53，炉子的口部，敞口，卷沿。现存炉衬和基体两部分。炉衬较薄，砂质，内部呈紫灰色；衬面已烧结，无龟裂，未熔融，呈灰黄色。基体残存较少，局部呈红褐色，颜色由里及外渐浅，局部呈青灰色。残宽5.9、残高5.8、最厚2.2厘米。（彩版三〇）

140/ST1906⑥：30，现存炉衬和基体两部分。有两层炉衬，皆呈青灰色，有较多白点。基体内侧呈青灰色，外部呈深灰色。背面较平。残宽4.5、残高5.6、最厚2.8厘米。（彩版三〇）

141/ST2811④：5，现存炉衬和基体两部分，炉衬和基体均较厚。衬面已全部脱落，炉衬呈灰黄色，表层有大量黄点。基体内侧呈灰黑色，外部呈浅褐灰色。残宽3.6、残高3.7、最厚5.4厘米。（彩版三〇）

四期

142/SH227：48，现存炉衬、基体、外壳层等三部分。有两层炉衬，外层炉衬呈红褐色，内层衬炉呈青灰色，有大量白点，粘有铜锈颗粒。基体内侧呈浅青灰色，外部呈灰黑色。外壳层呈红褐色。背面较平。残宽5、残高5.8、最厚4.2厘米。（彩版三一）

143/SH236：26，炉子的口部，敞口，卷沿。现存炉衬和基体两部分。炉衬呈青灰色，口沿处微泛褐，口部有较多白点。口沿处基体呈浅褐灰色，口部炉衬内侧呈青灰色，外部呈深灰色。残宽6.9、残高6.1、最厚4厘米。（图七；彩版三一）

144/SH241：7，现存炉衬、基体、外壳层等三部分。衬面已全部脱落，炉衬较薄，呈浅灰黄色，有大量黄点。基体呈青灰色。外壳层保存较好，呈灰黑色。背面较平。残宽5.7、残高7.1、最厚3.8厘米。（彩版三一）

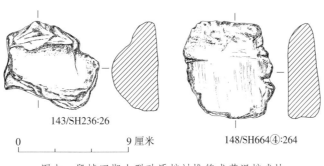

143/SH236:26

148/SH664④:264

0 ————————— 9厘米

图七　殷墟四期大型砂质炉衬堆筑式草泥炉残块

145/SH546：46，现存炉衬、基体、外壳层等三部分。有两层炉衬，外层炉衬衬面已全部脱落，内部呈青灰色，有较多白点。基体呈青灰色。外壳层保存较好，呈灰黑色。背面较平。残宽6.3、残高8、最厚4厘米。（彩版三一）

146/SH567：8，炉子的口部，敞口，卷沿，沿面较平。现存炉衬和基体两部分。有两层炉衬，下部皆微熔融，外层炉衬呈紫灰色，内层炉衬呈青灰色。基体内侧呈浅灰色，外部呈红褐色。残宽5.3、残高5.9、最厚3.7厘米。（彩版三二）

147/SH664③：256，炉子的近口部，敞口。现存炉衬和基体两部分。炉衬较薄，衬面浅灰色。基体口沿上部呈红褐色，其下呈浅灰褐色。残宽6.3、残高6.2、最厚2.4厘米。（彩版三二）

148/SH664④：264，炉子口部，敞口。现存炉衬和基体两部分。炉衬薄，衬面上部呈红褐色，下部呈灰色，有较多白点。基体内侧呈深灰色，外部呈浅褐灰色。残宽6.4、残高7.6、最厚2.5厘米。（图七；彩版三二）

149/ST2006③：34，似为炉子口部，直口，宽平沿。现存炉衬和基体两部分。炉衬呈青灰色，草泥炉衬表面涂有一薄层砂泥。基体内部呈灰黑色，外部呈浅褐灰色。残宽5.9、残高8.2、最厚4.2厘米。（彩版三二）

殷墟时期

150/ST2706③：2，现存炉衬和基体两部分。炉衬呈灰黄色，粘有少量铜锈颗粒。基体内侧呈青灰色，外部呈深灰色。残宽6.8、残高7.6、最厚2.8厘米。（彩版三二）

3. 条筑兼堆筑式草泥炉

指基体一部分是由草拌泥条盘筑，另一部分是由草拌泥堆筑而成的熔炉。甚少，仅发现2块。

二期

151/ST2711⑯：7，现存炉衬和基体两部分。炉衬较厚，内部呈青灰色，衬面完全熔融，呈紫黑色，有木炭压痕，左面有较多白垢。基体较薄，上部由细草泥条盘筑，泥条大部分已脱落，部分呈红褐色，部分呈深灰色；下部由草泥堆筑，内部呈青灰色，外部呈灰黑色。由基体上部呈红褐色判断，应为分节炉。残宽10.3、残高14.3、最厚3.7厘米。（彩版三三）

152/ST2711⑯：10，现存炉衬和基体两部分。有两层衬面，外层衬面上部脱落，下部基本熔融，呈紫黑色；内层炉衬较厚，内部呈青灰色，衬面已熔融，呈紫灰色，有较多白垢。基体较薄，内部呈灰黑色，外部呈浅褐灰色，上部由草泥条盘筑，下部由草泥堆筑。炉壁上截面较平整，且已烧结，呈红褐色，应为分节炉。残宽10.6、残高11.5、最厚3.5厘米。（彩版三三）

（二）砂泥炉

指熔炉的基体是由砂质泥筑成。出土数量较少，计270块，占熔炉总数的2.56%。占大型熔炉的2.81%。砂泥炉的炉壁由炉衬、基体、外壳层等三部分组成，大多数外壳层已脱落。炉衬和基体均含大量砂子，有的砂子颗粒较大。因基体和炉衬均为砂质，易碎，多为小块。少数炉衬和基体不分层。炉衬多呈浅灰色或青灰色，夹杂较多白点，衬面多已烧结，无龟裂，未熔融，少数粘有铜锈。基体多呈青灰色或灰褐色，有的呈红褐色，颜色由里及外渐浅。少数砂泥炉的基体外面还裹有草拌泥外壳层。

二期

153/SH290②：41，炉子口部，敞口，宽平沿，沿面呈红褐色。现存炉衬和基体两部分。炉衬含砂量高于基体，口部衬面呈深灰色，内部呈青灰色。基体呈浅褐灰色。残宽4.3、残高5、最厚2.8厘米。（图八；彩版三四）

三期

154/SH225②：158，炉子口部，敞口，折沿，沿面较宽平，呈浅灰色，局部泛褐，粘有极少铜颗粒。现存炉衬和基体两部分。炉衬呈紫灰色，有两层衬面，外层残存较少，含砂量大，内层微熔融。基体呈红褐色，颜色由里及外渐浅。残宽4.2、残高4.4、最厚1.9厘米。（图九；彩版三四）

153/SH290②:41

0 —————————— 9厘米

图八　殷墟二期大型砂泥炉残块

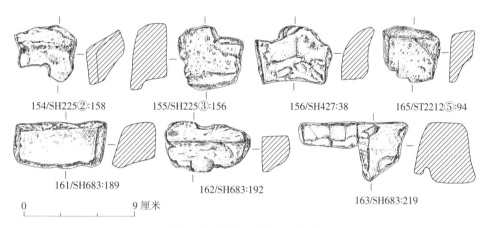

154/SH225②:158　　155/SH225③:156　　156/SH427:38　　165/ST2212⑤:94

161/SH683:189　　　162/SH683:192　　　163/SH683:219

0 ———————— 9厘米

图九　殷墟三期大型砂泥炉残块

155/SH225③：156，炉子口部，敞口，平沿。现存炉衬和基体两部分。炉衬含砂量明显高于基体，衬面呈灰色，炉衬内部和基体皆呈红褐色，颜色由里及外渐浅。残宽5.1、残高5、最厚2.9厘米。（图九；彩版三四）

156/SH427：38，似为炉子的口部，敞口，卷沿。现存炉衬和基体两部分。炉衬呈青灰色，有较多白点，口部衬面泛紫红。基体残存较少，砂质含草，呈浅灰褐色。残宽5.6、残高4.3、最厚2.4厘米。（图九；彩版三四）

157/SH456①：32，现存炉衬和基体两部分。炉衬呈青灰色。基体呈红褐色，颜色由里及外渐浅，局部泛浅灰。残宽6.8、残高5.2、最厚3.6厘米。（彩版三四）

158/SH603：10，现存炉衬和基体两部分。整体呈青灰色，为使二者结合更牢固，基体表面有竖向刻槽。衬面部分脱落，炉衬较薄，基体较厚。背面较平整，且颜色较深。残宽10.8、残高14.8、最厚3.2厘米。（彩版三四）

159/SH603：18，现存炉衬和基体两部分。整体呈青灰色。炉衬泛白。基体灰度较深。残宽7.2、残高8.5、最厚1.9厘米。与SH603：10应系同一炉子残块。（彩版三五）

160/SH683：115，炉衬上部外侈，可能是熔炉的口沿部分。现存炉衬和基体两部分。炉衬表面呈青灰色，内侧呈红褐色，含砂量多于基体部分。基体呈浅褐色。残宽13.7、残高5.4、最厚3.6厘米。

（彩版三五）

　　161/SH683：189，炉子的口部，敞口，沿面较平。现存炉衬和基体两部分。炉衬呈青灰色。基体含砂量少，呈红褐色，颜色由里及外渐浅。残宽7.2、残高3.9、最厚2.6厘米。（图九；彩版三五）

　　162/SH683：192，炉子的口部，敞口。现存炉衬和基体两部分。衬面呈青灰色，内部呈浅灰色。基体含砂量少，呈红褐色，颜色由里及外渐浅。残宽6.7、残高3.8、最厚1.9厘米。（图九；彩版三五）

　　163/SH683：219，炉子的口部，敞口，平沿，沿面较宽。现存炉衬和基体两部分。有两层衬面，皆有龟裂纹，稍熔融，外层衬面呈紫灰色，局部泛紫红，内层衬面呈紫红色。基体较厚，含砂量少，内侧呈浅灰色，外部呈红褐色，颜色由里及外渐浅。残宽8.8、残高4.2、最厚5厘米。（图九；彩版三五）

　　164/SH683：223，现存炉衬和基体两部分。衬面呈紫红色，局部泛紫灰，已熔融。基体较厚，含砂量少，呈红褐色，颜色由里及外渐浅。背面较平。炉壁上截面平整，且已烧结，呈红褐色，应为分节炉。残宽6、残高7.5、最厚4.1厘米。（彩版三五）

　　165/ST2212⑤：94，炉子口部，敞口，折沿，沿面平整。现存炉衬和基体两部分。衬面呈青灰色，口沿处泛褐。基体呈浅灰色。残宽4.4、残高4.3、最厚1.7厘米。（图九；彩版三五）

四期

　　166/SH220：23，炉子口部，敞口，折沿，沿面较宽，呈灰褐色。现存炉衬和基体两部分。衬面呈深灰色，微泛褐。基体呈红褐色。背面粘有一块料姜石。残宽3.9、残高5.4、最厚3厘米。（图一〇；彩版三六）

　　167/SH252②：53、54、55，应系同一炉子残块。现存炉衬、基体、草泥外壳等三部分。外层衬面粘有较多铜锈，呈灰绿色。

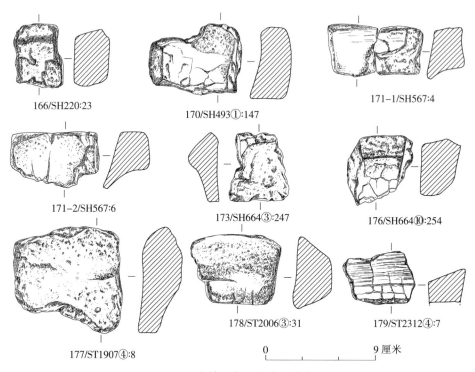

166/SH220:23　　　170/SH493①:147　　　171-1/SH567:4

171-2/SH567:6　　　173/SH664③:247　　　176/SH664⑩:254

177/ST1907④:8　　　178/ST2006③:31　　　179/ST2312④:7

0　　　　　9厘米

图一〇　殷墟四期大型砂泥炉残块

167－1/SH252②：53，有三层衬面，炉衬含砂量多于基体，炉衬呈青灰色。基体呈浅灰色。草泥外壳残存较少，呈浅灰黄色。残宽3.3、残高7.3、最厚3厘米。（彩版三六）

167－2/SH252②：54，有两层衬面，炉衬和基体不分层，呈青灰色。草泥外壳残存较少，呈浅灰色。残宽4.2、残高6.1、最厚2.3厘米。（彩版三六）

167－3/SH252②：55，有两层衬面，炉衬和基体不分层，呈青灰色。草泥外壳残存甚少，呈浅灰黄色。残宽4.4、残高5.3、最厚2.2厘米。（彩版三六）

168/SH269：96，现存炉衬和基体两部分。衬面呈浅灰色，局部紫红，粘有少量铜锈颗粒，炉衬内部呈青灰色，有较多白点。基体残存较少，呈灰色。残宽4、残高4.3、最厚2厘米。（彩版三六）

169/SH356②：25，现存炉衬、基体、草泥外壳等三部分。整体呈青灰色，衬面局部呈紫红色，粘有较多铜锈颗粒。炉衬和基体不甚分层，有较多白点。草泥外壳残存较少。残宽3.5、残高6、最厚2.6厘米。（彩版三六）

170/SH493①：147，炉子口部，侈口，口沿右高左低，似为炉子的流道。现存炉衬和基体两部分。衬面呈灰褐色，左侧泛红褐。基体呈红褐色，颜色由里及外渐浅。残宽7.2、残高5.4、最厚3.3厘米。（图一〇；彩版三七）

171/SH567：4、6，应为同一炉子的残块。系炉子口部，敞口，平沿，沿面呈红褐色。衬面呈浅灰色，微泛褐。基体呈红褐色，颜色由里及外渐浅。

171－1/SH567：4，残宽7.2、残高3.7、最厚2.8厘米。（图一〇；彩版三七）

171－2/SH567：6，残宽6.7、残高4.1、最厚2.9厘米。（图一〇；彩版三七）

172/SH649⑤：126，应为炉子口部，敞口，沿面较宽平。现存炉衬和基体两部分。衬面呈灰白色，内部呈青灰色。基体呈灰褐色。残宽4.6、残高3.6、最厚3.5厘米。（彩版三七）

173/SH664③：247，现存炉衬和基体两部分。炉衬含砂量大于基体，衬面呈灰白色，局部微泛紫红，少龟裂，内部呈青灰色，有较多白点。基体残存较少，呈红褐色，局部泛灰。炉壁上截面平整，且已烧融，呈青灰色，应为分节炉。残宽4.8、残高5.3、最厚2.3厘米。（图一〇；彩版三七）

174/SH664③：248，现存炉衬和基体两部分。炉衬含砂量大于基体，衬面粘满铜锈，呈灰绿色，内部呈青灰色，有大量白点。基体内部呈浅灰色，外部呈浅褐色。残宽4.2、残高5.2、最厚2.7厘米。（彩版三七）

175/SH664⑥：240，现存炉衬、基体、草泥外壳等三部分。衬面粘满铜锈，呈灰绿色，内部及基体皆呈青灰色。草泥外壳呈浅褐灰色。残宽2.3、残高4.5、最厚2.5厘米。（彩版三八）

176/SH664⑩：254，炉子的口部，敞口，平沿较宽，沿面呈红褐色。现存炉衬和基体两部分。衬面呈紫灰色，内部有较多白点。基体呈红褐色，颜色由里及外渐浅。残宽4.9、残高5.2、最厚3.1厘米。（图一〇；彩版三八）

177/ST1907④：8，炉子的口腹部，敞口，卷沿，沿面内倾，浅腹。现存炉衬和基体两部分。炉衬含砂量及砂粒径均大于基体，炉衬呈浅灰色，夹杂较多白点。基体皆呈青灰色。残宽8.7、残高8.1、最厚3厘米。（图一〇；彩版三八）

178/ST2006③：31，炉子的口沿部分，敞口，宽平沿。现存炉衬和基体两部分。炉衬呈灰色，夹杂大量白点。基体呈红褐色，局部泛灰。残宽7、残高5.3、最厚3厘米。（图一〇；彩版三八）

179/ST2312④：7，炉子的口沿部分，敞口，宽平沿。现存炉衬和基体两部分。炉衬呈青灰色，口部有龟裂。基体呈红褐色，下部泛浅灰。残宽5、残高4、最厚2.3厘米。（图一〇；彩版三八）

殷墟时期

180/ST3004⑤：3，现存炉衬和基体两部分。衬面呈紫灰色，粘有较多铜锈颗粒，内部呈灰白色。基体呈青灰色。背面灰度加深。残宽4.5、残高5.2、最厚1.6厘米。（彩版三八）

二 小型熔炉

即苗圃北地铸铜遗址所谓的"坩埚"。大部分小型熔炉的炉衬表面普遍粘有一层或多层铜锈。其出土数量明显少于大型熔炉，发现907块，占熔炉总数的8.62%。多碎小，不能复原。它们均内凹，且弧度较大，从部分口部、腹部、底部标本推测，其形状多为圆形，口沿多敞口或侈口，敞口炉子腹部较浅，侈口炉子腹部较深，均圜底，似殷墟时期的浅腹或深腹圜底盆。它们的直径小于大型熔炉，一般不足50厘米。小型熔炉的炉壁大多数由炉衬和基体两部分组成，少数还有草泥外壳层，但是外壳层内的含草量明显低于基体内的含草量。炉衬为砂质，表面因与铜液接触而多呈灰绿色，炉衬内部多呈紫褐色，且有较多气孔。基体有砂泥和草泥两种，多呈红褐色，且由里及外颜色逐渐变浅，说明内侧经火烧的温度要高于外侧，证明此类熔炉亦属于内燃式炉。有的小型熔炉有数层衬面，每层衬面均粘有铜锈，证明其多次修缮和使用。

小型熔炉以基体材质的不同可分为砂泥炉和草泥炉两类。不少小型熔炉基体已脱落，仅剩砂泥炉衬，把它们暂归入砂泥炉内。从数量看草泥炉明显多于砂泥炉。

（一）草泥炉

是指基体是由含草量较高的草泥堆筑而成的小型熔炉，不见泥条盘筑式。计664块，占熔炉总数的6.31%。占小型熔炉的73.21%。少数草泥炉基体内掺杂少量砂子。炉子结构一般由内外两层组成，内为砂质炉衬，外为草拌泥基体，含较多的秸秆，多呈红褐色，颜色由内及外逐渐变淡，少数呈青灰色。

二期

181/SH486③：6，现存炉衬和基体两部分。衬面呈灰绿色，粘有较多铜锈，局部粘有铜颗粒，内部呈紫黑色，气孔较多。基体泥质，内夹杂大量秸秆，呈红褐色，颜色由内及外渐浅。残宽7.3、残高8.3、最厚2.7厘米。（彩版三九）

182/SH651⑦：10，似为炉子的口部，侈口。现存炉衬和基体两部分。衬面呈灰绿色，铜锈较多。基体残存较少，呈橘红色。碎小。残宽4.5、残高5.1、最厚1.1厘米。（彩版三九）

183/ST2711⑭：17，现存炉衬和基体两部分。衬面呈灰绿色，粘满铜锈，内夹杂木炭。基体内夹杂较多秸秆，呈红褐色。较重。残宽4.5、残高9.5、最厚3.3厘米。（彩版三九）

184/ST2711⑭：19，似为炉子的口部，侈口。现存炉衬和基体两部分。有两层炉衬：外层炉衬残存较少，呈灰紫色，未见铜锈；内层炉衬的衬面呈灰绿色，粘满铜锈，内部呈紫色。基体残存较少，内夹杂较多秸秆，呈红褐色，颜色由里及外渐浅。残宽7、残高7.4、最厚2.6厘米。（图一一；彩版三九）

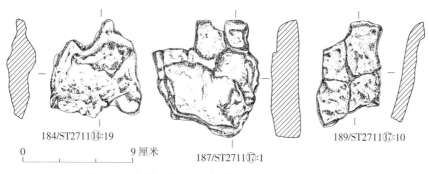

184/ST2711⑭:19

0   9厘米

187/ST2711⑰:1

189/ST2711⑰:10

图一一 殷墟二期小型砂质炉衬堆筑式草泥炉残块

185/ST2711⑭:21,现存炉衬和基体两部分。衬面呈绿色,粘满铜锈,内部呈紫红色。基体内夹杂大量秸秆,呈红褐色,颜色由内及外渐淡。残宽4.4、残高4.9、最厚1.9厘米。(彩版三九)

186/ST2711⑮:11,似为炉子的口腹部,口外侈,深腹,厚重。现存炉衬和基体两部分。有三层炉衬,衬面呈绿色,粘满铜锈,内部呈紫红色。基体内夹杂大量秸秆,呈红褐色,颜色由内及外渐淡。残宽9.5、残高12.5、最厚3.5厘米。(彩版四〇)

187/ST2711⑰:1,似为炉子的口腹部,口外侈,深腹,较厚重。现存炉衬和基体两部分。有两层炉衬,衬面呈绿色,粘满铜锈,内部呈紫红色,有气孔。基体内夹杂大量秸秆,呈红褐色。残宽7.9、残高9、最厚2.7厘米。(图一一;彩版四〇)

188/ST2711⑰:3,现存炉衬和基体两部分。衬面呈绿色,粘满铜锈,内部呈紫红色,有较多气孔。基体内夹杂大量秸秆,呈红褐色,颜色由内及外渐淡。较厚重。残宽5、残高6.5、最厚2.5厘米。(彩版四〇)

189/ST2711⑰:10,炉子的口腹部,侈口,深腹。现存炉衬和基体两部分。衬面呈灰绿色,局部粘有铜锈,内部呈紫黑色。基体残存很少,内夹杂大量秸秆,呈红褐色。残宽5、残高6.3、最厚1.3厘米。(图一一;彩版四〇)

190/ST2811⑭:22,现存炉衬和基体两部分。有两层炉衬,衬面呈绿色,粘满铜锈,内部呈紫红色,局部有气孔。基体残留较少,内夹杂较多秸秆,呈红褐色。较重。较碎小。残宽4.3、残高5.4、最厚1.8厘米。(彩版四〇)

191/ST2811⑯:8,现存炉衬和基体两部分。衬面呈灰绿色,粘满铜锈,内部呈紫黑色。基体残存较少,内夹杂大量秸秆,呈红褐色。较碎小。残宽4.8、残高5.4、最厚1.8厘米。(彩版四〇)

192/ST2811⑯:9,现存炉衬和基体两部分。衬面呈灰绿色,粘满铜锈,内部呈紫黑色,有较多气孔。基体内夹杂大量秸秆,呈红褐色,颜色由内及外渐淡。较重。残宽5.7、残高7.1、最厚2.3厘米。(彩版四一)

193/ST2812⑲:5,现存炉衬和基体两部分。衬面呈绿色,粘满铜锈,内部呈暗红色,局部有气孔。基体内夹杂大量秸秆,呈黑灰色。背面稍平。残宽6.2、残高8.1、最厚2.5厘米。(彩版四一)

三期

194/F73③:29,炉子的口部,侈口。现存炉衬和基体两部分。炉衬呈紫红色,局部粘有少量铜颗粒,内部有气孔。基体内夹杂较多秸秆,呈红褐色,颜色由里及外渐浅。较碎小。残宽3.9、残

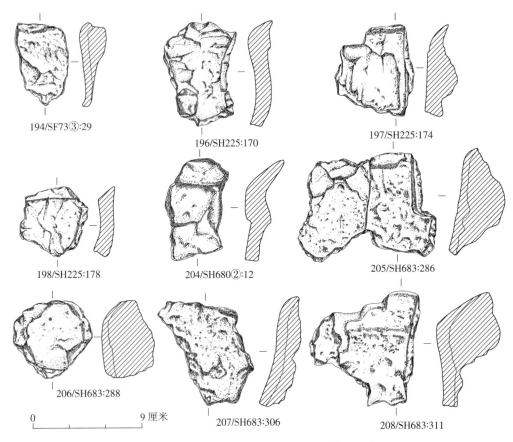

194/SF73③:29

196/SH225:170

197/SH225:174

198/SH225:178

204/SH680②:12

205/SH683:286

206/SH683:288

0　　　　　9厘米

207/SH683:306

208/SH683:311

图一二　殷墟三期小型砂质炉衬堆筑式草泥炉残块

高6.2、最厚2.2厘米。(图一二；彩版四一)

195/F119:33，现存炉衬和基体两部分。衬面呈灰绿色，粘满铜锈。基体内夹杂大量秸秆，呈红褐色，颜色由里及外渐浅。残宽5.5、残高8、最厚2.2厘米。(彩版四一)

196/SH225:170，炉子的口部，侈口，卷沿，沿面内倾。现仅存炉衬部分。炉衬呈浅灰色，下部粘有铜锈。背面口沿处呈红褐色，下部呈青灰色。背面粘有极少的草泥基体。残宽5.3、残高7.5、最厚1.8厘米。(图一二；彩版四一)

197/SH225:174，炉子的口部，侈口，卷沿。现存炉衬和基体两部分。有两层炉衬，衬面呈浅灰色，已烧结，但未熔融，铜锈甚少。基体内夹杂较多秸秆，呈灰褐色。较碎小。残宽5.7、残高6.9、最厚2.8厘米。(图一二；彩版四二)

198/SH225:178，炉子的口部，侈口，折沿，沿面内倾。现存炉衬和基体两部分。衬面呈灰白色，局部粘有铜锈。基体较薄，较平，呈青灰色，局部微泛红。较碎小。残宽4.8、残高5.3、最厚1.4厘米。(图一二；彩版四二)

199/SH225②:166，炉子的口部，侈口。现存炉衬和基体两部分。炉衬呈紫黑色，铜锈很少。基体内夹杂较多秸秆，呈红褐色。较碎小。残高3.1、残宽5.7、最厚2.2厘米。(彩版四二)

200/SH397④:3，应为炉子的口腹部，侈口。现存炉衬和基体两部分。衬面呈紫黑色，粘有较多铜锈，熔融，内部有气孔。基体内夹大量秸秆，呈红褐色。残宽6.6、残高9.2、最厚3厘米。(彩版四二)

201/SH397④：4，现存炉衬和基体两部分。两层衬面，衬面呈绿色，粘满铜锈，内部呈暗红色，局部有气孔。基体内夹大量秸秆，呈红褐色，颜色由内及外渐浅。残宽6.3、残高7.8、最厚4厘米。（彩版四二）

202/SH456⑤：33，炉子的口部，敞口。现存炉衬和基体两部分。炉衬呈深灰色，局部粘有少量铜颗粒。基体较厚，呈红褐色，颜色由里及外渐浅。残宽4、残高5.6、最厚2.4厘米。（彩版四三）

203/SH606⑤：21，现存炉衬和基体两部分。衬面呈灰绿色，粘满铜锈，内部呈紫红色，局部有气孔。基体内夹杂大量秸秆，呈红褐色，颜色由内及外渐浅。弦长8.9、弦高1.1、直径28、残高6.5、最厚2.2厘米。（彩版四三）

204/SH680②：12，炉子的口部，敞口，斜沿。较碎小。现存炉衬和基体两部分。衬面呈紫褐色，铜锈甚少，下部粘有铜锈。基体残存较少，内夹杂秸秆，上部呈红褐色，下部呈青灰色。残宽4.4、残高7.4、最厚2厘米。（图一二；彩版四三）

205/SH683：286，炉子的口腹部，圆形，敞口，浅腹。现存炉衬和基体两部分。衬面呈紫黑色，局部粘有铜锈，内部呈黑紫色，有较多气孔。基体内夹杂大量秸秆，呈红褐色，颜色由内及外渐浅。残宽10.9、残高8.2、最厚3.8厘米。（图一二；彩版四三）

206/SH683：288，炉子的口部，敞口，卷沿。现存炉衬和基体两部分。衬面呈灰色，上部泛红，未熔融；下部灰色加深，已熔融，有气孔，且粘有少量铜锈。基体较厚，内夹杂较多秸秆，呈红褐色，颜色由里及外渐浅，外层局部颜色泛灰。残宽6.1、残高5.8、最厚4.2厘米。（图一二；彩版四四）

207/SH683：306，炉子的口腹部，侈口，深腹。现存有炉衬和基体两部分。衬面呈深灰色，口沿处泛白，局部粘有铜锈，内部呈紫红色，气孔较多。基体内夹杂较多秸秆，呈红褐色，颜色由里及外渐浅。残宽5.9、残高7.9、最厚1.9厘米。（图一二；彩版四四）

208/SH683：311，炉子的口腹部，敞口，折沿，沿面宽平，腹壁内收，腹较浅。现存有炉衬和基体两部分。衬面呈紫灰色，铜锈较少，内部呈黑紫色，气孔较多。口沿处基体保存较厚，砂质，呈红褐色，颜色由里及外渐浅，腹部基体残存甚少，仅在炉衬背面粘有少量草拌泥。残宽7.7、残高8.6、最厚4.8厘米。（图一二；彩版四四）

209/ST2007⑫：9，现存炉衬和基体两部分。衬面呈灰绿色，粘满铜锈。基体较厚，内夹杂大量秸秆，呈红褐色，颜色由内及外渐浅。残宽6.1、残高7.3、最厚2.4厘米。（彩版四四）

210/ST2212⑦：20，现存炉衬和基体两部分。炉衬呈紫红色，铜锈较多。基体内夹杂较多秸秆，呈灰色，局部泛红。较碎小。残宽4.6、残高6.7、最厚3.1厘米。（彩版四五）

211/ST2609⑧：1，现存炉衬和基体两部分。有数层炉衬，甚薄，似"酥饼"，衬面呈灰白色，铜锈较少，内部呈紫黑色。基体残存较少，呈红褐色。碎小。残宽4.5、残高4.8、最厚2厘米。（彩版四五）

212/ST2812③：3，炉子的口部，口外侈。现存炉衬和基体两部分。衬面呈黑紫色，局部粘有铜锈，内部有气孔。基体内夹大量秸秆，呈红褐色，几乎全部脱落，暴露出炉衬的背面，含大量砂子，呈红褐色，且凹凸不平，有利于与基体黏结更牢固。弦长11.4、弦高1.4、直径32、残高10.5、最厚1.6厘米。（彩版四五）

四期

213/SH289③：21，现存炉衬和基体两部分。衬面呈绿色，粘满铜锈，内部呈紫黑色，局部有气孔。基体内夹杂大量秸秆，呈红褐色，颜色由内及外渐浅。残宽5.8、残高6.7、最厚2.9厘米。（彩版四五）

214/SH289③：32，现存炉衬和基体两部分。衬面呈灰绿色，粘满铜锈。基体残存较少，呈红褐色。残宽3.5、残高4.8、最厚1.3厘米。（彩版四五）

215/SH289③：33，炉子的口部，侈口，卷沿。现存炉衬和基体两部分。衬面呈紫红色，铜锈较少，内部呈紫黑。基体残存较少，呈红褐色。残宽4.6、残高5.9、最厚1.9厘米。（图一三；彩版四六）

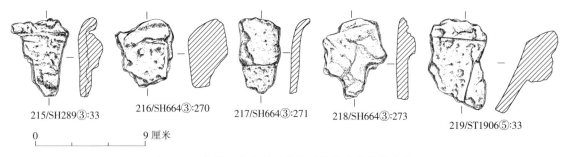

215/SH289③:33　　216/SH664③:270　　217/SH664③:271　　218/SH664③:273　　219/ST1906⑤:33

0　　　　　　　9厘米

图一三　殷墟四期小型砂质炉衬堆筑式草泥炉残块

216/SH664③：270，炉子口部，敞口，平沿。现存炉衬和基体两部分。衬面呈灰色，局部粘有铜锈，内部呈紫红色，气孔较多。基体夹杂少量秸秆，含砂，呈红褐色，颜色由内及外渐浅。残宽4.4、残高5、最厚3.2厘米。（图一三；彩版四六）

217/SH664③：271，炉子口部，敞口。现存炉衬和基体两部分。衬面呈灰色，部分脱落，有较多气孔，铜锈甚少。基体残存较少，夹杂秸秆，呈红褐色。残宽3.3、残高6、最厚1.1厘米。（图一三；彩版四六）

218/SH664③：273，炉子口部，敞口。现存炉衬和基体两部分。衬面呈灰绿色，粘有铜锈。基体残存较少，夹杂秸秆，含砂，呈红褐色。残宽4.7、残高5.6、最厚1.7厘米。（图一三；彩版四六）

219/ST1906⑤：33，炉子的口部，侈口，折沿，沿面内倾。现存炉衬和基体两部分。衬面呈灰白色，局部粘有铜锈，内部呈紫红色。基体残存较少，几乎全部脱落，呈红褐色，颜色由里及外渐浅。较碎小。残宽4.3、残高7、最厚2.4厘米。（图一三；彩版四六）

殷墟时期

220/SH206：3，现存炉衬和基体两部分。衬面呈绿色，粘满铜锈，内部呈紫红色。基体内夹杂少量秸秆，呈红褐色，颜色由内及外渐浅。残宽7.2、残高9.6、最厚3.4厘米。（彩版四六）

221/ST3004⑤：4，现存炉衬和基体两部分。有两层炉衬，衬面呈灰绿色，粘满铜锈。基体几乎全部脱落，内夹杂秸秆，呈浅褐色。弦长12.2、弦高0.7、直径34、残高7.2、最厚2.2厘米。（彩版四六）

（二）砂泥炉

是指基体用大量的砂质泥筑成的小型熔炉，筑炉方式皆为堆筑式。少数砂质基体内夹杂少量草拌泥。计243块，占熔炉总数的2.31%。占小型熔炉的26.79%。其结构一般由内外两层组成，内为砂质炉衬层，外为砂质基体，基体的含砂量较大，基体多呈淡红色或红褐色，少数呈青灰色或浅灰色。少数砂泥炉基体外还有一层草泥外壳。

二期

222/SH651①：15，现仅存炉衬部分。两层炉衬，衬面呈灰绿色，粘满铜锈，内部有少量气孔。背面呈红褐色。较碎小。残宽5、残高6.5、最厚1.3厘米。（彩版四七）

三期

223/SH261：19，现仅存炉衬部分。有两层炉衬，衬面呈紫红色，局部粘有铜锈，内部有气孔。背面呈红褐色。残宽5.3、残高4.8、最厚2.1厘米。（彩版四七）

224/SH315④：1，现存炉衬和基体两部分。有两层衬面，均粘有铜锈，衬面呈灰绿色。基体为淡红色，内含较多细砂，基体外似还裹有草拌泥。残宽4.9、残高7.5、最厚3.3厘米。（彩版四七）

225/SH315④：30，炉子口部，侈口，卷沿。现存炉衬和基体两部分。衬面呈灰色，未熔融，不见铜锈，均粘有铜锈。基体为以前用过的炉子残块，呈紫红色，已熔融，粘有较多铜锈颗粒。采用原来炉子残块做基体的现象甚少。碎小。残宽3.6、残高4.9、最厚2.2厘米。（彩版四七）

226/SH397②：22，炉子的口腹部，敞口，腹部较浅。现存炉衬和基体两部分。衬面呈紫黑色，局部粘有铜锈，有小气孔。基体内夹大量砂子，呈红褐色。残宽6.9、残高7.2、最厚2.1厘米。（图一四；彩版四七）

227/SH445⑥：14，炉子的口部，侈口。现仅存炉衬部分。衬面呈灰绿色，粘有铜锈，部分已脱

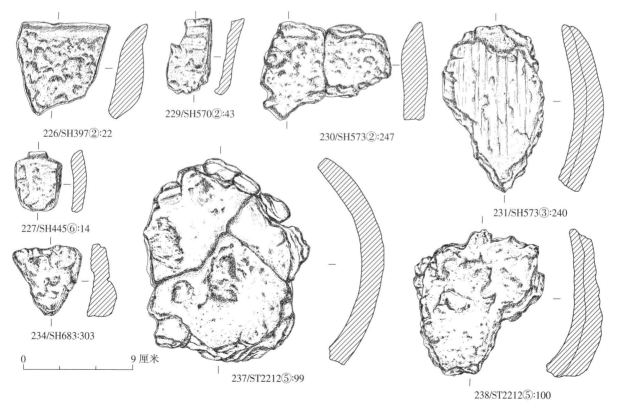

226/SH397②：22

229/SH570②：43

230/SH573②：247

231/SH573③：240

227/SH445⑥：14

234/SH683：303

0   9 厘米

237/ST2212⑤：99

238/ST2212⑤：100

图一四 殷墟三期小型砂质炉衬砂泥炉残块

落，内部有大量气孔。背面呈浅褐色。残宽3.8、残高4.3、最厚1.2厘米。（图一四；彩版四八）

228/SH491：66，炉子的近口部，敞口。现仅存炉衬部分。衬面呈紫黑色，局部粘有铜锈颗粒，内部有较多气孔。背面呈红褐色。残宽4.9、残高5.3、最厚1.7厘米。（彩版四八）

229/SH570②：43，炉子的口部，侈口。现仅存炉衬部分。衬面呈紫红色，铜锈甚少，内部呈紫黑色，气孔较多。背面呈红褐色。残宽3.3、残高5.6、最厚0.9厘米。（图一四；彩版四八）

230/SH573②：247，炉子的口部，敞口。现仅存炉衬部分。衬面呈紫灰色，铜锈甚少，内部呈紫红色，有大量气孔。背面呈红褐色。残宽10.1、残高7.5、最厚2.3厘米。（图一四；彩版四八）

231/SH573③：240，现存炉衬和基体两部分。有三层炉衬，外两层炉衬衬面呈紫黑色，粘有铜锈，内层炉衬下部呈浅灰色，上部呈浅褐色，没有烧结，应该是处理好该层炉衬后还没有使用过。基体内含大量砂子，呈浅灰色，局部呈褐色。残宽8.2、残高13.1、最厚2.4厘米。（图一四；彩版四八）

232/SH573⑥：248，炉子的口部，敞口。现仅存炉衬部分。衬面呈紫红色，铜锈甚少，内部呈紫黑色，有气孔。背面呈红褐色。残宽3.6、残高5.2、最厚1.2厘米。（彩版四八）

233/SH603：19，炉子的近口部。现存炉衬和基体两部分。衬面上部呈浅灰色，下部粘有较多铜锈，呈灰绿色。基体残存较少，呈红褐色。残高4.2、残宽6.1、最厚2.1厘米。（彩版四九）

234/SH683：303，炉子的口部，敞口。现存炉衬和基体两部分。有两层炉衬，衬面呈紫灰色，下部粘满铜锈，内夹杂有木炭。基体残存较少，呈红褐色。残宽5.1、残高5.4、最厚2厘米。（图一四；彩版四九）

235/SH683：305，现仅存炉衬部分。有四层炉衬，衬面呈灰绿色，粘满铜锈，局部还粘有木炭。背面呈红褐色。较薄。残宽6、残高7.5、最厚1.3厘米。（彩版四九）

236/ST2007⑥：65，现仅存炉衬部分。衬面下部粘满铜锈，呈绿色，上部无铜锈，呈紫红色。背面呈浅褐色。残宽5.3、残高5.4、最厚1.5厘米。（彩版四九）

237/ST2212⑤：99，似为炉子的底部，圜地。现存炉衬和基体两部分。有四层炉衬，均粘有铜锈，衬面呈灰绿色，基体呈红褐色。弦长15.3、弦高3.1、直径28、残高12.5、最厚2.4厘米。（图一四；彩版四九）

238/ST2212⑤：100，似为炉子的底部，圜地。现存炉衬和基体两部分。有四层炉衬，均粘有铜锈，衬面呈灰绿色，基体呈红褐色。弦长10.5、弦高1.4、直径30、残高10.5、最厚2.5厘米。与ST2212⑤：99应系同一熔炉。（图一四；彩版五〇）

239/ST2212⑧：15，现仅存炉衬部分。有两层炉衬，衬面呈灰褐色，下部熔融，粘有铜锈，有气孔，上部未熔融，不见铜锈。背面呈红褐色。应是炉子的近口部。较碎小。残宽6.2、残高6.5、最厚1.5厘米。（彩版五〇）

四期

240/SH268：41，炉子的口部，侈口，卷沿。现存炉衬和基体两部分。有两层炉衬，衬面呈灰白色，铜锈较少，内部呈紫黑色。基体口部较厚，呈红褐色，颜色由里及外渐浅。碎小。残宽3.5、残高4.5、最厚2.5厘米。（图一五；彩版五〇）

241/SH481②：107，现存炉衬和基体两部分。炉衬呈灰绿色，粘满铜锈。基体夹杂大量砂子，呈

红褐色。其外残留少许外壳层，夹杂细砂。残宽4.9、残高5.5、最厚2.2厘米。（彩版五〇）

242/SH493④：155，炉子的口部，敞口。现存炉衬和基体两部分。有两层炉衬，衬面呈紫褐色，局部粘有铜锈。基体夹细砂，呈红褐色。碎小。残宽6、残高4.5、最厚1.5厘米。（图一五；彩版五〇）

243/SH642③：8，炉子的口部，敞口。现仅存炉衬部分。衬面呈紫红色，未见铜锈。背面呈灰白色。碎小。残宽4、残高5.1、最厚1.3厘米。（图一五；彩版五〇）

244/SH649④：132，现存炉衬和基体两部分。三层炉衬，衬面呈灰绿色，粘满铜锈。基体夹砂，呈红褐色，颜色由里及外渐浅。碎小。残宽4.8、残高5、最厚2厘米。（彩版五一）

245/ST2006⑥：6，炉子的近口部。较厚。现存炉衬和基体两部分。衬面呈浅灰色，上部没有熔融，下部熔融，粘有铜锈。基体夹砂，呈红褐色，颜色由里及外渐浅。基体外粘有少量草泥外壳，呈淡红色。残宽6、残高6.8、最厚3.6约厘米。（彩版五一）

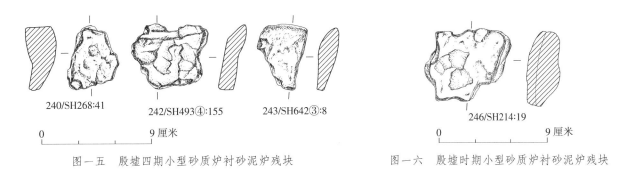

图一五　殷墟四期小型砂质炉衬砂泥炉残块　　　　　图一六　殷墟时期小型砂质炉衬砂泥炉残块

殷墟时期

246/SH214：19，炉子的口部，敞口。现存炉衬和基体两部分。有两层炉衬：外层炉衬残存较少，较薄，表面呈浅灰色，未熔融，未见铜锈；内层炉衬呈紫黑色，粘有少量铜锈，气孔较多。基体较厚，呈红褐色，颜色由里及外渐浅。较碎小。残宽5.6、残高5.2、最厚2.9厘米。（图一六；彩版五一）

247/SH215：4，现仅存炉衬部分。有两层炉衬：外层炉衬表面呈浅灰色，内部呈黄褐色，未见铜锈，亦未熔融，没有使用过；内层炉衬呈紫褐色，局部粘有铜锈，有气孔。背面黄褐色。碎小。残宽5.8、残高4.7、最厚2.1厘米。（彩版五一）

第二节　铸铜器具

铸铜器具共出土75670块，包括模、范、芯三种。其中范的数量远多于模和芯。

一　模

计148块，仅占铸铜器具总数的0.20%。有整体模和组合模两种。模的材料多为泥质，质地较细密，颜色多呈淡红色或浅灰色。多数模中空，非实心。多数模上不但有主体纹饰，而且还有地纹（云雷纹）；少数模上只有主体纹饰的轮廓，那些精细的花纹和地纹应是在翻印后的范上刻划的；另有少量模的主体纹饰是先贴后塑而成的，即先在素模上贴一层泥，再塑出纹饰，多为兽面纹。

陶模统计表

种类	数量	占总数的比例	器类	数量	占容器模的比例
容器	142	95.95%	鼎	9	6.34%
			簋	8	5.63%
			瓿	2	1.41%
			罍	3	2.11%
			瓠	1	0.70%
			觚	10	7.04%
			纽	3	2.11%
			錾（耳）	14	9.86%
			绚索	5	3.52%
			帽	3	2.11%
			兽头	9	6.34%
			涡纹	2	1.41%
			不辨容器	73	51.41%
兵器和工具	5	3.38%	矛	3	
			不识工具	2	
车马器	1	0.68%	泡	1	

　　大多数模因太碎小，不易判断其器形，能分辨出的以容器模为大宗，另出土少量兵器矛模、车马器泡模等。

（一）容器模
　　计142块，占陶模总数的95.95%。以纽、錾（耳）、帽、绚索、兽头、涡纹等容器上的附件模居多，也发现一些鼎、簋、瓿、罍、瓠、觚等容器模。

1. 鼎模
　　计9块。辨认出的器形有分裆鼎、鼎足等。

三期
　　248/SH468：1，足模，较完整。夹细砂，红褐色，局部泛灰色。圆柱体，上部略粗于下部，素面，表面有一道竖向设计线绕鼎足中部一周。顶部为斜面，其弧度与鼎底的弧度相同。直径5.1~6.1、高19.1厘米。（图一七；彩版五二）
　　249/SH468：16，足模，残存少许。夹细砂，红褐色，局部泛灰，内胎呈青灰色。圆柱体，素面，表面有一道竖向设计线。残径约5.7、残高7.7厘米。（彩版五二）
　　250/SH683：1，分裆鼎模，残，泥质，胎呈淡红色，表面呈灰黑色，微泛褐。空心，折沿，沿上面有划痕。面范饰兽面纹和倒立夔龙纹，以云雷纹衬地，云雷纹的线条很细很浅，似模印。口沿上设有立耳。腹残宽11.6、腹残高9.4、耳高5.2、最厚5.2厘米。（图一七；彩版五二）
　　251/SH683：77，分裆鼎模，残，泥质，胎呈淡红色，表面呈灰黑色，微泛褐。空心，折沿，沿上

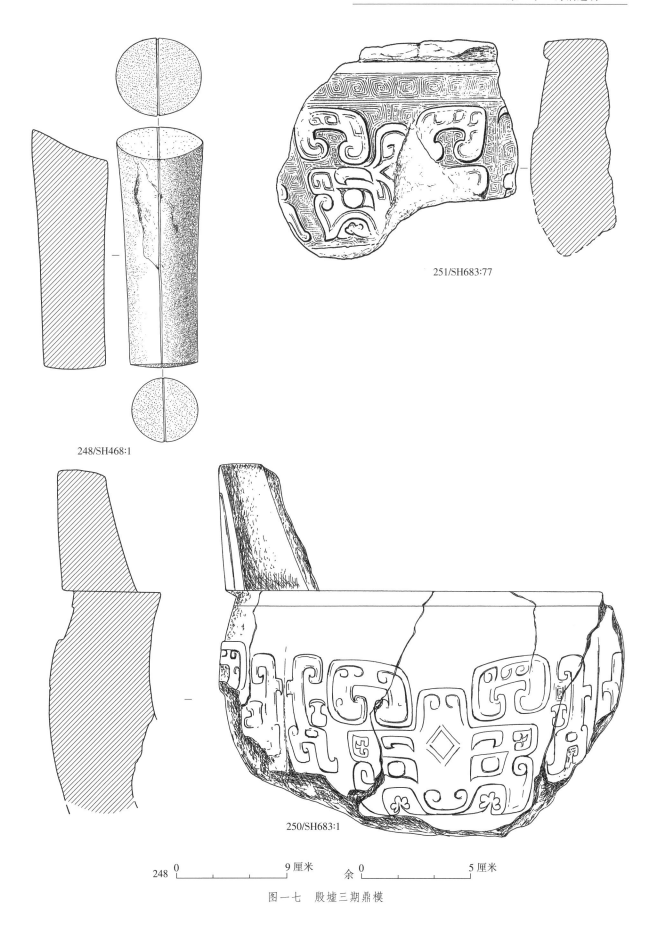

251/SH683:77

248/SH468:1

250/SH683:1

248　0　　　　　　　9厘米　　　余　0　　　　　5厘米

图一七　殷墟三期鼎模

面有划痕。面饰兽面纹和倒立夔龙纹，以云雷纹衬地，云雷纹的线条很细很浅，似模印。残宽11、残高8.8厘米。（图一七；拓片一；彩版五三）

四期

252/SH227：24，分裆鼎模，残。泥质，青灰色。空心。面口沿下饰两道弦纹，腹部饰兽面纹和倒立夔龙纹，无地纹。表面还发现一道垂直设计线。残宽7、残高4.9厘米。（图一八；拓片二；彩版五三）

253/ST2212⑤：57，足模。实心圆柱体，上端残。泥质，青灰色。表面饰三角蝉纹，纹饰部分磨损，较模糊。直径2.4厘米、残高4.5厘米。（图一八；彩版五三）

254/ST3205⑥：26，应是耳模，残。泥质，表面呈红褐色，局部微泛灰，内胎呈浅灰色。素面，表面甚光滑。残宽2.1、残高5.5厘米。（图一八；彩版五三）

殷墟时期

255/SF54：1、2，系同一件大鼎足模，极粗大，均残。泥质，因其还处于阴干阶段，尚未进行焙烧，而呈土之本色，浅黄色。两件鼎足形制相同，半圆柱体，中部略细，两端稍粗。鼎足由上、下两段组成，下段素面，上段饰大兽面纹。

255 – 1/SF54：1，上段宽24.9、高19.9、最厚8.8厘米，下段直径14～16.1、残高27.3、最厚6.4厘米。（图一九；彩版五三）

255 – 2/SF54：2，直径12.4～20.2、残高31.4、最厚9.8厘米。（图一九；彩版五三）

2. 簋模

计8块。有簋的口部和腹部模，另有2件簋的整体模，体小，应是设计模。

三期

256/SH573④：203，设计模，体小，残。泥质，表面呈灰褐色，局部泛黑，内胎呈红褐色。敞口，收腹，假圈足。腹部刻划菱形方格纹，下腹近圈足处有一道设计线。残宽4.5、残高3.5、圈足径约4.1厘米。（图二〇；彩版五四）

257/ST1806⑥：9，口、颈和上腹部模，残。泥质，青灰色。空心。面颈部饰弦纹，腹部饰勾连雷纹，还发现一道垂直设计线。残宽5.8、残高8.5厘米。（图二〇；彩版五四）

258/ST1906⑥：20、42，应系同一件簋的腹部模，皆残。泥质，青灰色。面饰勾连雷纹，下有一道弦纹。

258 – 1/ T1906⑥：20，残宽6.1、残高9.1厘米。（图二〇；拓片三；彩版五四）

258 – 2/ T1906⑥：42，残宽3.2、残高5.1厘米。（图二〇；彩版五四）

259/ST1907⑦：43，口、颈和上腹部模，残。泥质，青灰色。空心。面颈部饰目纹、云雷纹和弦纹，腹部饰勾连雷纹，还发现一道垂直设计线。残宽5.7、残高5.9厘米。（图二〇；拓片三；彩版五四）

四期

260/ST3107③：19，可能是簋腹部模，残。泥质，红褐色。面饰菱形雷纹，较模糊。残宽5.2、残高6.8厘米。（图二一；彩版五四）

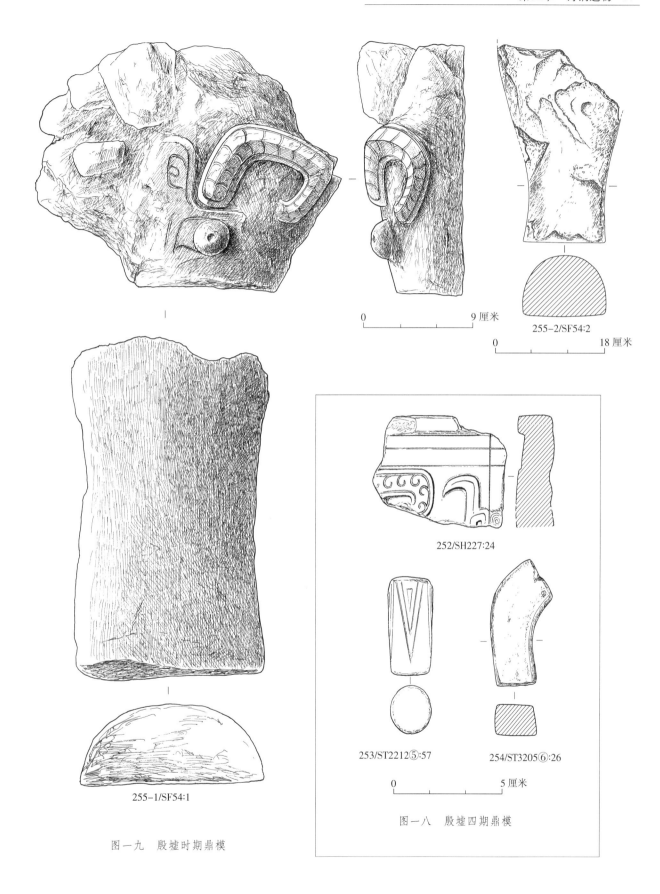

255-2/SF54:2

0   9 厘米

0   18 厘米

252/SH227:24

255-1/SF54:1

253/ST2212⑤:57   254/ST3205⑥:26

0   5 厘米

图一八 殷墟四期鼎模

图一九 殷墟时期鼎模

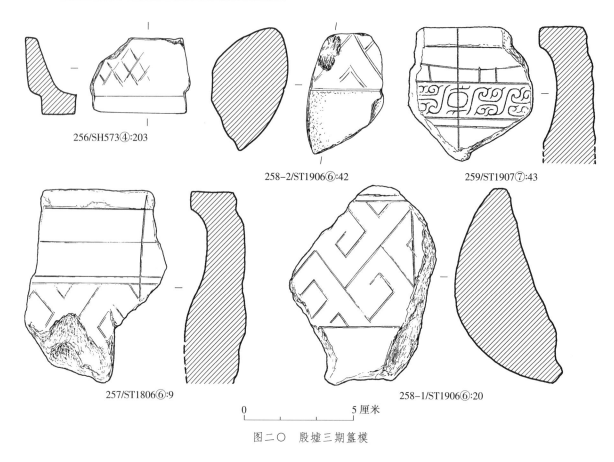

256/SH573④:203

258-2/ST1906⑥:42

259/ST1907⑦:43

257/ST1806⑥:9

258-1/ST1906⑥:20

0   5 厘米

图二〇　殷墟三期簋模

260/ST3107③:19

0   5 厘米

图二一　殷墟四期簋模

殷墟时期

261/ST1806:01，采集。设计模，体小，完整。泥质，青灰色。实心。上面和底面均有一卯。面簋颈部饰两道弦纹，腹部素面，圈足饰一道弦纹，表面发现两道垂直对称设计线。口径 2.6、腹径 2.6、通高 2.4 厘米。（图二二；拓片四；彩版五四）

262/ST2313:01，采集。口和颈部模，残。泥质，灰褐色。空心。面簋的口沿下饰夔龙纹，无地纹。背面有四道平行斜刻槽。残宽 7.1、残高 8.3 厘米。（图二二；彩版五四）

3. 瓿模

计 2 块。应皆是瓿的腹部模。

三期

263/SH573③:75，残。泥质，表面呈浅灰色，胎呈模土原本色。实心。面饰以云雷纹勾勒而成的兽面纹，中间以一道弦纹相隔，纹饰线条较粗，少许磨损，较清楚。残宽 7.4、残高 5.8 厘米。（图二三；拓片五；彩版五五）

殷墟时期

264/SH214:10，残。泥质，表面呈灰褐色，胎呈浅褐色。实心。面饰以云雷纹勾勒而成的兽面纹，纹饰线条较粗，较清楚。残宽 6.1、残高 5.5 厘米。（图二四；拓片六；彩版五五）

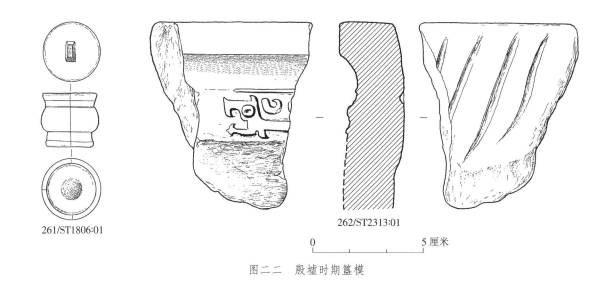

261/ST1806:01

262/ST2313:01

0　　　　　　　　　　5 厘米

图二二　殷墟时期簋模

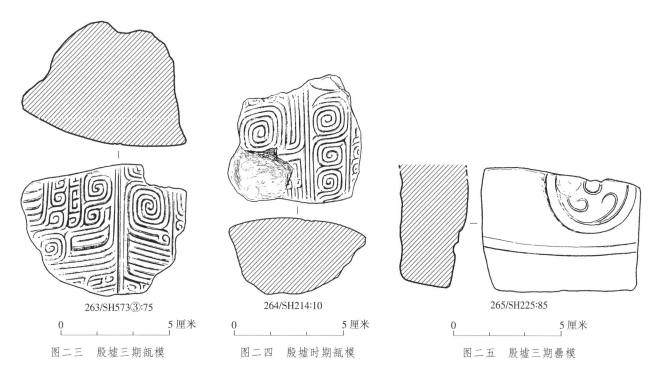

263/SH573③:75

0　　　　　　　5 厘米

图二三　殷墟三期瓿模

264/SH214:10

0　　　　　　　5 厘米

图二四　殷墟时期瓿模

265/SH225:85

0　　　　　　　5 厘米

图二五　殷墟三期罍模

4. 罍模

计 3 块。均为圆罍的肩部模。

三期

265/SH225：85，残，泥质，青灰色。空心。面饰圆涡纹，其下有一道凹槽。此模下部有分型面，证明其非整体模，而是从肩部和腹部之间水平分模。残宽 7.4、残高 5.4 厘米。（图二五；拓片七；彩版五五）

四期

266/SH220①：9，残，泥质，青灰色。空心。面饰圆涡纹，其下有一道凹槽。圆涡纹右侧有一道垂直设计线。残宽 6.5、残高 7.8 厘米。（图二六；拓片八；彩版五五）

267/ST1806③：28，残，泥质，青灰色。空心。素面，仅肩部有一道凹槽。此模下部有分型面，证明其非整体模，而是从肩部和腹部之间水平分模。残宽5.3、残高5.7厘米。（图二六；彩版五五）

5. 瓠模

仅1块。时期为殷墟四期。

268/SH664③：156，腹部模，残，圆柱体。夹砂，红褐色。瓠腹部微鼓，上端略细于下端，上端饰三道弦纹，下端饰两道弦纹。表面有两条对称竖向凸棱，凸棱应是由两件模盒相扣填土筑模形成，故推测该模应是由模盒制作而成。残宽5.6、残高10.6厘米。（图二七；彩版五五）

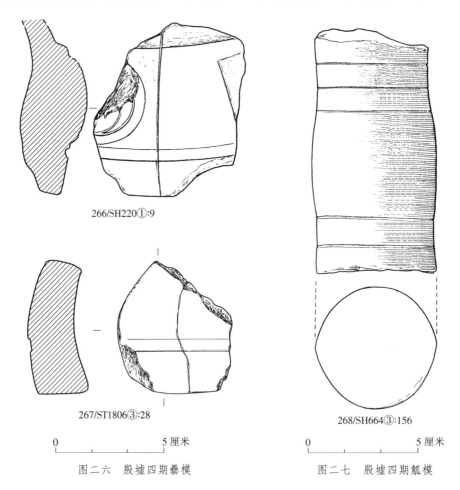

266/SH220①:9

267/ST1806③:28

0   5厘米

图二六 殷墟四期罍模

268/SH664③:156

0   5厘米

图二七 殷墟四期瓠模

6. 觥模

计10块，多为觥盖模。

三期

269/SH277：39，觥盖模，残。泥质，青灰色。残存部分应系觥盖前部，空心。纹饰大部分已磨损，前端中部拱起，似饰兽面纹，后端折起，所饰纹饰不辨。残宽5.3、残高4.9厘米。（彩版五六）

270/SH573②：76，觥盖模，残。泥质，青灰色，局部泛红。盖面中部拱起，素面，表面残留有淡红色稀泥浆。下有矮座，平底，底部有一大三角形榫，用来与觥身模相扣合。残长11.4、宽6.7厘米。（图二八；彩版五六）

271/ST2212⑤：64，觥盖模，残。泥质，红褐色。盖面中部拱起，中间有三道设计线把觥盖平均

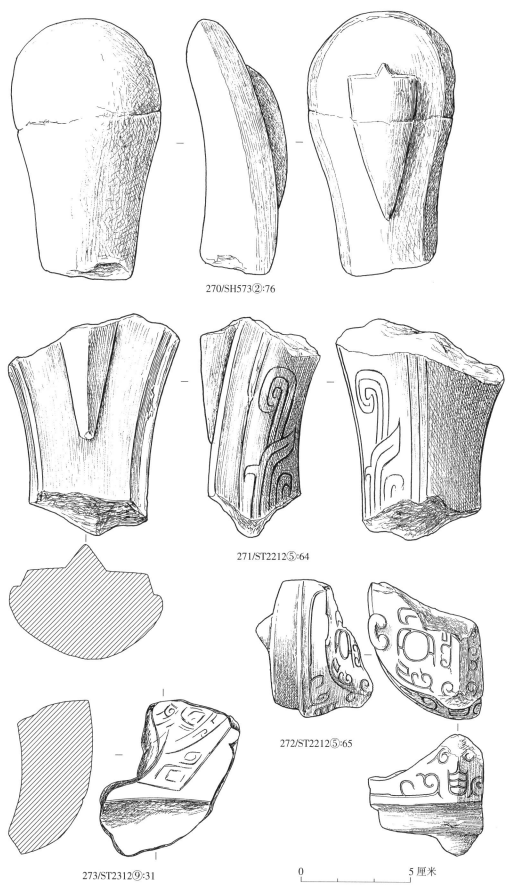

270/SH573②:76

271/ST2212⑤:64

272/ST2212⑤:65

273/ST2312⑨:31

0　　　　　　5厘米

图二八　殷墟三期觚模

分为两部分，一部分饰夔龙纹，无地纹，较模糊。另一部分素面。下有矮座，座底平，中间有一榫。残长 4.5、残宽 7.8 厘米。（图二八；彩版五六）

272/ST2212⑤：65，可能是觥盖模，残。泥质，青灰色。盖面饰兽面纹，一端翘起，翘起部分的外侧面饰蝉纹，均无地纹。下有矮座，座底平，中间有一榫。残长 4.5、残宽 6.8 厘米。（图二八；彩版五七）

273/ST2312⑨：31，可能是觥模，残。泥质，红褐色，局部泛灰。表面饰有纹饰，较模糊，不辨。残宽 4.9、残高 7.6 厘米。（图二八；彩版五七）

274/ST2312⑨：32，觥盖模，残。泥质，盖面呈浅灰褐色，其余呈红褐色。盖面前端翘起，中部拱起，素面，边缘发现一道设计线。下有矮座，座底平，中部有一大三角形榫，用来组装觥体模。残宽 5.2、残高 8.5 厘米。（彩版五七）

四期

275/SH269：60，觥盖模，残。泥质，表面呈褐色，局部泛青，胎呈青灰色。盖体为虎头，虎头前端龇牙咧嘴，头顶一小动物，已残，不辨。底面平，中部有一大榫头。残长 5.2、残宽 6.1 厘米。（图二九；彩版五八）

276/ST2212④：28，觥盖模，残。泥质，浅褐色。盖面前端为虎头，咧嘴龇牙，作狰狞状，上部有眉和眼，无地纹。残长 4.4、残宽 3.2 厘米。（图二九；彩版五八）

277/ST2312③：13，觥盖模，残。泥质，红褐色，底面局部泛灰。盖面中部拱起，中脊有一道设计线，中脊两侧各有一凹槽，其一残，凹槽应为安装兽面立角所设。槽前素面，槽后所饰纹饰残留甚少，不辨。下有矮座，座底平，中间有一大榫，应与其下的觥身模上部的大卯相扣合。残宽 10.4、残高 8.2、最厚 3.8 厘米。（图二九；彩版五八）

殷墟时期

278/03AXS：07，采集。觥盖模，残。夹砂，灰褐色。面中部拱起，饰动物纹，纹饰线粗，无地纹。残长 6.9、残宽 5.2 厘米。（图三〇；彩版五八）

7. 纽模

计 3 块。应为罍或卣盖子上的柱纽。

三期

279/SH496①：12，残。体似倒立的小罍，夹细砂，褐色。表面有数道设计线，设计线内有纹饰，较模糊，仅能辨认出一圆圈，似眼睛。残宽 3.3、残高 3.9 厘米。（图三一；彩版五九）

四期

280/SH252②：97，花蕾状纽模，残。泥质，表面浅灰褐色，内胎呈青灰色。饰六瓣花蕾。纽下似有柱，已残。残宽 3.2、残高 2.3 厘米。（图三二；彩版五九）

281/SH268：24，花蕾状纽模，残。泥质，外胎呈浅灰色，内胎呈砖红色。表面素面，中部有一道竖向设计线，较深。残宽 3.4、残高 3.3 厘米。（图三二；彩版五九）

8. 錾（耳）模

计 14 块，为簋、罍、斝等器物的錾（耳）及錾（耳）上部的兽头模，以牛头居多。泥质，青灰色或浅灰色为主，少数胎为淡红色或局部泛红。有的兽头錾模下部有托板，托板拱起弧度与錾所在器身位置的弧度相同。证明这些兽头錾是单独翻范的。

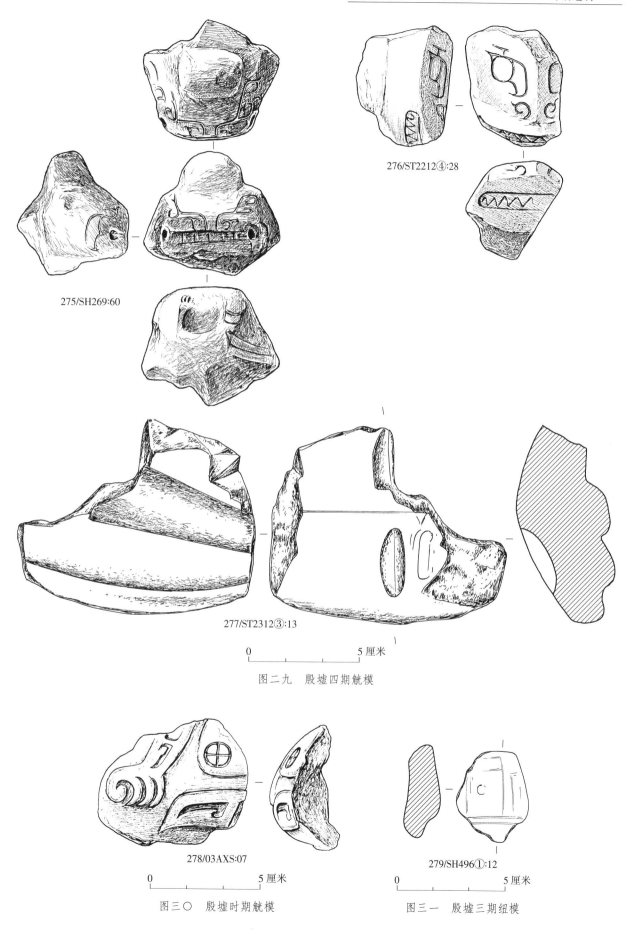

275/SH269:60

276/ST2212④:28

277/ST2312③:13

0   5厘米

图二九 殷墟四期舵模

278/03AXS:07

0   5厘米

图三〇 殷墟时期舵模

279/SH496①:12

0   5厘米

图三一 殷墟三期纽模

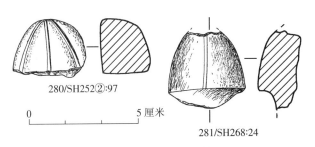

280/SH252②:97

0   5 厘米

281/SH268:24

图三二　殷墟四期纽模

三期

282/SH254：1，稍残。泥质，青灰色。錾（耳）上部饰浮雕牛头，极形象逼真。錾（耳）中脊有三道设计线，两侧下部各有一道设计线，錾（耳）表面饰云纹。錾（耳）下有托，托的底面平，有十字形凸棱。托下应有座，已脱落，托下的十字形凸棱应是为固定座所设。残宽 3.7、残高 8.3 厘米。（图三三；彩版五九）

283/SH683：2，完整。泥质，浅灰色，稍泛红。錾（耳）上部饰浮雕牛头，极形象逼真。錾（耳）下有托，托下设座。座的平面略呈马蹄形，上部为弧面，弧度应与器身组装錾（耳）的部位相同，座底平整。錾（耳）高 7.5、座高 9.7 厘米。（图三三；彩版五九）

284/SH683：76，残。泥质，胎呈浅灰色，稍泛红。錾（耳）上部饰浮雕牛头，形象逼真。錾（耳）中脊有一道竖向"错缝"，其成因当是左右两块模盒扣合时挤压所致。錾（耳）下有托，錾（耳）与托之间有分界线，托的右侧面上有一个梭状凸榫。残宽 5.1、残高 10.9 厘米。（图三三；彩版六〇）

285/SH685：11，残。扁平状，泥质，红褐色。錾（耳）上部饰兽头。錾（耳）下有托，托两侧各有一榫，左榫残，錾（耳）与托之间有分界线。残宽 3、残高 6.3 厘米。（图三三；彩版六〇）

286/ST1907⑦：40，稍残。扁平状，泥质，青灰色。錾（耳）上部饰兽头，錾（耳）表面饰重环纹。錾（耳）下有托，錾（耳）与托之间有分界线。残宽 5.2、残高 8.7 厘米。（图三三；彩版六〇）

287/ST2812④：7，残。泥质，青灰色。錾（耳）上部饰浮雕兽头，长舌，卷鼻，圆眼珠凸出，极狰狞。錾（耳）内下有托，残。残宽 5.3、残高 9 厘米。（图三三；彩版六〇）

四期

288/SH232：32，甚残。泥质，青灰色，局部泛红。仅存錾（耳）上部浮雕兽头的鼻舌部分，舌顶中部出脊，且上翘，刻划三角纹，侧面饰云纹。残宽 3.4、残高 2.7 厘米。（图三四；彩版六一）

289/SH242：6，残。泥质，红褐色，表面局部泛灰。錾（耳）上部饰浮雕牛头，鼻上翘，圆眼珠凸起。残宽 2.7、残高 3.4 厘米。（图三四；彩版六一）

290/SH268：19，残。泥质，红褐色，局部泛青。錾（耳）上部饰浮雕兽头，圆形大眼珠凸出，长舌凸出，且上翘，舌上面刻划三角纹，侧面饰云纹。錾（耳）下有托，已残。残宽 3.4、残高 6.3 厘米。（图三四；彩版六一）

291/SH268：83，上部残。泥质，浅灰褐色，局部泛青。圆体环形錾（耳），正中有一道竖向设计线，錾（耳）下有托，托底较光滑，其下应有托板。残宽 4.2、残高 5.6 厘米。（图三四；彩版六一）

292/SH664③：352，前端残。泥质，浅灰褐色，局部泛青。錾（耳）前薄后厚，前面有中脊，上部饰浅浮雕兽头，侧面平整，后面较光滑，上部有十字形凸线，下部有一凸榫，可能用来扣合錾（耳）

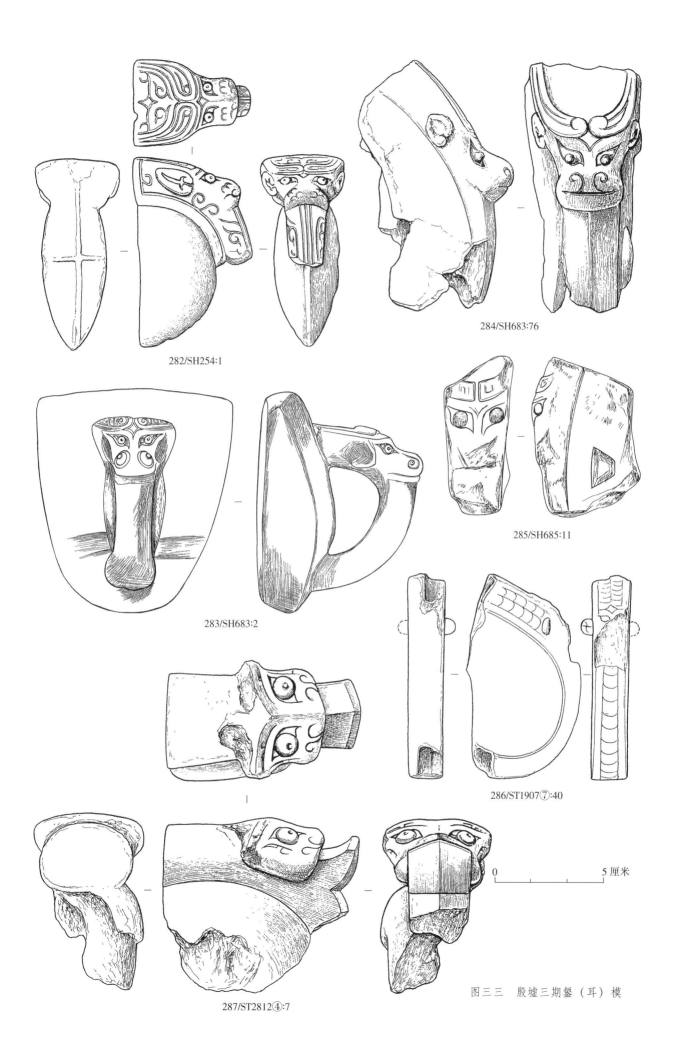

282/SH254:1

284/SH683:76

283/SH683:2

285/SH685:11

286/ST1907⑦:40

287/ST2812④:7

0　　　　　　5 厘米

图三三　殷墟三期鋬（耳）模

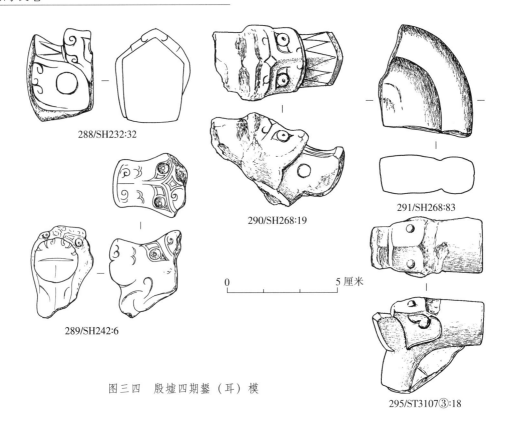

288/SH232:32

290/SH268:19

291/SH268:83

289/SH242:6

0　　　　　　　　　　　5 厘米

295/ST3107③:18

图三四　殷墟四期鋬（耳）模

后面的托板。残宽 5、残高 7 厘米。（彩版六一）

293/ST2007④：7，残。泥质，青灰色，局部微泛红。鋬（耳）上部残，应饰有兽头。鋬（耳）下有托，鋬（耳）与托之间有分界线，托下设座，座上部为弧面，弧度应与器身组装耳的部位相同。座的背面中部凸起，两侧各有一较深指窝，便于手捉，其一残。残宽 4.6、残高 5.8 厘米。（彩版六一）

294/ST2007④：8，残。泥质，鋬（耳）呈青灰色，托呈红褐色。鋬（耳）上部饰浮雕牛头，仅残存鼻嘴部分。鋬（耳）中脊及两侧面下部各有一道设计线，鋬（耳）左侧饰云纹，右侧素面。鋬（耳）下有托，托两侧有榫，右榫为两个连体榫。残宽 3.6、残高 4.1 厘米。（彩版六一）

295/ST3107③：18，残。泥质，红褐色，局部泛青。鋬（耳）上部饰浮雕兽头，长舌上翘，鼻稍卷，圆眼珠凸出。鋬（耳）下有托，已残。残宽 2.8、残高 5.2 厘米。（图三四；彩版六一）

9. 绚索模

计 5 块。可能是鼎或甗口沿上绚索状立耳模。

三期

296/SH559：1，残。泥质，青灰色，局部微泛红。面饰绚索纹，中脊有一道设计线。残宽 3.9、残高 4.9 厘米。（图三五；彩版六二）

297/SH683：106，残。夹细砂，表面呈灰褐色，胎呈红褐色。面饰绚索纹。残宽 3.8、残高 8.4 厘米。（图三五；彩版六二）

四期

298/SH269：181，残。泥质，部分青灰色，部分红褐色。面饰绚索纹。残宽 1.9、残高 4.4 厘米。（图三六；彩版六二）

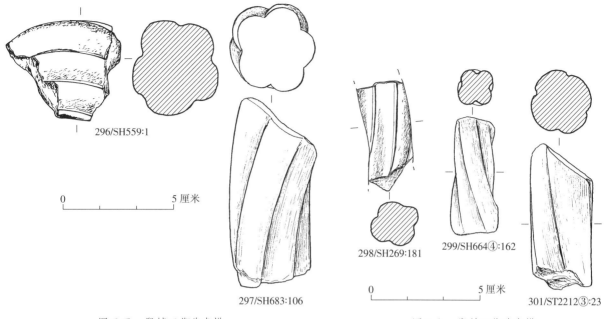

296/SH559:1	298/SH269:181 299/SH664④:162
0 5 厘米	301/ST2212③:23
297/SH683:106	0 5 厘米

图三五　殷墟三期绹索模　　　　　　　　图三六　殷墟四期绹索模

299/SH664④：162，残。泥质，浅褐色。面饰绹索纹。残宽1.9、残高5.2厘米。（图二六；彩版六二）

300/SH670②：17，残。泥质，浅灰褐色，局部泛青。面饰绹索纹。残宽2、残高3.9厘米。（彩版六二）

301/ST2212③：23，残。泥质，青灰色，局部泛红。面饰绹索纹。残宽3、残高6.4厘米。（图三六；彩版六二）

10. 帽模

计3块。均为爵或斝口沿立柱顶部的帽模，用来单独压印帽范。

三期

302/ST2007⑦A：13，爵帽模，完整。泥质，红褐色，正面呈圆锥形，表面饰涡纹。有托，呈圆饼状。宽4、高2.8厘米。（图三七；彩版六三）

四期

303/ST2006⑤：1，完整。泥质，正面呈圆锥形，灰色，微泛褐，饰涡纹。托呈红褐色，隆起，顶为扁平状顶，便于捉拿。宽3.1、高3.1厘米。（图三八；彩版六三）

殷墟时期

304/ST1906：01，采集。完整。泥质，正面呈圆锥形，青灰色，微微泛褐，饰涡纹。托呈青灰色，隆起，有扁平状穿孔捉手。宽3.2、高3.6厘米。（图三九；彩版六三）

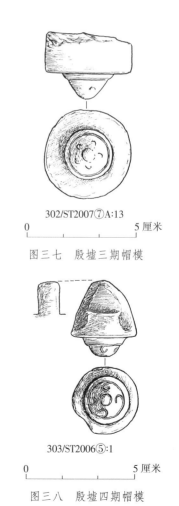

302/ST2007⑦A:13

0   5 厘米

图三七　殷墟三期帽模

303/ST2006⑤:1

0   5 厘米

图三八　殷墟四期帽模

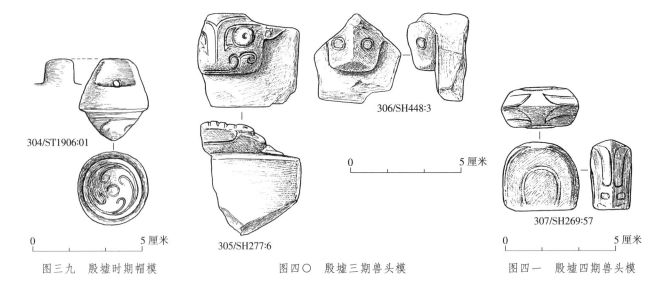

图三九　殷墟时期帽模　　　　　图四○　殷墟三期兽头模　　　　图四一　殷墟四期兽头模

11. 兽头模

计9块，应为簋颈部，卣、尊等肩部兽头模。

三期

305/SH277：6，残。泥质，青灰色。饰浮雕兽头，圆形大眼珠凸出兽头，下有托，托呈红褐色，局部泛青。残宽4.6、残高4.1厘米。（图四○；彩版六四）

306/SH448：3，残。泥质。面饰浮雕兽头，青灰色，磨损较严重。下有托，微泛红，托背面凸起较高，便于手捏。残宽3.8、残高3.7厘米。（图四○；彩版六四）

四期

307/SH269：57，应为斝盖纽上的兽头模，较完整。泥质，红褐色。面饰对称两兽头。宽3.6、高2.9厘米。（图四一；彩版六四）

12. 涡纹模

计2块。时代为殷墟三期。二者皆可能是罍肩部的圆涡纹模。

308/ST2312⑧：11，残。泥质。正面凸起呈圆泡状，灰色，泛褐，饰涡纹，托呈红褐色，隆起，平顶，侧面有较多手指印，便于捉拿。残宽3.9、残高2.5厘米。（图四二；彩版六四）

309/ST2312⑧：12，残。泥质，青灰色，面凸起呈泡状，饰涡纹。有托，残。残宽6.5、残高3.2厘米。（图四二；彩版六四）

308/ST2312⑧:11　　　　　　309/ST2312⑧:12

图四二　殷墟三期涡纹模

13. 不辨器形容器模

计73块，占容器模的51.41%。其中大多数泥质，少数夹砂，结构皆较紧密，胎呈青灰色或浅灰色与胎呈淡红色或泛红几乎各占一半。有实心和空心两种，空心多于实心。又有整体模和组合模之分，组合模以卯榫组装。纹饰有兽面纹、夔龙纹、云雷纹、勾连雷纹、带状云雷纹、鸟纹、菱形雷纹并圆圈纹、圆涡纹等。因皆碎小，不辨或不能确定其器形，大多为容器的腹部模，多数呈圆形或椭圆形，少数为方形模。

三期

310/SH277：8，圈足模，残。泥质，青灰色，下部微泛褐。表面饰双排云雷纹。残宽4.5、残高4.5厘米。（图四三；拓片九；彩版六五）

311/SH543：8，扁体，残。泥质，表面呈灰黑色，内胎呈灰褐色。表面光滑，有横竖数道设计线。残宽3、残高4.7厘米。（彩版六五）

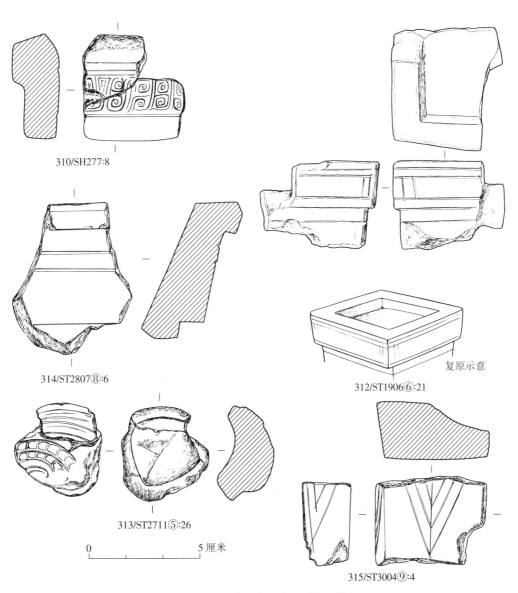

310/SH277:8

314/ST2807⑧:6

313/ST2711⑤:26

0   5厘米

312/ST1906⑥:21

复原示意

315/ST3004⑨:4

图四三 殷墟三期不辨器形容器模

312/ST1906⑥：21，（长）方体，残。泥质，青灰色。面呈台阶状，饰长方回形纹和弦纹。残宽4.8、残高4.1厘米。（图四三；彩版六五）

313/ST2711⑤：26，系容器上的附件模，稍残。泥质，正面呈浅褐色，局部泛青，背面呈青灰色。正面为圆形凸起，饰盘曲蛇纹。背面内凹，且有一卯，用来组装于器身之上。残宽3.9、残高2.1厘米。（图四三；彩版六五）

314/ST2807⑧：6，（长）方体，残。泥质，表面黑灰色，胎呈灰褐色。上沿外折，沿面内斜，折出部分对削出脊，沿下刻出两道平行弦纹，圈足跳台内收。腹内壁有削痕。残宽4.9、残高6.5厘米。（图四三；彩版六五）

315/ST3004⑨：4，（长）方体，残。泥质，红褐色，局部微泛灰。表面平整，其中两面刻有多重几何三角纹。残宽5.3、残高3.5厘米。（图四三；拓片九；彩版六五）

四期

316/SH252：99，残。泥质，浅红褐色。形似"小方彝"，直口，平沿，下腹内收；圈足跳台内收，一面中部有一小缺口。表面甚光滑，素面。残宽3、残高3.3厘米。（图四四A；彩版六六）

317/SH255：10，残。泥质，青灰色。表面饰夔龙纹，以云雷纹衬地，云雷纹线条细且浅。表面局部残留有淡红色细泥浆。残宽4、残高4.1厘米。（图四四A；彩版六六）

318/SH268：25，残。泥质，胎呈红褐色。空心。面上部饰夔龙纹，下部饰兽面纹，均以云雷纹衬地，云雷纹线条细且浅。残宽3.7、残高6.3厘米。（图四四A；彩版六六）

319/SH493①：108，（长）方体，残。泥质，表面灰黑色，胎呈红褐色。上沿对削出中脊，下沿平整，上、下面中部皆内凹，皆呈漏斗形，四侧面由上向下呈台阶状内收。素面。残宽4.6、高4.7厘米。（图四四A；彩版六六）

320/SH546：16，残。泥质，灰褐色，局部泛红。空心。面饰夔龙纹，无地纹。残宽5.3、残高5.4厘米。（图四四A）

321/SH549：1、2，（长）方体，均残。泥质，胎微经火焙烧，稍泛红。上沿对削出中脊，下沿平整，上、下面中部皆为漏斗形凹槽。侧面上部对削出脊；中部饰两道弦纹，弦纹间饰联珠纹一周，弦纹下饰三角纹，纹饰规整，清楚；下部呈台阶状内收。

321－1/SH549：1，残宽6.5、高9.8厘米。（图四四A；拓片一〇；彩版六六）

321－2/SH549：2，下部残缺。残宽7.4、残高6.4厘米。（图四四A）

322/SH610：23，稍残，椭圆体，一端较粗，一端较细。泥质，浅灰褐色，局部泛青。近两端处各有一周凹槽，正中有一道设计线。饰兽面纹，大部分已磨损。残宽3.1、残高4.6厘米。（图四四A；彩版六七）

323/SH641③：3，（长）方体，残。泥质，胎为土之本色。形制和纹饰与321/SH549：1、2相近。残宽4.9、残高6.2厘米。（图四四A；彩版六七）

324/SH649：99，（长）方体，残。泥质，浅灰色。形制与319/SH493①：108近似，侧面上部饰长方回形纹，较模糊。残宽4.3、残高4.8厘米。（图四四B）

325/SH693：3，残。泥质，红褐色。表面局部泛灰。面饰夔龙纹，夔首残，尾下勾，以云雷纹衬地，云雷纹线条细且浅。残宽4.6、残高3.7厘米。（图四四B；彩版六七）

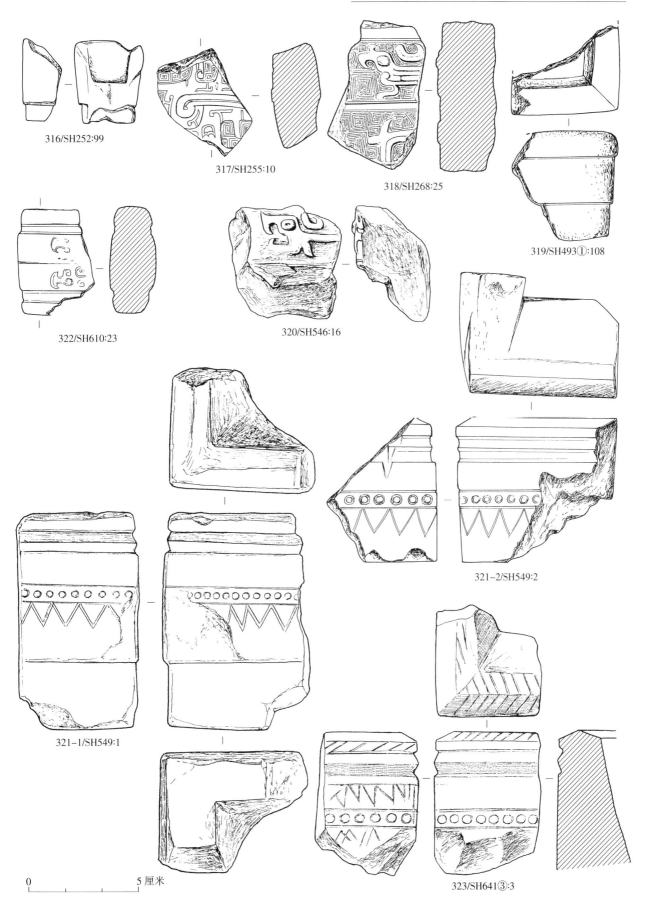

316/SH252:99

317/SH255:10

318/SH268:25

319/SH493①:108

322/SH610:23

320/SH546:16

321-2/SH549:2

321-1/SH549:1

323/SH641③:3

0　　　　　　5厘米

图四四 A　殷墟四期不辨器形容器模

326/ST1806③：8，残。泥质，青灰色，表面局部泛红。面饰立体大蝉纹，现只残留两翼，翼面光滑。残宽7.6、残高6厘米。（图四四 B；彩版六七）

327/ST2006③：69，圆柱体，似为容器的柱帽模，下部残。泥质，青灰色。帽顶呈弧形凸起，帽檐较窄，帽下内束，有一道竖向设计线穿过帽顶中部，把柱帽均分为二。素面。残宽2.9、残高4.4厘米。（图四四 B；彩版六七）

328/ST2212④：89，（长）方体，残。泥质，浅灰色，局部泛黑。上部形制与321－1/SH549①：1相近。平底。残宽3.3、残高3.1厘米。（图四四 B；彩版六七）

329/ST3107③：33、34，系同一类（长）方器模。残。泥质，表面灰黑色，胎呈红褐色。口沿对削出中脊；腹底凹凸不平，中部有一窄长孔穿至圈足；圈足跳台内收，四面中部皆有梯形缺口，内底呈漏斗状，凹凸不平，素面。

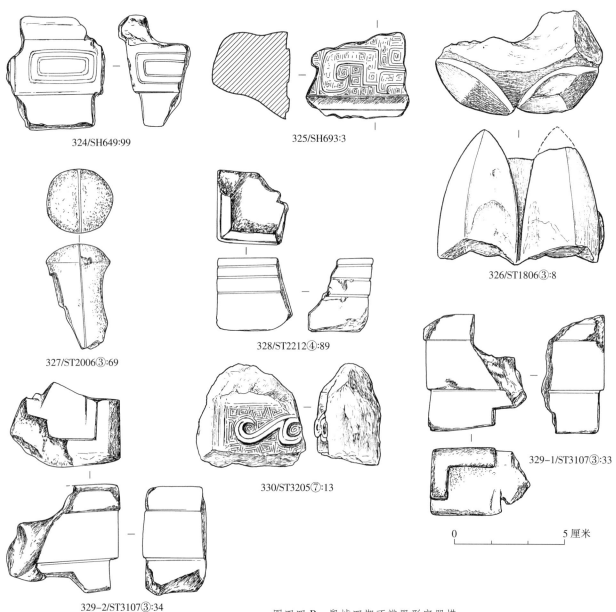

324/SH649:99

325/SH693:3

326/ST1806③:8

327/ST2006③:69

328/ST2212④:89

330/ST3205⑦:13

329-1/ST3107③:33

329-2/ST3107③:34

0　　　　　　　5厘米

图四四 B　殷墟四期不辨器形容器模

329-1/ST3107③：33，残宽4.3、高4.6厘米。（图四四B；彩版六八）

329-2/ST3107③：34，残宽5.4、高4.6厘米。（图四四B；彩版六八）

330/ST3205⑦：13，残。泥质，青灰色。内为空心。面饰夔龙纹，以云雷纹衬地，云雷纹的线条很细很浅。残宽4.7、残高4.2厘米。（图四四B；彩版六八）

殷墟时期

331/ST3709：01，残。泥质，青灰色，微泛红。正面隆起，上面饰兽面纹，侧面饰两道弦纹，底面较平。残宽4.5、残高4.2厘米。（图四五；彩版六八）

331/ST3709:1

0   5厘米

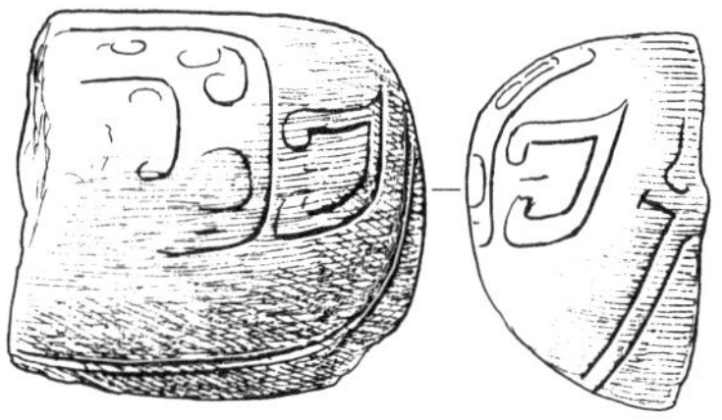

图四五　殷墟时期不辨器形容器模

（二）兵器与工具模

1. 兵器模

辨别出的只有矛模，计3块，均出土于SH683，时代属殷墟三期。

332/SH683：78、79、83，皆残。夹砂，实心。顶部有两个手指窝，两侧面上部有对称二榫，其下各有一道竖向凸线，似因两块模盒压印所致。正面饰简化兽面纹，较模糊，其上部有十字形凸棱；背面素面。

332-1/SH683：78，表面呈青灰色，胎呈红褐色。顶部一指窝已磨损为浅槽，另一窝内被烟熏为黑色。残宽4、残长12.5厘米。（图四六；彩版六九）

332-2/SH683：79，表面呈灰褐色，胎呈红褐色。顶部二指窝较深，其一似为拇指，另一可能是食指。残宽5.2、残长11.4厘米。（图四六；彩版六九）

332-3/SH683：83，纹饰残缺。上部呈灰浅褐色，下部呈浅灰色。残宽4.6、残长8.7厘米。（图四六；彩版六九）

2. 工具模

计2块。可能是工具，但均不识。

三期

333/SH573②：74，残。泥质，浅灰色。面似一展开兽头，下部饰鸟纹，较模糊，中部平，饰回形纹，上部左右两侧各饰一耳，有穿。底部有托，托背面呈弧形。残宽4.4、残长7.4厘米。（图四七；拓片一一；彩版六九）

（三）车马器模

可辨为车马器模者仅1块泡模，时代属殷墟四期。

334/ST3203⑤：6，残。泥质，青灰色。正面为平板，中部有条形凸起，为主浇道，其两侧斜向条形凸起与中部凸起相连，为支浇道，通向圆泡。范面右侧残留两泡模，皆残，其中一泡连接一条斜向凸起。左侧面平整光滑，应是该模废掉后修整打磨所致。残宽6.5、残高7.6、最厚2.4厘米。（图四八；彩版六九）

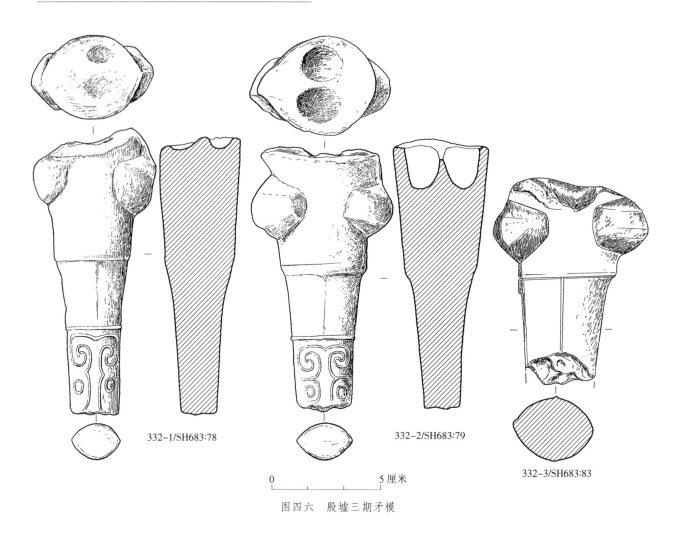

332-1/SH683:78

332-2/SH683:79

332-3/SH683:83

0　　　　　　　　5厘米

图四六　殷墟三期矛模

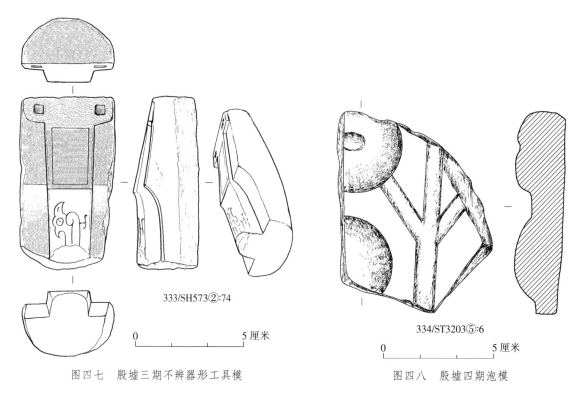

333/SH573②:74

334/ST3203⑤:6

0　　　　　　　　5厘米

0　　　　　　　　5厘米

图四七　殷墟三期不辨器形工具模　　　　　图四八　殷墟四期泡模

二　范

出土 73362 块。依据范有无背范可分为两大类。第一类范既有面范又有背范，计 71645 块，占陶范总数的 97.66%，为大宗；第二类范仅有面范而无背范，计 1717 块，仅占陶范总数的 2.34%，为少数。前者为殷墟二期以后青铜器范型铸造工艺的主流，后者为殷墟二期以前青铜器范型铸造工艺的遗留。

（一）第一类范

因浇铸后的陶范皆被打碎，且经过数千年的地下侵蚀，大多数已很难辨认出其器形，计 64959 块，占第一类陶范总数的 90.67%。辨认出器形者计 6686 块，仅占第一类陶范总数的 9.33%。绝大多数由面范和背范组成，内层为面范，外层为背范，多数范能看出分层线。面范一般较薄，大多数泥质，含粉砂，多呈青灰色或浅灰色；背范一般较厚，有的泥质，与面范材质相同，有的人为加入较多的砂子或蚌壳类掺合料，背范虽亦多呈青灰色，但大多数局部泛红或泛褐，且多凹凸不平，留有许多指印，指印深浅不一，少数还有凸起的支脚。极少数素面夹砂范不分层。大部分范已浇铸过，残破，磨没了棱角，纹饰大多已剥落，较模糊。范与范之间的分型面以卯榫相扣。卯是用制范工具刻划出来的，其形状多样，有三角形、椭圆形、梯形、长条形，也有梭形、月牙形、动物角形等，以三角形居多。榫是在卯内压印出来的，其形状与相对应卯相同，不同之处是卯凹榫凸。范的浇铸面因与铜液接触，多有一层黑灰色的氧化面，有的表面局部还残留有烟炱，这可能是采用松烟熏烤所致，目的是提高铸件的表面质量，同时也利于脱范。少数范的分型面上还涂有淡红色细泥浆，可能是为了弥合范与范之间的缝隙，防止跑火或铜液流出所采取的措施，也是为了预先处理青铜器上的范线。有的背范手指印内还残留有少量砂质泥，少数范的背面还发现有用草绳捆绑的痕迹，推测范组合好后，其外可能还裹一层泥巴来加固，有的可能用草绳捆绑加固，或两者皆用。

绝大多数为容器范，还有少量兵器、工具、车马器范，另有少量（数）字范、易卦范、小件范。能观察出的纹饰有兽面纹、夔龙纹、云雷纹、雷纹、菱形雷纹、勾连雷纹、云纹、勾连云纹、蕉叶纹、四瓣花纹、乳丁纹、菱形乳丁纹、弦纹、联珠纹、三角几何纹、圆涡纹、直棱纹、龙纹、蛇纹、凤鸟纹、鸮纹、蝉纹、三角蝉纹、象纹、目纹、重环纹、波浪纹等，以兽面纹、夔龙纹、云雷纹居多，前两种常为主纹，后者多为地纹，少量无地纹。一件陶范上往往饰有多种纹饰。

第一类陶范统计表

种类	数量	占总数的比例	占可辨范的比例	器类	数量	占容器范的比例
容器	6585	9.19%	98.49%	圆鼎	1021	15.50%
				方鼎	35	0.53%
				方彝	11	0.17%
				方座	1	0.02%
				甗	18	0.27%
				簋（盂）	509	7.73%
				瓿	32	0.49%
				圆尊	243	3.69%
				方尊	11	0.17%

续表

种类	数量	占总数的比例	占可辨范的比例	器类	数量	占容器范的比例
容器	6585	9.19%	98.49%	圆罍	262	3.98%
				方罍	2	0.03%
				卣	339	5.15%
				壶	1	0.02%
				觚	2043	31.03%
				爵（角）	1230	18.68%
				斝	8	0.12%
				觯	47	0.71%
				觥	8	0.12%
				盉	1	0.02%
				盘	29	0.44%
				斗	11	0.17%
				器盖	487	7.40%
				帽	21	0.32%
				纽	45	0.68%
				兽头	155	2.35%
				耳（鋬）	15	0.23%
兵器工具	33	0.05%	0.49%	戈	2	
				矛	1	
				镞	6	
				刀	10	
				锛	1	
				刻针	4	
				不识工具	9	
车马器	25	0.03%	0.37%	泡	18	
				兽面衡饰	1	
				軎	5	
				策	1	
其他	43	0.06%	0.64%	小件	10	
				数、字、易卦	20	
				（动物形）符号	4	
				浇口	9	

1. 容器范

计6585块，占可辨器形总数的98.49%。可辨器形有圆鼎、方鼎、方彝、方座、甗、簋（盂）、瓿、圆尊、方尊、罍、卣、壶、觚、爵、斝、觯、觥、盘、斗、器盖等，还有一些容器上的附件，如帽、纽、鋬、提梁、兽头等，其中以觚、爵、圆鼎的数量居多，簋、盖、卣、罍、尊次之。

（1）圆鼎范

可辨为圆鼎者计1021块，占可辨容器范的15.50%。标本213块，有圆腹鼎范、分档鼎范、扁足鼎范三类，以圆腹鼎范居多，分档鼎范次之，扁足鼎范最少。

①圆腹鼎范

标本171块。体有大、小之分。泥质为主，少数背范夹砂，极少数面范和背范均夹砂。绝大多数呈青灰色或浅灰色，有的背面泛红，少数呈淡红色。大部分虽有分层线，但不甚明显，少数分层线明显。纹饰以兽面纹最多，还有夔龙纹、云雷纹、弦纹、蕉叶纹、菱形乳丁纹、菱形圆泡纹、三角蝉纹、三角云纹、鸟纹、圆涡纹、四瓣花纹、目纹等，花纹大部分已脱落。有的范面上残留有烟炱，有的分型面上残留有淡红色细泥浆。

观察到的鼎耳范均与鼎口连在一起，没有分铸现象。绝大部分鼎耳从其一侧垂直分范，仅 1 件鼎耳从其中部垂直分范。大部分范面上有鼎耳的内外轮廓线，中部一般有一三角形卯眼。大部分素面，少数饰夔龙纹，另有少量为绚索状耳。

分范方式：大部分垂直分为三扇，少数垂直分为六扇。水平分范有以下四种情况：一是无水平分范，二是在上、下腹部之间水平分为上、下两段，三是在下腹部近底处水平分为上、下两段，四是在上、下腹部之间，下腹部近底处水平分为三段。另有极少鼎足水平分为上、下两段。

三期

335/SH225：38，下腹部范，残。看不出分层线，泥质，浅灰色，背面局部微微泛红。未见榫卯。面范饰菱形雷纹并乳丁纹，花纹少许脱落，清楚。背面较平。此范在鼎的下腹部近底处水平分范。残宽 6.1、残高 4 厘米。（图四九 A；拓片一二 A；彩版七○）

336/SH225：55，足范，残。看不出分层线，泥质，背范的含砂量大于面范，面范呈浅灰色，背范呈青灰色。左分型面发现一榫。面范鼎足上部饰一周云纹，下饰蕉叶纹，内填云纹，纹饰少许脱落，较清楚。背面不平。残宽 7.4、残高 5.6 厘米。（图四九 A；彩版七○）

337/SH225：73，口和上腹部范，残。看不出分层线，泥质，面范呈浅灰色，背面呈青灰色。上分型面发现二榫。面范口沿下饰夔龙纹，以云雷纹衬地，腹部饰三角蝉纹，纹饰部分脱落。背面凹凸不平，手指印较深。残宽 7.8、残高 5.5 厘米。（图四九 A；拓片一二 A；彩版七○）

338/SH225：74，下腹和足范，残。看不出分层线，泥质，青灰色，背面局部微泛红。未见榫卯。面范鼎的下腹部素面，足上部饰带状云纹，其下饰三角云纹。纹饰大部分已脱落，较模糊。背面手指印较深。残宽 6.5、残高 7.7 厘米。（图四九 A；彩版七○）

339/SH225：75，腹部范，残。有分层线，面范薄，但面范和背范均泥质，面范呈青灰色，背面泛红。未见榫卯。面范饰三角蝉纹，纹饰部分脱落。背面凹凸不平。残宽 8.8、残高 7 厘米。（图四九 A；彩版七○）

340/SH225③：102，口和腹部范，左下角残。看不出分层线，泥质，青灰色，背面大面积泛红。上分型面有一条形榫，左分型面发现二榫，右分型面有三榫。面范口沿下饰夔龙纹，以云雷纹衬地，左右侧有短扉棱，腹部饰菱形雷纹并圆圈纹，花纹少许脱落，清楚、精美。背面较平，手指印痕较浅。此鼎以短扉棱的中部垂直分范，垂直分为六扇。水平分范的位置在腹下部近底处。残宽 11.7、残高 15.5 厘米。（图四九 A；拓片一二 A；彩版七一）

341/SH254：7，口和上腹部范，残。分层线明显，面范泥质，背范夹砂，青灰色。上分型面发现一疑似榫，甚残，下分型面发现二卯，皆残。面范鼎的口沿下所饰纹饰几乎全部脱落，仅隐约可辨圆涡纹。背面手指印较浅。残宽 6.9、残高 9.1 厘米。（图四九 A；彩版七一）

342/SH315：27，耳范，残。看不出分层线，泥质，红褐色，正面发灰。未见榫卯。面范平整，有鼎耳内外轮廓线，其间中部有一竖向设计线。残宽 5.3、残高 5 厘米。（图四九 B；彩版七一）

335/SH225:38

336/SH225:55

340/SH225③:102

338/SH225:74

337/SH225:73

341/SH254:7

339/SH225:75

0   5厘米

图四九 A　殷墟三期圆腹鼎范

343/SH425：2，下腹部范，残。看不出分层线，泥质，青灰色。未见榫卯。面范饰兽面纹和云雷纹。背面不平。残宽6.4、残高6.3厘米。（图四九B；拓片一二B；彩版七一）

344/SH456②：9，口和上腹部范，残。看不出分层线，泥质，青灰色。未见榫卯。面范饰圆涡纹和蝉纹，以云雷纹衬地，花纹大部分脱落，较模糊。背面较平，手指印痕较浅。此鼎以圆涡纹的中部垂直分范。残宽7.2、残高7.7厘米。（图四九B；彩版七一）

345/SH467：3，足范，残。分层线明显。面范泥质，背范夹砂，青灰色，背面局部微泛红。右分型面发现一榫。面范足的上部饰兽面纹，以云雷纹衬地，其下饰三道弦纹。背面手指印较深。残宽6.4、残高6.9厘米。（图四九B；彩版七二）

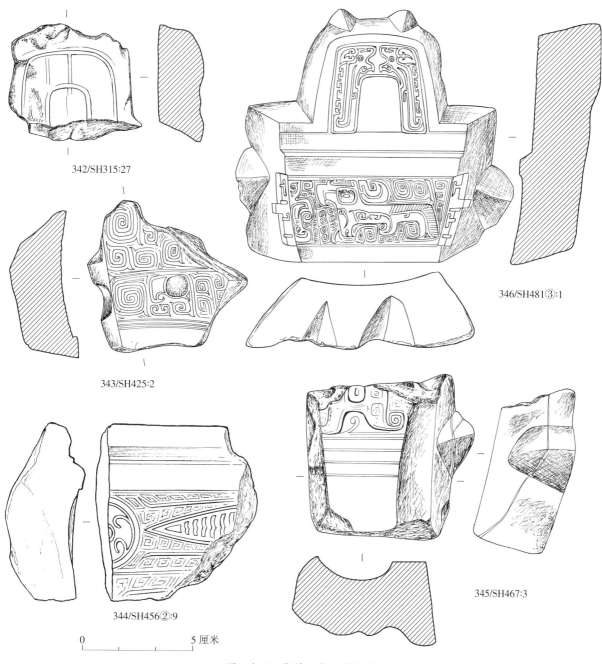

图四九 B　殷墟三期圆腹鼎范

346/SH481③：1，耳、口和上腹部范，完整。有分层线，但面范和背范材质相同，泥质，青灰色。有立耳，耳部分型面上有二榫，腹部左、右分型面各有一榫，下分型面有二卯。面范耳部饰两夔龙，夔首相对；上腹部饰鸟纹和兽面纹，兽面纹被扉棱相分离，以云雷纹衬地，左右侧有扉棱，花纹精美。背面凹凸不平，有较多的手指印痕，背面部分指印内残留少量砂质泥。宽11.2、高11.1厘米。（图四九 B；拓片一二 B；彩版七二）

347/SH571①：1、2、3，系同一件鼎的口和上腹部范，均残。看不出分层线，泥质，青灰色。面范口沿下饰回首夔龙纹和圆涡纹，以云雷纹衬地。背面凹凸不平。面范口沿上部残留有黑色烟炱。此三扇范水平分范的位置在鼎的上腹部。

347-1/SH571①：1，上分型面发现一榫。纹饰稍脱落，较清楚。残宽9.8、残高7.5厘米。（图四九 C；拓片一二 B；彩版七二）

347-2/SH571①：2，上分型面发现一榫，下分型面发现二卯。纹饰大部分已脱落，较模糊。残宽8.4、残高6.9厘米。（图四九 C；彩版七二）

347-3/SH571①：3，背面局部微泛红。残宽5.5、残高6厘米。（图四九 C；彩版七二）

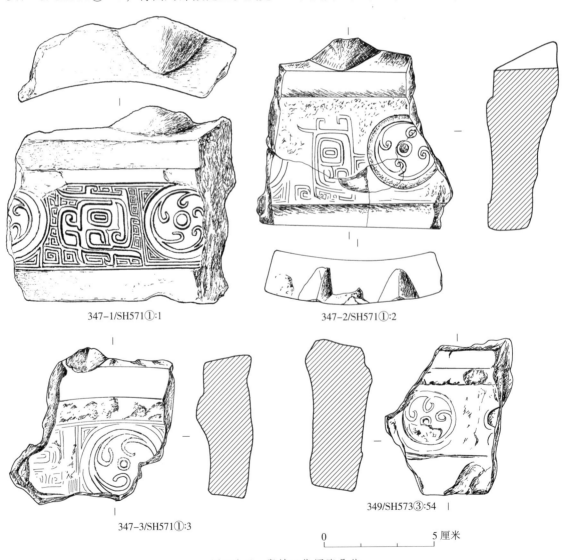

347-1/SH571①:1　　　　　347-2/SH571①:2

347-3/SH571①:3

349/SH573③:54

0　　　　　　　5厘米

图四九 C　殷墟三期圆腹鼎范

348/SH573③：53，口、腹部和足范，较完整。看不出分层线，泥质，青灰色，背面大面积泛红。上分型面有二榫，左分型面发现二卯，右分型面发现二榫，两足之间的范面正中有一圆形卯，此卯可与三足之间的顶范上的榫相扣合。面范口沿下饰带状夔龙纹，两夔首相对于短扉棱，以云雷纹衬地，腹部饰三角蝉纹、鸟纹，足顶端饰带状云纹，下饰三角几何云纹，纹饰清楚。背面较平，手指印痕较浅。此范以鼎的短扉棱和三足外侧中线垂直分范，无水平分范。宽18.8、高19.6厘米。（图四九D；拓片一二C；彩版七三）

349/SH573③：54，口和上腹部范，残。看不出分层线，泥质，面范青灰色，背范红褐色。上分型面发现一榫，残，下分型面发现二卯，均残。面范所饰纹饰几乎全部脱落，仅圆涡纹稍微清楚。残宽5.2、残高6.4厘米。此范在鼎的上腹部水平分范。（图四九C；彩版七三）

350/SH573③：58，腹部和足范，残。看不出分层线，泥质，青灰色，背面局部微泛红。面范两足之间发现一圆形卯，可与三足之间的顶范上的圆榫相扣合。面范鼎的腹部饰几何三角纹，足的上部饰一周带状云纹，下饰蕉叶纹，内填云纹和三角纹，花纹较清楚。背面不平，且凸起一支脚。此范以鼎足外层中线垂直分范。残宽14.5、残高11.8厘米。（图四九D；彩版七三）

351/SH596③：1，口和腹部范，较完整。有分层线，面范泥质，背范夹砂，青灰色，局部泛红。上分型面有一大榫，右分型面有二卯。面范鼎的口沿下饰夔龙纹和鸟纹，以云雷纹衬地，有短扉棱，腹部饰菱形雷纹并乳丁纹，花纹清晰，精美。背面较平，手指印痕较浅。此范以鼎的扉棱中线垂直分范，水平分范的位置在下腹部近底处。宽11.4、高9.8厘米。（图四九E；拓片一二D；彩版七四）

352/SH606③：14，口和上腹部范，右残。有分层线，但面范和背范皆泥质，面范薄，部分脱落，青灰色，背面大面积泛红。下分型面发现一榫，左分型面有一榫。面范饰兽面纹，以云雷纹衬地，纹饰几乎全部脱落，甚模糊。背面较平，一指印较深。残宽8.4、残高6.9厘米。（图四九E；彩版七四）

353/SH618③：4，口和上腹部范，残。分层线不明显，泥质，青灰色，上部微微泛红。上分型面发现一榫。面范所饰纹饰几乎全部脱落，仅辨鼎口沿下饰圆涡纹。背面手指印较深。残宽4、残高6.1厘米。（图四九E；彩版七四）

354/ST1806⑥：3，口和上腹部范，残。分层线明显，但面范和背范均泥质，青灰色，背面局部微微泛红。上分型面发现一榫。面范鼎的口沿下饰回首夔龙纹和圆涡纹，夔龙纹以云雷纹衬地，圆涡纹内有十字形设计线。纹饰大部分已脱落，较模糊。背面手指印较浅。残宽8.2、残高7.6厘米。（图四九E；彩版七四）

355/ST1906⑦：7，口和上腹部范，较完整。有分层线，面范泥质，背范夹砂，青灰色。左右型面各有一卯，下分型面有一卯。面范鼎的上腹部饰鸟纹，以云雷纹衬地，左右侧有扉棱，花纹精美。背面凹凸不平，有较多的手指印痕。此鼎以扉棱垂直分为六扇，水平分范处位于上腹部。宽10、高6.6厘米。（图四九E；拓片一二D；彩版七五）

356/ST2007⑥：9，口和上腹部范，较完整。分层线非常明显，面范泥质，背范夹粗砂，青灰色。上分型面有二榫，左、右分型面各有一卯，左分型面上的卯可与346/SH481③：1右分型面上的榫相扣合，下分型面有二卯。此鼎范上腹部以扉棱垂直分为六扇，从上、下腹部水平分为上、下两段。宽10.8、高7.4厘米。（图四九E；拓片一二E；彩版七五）

357/ST2007⑦A：17，口和腹部范，残。看不出分层线，泥质，青灰色，背面局部微泛红。上分型

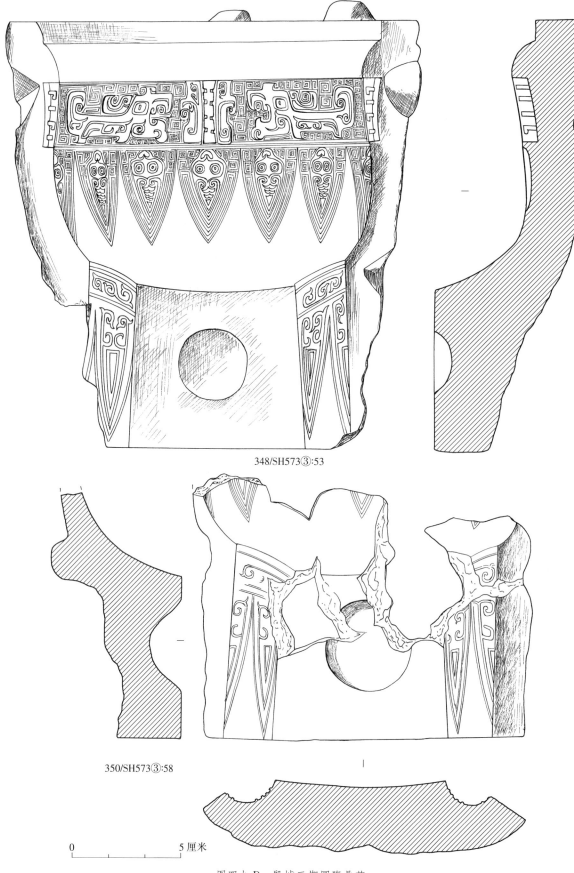

348/SH573③:53

350/SH573③:58

0　　　　　　　　5厘米

图四九 D　殷墟三期圆腹鼎范

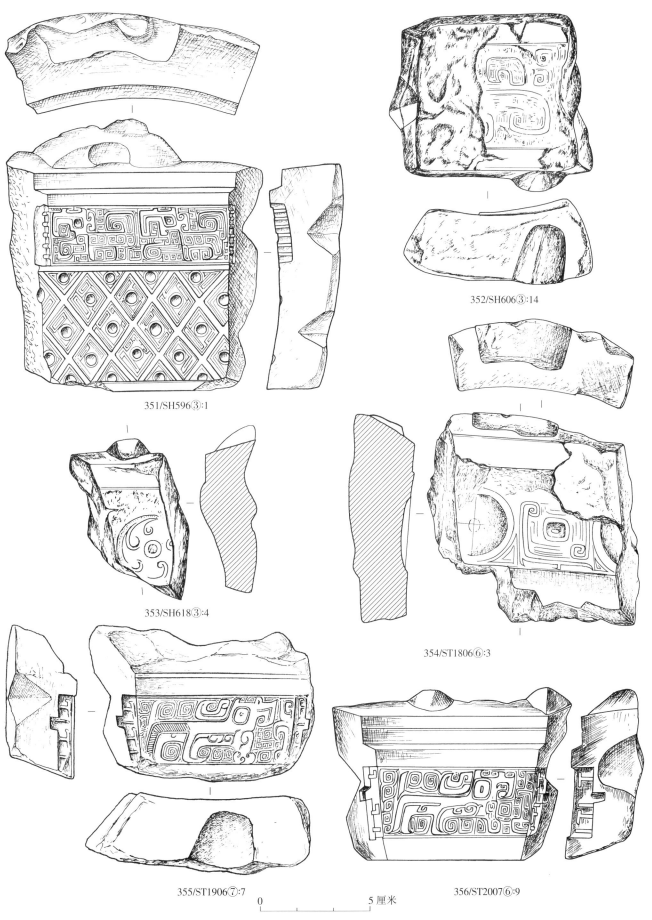

351/SH596③:1

352/SH606③:14

353/SH618③:4

354/ST1806⑥:3

355/ST1906⑦:7

356/ST2007⑥:9

0   5 厘米

图四九 E 殷墟三期圆腹鼎范

面发现一榫。面范鼎的腹部饰兽面纹，以云雷纹衬地，纹饰大部分已脱落，较模糊。背面手指印明显，且较深。残宽7.2、残高8.3厘米。（图四九F；彩版七五）

358/ST2212⑦:13，耳范，残。有分层线，面范泥质，背范夹砂，面范呈青灰色，背范浅灰色，胎为浅黄色，即土之本色。未见榫卯。面范饰几何三角云纹，花纹线条较深，清楚。背面平。残宽6.3、残高6.5厘米。（图四九F；彩版七五）

359/ST2212⑦:14，下腹部范，残。看不出分层线，泥质，青灰色，背面局部泛红。未见榫卯。面范鼎的腹部饰菱形雷纹并圆圈纹，花纹大部分已脱落，较模糊。背面手指印痕较深。此鼎范在下腹部近底处进行水平分范。残宽6、残高6厘米。（图四九F；彩版七五）

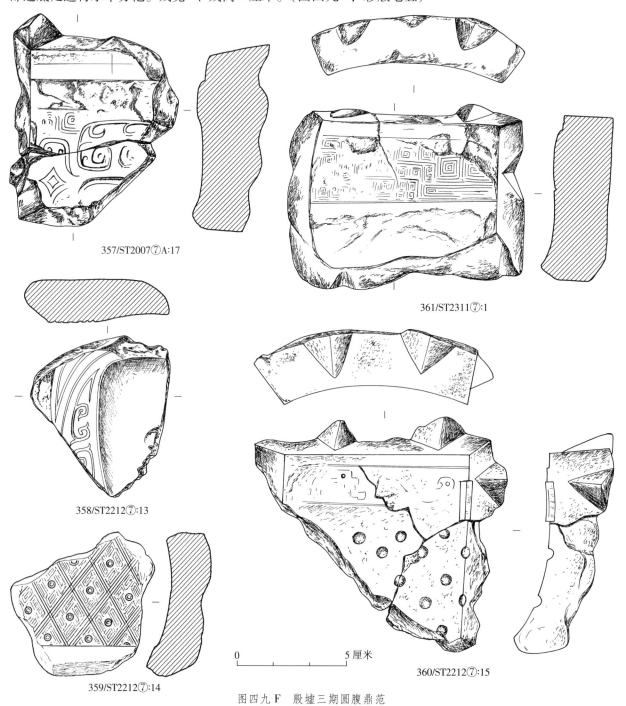

357/ST2007⑦A:17

361/ST2311⑦:1

358/ST2212⑦:13

359/ST2212⑦:14

360/ST2212⑦:15

0　　　　　5厘米

图四九F　殷墟三期圆腹鼎范

360/ST2212⑦：15，口和上腹部范，残。看不出分层线，泥质，青灰色，背面局部泛红。上分型面有二榫，右分型面发现一榫。面范鼎的口沿下有短扉棱，所饰纹饰全部脱落，不辨。腹部饰菱形雷纹并乳丁纹，雷纹几乎全部脱落，乳丁纹较清楚。背面较光滑，手指印较浅，发现两道浅槽，应是加固陶范时捆绑草绳的地方。残宽10、残高8.6厘米。（图四九F；彩版七六）

361/ST2311⑦：1，口和腹部范，残。分层线不明显，面范泥质，背范含少量细砂，青灰色，背面局部微微泛红。上分型面有二榫，左榫残，右分型面发现一卯。面范鼎的口沿下所饰带状纹饰大部分已脱落，主纹不辨，以云雷纹衬地，腹部素面。背面较平。残宽10.3、残高7.5厘米。（图四九F；彩版七六）

362/ST2312⑨：19，腹部和足范，残。有分层线，面范泥质，青灰色，背范夹少量细砂，呈红褐色。未见榫卯。面范鼎的腹部饰兽面纹，以云雷纹衬地，左侧有扉棱，纹饰几乎全部脱落，甚模糊。残宽6.8、残高6.9厘米。（图四九G；彩版七六）

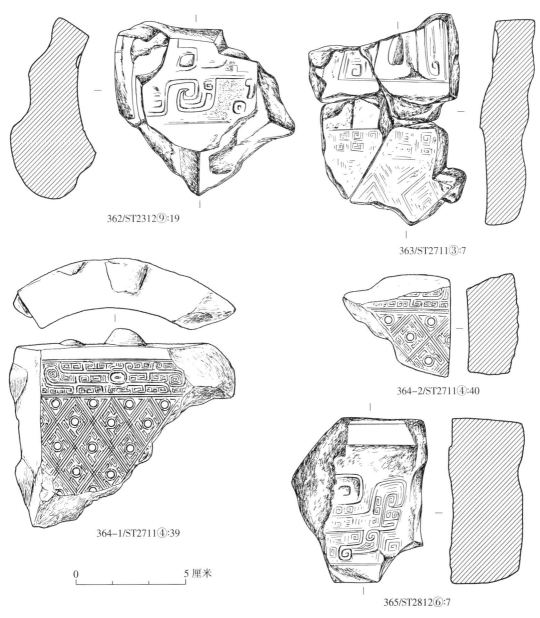

362/ST2312⑨:19

363/ST2711③:7

364-2/ST2711④:40

364-1/ST2711④:39

0　　　　　5厘米

365/ST2812⑥:7

图四九G　殷墟三期圆腹鼎范

363/ST2711③：7，口和上腹部范，残。分层线不明显，泥质，青灰色。右分型面上发现一榫，甚残。鼎口上有立耳，其上饰有纹饰，应是对夔纹，但脱落严重，不能确定，耳中部有一卯，用之扣合耳内侧泥芯；束颈上的纹饰全部脱落，不辨；腹部纹饰几乎全部脱落，隐约可辨饰勾连雷纹。背面手指印较深。残宽6.6、残高8.9厘米。（图四九G；彩版七六）

364/ST2711④：39、40，系两扇腹部合范，残。看不出分层线，泥质，青灰色，背面局部泛红。面范口沿下饰夔龙纹，以云雷纹衬地，腹部饰菱形雷纹并圆圈纹，花纹清晰。背面较平，手指印痕较浅。（彩版七七）

364-1/ST2711④：39，上分型面发现一榫，左分型面发现二榫。残宽9.9、残高8.1厘米。（图四九G；拓片一二E；彩版七七）

364-2/ST2711④：40，右分型面发现一卯。残宽5、残高4.7厘米。（图四九G；拓片一二E；彩版七七）。

365/ST2812⑥：7，口和上腹部范，残。分层线不明显，泥质，浅灰色，背面局部泛红。下分型面发现一方形卯，残。面范鼎的上腹部饰兽面纹，以云雷纹衬地，纹饰大部分已脱落，较模糊。残宽5.8、残高7.1厘米。（图四九G；彩版七七）

四期

366/SH236：6，口、腹部和足范，残，分层线不甚明显，但面范纹饰带部分泥质，其余部分及背范夹砂，青灰色。右分型面有二榫，其一残。面范口沿下饰带状兽面纹，云雷纹填空，腹部素面。纹饰大部分已脱落，较模糊。背面手指印较浅，发现一支脚，泛红。面范局部残留有淡红色细泥浆。此范无水平分范。残宽12.1、残高14.5厘米。（图五〇A；彩版七八）

367/SH236：10，耳范，较厚，残。看不出分层线，泥质，红褐色，局部泛灰，内胎呈深灰色。顶部分型面有一榫，残。耳较大，表面刻划有鼎耳的轮廓线及中线，耳下刻划两道横向平行线，用之定位鼎的口部；中部偏下设一三角形卯，当与耳芯上的榫相扣合。残宽7.9、残高11.6厘米。（彩版七八）

368/SH268：3，腹部范，残。看不出分层线，泥质，青灰色。未见榫卯。面范鼎腹上部所饰纹饰几乎全部脱落，不辨；下部饰大三角纹，内填兽面纹，纹饰部分脱落，较清楚。背范已全部脱落。残宽4.7、残高5.4厘米。（图五〇A；彩版七八）

369/SH268：8，腹部和足范，残。分层线明显，面范泥质，背范夹砂，青灰色，局部微微泛红，胎呈浅褐色。右分型面发现一卯。面范口沿下饰夔龙纹，腹部饰几何三角纹，内填云雷纹，纹饰大部分已脱落，较模糊。残宽6.1、残高12.2厘米。（图五〇A；彩版七八）

370/SH269：46，口和上腹部范，残。看不出分层线，泥质，青灰色，背面局部泛红。上分型面发现一榫。面范口沿下饰带状圆涡纹，大小相隔，以云雷纹衬地，花纹大部分已脱落，较模糊。背面较光、较平，手指印痕较浅。此鼎的水平分范位于上腹部。残宽6.8、残高7.9厘米。（图五〇A；彩版七八）

371/SH269：47，腹部范，残。看不出分层线，泥质，面范呈青灰色，背面微泛红。未见榫卯。面范腹上部饰以鸟纹，以云雷纹衬地，还有短扉棱，腹下部饰三角蝉纹，花纹较清晰。背面较平。残宽7.5、残高8.4厘米。（图五〇A；拓片一三A；彩版七九）

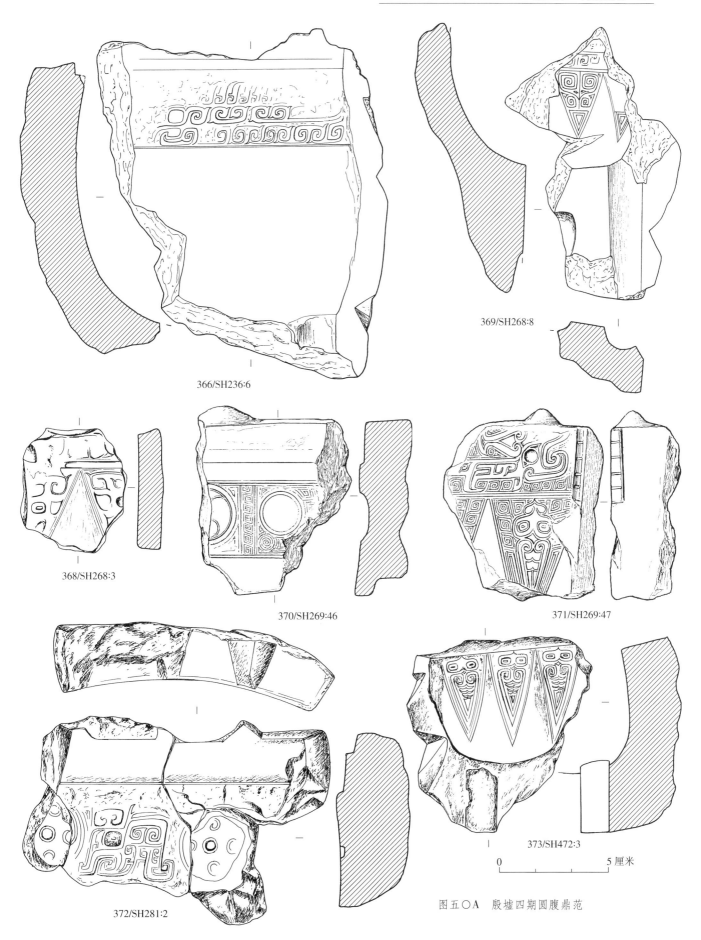

366/SH236:6

369/SH268:8

368/SH268:3

370/SH269:46

371/SH269:47

372/SH281:2

373/SH472:3

0　　　　　　　　　5 厘米

图五〇A　殷墟四期圆腹鼎范

372/SH281：2，口和上腹部范，残。分层线不明显，泥质，浅灰色，内胎呈深灰色。上分型面发现二榫，左榫较大，其内侧又设长方形卵。面范口沿下饰夔龙纹和圆涡纹，夔龙纹以云雷纹衬地。纹饰大部分已脱落，较模糊。面范局部残留有烟炱。背面手指印较浅。残宽12.2、残高6.7厘米。（图五〇A；彩版七九）

373/SH472：3，下腹部和足范，残。看不出分层线，泥质，青灰色。左分型面发现三卵，上、下卵残。面范鼎的下腹部饰三角蝉纹，纹饰大部分已脱落，较模糊。柱足型腔内残留少许烟炱。残宽8.4、残高7.9厘米。（图五〇A；彩版七九）

374/SH493①：39，足范，残。有分层线，面范泥质，呈青灰色，背范夹砂，呈浅褐色。右分型面发现一榫。面范饰兽面纹和扉棱，无地纹。残宽9.3、残高7.5厘米。（图五〇B；彩版七九）

375/SH493⑤：86，腹部范，残。胎厚，看不出分层线，但面范泥质，浅灰色，背范夹细砂，淡红色。未发现卵榫。面范饰兽面纹，以云雷纹衬地，花纹清晰。背面凹凸不平。残宽8.3、残高8.1厘米。（图五〇B；拓片一三A；彩版七九）

376/SH493⑤：89，口部范，残。胎厚，看不出分层线，但面范泥质，浅灰色，背范夹细砂，青灰色，局部泛红。上分型面发现一榫。面范饰兽面纹，以云雷纹衬地，左侧有扉棱，花纹少许脱落，较清楚。背面凹凸不平，有一支脚。其与375/SH493⑤：86应属同一件鼎范。残宽12.4、残高9厘米。（图五〇B；拓片一三A；彩版七九）

377/SH546：6，耳范，残。看不出分层线，泥质，青灰色。耳上分型面和左、右分型面各有一榫，面范耳中部有一三角形卵，可与耳芯相扣。耳部饰两夔龙，夔首相对，花纹少许脱落，较清晰。背面较平，手指印痕较浅。残宽7、残高8.3厘米。（图五〇B；拓片一三A；彩版八〇）

378/SH553：1，上腹部范，残。有分层线，面范泥质，青灰色，背范夹砂，微泛红。下分型面发现一榫。面范饰目纹、四瓣花纹和圆涡纹，以云雷纹衬地，花纹清楚。背面较平。此范以鼎的上腹部水平分范。残宽8.1、残高5厘米。（图五〇B；拓片一三A；彩版八〇）

379/SH610：5、6，应系同一件鼎的口和腹部范，均残。分层线不明显，泥质，青灰色，局部泛红。两扇范上均设立耳，残，其上有耳的轮廓线。面范饰兽面纹和倒立夔龙纹，以云雷纹衬地，花纹大部分已脱落，较模糊。背面较平，手指印痕较浅。

379-1/SH610：5，上分型面发现二榫。口沿上部残留有烟炱。残宽12.7、残高10.1厘米。（图五〇C；彩版八〇）

379-2/SH610：6，上分型面发现一榫。残宽13.2、残高7.5厘米。（图五〇C；彩版八〇）

380/SH649：47，口和腹部范，残。分层线不明显，泥质，浅灰色。未见榫卵。面范鼎的口沿下饰带状夔龙纹，以云雷纹衬地，花纹较清楚，腹部素面。口沿上有立耳。残宽7.5、残高17.2厘米。（图五〇C；彩版八〇）

381/SH649⑤：82，足范，残。有分层线，面范泥质，呈淡红色，背范夹砂，呈褐色。右分型面发现一榫。面范鼎足上部饰兽面纹和扉棱，无地纹，其下为三道弦纹。面范表面残留有烟炱。残宽8.4、残高12.9厘米。（图五〇C；拓片一三B；彩版八〇）

382/SH664：40，足范，残。分层线明显，面范泥质，青灰色，局部微泛褐，背范夹砂，红褐色，局部泛青灰。上分型面发现一榫，残。面范鼎足上部饰兽面纹，以云雷纹衬地，右侧有扉棱，兽面纹

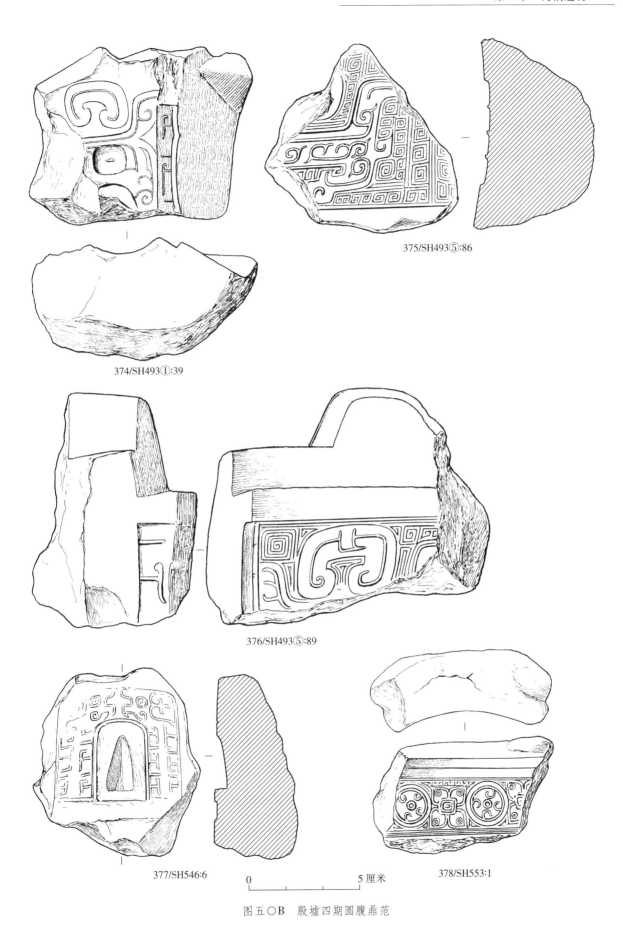

374/SH493①:39

375/SH493⑤:86

376/SH493⑤:89

377/SH546:6

378/SH553:1

0　　　　　　　　5 厘米

图五〇B　殷墟四期圆腹鼎范

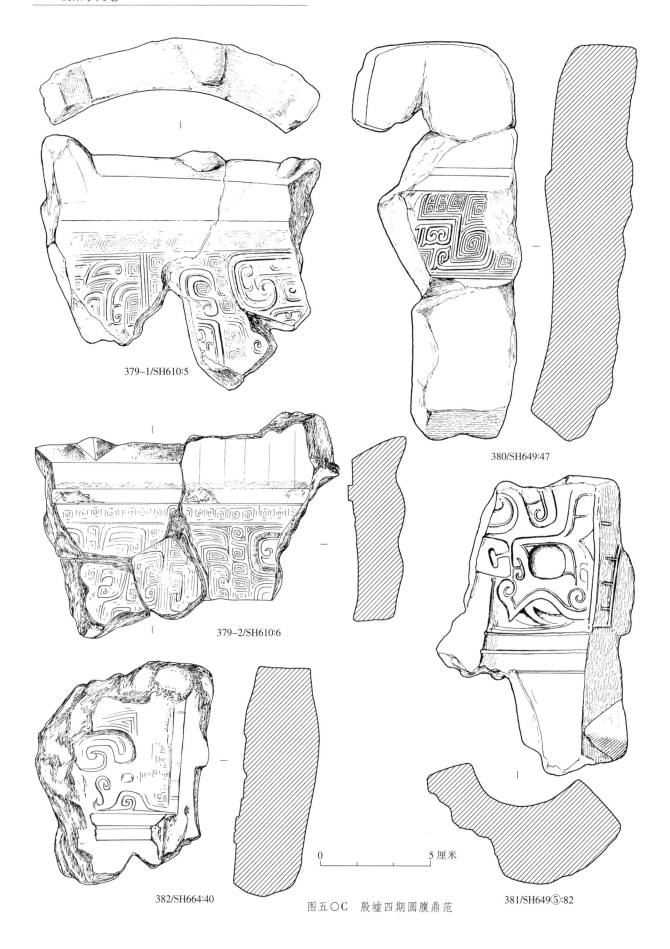

379-1/SH610:5

380/SH649:47

379-2/SH610:6

382/SH664:40

0   5厘米

图五○C 殷墟四期圆腹鼎范

381/SH649⑤:82

下部饰两道弦纹，纹饰大部分已脱落，较模糊。残宽7.7、残高8.7厘米。（图五〇C；彩版八一）

383/SH664③：54，口和腹部范，残。看不出分层线，泥质，青灰色。左分型面发现二榫。面范口沿上发现残存鼎耳的轮廓线，口沿下饰带状夔龙纹，纹饰大部分已脱落，较模糊，腹部素面。背面较平，手指印痕较浅。残宽10.5、残高11.5厘米。（图五〇D；彩版八一）

384/SH664③：82，口和腹部范，残。看不出分层线，泥质，青灰色，胎呈淡红色。左分型面发现二榫。面范口沿上发现残存的鼎耳轮廓线，口沿下饰带状兽面纹，以云雷纹填空，左侧有短扉棱，腹部素面，花纹较清楚。背面不平，手指印痕较深。此鼎以短扉棱的中部垂直分范。残宽8.6、残高9.6厘米。（图五〇D；彩版八一）

385/SH664③：90，下腹部和足部范，较厚重，残。有分层线，面范泥质，背范夹砂，青灰色，局部泛红。上分型面发现二榫，均稍残。面范足上部饰兽面纹，纹饰大部分已脱落，较模糊。此范在鼎的下腹部近底处水平分范。残宽11.4、残高8.6厘米。（图五〇D；彩版八一）

386/SH664③：96，口和腹部范，残。看不出分层线，泥质，青灰色，背面局部泛红。左分型面发现一卯。面范鼎的颈部饰带状夔龙纹，腹部饰几何三角纹，内填蝉纹，云雷纹填空，纹饰大部分已脱落，较模糊。背面较平。残宽8.5、残高8.9厘米。（图五〇D；彩版八一）

387/SH664③：185，耳范，残。看不出分层线，泥质，青灰色。耳上分型面的左右两侧各有一榫，面范耳中下部有一三角形卯，当与耳芯上的榫相扣合。面范刻划有鼎耳的轮廓线及中线，耳下刻划两道横向平行线，用之定位鼎口沿的厚度。背面中部隆起。残宽6.4、残高4.7厘米。（图五〇D；彩版八一）

388/SH664③：186，耳范，残。看不出分层线，泥质，青灰色，背面大面积泛红。耳左分型面发现一榫，面范耳中下部有一长方形卯，当与耳芯上的榫相扣合。耳中部刻划一道竖向设计线，耳下刻划两道横向平行线，用之定位鼎口沿的厚度。背面较平。残宽9、残高7.5厘米。（图五〇D；彩版八一）

389/SH664⑧：123，口和上腹部范，残。分层线不明显，泥质，面范青灰色，背范灰褐色。上分型面发现二榫。面范口沿下饰圆涡纹，其间填雷纹衬地，涡纹较模糊，雷纹较清楚。背面手指印较浅。残宽8.1、残高4.6厘米。（图五〇E；彩版八二）

390/SH664⑧：129，口和上腹部范，残。有分层线，面范泥质，背范夹砂，面范呈浅灰色，背面呈红褐色。上分型面发现一榫。面范口沿下饰由云雷纹组成的兽面纹，花纹清楚。背面较平，手指印痕较浅。此范在鼎的上腹部水平分范。残宽6.6、残高5.6厘米。（图五〇E；拓片一三B；彩版八二）

391/SH664⑨：137，圆鼎的口部和腹部范，残。分层线不明显，但面范泥质，呈红褐色，背范夹粗砂，呈青灰色，局部泛红。面范饰兽面纹，以云雷纹衬地，左侧有短凸棱，纹饰大部分已脱落，较模糊。面范口沿处残留少许红色泥浆。残宽7.7、残高6.6厘米。（图五〇E；彩版八二）

392/SH679①：1，口、腹部和两足范，稍残。口沿下带状纹饰部分与地范有分层线，纹饰范泥质，地范夹砂，青灰色，背面大面积泛红。左、右分型面各发现二榫，左一残。面范口沿上部发现半个卯，可与其相扣合的范口沿上部的半个卯组成完整卯，此卯应与芯座上的榫相扣合。面范两足之间有方形卯，此卯可与三足之间的顶范上的榫相扣合。鼎的口沿下饰带状纹饰，几乎已全部脱落，不辨。此带状纹饰应是镶嵌在地范纹饰带部位预留的壁龛内的。背面较平。此鼎以三足外侧中线垂直分为三扇，无水平分范。范正面有烟炱残留。宽14.6、高18.5厘米。（图五〇E；彩版八二）

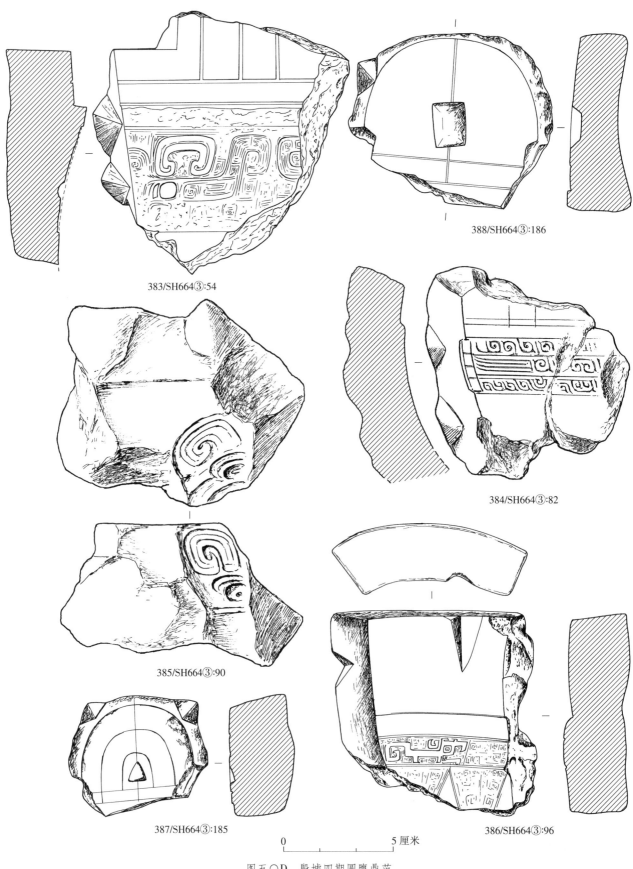

383/SH664③:54

388/SH664③:186

384/SH664③:82

385/SH664③:90

387/SH664③:185

386/SH664③:96

0　　　　　　　　　5厘米

图五〇D　殷墟四期圆腹鼎范

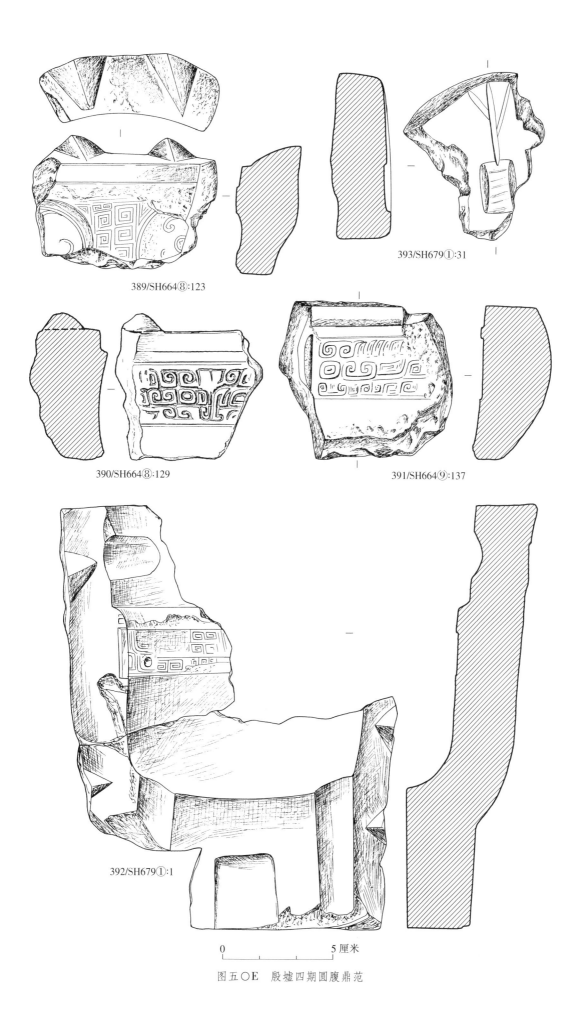

389/SH664⑧:123

393/SH679①:31

390/SH664⑧:129

391/SH664⑨:137

392/SH679①:1

0   5厘米

图五〇E　殷墟四期圆腹鼎范

393/SH679①：31，耳范，残。看不出分层线，泥质，正面青灰色，背面灰褐色。未见榫卯。面范鼎耳中部有一长方形卯，其上正中有一竖向刻槽与之相通，另有两道斜向刻槽又与竖向刻槽相通，它们应皆起到固定鼎耳芯的作用。残宽 6.3、残高 6.9 厘米。（图五〇E；彩版八二）

394/ST1906③：5，口和上腹部范，残。分层线明显，但面范和背范均泥质，面范薄，部分脱落，青灰色，背面局部微微泛红。上分型面发现一榫，左分型面有二卯，下分型面发现二卯，其一为方形卯。面部饰兽面纹，以云雷纹衬地，纹饰部分脱落，较模糊。背面凹凸不平。残宽 11.1、残高 9 厘米。（图五〇F；彩版八三）

395/ST2006④：5，口和上腹部范，残。看不出分层线，泥质，面范呈深灰色，背面泛红。未见榫卯。面范口沿下饰夔龙纹，腹部饰菱形雷纹并乳丁纹，花纹较清楚。背面较光滑。残宽 7.2、残高 9.1 厘米。（图五〇F；拓片一三B；彩版八三）

396/ST2212④：53，口和上腹部范，残。有分层线，面范泥质，背范夹砂，青灰色，背面局部微泛红。未见榫卯。面部饰兽面纹，以云雷纹衬地，纹饰大部分已脱落，较模糊。背面凸起一支脚。残

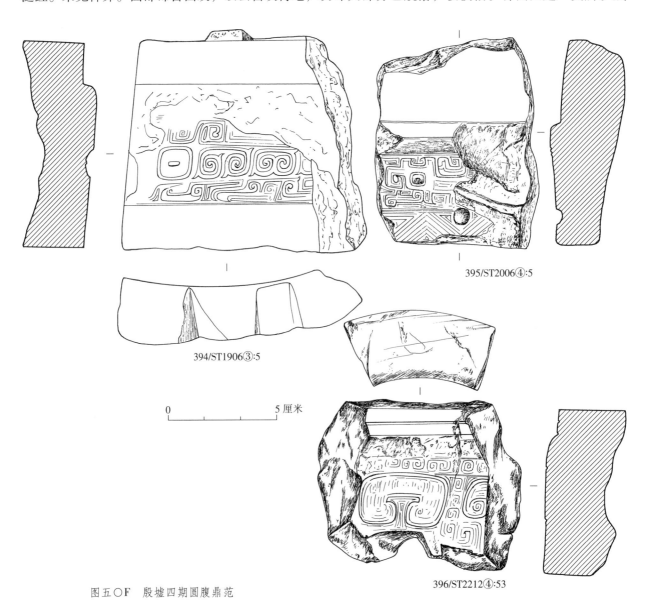

395/ST2006④:5

394/ST1906③:5

0　　　　　　5 厘米

396/ST2212④:53

图五〇F　殷墟四期圆腹鼎范

宽 8.9、残高 7.3 厘米。（图五〇F；彩版八三）

397/ST2212⑤：20，口和腹部范，较完整。看不出分层线，泥质，青灰色。上、左、右分型面各有二榫，下分型面有二卯。面范鼎的上腹部饰带状兽面纹，以云雷纹衬地，有短扉棱，大部分纹饰已脱落，较模糊。背面有许多手指印痕。此范以鼎的短扉棱垂直分范，水平分范的位置在下腹部近底处。宽 15.1、高 14.6 厘米。（图五〇G；彩版八三）

398/ST2212⑤：22，腹部范，残。看不出分层线，泥质，青灰色。面范腹部饰菱形雷纹并乳丁纹，花纹较清楚。背面凹凸不平。残宽 7.4、残高 7.2 厘米。（图五〇G；拓片一三 B；彩版八三）

399/ST2212⑤：44，口部范，残。看不出分层线，泥质，青灰色。未见榫卯。面范饰圆涡纹，以云雷纹衬地，纹饰少许脱落，清楚。背面较平。残宽 4.9、残高 4.8 厘米。（图五〇G；拓片一三 B；彩版八三）

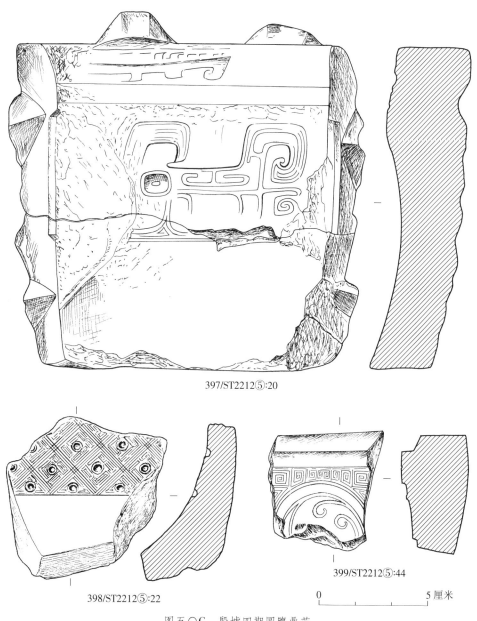

397/ST2212⑤:20

398/ST2212⑤:22

399/ST2212⑤:44

0　　　　　5 厘米

图五〇G　殷墟四期圆腹鼎范

殷墟时期

400/SH223：5，口和上腹部范，残。有分层线，但面范和背范皆泥质，面范呈浅褐色，背面呈灰褐色，局部泛青。上分型面发现一榫。面范所饰纹饰几乎全部脱落，仅残存一圆涡纹。范面上部有两道定位口沿厚度的平行设计线，其上残留较多淡红色泥浆。背面较平。残宽10.1、残高6.7厘米。（图五一；彩版八四）

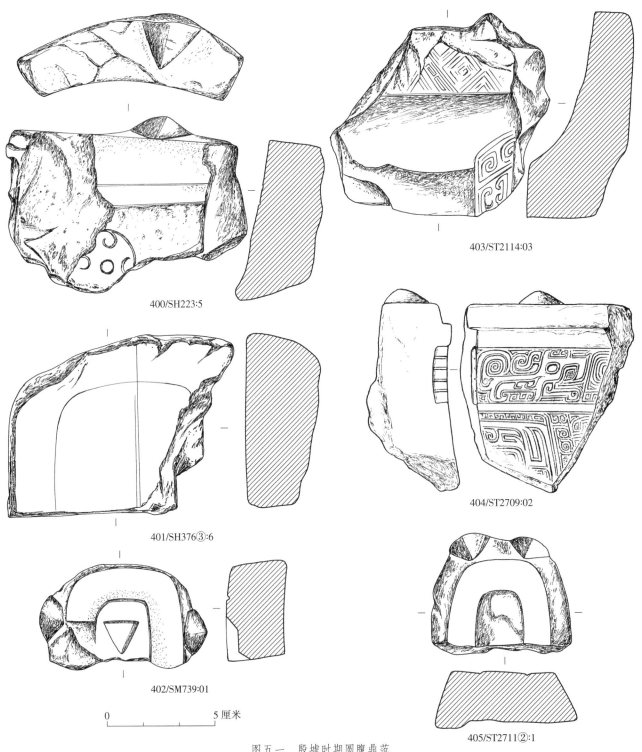

400/SH223:5

403/ST2114:03

401/SH376③:6

404/ST2709:02

402/SM739:01

0　　　　　　　　　5厘米

405/ST2711②:1

图五一　殷墟时期圆腹鼎范

401/SH376③：6，耳范，残。有分层线，面范泥质，背范夹砂。面范刻划有鼎耳的轮廓线及中线，轮廓线内部呈灰褐色，内侧呈红褐色，背面部分脱落，局部呈深灰色，局部呈浅灰褐色。未见榫卯。残宽9.5、残高7.5厘米。（图五一；彩版八四）

402/SM739：01，填土中出土。耳范，残。有分层线，夹砂，正面呈青灰色，中部微泛褐，背面呈红褐色，局部泛灰。左、右分型面各有一榫。面范中部有一倒三角形卯，用来扣合耳芯。背面较平。残宽6.2、残高4.2厘米。（图五一；彩版八四）

403/ST2114：03，近代扰坑出土。下腹部和足范，残。有分层线，但面范和背范均泥质，青灰色，面范足的内侧呈红褐色。未见榫卯。面范鼎的下腹部饰菱形雷纹，柱足上部饰一周云纹，其下饰三角纹，纹饰大部分已脱落，较模糊。残宽10.2、残高8.7厘米。（图五一；彩版八四）

404/ST2709：02，采集。口和上腹部范，残。有分层线，面范泥质，背范夹细砂，面范呈青灰色，背面泛红。上分型面发现一榫。面范口沿下饰夔龙纹，腹部饰兽面纹，均以云雷纹衬地，花纹清楚。背面较平，手指印痕较浅。残宽7.4、残高7.9厘米。（图五一；拓片一四；彩版八四）

405/ST2711②：1，耳范，残。看不出分层线，夹砂，青灰色，局部泛红。上分型面有二榫。面范素面，中部与鼎耳芯扣合的部分略凸起。背面较平，手指印较浅。残宽6.3、残高4.8厘米。（图五一；彩版八四）

②分档鼎范

标本36块。均较小，胎较薄。泥质为主，青灰色，少数局部泛红。大部分看不出分层线。纹饰以兽面纹居多，有的又饰倒立夔龙纹；多数以云雷纹衬地，少数无地纹，花纹大部分已脱落。少数面范表面有烟炱，有的分型面上涂有淡红色细泥浆。

鼎耳范与器身范连在一起，没有发现分铸现象。

分范方式：大部分垂直分为六扇，少数垂直分为三扇；水平分范有两种情况：一是无水平分范，二是从下腹部近底处水平分为两段。

三期

406/SH225：12，下腹部范，残。有分层线，但面范和背范均泥质，正面青灰色，背面深灰色。鼎腹部饰两条倒立夔龙纹，以云雷纹衬地，纹饰大部分已脱落，较模糊。下分型面上残留少许红色泥浆。残宽7、残高7.1厘米。（图五二A；彩版八五）

407/SH225：18，下腹部和足范，残。看不出分层线，泥质，青灰色。面范鼎腹部饰兽面纹，以云雷纹衬地，纹饰大部分已脱落，较模糊。残宽4.7、残高7.5厘米。（图五二A；彩版八五）

408/SH225：40，腹部范，残。看不出分层线，泥质，青灰色。面范饰兽面纹，以云雷纹衬地，纹饰部分脱落，较模糊。残宽6.8、残高4.6厘米。（图五二A；彩版八五）

409/SH225：70，腹部范，残。看不出分层线，泥质，青灰色，背面局部泛红。左分型面发现一卯，残。鼎腹部饰兽面纹，以云雷纹衬地，纹饰大部分已脱落，模糊。背面中部隆起一支脚。残宽8.1、残高6.2厘米。（图五二A；彩版八五）

410/SH225：71，下腹部和足范，残。看不出分层线，泥质，青灰色，背面局部微泛红。右分型面发现二榫，面范两足之间发现一卯之一半，残，可与右侧另一扇范扣合后组成一个完整卯，此卯系与三足之间的顶范上的其中一榫相扣合。面范鼎的腹部饰兽面纹，以云雷纹衬地。纹饰部分脱落，较模

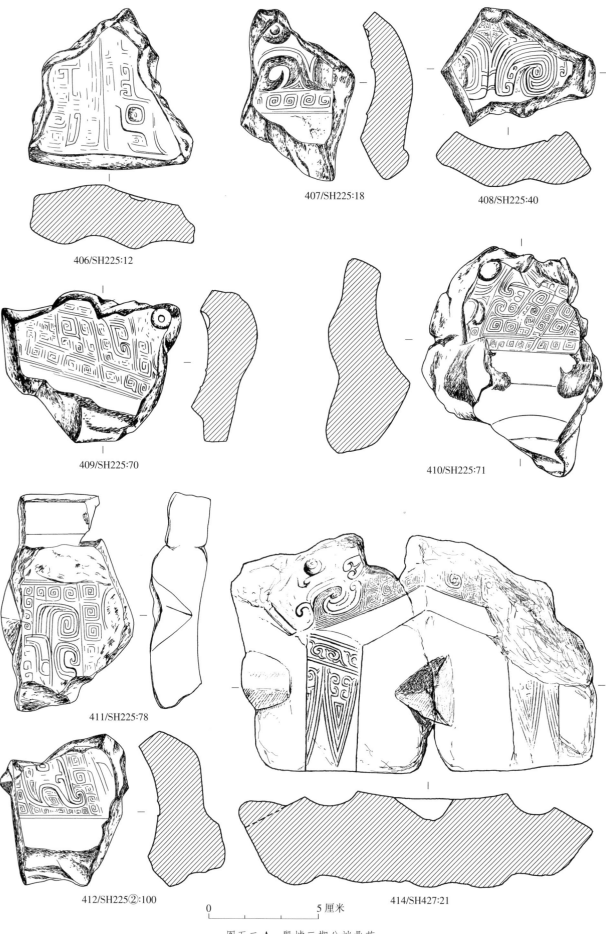

406/SH225:12

407/SH225:18

408/SH225:40

409/SH225:70

410/SH225:71

411/SH225:78

412/SH225②:100

414/SH427:21

0   5 厘米

图五二 A 殷墟三期分裆鼎范

糊。面范局部残留少许烟炱。背面较平，手指印较浅。此范以鼎的裆部垂直分范。残宽8、残高8.4厘米。（图五二A；彩版八五）

411/SH225：78，口和腹部范，残。分层线不明显，泥质，青灰色。左分型面发现一榫。面范鼎的口沿上部有一道设计线，腹部饰兽面纹和倒立夔龙纹，以云雷纹衬地，花纹大部分已脱落，较模糊。背面凹凸不平。残宽5.9、残高9.5厘米。（图五二A；彩版八五）

412/SH225②：100，下腹部范，残。分层线不明显，泥质，青灰色。左分型面发现一榫，残。面范鼎的腹部饰兽面纹和倒立夔龙纹，以云雷纹衬地，纹饰大部分已脱落，较模糊。面范上残留少许红色泥浆。背面手指印较深。残宽5.4、残高6.2厘米。（图五二A；彩版八五）

413/SH427：16，口和腹部范，残。分层线不明显，泥质，青灰色，背面局部泛红。上分型面发现一榫，右分型面发现二卯，其一残。面范鼎的口沿上部有一道设计线，腹部饰兽面纹，以云雷纹衬地，花纹大部分已脱落，较模糊。背面凹凸不平，手指印痕较明显。残宽4.5、残高7.5厘米。（彩版八六）

414/SH427：21，腹部和足范，残。看不出分层线，泥质，青灰色，背面大面积微微泛红。左分型面发现一榫，面范两足之间发现一三角形卯，鼎的腹部饰兽面纹，左侧有扉棱，纹饰大部分已脱落，较模糊，足的上部饰一周带状云纹，下饰三角蕉叶纹，花纹较清楚。背面较平。此范以鼎的腹部扉棱和鼎足外层中线垂直分范。残宽15.2、残高10.3厘米。（图五二A；彩版八六）

415/ST1907⑦：1、2、7、8、9、10，当系同一件分裆鼎范，其中1、2为合范，7、8为合范。看不出分层线，泥质，青灰色，局部泛红。面范口下饰一周蝉纹，腹部饰兽面纹，又以倒首夔龙纹填空，无地纹，花纹清晰。背面凹凸不平，有较多的手指印痕。此六块范以鼎上兽面纹的鼻梁中线垂直分范，无水平分范。

415-1/ST1907⑦：1，完整。立耳，耳两侧分型面各有一榫，左、右分型面各有四卯，左一卯残，鼎足内侧型面中部有半圆形卯。背面部分指印内残留少量夹砂泥。宽9.2、高21.9、最厚2.7厘米。（图五二B；拓片一五A；彩版八六）

415-2/ST1907⑦：2，完整。上分型面有二榫，左、右分型面各有四榫，鼎足内侧中部亦有一半圆形卯，可与ST1907⑦：1的半圆形卯组成一圆形卯，其可与三足之间的顶范上的圆形榫相扣合。宽10.5、高19.7、最厚3.5厘米。（图五二B；拓片一五A；彩版八六）

415-3/ST1907⑦：7，完整。上分型面有一榫，左、右分型面各有四卯，鼎足内侧中部有一三角形卯的一半。宽7.2、高18.6、最厚2.3厘米。（图五二C；拓片一五B；彩版八七）

415-4/ST1907⑦：8，完整。上分型面有二榫，左、右分型面各有四榫，左侧一残，右侧二残。鼎足内侧中部亦有一三角形卯的一半，可与ST1907⑦：7的三角形卯的一半组成一个完整的三角形卯，其可与三足之间的顶范上的三角形榫相扣合。宽7、高18.8、最厚1.2厘米。（图五二C；拓片一五B；彩版八七）

415-5/ST1907⑦：9，残。鼎足内侧中部有一方形卯的一半，可与另一扇鼎足范内侧中部的一方形卯的一半组成一个完整的方形卯，其可与三足之间的顶范上的方形榫相扣合。残宽7.9、残高10.6厘米。（图五二D；彩版八七）

415-6/ST1907⑦：10，残。上分型面有一立耳，已残，耳右侧分型面发现一榫，腹部右分型面发现二榫。背面部分指印内残留少量夹砂泥。残宽10.4、残高10.8厘米。（图五二D；拓片一五C；彩版八七）

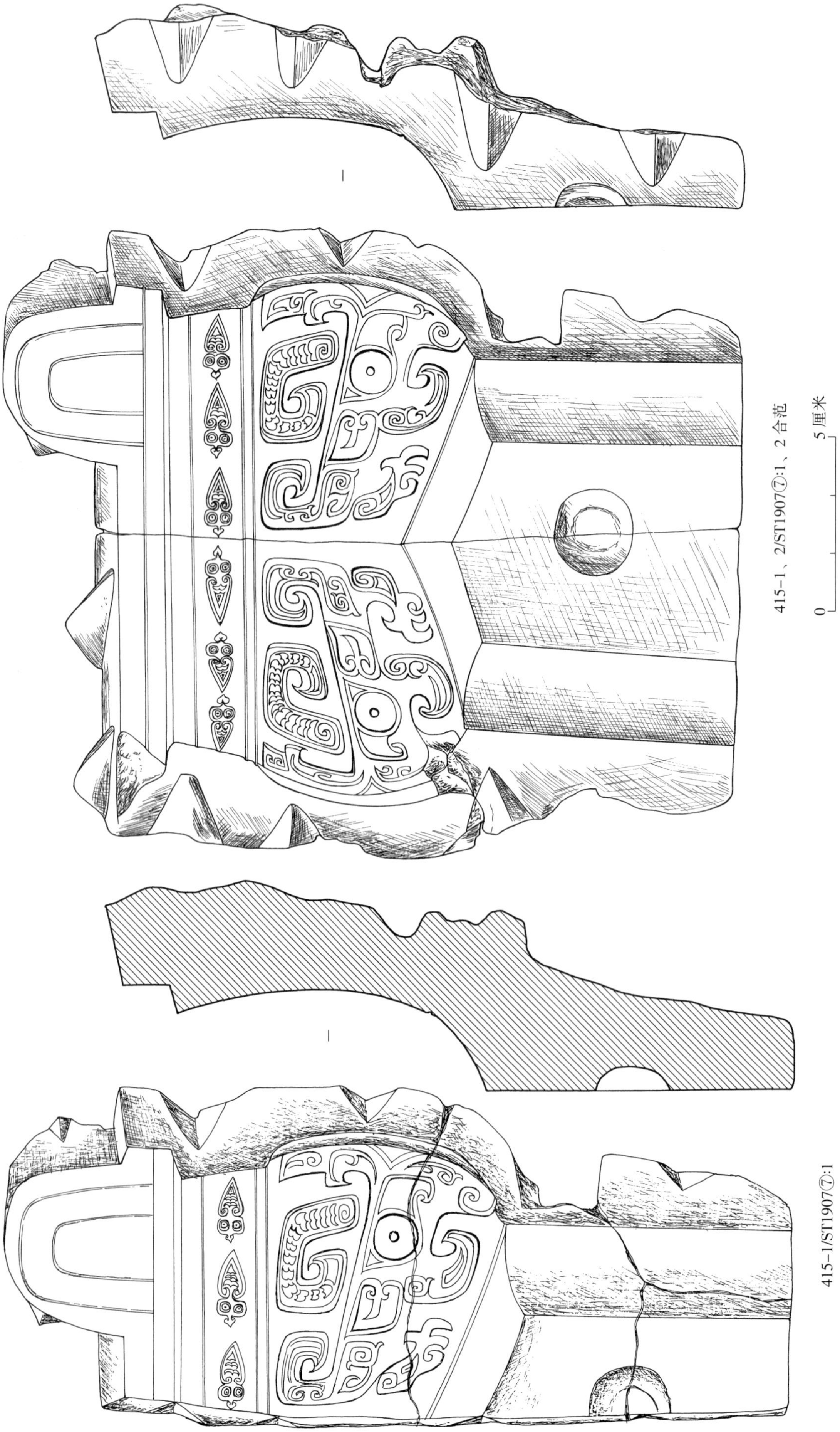

415-1, 2/ST1907⑦:1, 2 合范

0 5 厘米

415-1/ST1907⑦:1

图五二 B　殷墟三期分裆鼎范

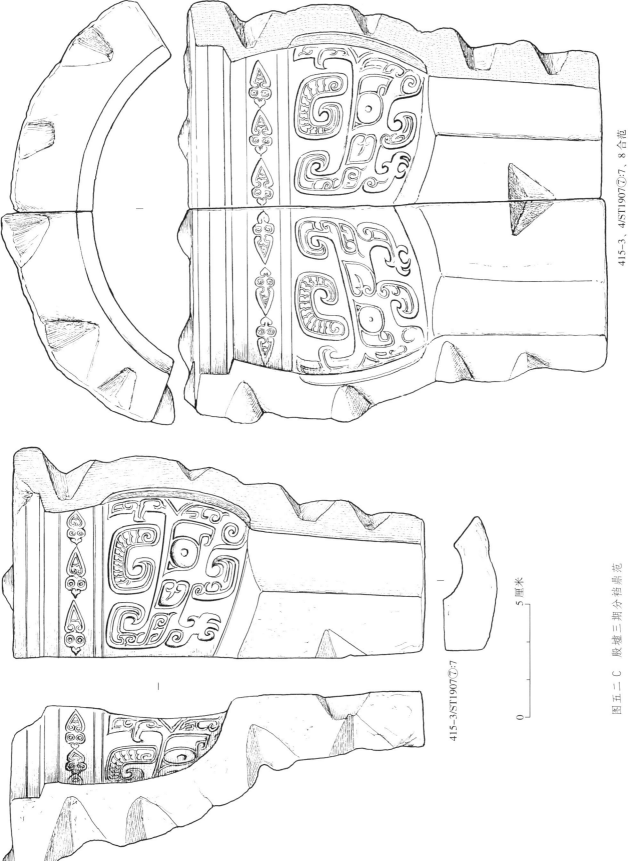

415-3、4/ST1907⑦:7，8 合范

415-3/ST1907⑦:7

5 厘米

0

图五二 C　殷墟三期分裆鼎范

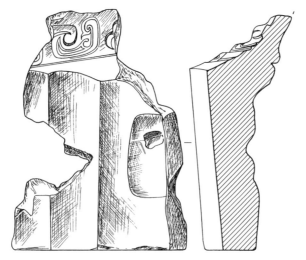

415-5/ST1907⑦:9

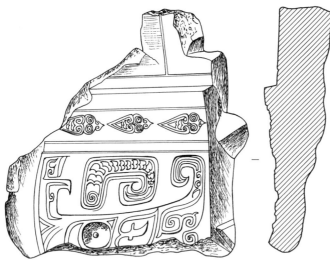

415-6/ST1907⑦:10

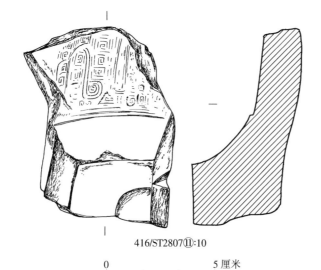

416/ST2807⑪:10

0   5厘米

图五二 D　殷墟三期分裆鼎范

416/ST2807⑪：10，下腹部和足范，残。有分层线，但面范和背范皆泥质，青灰色，背面局部泛红。右分型面发现一卯。面范鼎的腹部饰兽面纹，以云雷纹衬地，柱足素面，纹饰几乎全部脱落，甚模糊。面范下部残留少许烟炱。背面较平。残宽6、残高9厘米。（图五二 D；彩版八七）

四期

417/SH268：4 和 SH269：45、50、51、52，系同一件分裆鼎的口和上腹部范，均残。有分层线，但面范和背范均泥质。面范鼎的口沿下饰一周云雷纹，腹部饰兽面纹和倒立夔龙纹，以云雷纹衬地。背面凹凸不平。

417－1/SH268：4，青灰色，背面局部微微泛红。上分型面发现一榫。纹饰大部分已脱落，较模糊。口沿上部残留有淡红色细泥浆。残宽5.7、残高5.8厘米。（图五三 A；彩版八八）

417－2/SH269：45，面范呈浅灰色，背范为青灰色，上分型面发现一榫，右分型面发现一卯。纹饰部分脱落，较清楚。面范未浇注的表面和分型面上残留有淡红色稀泥浆。残宽8.5、残高6厘米。（图五三 A；拓片一六；彩版八八）

417－3/SH269：50，面范呈浅褐色，背面呈青灰色，局部微泛红。上分型面发现一榫，右分型面有一长条形榫。残宽6.9、残高5.8厘米。（图五三 A；拓片一六；彩版八八）

417－4/SH269：51，青灰色。上分型面发现二榫，右分型面发现一榫。纹饰大部分已脱落，较模糊。口

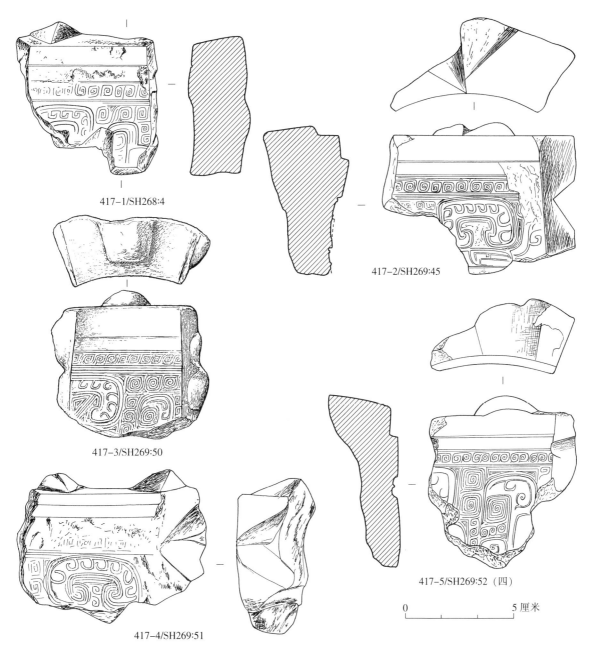

417-1/SH268:4

417-2/SH269:45

417-3/SH269:50

417-5/SH269:52（四）

417-4/SH269:51

0　　　　　　　5 厘米

图五三 A　殷墟四期分裆鼎范

沿上部有一道设计线，附近残留有淡红色细泥浆。残宽 7.7、残高 5.8 厘米。（图五三 A；彩版八八）

　　417-5/SH269：52，青灰色。上分型面发现一榫。残宽 6.9、残高 6.8 厘米。（图五三 A；拓片一六；彩版八八）

　　418/SH664：34，口和腹部范，残。看不出分层线，泥质，面范浅灰色，背面泛红。上分型面发现二榫。面范腹部饰兽面纹和倒立夔龙纹，以云雷纹衬地，花纹大部分已脱落，较模糊。背面较凹凸不平，手指印痕较深，且呈两列。残宽 6.9、残高 6.6 厘米。（图五三 B；彩版八八）

　　419/SH664③：55，腹部范，残。看不出分层线，泥质，青灰色。上分型面发现一榫。面范饰兽面纹和倒立夔龙纹，以云雷纹衬地，花纹大部分已脱落，较模糊。背面凹凸不平。残宽 5.8、残高 6.3 厘米。（图五三 B；彩版八九）

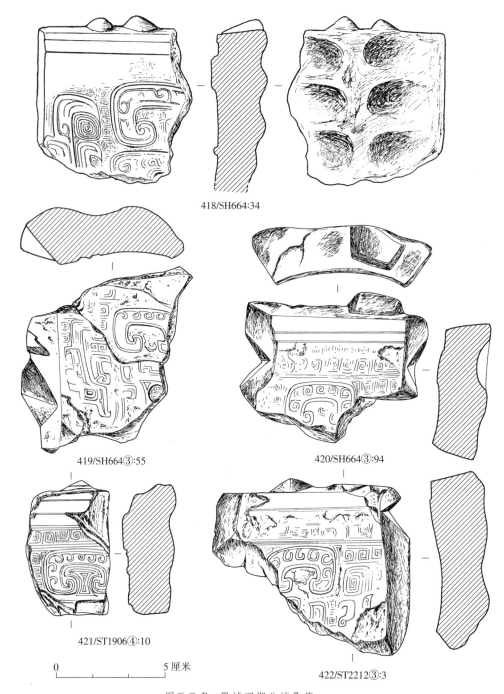

418/SH664:34

419/SH664③:55

420/SH664③:94

421/ST1906④:10

0   5厘米

422/ST2212③:3

图五三 B　殷墟四期分裆鼎范

420/SH664③：94，口和腹部范，残。看不出分层线，泥质，青灰色，局部泛红。上分型面有一长方形榫，左、右分型面各发现一三角形卯。面范饰兽面纹，以云雷纹衬地，纹饰大部分已脱落，较模糊。纹饰上部有两道平行设计系线，来定位鼎的口沿宽度。背面手指印较深。残宽7.7、残高5.8厘米。（图五三 B；彩版八九）

421/ST1906④：10，口和腹部范，残。有分层线，但面范和背范均泥质，青灰色。未见榫卯。面范鼎的口沿下饰一周云雷纹，腹部饰兽面纹，以云雷纹衬地，花纹清楚。背面较平，手指印痕较浅。残宽3.9、残高5.3厘米。（图五三 B；拓片一六；彩版八九）

422/ST2212③：3，口和腹部范，残。看不出分层线，泥质，青灰色。上分型面有二榫，其一残，左、右分型面各发现一卯，左残。面范鼎的口沿下饰一周云雷纹，腹部饰兽面纹和倒立夔龙纹，以云雷纹衬地，花纹大部分已脱落，较模糊。背面较不平。口沿上部残留少许淡红色细泥浆。残宽8.1、残高7.5厘米。（图五三 B；彩版八九）

③扁足鼎范

标本6块，均为夔形足，其中1块与器身相连。

分范方式有两种：一是扁足与下腹部范连在一起，为浑铸；二是扁足与器底的连接方式为二次浇铸（扁足后铸），扁足范垂直分为两扇。

三期

423/SH225：54，足范，残。分层线明显，面范泥质，背范夹砂，青灰色，背面微微泛红。未见榫卯。面范鼎扁足饰一立体夔龙纹，无地纹。残宽6.2、残高5.5厘米。（图五四；彩版九〇）

424/SH572：6，下腹部和足范，残。胎甚厚，分层线明显，面范薄，泥质，背范厚，夹砂，正面呈青灰色，内胎呈深灰色，背面呈红褐色。未见榫卯。面范鼎的下腹部素面，扁足饰一立体夔龙纹，以疏朗的云雷纹填空，纹饰大部分已脱落，较模糊。背面略平。此范鼎足是与器身浑铸的。残宽6.3、残高7.3厘米。（图五四；彩版九〇）

425/ST2007⑥：99，下腹部和足范，残。胎甚厚，分层线明显，面范薄，泥质，背范厚，夹砂，正面呈青灰色，内胎呈深灰色，背面微微泛红。未见榫卯。面范鼎的下腹部素面，扁足饰一立体夔龙纹，无地纹，纹饰清楚。背面手指印甚深。残宽7.5、残高5.6厘米。（图五四；彩版九〇）

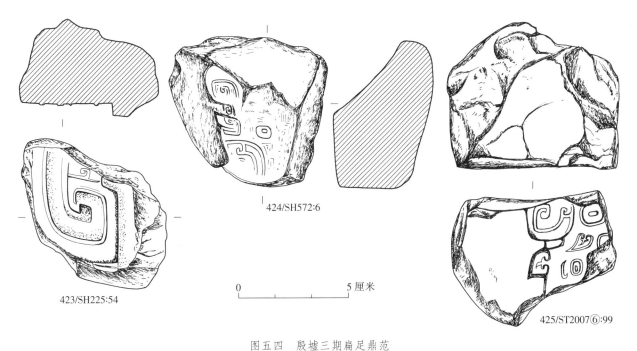

424/SH572:6

0   5 厘米

423/SH225:54

425/ST2007⑥:99

图五四　殷墟三期扁足鼎范

四期

426/SH481③：5、6，系同一件扁足鼎的足范。分层线明显，面范中部纹饰部分泥质，其他边缘部分和背范为一体，夹砂。面范鼎扁足饰一大夔龙纹，无地纹。夔龙口部与鼎底衔接。

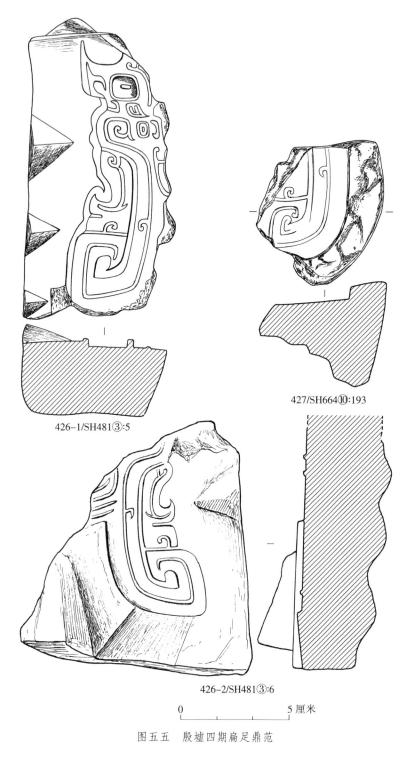

426-1/SH481③:5

427/SH664⑩:193

426-2/SH481③:6

0 ————————— 5 厘米

图五五　殷墟四期扁足鼎范

426－1/SH481③：5，稍残。青灰色。面范一边缘发现三榫。残宽6.8、残高12.3厘米。（图五五；拓片一七；彩版九〇）

426－2/SH481③：6，残。面范青灰色，背面局部微泛红。面范两侧边缘各发现一榫，夔龙的尾部有一浇口。此鼎的三足是分铸的。残宽10.2、残高11.2厘米。（图五五；拓片一七；彩版九〇）

427/SH664⑩：193，足范，残。分层线明显，面范泥质，灰褐色，局部泛青，背范夹砂，红褐色。未见榫卯。面范鼎扁足饰一立体夔龙纹，现存夔龙的尾部，即扁足的下部。残宽5.6、残高5.5厘米。（图五五；彩版九〇）

（2）方鼎范

可辨为方鼎者35块，标本26块。体形有大、小之分，以小鼎居多。泥质多于夹砂，大多数看不出分层线。小鼎纹饰布局以上部饰兽面纹或夔龙纹，两侧和下部饰三排乳丁纹，中部素面居多；大鼎纹饰以中部饰直棱纹居多。

分范方式：垂直分为四扇或八扇，没有发现水平分范。

三期

428/SH225：62，口部范，残。有分层线，但面范和背范均泥质，面范呈灰青色，背面微泛褐。未见榫卯。面范饰兽面纹，以云雷纹衬地，花纹清晰。背面手指印痕较深。残宽4、残高4.8厘米。（图五六A；拓片一八；彩版九一）

429/SH440③：9，腹部范，残。看不出分层线，泥质，正面呈灰青色，背面呈浅灰褐色。未见榫卵。面范鼎的腹部饰兽面纹，以云雷纹衬地，花纹较清楚。背面手指印痕较深。残宽7.1、残高5.3厘米。（图五六 A；彩版九一）

　　430/SH573②：37，口和腹部范，残。分层线不明显，泥质，青灰色，局部微泛红。未见榫卯。面范方鼎上腹部饰夔龙纹，大部分已脱落，较模糊，夔龙纹中间有短扉棱，下腹部饰两排圆泡纹，左右残，纹饰不详，腹中部素面。背面较平，手指印较浅。残宽6.9、残高9.2厘米。（图五六 A；彩版九一）

　　431/ST1907⑦：11，口、腹部和足范，下部残。口沿上部有较高的范头。看不出分层线，泥质，背面正面灰褐色。背面青灰色，局部微泛红，范头上有两个对称牛角形卯。面范鼎腹周边饰两排乳丁纹，纹饰大部分已脱落。背面有较多的手指印。残宽22.7、残高20厘米。（图五六 B；彩版九一）

　　432/ST2006⑥：1，腹部范，残。有分层线，面范泥质，背范夹砂。浅褐色。未见榫卯。面范鼎腹上部所饰纹饰不详，只观察到少许云雷纹，两侧和下部各饰三排乳丁纹，中部素面。纹饰部分脱落。背面较平，手指印浅。残宽10.2、残高6.6厘米。（图五六 A；彩版九一）

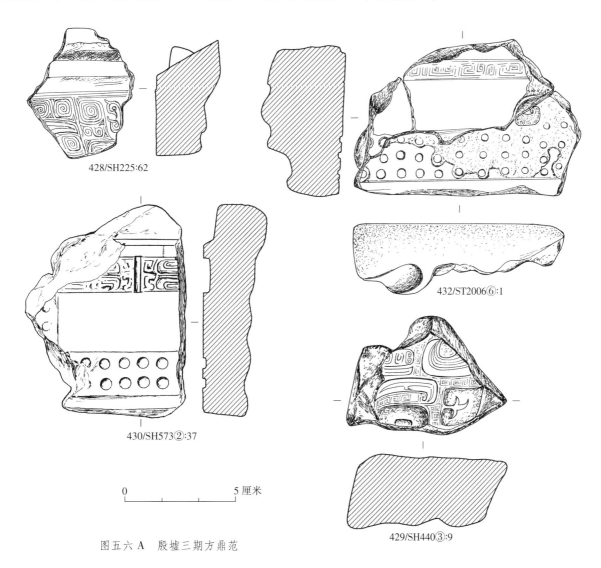

428/SH225:62

430/SH573②:37

432/ST2006⑥:1

429/SH440③:9

0　　　　　　5厘米

图五六 A　殷墟三期方鼎范

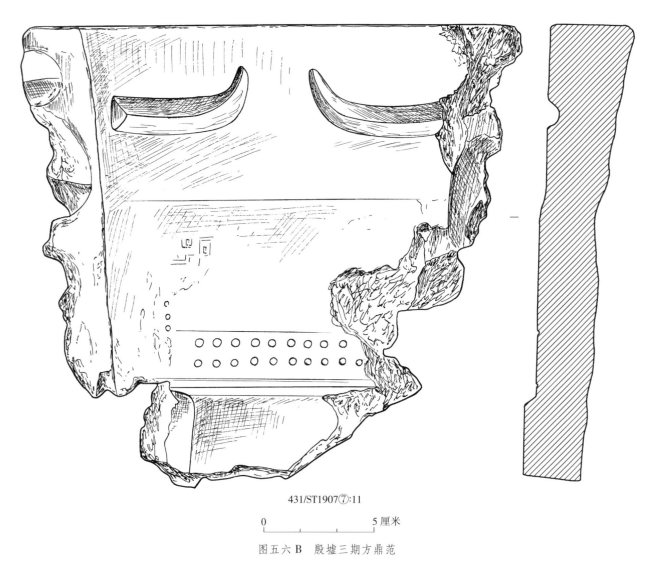

431/ST1907⑦:11

0   5 厘米

图五六 B　殷墟三期方鼎范

四期

433/SH472：1，耳和腹部范，下残。有分层线，面范泥质，背范夹砂，浅灰色，局部微泛红。耳部右分型面和腹部上分型面各有一榫，左、右分型面各有二榫，其三残。面范耳部饰夔龙纹，夔首已残，上腹饰夔龙纹，以云雷纹衬地，左右侧有扉棱，下腹纹饰由于残留太少，不辨。背面稍平，手指印痕较浅。此范由耳中部和扉棱垂直分范，无水平分范。残宽 8.1、残高 9.4 厘米。（图五七 A；拓片一九 A；彩版九二）

434/SH493④：84，腹部范，残。看不出分层线，泥质，呈青灰色，背面微微泛红。未见榫卯。面范饰兽面纹，以云雷纹衬地，左侧有扉棱，纹饰较清楚。背面较平，手指印浅。残宽 12、残高 8.2 厘米。（图五七 A；拓片一九 B；彩版九二）

435/SH664③：53、57，当系同一件方鼎的口和腹部范，残。有分层线，面范泥质，背范夹砂。呈青灰色。面范鼎腹上部饰由云雷纹组成的兽面纹，两侧和下部各饰三排乳丁纹，中部素面。背面较平，手指印浅。

435-1/SH664③：53，左分型面发现三卯，其二残。纹饰大部分已脱落。残宽 9.9、残高 9.3 厘

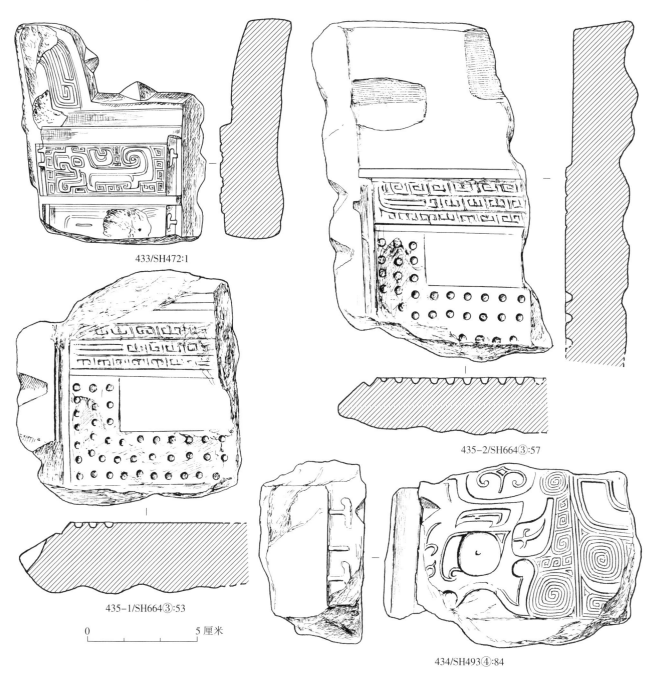

433/SH472:1

435-2/SH664③:57

435-1/SH664③:53

0　　　　　　　5厘米

434/SH493④:84

图五七 A　殷墟四期方鼎范

米。（图五七 A；彩版九二）

435-2/SH664③：57，左分型面发现四卯，其一残。面范鼎的口沿上部发现二卯，其一残，此二卯当是与鼎的芯座上的榫相扣合。纹饰部分脱落。残宽9.2、残高14.2厘米。（图五七 A；拓片一九B；彩版九二）

436/SH689：3，腹部范，残。有分层线，面范泥质，表面呈浅黄色，内胎呈青灰色，背范残存较少，夹砂，呈深灰色。未见榫卯。面范鼎的口沿下所饰纹饰几乎全部脱落，主纹不辨，仅辨出衬地的云雷纹，腹部饰直棱纹。残宽5、残高5.1厘米。（图五七 B；彩版九二）

437/ST1907③：1，腹部范，残。看不出分层线，泥质，正反表面呈灰黑色。胎呈红褐色。未见榫

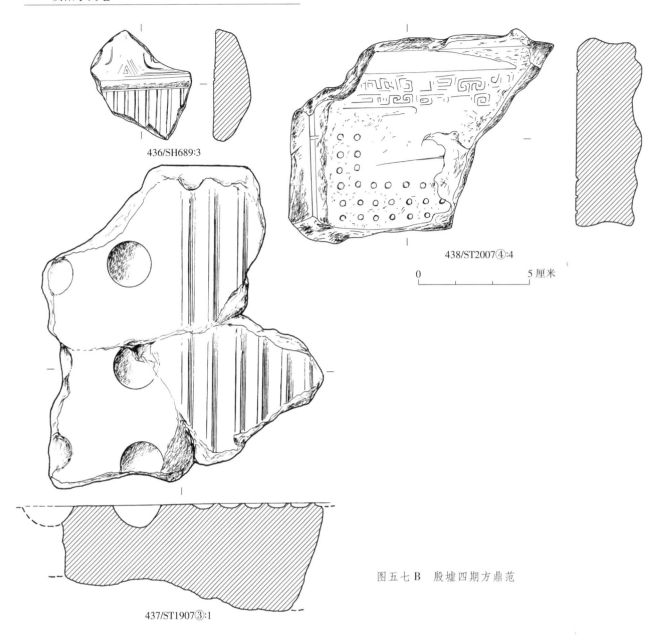

436/SH689:3

438/ST2007④:4

0　　　　　　　5 厘米

图五七 B　殷墟四期方鼎范

437/ST1907③:1

卯。面范边缘处饰乳丁纹，中部饰瓦纹。纹饰大部分脱落。背面平。残宽 12.6、残高 13.7 厘米。（图五七 B；彩版九二）

438/ST2007④:4，口和腹部范，残。未发现分层线，泥质，面范呈浅灰色，上部泛红，背面呈青灰色。未见榫卯。面范鼎腹上部饰由两条夔龙纹组成的兽面纹，以云雷纹填空，左侧有扉棱，饰双排乳丁纹，下部饰三排乳丁纹，中部素面，纹饰大部分已脱落，较模糊。面范鼎的口沿上部残留有烟炱。背面手指印较深，局部填夹砂泥。残宽 10.9、残高 8.1 厘米。（图五七 B；彩版九三）

殷墟时期

439/SH358:1，腹部范，残。有分层线，面范泥质，呈青灰色，背范夹细砂，呈红褐色。未见榫卯。面范饰兽面纹，以云雷纹衬地，纹饰较清楚。背面较平，手指印浅。残宽 7.5、残高 8.3 厘米。此范与 434/SH493④:84 可能是同一件鼎范。（图五八；彩版九三）

440/SH509:3，口和上腹部范，残。分层线不明显，泥质，正面呈青灰色，背面呈灰褐色。上分

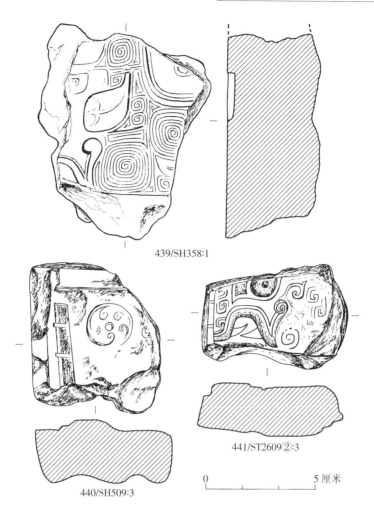

439/SH358:1

441/ST2609②:3

440/SH509:3

0　　　　　　　　　　5 厘米

图五八　殷墟时期方鼎范

型面发现一道刻痕，应是与另一扇范组装定位的标示，左分型面发现一榫。面范所饰纹饰几乎全部脱落，仅辨鼎的上腹部饰圆涡纹。背面较平，手指印浅。残宽5.7、残高6厘米。（图五八；彩版九三）

441/ST2609②：3，腹部范，残。看不出分层线，泥质，灰青色，背面局部微泛红。左分型面发现一卯，残。面范鼎的腹部饰兽面纹，以云雷纹衬地，左侧有扉棱，纹饰大部分已脱落，较模糊。背面手指印痕较浅。残宽6.6、残高4.2厘米。（图五八；彩版九三）

（3）方彝范

可辨为方彝者11块，标本5块。体较小，胎较薄。多为青灰色，少数呈红褐色。大多数泥质，看不出分层线，仅1块背范夹砂，面范泥质。纹饰多布满全身，以上、下饰夔龙纹、中部饰兽面纹、云雷纹衬地居多。

分范方式与方鼎相同：垂直分为四扇或八扇，无水平分范。

三期

442/SH225：1，口、腹部和圈足范，下部残。看不出分层线，泥质，青灰色，背面局部微泛红。上、右分型面各有二榫，左型面发现二榫。面范口沿下饰夔龙纹，腹部饰兽面纹，圈足饰夔龙纹，均以云雷纹衬地，边缘、兽面纹和夔龙纹之间以重环纹区分，左右侧有扉棱，纹饰稍微脱落，花纹精美、清晰。背面中部内凹，有较多的手指印痕。此范以扉棱垂直分范，无水平分范。残宽7.8、残高14.1

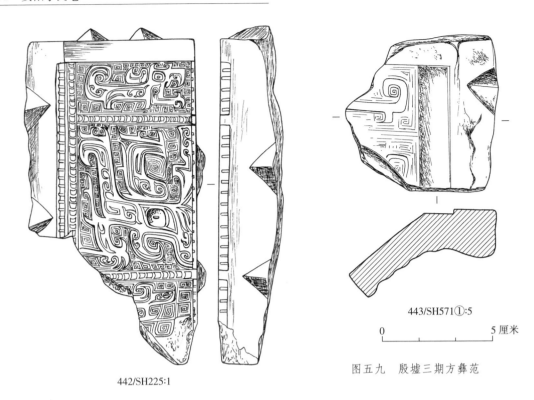

442/SH225:1

443/SH571①:5

0　　　　　　　5 厘米

图五九　殷墟三期方彝范

厘米。（图五九；拓片二〇；彩版九四）

443/SH571①：5，口和上腹部范，残。分层线不明显，泥质，青灰色，面范泛白。右分型面发现一榫。面范左侧有扉棱，口沿下饰夔龙纹，腹部饰兽面纹，均以云雷纹衬地，纹饰大部分已脱落，较模糊，尤其扉棱上的纹饰已全部脱落。背面中部内凹，有较多的手指印痕。残宽6.4、残高6.6厘米。（图五九；彩版九四）

四期

444/SH669①：4，可能是彝范，残。看不出分层线，泥质，青灰色。右分型面发现一榫。面范饰夔龙纹，以云雷纹衬地，右侧有扉棱。纹饰部分脱落，较清楚。残宽3.4、残高5.8厘米。（图六〇；彩版九四）

445/ST2006③：6，口和腹部范，残。看不出分层线，泥质，青灰色。未见榫卯。面范口沿下饰夔龙纹，腹部饰兽面纹，均以云雷纹衬地，夔龙纹和兽面纹之间饰兽蹄纹分界，左侧有扉棱，花纹精美、清晰。背面凹凸不平，有较多的手指印痕。此范以扉棱垂直分为范，无水平分范。残宽4.2、残高6.5厘米。（图六〇；拓片二一；彩版九四）

殷墟时期

446/SH211：1，下腹部和圈足范，

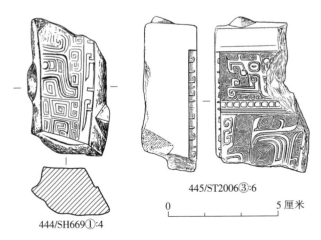

444/SH669①:4

445/ST2006③:6

0　　　　　　　5 厘米

图六〇　殷墟四期方彝范

残。看不出分层线，泥质，青灰色。右分型面发现一卯。面范下腹部饰兽面纹，圈足饰夔龙纹，均以云雷纹衬地，周边及腹部和圈足分界处饰兽蹄纹，右侧有扉棱，花纹精美，清晰。背面有较多的手指印痕。残宽5.4、残高6.7厘米。（图六一；拓片二二；彩版九四）

（4）方座范

可辨为方座者仅1块。时代属殷墟三期。

447/SH255：6，方座的右下角范，残。看不出分层线，泥质，正面浅灰色，背面青灰色。右分型面为斜面，未见榫卯。面范饰夔龙纹，尾上卷，以云雷纹衬地，纹饰大部分已脱落，较模糊。背面有手指印较深。残宽5.3、残高3.3厘米。（图六二；彩版九四）

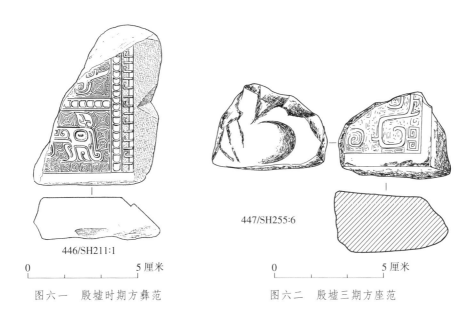

446/SH211:1

0　　　　　　　5厘米

图六一　殷墟时期方彝范

447/SH255:6

0　　　　　　　5厘米

图六二　殷墟三期方座范

（5）甗范

可辨为甗者18块，标本9块。以夹砂为主，多数呈青灰色或浅灰色，有的背面局部微泛红，少数呈淡红色。少数有分层线，正面泥质，背面夹砂。多饰兽面纹，无底纹。面范多有烟炱。

分范方式：垂直分为三扇或六扇，另有少量甗上段垂直分为六扇，下段垂直分为三扇；水平分范的位置多在腹下部近束腰处水平分为上、下两段，体较大的甗在颈部（带状纹饰）下、腹下部近束腰部位水平分为三段。

三期

448/SH491：16，口和颈部范，残。带状纹饰是镶嵌在地范内的，二者之间有分层线，但均泥质，青灰色，背面局部微泛红。上、左分型面各发现一榫，下分型面发现一卯。面范甗的颈部饰带状兽面纹，以云雷纹填空，纹饰大部分已脱落，较模糊。范面有烟炱。背面较平。此范的水平分范位置在甗的颈腹之间。残宽10.2、高9.4厘米。（图六三；彩版九五）

449/ST1906⑥：13，袋足范，残。未见分层面，泥质，青灰色。左分型面发现一卯。面范饰兽面纹，无地纹。面范表层残留有烟炱。背面较平，外裹有夹砂泥。此范从甗的束腰部位水平分范。残宽7.8、残高5.9厘米。（图六三；彩版九五）

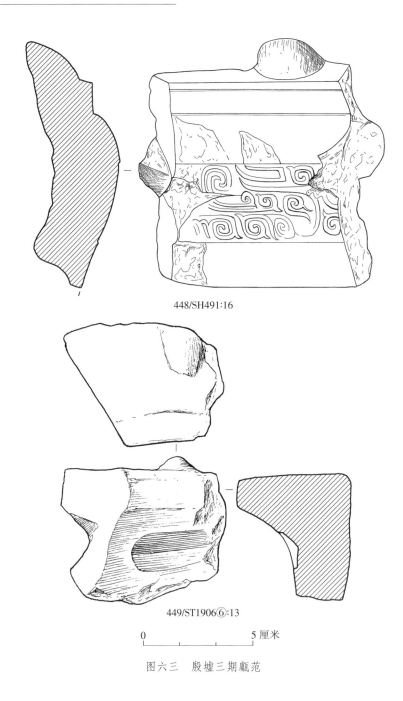

448/SH491:16

449/ST1906⑥:13

0　　　　　　　　5 厘米

图六三　殷墟三期甗范

四期

　　450/SH664：120，袋足范，残。未见分层面，夹砂，面范呈灰黑色，背面呈浅灰色，胎呈红褐色。左分型面发现一卯。面范饰兽面纹，无地纹。面范表层有一层烟炱。背面较平。此范从甗的束腰部位进行水平分范。残宽7.5、残高7.1厘米。（图六四；彩版九五）

　　451/SH664③：49，下腹部和袋足范，残。有分层线，面范夹砂，背范夹粗砂，青灰色，背面局部泛红。左分型面发现二榫，上分型面发现一榫。面范下腹部素面，袋足饰兽面纹，无地纹。范面有烟炱痕迹。背面较平。此范的垂直分范位置在甗的兽面纹鼻梁中线，水平分范位置在腹部近底处，即甗的束腰部位稍微靠上一些。残宽8.5、残高11.2厘米。（图六四；彩版九五）

　　452/SH664③：51，袋足范，残。有分层面，但面范和背范均夹细砂，浅灰色，面范表面呈黑灰

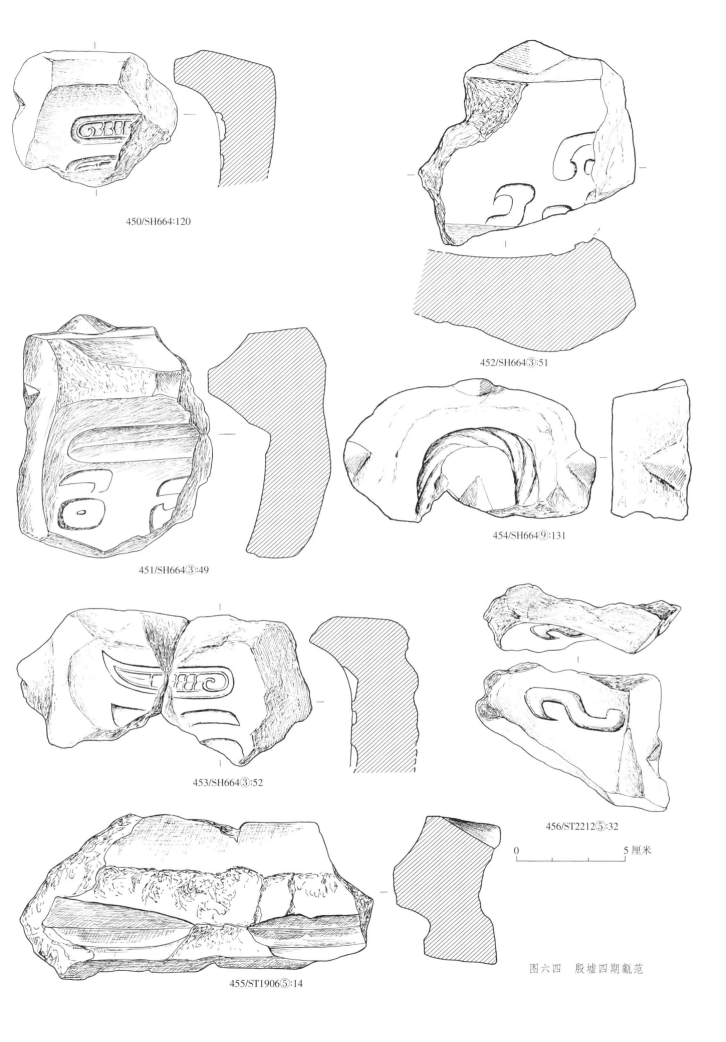

450/SH664:120

452/SH664③:51

451/SH664③:49

454/SH664⑨:131

453/SH664③:52

456/ST2212⑤:32

455/ST1906⑤:14

0   5 厘米

图六四　殷墟四期甗范

色，背面泛褐。上分型面发现一榫。面范饰兽面纹，无地纹。背面较平。此范从甗的束腰部位水平分范。残宽10.4、残高10厘米。（图六四；彩版九五）

453/SH664③：52，袋足范，残。有分层面，面范较薄，面范和背范均夹砂，青灰色，背面局部微泛红。上分型面发现二榫。面范饰兽面纹，无地纹。背面手指印较浅。此范从甗的袋足外侧中线垂直分范，从束腰部位水平分范。残宽12.1、残高7.4厘米。（图六四；彩版九五）

454/SH664⑨：131，耳范，稍残。分层面明显，面范泥质，青灰色，背范夹砂，泛红。上分型面和左、右分型面各有一榫，面范耳的内侧有一三角形卯。面范甗耳饰绚索纹，内残留有烟炱。耳内侧的范面上还有红色稀泥浆。背面不平，手指印较深。此范从甗耳中线垂直分范。残宽10.5、残高6.4厘米。（图六四；彩版九六）

455/ST1906⑤：14，袋足范。残，分层线明显，面范泥质，青灰色，背范夹砂，红褐色。上分型面有三卯，其一残。面范上的纹饰仅残留两只牛角，其中左牛角内残留少许烟炱。背面有一道绳子捆绑痕迹。此范的水平分范位置在甗的束腰部分稍靠上一些。残宽15.1、残高7.6厘米。（图六四；彩版九六）

456/ST2212⑤：32，袋足范，残。未见分层面，夹砂，青灰色。右分型面发现一榫。面范饰兽面纹，无地纹。背面凹凸不平。残宽8.6、残高6.8厘米。（图六四；彩版九六）

（6）簋（盂）范

可辨为簋（盂）者509块，占可辨容器范的7.73%，其中标本151块。体有大、小之分。泥质为主，大部分呈青灰色或浅灰色，有的背面局部泛红，少数呈红褐色。大多数看不出分层线。纹饰有兽面纹、夔龙纹、云雷纹、菱形雷纹并乳丁纹、圆涡纹、联珠纹、直棱纹、鸟纹、带状斜三角雷纹、三角蝉纹、四瓣花纹、圆圈纹、蝉纹、蛇纹等，兽面纹居多，多以云雷纹衬地，少数无地纹，大部分花纹已脱落。少数范面局部有烟炱。

簋（盂）颈部较浅浮雕兽头多是与主体范上的纹饰制作在一起，而较高浮雕兽头多是在兽头的位置做一壁龛，多数系左右两扇合范组成一个完整壁龛，然后在壁龛内放置一块范泥，用活块兽头模压印出兽头，或在壁龛内组装兽头范。多数簋（盂）耳范是与器身范制作在一起，浑铸而成。少数较大的簋（盂）耳是二次浇铸（后铸）上去的，即在铸造器身时，在簋（盂）耳的位置铸出榫头，再安装双耳范，进行第二次浇注而成；或者在铸造器身时，在簋（盂）耳的留出孔洞，再内装铆钉范、外装双耳范，进行第二次浇注形成。

分范方式：多数垂直分为四扇，少数体较大者垂直非为六扇。水平分范有两种：一是体较小者多无水平分范，二是体较大者多在腹的下部近圈足处水平分为上、下两段，三是体特大者上、下腹部之间靠近上腹部处、腹的下部近圈足处水平分为上、中、下三段。

二期

457/SH375：26、27，应系同一件簋范，皆残。泥质，青灰色。面范簋的腹部饰菱形雷纹并乳丁纹，较模糊。背面手指印较深。

457-1/SH375：26，下腹部和圈足范。看不出分层线，右分型面发现一榫，其下近背面处凸起，也像榫一样起到固定陶范的作用。圈足饰双夔组成的带状兽面纹。残宽4.3、残高9.2厘米。（图六五；彩版九七）

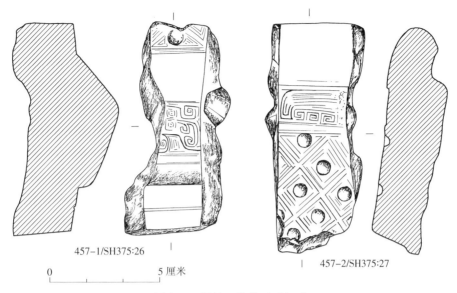

457–1/SH375:26

0　　　　　　　　　5 厘米

457–2/SH375:27

图六五　殷墟二期簋（盂）范

457–2/SH375：27，口和腹部范，残。分层线明显。左分型面发现连体双榫。面范簋的口沿下所饰主纹不辨，以云雷纹衬地。面范的背面也发现较深的手指印。残宽4.4、残高9.2厘米。（图六五；拓片二三；彩版九七）

三期

458/SH24：11，13，当系同一件簋的圈足范，较厚，残。看不出分层线，但面范泥质，浅褐色，背范夹砂，红褐色。未见榫卯。面范簋的圈足饰夔龙纹，夔龙身体由兽蹄纹组成。背面较平，手指印痕较浅。

458–1/SH24：11，残宽6.3、残高7厘米。（图六六A；拓片二四A；彩版九七）

458–2/SH24：13，残宽5.5、残高6.9厘米。（图六六A；拓片二四A；彩版九七）

459/SH24：30，耳和垂珥范，残。看不出分层线，泥质，青灰色，局部泛红。未见榫卯。面范设簋耳及其长方形垂珥的型腔。背面手指印较浅。残宽6.3、残高7.7厘米。（图六六A；彩版九七）

460/SH24：31，下腹部和圈足范，残。看不出分层线，泥质，红褐色，局部泛灰。未见榫卯。面范簋的腹部素面，圈足饰以云雷纹构成的对夔兽面。腹部和圈足下部残留有一些烟炱。背面不平，手指印深。残宽6.3、残高6.4厘米。（图六六A；彩版九七）

461/SH225：34，下腹部和圈足范，残。有分层线，但面范和背范均泥质，青灰色。下分型面发现一榫，稍残。面范簋的腹部菱形雷纹并乳丁纹，下部饰一周联珠纹，圈足饰夔龙纹，以云雷纹填空，纹饰大部分已脱落，较模糊。残宽6.6、残高4.9厘米。（图六六A；彩版九八）

462/SH225②：96，口和腹部范，残。看不出分层线，泥质，面范青灰色，背面泛红。未见榫卯。面范口沿下饰带状夔龙纹和兽头，以云雷纹衬地，纹饰部分脱落，较清楚，腹部素面，有扉棱。背面手指印痕较深。残宽8.5、残高6.5厘米。（图六六A；彩版九八）

463/SH225③：110，圈足范，残。分层线不明显，泥质，青灰色，背面局部微微泛红。上分型面发现二卯，均残。面范簋的圈足饰双排云雷纹，其上、下又各饰一圈联珠纹。花纹部分脱落，较模糊。背面较平，手指印痕较浅。此范在簋的下腹部近圈足处进行水平分范。残宽5.6、残高4.1厘米。（图六六A；彩版九八）

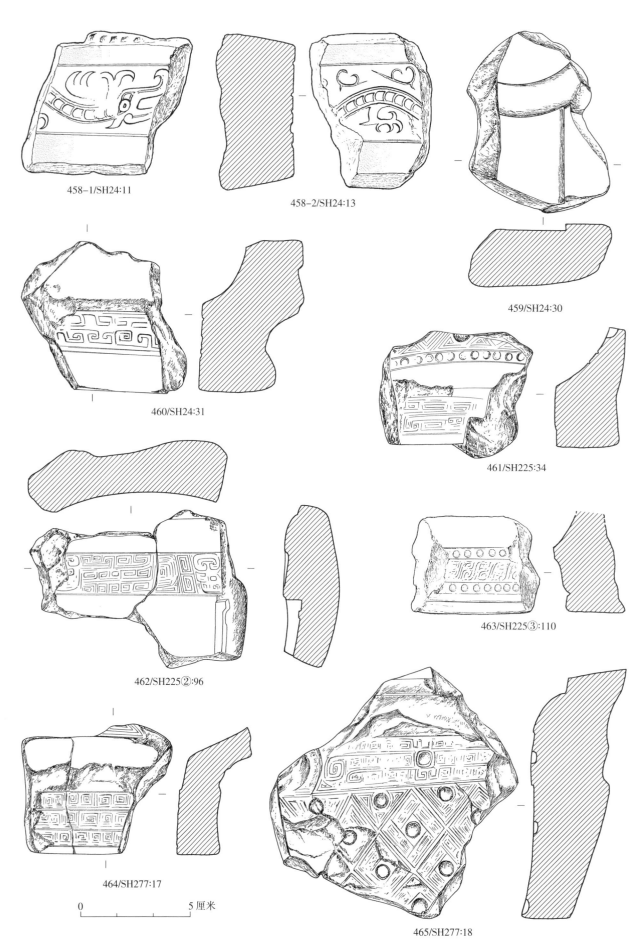

458-1/SH24:11

458-2/SH24:13

459/SH24:30

460/SH24:31

461/SH225:34

462/SH225②:96

463/SH225③:110

464/SH277:17

465/SH277:18

0　　　　　　　　5厘米

图六六 A　殷墟三期簋（盂）范

464/SH277：17，下腹部和圈足范，残。看不出分层线，泥质，青灰色，下部局部泛红。未见榫卯。面范簋的腹部纹饰残存甚少，似为菱形雷纹并乳丁纹，圈足饰以云雷纹构成的对夔兽面纹，较清楚。背面较平，手指印较浅。残宽6.5、残高5.3厘米。（图六六A；彩版九八）

465/SH277：18，口和腹部范，残。胎较薄，分层线不明显，泥质，青灰色，背面局部微微泛红，内胎呈深灰色。未见榫卯。面范簋的口沿下饰带状一首双身夔龙纹，以云雷纹衬地，腹部饰菱形雷纹并乳丁纹，纹饰大部分已脱落，较模糊。背面较平，手指印较浅。残宽10.9、残高10.5厘米。（图六六A；彩版九八）

466/SH399：2，下腹部和圈足范，残。看不出分层线，泥质，青灰色，背面大面积微泛红。左分型面发现一榫。下分型面左侧有一道刻痕，当是与另一扇范扣合时定位的标示。面范簋的下腹部残存较少，饰菱形雷纹并乳丁纹，圈足饰夔龙纹，以云雷纹衬地，纹饰较模糊。背面手指印较深。残宽7.2、残高6.6厘米。（图六六B；彩版九八）

467/SH428：12，圈足范，残。分层线不明显，但面范泥质，青灰色，背范夹砂，灰褐色。面范簋的腹部素面，圈足饰兽面纹，中间的短扉棱为兽面纹的鼻梁，以云雷纹衬地，纹饰较清楚。下分型面上有一道划痕。残宽6.5、残高6.2厘米。（图六六B；彩版九九）

468/SH446：1，下腹部和圈足范，残。看不出分层线，泥质，青灰色，背面大面积泛红。左分型面发现一卯。面范左侧有扉棱，簋的下腹部饰兽面纹，以云雷纹衬地，圈足所饰纹饰已几乎全部脱落，不辨。背面较平，手指印较浅。残宽8.8、残高7.8厘米。（图六六B；彩版九九）

469/SH475：7，圈足范，残。分层线不明显，但面范泥质，青灰色，背范夹砂，红褐色。上分型面发现一卯，残。圈足饰双排云雷纹，纹饰部分脱落，较模糊。背面手指印内残留有夹砂泥。残宽5.1、残高5.6厘米。（图六六B；彩版九九）

470/SH491：5，圈足范，残。胎较厚，分层线明显，面范泥质，背范夹砂，青灰色，局部微泛红。上分型面发现一卯，残，下分型面有一长方形榫。面范簋（盂）的圈足饰龙纹，以云雷纹衬地，花纹大部分已脱落，较模糊。背面手指印较深。此范从簋（盂）的下腹部近圈足处水平分范。残宽6.8、残高5.6厘米。（图六六B；彩版九九）

471/SH491：10，圈足范，残。分层线明显，面范泥质，背范夹砂，青灰色，背面局部泛红。上分型面发现一卯，右分型面有一卯。面范簋的圈足饰双排云雷纹。花纹部分脱落，较模糊。背面凹凸不平，手指印痕较深。此范从簋下腹部近圈足处水平分范。残宽5.8、残高5.4厘米。（图六六B；彩版九九）

472/SH570④：25、27、28，应属同一件簋范，皆残。27、28系合范。有分层线，但背范和面范均泥质，青灰色。面范簋的腹部饰兽面纹，圈足饰夔龙纹，均无地纹。

472-1/SH570④：25，背面局部微泛红。右分型面有三榫。面范簋口沿下的纹饰全部脱落。残宽12.8、残高17.2厘米。（图六六C；拓片二四B；彩版一〇〇）

472-2/SH570④：27，背面局部微泛红，左分型面发现一卯。残宽8.2、残高9.5厘米。（图六六C；拓片二四B；彩版一〇〇）

472-3/SH570④：28，右分型面发现二榫。残宽6.5、残高10.1厘米。（图六六C；拓片二四B；彩版一〇〇）

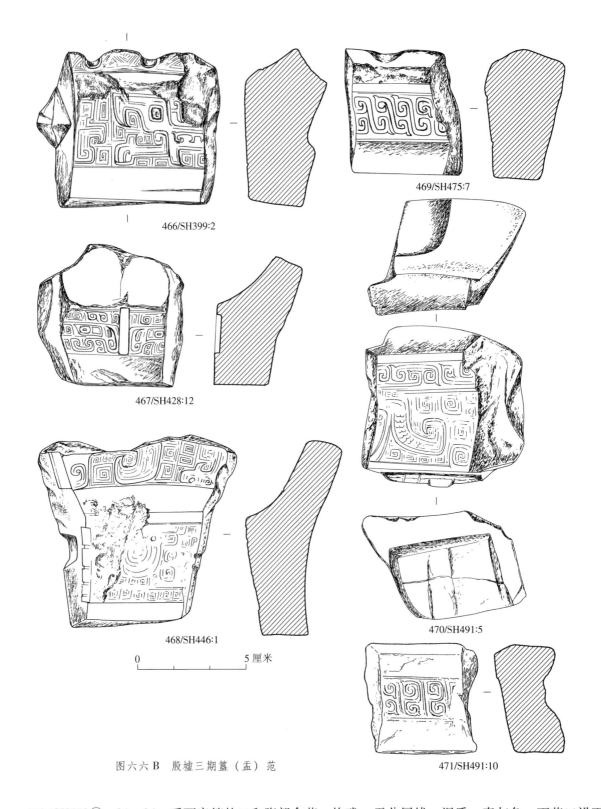

466/SH399:2

469/SH475:7

467/SH428:12

468/SH446:1

470/SH491:5

471/SH491:10

0   5 厘米

图六六 B　殷墟三期簋（盂）范

473/SH573②：31、34，系两扇簋的口和腹部合范，均残。无分层线，泥质，青灰色。面范口沿下饰夔龙纹，夔尾首相接，腹部饰兽面纹，以云雷纹衬地，花纹精细，清晰。

473－1/SH573②：31，上型面发现一榫，右型面有一壁龛之一半。背面手指印痕较浅。残宽8.5、残高9.9厘米。（图六六 D；拓片二四 C；彩版一○一）

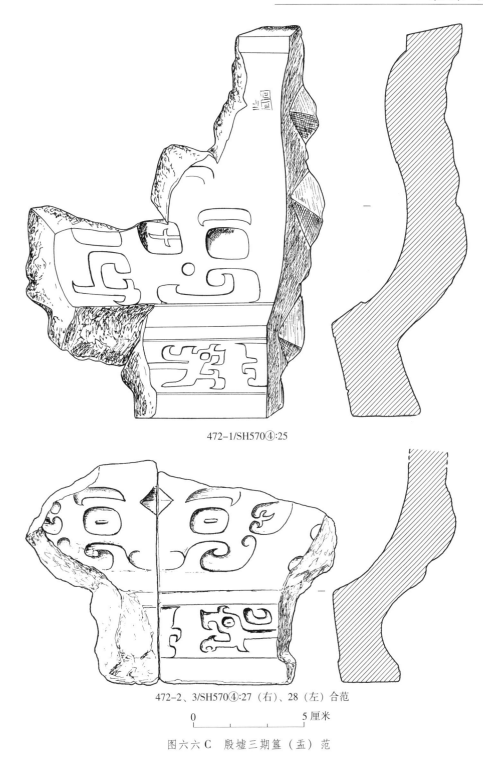

472-1/SH570④:25

472-2、3/SH570④:27（右）、28（左）合范

0　　　　　　　　　5 厘米

图六六 C　殷墟三期簋（盂）范

　　473-2/SH573②:34，面范局部微泛红。上型面发现二卯，左型面有一壁龛之一半，与SH573②:31右型面的另一半壁龛组成完整壁龛，用来组装或压印兽头范。残宽11.8、残高10.4厘米。（图六六 D；拓片二四 C；彩版一○一）

　　474/SH573②:224，下腹部和圈足范，残。分层线明显。面范泥质，背范夹细砂，青灰色。右分型面发现一榫。面范簋的腹残存甚少，仅存衬地的云雷纹，主纹不详，圈足饰兽面纹，以云雷纹衬地，纹饰少许已脱落，较清楚。背面手指印较深。残宽5.7、残高7.7厘米。（图六六 E；彩版一○一）

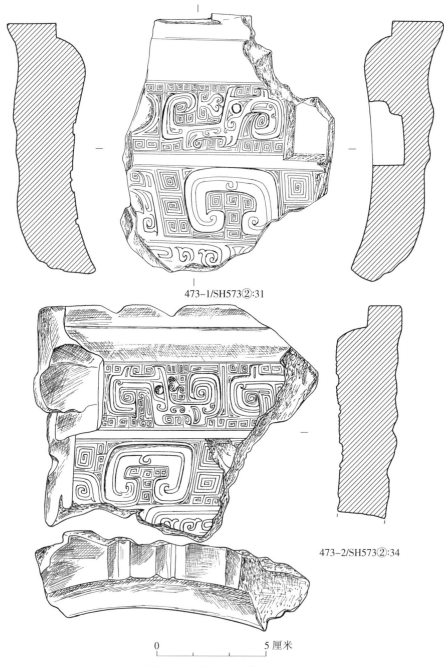

473-1/SH573②:31

473-2/SH573②:34

0   5 厘米

图六六 D　殷墟三期簋（盂）范

　　475/SH573③：56，口和腹部范，残。有分层线，面范泥质，青灰色，背范夹砂，微泛红。未见榫卯。面范口沿下饰的主纹不详，以云雷纹衬地，有短扉棱，腹部饰三角蝉纹，纹饰较清楚。背面不平，手指印痕较深。残宽5.7、残高8.1厘米。（图六六 E；彩版一○一）

　　476/SH618①：1，腹部和圈足范，残。分层线明显。面范泥质，背范夹砂，青灰色。左分型面发现一榫。面范簋的腹部饰瓦纹。圈足饰夔龙纹和圆涡纹，无地纹。背面较平，手指印痕较浅。残宽11.7、残高10.1厘米。（图六六 E；拓片二四 C；彩版一○一）

　　477/SH683：3、72、75、281，系同一件簋（盂）的口和腹部范。面范簋（盂）的口沿下饰夔龙纹，夔首尾相接，腹部饰兽面纹，以云雷纹衬地，左右侧有扉棱，花纹精细、清晰。背面较光滑，手指印痕浅。

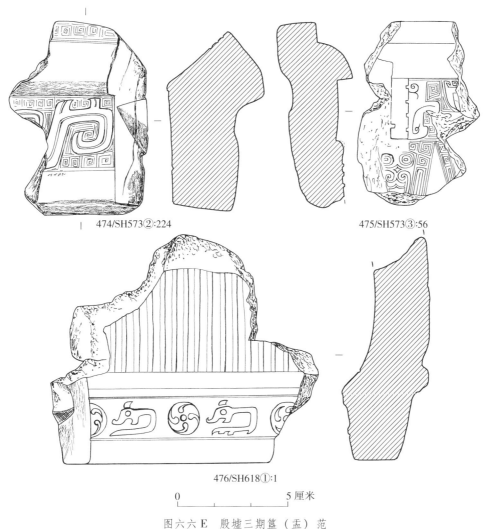

474/SH573②:224   475/SH573③:56

476/SH618①:1

0   5厘米

图六六 E 殷墟三期簋（盂）范

此簋（盂）以扉棱的中线垂直分范，以腹下部近圈足处水平分范。

477－1/SH683：3，较完整，右下角残。未发现分层线，泥质，青灰色，背面局部微泛红。上分型面发现一榫，下分型面发现一卯，左分型面有三卯，右分型面发现二卯。背面残留少许夹砂泥。宽19.6、高18.3厘米。（图六六 F；拓片二四 D；彩版一○二）

477－2/SH683：72，下腹部。看不出分层线，泥质，青灰色，背面局部微泛红。下分型面发现一卯。范面下部涂有淡红色稀泥浆。残宽7.2、残高8.6厘米。（图六六 F；彩版一○二）

477－3/SH683：75，口和腹部少许。看不出分层线，泥质，青灰色，背面局部微泛褐。左分型面发现一榫。残宽9.4、残高9.6厘米。（图六六 F；拓片二四 E；彩版一○二）

477－4/SH683：281，甚少。有分层线，但面范和背范皆泥质，正面呈青灰色，背面呈红褐色。未见榫卯，左侧有扉棱。残宽4、残高3.8厘米。（图六六 F；彩版一○二）

478/SH683：47，口范，残。分层线明显，面范泥质，呈青灰色，背范夹砂，呈灰黑色，泛褐。右分型面发现一榫。面范口沿下饰云雷纹和半浮雕兽头，纹饰清晰。该兽头的做法是：先在簋范口沿下兽头的位置预留壁龛，然后在壁龛内敷一层泥，再用独立兽头模压印出兽头。背面较平。残宽8.1、残高5.6厘米。（图六六 G；彩版一○三）

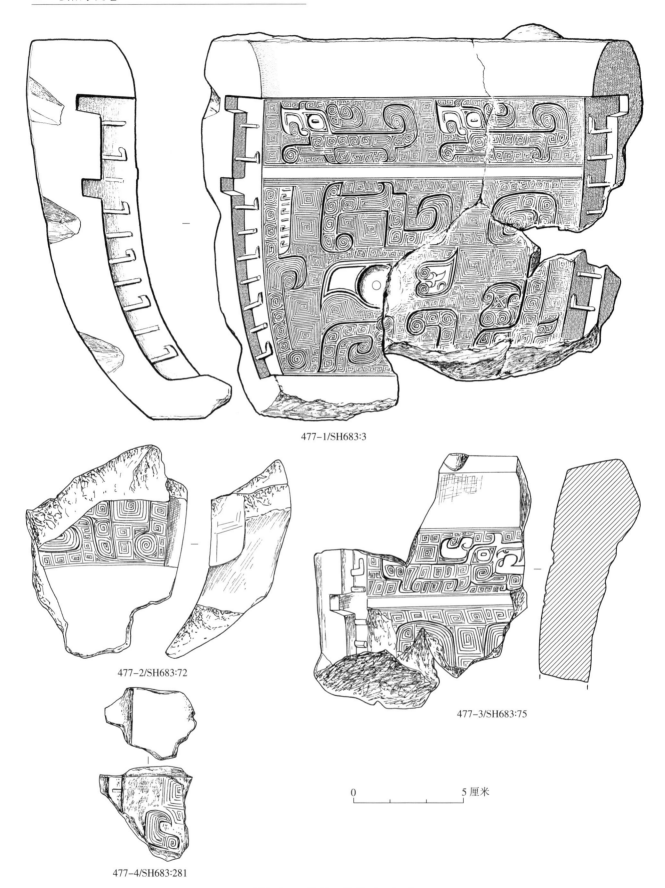

477-1/SH683:3

477-2/SH683:72

477-3/SH683:75

477-4/SH683:281

0   5 厘米

图六六 F 殷墟三期簋（盂）范

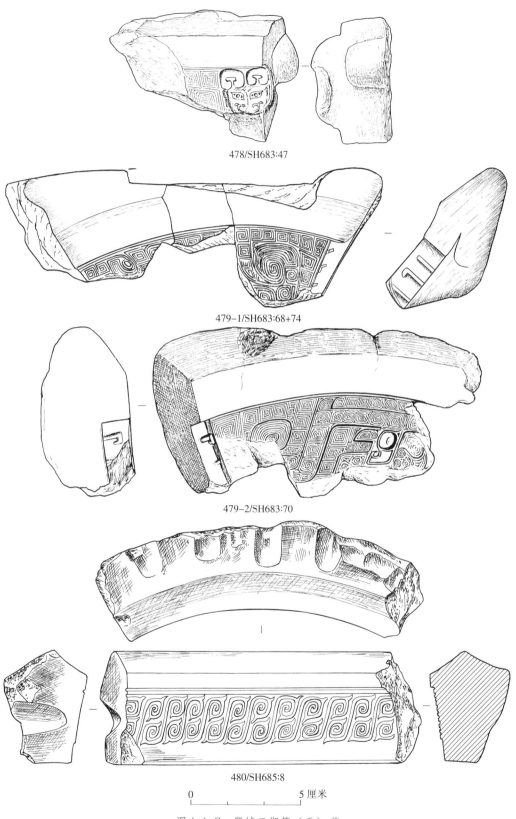

478/SH683:47

479-1/SH683:68+74

479-2/SH683:70

480/SH685:8

0   5 厘米

图六六 G 殷墟三期簋（盂）范

479/SH683：68＋74、70，系同一件簋（盂）的盖范，圆形，皆残。青灰色，背面局部泛红。面范饰兽面纹，以云雷纹衬地，花纹清晰、精美。此两扇范以扉棱垂直分为四扇范，应为477/SH683：3、72、75、281等之盖范。

479－1/SH683：68＋74，有分层线，面范泥质，背范夹砂，上分型面发现一卯，左分型面外侧高低不平，右侧有扉棱。背面较平。残宽16.9、残高6.8厘米。（图六六G；彩版一〇三）

479－2/SH683：70，看不出分层线，泥质。未见榫卯，左侧有扉棱。背面局部粘有夹砂泥。残宽14.8、残高7.3厘米。（图六六G；拓片二四E；彩版一〇三）

480/SH685：8，圈足范，右端稍残。看不出分层线，泥质，青灰色，背面局部微微泛红。左分型面有一卯，上分型面有五卯，右一残。面范饰带状双排云雷纹，花纹清晰。此范的水平分范位于腹底部近圈足处。背面较平。残宽14、残高4.9厘米。（图六六G；拓片二四F；彩版一〇三）

481/SH685：9，下腹部和圈足范，残。分层线不明显，泥质，青灰色，局部泛红。左、右分型面各发现一卯，左卯残。面范饰兽面纹并联珠纹，以云雷纹填空，联珠纹较清晰，腹部上的兽面纹残留很少，圈足上的兽面纹脱落较严重。背面凹凸不平，手指印较深。残宽11、残高7.5厘米。（图六六H；拓片二四F；彩版一〇四）

482/ST1806⑥：1，口和腹部范，残。有分层线，面范泥质，浅灰色，背范夹砂，青灰色。右分型面发现二榫。面范簋的口沿下饰夔龙纹和兽头，无地纹，腹部饰瓦纹，纹饰部分脱落，较模糊。背面不平。残宽10.9、残高10.8厘米。（图六六H；彩版一〇四）

483/ST1906⑥：23，腹部和圈足范，残。分层线不明显，泥质，红褐色，局部泛青灰。面范簋的腹部残留甚少，饰菱形雷纹并乳丁纹，圈足饰云雷纹，较清楚。范面下部残留少许烟炱。背面不平，手指印较深。残宽4.1、残高5.9厘米。（图六六H；彩版一〇四）

484/ST1906⑥：25，腹部和耳范，残。分层线不明显，泥质，青灰色。面范簋的腹部饰兽面纹，无地纹。左侧面设有耳的型腔，型腔上部有一弧形面，应是便于组装耳上的兽头范，型腔内侧有一长条形卯，用之扣合耳芯。背面高低不平。残宽8.2、残高8.3厘米。（彩版一〇四）

485/ST1907⑦：22，下腹部和圈足范，残。分层线不明显，泥质，青灰色。左分型面发现一榫。面范簋的下腹部素面，圈足饰双排云纹，云纹上、下各饰一周联珠纹，纹饰大部分已脱落，较模糊。残宽4.7、残高6.9厘米。（图六六H；彩版一〇四）

486/ST2007⑥：5＋29，口、腹部和圈足范，残。分层线不明显，泥质，青灰色，背面局部微泛褐，左分型面发现三卯，均残。面范口沿下饰带状夔龙纹，腹部饰兽面纹，均无地纹，圈足上的纹饰不辨。背面凹凸不平，有较多的手指印痕。左分型面有烟炱。残宽12.5、残高15.7厘米。（图六六H；彩版一〇四）

487/ST2007⑨：3，口部范，残。分层线不明显，泥质，青灰色，局部微泛红。右分型面发现二卯，其一残。面范口沿下有一壁龛，内可敷一层泥，用独立兽头模压印出兽头。龛内凹凸不平，可使压印的兽头较牢固。面范口沿上有烟炱。背面凹凸不平，有较深指印。残宽9.9、残高9.8厘米。（图六六I；彩版一〇四）

488/ST2212⑤：29，腹部和耳范，残。看不出分层线，泥质，青灰色，背面局部微泛红。耳上部分型面发现二卯，用来安装扣合兽头范。耳内侧有一月牙形卯，用来安装扣合耳内侧泥芯。簋腹

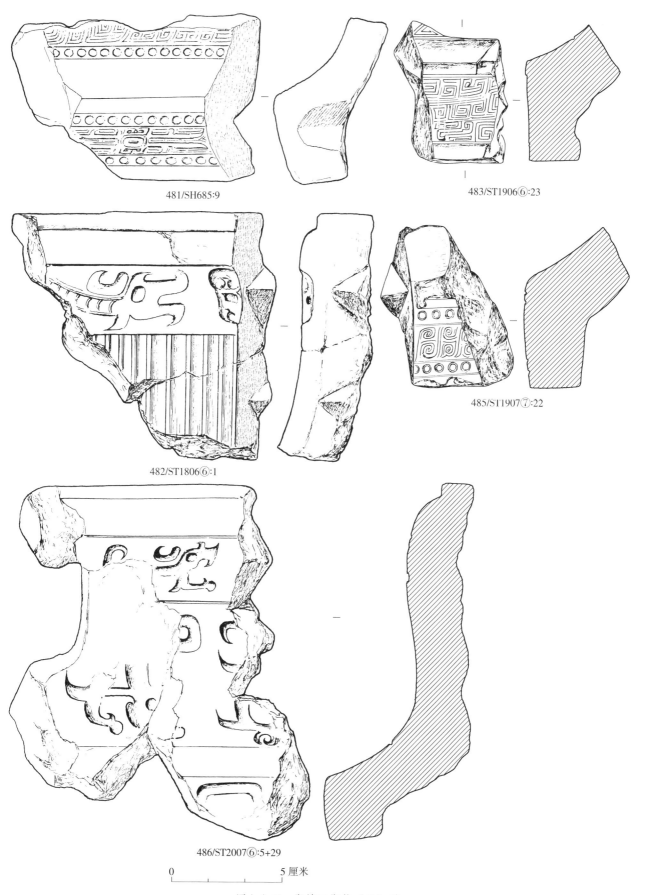

481/SH685:9

483/ST1906⑥:23

482/ST1806⑥:1

485/ST1907⑦:22

486/ST2007⑥:5+29

0　　　　　　　　5厘米

图六六 H　殷墟三期簋（盂）范

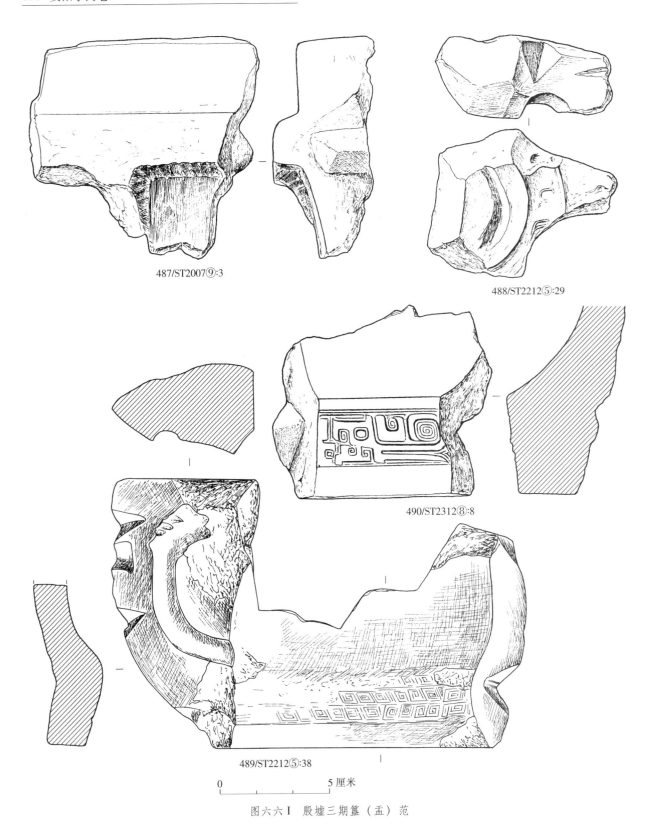

487/ST2007⑨:3

488/ST2212⑤:29

490/ST2312⑧:8

489/ST2212⑤:38

0　　　　　　　5厘米

图六六 I　殷墟三期簋（盂）范

部残留较少，饰兽面纹，无地纹。耳上所饰的纹饰线条已脱落，不辨。背面不平。残宽9.2、残高6.5厘米。（图六六 I；彩版一〇五）

489/ST2212⑤:38，口、耳、腹部和圈足范，稍残。看不出分层线，泥质，青灰色。左分型面有三卯，右分型面发现一卯，左侧有耳。面范簋口沿下和圈足均饰带状纹饰，但纹饰几乎全部脱落，不辨，耳上饰兽头，腹部素面。范面局部残留烟炱痕迹。背面有较多的手指印。残宽18.5、残高12.2厘米。（图六六 I；彩版一〇五）

490/ST2312⑧：8，下腹部和圈足范，残。看不出分层线，泥质，青灰色，背面局部泛红。左分型面发现一榫，右分型面发现一卯。面范簋的腹部素面，圈足饰夔龙纹，纹饰部分脱落，较清楚。残宽9.3、残高8.3厘米。（图六六 I；彩版一〇五）

四期

491/SH220②：16，圈足范，胎较厚，残。分层线不明显，泥质，外部呈浅灰褐色，内胎呈青灰色或深灰色。未见榫卯。面范饰兽面纹，花纹大部分已脱落，仅兽面纹的耳朵较清楚。残宽5.6、残高6.1厘米。（图六七 A；彩版一〇五）

492/SH220②：17，腹部和圈足范，胎较厚，残。分层线明显，面范泥质，青灰色，背范砂质，浅灰色，背面局部泛黑。右分型面发现一榫。面范簋的腹部饰直棱纹，圈足饰兽面纹，无地纹，右侧有扉棱，花纹大部分已脱落，较模糊。背面不平，手指印清楚。残宽8.6、残高7.8厘米。（图六七 A；彩版一〇五）

493/SH227：4，耳和垂珥范，残。有分层线。面范泥质，青灰色，背范夹砂，浅褐色。左分型面发现二榫。垂珥下端有浇口。垂珥饰有纹饰，似夔龙尾巴，不甚清楚。背面较平，手指印痕浅。残宽7.5、残高8.6厘米。（图六七 A；彩版一〇五）

494/SH227：9，下腹部和圈足范，较厚，残。分层线明显，面范泥质，浅灰褐色，背范夹砂，青灰色，局部泛红。右分型发现一榫。簋的腹部饰瓦纹，圈足饰鸟纹，大部分已脱落，只观察到鸟的眼睛和翅膀。面范表面涂有黑色烟灰。背面较平，手指印痕较浅。残宽6.4、残高7.4厘米。（图六七 A；彩版一〇六）

495/SH227：11，口和上腹部范，残。胎较厚，分层线明显，面范泥质，青灰色，背范夹砂，灰褐色。未见榫卯。面范簋（盂）的口沿下饰以云雷纹组成的兽面纹，又以云雷纹填空，纹饰大部分已脱落，较模糊。残宽6.7、残高7.9厘米。（图六七 A；彩版一〇六）

496/SH232：21，口和上腹部范，残。有分层线，面范泥质，青灰色，背范夹砂，黑灰色。未见榫卯。面范上腹部饰鸟纹，以云雷纹衬地，纹饰较清楚。背面较平。此范以上腹部进行水平分范。残宽5.5、残高5.4厘米。（图六七 A；拓片二五 A；彩版一〇六）

497/SH242：16，下腹部和圈足范，残。分层线明显，但面范和背范皆泥质，背范的含砂量略大，红褐色，正面泛灰。面范簋的下腹部素面，圈足饰以双夔龙纹构成的兽面纹，以云雷纹衬地，纹饰部分脱落，较清楚。残宽5、残高4.9厘米。（图六七 A；彩版一〇六）

498/SH252③：33，口和上腹部范，残。分层线较明显，面范泥质，青灰色，背范夹细砂，红褐色。面范簋的口沿下饰夔龙纹，以云雷纹填空，腹部饰菱形雷纹并乳丁纹，花纹线条较粗，疏朗，较清楚。口沿处残留少许烟炱。残宽6.7、残高6.3厘米。（图六七 A；彩版一〇六）

499/SH255：5，口部范，残。有分层线，面范泥质，青灰色，背范夹砂，微泛红。上分型面发现一榫。面范簋的口沿下饰蛇头，以云雷纹衬地，纹饰较清楚。背面较平。残宽3、残高4.1厘米。（图六七 B；彩版一〇六）

491/SH220②:16

492/SH220②:17

494/SH227:9

495/SH227:11

496/SH232:21

497/SH242:16

493/SH227:4

0   5 厘米

498/SH252③:33

图六七 A　殷墟四期簋（盂）范

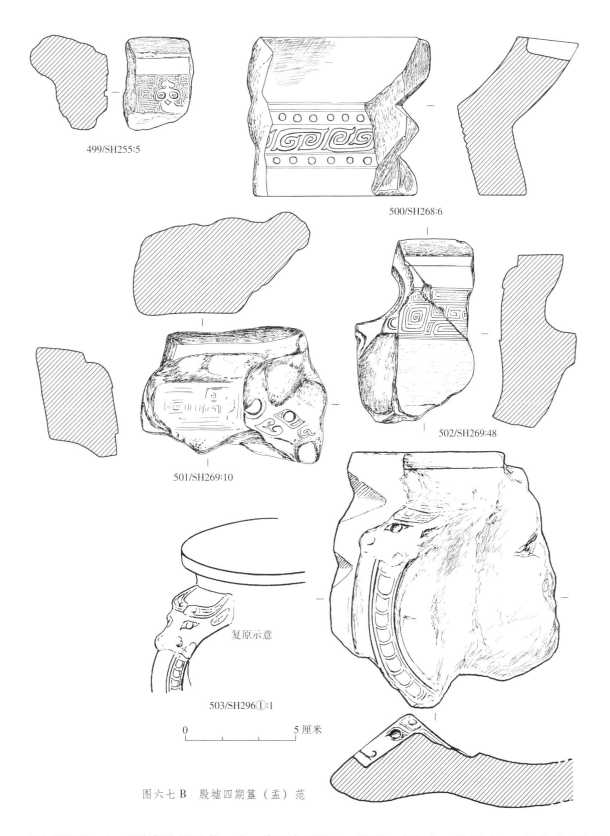

499/SH255:5

500/SH268:6

501/SH269:10

502/SH269:48

复原示意

503/SH296①:1

0　　　　　5 厘米

图六七 B　殷墟四期簋（盂）范

　　500/SH268：6，下腹部和圈足范，残。分层线不明显，泥质，青灰色，局部泛红。上分型面发现二卯，其一残，右分型面发现二卯。面范簋的下腹部素面，圈足饰云纹并联珠纹，纹饰大部分已脱落，模糊。此范水平分范的位置在簋的下腹部。残宽 8、残高 7.1 厘米。（图六七 B；彩版一〇六）

501/SH269：10，口部和耳范，残。有分层线，面范泥质，青灰色，背范夹砂，灰褐色。面范簋的口部所饰纹饰已全部脱落，不辨，簋耳上部饰有兽头。残宽8.3、残高5.8厘米。（图六七B；彩版一〇六）

502/SH269：48，口、腹部和耳范，残。看不出分层线。泥质，上部呈红褐色，下部呈青灰色。左分型面有一簋耳，其上部有一平台，台上有一卯，是组装簋耳上部兽头的地方。面范簋的口沿下饰带状以云雷纹构成的夔龙纹，耳上饰疏朗云纹，腹部素面，纹饰较清楚。残宽5.3、残高7.7厘米。（图六七B；彩版一〇七）

503/SH296①：1，口、耳和腹部范，残。看不出分层线。泥质，青灰色。左分型面发现二卯。面范簋的颈部饰带状纹饰，已全部脱落，不清，簋的腹部素面，簋耳饰有兽头，耳的侧面饰兽蹄纹。背面较平，手指印痕较浅。残宽9、残高9.9厘米。（图六七B；拓片二五A；彩版一〇七）

504/SH365：1，腹部范，残。分层线明显。面范泥质，青灰色，背范夹砂，呈灰褐色。右分型面发现一卯，残。面范簋的上腹部饰夔龙纹和小兽头，下腹部饰兽面纹，均无地纹。夔龙纹和兽面纹之间以两道弦纹相隔，纹饰较清楚。背面较平，手指印痕浅，且发现有绳捆痕迹。残宽7.6、残高8.3厘米。（图六七C；拓片二五A；彩版一〇七）

505/SH426：4，圈足范，较厚，残。看不出分层线，泥质，面范青灰色，背面红褐色。上分型面发现二卯。面范簋的圈足饰双排云雷纹。背面较平，手指印痕较浅。此范从簋的下腹部近圈足处水平分范。残宽4.8、残高5.2厘米。（图六七C；彩版一〇七）

506/SH456②：10，口和腹部范，残。有分层线，面范泥质，背范夹砂，浅褐色，背面局部微泛青。上分型面发现一榫。面范口沿下饰带状夔龙纹和兽头，大部分脱落，较模糊，腹部饰瓦纹，较清楚。背面较平，手指印痕较浅。范面残留有烟炱痕迹。残宽5.4、残高6.7厘米。（图六七C；彩版一〇七）

507/SH481①：14，下腹部和圈足范，残。看不出分层线，泥质，正面呈深灰色，背面呈红褐色，部分脱落。面范簋的腹部饰菱形雷纹并乳丁纹，圈足饰夔龙纹，以云雷纹填空，纹饰线条较粗，花纹少许脱落，较清楚。背面较平，手指印较浅。残宽7.2、残高9.9厘米。（彩版一〇七）

508/SH493①：45，下腹部和圈足范，残。有分层线，面范泥质，青灰色，背范夹砂，淡红色。未见榫卯。面范簋的下腹部饰菱形雷纹并乳丁纹，圈足饰夔龙纹，以云雷纹填空。纹饰清楚。背面较平，手指印浅。残宽7.4、残高9.7厘米。（图六七C；拓片二五A；彩版一〇七）

509/SH493②：55，下腹部和圈足范，残。有分层线，面范泥质，灰褐色，背范夹细砂，浅褐色。未见榫卯。左侧下部有簋耳的型腔。面范簋的下腹部饰瓦纹，圈足饰凤鸟纹，以云雷纹衬地，纹饰较清楚。背面磨得较平。此范以簋的耳中线进行垂直分范。残宽8.5、残高7.2厘米。（图六七C；拓片二五A；彩版一〇八）

510/SH493⑤：93，下腹部和圈足范，残。看不出分层线，泥质，正面呈灰黑色，背面呈浅褐色。未见榫卯。簋的下腹部饰菱形雷纹并乳丁纹，圈足饰夔龙纹，以云雷纹填空，花纹线条较粗，纹饰清楚。背面较平。残宽8.7、残高9.2厘米。（图六七C；拓片二五B；彩版一〇八）

511/SH611①：15，下腹部和圈足范，残。看不出分层线，夹砂，青灰色，局部微泛灰褐，内胎呈深灰色。右分型面发现一榫。面范簋的腹部饰菱形雷纹并乳丁纹，圈足饰夔龙纹，以云雷纹填空，花纹线条较粗，疏朗，较清楚。背面略平。残宽7.6、残高7厘米。（图六七C；拓片二五B；彩版一〇八）

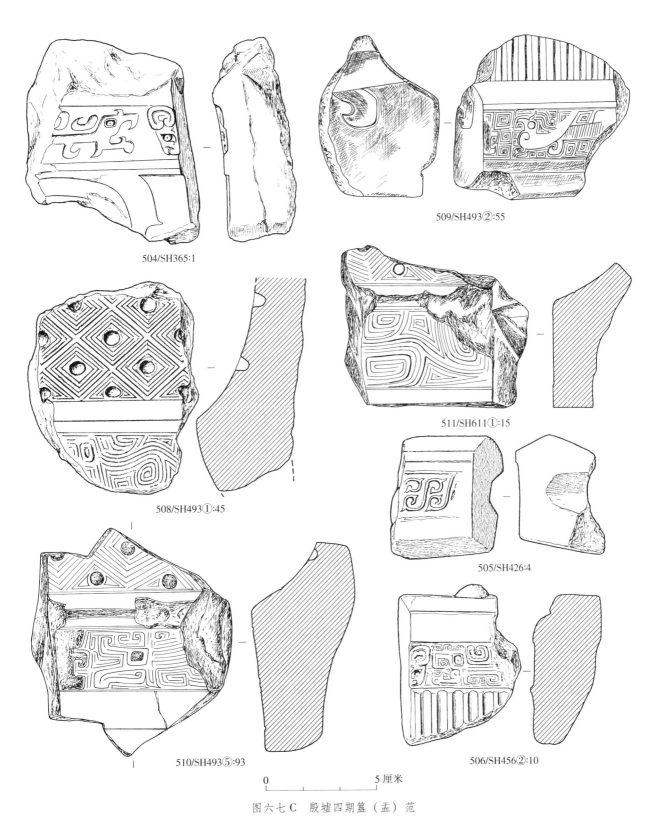

504/SH365:1

509/SH493②:55

508/SH493①:45

511/SH611①:15

505/SH426:4

510/SH493⑤:93

506/SH456②:10

0　　　　　5 厘米

图六七 C　殷墟四期簋（盂）范

512/SH649：45＋66，下腹部和圈足范，较薄，残。有分层线，但面范和背范均泥质，青灰色。未见榫卯。簋的腹部饰菱形雷纹并乳丁纹，圈足饰夔龙纹，部分纹饰已脱落，夔龙纹不甚清楚。背面较平，手指印痕浅。残宽15.4、残高11.4厘米。（图六七 D；彩版一〇八）

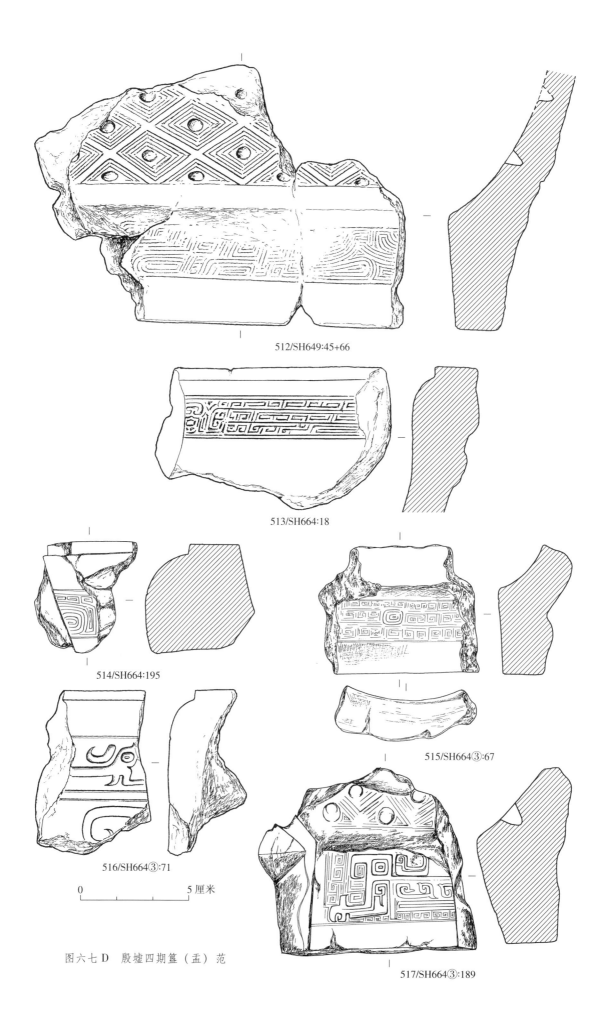

512/SH649:45+66

513/SH664:18

514/SH664:195

515/SH664③:67

516/SH664③:71

0   5 厘米

517/SH664③:189

图六七 D　殷墟四期簋（盂）范

513/SH664：18，口和腹部范，残。看不出分层线，泥质，青灰色，背面局部微泛红。未见榫卯。面范口沿下饰带状兽面纹，部分脱落，较清楚，腹部素面，背面较平，手指印痕较浅。范面残留有烟炱。残宽10.4、残高6.4厘米。（图六七 D；彩版一〇八）

514/SH664：195，口部范，残。分层线不明显，泥质，面范呈青灰色，背面呈红褐色，大部分已脱落。未见榫卯。面范口沿下饰以云雷纹构成的带状夔龙纹，纹饰残存较少，但较清楚。其右侧有簋耳的型腔，耳上设兽头，范上残留兽头的卷角部分。残宽4.6、残高4.5厘米。（图六七 D；彩版一〇九）

515/SH664③：67，下腹部和圈足范，残。看不出分层线，泥质，青灰色，背面局部微泛红。未见榫卯。面范簋的腹部饰素面，圈足饰目纹和云雷纹，纹饰部分脱落，较清楚。面范局部残留有烟炱。背面凹凸不平，手指印较深。残宽6.8、残高5.7厘米。（图六七 D；彩版一〇九）

516/SH664③：71，口和腹部范，残。看不出分层线，泥质，面范青灰色，背面微泛红。未见榫卯。面范簋的口沿下饰夔龙纹，腹部饰兽面纹，均无地纹。背面发现一锥形支脚。残宽5.3、残高7.2厘米。（图六七 D；彩版一〇九）

517/SH664③：189，腹部和圈足范，残。分层线明显，但面范和背范均泥质，面范呈浅灰色，背面呈浅褐色。左分型面发现一榫。面范簋的腹部饰菱形雷纹并乳丁纹，圈足饰夔龙纹，以云雷纹衬地。背面手指印较深。残宽8.7、残高7.9厘米。（图六七 D；彩版一〇九）

518/SH664⑥：109、110，系同一件簋的口和上腹部合范，均残。分层线不明显，泥质，青灰色。面范口沿下饰小兽头和带状纹饰（不辨），腹部饰兽面纹，均无地纹，纹饰大部分已脱落，较模糊。背面均凹凸不平，手指印痕较深。前者右型面发现一卯，后者左分型面发现一榫，这两个榫卯可以扣合一起。另，两范上分型面有刀刻浅槽，两浅槽拼凑一起，组成一个完整浅槽。这是工匠在制作这两扇范时做下的记号，便于以后扣合时容易辨识。此两范以簋的口沿下的兽头中线进行垂直分范。（图六七 E；彩版一〇九）

518－1/SH664⑥：109，残宽5.5、残高6.1厘米。（图六七 E；彩版一〇九）

518－2/SH664⑥：110，残宽6.3、残高5.3厘米。（图六七 E；彩版一〇九）

519/SH664⑥：181，口和腹部范，残。看不出分层线，泥质，青灰色，背面局部微泛红。未见榫卯。面范簋的口沿下饰夔龙纹，腹部饰兽面纹，均无地纹，颈部与腹部之间以两道弦纹相隔，纹饰较模糊。残宽8、残高8.3厘米。（图六七 E；彩版一一〇）

520/SH664⑧：122，下腹部和圈足范，残。分层线不明显，泥质，灰褐色，正面泛黑。左分型面发现一卯。腹部残存甚少，仅发现下部一道弦纹，圈足饰夔龙纹并小兽头，均无地纹。残宽6.9、残高5.8厘米。（图六七 E；彩版一一〇）

521/ST1806⑤：21、23，应系同一件簋的口和腹部范。皆残。有分层线，面范泥质，灰黑色，胎呈浅褐色，背范夹砂，红褐色，部分泛青。面范簋的口沿下饰夔龙纹，无地纹，较模糊，腹部饰瓦纹，部分脱落，较清楚。背面不平，各凸起一支脚。

521－1/ST1806⑤：21，左分型面发现一榫。残宽12.9、残高10厘米。（图六七 E；彩版一一〇）

521－2/ST1806⑤：23，未见榫卯。范面残留少许烟炱痕迹。残宽16.8、残高16.6厘米。（图六七 E；彩版一一〇）

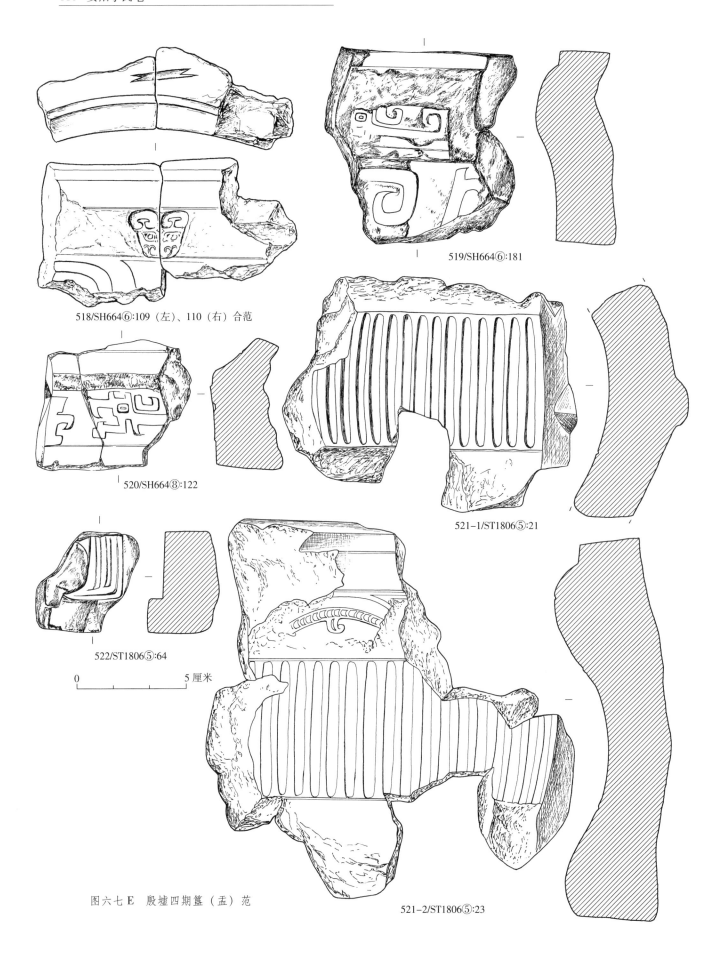

518/SH664⑥:109（左）、110（右）合范

519/SH664⑥:181

520/SH664⑧:122

522/ST1806⑤:64

0   5 厘米

521–1/ST1806⑤:21

图六七 E　殷墟四期簋（盂）范

521–2/ST1806⑤:23

522/ST1806⑤：64，垂珥范，残。有分层线，但面范和背范皆泥质，正面呈青灰色，背面呈浅褐色。未见榫卯。面范设簋的钩形垂珥型腔，垂珥上有数道线形纹。背面下部平整，其近分型面处有一刻槽，应是与另一扇范扣合时定位的标示。残宽4.5、残高4.1厘米。（图六七 E；彩版一一○）

523/ST1906③：2，口和腹部范，残。看不出分层线，泥质，青灰色，背面微泛红。未见榫卯。面范口沿下饰夔龙纹，以云雷纹衬地，腹部素面，纹饰部分脱落，较清楚。背面不平，手指印痕较深。残宽8.4、残高9.6厘米。（图六七 F；彩版一一○）

524/ST1906③：3，口和上腹部范，残。有分层线，但面范和背范均泥质，背范的含砂量较大，正面呈青灰色，背面呈红褐色。面范簋的口沿下饰带状小菱形雷纹，腹部饰大菱形雷纹并乳丁纹，纹饰较清楚。乳丁纹内残留有较多烟炱。残宽8、残高8.3厘米。（图六七 F；彩版一一一）

525/ST1906④：27，圈足范，残。胎较厚，看不出分层线，泥质，正面呈浅灰色，背面呈青灰色，局部微泛红。右分型面发现一卯，残，其下有一道竖向刻痕。面范圈足上部饰以云雷纹构成的粗线条兽面纹，纹饰少许脱落，较清楚。残宽10、残高6.7厘米。（图六七 F；拓片二五 B；彩版一一一）

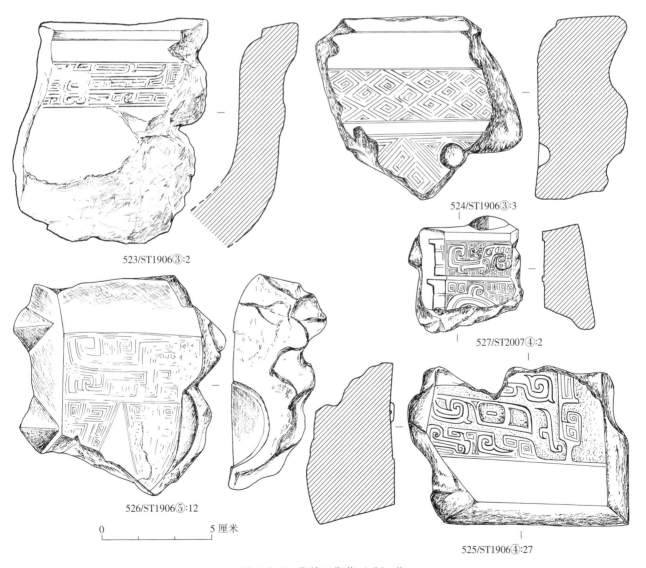

523/ST1906③:2

524/ST1906③:3

527/ST2007④:2

526/ST1906⑤:12

0　　　　　　5厘米

525/ST1906④:27

图六七 F　殷墟四期簋（盂）范

526/ST1906⑤：12，口和腹部范，残。看不出分层线，泥质，面范呈浅褐色，背面呈浅灰色。左分型面发现二榫。面范口沿下饰夔龙纹，以云雷纹衬地，腹部饰大三角纹，内填雷纹，纹饰部分脱落，较模糊。背面不平，手指印较深。残宽8.8、残高9.4厘米。（图六七 F；彩版一一一）

527/ST2007④：2，口和上腹部范，残。看不出分层线，泥质，青灰色。上、左分型面个发现一榫。面范左侧有扉棱，簋的口沿下饰夔龙纹，夔龙前端接下卷的象鼻，腹部饰兽面纹，以云雷纹衬地，纹饰清楚。残宽4.6、残高4.5厘米。（图六七 F；拓片二五 B；彩版一一一）

528/ST2006③：14，口和上腹部范，残。分层线较明显，面范泥质，背范夹砂，呈红褐色，局部泛灰。左分型面发现一榫。面范口沿下饰夔龙纹，以云雷纹衬地，腹部饰菱形雷纹并乳丁纹，乳丁较深较尖，纹饰较清晰。背面有浅指纹印，较平。残宽7.4、残高8.7厘米。（图六七 G；彩版一一一）

529/ST2006③：23，口和腹部范，残。看不出分层线，泥质，青灰色，局部微泛红。上分型面发现一榫。面范口沿下饰夔龙纹，腹部菱形雷纹并乳丁纹，纹饰部分脱落，较模糊。背面不平，手指印痕较深。残宽9.8、残高9厘米。（图六七 G；彩版一一一）

530/ST2108③：4，圈足范，残。有分层线，面范泥质，呈红褐色，背面夹砂，呈浅褐色。未见榫卯。面范簋的圈足饰双排云雷纹，花纹线条大部分已脱落，较模糊。背面较平。此范的水平分范的位置在腹下部近圈足的位置。残宽6.1、残高4.5厘米。（图六七 G；拓片二五 B；彩版一一二）

531/ST2212④：50，口和腹部范，残。分层线不明显，泥质，面范青灰色，背面浅褐色。未见榫卯。面范簋的口沿下饰带状夔龙纹，纹饰大部分已脱落，较模糊。腹部素面，残留较多烟炱。背面手指印较浅。残宽5.5、残高7.1厘米。（图六七 G；彩版一一二）

532/ST3006④：1，口和腹部范，残。有分层线，但面范和背范皆泥质，正面呈青灰色，背面呈浅灰褐色。未见榫卯。面范簋的口沿下饰夔龙纹，以云雷纹填空，腹部饰菱形雷纹并乳丁纹，花纹线条粗且平，纹饰较清楚。左分型面和口沿上部残留有烟炱。背面手指印较浅，较平。残宽11.8、残高15.4厘米。（图六七 G；彩版一一二）

533/ST3203⑥：5，口和腹部范，残。分层线不明显，但面范泥质，青灰色，背范夹砂，红褐色，内胎呈深灰色。未见榫卯。面范簋的口沿下饰圆涡纹和回首夔龙纹，无地纹，腹部饰直棱纹，纹饰较清楚。背面较平。残宽4.5、残高5.1厘米。（图六七 G；彩版一一二）

534/ST3205⑦：8，口部范，残。看不出分层线。但面范泥质，青灰色，背范夹砂，浅褐色。未见榫卯。面范饰夔龙纹，以云雷纹衬地，纹饰少许脱落，较清楚。背面较光滑。残宽4.6、残高5.4厘米。（图六七 G；拓片二五 B；彩版一一二）

殷墟时期

535/03AXS：021，采集。口和上腹部范，残。有分层线，但面范和背范均泥质，面范呈青灰色，背面微泛红。上分型面发现一榫。面范口沿下饰夔龙纹，以云雷纹衬地，左侧有扉棱。腹部饰几何三角纹，内填蝉纹和雷纹，花纹少许脱落，清楚。背面手指印较深。残宽8.5、残高6.5厘米。（图六八；彩版一一三）

536/03AXS：025，采集。口和腹部范，较薄，残。看不出分层线，泥质，青灰色，背面大面积微泛红。未见榫卯。面范簋口沿下饰带状菱形雷纹，其上、下各饰一周联珠纹，簋的腹部饰菱形雷纹并乳丁纹。纹饰大部分已脱落，较模糊。背面较平，手指印较浅。残宽5.5、残高11.6厘米。（图六八；

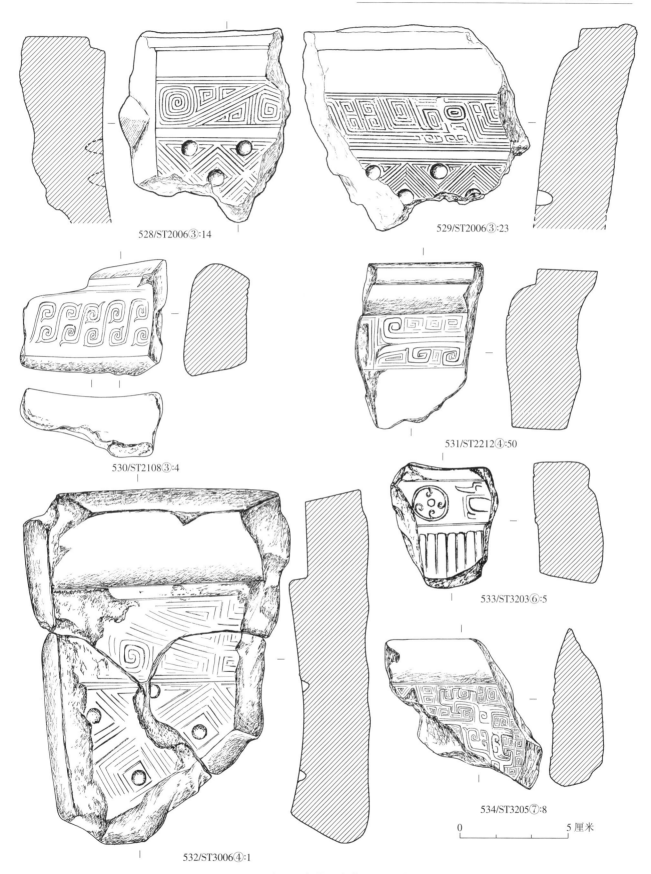

528/ST2006③:14

529/ST2006③:23

530/ST2108③:4

531/ST2212④:50

533/ST3203⑥:5

532/ST3006④:1

534/ST3205⑦:8

0　　　　　　5厘米

图六七 G　殷墟四期簋（盂）范

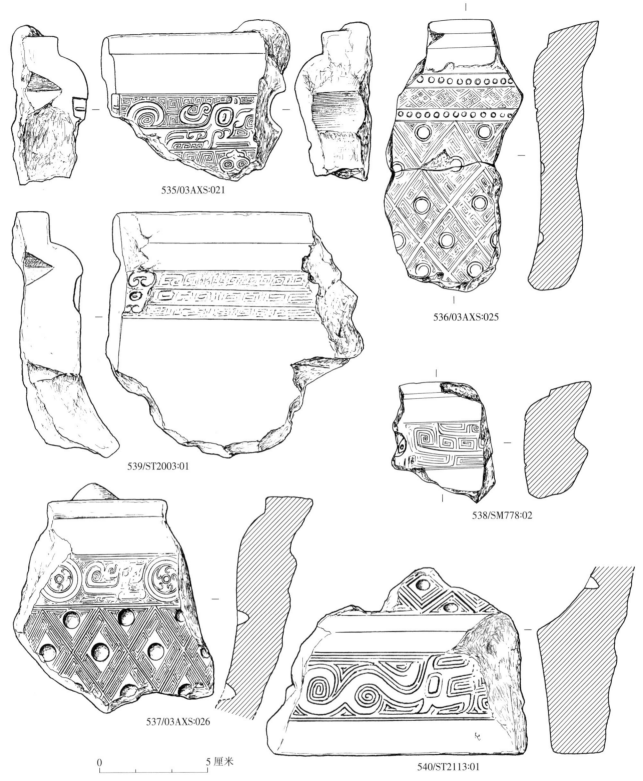

535/03AXS:021

536/03AXS:025

539/ST2003:01

538/SM778:02

537/03AXS:026

0   5 厘米

540/ST2113:01

图六八　殷墟时期簋（盂）范

彩版一一三）

　　537/03AXS：026，采集。口和腹部范，较薄，残。看不出分层线，泥质，青灰色，背面大面积泛
红。上分型面发现一榫。面范簋口沿下饰带状圆涡纹，圆涡纹之间的纹饰由于脱落严重，不辨，腹部

饰菱形雷纹并乳丁纹。背面较平,手指印较浅。残宽 8.5、残高 9.9 厘米。(图六八;彩版一一三)

538/SM778:02,填土中出土。口和腹部范,残。分层线不明显,泥质,青灰色。面范口沿下饰带状夔龙纹,以雷纹填空,左侧有簋耳的型腔,内残留一兽头的耳朵花纹,纹饰较清楚。残宽 4.1、残高 5.2 厘米。(图六八;彩版一一三)

539/ST2003:01,采集。口和腹部范,残,分层线不明显,泥质,青灰色,背面局部泛红,左分型面发现二卯,其一残。面范口沿下饰带状夔龙纹和小兽头,以云雷纹衬地,纹饰绝大部分已脱离,模糊不清,腹部素面。从陶范右侧断面观察,带状纹饰是单独做范后镶嵌于主范内的。背面凹凸不平,有较多的手指印痕。残宽 11.6、残高 11 厘米。(图六八;彩版一一三)

540/ST2113:01,采集。下腹部和圈足范,残。看不出分层线,泥质,正面呈青灰色,背面局部微泛红。未见榫卯。簋的下腹部饰菱形雷纹并乳丁纹,圈足饰夔龙纹,以云雷纹填空,花纹线条较粗,纹饰清楚。残宽 11.8、残高 8.1 厘米。(图六八;拓片二六;彩版一一三)

(7)瓻范

可辨为瓻者 32 块,标本 15 块。泥质为主,仅 1 块背范夹砂。青灰色,有的背面局部泛红。大多数看不出分层线。纹饰以勾连雷纹居多,还有夔龙纹、兽面纹、菱形雷纹、列旗纹等,大部分纹饰已脱落,较模糊。

分范方式:垂直分为六扇或八扇。水平分范有两种,一是在肩下部水平分为上、下两段,二是在肩下部、腹下部近底处靠近圈足的位置水平分为三段。

三期

541/SH570④:37,下腹部范,较薄,残。看不出分层线,泥质,青灰色。右分型面发现二卯,其一残,面范饰菱形雷纹并圆圈纹,花纹几乎全部脱落,模糊。右分型面残留部分烟炱。残宽 5.8、残高 7.2 厘米。(图六九 A;彩版一一四)

542/SH573②:223,腹部范,残。胎较厚,看不出分层线,泥质,面范青灰色,背面泛红,未见榫卯。面范容器的腹部饰勾连雷纹,其上残存较少,主纹不详,以云雷纹衬地,花纹大部分已脱落,较模糊。残宽 4.3、残高 6.1 厘米。(图六九 A;彩版一一四)

543/SH573③:41、55,属同一件瓻的下腹部和圈足合范,皆残。有分层线,但面范和背范均泥质,青灰色。面范瓻的下腹部饰勾连雷纹,圈足饰夔龙纹,纹饰部分脱落,较模糊。此两范的水平分范位置在瓻的上、下腹之间。(彩版一一四)

543-1/SH573③:41,背面局部微泛红。右分型面发现一卯,左分型面发现一榫。残宽 7.6、残高 8.8 厘米。(图六九 A;彩版一一四)

543-2/SH573③:55,背面大面积泛红。左分型面有二榫,上榫与 SH573③:41 右分型面上的卯扣合。背面较平,手指印痕较浅。残宽 7.6、残高 12 厘米。(图六九 A;彩版一一四)

544/SH573③:49,下腹部范,较厚,残。看不出分层线,泥质,青灰色。右分型面发现一卯,残。面范饰勾连雷纹,以云雷纹填空,花纹大部分已脱落,较模糊。背范下部有草绳捆绑痕迹。残宽 11.2、残高 6.8 厘米。(图六九 A;彩版一一五)

545/SH573⑤:62、SH685:6+7,属同一件瓻的口和上腹部合范。有分层线。面范泥质,背范夹砂,青灰色,背面局部微泛红。面范瓻的颈部饰两道弦纹,上腹部饰以云雷纹勾勒而成的兽面纹,纹饰

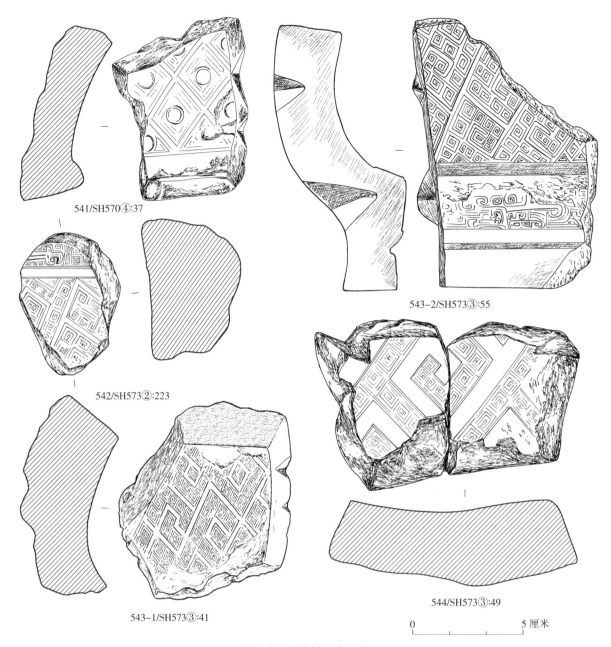

541/SH570④:37

543-2/SH573③:55

542/SH573②:223

543-1/SH573③:41

544/SH573③:49

0　　　　　　　　5 厘米

图六九 A　殷墟三期瓿范

清楚。背面较平，手指印痕较浅。此两范水平分范的位置在瓿的上、下腹之间。（图六九 B；彩版一一五）

　　545-1/SH573⑤:62，残。左分型面有二榫，下分型面发现一榫。残宽 5.5、残高 10.6 厘米。（拓片二七 A；彩版一一五）

　　545-2/SH685:6+7，左稍残。右分型面有二卯，左分型面发现一卯，下分型面有二榫，其一残。残宽 10.6、残高 11.3 厘米。（拓片二七 A；彩版一一五）

　　546/SH680②:2，下腹部和圈足范，残。看不出分层线，泥质，正面青灰色，背面泛红。右分型面发现一榫。瓿的下腹部饰兽面纹，圈足饰夔龙纹，均以云雷纹填空，纹饰较清楚。范面残留有黑色烟熏痕迹。背面较平，手指印浅。残宽 10.1、残高 13 厘米。（图六九 B；拓片二七 B；彩版一一六）

　　547/ST1907⑦:36，下腹部范，残。分层线不明显，泥质，面范灰黑色，胎呈淡红色，背面局部

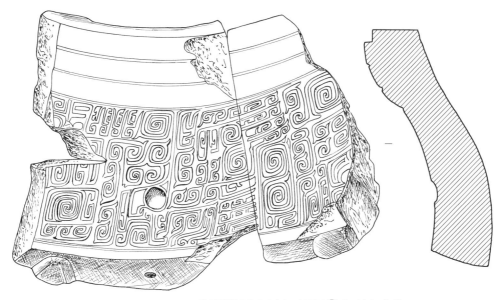

545/SH685:6+7（左）、SH573⑤:62（右）合范

546/SH680②:2

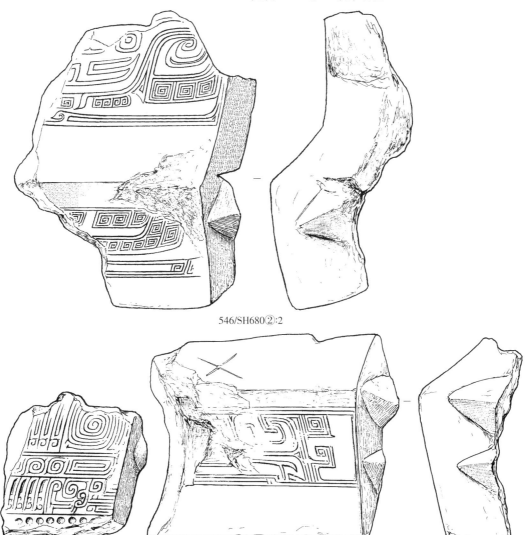

547/ST1907⑦:36

0　　　　　　　5 厘米

548/ST2007⑦A:10

图六九 B　殷墟三期瓿范

泛红。右分型面发现一榫。面范瓿的腹部饰兽面纹，以云雷纹填空，腹下部饰一周联珠纹，纹饰部分脱落，较清楚。背面凹凸不平。残宽6、残高6.7厘米。（图六九B；彩版一一六）

548/ST2007⑦A：10，腹部和圈足范，残。看不出分层线，泥质，青灰色，局部泛红。右分型面发现二榫。面范瓿的腹部由于残留太少，所饰纹饰不知，圈足饰夔龙纹和兽头，纹饰大部分已脱落，较模糊。瓿的腹部近底处发现一个"X"形刻划符号。圈足的下部残留有烟炱。背面不平。残宽11、残高9.9厘米。（图六九B；彩版一一六）

四期

549/SH252②：29，下腹部和圈足范，残。分层线明显。面范泥质，背范夹砂，青灰色。未见榫卯。面范瓿的下腹部饰兽面纹，以云雷纹填空，纹饰线条较粗，布局较稀疏、清楚，圈足饰弦纹。残宽4、残高6.2厘米。（图七〇；拓片二八；彩版一一六）

549/SH252②:29

0   5厘米

550/ST2212④:46

图七〇　殷墟四期瓿范

550/ST2212④：46，下腹部和圈足范，残。看不出分层线，泥质，青灰色，背面局部微泛红。左分型面发现一卯，残。面范瓿的下腹部饰云雷纹构成的兽面纹，纹饰清楚，较疏朗。残宽7.7、残高9.1厘米。（图七〇；拓片二八；彩版一一六）

殷墟时期

551/SH215：2，腹部范，残。分层线不明显，泥质，青灰色，背面大面积泛红。未见榫卯。面范饰勾连雷纹，纹饰大部分已脱落，较模糊。范面较平，且较光滑。残宽5.1、残高5.9厘米。（图七一；彩版一一六）

（8）圆尊范

可辨为圆尊者243块，占可辨容器范的3.69%，其中标本101块。有粗觚形尊、折肩尊和鸟形尊之分，以粗觚形尊最多。

①粗觚形尊范

标本87块。泥质为主，有的背范夹砂，胎多呈青灰色，少

551/SH215:2

0   5厘米

图七一　殷墟时期瓿范

数呈淡红色。纹饰以兽面纹、弦纹居多，还有联珠纹、蕉叶纹、直棱纹、鸟纹、夔龙纹等。

分范方式与瓿基本相同。垂直分为四扇。水平分范有以下几种：一是在颈上部水平分为上、下两段，少数颈部为素面的圆尊采用此方法；二是在颈部与腹部之间水平分为上、下两段，多数花纹尊采用此方法；三是在颈部与腹部、腹部与圈足之间水平分为三段，少数花纹尊采用此方法。

三期

552/SH225：39，腹部和圈足范，残。看不出分层线，泥质，面范呈青灰色，背面呈红褐色。左、右分型面各发现一榫，右残。面范圈足饰兽面纹，无地纹，腹部和圈足之间饰两道弦纹，腹部纹饰由于残留太少，不知。背面有两道草绳捆绑留下的痕迹。残宽9.1、残高9.5厘米。（图七二A；彩版一一七）

553/SH225：65，腹部范，残。有分层线，但面范和背范均泥质，呈青灰色。上分型面发现一榫，左分型面发现一卯。面范腹部饰兽面纹，以云雷纹衬地，腹上部一道联珠纹，颈部和腹部之间饰两道弦纹，纹饰部分脱落，较模糊。残宽11.5、残高6.8厘米。（图七二A；彩版一一七）

554/SH683：69、71、73、271、272、274、275、277、278、279、280，应系同一件尊范，皆碎为小块。有分层线，有的分层线不明显，正面多呈青灰色，背面多为浅灰色。皆未见榫卯。面范尊的颈部饰大蕉叶纹，内填倒立对夔纹，圈足饰兽面纹，皆以云雷纹衬地。

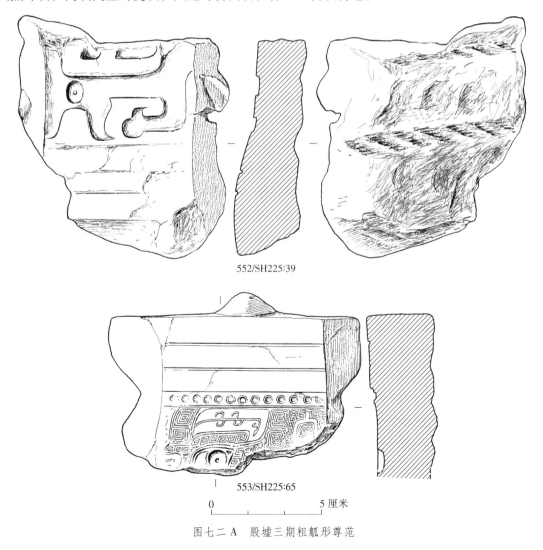

552/SH225:39

553/SH225:65

0　　　　　5厘米

图七二A　殷墟三期粗瓿形尊范

554－1/SH683：69，尊的圈足范，残。有分层线，面范泥质，背范夹细砂，背面呈灰褐色，左侧有扉棱。残宽7、残高4.1厘米。（图七二B；彩版一一七）

554－2/SH683：71，尊的颈部范，残。面范和背范均泥质，局部泛红。残宽6、残高3.8厘米。（图七二B）

554－3/SH683：73，尊的颈部范，仅残存面范一小块，泥质。残宽4.7、残高3.8厘米。（图七二B）

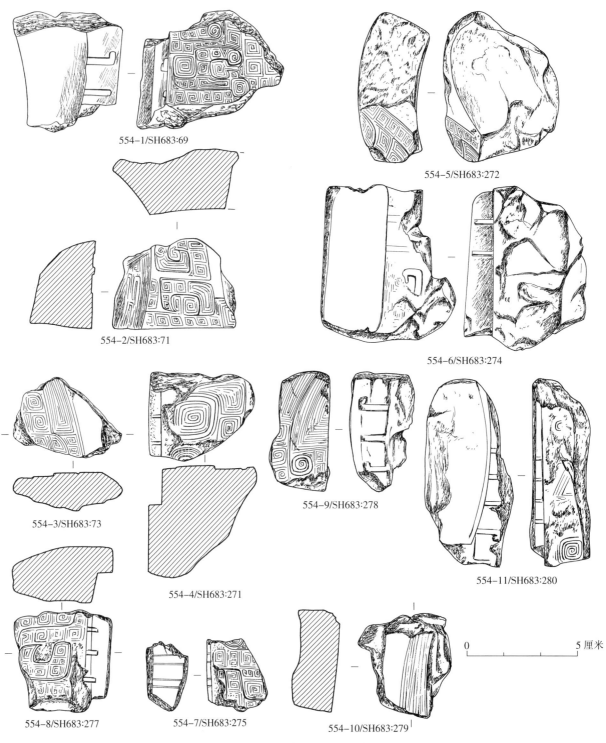

554－1/SH683:69

554－5/SH683:272

554－2/SH683:71

554－6/SH683:274

554－3/SH683:73

554－9/SH683:278

554－4/SH683:271

554－11/SH683:280

554－8/SH683:277

554－7/SH683:275

554－10/SH683:279

0　　　　　5厘米

图七二 B　殷墟三期粗觚形尊范

554－4/SH683：271，尊的颈部范，面范和背范皆泥质，左侧有扉棱。残宽6、残高4.1厘米。（图七二B）

554－5/SH683：272，尊的颈部范，胎较厚，面范和背范皆泥质，背面泛褐。残宽2.5、残高6.3厘米。（图七二B）

554－6/SH683：274，尊的颈部范，背面大面积泛红，面范和背范皆泥质，左侧有扉棱。背面较光滑。残宽5.8、残高7.2厘米。（图七二B）

554－7/SH683：275，尊的颈部范，面范和背范皆泥质，左侧有扉棱。残宽2.6、残高3.4厘米。（图七二B）

554－8/SH683：277，尊的颈部范，面范和背范皆泥质，右侧有扉棱，地纹大部分已脱落，较模糊。残宽4.6、残高4.5厘米。（图七二B；彩版一一七）

554－9/SH683：278，尊的颈部范，面范和背范皆泥质，右侧有扉棱，花纹清楚。残宽2.5、残高5.1厘米。（图七二B；彩版一一七）

554－10/SH683：279，尊的颈部范，面范和背范皆泥质，花纹较清楚，背面较平。残宽3.8、残高4.4厘米。（图七二B）

554－11/SH683：280，尊的颈部范，背面局部泛红。纹饰几乎全部脱落，背面平整。残宽2.6、残高7.9厘米。（图七二B）

555/SH697：2，腹部和圈足范，残。分层线明显，面范薄，泥质，呈浅灰褐色，背范厚，夹砂，呈青灰色。未见榫卯。面范尊的腹部饰目纹并四瓣花纹，以云雷纹填空，圈足素面，腹部和圈足之间饰两道弦纹，纹饰较清楚。背面凸起一支脚。残宽9.9、残高6.7厘米。（图七二C；彩版一一七）

556/ST1907⑦：21，腹部和圈足范，残。看不出分层线，泥质，青灰色，背面泛红，胎呈淡红色。左、右分型面各发现一卯，左残。面范腹部和圈足皆饰兽面纹，以云雷纹衬地，腹部上、下各饰一周联珠纹，腹部和圈足之间饰两道弦纹，纹饰大部分已脱落，较模糊。背面凹凸不平。残宽9.5、残高13.6厘米。（图七二C；彩版一一八）

557/ST2212⑤：89，颈部范，残。看不出分层线，泥质，正面呈青灰色，背面呈浅灰褐色。未见榫卯。面范素面。背面不平。残宽5.2、残高9.9厘米。（图七二C）

558/ST2505D⑥：3、4、5，系同一件尊的腹部和圈足范，其中3、5系合范，4、5系合范。泥质，青灰色。面范尊的腹部和圈足面范饰兽面纹和联珠纹，几乎全部脱落，模糊。背面凹凸不平，手指印深。正面局部有烟炱痕迹。此三范以腹部和颈部之间水平分为上、下两段，垂直分为四扇。

558－1/ST2505D⑥：3，残，看不出分层线，左、右分型面各发现一榫。下分型面两端均有刻划符号，这可能是工匠便于辨认此范与左右可扣合陶范的记号。残宽12.9、残高8.2厘米。（图七二C；彩版一一八）

558－2/ST2505D⑥：4，残。分层线较明显，但面范和背范均泥质。上、左分型面各发现二榫。残宽9.9、残高8.2厘米。（图七二C；彩版一一八）

558－3/ST2505D⑥：5，完整，看不出分层线，上分型面有二榫，左、右分型面各有三卯。宽11.3、高15.2厘米。（图七二C；彩版一一八）

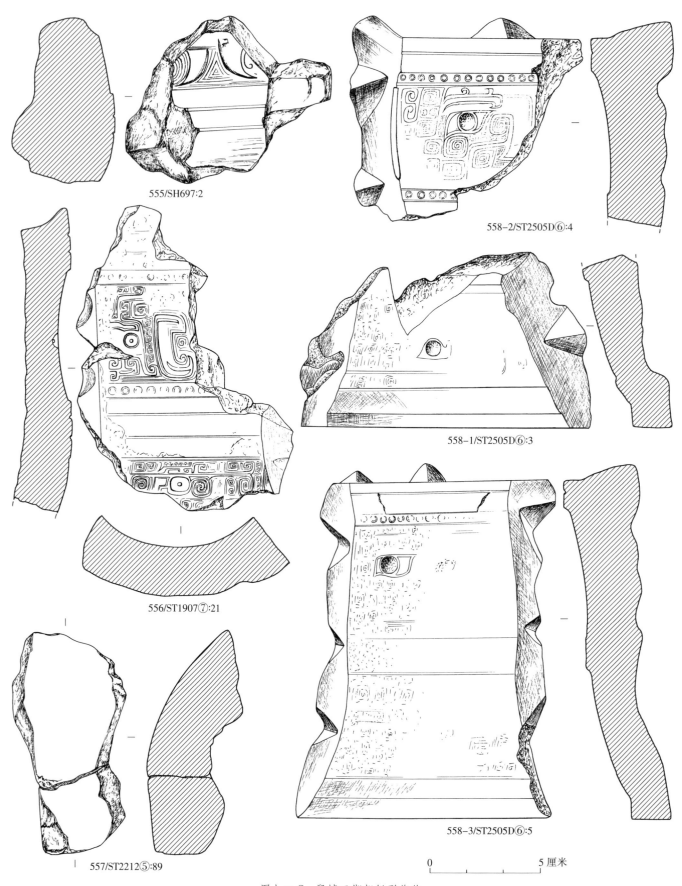

555/SH697:2

558-2/ST2505D⑥:4

558-1/ST2505D⑥:3

556/ST1907⑦:21

557/ST2212⑤:89

558-3/ST2505D⑥:5

0　　　　　　5厘米

图七二 C　殷墟三期粗瓠形尊范

559/ST2506B④：5、6、7、8，当系同一件尊的腹部和圈足范，均残。有分层线，面范泥质，背范夹砂。面范尊的腹中部饰瓦纹，上下饰鸟纹和简化兽头，无地纹，颈部和腹部、腹部和圈足之间各饰两道弦纹来隔开。

559-1/ST2506B④：5，背面较平。残宽7.5、残高14厘米。（图七二D；拓片二九；彩版一一九）

559-2/ST2506B④：6，面范呈灰褐色，背面呈浅褐色。上分型面发现一榫。残宽6.6、残高6.3厘米。（图七二D；拓片二九；彩版一一九）

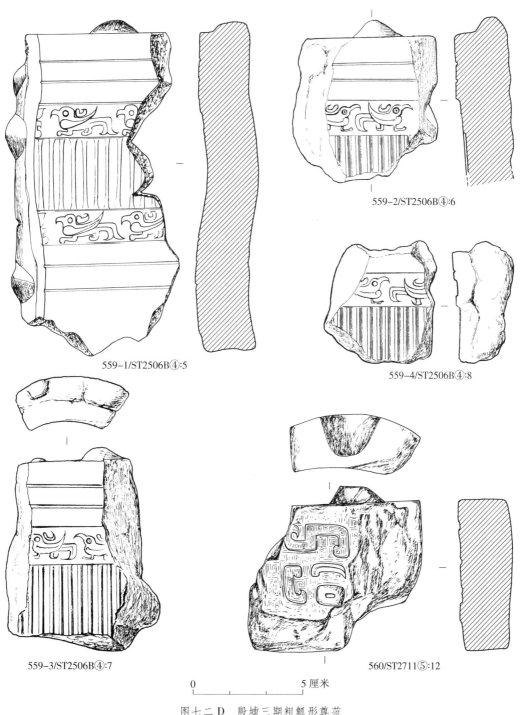

559-1/ST2506B④:5

559-2/ST2506B④:6

559-4/ST2506B④:8

559-3/ST2506B④:7

560/ST2711⑤:12

0   5厘米

图七二D 殷墟三期粗觚形尊范

559－3/ST2506B④：7，面范呈黑灰色，背面呈青灰色，局部微泛红。未见榫卯。残宽6.1、残高7.8厘米。（图七二D；拓片二九）

559－4/ST2506B④：8，面范呈青灰色，背面呈浅灰色。未见榫卯。有一圆饼状凸起。残宽5.1、残高5.4厘米。（图七二D）

560/ST2711⑤：12，腹部范，残。分层线明显，面范薄，泥质，背范厚，夹细砂，青灰色。上分型面发现一榫。面范尊的腹部饰兽面纹，以云雷纹衬地，地纹几乎全部脱落，甚模糊。背面较平。残宽6.9、残高6.5厘米。（图七二D；彩版一一九）

四期

561/SH236：16，腹部范，残。分层线较明显，但面范和背范皆泥质，正面呈浅灰色，内胎和背面呈青灰色，背面局部微泛红。未见榫卯。面范尊的腹部饰兽面纹，无地纹，左侧有扉棱。残宽8.4、残高8厘米。（图七三A；彩版一一九）

562/SH269：1，腹部和圈足范，上部残。看不出分层线，泥质，青灰色，面范微泛红。左分型面发现二卯，其一残，右分型面发现三卯，其一残，下分型面宽平，未见榫卯。面范腹部和圈足之间以一道弦纹区分，皆饰兽面纹，以云雷纹衬地，左右侧有扉棱，花纹精细。背面虽有凹凸，但较光滑。此范以尊的扉棱垂直分范，以上腹部水平分范。残宽17.6、残高15.6厘米。（图七三A；拓片三〇A；彩版一二〇）

563/SH269：35，腹部范，残。看不出分层线，泥质，面范呈灰褐色，背面呈青灰色，局部泛红。上分型面有一长方形卯和一三角形卯，后者残，左、右分型面各发现一三角形。面范尊的腹部饰兽面纹，无地纹，其上饰两道弦纹，左右两侧均有扉棱。背面凹凸不平，手指印较深。右分型面及部分卯内有烟炱。此范从尊的扉棱处垂直分范，水平分范的位置在腹上部。残宽12、残高9.6厘米。（图七三A；彩版一二一）

564/SH362：4，腹部范，残。有分层线。面范泥质，青灰色，背范夹砂，灰褐色。尊的腹部饰凤鸟纹，无地纹，腹下饰三道弦纹，纹饰较清楚。背面较平。残宽6.1、残高4.4厘米。（图七三A；拓片三〇A；彩版一二一）

565/SH413④：19，腹部范，残。分层线不明显。泥质，青灰色，背面局部微泛红。右分型面发现三卯，上、下卯残。面范尊的腹部饰兽面纹，无地纹，其上有一道弦纹，纹饰大部分已脱落，较模糊。背面较平，中部有一凸起的支脚。残宽8.2、残高8厘米。（图七三B；彩版一二一）

566/SH413⑤：6，腹部和圈足范，上部残。分层线明显。但面范和背范均泥质，青灰色，背范大面积泛红。左、右分型面各发现二榫。面范尊的腹部残存较少，仅见其下部饰一周联珠纹，圈足饰目纹和云雷纹，腹部和圈足之间以两道弦纹相隔，纹饰几乎全部脱落，较模糊。左分型面残留少许烟炱。背范较平，中部凸起二支脚，其一已磨损得较低。残宽11.4、残高8.7厘米。（图七三B；彩版一二一）

567/SH481③：10、11与SH481④：3、9、12、13、15、18、23，当系同一圆尊范。SH481③：10、11系合范，SH481④：3、13、15系合范。有分层线，面范泥质，背范夹细砂。面范尊的颈部下端饰带状夔龙纹，上端饰大三角蕉叶纹，内填兽面纹，腹部和圈足皆饰兽面纹和凤鸟纹，均以云雷纹衬地，腹部和圈足以一道弦纹区分，左右侧有扉棱，花纹精美。由这些范知，此尊以扉棱垂直分四扇范，从颈部和腹部之间水平分为上、下两段。

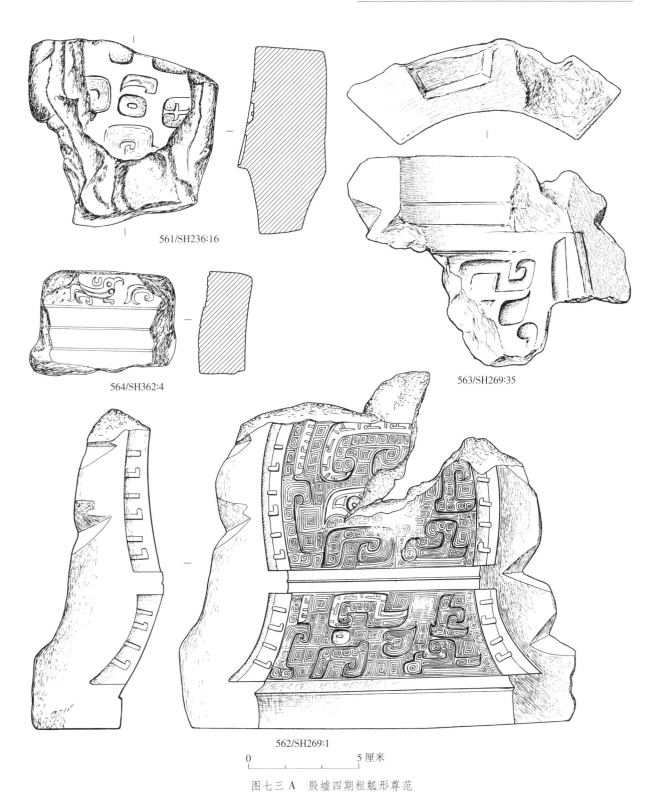

561/SH236:16

564/SH362:4

563/SH269:35

562/SH269:1

0   5厘米

图七三 A　殷墟四期粗觚形尊范

567－1/SH481③：10，腹部和圈足范，腹部残，圈足稍残。青灰色，局部微泛红，背面浅褐色，局部泛青灰。左分型面发现二卯，其一残。左侧有扉棱，右侧也应有扉棱，已残。背面较平。残宽12、残高9.5厘米。（图七三 C；拓片三〇B；彩版一二二）

567－2/SH481③：11，腹部和圈足范，腹部残，圈足稍残。青灰色，局部微泛红，背面浅褐色，

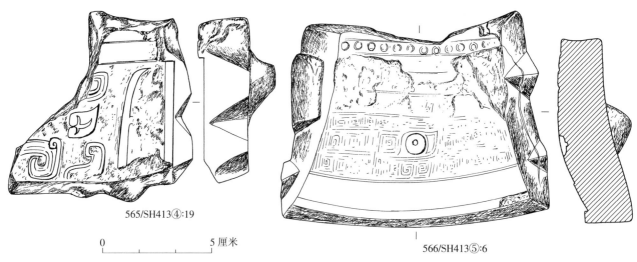

565/SH413④:19

0   5 厘米

566/SH413⑤:6

图七三 B 殷墟四期粗觚形尊范

局部泛青灰。右分型面发现二榫，其一残。右侧有扉棱，左侧也应有扉棱，已残。背面较平。残宽8.9、残高10.8厘米。（图七三C；拓片三〇B；彩版一二二）

567-3/SH481④:3，腹部和圈足范，左残。面范上部青灰色，下部泛红，背面浅褐色，局部泛青灰。右分型面有一榫，已残。右侧有扉棱，左侧应也有扉棱，已残。背面不平。残宽9.5、残高16.1厘米。（图七三D；拓片三〇C；彩版一二三）

567-4/SH481④:9，颈部范，残。面范浅褐色，局部青灰色，背面呈褐色。右分型面发现一卯。右侧有扉棱，左侧也应有扉棱，已残。背面较平。残宽9.5，残高14.3厘米。（图七三E；拓片三〇D；彩版一二三）

567-5/SH481④:12，颈部范。青灰色，局部微泛红，浅褐色，局部泛青灰。背面不平。右侧有扉棱已残，左侧也应有扉棱，已残。残宽2.9、残高4.9厘米。（图七三E；拓片三〇D）

567-6/SH481④:13，腹部和圈足范，圈足残。面范青灰色，背面浅褐色，局部泛青灰。上分型面有二榫，左、右分型面各发现一榫。左右侧均有扉棱。背面不平。残宽14.3、残高11.5厘米。（图七三D；拓片三〇E；彩版一二三）

567-7/SH481④:15，腹部和圈足范，圈足残。面范青灰色，背面浅褐色，局部泛青灰。上分型面发现一榫，左分型面发现二卯，其一残。右分型面发现一卯。左右侧均有扉棱。背面不平。残宽15.7、残高7.8厘米。（图七三D；拓片三〇E；彩版一二四）

567-8/SH481④:18，腹部范，残。面范青灰色，背面红褐色，局部泛青灰。下分型面发现一卯，残。左分型面发现一卯。左侧有扉棱，右侧也应有扉棱，已残。背面较平。残宽7.4、残高6.5厘米。（图七三E；拓片三〇F；彩版一二四）

567-9/SH481④:23，口部和颈部范，胎较厚，右残。面范呈浅灰色，背面呈浅褐色。左分型面发现三榫。左侧有扉棱，右侧也应有扉棱，已残。背面较平。残宽9.8、残高19.9厘米。（图七三E；拓片三〇F；彩版一二四）

568/SH493①:34，腹部和圈足范，残。有分层线，面范泥质，背范夹砂，青灰色，背面局部泛红。左分型面发现二卯，其一残。面范尊的腹部和圈足皆饰兽面纹，以云雷纹衬地，腹下部还是一周

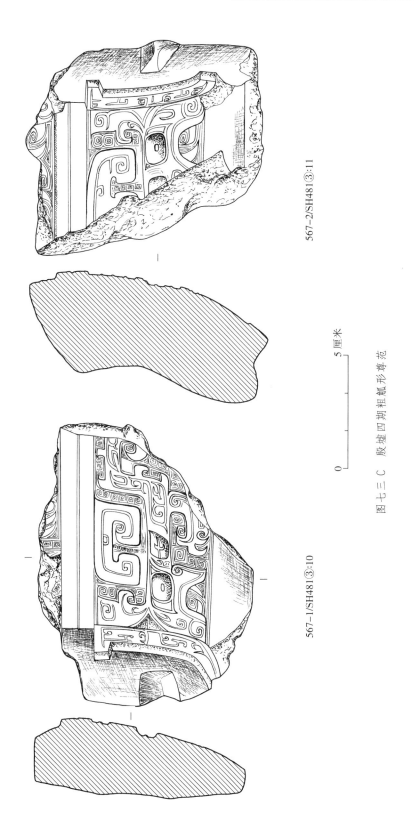

567-2/SH481③:11

567-1/SH481③:10

图七三C　殷墟四期粗觚形尊范

0　　　　　　　　5 厘米

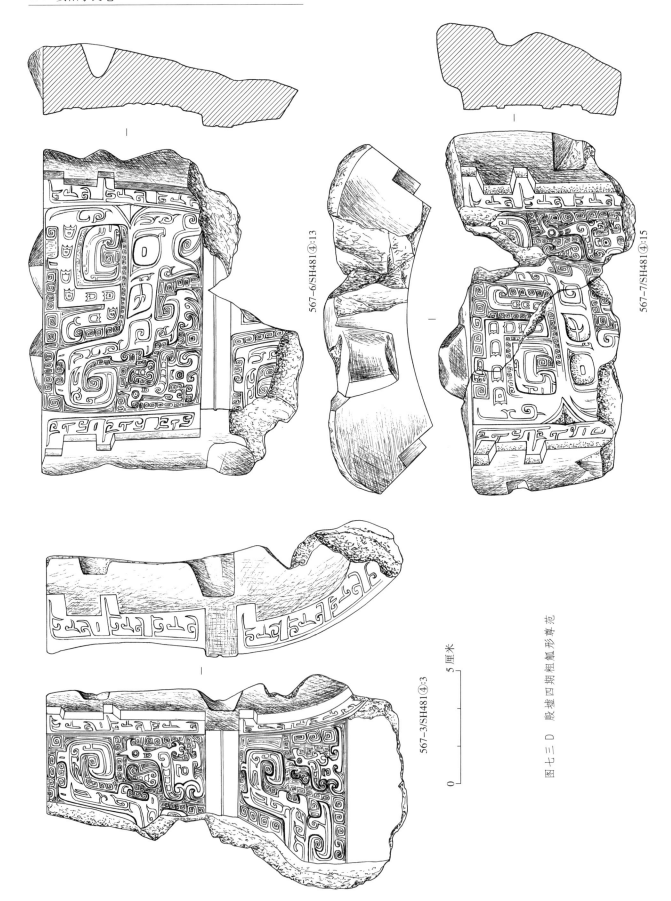

567-6/SH481④:13

567-7/SH481④:15

567-3/SH481④:3

0 _____ 5 厘米

图七三 D 殷墟四期粗觚形尊范

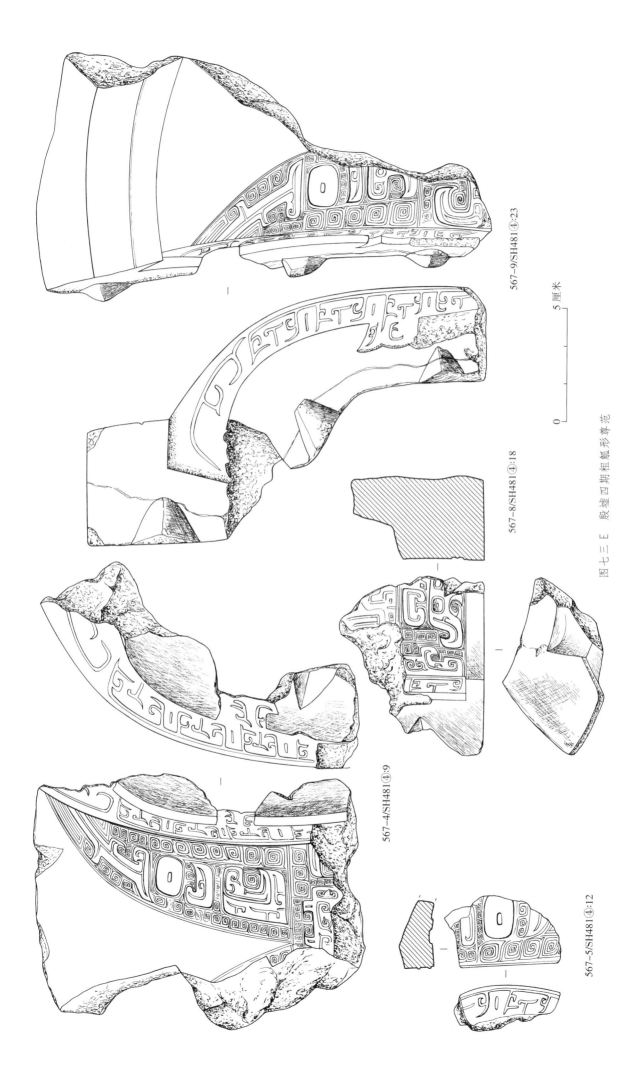

567-9/SH481④:23

567-8/SH481④:18

567-4/SH481④:9

567-5/SH481④:12

5 厘米

0

图七三 E 殷墟四期粗形觚形尊范

联珠纹，腹部和圈足之间饰一道弦纹，纹饰较清楚。残宽6.9、残高7厘米。(图七三F；彩版一二五)

569/SH546：2，腹部范，较薄，残。有分层线。但面范和背范均泥质，面范薄，青灰色。背范厚，局部微微泛褐，内胎呈深灰色。面范尊的腹部饰兽面纹，无地纹，兽面纹上部饰两道弦纹，纹饰部分脱落，较清楚。残宽7.5、残高8.4厘米。(图七三F；彩版一二五)

570/SH546：3，腹部范，残。看不出分层线，泥质，浅灰色，背面微泛红。下分型面发现一卯，残。面范饰兽面纹，无地纹，兽面纹下有一道弦纹。背面较平。此范以尊的腹部水平分范。残宽9.1、残高7厘米。(图七三F；拓片三〇G；彩版一二五)

571/SH546：5，腹部范，残。分层线明显，面范泥质，呈灰褐色，背范夹砂，呈深灰色。上分型面发现二榫，左、右分型面各发现一榫。面范腹部饰兽面纹，以云雷纹衬地，颈部和腹部之间饰一道弦纹，右侧有扉棱，纹饰大部分已脱落，较模糊。背面较平。残宽11.4、残高6.7厘米。(图七三F；彩版一二五)

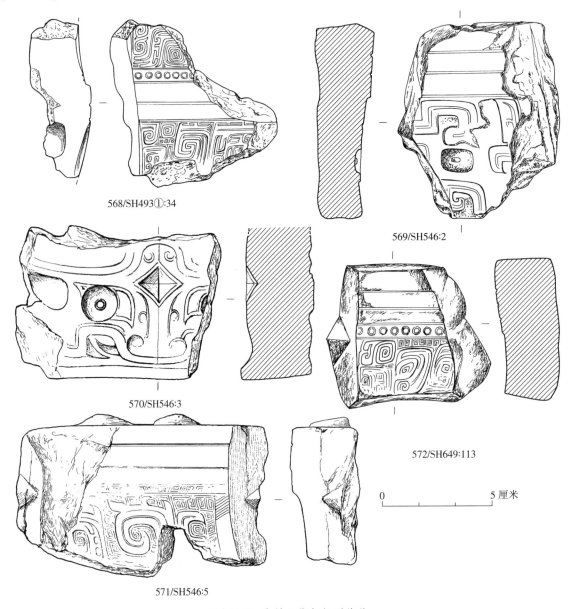

568/SH493①:34

569/SH546:2

570/SH546:3

572/SH649:113

0　　　　　　　　　　5厘米

571/SH546:5

图七三 F　殷墟四期粗觚形尊范

572/SH649：113，腹部范。残。有分层线，但面范和背范均泥质，浅红褐色，背面局部泛青灰。左分型面发现一榫。面范尊的腹部饰以云雷纹构成的兽面纹，其上饰一周联珠纹，再上饰两道弦纹，兽面纹大部分已脱落，较模糊。背面较平，近右侧凸起一支脚。残宽7、残高6厘米。（图七三 F；彩版一二五）

573/SH649⑤：75，腹部和圈足范。残。有分层线，面范泥质，背范夹细砂，青灰色，背面微微泛红。上分型面有四榫，左分型面发现一榫，右分型面发现二榫。面范所饰纹饰几乎全部脱落，不太确定，可能饰兽面纹，左右侧有扉棱。背面较平。此范以扉棱垂直分为四扇范，从腹部和颈部之间水平分为上、下两段。残宽15.5、残高19.6厘米。（图七三 G；彩版一二六）

574/SH649⑤：77，口部和颈部范，残。有分层线，面范泥质，背范夹砂，浅灰色，背面局部泛褐。下分型面发现二卯，均残。面范尊的颈下部饰夔龙纹，颈上部饰蕉叶纹，内填变体夔龙纹，以云雷纹衬地，纹饰大部分已脱落，模糊不清。下分型面残留有淡红色泥浆。背面较平，手指印较浅。此范在尊的颈、腹部之间水平分范。残宽8.7、残高12.2厘米。（图七三 G；彩版一二六）

575/SH664③：79，腹部和圈足范，残。但面范和背范均泥质，青灰色，右型面有一榫，尊的腹部饰兽面纹，无地纹，腹部和圈足之间饰三道弦纹，纹饰大部分已脱落，较模糊。残宽9.4、残高10.5厘米。（图七三 G；彩版一二六）

576/SH664③：187、188，系同一件尊的颈部范，残。看不出分层线，夹砂，正面呈红褐色，背面呈灰褐色。面范尊的颈部素面。背面较平。

576-1/SH664③：187，下分型面发现一榫，背面局部磨损。残宽5.8、残高7.1厘米。（图七三 H；彩版一二六）

576-2/SH664③：188，右、下分型面各发现一榫，右榫残。残宽7.6、残高6.4厘米。（图七三 H；彩版一二六）

577/SH679①：6，腹部范，残。有分层线，但面范和背范均泥质，青灰色，背面大面积泛红。上分型面有三卯，其一残，左分型面发现二卯，下卯残。面范左侧有扉棱，尊的腹部饰兽面纹，无地纹，腹部和颈部之间饰两道弦纹，纹饰大部分已脱落，较模糊。背面不平。残宽7.8、残高10.1厘米。（图七三 H；彩版一二七）

578/ST1806③：2，口和颈部范，残。看不出分层线，泥质，正面呈灰黑色，胎呈浅褐色，背面呈青灰色，局部微泛红。未见榫卯。面范下部饰带状夔龙纹，上部饰大三角蕉叶纹，纹饰大部分已脱落，较模糊。背面不平。残宽5.9、残高7厘米。（图七三 H；彩版一二七）

579/ST1806⑤：63，颈部范，残。看不出分层线，泥质，正面呈浅灰色，背面呈青灰色，局部泛红。未见榫卯。面范尊的颈部素面，表面习刻一大雷纹。背面手指印较深。残宽4.9、残高5.3厘米。（图七三 H；彩版一二七）

580/ST1906⑤：29，腹部和圈足范，残。胎较厚，分层线不明显，泥质，正面呈黄褐色，胎呈青灰色，背面呈浅灰褐色。未见榫卯。面范尊的腹部及圈足均饰兽面纹，以云雷纹衬地，腹部与圈足之间饰一道弦纹，纹饰完好，清晰。残宽6、残高10厘米。（图七三 H；拓片三〇G；彩版一二七）

581/ST2006⑤：3，腹部范，残。分层线明显，面范泥质，呈黄褐色，背范夹砂，呈青灰色，局部微泛褐。左分型面发现一榫。面范饰大兽面纹，以云雷纹填空，纹饰大部分已脱落，模糊不清。左分

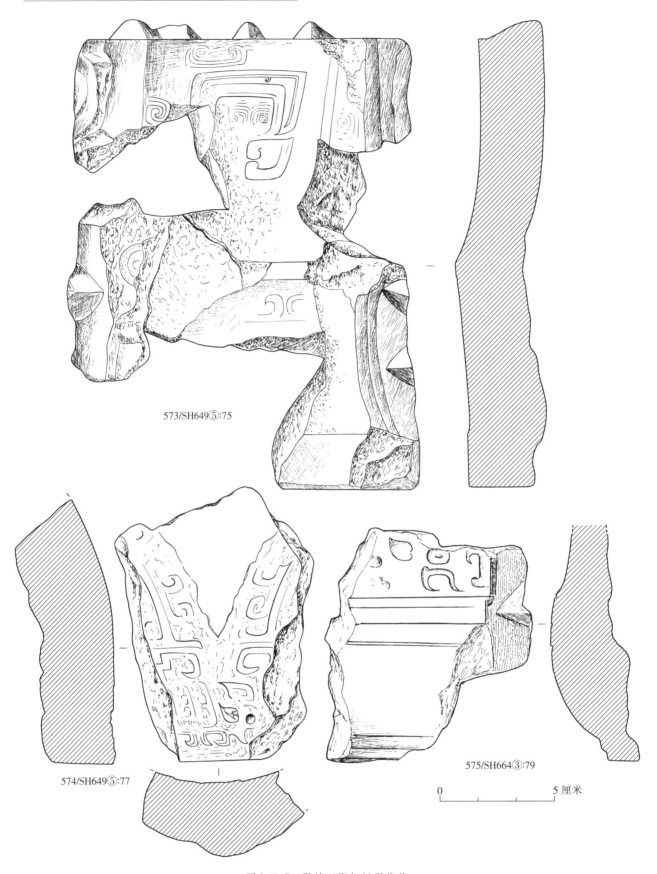

573/SH649⑤:75

574/SH649⑤:77

575/SH664③:79

0   5 厘米

图七三 G　殷墟四期粗觚形尊范

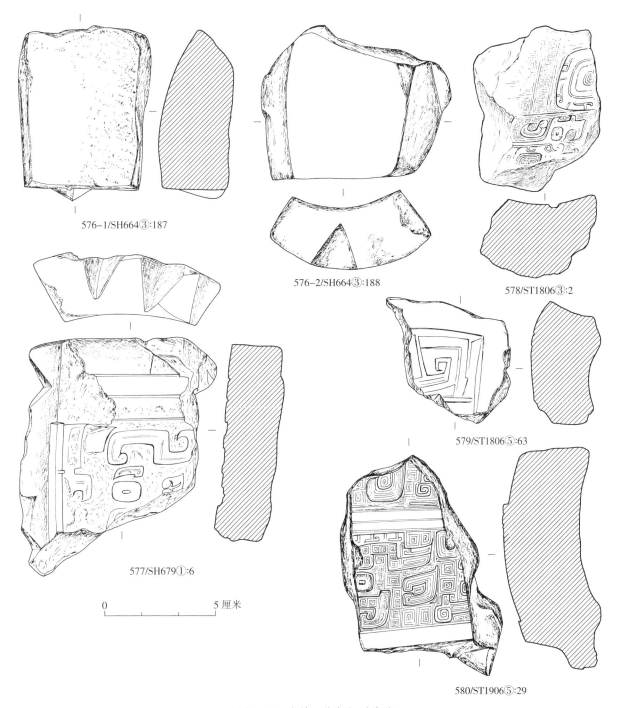

576-1/SH664③:187

576-2/SH664③:188

578/ST1806③:2

579/ST1806⑤:63

577/SH679①:6

0　　　　　　　　5 厘米

580/ST1906⑤:29

图七三 H　殷墟四期粗觚形尊范

型面残留有淡红色泥浆。残宽 5.3、残高 6 厘米。（图七三 I；彩版一二七）

　　582/ST2007④:3，口部范，残。看不出分层线，泥质，青灰色。面范饰蕉叶纹，内填纹饰几乎全部脱落，模糊。上分型面发现一较小浇口，面范残留有少许烟炱，右分型面残留有少许淡红色泥浆。残宽 6.5、残高 7.8 厘米。（图七三 I；彩版一二八）

　　583/ST2312③:4，口和颈部范，残。有分层线，但面范和背范均泥质，面范呈浅褐色，背面微泛红。左分型面发现一榫。面范尊的颈部饰蕉叶纹，内填变体夔龙纹，以云雷纹填空。左侧有凸棱，棱上饰数道为一组的间隔斜线，纹饰较浅，且大部分已磨损，较模糊。下分型面残留有少许淡红色泥浆。

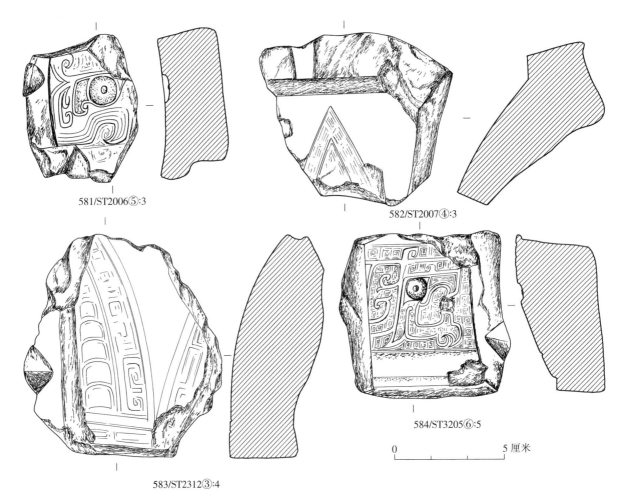

581/ST2006⑤:3

582/ST2007④:3

583/ST2312③:4

584/ST3205⑥:5

0   5 厘米

图七三 I　殷墟四期粗觚形尊范

残宽8.8、残高9.6厘米。（图七三 I；拓片三○G；彩版一二八）

584/ST3205⑥：5，圈足范，残。分层线极明显，面范泥质，正面呈浅灰色，泛黄，内胎呈青灰色，背范夹细砂，背面呈灰褐色，内胎呈深灰色。右分型面发现一榫。面范尊的圈足饰凤鸟纹，以云雷纹衬地，主纹清晰，地纹细密。右分型面残留少许淡红色泥浆。背面平且较光滑。残宽6.9、残高7.5厘米。（图七三 I；拓片三○G；彩版一二八）

殷墟时期

585/SH215：3，颈部范，残。分层线明显，面范泥质，背范夹砂，正面呈浅灰色，背面呈红褐色，内胎呈深灰色。未见榫卯。面范尊的颈部饰大蕉叶纹，内填倒立夔龙纹，以云雷纹衬地。纹饰虽残存较少，但较清楚。背面较平。残宽4.4、残高5.6厘米。（图七四；彩版一二八）

②折肩尊范

标本12块。泥质为主，多呈青灰色或浅灰色，多看不出分层线。纹饰以兽面纹、夔龙纹、菱形雷纹等，部分肩部有兽头。

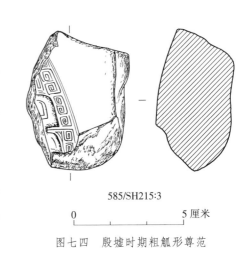

585/SH215:3

0   5 厘米

图七四　殷墟时期粗觚形尊范

分范方式：垂直分为六扇。水平分范有以下几种，一是在颈下部近肩处、肩部与腹部、腹部与圈足之间水平分为四段，多数尊采用此方法；二是在颈下部近肩处、上、下腹部、腹部与圈足之间水平分为四段，肩部和上腹部连在一起；三是在肩部与腹部、腹部与圈足之间水平分为三段，颈部和肩部连在一起，少数颈部为素面的圆尊采用此法。

三期

586/SH573⑥：64 + 67 + 71，口部范，残。看不出分层线，泥质，青灰色，背面局部泛红，胎呈红褐色。左分型面发现一榫，下分型面发现二卯。面范素面。背面较平。局部粘有夹砂层。此范的水平分范位置在口部和颈部之间。残宽11.7、残高5.7厘米。（图七五；彩版一二九）

587/SH683：52，口部范，残。体大。分层线明显，但面范和背范均泥质，青灰色，背面局部泛红。右分型面发现二榫，上分型面发现一刻划符号"田"。面范几乎全部脱落，所饰纹饰不详，左右侧有扉棱。口沿上部有一道设计线，其上发现一大卯，应是与芯上的榫扣合。背面光滑，局部粘有少量夹砂泥，推测外侧应该还裹有一层夹砂泥。此范以尊的扉棱垂直分范。残宽23.5、残高12.3厘米。（图七五；彩版一二九）

588/SH685：5，肩部范。右残。看不出分层线。泥质，青灰色，背面局部泛红。左分型面发现一榫，下分型面发现一卯。面范瓿的肩部饰带状以云雷纹勾勒而成的兽面纹，纹饰较清楚。背面不平，手指印痕较深。此范垂直分范位于兽面纹的鼻梁中线，水平分范的位置在肩、腹部之间。残宽5.5、残高6.7厘米。（图七五；彩版一二九）

四期

589/SH233：3，肩部和颈部范，较厚，残。看不出分层线，泥质，红褐色，局部泛青灰。左分型面发现二卯，其一残。面范尊的肩部饰半浮雕兽头的一半，肩部其他纹饰由于残留太少而不详。背面不平。此范从尊的兽头中线垂直分范，在肩下部水平分范。残宽7.3、残高8.4厘米。（图七六；彩版一二九）

590/SH233：4，肩部和上腹部范。残。有分层线，面范泥质，表面灰黑色，胎呈红褐色，背范夹砂，青灰色，部分泛红。左分型面发现一榫。面范尊的肩部饰带状回首夔龙纹，上腹部也饰带状夔龙纹，以云雷纹衬地，花纹部分脱落，较模糊。背面凸起一支脚。残宽8.8、残高7.9厘米。（图七六；彩版一二九）

591/SH252：18，肩部范，残。看不出分层线。泥质，浅灰色，背面局部微泛红。左分型面发现一残卯，下分型面发现二卯，其一残。面范尊的肩部饰带状云纹和目纹，纹饰部分脱落，较清楚。背面凹凸不平。此范以尊的肩上、肩下进行水平分范。残宽7、残高6.4厘米。（图七六；拓片三一；彩版一二九）

592/SH269：37，颈部和肩部范，残。看不出分层线，泥质，青灰色，面范局部微泛红。左分型面发现一卯。面范尊的颈下部饰弦纹，肩部所饰纹饰已全部脱落，不知，只有浮雕兽头较清楚。面范局部发现有淡红色稀泥浆。背面凹凸不平。此范以尊肩部兽头的右侧进行垂直分范，以颈下部近肩处进行水平分范。残宽7.6、残高8厘米。（图七六；彩版一三〇）

593/SH693：2，肩部范，残。看不出分层线，泥质，含砂量大，面范呈红褐色，背面呈灰褐色。未见榫卯。面范尊的肩部饰半浮雕兽头的一半，肩部其他纹饰由于残留太少而不详。背面较平。此范

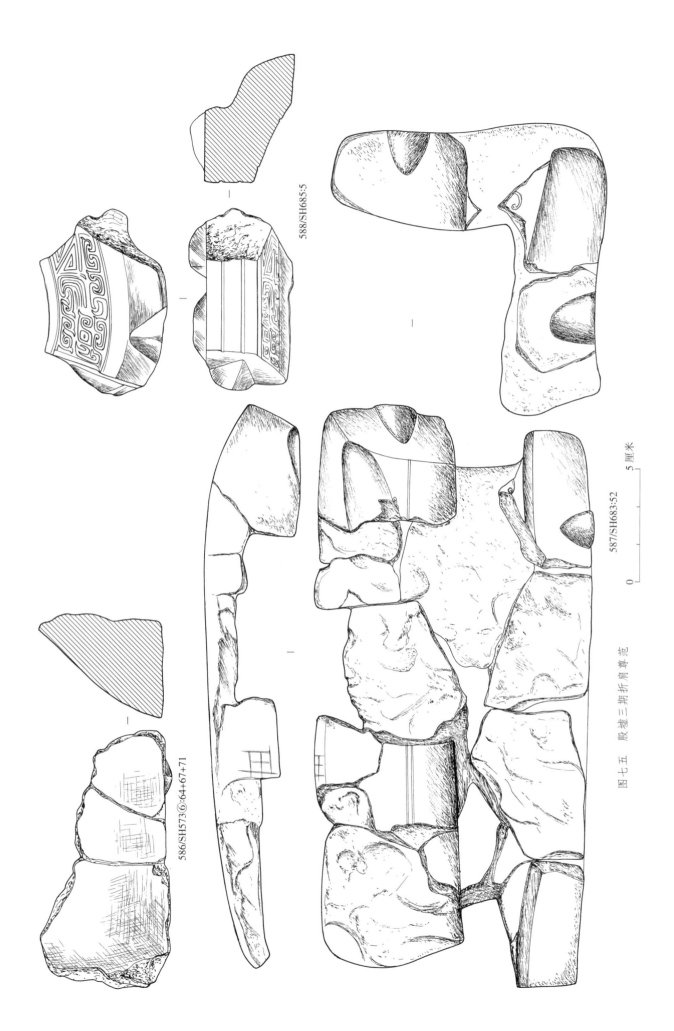

588/SH685:5

586/SH573⑥:64+67+71

587/SH683:52

图七五 殷墟三期折肩胄尊范

0   5 厘米

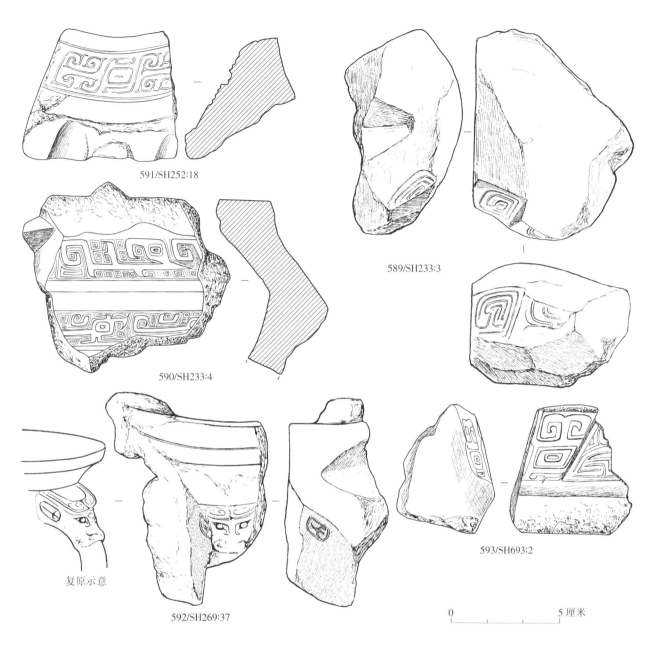

591/SH252:18

589/SH233:3

590/SH233:4

593/SH693:2

复原示意

592/SH269:37

0　　　　　　　　5 厘米

图七六　殷墟四期折肩尊范

以尊的兽头中线垂直分范，在肩下部水平分范。残宽5.1、残高4.8厘米。（图七六；拓片三一；彩版一三〇）

殷墟时期

594/SH369：29，肩部和上腹部范，残。看不出分层线，泥质，青灰色，局部微泛红。左分型面发现一榫。面范折肩上部所饰纹饰由于残留太少，不知，折肩下部饰带状菱形雷纹，腹部饰兽面纹，花纹部分脱落，较模糊。背面不平。残宽7.5、残高7.8厘米。（图七七；彩版一三〇）

595/ST2505D③：2，肩部和腹部范，残。分层线较明显，但面料和备料均泥质，青灰色，背面局部微泛红。未发现榫卯。面范尊肩部饰夔龙纹，腹部的主体纹饰由于残留太少而不辨，以云雷纹衬地。背面凹凸不平。残宽8.2、残高11厘米。（图七七；拓片三二；彩版一三〇）

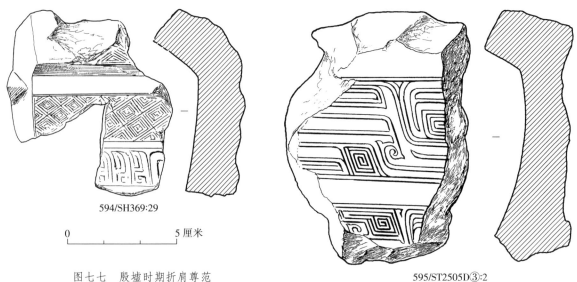

594/SH369:29

0   5 厘米

图七七 殷墟时期折肩尊范

595/ST2505D③:2

③鸮尊范

标本2块。

三期

596/SH467：5，残。看不出分层线，泥质，青灰色，背面局部泛红。未见榫卯。面范饰双排重环纹，纹饰大部分已脱落，较模糊。残宽2.9、残高5厘米。（图七八；拓片三三；彩版一三〇）

597/SH586①：9，残。看不出分层线，泥质，青灰色，背面大面积泛褐。未见榫卯。面范饰立鸮的卷尾，尾上饰稀疏云纹，线条较粗。残宽6.9、残高6.5厘米。（图七八；彩版一三〇）

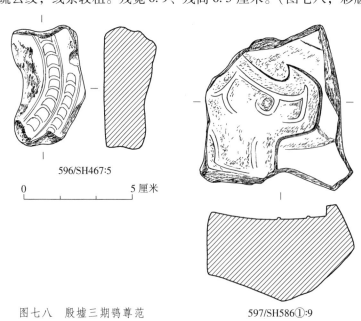

596/SH467:5

0   5 厘米

图七八 殷墟三期鸮尊范

597/SH586①:9

（9）方尊范

可辨为方尊者11块，标本6块。胎较厚，青灰色，泥质，分层线不明显。纹饰有夔龙纹并扉棱和兽头。

分范方式：垂直分为八扇，每面垂直分为两扇。水平分范有两种，一是在颈部与肩部、肩部与腹部、腹部与圈足之间水平分为四段；二是在颈上部、肩下部、腹部与圈足之间水平分为四段，颈下部和肩部连在一起。

方尊肩部的兽头多数采用二次浇铸（后铸）完成，即铸造方尊时，在装兽头的位置铸出榫头，然后在榫头上安装兽头范，再进行第二次浇铸，这样兽头便和器身铸接在了一起，少数方尊上的兽头是采用分铸法完成，即方尊肩部在装兽头的位置铸出榫头，兽头单独铸造，兽头底部铸出卯眼，兽头可套合在方尊肩部的榫头上，兽头可以自由取下。

三期

598/SH24：29，上腹部范，残。厚胎，看不出分层线，泥质，青灰色，背面局部泛红。未见榫卯，但上分型面外边缘高出分型面，且不平，也能像榫一样起到固定上、下两扇范的作用。面范尊的上腹部饰夔龙纹，以云雷纹衬地，左侧有扉棱，纹饰大部分已脱落，尤其地纹几乎全部磨损，甚模糊。残宽6.6、残高4厘米。（图七九；彩版一三一）

599/SH683：44，颈部范。残。有分层线，背范脱落，面范泥质，青灰色。面范尊的颈部饰大三角蕉叶纹，内填倒立夔龙纹，以云雷纹衬地，花纹精美。此范与601/SH683：53、59可能是同一器物上的范。残宽8.2、残高11.4厘米。（图七九；拓片三四；彩版一三一）

600/SH683：45＋49，颈部范，残。有分层线，面范和背范均泥质，面范呈深灰色。背面泛红。左分型面发现一卯。面范尊的颈部饰大三角蕉叶纹，内填倒立夔龙纹，以云雷纹衬地，左侧有扉棱，花纹精美。此范与599/SH683：44以及501/SH683：53、59可能是同一器物范。残宽5.7、残高15.3厘米。（图七九；彩版一三一）

601/SH683：53、59，肩部合范。均残。看不出分层线，泥质，青灰色。两扇范分型面上的半圆形孔扣合后形成圆孔，浇筑后，尊的肩部就立起了圆柱，柱上可安插活动兽头，或可把兽头范组装其上，二次浇注出兽头。（彩版一三一）

601－1/SH683：53，尊的颈部和肩部范，背面局部泛红。左分型面发现一榫。面范尊的颈部饰夔龙纹，以云雷纹衬地，肩部饰云雷纹，花纹精美。背面凹凸不平。残宽4.1、残高6.6厘米。（图七九；拓片三四；彩版一三一）

601－2/SH683：59，因残留太小，未发现榫卯。肩部饰云雷纹。残宽2.1厘米。（图七九；彩版一三一）

四期

602/SH481④：17，腹部范，残。分层线明显，面范泥质，呈青灰色，背范夹砂，呈红褐色。左分型面发现二卯，其一残。面范饰兽面纹，以云雷纹填空，左侧有扉棱，纹饰残留很少，但较清晰。背面较平，手指印浅。此范以尊的扉棱中线垂直分范，在上腹部水平分范。残宽4.9、残高7.5厘米。（图八〇；彩版一三一）

殷墟时期

603/SM800：01，填土中出土。腹部范，残。分层线不明显，泥质，正面呈浅灰色，背面呈红褐色。右分型面发现一卯，残。面范饰兽面纹，以云雷纹衬地，右侧有扉棱，纹饰大部分已脱落。背面较平。残宽4.7、残高9.2厘米。（图八一；彩版一三一）

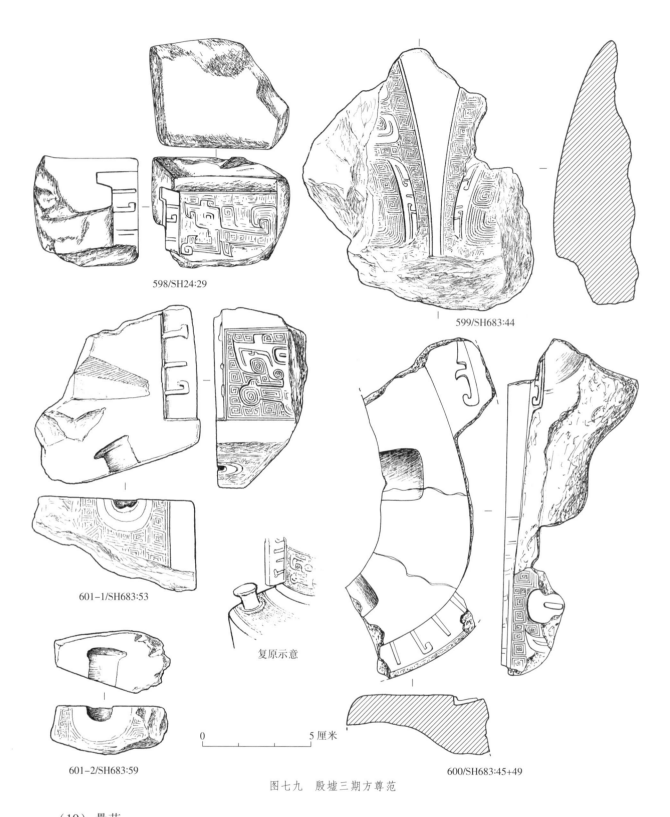

598/SH24:29

599/SH683:44

601-1/SH683:53

复原示意

601-2/SH683:59

0　　　　　　　　　5 厘米

600/SH683:45+49

图七九　殷墟三期方尊范

（10）罍范

可辨为罍者264块，占可辨容器范的4.01%。其中标本57块。有圆罍和方罍，绝大多数是圆罍，方罍甚少，仅2块。一般形体较大，胎较厚，泥质夹砂均有。大部分看不出分层线；少数分层线明显，面范泥质，背范夹砂。少数侧面有扉棱。纹饰有蕉叶纹、直棱纹、圆涡纹、兽面纹、菱形雷纹、弦纹

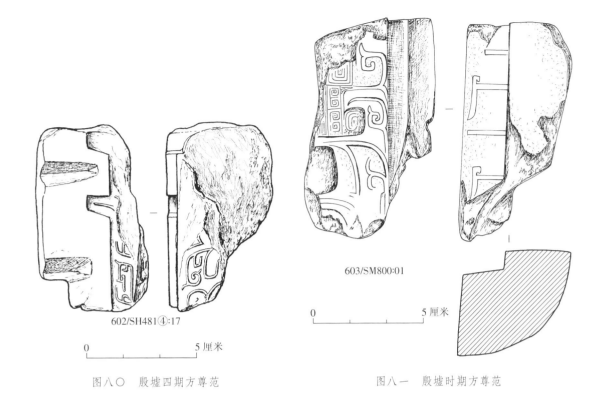

602/SH481④:17

0　　　　　　　5 厘米

图八〇　殷墟四期方尊范

603/SM800:01

0　　　　　　　5 厘米

图八一　殷墟时期方尊范

等，另有少数素面。

　　罍耳范是和器身范做在一起，浑铸而成，耳部空腔由自带泥芯形成。耳上的兽头有的是另装兽头范，有的兽头是和耳范制作在一起。肩部耳内的衔环应是先铸的，我们发现耳范内侧预留有衔环的型腔，安装罍范时，应是把已浇铸好的铜衔环埋在为其预留的型腔内，铜罍浇铸完毕后，去掉铜衔环外包泥即可使罍耳和衔环套合在一起，且可自由活动。

　　分范方式：垂直分为六扇。水平分范有三种，一是在颈下部、肩下部、腹中部、圈足处水平分为五段；二是在颈下部、肩下部、圈足处水平分为四段，腹部无水平分范；三是在颈下部、肩下部、腹中部水平分为四段，下腹部和圈足无水平分范。

三期

　　604/SH225：51，肩部范，残。有分层线，仅肩部纹饰带为面范，泥质，其他部分为夹砂背范，正面呈青灰色，背面呈红褐色，内胎呈深灰色。下分型面发现一榫。面范罍的肩部有一周带状凹窝，较窄，其上饰菱形雷纹，纹饰部分脱落，较清楚。纹饰下部残留少许淡红色泥浆。残宽6.7、残高6.4厘米。（图八二 A；彩版一三二）

　　605/SH225②：90，环与衔环范，较完整。有分层线，但面范和背范均泥质，青灰色。上分型面有一卯，左分型面有一榫，右分型面有三榫，其一残。面范两面各有一环的型腔，浇注出来的应是两环相衔。背面凹凸不平，指头印深。宽3.7、高7.8厘米。（图八二 A；彩版一三二）

　　606/SH225②：92，环与衔环范，较完整。看不出分层线，泥质，红褐色，局部泛青。上分型面有一卯，残，右分型面有一榫。面范两面各有一环的型腔，浇注出来的应是两环相衔。背面凹凸不平，指头印深。宽6.5、高9.3厘米。（图八二 A；彩版一三二）

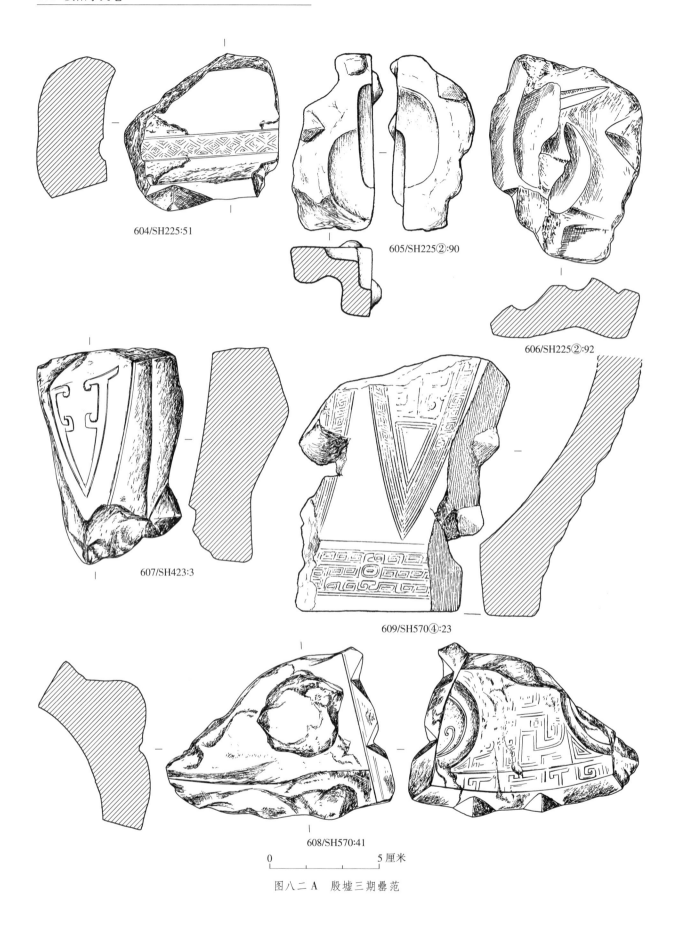

604/SH225:51

605/SH225②:90

606/SH225②:92

607/SH423:3

609/SH570④:23

608/SH570:41

0   5 厘米

图八二 A 殷墟三期罍范

607/SH423：3，下腹部范，残。有分层线，面范和背范均泥质，青灰色。右分型面发现二榫，且有烟炱。面范罍的腹部饰大蕉叶收，内填三角纹和云雷纹，其他纹饰已脱落不辨；圈足饰夔龙纹，以云雷纹填空。背面凹凸不平。残宽6.1、残高9.2厘米。（图八二 A；彩版一三二）

608/SH570：41，肩部范，残。分层线不明显，泥质，正面呈青灰色，背面呈灰褐色。下分型面发现二榫，左分型面发现二卯。面范饰夔龙纹和圆涡纹，以云雷纹衬地，花纹几乎全部脱落，甚模糊。背面近左分型面处有数道刻痕，且凸起一支脚。残宽10.2、残高6.9厘米。（图八二 A；彩版一三二）

609/SH570④：23，下腹部和圈足范，残。有分层线，但面范和背范均泥质，青灰色。右分型面发现二榫，且有烟炱。面范罍的腹部饰大蕉叶纹，内填三角纹和云雷纹，其他纹饰已脱落，不辨；圈足饰夔龙纹，以云雷纹填空。背面凹凸不平。残宽7.6、残高11.7厘米。（图八二 A；彩版一三三）

610/SH571①：4，肩部范，残。有分层线，但面范和背范均泥质，青灰色。下分型面发现一榫，右分型面发现二卯，其一残。面范饰夔龙纹和圆涡纹，以云雷纹衬地，花纹部分脱落，较模糊。背面凹凸不平，且有一凸起支脚。此范由罍的肩上部进行水平分范，以圆涡纹中部进行垂直分范。残宽8.3、残高10.7厘米。（图八二 B；彩版一三三）

611/SH685：4，腹部范，残。看不出分层线，泥质，面范青灰色，背面浅灰色，局部微泛红。上分型面发现一卯，残。面范饰兽面纹，以云雷纹衬地，纹饰部分脱落，部分清晰。残宽10.3、残高8.4厘米。（图八二 B；拓片三五；彩版一三三）

612/SH691②：3，罍范肩部，残。有分层线，但面范和背范均泥质，面范浅灰色，背面青灰色。下分型面发现一榫。面范饰夔龙纹，以云雷纹衬地，右侧有耳的型腔，型腔上部饰有牛耳，花纹部分脱落，较模糊。背面不平。残宽11.3、残高10.5厘米。（图八二 B；彩版一三三）

613/ST1907⑦：20，肩部范，残。看不出分层线，泥质，青灰色，背面局部微泛红。下分型面发现一卯。面范罍的肩部饰回首夔龙纹和圆涡纹，以云雷纹衬地，花纹大部分已脱落，较模糊。背面较光滑，有一道凹槽，可能是加固捆绑草绳的地方。此范以罍的圆涡纹中部垂直分范，水平分范的位置在肩、腹部之间。残宽10.3、残高7.7厘米。（图八二 B；彩版一三三）

614/ST2007⑨：16，肩部范，残。有分层线，但面范和背范均泥质，青灰色，背面局部微泛红。下分型面发现二卯，皆残。面范罍的肩部饰回首夔龙纹和圆涡纹，以云雷纹衬地，花纹部分脱落，云雷纹较清楚。背面部分脱落，凸起一支脚。残宽6.2、残高6.1厘米。（图八二 B；拓片三五；彩版一三三）

615/ST2312⑨：12，腹部范，残。有分层线，面范泥质，浅灰色，背范夹细砂，青灰色。右分型面发现一卯。面范上部饰夔龙纹，下部饰兽面纹，以云雷纹衬地，花纹清晰、精美。背面凹凸不平，手指印较深。残宽6.9、残高9.2厘米。（图八二 B；拓片三五；彩版一三四）

616/ST3207⑦：5，肩部范，残。看不出分层线，夹细砂，涡纹内贴一薄层泥质泥料，正面呈青灰色，背面呈红褐色，内胎呈深灰色。未见卯榫。面范罍的肩部饰圆涡纹。背面较平。残宽11.9厘米、残高9.7厘米。（图八二 C；彩版一三四）

610/SH571①:4

611/SH685:4

612/SH691②:3

615/ST2312⑨:12

613/ST1907⑦:20

0   5 厘米

614/ST2007⑨:16

图八二 B 殷墟三期罍范

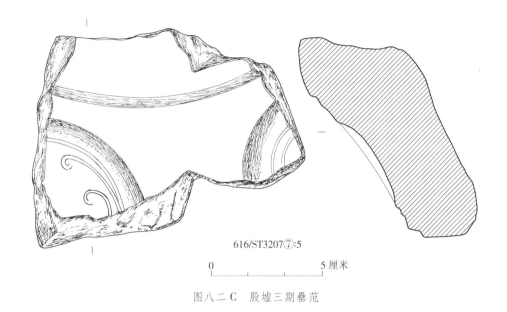

616/ST3207⑦:5

0   5 厘米

图八二 C 殷墟三期罍范

四期

617/SH220①:1，肩部范，残。看不出分层线，夹细砂，青灰色。面范罍的肩上饰圆涡纹，花纹大部分脱落，肩部和腹部分界处饰带状凸棱。背面凹凸不平。背面局部微泛红。下分型面发现二榫。残宽17、残高10.4厘米。（图八三 A；彩版一三四）

618/SH220①:4、5，系下腹部和圈足合范，均残。看不出分层线，夹细砂，正面浅灰色，背面青灰色。面范素面，表面残留有烟炱痕迹。背面凹凸不平。此两范在罍的上、下腹之间水平分范。（彩版一三四）

618-1/SH220①:4，左残。上分型面发现一榫，右分型面有三榫。残宽10、残高15.4厘米。（图八三 A；彩版一三四）

618-2/SH220①:5，残。左分型面发现一卯。残宽7.3、残高11.5厘米。（图八三 A；彩版一三四）

619/SH220①:6，肩部范，残。分层线不明显，泥质，含砂量较大，正面青灰色，背面红褐色，局部泛青。下分型面发现三榫。面范罍的肩部饰圆涡纹，肩下饰两道弦纹，涡纹内的花纹线条全部脱落。下分型面残留少许淡红色细泥浆。残宽14.8、残高9.4厘米。（图八三 B；彩版一三四）

620/SH220①:7，肩部范，残。分层线不明显，夹砂，表面呈青灰色，局部泛红，胎呈灰黑色。上、左分型面各有一卯，下分型面发现一榫，左侧有一耳的型腔，耳内侧有一小卯，当与耳内侧的泥芯扣合，耳上有一平台，为方便安装耳上的兽头范而设。平台内侧有一凹窝，当是耳上兽头的耳朵部分。面范罍的肩部饰两道弦纹。背面较平。残宽8.5、残高6.3厘米。（图八三 B；彩版一三四）

621/SH220①:15，肩部范，残。厚胎，有分层线，面范泥质，背范夹少量细砂，青灰色。右分型面发现二卯，上卯残，下分型面发现一榫。面范罍的肩部饰大圆涡纹，其下有一周凸棱。下分型面残留少许烟炱。背面手指印较深。残宽8.2、残高10.1厘米。（图八三 B；彩版一三五）

622/SH227:3，口和颈部范，残。看不出分层线，夹砂，青灰色，背面局部泛红。未见榫卯。面范罍的颈下饰两道弦纹。背面较平。残宽7.4、残高7.1厘米。（图八三 B；彩版一三五）

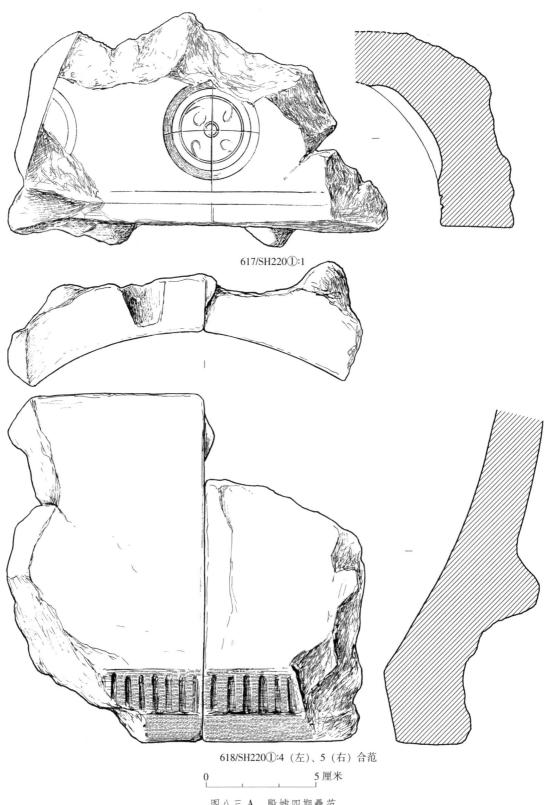

617/SH220①:1

618/SH220①:4（左）、5（右）合范

0   5厘米

图八三 A　殷墟四期罍范

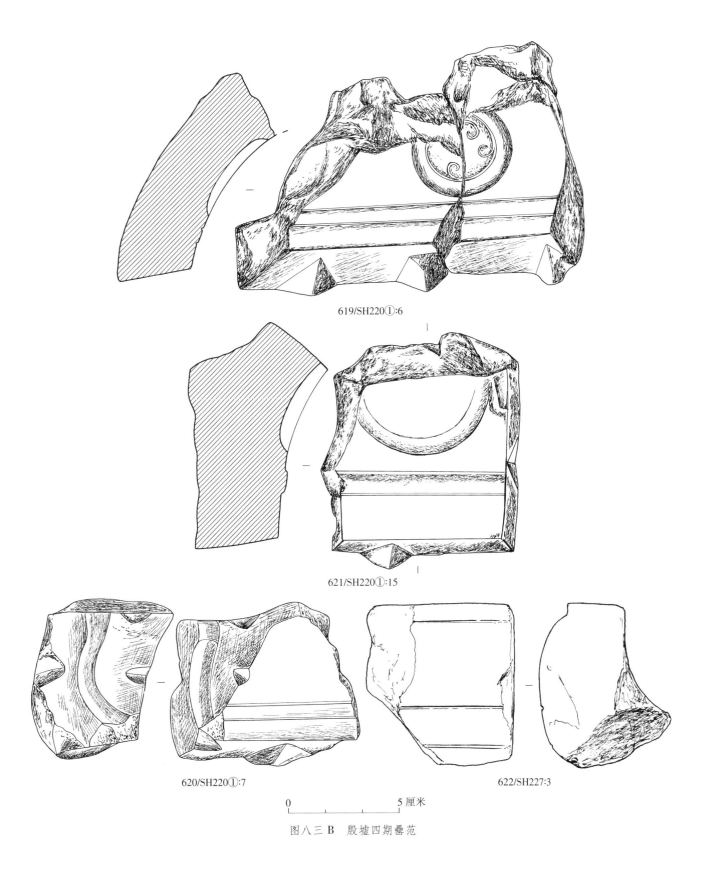

619/SH220①:6

621/SH220①:15

620/SH220①:7

622/SH227:3

0   5 厘米

图八三 B 殷墟四期罍范

623/SH233：22，罍肩部和耳范，残。厚胎，有分层线，但面范和背范均夹砂，青灰色，背面局部泛红。上、下、左分型面各发现一卯，下、左卯残。上卯当与耳上的兽头范相扣合。素面，仅肩下部有一条形凸起。背面较平，手指印较浅。残宽10.8、残高10.1厘米。（图八三C；彩版一三五）

624/SH236：3，肩部范，残。分层线不明显，夹细砂，青灰色，背面大面积泛红，内胎呈深灰色。下分型面发现二榫。面范罍的肩部饰圆涡纹，肩下有二周弦纹。弦纹下部残留较多淡红色细泥浆。残宽13.2、残高9.5厘米。（图八三C；彩版一三五）

625/SH252：14，腹部范，残，分层线不甚明显，但面范泥质，表面呈浅褐色，内胎呈青灰色，背范夹砂，呈灰褐色。左分型面发现一卯，残。面范饰回首夔龙纹，以云雷纹作地，纹饰几乎未脱落。非常清晰。背面凹凸不平，手指印较深。残宽4、残高7厘米。（图八三C；拓片三六；彩版一三五）

626/SH269：17，肩部范，残。看不出分层线，夹砂，青灰色。下分型面发现二卯。面范罍的肩上饰圆涡纹，肩下有一周带状凸棱，花纹大部分脱落。背面凹凸不平。残宽17、残高8.7厘米。此范以罍耳中线垂直分范，水平分范的位置在上腹部近肩处。（图八三C；彩版一三五）

627/SH269：31，上腹部范，残。分层线不明显，泥质，青灰色，背面局部微微泛红。上分型面发现一榫，左分型面也有一榫。面范罍的腹部饰兽面纹，以云雷纹衬地，花纹大部分脱落，较模糊。背面凹凸不平。此罍范由肩部和上腹部进行水平分范。残宽8.1、残高10.5厘米。（图八三D；彩版一三六）

628/SH269：38，肩部范，残。看不出分层线，夹砂，青灰色。左分型面发现一卯。面范罍的肩下有一周带状凸棱，左侧有耳的型腔。此范以罍耳中线垂直分范，水平分范的位置在上腹部近肩处。残宽12、残高8.2厘米。（图八三D；彩版一三六）

629/SH426：5，肩部和耳范，残。有分层线，面范泥质，灰褐色，背范夹砂，青灰色，局部泛红。上分型面发现一卯和一榫，可以与耳上的兽头范相扣合，左分型面有一卯，下分型面有一榫，耳内侧面范上有一卯，可以与耳芯相扣合。面范饰两道弦纹。背面较平。此范从罍耳中线垂直分范，水平分范的位置在肩、腹部之间。残宽5.5、残高7厘米。（图八三D；彩版一三六）

630/SH472：2，上腹部范，较完整。胎较薄，看不出分层线，泥质，浅灰色，背面泛红。上分型面有二卯，右分型面发现一卯，左分型面有二榫。面范饰兽面纹和夔龙纹，以云雷纹衬地，上部边缘饰带状云纹和弦纹，花纹大部分已脱落，较模糊。背面凹凸不平，手指印较深。宽13.4、高13.3厘米。（图八三D；拓片三六；彩版一三六）

631/SH546：10，肩部范，残。有分层线，面范泥质，青灰色，背范夹砂，浅灰色，局部微泛红。下分型面发现一榫，呈方形。面范饰夔龙纹，以云雷纹衬地，纹饰少许脱落，较清楚。背面凸起一支脚。残宽6、残高6.6厘米。（图八三E；拓片三六；彩版一三六）

632/SH546：12，下腹部范，较厚，残。分层线不明显，泥质，正面呈青灰色，背范呈红褐色，内胎呈深灰色。面范罍的下腹部饰大三角蕉叶纹，内填云雷纹，纹饰较清楚。残宽7.6、残高6.9厘米。（图八三E；彩版一三六）

633/SH546：23，肩部范，残。分层线不明显，泥质，含较多细砂，正面呈浅灰色，背面呈红褐色，内胎呈灰黑色。下分型面发现一榫。面范罍的肩部饰大圆涡纹，其下有一道带状凸棱。背面较平。

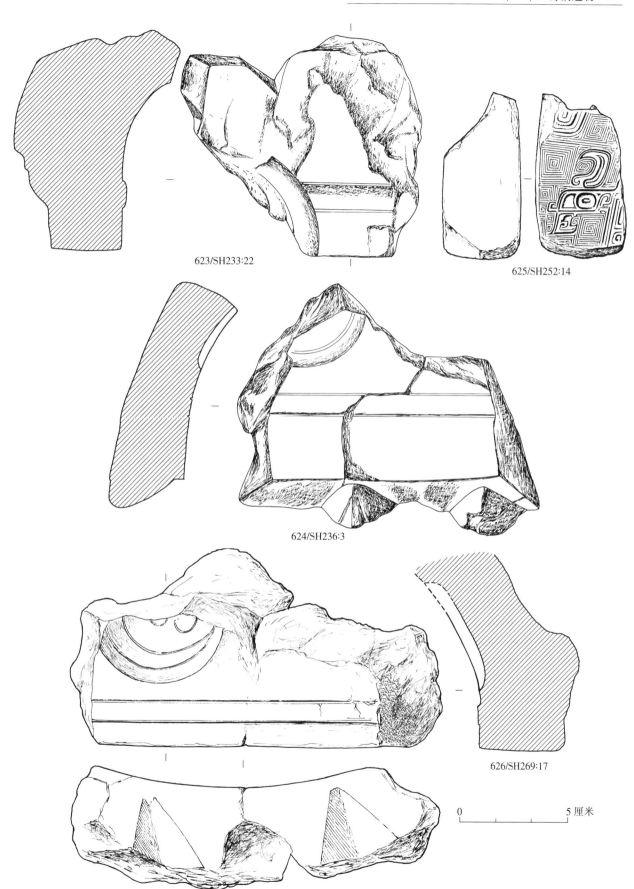

623/SH233:22

625/SH252:14

624/SH236:3

626/SH269:17

0　　　　　　　　5 厘米

图八三 C　殷墟四期罍范

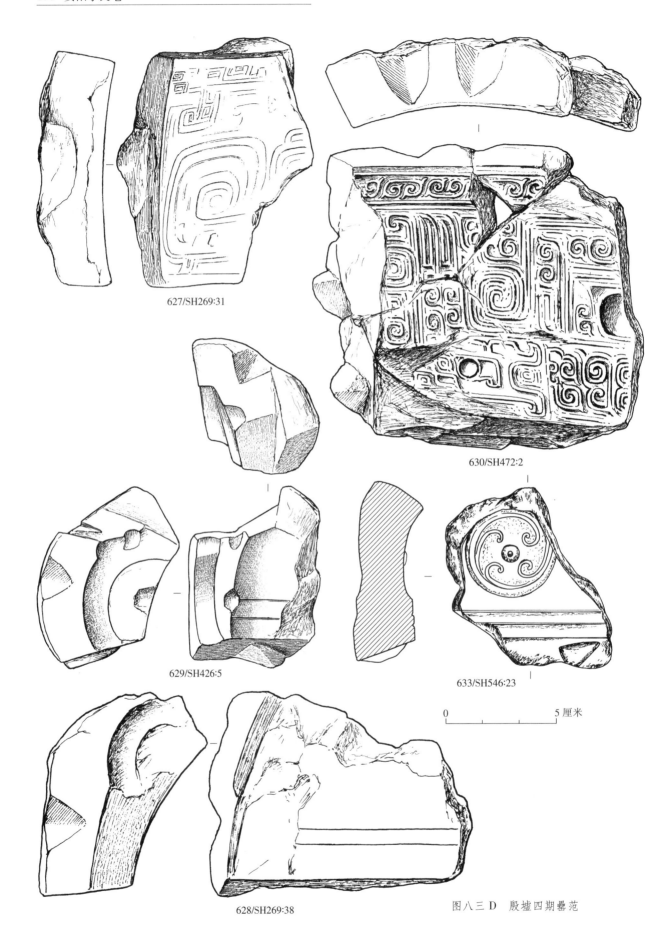

627/SH269:31

630/SH472:2

629/SH426:5

633/SH546:23

0　　　　　　　　5厘米

628/SH269:38

图八三 D　殷墟四期罍范

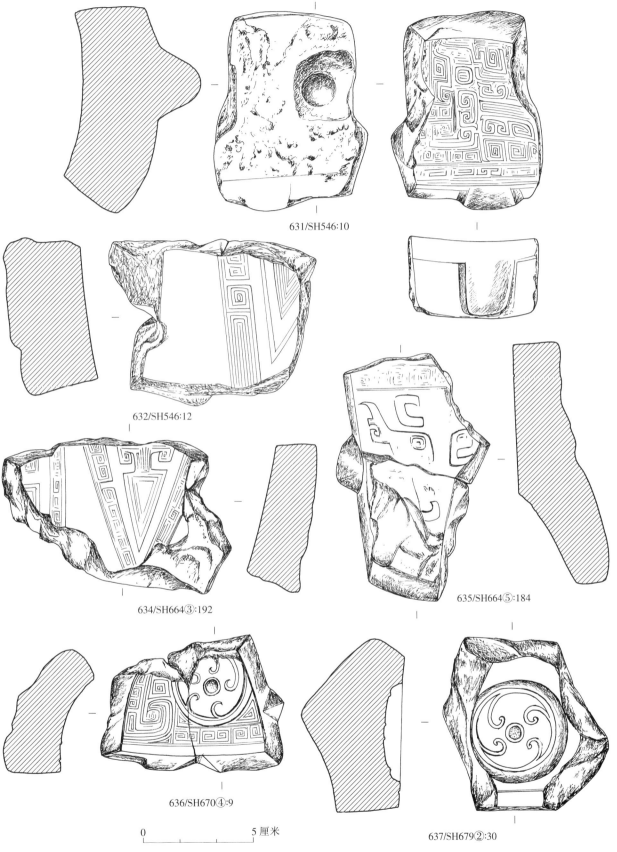

631/SH546:10

632/SH546:12

634/SH664③:192

635/SH664⑤:184

636/SH670④:9

637/SH679②:30

0   5 厘米

图八三 E 殷墟四期罍范

残宽 6.6、残高 7.7 厘米。（图八三 D；彩版一三七）

634/SH664③：192，下腹部范，残。看不出分层线，泥质，正面青灰色，背面浅灰色，局部微泛红。未见榫卯。面范叠的下腹部饰大蕉叶纹，内填竖立对夔纹及三角纹，以云雷纹衬地，纹饰大部分已脱落，较模糊。背面手指印较浅。残宽 9.2、残高 6.5 厘米。（图八三 E；彩版一三七）

635/SH664⑤：184，下腹部范，残。看不出分层线，泥质，青灰色，背面局部微泛红。左分型面发现一榫。面范叠的下腹部饰大蕉叶纹，内填竖立回首对夔纹，以云雷纹衬地，下部有耳及耳上兽头的型腔，纹饰几乎全部脱落，甚模糊。背面手指印较深。残宽 6.6、残高 10.8 厘米。（图八三 E；彩版一三七）

636/SH670④：9，肩部范，残。看不出分层线，泥质，正面呈浅红褐色，背面呈青灰色。右分型面发现一榫，下分型面发现一三角形卯和一长方形卯，后者残。面范叠的肩部饰夔龙纹和圆涡纹，以云雷纹衬地，花纹大部分已脱落，较模糊。范面及右分型面残留少量烟炱。背面不平，凹窝内残留少量砂质泥。残宽 7.7、残高 5.4 厘米。（图八三 E；彩版一三七）

637/SH679②：30，肩部范，残。分层线不明显，泥质，正面呈青灰色，背面呈红褐色，内胎呈深灰色。未见榫卯。面范叠的肩部饰圆涡纹，其上、下各饰一道弦纹，纹饰较清楚。残宽 6.4、残高 7.5 厘米。（图八三 E；彩版一三七）

638/ST1806④：8、9，下腹部和圈足范，系合范，均残。面范叠的下腹部饰大蕉叶纹，已全部脱落。圈足饰直棱纹，部分脱落。背面凹凸不平。（图八三 F；彩版一三七）

638-1/ST1806④：8，分层线不甚明显，但面范泥质，浅灰色，背范夹细砂，浅红褐色。左分型面发现二卯，其一残。残宽 7.8、残高 10.9 厘米。（图八三 F；彩版一三七）

638-2/ST1806④：9，分层线不明显，夹砂，青灰色，局部微微泛红。右分型发现一榫。残宽 6.6、残高 10 厘米。（图八三 F；彩版一三七）

639/ST1806⑤：11，肩部范，残。看不出分层线，夹砂，青灰色，局部泛红。左分型面发现一卯并有一耳的型腔，耳内侧有一小卯，当与耳内侧的泥芯扣合，耳上有一平台，为方便安装耳上兽头范。面范叠的肩部饰两道弦纹。背面凹凸不平。残宽 9.5、残高 9.4 厘米。（图八三 F；彩版一三八）

640/ST1906③：18，下腹部和圈足范，残。看不出分层线，泥质，青灰色。未见榫卯。面范叠的下腹部饰大三角蕉叶纹，内填纹饰大部分已脱落，模糊不辨，圈足纹饰也已脱落，不知。背面凹凸不平。残宽 11.3、残高 10.4 厘米。（图八三 F；彩版一三八）

641/ST2007③：5，腹部和圈足范，残。看不出分层线，泥质，青灰色。左分型面发现一卯，右分型面发现二卯，其一残。面范叠的腹部饰大蕉叶纹，内填夔龙纹，以云雷纹填空，圈足有纹饰，不辨，纹饰大部分已脱落，较模糊。残宽 6.7、残高 8.3 厘米。（图八三 G；彩版一三八）

642/ST2007③：7，下腹部范，残。看不出分层线，泥质，灰色。上分型面发现一卯。面范叠的下腹部饰大蕉叶纹，内填回首夔龙纹，又以云雷纹填空，花纹部分脱落，部分较清楚。背面凹凸不平。残宽 7.1、残高 9.6 厘米。（图八三 G；拓片三六；彩版一三八）

643/ST2007⑤：9，肩部范，残。看不出分层线，泥质，正面青灰色，局部微泛红，背面呈红褐色。未见榫卯。左侧面有耳的型腔，耳内侧有一环形凹槽，是为置衔环所预留，衔环应是先铸好后埋在肩部凹槽内的。面范所饰主纹由于残留太少，不辨，以云雷纹衬地，花纹部分脱落，较模糊。背面较平。残宽 5.6、残高 6.6 厘米。（图八三 G；彩版一三八）

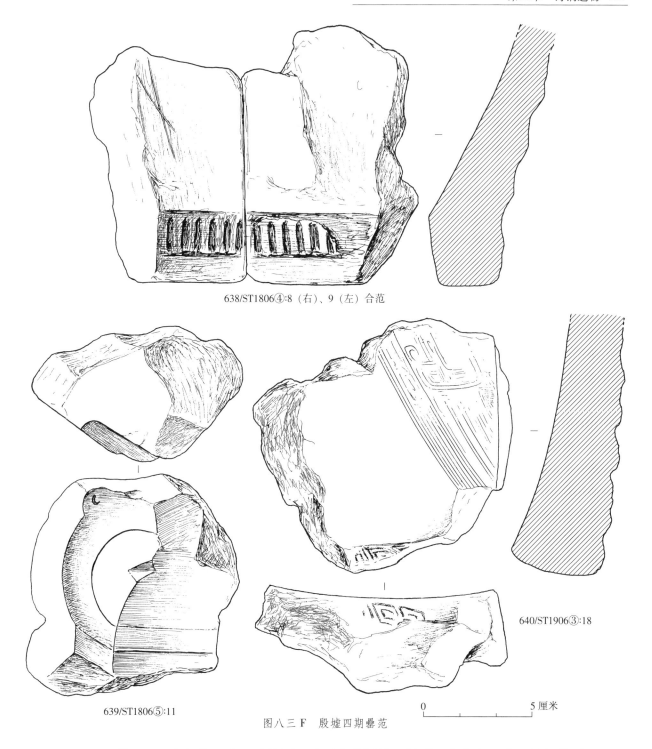

638/ST1806④:8（右）、9（左）合范

639/ST1806⑤:11

640/ST1906③:18

0　　　　　5厘米

图八三 F　殷墟四期罍范

644/ST2212④:54，肩部范，残。胎较厚，看不出分层线，泥质，青灰色，背面局部微泛红。下分型面发现一榫。右侧面有耳的型腔，耳内侧有一环形凹槽，是为置衔环所预留，衔环应是先铸好后埋在肩部凹槽内的。面范所饰主纹由于残留太少，不辨，仅存衬地的云雷纹。背面用泥堆塑痕迹明显。残宽8.9、残高5.9厘米。（图八三 G；彩版一三八）

645/ST2212④:56，盖范，残。看不出分层线，夹砂，青灰色，背面上部泛红。左分型面发现一榫。面范饰圆涡纹，其下有一道弦纹，顶部为圈足形捉手。表面残留有烟炱痕。残宽9.2、残高10.5厘米。（图八三 G；彩版一三九）

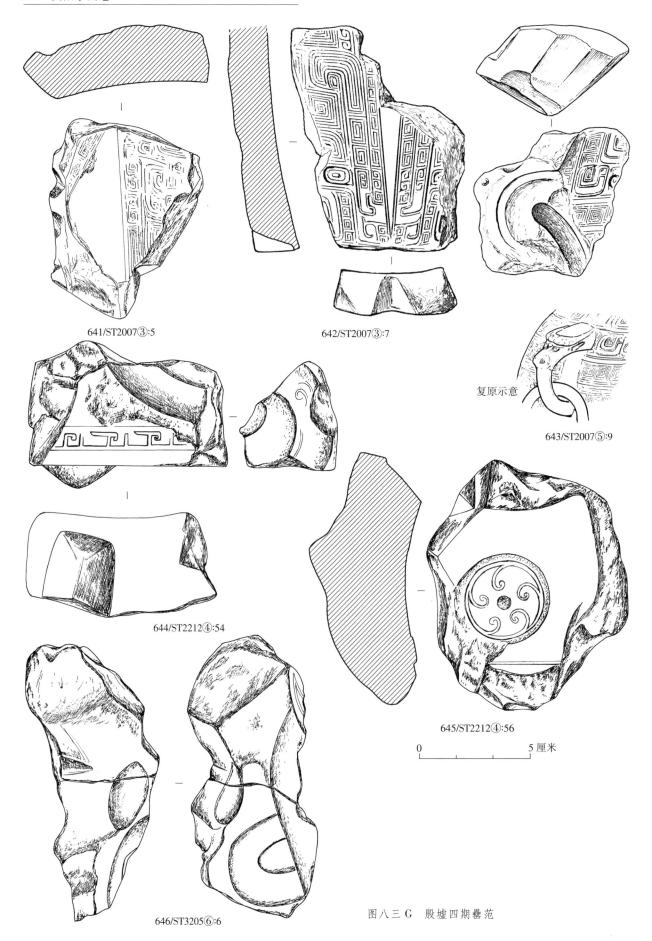

641/ST2007③:5

642/ST2007③:7

复原示意

643/ST2007⑤:9

644/ST2212④:54

645/ST2212④:56

0   5 厘米

646/ST3205⑥:6

图八三 G   殷墟四期罍范

646/ST3205⑥：6，肩部范，残。分层线不明显，夹细砂，青灰色，背面大面积泛红。左侧设一耳的型腔，耳内侧有一卯，当与耳内侧的泥芯扣合，耳上有一平台，为方便安装耳上的兽头范。平台内侧有一凹窝，当是耳上兽头的耳朵部分。面范叠的肩部饰大圆涡纹。背范部分脱落。残宽6.5、残高12厘米。（图八三 G；彩版一三九）

殷墟时期

647/SH214：13，肩部范，残。分层线不明显，泥质，青灰色，背面局部微微泛褐。一侧分型面发现一卯，残。面范叠的肩部饰有圆涡纹和云雷纹，花纹大部分已脱落，较模糊。范面及右分型面残留少量烟炱。背面手指印较浅。残宽5.2、残高8.8厘米。（图八四；彩版一三九）

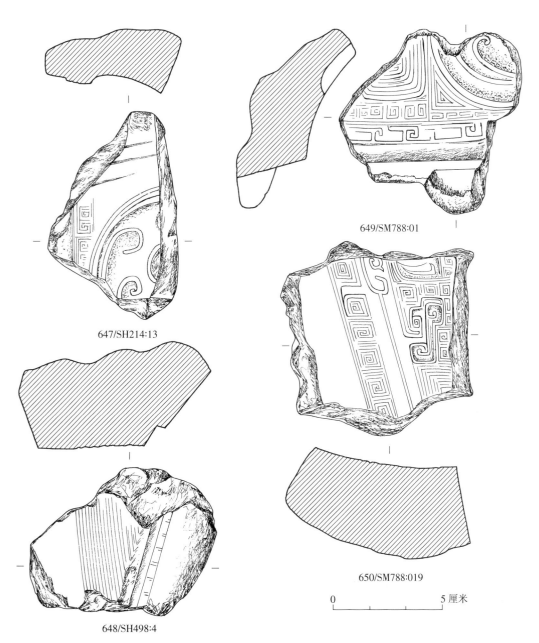

647/SH214:13

649/SM788:01

648/SH498:4

650/SM788:019

0　　　　　5厘米

图八四　殷墟时期罍范

648/SH498：4，下腹部范，残。看不出分层线，泥质，正面呈红褐色，背范呈灰褐色，右分型面泛青。面范礨的下腹部饰多重几何三角蕉叶纹，纹饰较清楚，右侧有较高扉棱。残宽7.4、残高6.3厘米。（图八四；彩版一三九）

649/SM788：01，填土中出土。肩部范，残。分层线明显，泥质，青灰色，背面局部呈深灰色。下分型面发现一榫，稍残。面范礨的肩部饰圆涡纹和夔龙纹，以云雷纹填空，花纹部分脱落，较清楚。残宽6.3、残高7厘米。（图八四；彩版一三九）

650/SM788：019，填土中出土。下腹部范，较厚，残。有分层线，但面范和背范均泥质，正面呈青灰色，背面呈浅褐色，内胎呈深灰色。右分型面发现一榫，残。面范礨的下腹部饰大三角蕉叶纹，内填夔龙纹，以云雷纹衬地，纹饰少许脱落，较清楚。残宽7.8、残高8厘米。（图八四；拓片三七；彩版一三九）

（11）卣范

可辨为卣者339块，占可辨容器范的5.15%，其中标本141件。泥质多于夹砂，少数面范泥质、背范夹砂，甚少量不分层、夹砂。大部分呈青灰色或浅灰色，少量为淡红色，有的背面局部泛红。纹饰以菱形雷纹、夔龙纹居多，还有兽面纹、云雷纹、联珠纹、弦纹、凤鸟纹、直棱纹、三角雷纹、蝉纹、三角蝉纹、鸮纹、鱼纹等，多以云雷纹衬地，部分无地纹。

形制可分为扁体卣、鸮卣、凤鸟卣等，以扁体卣为大宗。又以卣的口肩部和提梁范居多，提梁范有绹索形和扁平片状两种，以绹索形居多，末端多有兽头。

卣肩部的两环是和器身一起浑铸而成。卣的提梁不但进行水平分范，而且还进行垂直分范，许多铜卣提梁上有较明显的范线。环与提梁的套接方式是先铸好提梁；做器身范时，提梁的位置用铸好的提梁压印出其型腔；安装卣范时，把提梁两端埋入器身环的型腔内侧，再进行第二次浇注。少数提梁和器身分别铸造，卣肩部无环，在环的位置铸出榫头，提梁末端兽头内侧铸出卯眼，套合在一起使用。卣提梁上的浮雕兽头是在铸造提梁时，在兽头的位置铸出榫头，在提梁与器身上的环套接铸好后，再在榫头上合好兽头范，进行第三次浇注完成。

卣肩部的浅浮雕兽头是与肩部的带状纹饰制一起从模上翻制而成，在兽头的鼻梁处进行垂直分范；卣肩部较高浮雕兽头则是在兽头的位置做出一壁龛，然后在壁龛内放置一块范泥，用活块兽头模压印出兽头，垂直分范的位置多在壁龛中部。

分范方式：垂直分为四扇。水平分范有二：一是无水平分范，二是在肩部进行水平分范，后者居多。

二期

651/SH290③：10、11，提梁合范，均残。看不出分层线，泥质，青灰色，背面局部微泛红。面范内凹，饰夔龙纹，花纹大部分脱落，较模糊。背面较平。此两范以夔龙纹的尾部进行水平分范。（彩版一四〇）

651－1/SH290③：10，右分型面有二卯，可与SH290③：11左分型面的二榫相扣合。面范上、下各有一条形榫。残宽4、残高7.4厘米。（图八五；彩版一四〇）

651－2/SH290③：11，左分型面有二榫，面范上、下各有一条形榫，其一残。残宽7.3、残高6.9厘米。（图八五；彩版一四〇）

652/SH290③：18、19，系同一件卣盖的立壁范，残。皆看不出分层线，泥质，青灰色。下分型面

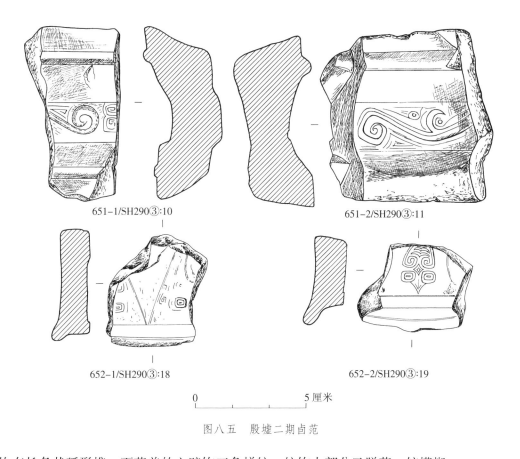

651-1/SH290③:10　　　　　　　　651-2/SH290③:11

652-1/SH290③:18　　　　　　　　652-2/SH290③:19

0　　　　　　　　5厘米

图八五　殷墟二期卣范

外边缘均有长条状弧形榫。面范盖的立壁饰三角蝉纹，纹饰大部分已脱落，较模糊。

652-1/SH290③:18，背范上有绳子的捆绑痕迹。残宽4、残高5厘米。（图八五；彩版一四○）

652-2/SH290③:19，背范局部泛红。残宽4.7、残高3.7厘米。（图八五；彩版一四○）

三期

653/SH225:30，提梁范，残。看不出分层线，泥质，青灰色，背面局部微泛红。上分型面有二榫。面范中部系卣提梁的型腔，内饰倒立夔龙纹，以云雷纹填空，花纹部分脱落，较模糊。背面中部凸起一支脚。残宽6、残高5.9厘米。（图八六A；彩版一四一）

654/SH315③:26，鸮卣的腹部范，较薄，残。看不出分层线，泥质，青灰色。面范卣的腹部饰凤鸟纹，以云雷纹衬地，纹饰大部分已脱落，模糊。残6.2、残高6厘米。（图八六A；彩版一四一）

655/SH427:1、3、9，应系同一件鸮卣范，均残。看不出分层线，泥质，青灰色。SH427:1、3，口和腹部范。面范口沿下饰联珠纹，腹部为鸮鸟旋卷的羽翼，内填重环纹，以云雷纹衬地。

655-1/SH427:1，背面局部泛红。右分型面发现二卯，其一残。花纹精细。背面凹凸不平，有较多的手指印痕。残宽9.3、残高7.3厘米。（图八六A；拓片三八；彩版一四一）

655-2/SH427:3，右分型面发现一卯。纹饰大部分已脱落，较模糊。背面较平。残宽4.2、残高7.3厘米。（图八六A；彩版一四一）

655-3/SH427:9，下腹部范。局部泛红。上分型面发现一榫，右分型面发现二榫，其一残。面范饰夔龙纹，内填重环纹，以云雷纹衬地，花纹部分脱落，较模糊。背面不平，有较深手指印。残宽6.6、残高5.6厘米。（图八六A；彩版一四一）

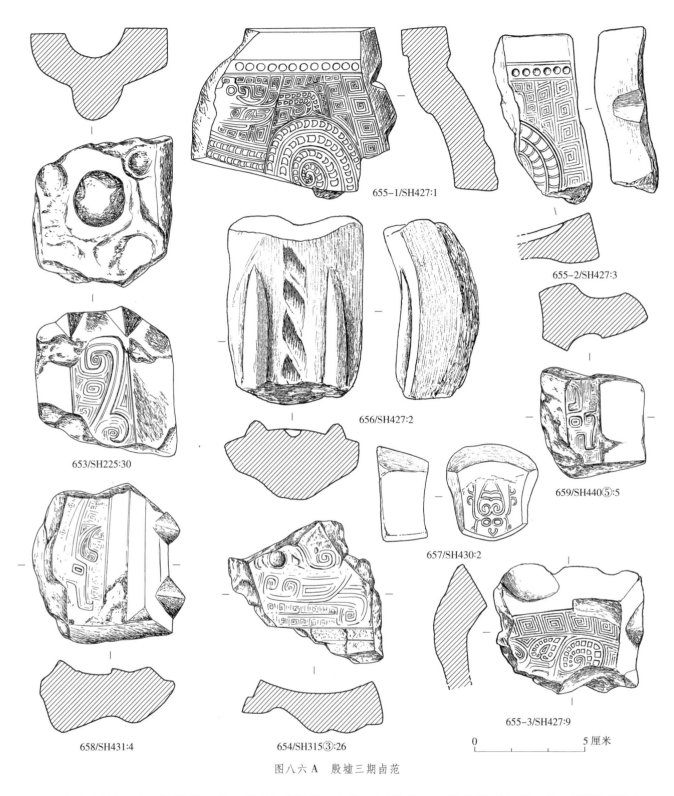

655-1/SH427:1

655-2/SH427:3

653/SH225:30

656/SH427:2

659/SH440⑤:5

658/SH431:4

654/SH315③:26

657/SH430:2

655-3/SH427:9

0   5 厘米

图八六 A 殷墟三期卣范

656/SH427：2，提梁范，残。看不出分层线，夹砂，红褐色。一端分型面上有一榫，面范两侧边缘发现二楔形榫。面范饰绚索状提梁，绚索是用草绳压印形成，表面有明显的草绳痕迹。背面较平。此提梁有垂直分范。残宽6.2、残高8.4厘米。（图八六 A；彩版一四一）

657/SH430：2，盖范上所饰兽面纹翘起鼻梁的前挡范，完整。有分层线，但面范和背范均泥质，面范呈青灰色，背面为深灰色。分型面上未见榫卯，但上面涂有淡红色稀泥浆。面范饰一蝉纹，大部

分脱落，较模糊。背面较平。宽 4.1、高 4 厘米。（图八六 A；彩版一四二）

658/SH431：4，提梁范，残。有分层线，面范泥质，背范夹砂，青灰色，背面大面积泛红。右分型面上发现二榫，下分型面为刀削后掰断而成。面范饰夔龙纹，以云雷纹衬地，云雷纹几乎全部脱落。背面发现并排四个较深的手指印。此范有水平分范，而无垂直分范。残宽 6.5、残高 6.1 厘米。（图八六 A；彩版一四二）

659/SH440⑤：5，提梁范，残。看不出分层线，泥质，青灰色，背范局部泛红。面范提梁饰倒立夔龙纹，以云雷纹衬地，纹饰大部分已脱落，模糊。残宽 4.6、残高 4.8 厘米。（图八六 A；彩版一四二）

660/SH446②：2，鸮卣的腹部范，残。有分层线，面范薄，面范和背范均泥质，青灰色，背面大面积微泛红。未见榫卯。面范鸮羽上饰数排重环纹，纹饰大部分已脱落，较模糊。背面较平，手指印浅。残宽 5.3、残高 7 厘米。（图八六 B；彩版一四二）

661/SH456②：7，提梁范，残。有分层线，面范泥质，背范夹砂，青灰色，背面局部微泛红。一端分型面上有一榫。面范饰夔龙纹，以云雷纹衬地，花纹部分脱落。背面较平，手指印较浅。此范有水平分范而无垂直分范。残宽 9.2、残高 8.5 厘米。（图八六 B；拓片三八；彩版一四二）

662/SH473①：5，鸮卣范，残。看不出分层线，泥质，青灰色，背面大面积泛红。右分型面发现一卯。面范饰以数排重环纹组成鸮的羽毛，纹饰大部分纹饰已脱落，较模糊。残宽 6.9、残高 6.5 厘米。（图八六 B；彩版一四二）

663/SH491：8，口和肩部范，残，分层线较明显，面范泥质，背范夹砂，背面局部泛红。下分型发现一榫，右分型面有二卯。右侧有一环和绹索提梁的型腔，二者相衔。面范卣的肩部饰夔龙纹，已云雷纹衬地，纹饰大部分已脱落，较模糊。背面凹凸不平，近环处有一凹槽，便于捆绑固定。面范下部表面残留有淡红色细泥浆和烟炱。残宽 9.5、残高 10 厘米。（图八六 B；彩版一四二）

664/SH491：19，口部范，残。看不出分层线，泥质，青灰色。背面局部微泛褐。左分型面发现一榫。面范饰云雷纹，由于残留很少，其他纹饰不详。面范左侧于左分型面上有一半圆形凹槽，残，可与另一扇范扣合形成圆形凹槽，浇注后成为一凸榫，用来套合提梁。背面凹凸不平，手指印较深。此范从卣的肩部凸榫中部垂直分范。残宽 8.9、残高 5.8 厘米。（图八六 B；彩版一四二）

665/SH491：22、23，系两扇可以扣合的卣范，残。看不出分层线，泥质，面范呈浅褐色，局部泛青，背面呈青灰色，局部泛红。

665-1/SH491：22，腹部素面，残留很少，圈足饰两道弦纹，左分型面有二榫，下分型面有一长方形榫，略残。残宽 4.1、残高 4.3 厘米。（图八六 B；彩版一四三）

665-2/SH491：23，左分型面发现一卯，右分型面有三卯。面范肩部饰带状菱形雷纹和联珠纹，腹部素面，大部分纹饰已脱落，较模糊。肩部饰环。背面凹凸不平，有一支脚。面范残留有烟炱。此范从环中线垂直分为四扇，无水平分范。残宽 13.6、残高 15.5 厘米。（图八六 B；拓片三八；彩版一四三）

666/SH491：24，口部范，残。看不出分层线，泥质，面范呈浅褐色，背面呈青灰色。左分型面发现二榫。面范饰带状菱形雷纹和联珠纹，纹饰大部分已脱落，较模糊。背面凹凸不平。面范残留有烟炱。残宽 7.4、残高 8.5 厘米。此范与 665/SH491：22、23 可能是同一卣范。（图八六 B；彩版一四三）

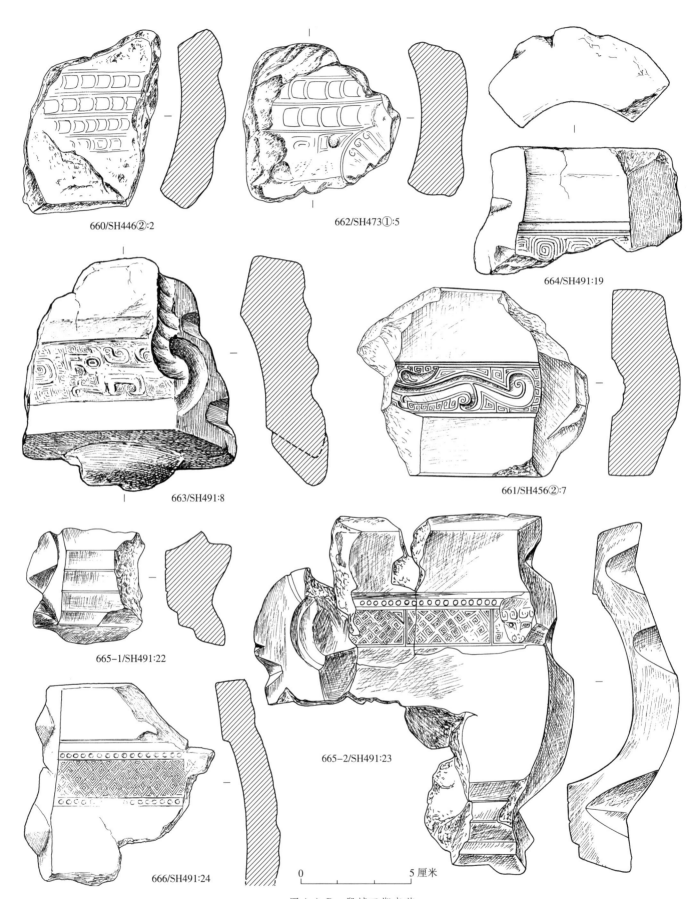

660/SH446②:2

662/SH473①:5

664/SH491:19

663/SH491:8

661/SH456②:7

665-1/SH491:22

665-2/SH491:23

666/SH491:24

0　　　　　　　　5厘米

图八六 B　殷墟三期卣范

667/SH496④：11，盖范上所饰兽面纹翘起鼻梁的前挡范，完整。有分层线，但面范和背范均泥质，面范呈青灰色，背面为深灰色。上分型面有二条形卯，下分型面发现一榫。面范饰一蝉纹，大部分已脱落，较模糊。背面较平。宽2.9、高4.2厘米。（图八六 C；彩版一四三）

668/SH567：1，口、肩部和上腹部范，残。分层线不明显，泥质，青灰色。右分型面发现二卯，其一残，左分型面发现一卯，残。面范卣的肩部饰夔龙纹并弦纹，腹部饰兽面纹，无地纹。纹饰大部分已脱落，较模糊。右侧有一环。背面凹凸不平，有指头印。面范和上分型面局部残留淡红色细泥浆，环内及左分型面有烟炱。残宽9.7、残高6.8厘米。（图八六 C；彩版一四四）

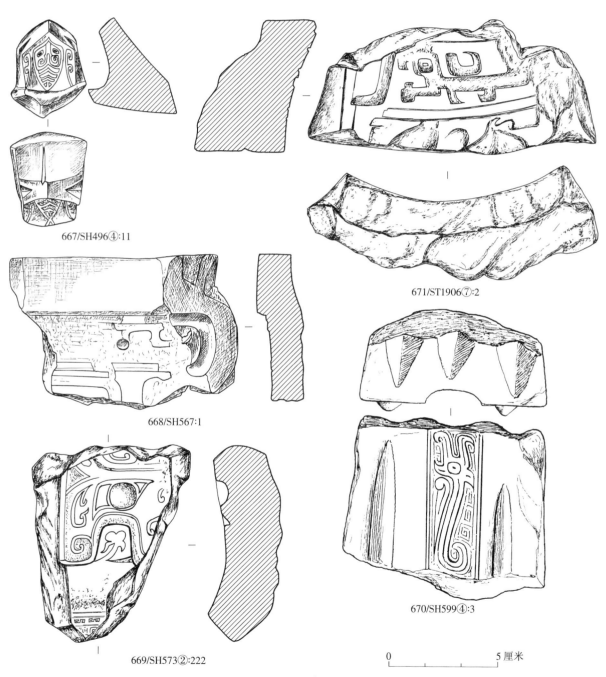

667/SH496④:11

671/ST1906⑦:2

668/SH567:1

669/SH573②:222

670/SH599④:3

0   5厘米

图八六 C 殷墟三期卣范

669/SH573②：222，腹部和圈足范，残。分层线明显，面范泥质，背范夹砂，青灰色。左分型面发现二榫，均残。面范卣的腹部饰大兽面纹，圈足仅存衬地的云雷纹。背面手指印较深，且堆塑痕迹明显。残宽6.3、残高8.3厘米。（图八六C；彩版一四四）

670/SH599④：3，提梁范，残。看不出分层线，泥质，青灰色。上分型面有三卯，左、右分型面有长条形榫。面范饰夔龙纹，花纹大部分脱落，较模糊。背面较平。此范提梁水平分范的位置在弯曲部稍靠下处。残宽9.1、残高8.2厘米。（图八六C；彩版一四四）

671/ST1906⑦：2，肩部和上腹部范，残。分层线明显，但面范和背范均泥质，青灰色，背面局部微微泛红。左分型面上有切割痕。面范卣的肩部饰夔龙纹，左侧有一壁龛之一半，与相邻范上的另一半壁龛扣合形成完整壁龛，是压印或放置兽头的地方；卣的上腹部饰兽面纹；夔龙纹与兽面纹之间以两道弦纹相隔；皆无地纹。残宽12.8、残高6.5厘米。（图八六C；彩版一四四）

672/ST2007⑫：7，提梁范，残。有分层线，面范泥质，青灰色，背范夹砂，红褐色。右分型面发现一梭形榫。面范卣的提梁上饰夔龙纹，以云雷纹衬地，纹饰部分脱落，较清楚。背面不平，有一凸起支脚。残宽5.4、残高7.3厘米。（图八六D；彩版一四四）

673/ST2212⑤：41，腹部和圈足范，残。分层线明显，但面范和背范均泥质，面范薄，青灰色，局部微泛红。右分型面发现二卯，其一残。面范卣的腹部素面，圈足上部饰两道弦纹。背面不平。面范表面残留有烟炱。残宽8.8、残高10.6厘米。（图八六D；彩版一四四）

674/ST2711③：6，鸮卣的腹部范，残。胎较薄，看不出分层线，面范和背范皆为泥质，正面呈青灰色，背面呈红褐色，局部泛青。左分型面发现一榫，内侧有卣耳的型腔。面范腹部饰鸟羽纹，无地纹，较清楚。残宽7.1、残高5.4厘米。（图八六D；彩版一四五）

675/ST2711⑤：8，鸮卣的腹部范，残。胎较厚，有分层线，面范薄，面范和背范均为泥质，青灰色，背面局部泛红。上分型面发现一卯。面范腹部饰鸟羽纹，内填重环纹，纹饰较清楚。残宽5.8、残高5.4厘米。（图八六D；彩版一四五）

676/ST2811③：19，卣盖的立壁范，残。胎较厚，分层线不明显，夹砂，正面青灰色，背面红褐色。上分型面有一榫，较大，左、右分型面各有一卯，较窄小。面范素面。残宽7.2、残高4.4厘米。（彩版一四五）

677/ST2812④：6，提梁范，残。看不出分层线，泥质，青灰色，部分泛红。上分型面有二榫，左、右分型面有长条形榫。面范饰鱼纹，以云雷纹衬地。花纹部分脱落。背面较平，手指印较浅。此范水平分范的位置在提梁弯曲部稍靠下处。残宽7、残高4.6厘米。（图八六D；彩版一四五）。

四期

678/SH217⑥：2，肩部范，残。分层线明显，面范泥质，呈青灰色，背范夹砂，呈红褐色。下、左分型面各发现一榫。左侧有一环的型腔，环内侧有绹索状凹窝，当是埋提梁的地方。面范饰云雷纹并联珠纹，纹饰清楚。背面较平。残宽4.7、残高5.2厘米。（图八七A；拓片三九A；彩版一四五）

679/SH227：14，盖范上所饰兽面纹翘起鼻梁的前挡范，残。看不出分层线，泥质，青灰色，背范大面积微泛红。面范饰三角蝉纹，纹饰大部分已脱落，较模糊。背面较平。残宽3.1、残高6.7厘米。（图八七A；彩版一四五）

680/SH232：10，提梁范，残。分层线明显，面范较薄，泥质，呈青灰色，背范较厚，夹粗砂，呈

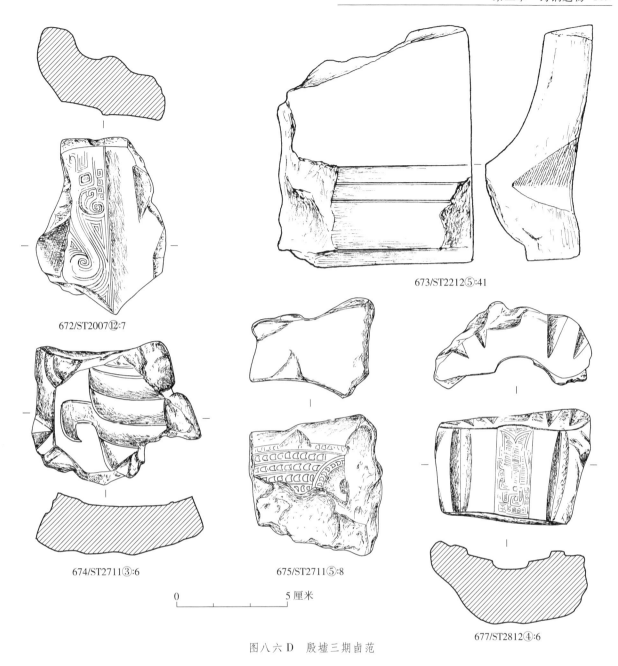

672/ST2007⑫:7

673/ST2212⑤:41

674/ST2711③:6

675/ST2711⑤:8

677/ST2812④:6

0　　　　　　　　5 厘米

图八六 D　殷墟三期卣范

灰褐色。未见榫卯，面范中部内凹，为提梁的型腔，上饰菱形或三角形雷纹并菱形乳丁或三角形乳丁纹，花纹大部分已脱落，较模糊。背面表面局部残留有夹砂泥。残宽5.6、残高6厘米。（图八七 A；彩版一四六）

681/SH268：18，圈足范，残。看不出分层线，泥质，青灰色，背面局部微微泛红。未见榫卯。面范饰带状双排云雷纹、联珠纹和弦纹，花纹部分脱落，较清楚。背面较平。残宽6.6、残高6.8厘米。（图八七 A；拓片三九 A；彩版一四六）

682/SH269：40，提梁范，残。背范已脱落，面范泥质，青灰色。未见榫卯。面范卣的提梁上饰回首夔龙纹。背面较平。残宽8.1、残高7.2厘米。（图八七 A；拓片三九 A；彩版一四六）

683/SH648：9、10、34，应系同一件提梁范，残。看不出分层线，夹砂，面范一边缘均发现一榫，另一边缘设绚索状提梁的一半型腔。型腔内残留有烟炱。背面磨损得较平。SH648：9、10，正面呈浅

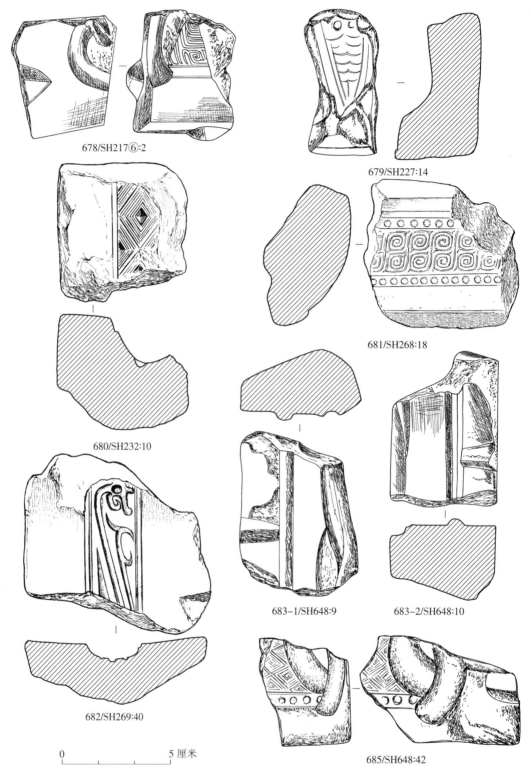

678/SH217⑥:2

679/SH227:14

681/SH268:18

680/SH232:10

683-1/SH648:9   683-2/SH648:10

682/SH269:40

0   5厘米

685/SH648:42

图八七 A　殷墟四期卣范

灰色，背面呈红褐色。榫呈"T"形。

683－1/SH648：9，残宽4.9、残高7.2厘米。（图八七 A；彩版一四六）

683－2/SH648：10，宽4.8、残高6.4厘米。（图八七 A；彩版一四六）

683－3/SH648：34，红褐色，正面局部泛灰。榫为三角形。残宽4.8、残高5.5厘米。（彩版一四六）

684/SH648：39，下腹部和圈足范，残。看不出分层线，夹砂，正面呈青灰色，背面呈红褐色。右分型面发现一卯，残。面范卣的圈足上部饰两道弦纹，其余素面。范面和分型面上均有较多烟炱。残宽7.7、残高5.4厘米。（彩版一四七）

685/SH648：42，肩部范，残。分层线明显，面范泥质，青灰色，背范夹砂，背面呈红褐色，内胎呈深灰色。右分型面发现一卯。面范卣的肩部饰带状菱形雷纹，其下饰一周联珠纹，大部分纹饰已脱落，较模糊。右侧设有耳部和提梁套接处的型腔。下分型面内侧残留有淡红色泥浆。残宽7.2、残高3.8厘米。（图八七 A；彩版一四七）

686/SH664：15，口部范，残。有分层线，面范泥质，背范夹砂，灰褐色。左分型面发现一卯。面范饰带状菱形雷纹、联珠纹和兽头，大部分纹饰已脱落，较模糊。面范表面有烟炱痕迹。此范的水平分范位置在卣的肩腹之间。残宽7.2、残高7.5厘米。（图八七 B；彩版一四七）

687/SH664③：77，口和肩部范，残，分层线较明显，但面范和背范均泥质，青灰色，局部泛红。左分型面有二榫，下分型面发现二榫，且相连。面范饰带状菱形雷纹，其上、下各饰一周联珠纹，纹饰几乎全部脱落，模糊。背面凹凸不平，有手指印。面范局部残留有浅红色细泥浆。此范从卣的肩下部水平分范。残宽8.1、残高10厘米。（图八七 B；彩版一四七）

688/SH664④：99，口部范，残。看不出分层线，泥质，面范呈浅褐色，背面为青灰色，局部微泛红。左分型面发现一榫。面范饰带状菱形雷纹、联珠纹和兽头，联珠纹几乎全部脱落，较模糊。背面凹凸不平，手指印较深。残宽8.9、残高8.2厘米。（图八七 B；拓片三九 A；彩版一四七）

689/SH664⑥：113，口和肩部范，残。分层线明显，面范泥质，背范夹砂，青灰色，背面局部微泛红。左分型面发现二榫。面范饰带状菱形雷纹、联珠纹和兽头，纹饰大部分已脱落，较模糊。背面较平。残宽9.6、残高8厘米。（图八七 B；彩版一四七）

690/SH679②：13、14、19、20、23、24，应系同一件卣的口肩部和腹部范，均残。其中19、24系合范，20、23系合范。看不出分层线，泥质，青灰色，背面局部泛红。面范肩部饰夔龙纹，腹部饰兽面纹，均无地纹，花纹部分脱落，较模糊。肩部有环的地方设有环的型腔，肩部饰兽头的位置预留壁龛，每扇范各设壁龛之一半，两扇范扣合后，组成完整壁龛，壁龛底部凹凸不平。兽头的制作方法是在壁龛内敷一层泥，用独立兽头模压印出兽头，壁龛内壁和底部较粗糙，这可使压印的兽头更加牢固。背面较平，手指印较浅。面范表面局部发现有烟炱残留。此六块范是以卣的肩部壁龛和腹部兽面纹的鼻梁中线进行垂直分范。

690－1/SH679②：13，未见榫卯。残宽8.6、残高9.9厘米。（图八七 C；彩版一四八）

690－2/SH679②：14，右分型面发现一卯。残宽7.2、残高10.7厘米。（图八七 C；彩版一四八）

690－3/SH679②：19，右分型面发现一榫。上分型面右端刻划有浅槽。残宽6.7、残高6.1厘米。（图八七 C；彩版一四八、一四九）

690－4/SH679②：20，左分型面发现二卯，均残，上分型面左端刻划有浅槽。残宽6.9、残高12.7厘米。（图八七 C；彩版一四八、一四九）

690－5/SH679②：23，右分型面发现二榫，可与SH679②：20左分型面上的二卯相扣合，上分型面右端刻划有浅槽，可与SH679②：20上分型面左端的刻划浅槽相接，是匠人设计一种记号，是为了组装时便于合范。残宽12.2、残高13.1厘米。（图八七 C；彩版一四八、一四九）

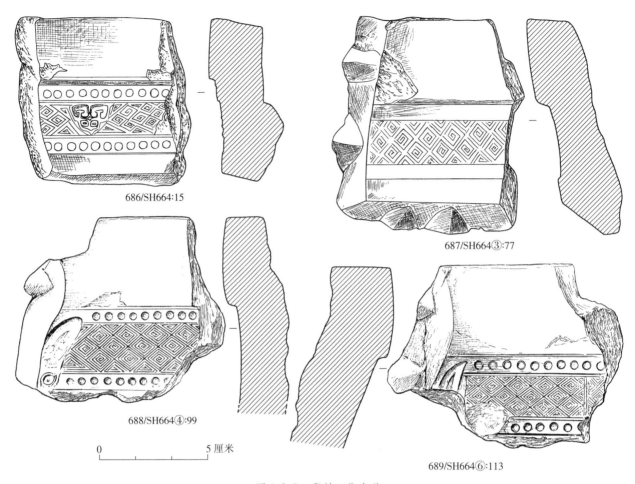

686/SH664:15

687/SH664③:77

688/SH664④:99

0   5厘米

689/SH664⑥:113

图八七 B 殷墟四期卣范

690－6/SH679②：24，左分型面发现二卯，上卯可与SH679②：19 右分型面上的榫相扣合，上分型面左端刻划有浅槽，可与SH679②：19 上分型面右端的浅槽相接。残宽10.2、残高12.3 厘米。（图八七 C；彩版一四八、一四九）

691/SH679②：21、22，系两扇口部和腹部合范，残。看不出分层线，泥质，青灰色，背面局泛红。面范肩部饰夔龙纹和兽头，腹部饰兽面纹，夔龙纹和兽面纹之间以弦纹隔开，均无地纹，花纹部分脱落。背面较平，手指印较浅。面范表面有烟炱残留。此两范以兽头的中线垂直分范。（图八七 D）

691－1/SH679②：21，右分型面发现一卯。上分型面右端有刻划记号，残宽9.9、残高11 厘米。（彩版一五〇）

691－2/SH679②：22，左分型面发现一榫，与SH679②：21 右分型面上的卯相扣合，上分型面左端有刻划记号，可与SH679②：21 上分型面右端的刻划记号相接。残宽11.2、残高10.6 厘米。（彩版一五〇）

692/ST1806⑤：1，提梁范，残。看不出分层线，泥质，青灰色，背面局部泛红。右分型面发现一榫。面范卣的提梁上饰菱形雷纹，纹饰大部分已脱落，较模糊。背面较平，有一凸起支脚。此提梁有水平分范。残宽7.1、残高7.5 厘米。（图八七 D；彩版一五〇）

693/ST1906⑤：27，鸮卣的下腹部和柱足范，残。分层线不明显，泥质，青灰色。右分型面发现一卯，残。柱足之间的范面上有一圆形卯的一半，残，另一半卯位于右侧相邻范面上。面范卣下腹部

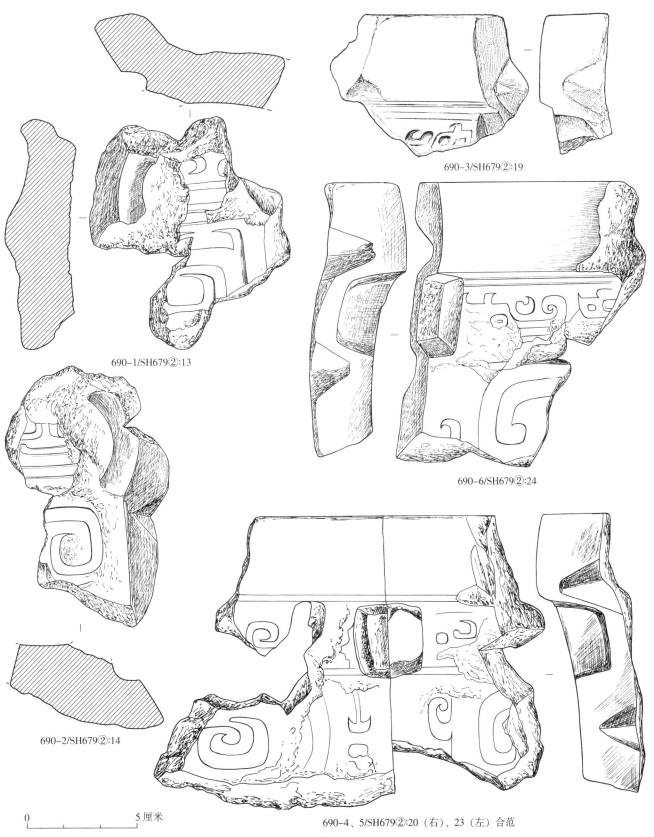

690-3/SH679②:19

690-1/SH679②:13

690-6/SH679②:24

690-2/SH679②:14

0   5 厘米

690-4、5/SH679②:20（右）、23（左）合范

图八七 C　殷墟四期卣范

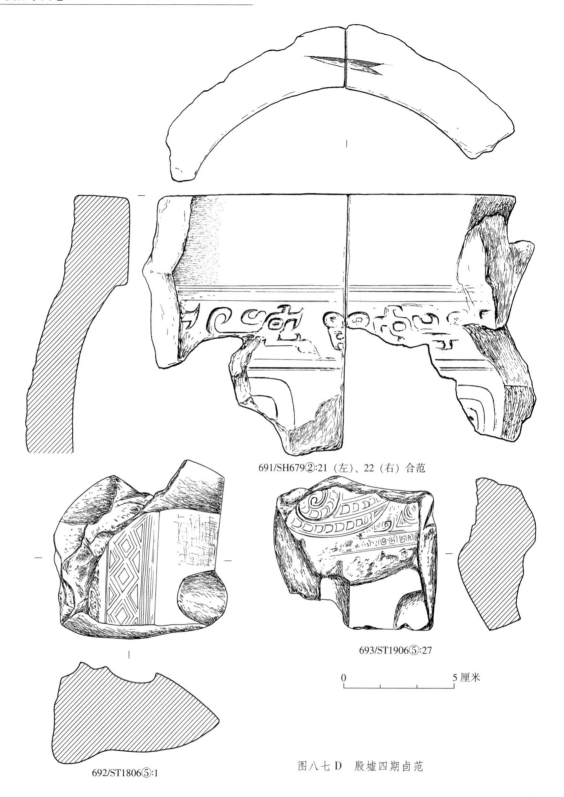

691/SH679②:21（左）、22（右）合范

693/ST1906⑤:27

0 ━━━━━━━━━ 5 厘米

692/ST1806⑤:1

图八七 D　殷墟四期卣范

饰鸮纹，现残存鸮羽，以云雷纹衬地凤鸟纹。背面不平。残宽6.9、残高6.3厘米。（图八七 D；彩版一五〇）

694/ST2006③:13、15、20、T2006④:6，应系同一件凤鸟卣范，皆残。面范卣的肩部和圈足残留太少，主纹不详，应为凤鸟，上腹部饰直棱纹，下腹部饰凤鸟纹，以云雷纹衬地，纹饰少许脱落，较清楚。背面不平。

694-1/ST2006③:13，腹部范。有分层线，面范泥质，浅灰色，背范夹细砂，呈红褐色。未见榫

卯。左侧有扉棱。背面有一支脚。残宽11、残高8.1厘米。（图八七E；拓片三九B；彩版一五一）

694 – 2/ST2006③：15，肩部和腹部范。看不出分层线，泥质，青灰色。未见榫卯。肩部留有置环的孔。残宽8、残高7.7厘米。（图八七E；拓片三九B；彩版一五一）

694 – 3/ST2006③：20，肩部和腹部范。有分层线，面范泥质，浅灰色，背范夹细砂，微泛红。左分型面发现三榫。左侧有扉棱。肩部留有置环的孔。残宽8.4、残高13.9厘米。（图八七F；拓片三九B；彩版一五一）

694 – 4/ST2006④：6，腹部和圈足范。有分层线，面范泥质，背范夹细砂，青灰色，背面局部微泛红。左分型面发现二榫。左侧有扉棱。残宽8.2、残高6.3厘米。（图八七F；拓片三九B；彩版一五一）

695/ST2007⑤：8，肩部范，残。分层线不明显，泥质，青灰色，背面局部微泛红。右分型面发现

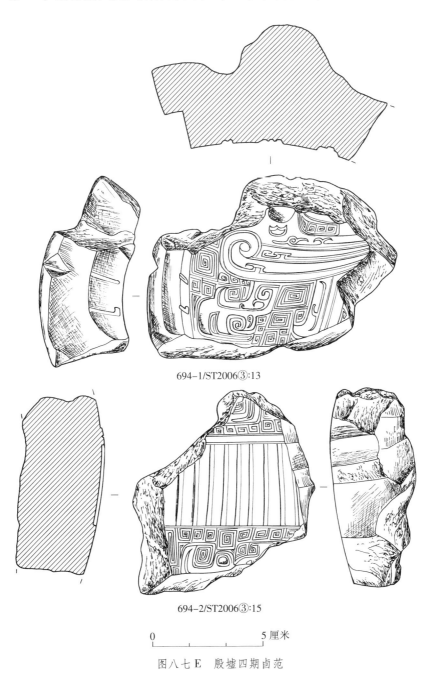

694-1/ST2006③:13

694-2/ST2006③:15

0 ————— 5厘米

图八七E　殷墟四期卣范

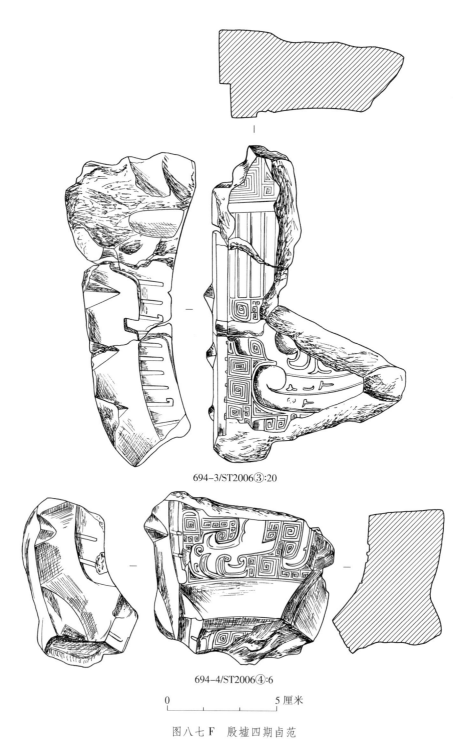

694-3/ST2006③:20

694-4/ST2006④:6

0   5厘米

图八七 F 殷墟四期卣范

一卯，残。面范饰带状菱形雷纹，雷纹右侧饰有小兽头之一半，雷纹上、下各饰一周联珠纹，纹饰大部分已脱落，较模糊。残宽11.5、残高6.6厘米。（图八七 G；彩版一五一）

696/ST2212③：10，肩部范，残。有分层线，面范泥质，背范夹细砂，浅灰色，局部泛红。下分型面发现一榫，右分型面发现二卯，其一残。面范饰带状菱形雷纹，雷纹右侧饰兽头之一半，雷纹下各饰一周联珠纹，纹饰较清楚。残宽4.2、残高4.3厘米。（图八七 G；彩版一五二）

697/ST2212④：51，口和肩部范，残。分层线不明显，泥质，青灰色，背面局部微泛红。左分型

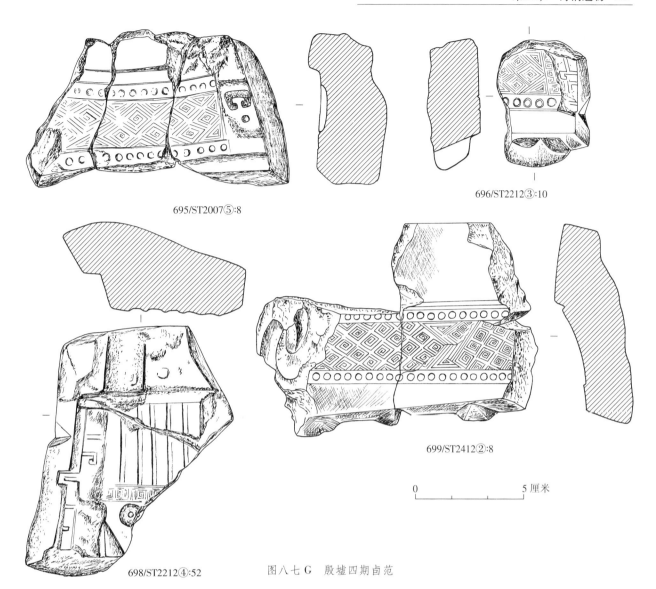

695/ST2007⑤:8

696/ST2212③:10

698/ST2212④:52

699/ST2412②:8

0　　　　　　　　　5 厘米

图八七 G　殷墟四期卣范

面发现一榫。面范卣的肩部饰菱形雷纹，纹饰大部分已脱落，较模糊。左侧设卣耳及提梁的型腔，腔内有烟炱。残宽8.4、残高9.1厘米。（彩版一五二）

698/ST2212④：52，凤鸟卣的腹部范，残。分层线不明显，泥质，面范呈青灰色，背面呈浅灰色。左分型面发现二卯，下卯残。面范卣的腹中部饰直棱纹，上部纹饰全部脱落，不详，下部纹饰也几乎全部脱落，仅见凤鸟的圆形眼睛及甚少衬地的云雷纹，左侧有扉棱，扉棱较高且起折。背面较平。残宽8.3、残高10.1厘米。（图八七 G；彩版一五二）

699/ST2412②：8，口和肩部范，残。看不出分层线，泥质，青灰色，背面局部微微泛红。下分型面有三榫。面范卣的肩部饰带状菱形雷纹、联珠纹，大部分纹饰已脱落，较模糊。肩部饰有环。背面较平。此范垂直分范于肩部环的中线，水平分范位置在卣的肩腹之间。残宽12.8、残高9.2厘米。（图八七 G；彩版一五二）

殷墟时期

700/SH359：3，鸮卣的腹部范，残。看不出分层线，泥质，青灰色，背面局部微微泛红。面范卣的腹部饰鸱鸮旋卷的羽翼，内填重环纹，纹饰大部分已脱落，模糊。残宽5.5、残高3.8厘米。（图八八；

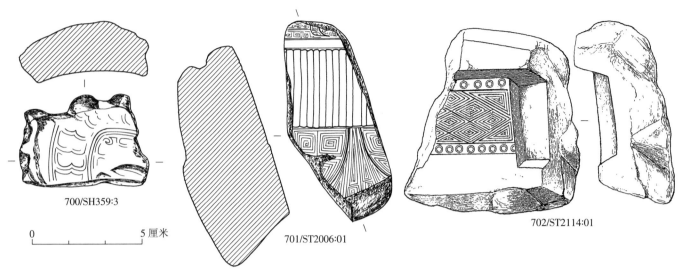

700/SH359:3

0   5 厘米

701/ST2006:01

702/ST2114:01

图八八 殷墟时期卣范

彩版一五二)

701/ST2006：01，近代坑出土。凤鸟卣的颈部和腹部范，残。分层线明显，面范薄，泥质，青灰色，面范厚，夹细砂，灰褐色，内胎呈深灰色。未见榫卯。面范卣的颈部残存甚少，所饰纹饰不详，上腹部饰直棱纹，下腹部饰凤鸟纹，以云雷纹衬地，纹饰较清楚。残宽3.9、残高9.2厘米。其与ST2006③：13、15、20以及ST2006④：6应系同一卣范。（图八八；拓片四〇；彩版一五二）

702/ST2114：01，近代坑出土。口部范，左残。看不出分层线，泥质，青灰色。右分型面有二榫，下分型面发现一榫。面范饰带状菱形雷纹和联珠纹，花纹清晰。面范上留有壁龛的一半，其中或置一活块兽头范，或附上一层泥，用活块兽头模压印出兽头。背面较平，手指印较浅。残宽7.5、残高8厘米。（图八八；拓片四〇；彩版一五二）

（12）壶范

可辨为壶者仅1块，时代属殷墟三期。

703/ST2212⑥：12，下腹部和圈足范，完整。看不出分层线，泥质，青灰色，背面局部微泛红。上分型面有一榫，左、右分型面有二榫。面范壶的下腹部饰兽面纹，圈足饰夔龙纹，均以云雷纹衬地，左右侧有扉棱，纹饰大部分已脱落，模糊。背面不平。此范以壶的扉棱垂直分范，水平分范的位置在上、下腹部之间。宽7.4、高11厘米。（图八九；彩版一五二）

（13）瓿范

可辨为瓿者2043块，因其器形较易辨识，故为辨别出器形最多的容器范，占可辨容器范的31.03％，其中标本98块。泥质为主，少量夹砂。多呈青灰色或浅灰色，有的背面局部泛红，

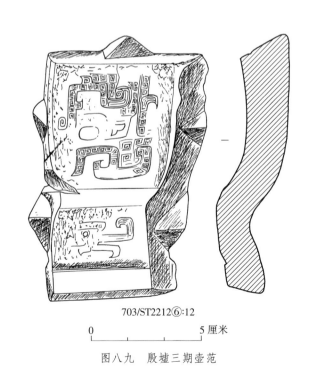

703/ST2212⑥:12

0   5 厘米

图八九 殷墟三期壶范

少数呈淡红色或红褐色。大多看不出分层线。颈部多饰蕉叶纹，内填倒置兽面纹和云雷纹，腹部和圈足多饰兽面纹，腹部上、下多饰弦纹，部分有扉棱。大部分纹饰已脱落，较模糊。另有少数素面。

分范方式：垂直分为两扇或四扇，另有少量颈部素面、腹部和圈足有纹饰的瓿，上段垂直分为两扇，下段垂直分为四扇。水平分范有以下五种：一是无水平分范，素面瓿多采用此方法；二是在颈上部靠近口沿处水平分为上、下两段，少数素面瓿采用此方法；三是在颈部与腹部之间水平分为上、下两段，多数花纹瓿采用此方法；四是在腹部与圈足之间水平分为上、下两段，少数花纹瓿采用此方法。

三期

704/SH23②：2，腹部和圈足范，圈足残。看不出分层线，泥质，青灰色，背面局部微微泛红。上分型面有一卯，左、右分型面各发现一榫。面范瓿的腹部饰兽面纹，以云雷纹填空，其上、下各饰一周联珠纹，颈部和腹部、腹部和圈足之间各饰两道弦纹，纹饰大部分已脱落，较模糊。背面发现一道凹槽，可能是合范后加固陶范时捆绑草绳的地方。此瓿垂直分为四扇，水平分范位于颈、腹部之间。残宽7.9、残高9.5厘米。（图九〇A；彩版一五三）

705/SH49：5，口部范，残存较少。有分层线，但面范和背范皆泥质，青灰色，背面局部微微泛红。未见榫卯。面范饰菱形网格纹，清楚。残宽4.2、残高4.4厘米。（图九〇A；彩版一五三）

706/SH225②：130，圈足范，残。分层线不明显，泥质，青灰色。右分型面发现一卯。面范瓿的圈足饰以云雷纹构成的兽面纹，花纹大部分已脱离，较模糊。范面下部残留少许烟炱。背面手指印痕明显。残宽6.7、残高6.6厘米。（图九〇A；彩版一五三）

707/SH399：1，腹部和圈足范，较完整。分层线不明显，泥质，青灰色。上分型面有一榫，左分型面有四榫，右分型面有二榫。面范腹部和圈足均饰兽面纹，以云雷纹衬地，腹上部有两道弦纹，花纹大部分已脱离，模糊不清。面范表面局部发现有红色泥浆。背面凹凸不平。此瓿垂直分为四扇，以颈、腹部之间水平分为上、下两段。宽6.3、高13.4厘米。（图九〇A；彩版一五三）

708/SH427②：29，颈部范，残。有分层线，但面范和背范皆泥质，青灰色，上部微泛红。右分型面发现一榫。面范饰蕉叶纹，内填倒立对夔纹，纹饰大部分已脱落，较模糊。背面手指印较深。残宽5.3、残高7.2厘米。（图九〇A；彩版一五三）

709/SH467：4，口和颈部范，稍残。有分层线，面范泥质，背范夹砂，青灰色，局部泛红。左分型面发现二三角形卯，其一残，右分型面发现一三角形卯和一长方形卯，下分型面有一榫。面范瓿的颈部饰带状纹饰和长蕉叶纹，内填纹饰几乎已全部脱落，不辨。背面较平。此瓿垂直分四扇范，水平分范的位置在颈、腹部之间。残宽7.3、残高16厘米。（图九〇A；彩版一五四）

710/SH517：4，圈足范，残。分层线极明显，面范泥质，背范夹砂，青灰色，背面大面积微泛红。右分型面发现二榫，皆残，左分型面发现一榫。面范右侧脱落，瓿的圈足饰以云雷纹构成的兽面纹，仅眼睛凸起，花纹大部分已脱离，较模糊。背面较平。残宽8.4、残高7.8厘米。（图九〇A；彩版一五四）

711/SH534：1，腹部和圈足范，圈足残。分层线明显，面范泥质，背范夹砂，青灰色。上分型面有一卯，左分型面发现一条形榫，右分型面发现二条形榫，其一残。面范饰兽面纹，以云雷纹衬地，腹部和圈足相接处饰两道弦纹，左右两侧有扉棱，花纹较清晰。背面较平。残宽5、残高7.1厘米。（图九〇A；拓片四一A；彩版一五四）

712/SH543：4，圈足范，残。分层线较明显，面范泥质，背范夹砂，红褐色。背面局部泛灰。右

705/SH49:5

704/SH23②:2

706/SH225②:130

707/SH399:1

709/SH467:4

710/SH517:4

712/SH543:4

708/SH427②:29

711/SH534:1

0   5 厘米

图九〇A　殷墟三期觚范

分型面发现二榫。面范瓿的圈足饰以云雷纹和目纹，纹饰大部分已脱落，模糊。残宽3.6、残高7.1厘米。（图九〇A；彩版一五四）

713/SH570④：1、2、6、7，系腹部和圈足合范。有分层线，但面范和背范均为泥质，青灰色，背面少许泛红。面范瓿的腹部和圈足均饰兽面纹，兽面纹的上、下各饰一周联珠纹和两道弦纹，花纹清晰、精美。背面凹凸不平，有较多的手指印痕。由以上四扇范知，此瓿垂直分为四扇，以腹上部水平分为上、下两段。（彩版一五五）

713－1/SH570④：1，较完整。上分型面有一榫，左右型面各有三榫，背面有二支脚。宽8.3、高15.7厘米。（图九〇B；拓片四一A；彩版一五五）

713－2/SH570④：2，稍残。上分型面有一榫；左型面有三卯，下卯残，此三卯可与SH570④：1的右分型面的三榫扣合；右型面有二卯，下卯可与SH570④：7左分型面上的榫扣合。背面有二支脚。宽5.5、高14厘米。（图九〇B、C；拓片四一A；彩版一五五）

713－3/SH570④：6，稍残。背面少许泛红。上分型面有一榫，左分型面有三卯，右分型面发现二卯，可与SH570④：1左分型面的下榫扣合。背面有二支脚。宽7.8、高16厘米。（图九〇C；拓片四一A；彩版一五五）

713－4/SH570④：7，残。左型面发现一榫。残宽3.6、残高6.7厘米。（图九〇C；拓片四一A；彩版一五五）

714/SH618③：3，颈部范，残。看不出分层线，泥质，青灰色，局部泛红。右分型面发现二卯，皆残，左分型面发现二卯。面范瓿的颈部饰长蕉叶纹，倒立对夔纹，以云雷纹衬地，花纹较清楚。背面不平。残宽6、残高8.3厘米。（图九〇D；拓片四一B；彩版一五六）

715/ST1906⑥：14，颈部范，上部残。分层线明显，面范泥质，背范夹砂，青灰色，背面泛红。左分型面发现二榫。面范饰双排云雷纹和长三角蕉叶纹，蕉叶内填云雷纹，花纹部分脱落，部分较清晰。背面较平。残宽5.9、残高7.4厘米。（图九〇D；拓片四一B；彩版一五六）

716/ST1906⑥：24，颈部范，残。分层线不明显，泥质，青灰色。左分型面发现三卯，下卯残，右分型面发现二卯，均残。面范饰长三角蕉叶纹，内填纹饰几乎全部脱落，不详。背面不平。残宽7、残高9.3厘米。（图九〇D；彩版一五六）

717/ST2007⑥：23，口部范，下残。分层线不明显，泥质，青灰色。左分型面发现一榫，右分型面发现二榫。面范饰长三角蕉叶纹，蕉叶内所填纹饰已全部脱落，不辨。背面凹凸不平。此瓿垂直分四扇范。残宽13.5、残高8.7厘米。（图九〇D；彩版一五六）

718/ST2212⑤：28，腹部范，下残。看不出分层线，泥质，青灰色，背面局部泛红。上分型面有二榫，右分型面发现一榫。面范饰兽面纹，以云雷纹衬地，左右两侧有扉棱，花纹较清晰。背面较平。残宽5.4、残高5.2厘米。（图九〇D；拓片四一B；彩版一五六）

719/ST2212⑤：36，腹部范，残。分层线较明显，但面范和背范均泥质，面范呈青灰色，局部泛红，背面呈红褐色。上分型面有一卯，右分型面发现一榫。面范瓿的腹部饰兽面纹，以云雷纹衬地，其上饰两道弦纹，纹饰清晰。背面有几道细绳捆绑痕迹。残宽4.5、残高5.7厘米。（图九〇D；拓片四一B；彩版一五六）

720/ST2212⑤：86，腹部和圈足范，残。分层线较明显，但面范和背范均泥质，正面呈青灰色，

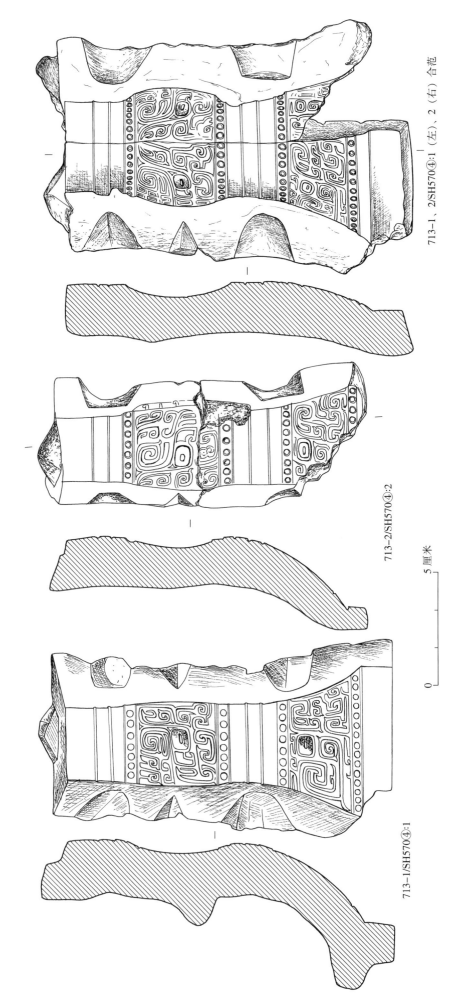

713-1、2/SH570④:1（左）、2（右）合范

713-2/SH570④:2

713-1/SH570④:1

0 5 厘米

图九〇B 殷墟三期觚范

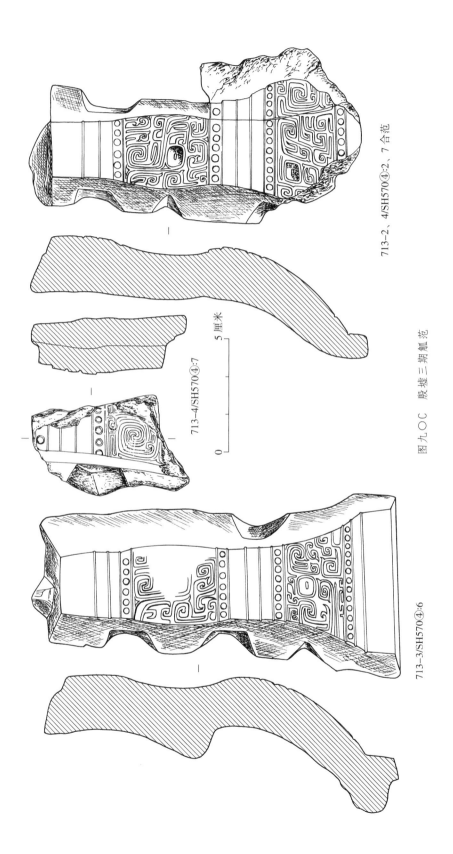

713-2、4/SH570④:2、7 合范

713-4/SH570④:7

713-3/SH570④:6

图九〇C　殷墟三期觚范

背面呈红褐色，局部泛灰。左分型面发现有二榫。面范瓠的腹部和圈足均饰以云雷纹构成的兽面纹，仅兽面纹的眼睛凸起，腹部与圈足之间饰两道弦纹，花纹清晰。背面手指印较深。残宽4.9、残高7厘米。（图九〇D；拓片四一B；彩版一五六）

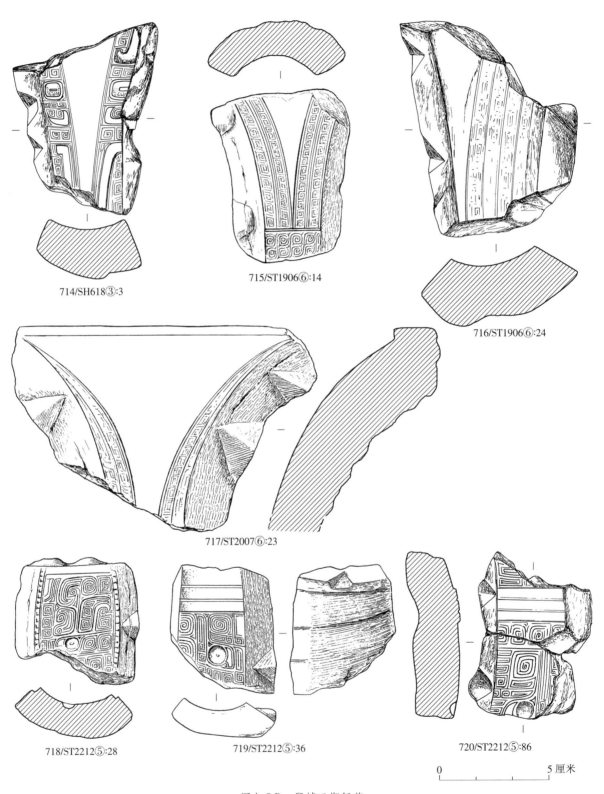

714/SH618③:3

715/ST1906⑥:14

716/ST1906⑥:24

717/ST2007⑥:23

718/ST2212⑤:28

719/ST2212⑤:36

720/ST2212⑤:86

0　　　　　5厘米

图九〇D　殷墟三期瓠范

四期

721/SH220①：2，颈部范，上部残。看不出分层线，泥质，灰褐色。左、右分型面各发现二卯，下分型面发现一卯。面范饰长三角蕉叶纹，蕉叶内素面。背面凹凸不平。此瓿垂直分为四扇范，在颈、腹部之间水平分为上、下两段。残宽7.6、残高12厘米。（图九一A；彩版一五七）

722/SH232：6，腹部和圈足范，圈足残。分层线明显，面范泥质，背范夹砂，青灰色。上分型面有二榫，左分型面发现一榫，右分型面发现二榫。面范腹部饰倒立夔龙纹，圈足上部饰夔龙纹，以云雷纹衬地，腹部和圈足相接处饰两道弦纹，左右两侧有扉棱，花纹部分脱落，较清晰。背面较平。范面残留有淡红色的稀泥浆。此瓿垂直分为四扇，以腹上部水平分为上、下两段。残宽4.9、残高7.1厘米。（图九一A；拓片四二A；彩版一五七）

723/SH236：11，圈足范，残。分层线明显，面范泥质，背范夹砂，青灰色。未见榫卯。面范饰云雷纹和目纹，腹部和圈足相接处饰两道弦纹。花纹较清晰。右分型面上的背料层不平整，证明背料层是分型之后附加上去的。背面有手指印痕。残宽6、残高6.7厘米。（图九一A；拓片四二A；彩版一五七）

724/SH242：25，腹部范，残。分层线明显，面范泥质，背范夹砂，青灰色，背面局部微泛红。右分型面发现一卯，残。面范瓿的腹部饰云雷纹，其上饰两道弦纹，花纹较清晰。背面较平。残宽4.2、残高4.6厘米。（图九一A；彩版一五七）

725/SH255：20，圈足范，残。有分层线，但面范和背范皆泥质，青灰色，背面局部泛红。左分型面发现一卯。面范瓿的圈足残存较少，主纹不详，下部饰一周联珠纹。圈足与盘座的缝隙内残留少许烟炱。残宽4.2、残高5.2厘米。（图九一A）

726/SH268：28，圈足范，残。分层线较明显，但面范和背范皆泥质，青灰色，正面为泛黄。未见榫卯。面范瓿的圈足上所饰纹饰大部分已脱落，上部纹饰模糊不辨，下部依稀可辨为兽面纹，以云雷纹衬地，左右两侧均有扉棱。背面不平，中部凸起。残宽6.1、残高4.4厘米。（图九一A；彩版一五七）

727/SH269：36，腹部和圈足范，稍残。分层线较明显，但面范和背范均泥质，青灰色。上分型面有一榫。面范腹部饰兽面纹，圈足上部饰鸟纹，下部饰兽面纹，皆以云雷纹衬地，腹部和圈足之间饰一道弦纹，左右两侧均有扉棱，花纹大部分已脱落，较模糊。背面中部凸起。此范以瓿的扉棱垂直分范，在颈、腹部之间水平分范。宽6.5、高14.8厘米。（图九一A；彩版一五八）

728/SH269：75，腹部和圈足范，残。有分层线，但面范和背范均泥质，青灰色。左分型面发现一榫。面范腹部和圈足下部饰兽面纹，圈足上部饰夔龙纹，皆以云雷纹衬地，腹部和圈足之间饰两道弦纹，左右两侧均有扉棱，花纹较清楚。左分型面残留较多烟炱。背范部分脱落。残宽5、残高7.6厘米。（图九一A；拓片四二A；彩版一五八）

729/SH269：76，口部范，残。看不出分层线，泥质，青灰色。左分型面各发现一榫。面范饰长蕉叶纹，内填多重三角纹，花纹部分脱落，较清楚。背面不平，中部凸起。残宽7、残高5.9厘米。（图九一A；彩版一五八）

730/SH334：4，颈部范，残。看不出分层线，夹细砂，正面呈浅褐色，背面呈青灰色，局部泛灰褐色。下分型面发现二卯。面范素面。右分型面残留少许淡红色泥浆。残宽4.7、残高6.1厘米。（彩版一五八）

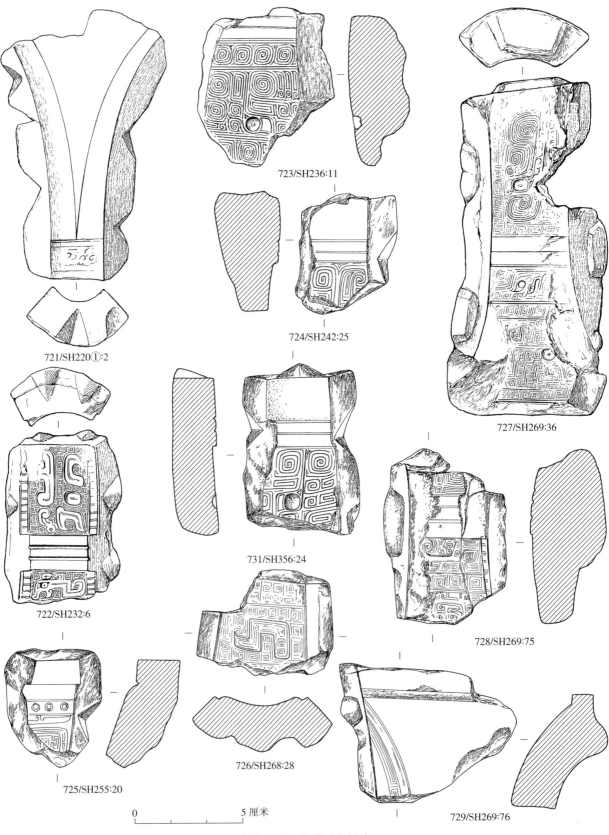

721/SH220①:2

723/SH236:11

724/SH242:25

727/SH269:36

722/SH232:6

731/SH356:24

728/SH269:75

725/SH255:20

726/SH268:28

729/SH269:76

0   5 厘米

图九一A　殷墟四期瓿范

731/SH356：24，腹部范，残。分层线明显，面范泥质，背范夹砂，青灰色，下部泛红。上分型面有一榫，左、右分型面各发现一卯。面范瓿的腹部饰以云雷纹构成的兽面纹，其上有两道弦纹，花纹清楚。背面较平。残宽5、残高7.1厘米。（图九一A；拓片四二A；彩版一五八）

732/SH493①：46，颈部范，上部残。分层线不甚明显，但面范泥质，背范夹砂，青灰色。左、右分型面各发现一榫。面范饰蛇纹和长三角蕉叶纹，蕉叶内填夔龙纹，以云雷纹衬地，花纹大部分已脱落，较模糊。残宽6.5、残高5.1厘米。（图九一B；彩版一五九）

733/SH493①：129，圈足范，残。胎较厚，分层线明显，面范泥质，正面呈黄褐色，内胎呈青灰色，背范夹细砂，背面呈灰褐色，内胎呈深灰色。左、右分型面各发现一榫。右分型面残留有红色泥浆。面范瓿的圈足上部饰目纹并四瓣花纹，其下饰兽面纹，均以云雷纹衬地，主纹稍清楚，地纹云雷纹几乎全部脱落，甚模糊。背面较平。残宽6、残高5.9厘米。（图九一B；彩版一五九）

734/SH493②：127，颈部范，残。分层线明显，面范泥质，背范夹细砂，浅褐色，局部泛青灰。左分型面发现一榫。面范饰长三角蕉叶纹，近左分型面处内倾，与另一扇范扣合后形成横截面呈三角形的凹槽，内饰间隔多重人字形纹，花纹大部分已脱落，较模糊。左分型面残留一些红色泥浆。残宽5.9、残高6厘米。（图九一B；彩版一五九）

735/SH493④：132，圈足范，残。分层线明显，面范泥质，背范夹细砂，青灰色，背面大面积泛红。左分型面发现一榫。面范瓿的圈足饰以云雷纹构成的兽面纹，兽面纹的眼睛凸起，纹饰部分脱落，较清楚。背面较平。残宽5.9、残高5.2厘米。（图九一B；彩版一五九）

736/SH493④：134，腹部和圈足范，残。分层线明显，面范泥质，背范夹砂，青灰色。左、右分型面各发现一卯，右卯残。面范瓿的腹部和圈足均饰以云雷纹构成的兽面纹，腹部兽面纹之下还饰一周联珠纹，纹饰大部分已脱落，较模糊。背范部分脱落。残宽6.9、残高7.7厘米。（图九一B；彩版一五九）

737/SH493④：135，腹部范，残。分层线明显，面范泥质，背范夹砂，青灰色。上、左分型面各发现一榫，上榫残。面范瓿的腹部饰兽面纹，以云雷纹衬地，左侧有扉棱，纹饰大部分已脱落，较模糊。上分型面内侧残留少量淡红色泥浆。背面较平，手指印浅。残宽3.2、残高4.5厘米。（图九一B；彩版一五九）

738/SH493⑥：130，圈足范，残。分层线明显，面范泥质，背范夹砂，青灰色。左、右分型面各发现一榫。面范瓿的圈足饰兽面纹，以云雷纹填空，纹饰部分脱落，较清楚。背面较平，手指印浅。残宽8.2、残高6厘米。（图九一B；彩版一五九）

739/SH546：24，腹部范，残。看不出分层线，泥质，青灰色。上、左、右分型面各发现一卯。面范瓿的腹部饰倒夔纹组成的兽面纹，以云雷纹衬地，腹上部饰一道弦纹，左、右两侧均有扉棱，纹饰少许脱落，清楚。背面较平，手指印浅。残宽4.7、残高4.7厘米。（图九一B；彩版一五九）

740/SH610：9，口和颈部范，残。看不出分层线，泥质，正面呈灰褐色，背面呈红褐色，内胎呈青灰色。未见榫卯。面范饰长三角蕉叶纹，中部内凹，横截面呈三角形，内饰间隔多重人字形纹，花纹大部分已脱落，较模糊。范面上残留少许烟炱。残宽7、残高7.2厘米。（图九一B；彩版一六〇）

741/SH611①：21，腹部范，下残。胎较薄，未发现分层线，泥质，青灰色。上分型面有二卯，左、右分型面各发现一榫，左残。面范上部饰两道弦纹，其下饰兽面纹，以云雷纹衬地，花纹较清晰。背面较平。残宽5.4、残高5.7厘米。（图九一B；拓片四二A；彩版一六〇）

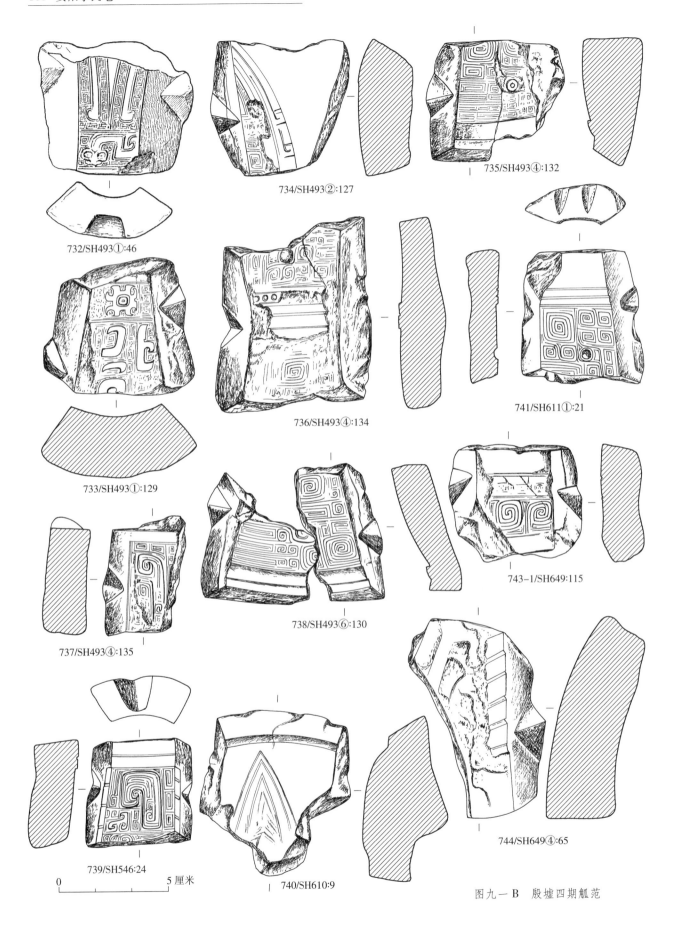

732/SH493①:46

734/SH493②:127

735/SH493④:132

733/SH493①:129

736/SH493④:134

741/SH611①:21

737/SH493④:135

738/SH493⑥:130

743-1/SH649:115

739/SH546:24

0　　　　　　　　5厘米

740/SH610:9

744/SH649④:65

图九一 B　殷墟四期觚范

742/SH648：43，颈部范，残。看不出分层线，夹砂，红褐色，背面局部泛灰。右、下分型面各发现一卯，右卯残。面范素面，表面及右分型面有较多烟炱。背面手指印较深。残宽7.5、残高7.3厘米。（彩版一六〇）

743/SH649：115、116，应系同一件瓿的腹部范，皆下残。胎较薄，分层线明显，面范泥质，背范夹砂，青灰色。面范瓿的腹部饰云雷纹，其上饰两道弦纹，花纹较模糊。背面较平。

743－1/SH649：115，上部微泛红。上分型面有二卯，左、右分型面各发现一榫。残宽5.3、残高4.8厘米。（图九一B；彩版一六〇）

743－2/SH649：116，未见榫卯。背面仅一枚指印较深。残宽4、残高5.3厘米。（彩版一六〇）

744/SH649④：65，口部范，残。分层线明显，但面范和背范均泥质，灰褐色，局部泛青。右分型面发现一榫，下分型面发现一卯，残。面范饰蕉叶纹，蕉叶纹中部有一竖向条状波折纹，其两侧饰变形夔龙纹，无地纹，纹饰大部分已脱落，较模糊，仅波折纹较清楚。残宽5.4、残高7.9厘米。（图九一B；彩版一六〇）

745/SH664③：73，圈足范，残。分层线不明显，泥质，青灰色，背面局部微泛红。左分型面发现二卯，其一残，右分型面发现一卯，残。面范瓿的圈足饰兽面纹，以云雷纹填空，纹饰部分脱落，部分较清晰。背面凹凸不平。残宽7.2、残高8.5厘米。（图九一C）

746/SH664⑧：182，颈部范，上部残。有分层线，但面范和背范皆泥质，青灰色，背面局部微红。左、右分型面各发现二榫，左上榫残，下分型面有三榫，左榫残。面范瓿的颈下饰鸟纹，颈部饰长三角蕉叶纹，内填倒立回首对夔纹，皆以云雷纹衬地，纹饰几乎全部脱落，甚模糊。左分型面残留较多烟炱。背面不平，手指印较深。残宽8.1、残高10.8厘米。（图九一C；彩版一六〇）

747/SH664⑨：136，口和颈部范，右上角残。看不出分层线，泥质，正面浅灰色，背面青灰色。左分型面有三卯，右分型面发现二卯，下分型面有一榫。面范瓿的颈部饰带状纹饰和长三角蕉叶纹，带状纹饰几乎已全部脱落，不辨；蕉叶纹内填兽面纹，以云雷纹填空，大部分已脱落，较模糊。背面不平。此瓿垂直分四扇范，水平分范的位置在颈、腹部之间。残宽7.9、残高14.7厘米。（图九一C；彩版一六一）

748/SH679①：4，口部范，完整。看不出分层线，泥质，正面呈灰黑色，胎和背面呈红褐色。左分型面有三卯，右分型面有二卯，下分型面有二榫，其一残。面范素面。此瓿垂直分为两扇，水平分范位于喇叭口下。宽14.9、高7.8厘米。（图九一C；彩版一六一）

749/SH679②：15，口和颈部范，残。看不出分层线，泥质，红褐色，正面有较多烟炱，呈灰黑色。下分型面发现二榫，连体。面范素面。此范水平分范位于颈部。此范和748/SH679①：4应是同一瓿范。残宽6.1、残高10厘米。（图九一C；彩版一六一）

750/SH679②：16，腹部和圈足范，圈足残。看不出分层线，泥质，青灰色。上分型面有二卯，左、右分型面各发现一榫。面范圈足饰兽面纹，无地纹，腹部和圈足相接处饰三道弦纹，花纹较清晰。背面较平。此瓿垂直分为四扇，以腹上部水平分为上、下两段。残宽5.9、残高7.3厘米。（图九一C；拓片四二A；彩版一六一）

751/ST1906③：4，腹部范，残。分层线明显，面范泥质，背范夹细砂，青灰色。上分型面有一榫，左、右分型面各发现一榫，右残。面范瓿的腹部饰兽面纹，以云雷纹衬地，左右侧有扉棱，较清

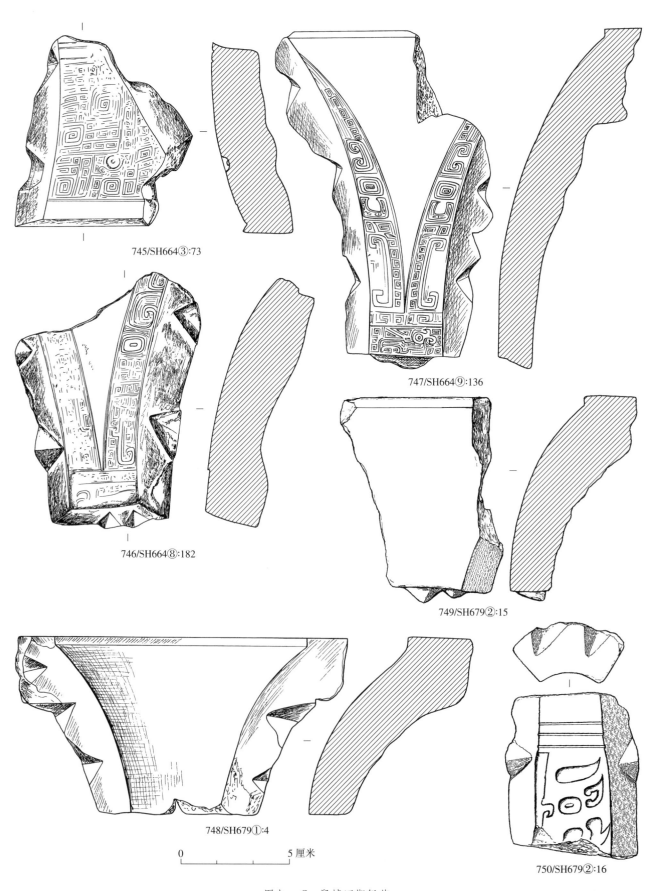

745/SH664③:73

747/SH664⑨:136

746/SH664⑧:182

749/SH679②:15

748/SH679①:4

750/SH679②:16

0   5厘米

图九一C　殷墟四期瓿范

晰。背面较平。残宽6.2、残高5.1厘米。（图九一D；彩版一六一）

752/ST1906③：13，颈部范，上部残。分层线较明显，但面范和背范均泥质，青灰色。左分型面发现二榫，右分型面发现一榫，下分型面有一榫。面范瓿的颈部饰蕉叶纹，内填云雷纹，纹饰几乎全部脱落，模糊不清。背面不平。此瓿垂直分四扇范，水平分范的位置在颈、腹部之间。残宽7.5、残高9.1厘米。（图九一D；彩版一六二）

753/ST1907③：8，口和颈部范，残。有分层线，但面范和背范皆夹砂，正面呈灰褐色，背面呈浅褐色。下分型面发现一榫。面范素面。背面磨损得较平。残宽6.7、残高9.9厘米。（彩版一六二）

754/ST1907④：27，腹部和圈足范，右下角残。看不出分层线，泥质，青灰色，背面局部泛红。面范饰兽面纹和云雷纹，两侧有扉棱。花纹大部分脱落，较模糊。上分型面有一榫。左分型面有三榫。右分型面残留一榫。背面凹凸不平。此瓿垂直分为四扇，以上腹部水平分为上、下两段。残宽6.8、残高9.9厘米。（图九一D；彩版一六二）

755/ST2212③：6，腹部和圈足范，圈足残。看不出分层线，泥质，背范的含砂量大于面范，面范青灰色，局部泛红，背面呈浅褐色。左分型面发现一榫，右分型面发现三榫。面范瓿的腹部和圈足均饰兽面纹，以云雷纹衬地，右侧有扉棱，腹部和圈足之间饰两道弦纹，纹饰大部分已脱落，较模糊。背面较平。此瓿垂直分为四扇，水平分范位于颈、腹部之间。残宽5.8、残高9.4厘米。（图九一D；彩版一六二）

756/ST2212③：8，圈足范，残。有分层线，但面范和背范均泥质，青灰色。未见榫卯。面范瓿的圈足饰兽面纹，以云雷纹填空，纹饰少许脱落，较清楚。背面不平。残宽6.7、残高7.2厘米。（图九一D；彩版一六二）

757/ST2212④：49，圈足范，残。分层线不明显，泥质，青灰色，局部微泛红。左分型面发现一卯。面范瓿的圈足饰兽面纹，以云雷纹填空，纹饰较清楚。背面较平，手指印较浅。残宽9.2、残高4.8厘米。（图九一D；彩版一六二）

758/ST2312③：7，圈足范，残。分层线不明显，泥质，青灰色。左分型面发现二榫。面范瓿的圈足左右侧有扉棱，上部饰弦纹，其下饰夔龙纹，再下饰兽面纹，无地纹。纹饰大部分已脱落，较模糊。背面手指印较深。残宽8.4、残高9.1厘米。（图九一D；拓片四二B；彩版一六三）

759/ST2807⑥：5，颈部范，残。分层线不明显，泥质，青灰色。面范瓿的颈部饰蕉叶纹，内填云雷纹，纹饰几乎全部脱落，模糊不清。残宽5.2、残高4.9厘米。（图九一D；彩版一六三）

760/ST3107②：1，腹部范，残。分层线明显，但面范和背范均泥质，面范呈青灰色，背面呈浅褐色。上分型面发现一榫，面范瓿的腹部饰兽面纹，以云雷纹衬地，其上饰一周联珠纹，再上饰两道弦纹，纹饰少许脱落，较清楚。背面较平。残宽4.8、残高5.8厘米。（图九一D；拓片四二B；彩版一六三）

761/ST3107③：3，腹部范，残。无分层线，夹细砂，浅灰色。未见榫卯。面范瓿的腹部饰目纹和四瓣花纹，以云雷纹填空，上下饰弦纹，花纹大部分已脱落，较模糊。背面较平。残宽3、残高3.8厘米。（图九一D；彩版一六三）

762/ST3107③：7，颈部范，上部残。分层线明显，面范泥质，背范夹砂，浅灰色，局部微泛红。左、右分型面各发现一榫，右残。面范瓿的颈部饰目纹和四瓣花纹，其上饰长三角蕉叶纹，以云雷纹填空，花纹大部分已脱落，较模糊。背面较平。残宽5.9、残高4.8厘米。（图九一D；彩版一六三）

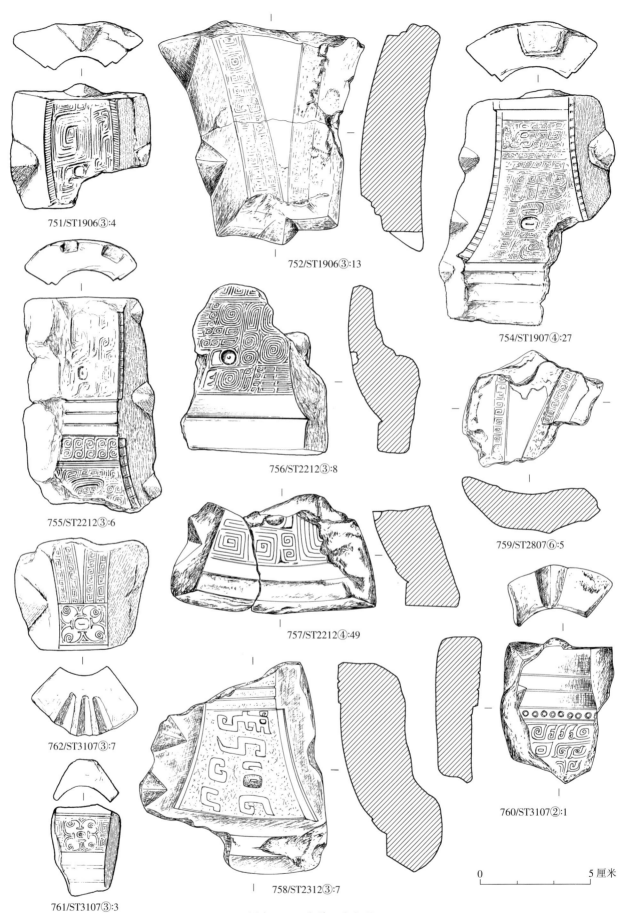

751/ST1906③:4

752/ST1906③:13

754/ST1907④:27

755/ST2212③:6

756/ST2212③:8

759/ST2807⑥:5

757/ST2212④:49

762/ST3107③:7

760/ST3107②:1

761/ST3107③:3

758/ST2312③:7

0   5 厘米

图九一D 殷墟四期瓿范

殷墟时期

763/SH474∶1，腹部和圈足范，圈足残。分层线较明显，面范泥质，背范夹砂，青灰色，背面局部微泛红。上分型面有二榫。面范饰兽面纹和倒立夔龙纹，无地纹，左右两侧有扉棱，花纹较清晰。残宽5.1、残高4.3厘米。（图九二；拓片四三；彩版一六三）

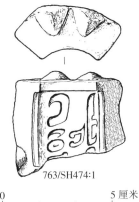

763/SH474:1

0　　　　　5厘米

图九二　殷墟时期瓿范

（14）爵（角）范

可辨为爵（角）者1230块，因其器形较易辨识，故辨别出的爵范数量仅次于瓿范，占可辨容器范的18.68%，其中标本152块。绝大部分为爵范，角范甚少。多数呈青灰色或浅灰色，少数呈淡红色，有的背面泛红。部分分层浅、明显，面范泥质，背范夹砂；有的虽看不出分层线，但面范泥质、背范夹砂还是明显的。卯以三角形居多，另有月牙形。纹饰以兽面纹最多，还有三角纹、联珠纹、蕉叶纹、夔龙纹、弦纹等。有的范头上划刻有"+""X""Y"等标记符号，有的背面有支脚。少量表面涂有红色稀泥浆，另有少数面范表面有烟炱。

爵鋬范是和腹部范制作一起的，由自带泥芯形成鋬部空腔。鋬上的兽头范有的是与鋬范制作在一起的，需要在兽头鼻梁处垂直分范；有的在兽头的位置做一壁龛，在壁龛内镶嵌或用兽头模压印兽头范。爵柱的型腔多做在泥芯上，安装帽范的位置制作成一个半圆形空隙。

分范方式：爵（角）范均在下腹部近底处水平分为上、下两段。垂直分范，有三种：一是上段垂直分为四扇，下段垂直分为三扇，三足间有一块顶范，顶范上自带三足型腔，顶范外侧包围三扇下段范，把三足型腔封合起来，殷墟时期多采用此法；二是上段垂直分为四扇，下段三足型腔由三块顶范，再分别嵌入三块足范形成；三是上段垂直分为两扇，下段垂直分为三扇，三足间有一块顶范，顶范上有三道凹槽，形成三足型腔，顶范外侧包围三扇下段范，把三足型腔封合起来。仅极少殷墟四期铸造粗糙、明器化的铜爵采用此法。

二期

764/SH375∶1，腹部范，残。分层线不明显，青灰色，泥质，局部泛红。右分型面有二榫，下分型面有一卯。面范饰兽面纹，以云雷纹作底纹，其上饰三角纹，右侧有扉棱，纹饰大部分已脱落，较模糊。背面凹凸不平，指头印较深。此范以爵的扉棱垂直分范，水平分范的位置在下腹部。残宽5.8、残高6.3厘米。（图九三；彩版一六四）

765/SH473①∶20，足范，残。无分层线，夹砂，外层呈红褐色，型腔部分泛青灰，内胎呈浅褐色。表面设有一足的型腔，上残。足腔右侧发现一榫，残。残宽7.3、残高4.8厘米。（彩版一六四）

766/SH558④∶8，足范，残。无分层线，夹砂，外层呈红褐色，局部微泛灰，内胎呈灰褐色。左右两侧各设一足的型腔，皆

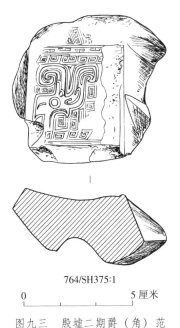

764/SH375:1

0　　　　　5厘米

图九三　殷墟二期爵（角）范

残，型腔内涂有烟炱，呈灰黑色。残宽5.6、残高3.9厘米。（彩版一六四）

三期

767/SH225：19，腹部范，上部残。有分层线，面范泥质，浅褐色，背范夹细砂，红褐色，内胎呈灰色。左、右分型面各发现一榫，左残，下分型面有一榫。面范右侧有扉棱，爵的腹部饰兽面纹，以云雷纹衬地，花纹部分脱落，较模糊。背面较平。此范水平分范的位置在腹下部近底处。残宽6.7、残高5.5厘米。（图九四；彩版一六四）

768/SH225③：146，足范，残。无分层线，泥质，外部呈红褐色，局部泛青灰，内胎呈浅灰褐色。左、右两侧有爵足型腔，两足之间近底处有一竖向榫，榫头向上。残宽7.8、残高6.1厘米。（彩版一六四）

769/SH253：4，腹錾翼范，稍残。有分层线，面范和背范均泥质，青灰色，背面泛红。左分型面发现一卯。面范爵的腹部饰兽面纹，以云雷纹衬地，口沿下饰三角几何纹，翼下饰蕉叶纹，内填雷纹，錾上饰有兽头，右侧有扉棱，花纹少部分脱落，较清楚。背面不平。此范在錾和翼的中线进行垂直分为四扇范，水平分范的位置在腹下部没有纹饰的地方。残宽9.2、残高7.6厘米。（图九四；拓片四四；彩版一六五）

770/SH413③：5，流范，残。分层线明显，面范爵流部分泥质，甚薄，其余部分皆夹砂，青灰色，背面局部微微泛红。右分型面有二榫，下分型面发现二榫，面范爵流前端上部有一卯，此卯当与爵盖范相扣合。爵流后端上部有弧形缺口，残，是置爵柱帽范的地方。爵流下饰蕉叶纹，边沿有设计线。背面较平。面范局部残留有烟炱。此范以流的中线进行垂直分范。残宽9.8、残高9厘米。（图九四；彩版一六五）

771/SH427：17，腹錾范，残。分层线不甚明显，但面范泥质，较薄，呈浅褐色，背范夹砂，呈青灰色。未见榫卯，右侧有爵錾的型腔。面范爵的腹部饰兽面纹，以云雷纹衬地，纹饰大部分已脱落，模糊。残宽7.7、残高6.7厘米。（图九四；彩版一六五）

772/SH570④：33，腹部范。有分层线，但面范和背范均泥质，青灰色。左分型面发现一卯。面范饰兽面纹，以云雷纹填空，纹饰大部分已脱落，较模糊。背面凹凸不平，有指头印。左分型面局部发现有细泥浆。残宽5.4、残高7.4厘米。（图九四；彩版一六五）

773/SH573③：230，足范，残。无分层线，泥质，含细砂，表层呈青灰色，局部泛褐，向内呈红褐色，再内呈浅灰褐色，结构较紧密。左右两侧各设一足的型腔，皆残。型腔内有少许烟炱。两足之间近左足处有一榫，其应与下段范相扣合。残宽5.6、残高4.1厘米。（彩版一六五）

774/SH586：1，腹部范，稍残。分层线不甚明显，但面范泥质，背范夹砂，青灰色，局部泛红。未见榫卯。面范爵的腹部饰兽面纹，以云雷纹填空，口沿下的纹饰由于残留甚少而不辨，錾上饰兽头，腹部纹饰清晰。背面较平，手指印浅。残宽9.6、残高6.6厘米。（图九四；拓片四四；彩版一六六）

775/SH603：2，流范，仅存流部，分层线明显，面范泥质，较薄，背范夹粗砂，青灰色，背面局部微泛红。上分型面有一榫，面范爵流下饰蕉叶纹，内填云雷纹，蕉叶纹中线起扉棱，纹饰大部分已脱落，较模糊。背面较平。面范素面部分局部残留有烟炱。残宽9.7、残高7.6厘米。（图九四；彩版一六六）

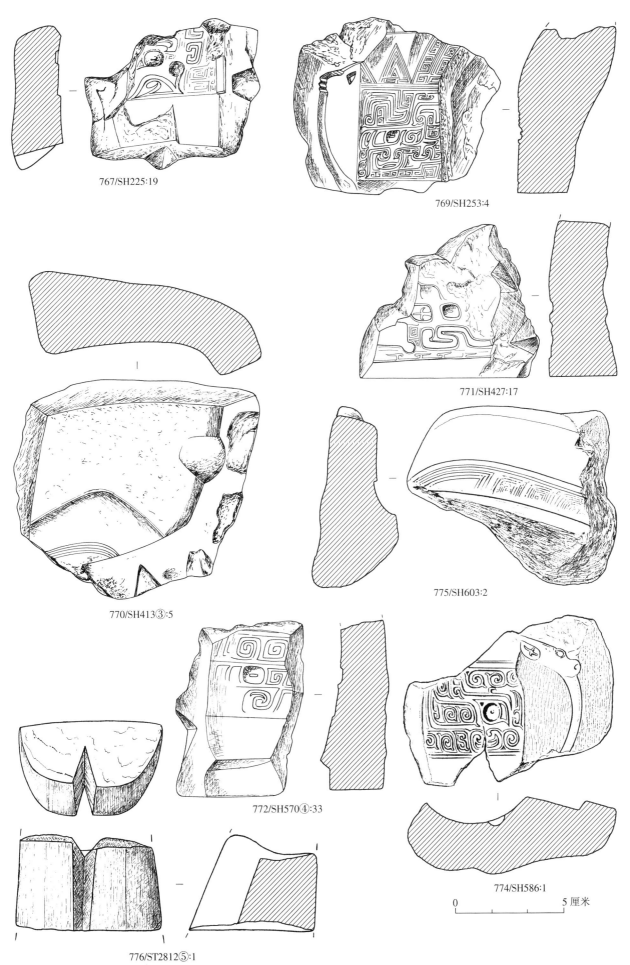

767/SH225:19

769/SH253:4

771/SH427:17

770/SH413③:5

775/SH603:2

772/SH570④:33

774/SH586:1

0   5厘米

776/ST2812⑤:1

图九四　殷墟三期爵（角）范

776/ST2812⑤：1，足范，残。顶部内凹，左侧面有一爵足型腔的两面，内侧保留有另外两爵足型腔的各一面。爵的三足型腔内及部分表面有烟炱。此爵的顶范由两块范组合而成。残宽6.4、残高4.1厘米。（图九四；彩版一六六）

777/ST3207⑤：3，仅存口部少许，分层线明显，面范薄，泥质，背范厚，夹粗砂，正面青灰色，背面红褐色，局部泛灰。左分型面发现一卯，面范素面，仅有两道爵口沿的设计线。背面较平。残宽4.2、残高5.3厘米。（彩版一六六）

四期

778/SH217⑤：4，腹部范，上部残。有分层线，面范泥质，背范夹砂，青灰色。左分型面发现一榫，右分型面发现二榫，下分型面有一榫。面范爵的上腹部饰以云雷纹勾勒而成的兽面纹，又以云雷纹填空，花纹较清楚。背面凹凸不平。此范水平分范的位置在腹下部近底处。残宽7.5、残高8.1厘米。（图九五A；彩版一六六）

779/SH220①：3，腹鋬翼范，稍残。分层线不明显，泥质，青灰色，局部微泛红。左、右分型面各发现二卯，面范翼的上部右侧出一台，中部有一大卯，应与爵芯和盖范合起来的榫相扣合。面范爵腹部饰兽面纹，以云雷纹衬地，其上、下各饰一周联珠纹，纹饰几乎全部脱落，模糊。背面较平，中部有一凸起。鋬内局部残留有烟炱。残宽10.2、残高15.3厘米。（图九五A；彩版一六六）

780/SH227：19，腹部范，残。分层线较明显，面范泥质，背范夹砂，青灰色，背面局部微泛红。下分型面发现一榫，左分型面发现一卯。面范爵腹部饰云雷纹，其上饰列旗纹，其下饰一周重环纹，纹饰大部分已脱落，较模糊。背面不平，中部出台。下、左分型面局部残留有淡红色细泥浆。残宽4.5、残高5.8厘米。（图九五A）

781/SH232：11，腹鋬范，残。分层线明显，面范泥质，背范夹砂，青灰色，背面微泛红。未见榫卯。面范爵腹部残存甚少，主纹不详，仅见云雷纹，鋬上饰一牛头，较清楚。残宽4.4、残高5.2厘米。（图九五A；彩版一六七）

782/SH232：19，腹部范，残。有分层线，面范泥质，背范夹砂，青灰色，背面局部泛红。下分型面发现二榫，右分型面有一鋬，鋬内侧有二小卯，来扣合鋬内侧泥芯。面范爵的腹部饰兽面纹，以云雷纹衬地，其上饰三角纹，左侧有扉棱，纹饰大部分已脱落，较模糊。背面较平，有两道较深的绳子捆绑痕迹，用来固定范。范面局部有烟炱，下分型面局部残留有淡红色细泥浆。此爵从鋬和扉棱处垂直分范，水平分范的位置在腹的下部。残宽8.2、残高6.7厘米。（图九五A；彩版一六七）

783/SH232：27，腹部范，残。看不出分层线，泥质，青灰色。下分型面发现二榫。腹部饰兽面纹，以云雷纹衬地，左右两侧皆有扉棱，纹饰大部分已脱落，较模糊。面范局部残留有烟炱。背面不平。残宽7.9、残高4.4厘米。（图九五A；彩版一六七）

784/SH232：42，腹翼范，残。有分层线，面范泥质，黄褐色，背范夹砂，深灰色。左、下分型面各发现一榫。面范爵的腹部饰兽面纹，以云雷纹衬地，纹饰大部分已脱落，较模糊。范面下部及左分型面内侧残留少许淡红色泥浆。残宽5.8、残高6.9厘米。（图九五A；彩版一六七）

785/SH232：43，腹鋬范，残。分层线明显，面范薄，泥质，背范厚，夹砂，青灰色，内胎呈深灰色。右分型面发现一榫。右侧设鋬的型腔，其下通一足的型腔。面范爵的腹部饰以云雷纹构成的兽面纹，花纹清楚。背面较平。残宽7.5、残高4.2厘米。（图九五A；彩版一六七）

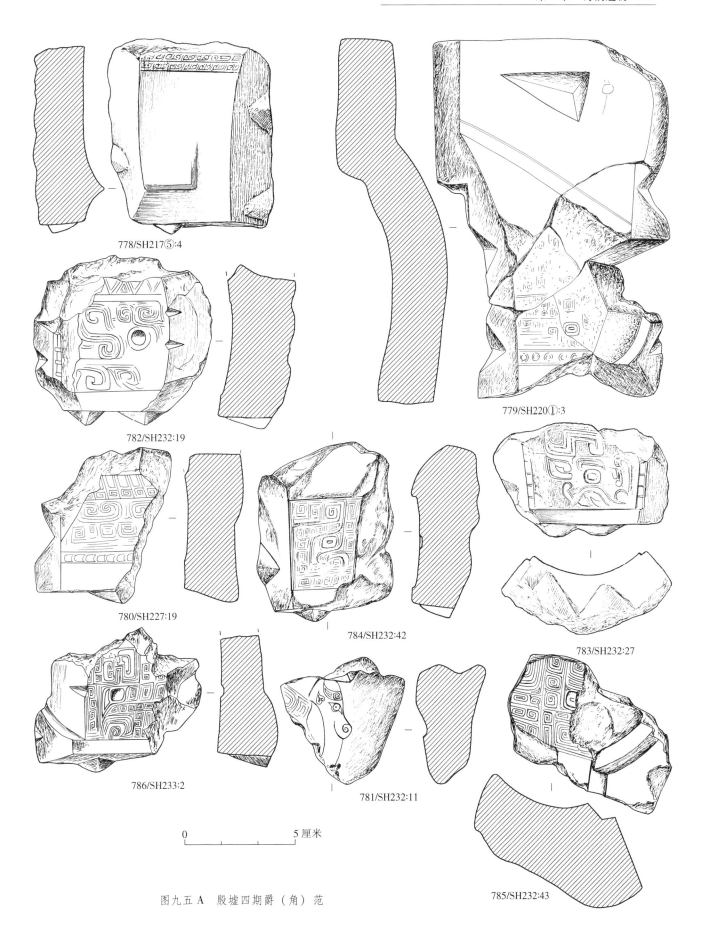

778/SH217⑤:4

779/SH220①:3

782/SH232:19

780/SH227:19

784/SH232:42

783/SH232:27

786/SH233:2

781/SH232:11

785/SH232:43

0　　　　　　　5 厘米

图九五 A　殷墟四期爵（角）范

786/SH233：2，腹鋬范，残。看不出分层线，泥质，青灰色。下分型面有一榫，左、右分型面各发现一榫，左侧有鋬，鋬内侧有一卯，可与鋬内侧芯上的榫相扣合。面范腹部饰兽面纹，以云雷纹衬地，纹饰部分脱落。背面凹凸不平。此爵从鋬的侧面垂直分为四扇范，水平分范的位置在下腹部近底处。残宽7.1、残高5.6厘米。（图九五A；彩版一六八）

787/SH233：8，腹翼范，残。看不出分层线，泥质，青灰色。下分型面有二榫，左分型面发现一榫。面范腹部饰兽面纹，以云雷纹衬地，纹饰大部分已脱落，较模糊。左分型面残留有淡红色稀泥浆。此爵从翼中线垂直分为四扇范，水平分范的位置在下腹部近底处。残宽7.3、残高7.5厘米。（图九五B；彩版一六八）

788/SH236：4，腹鋬流范，残。有分层线，面范薄，泥质，深灰色，背范红褐色，局部泛青。右分型面发现一卯。鋬内分型面上有一卯，应与鋬内侧的芯上的榫相扣合。上部预留半圆形平台，是安置爵柱帽范的位置。面范爵的腹部饰兽面纹，以云雷纹衬地，鋬上饰有兽头，花纹大部分脱落，较模糊。背面不平。此范在鋬和流的中线进行垂直分范。残宽8.8、残高6.5厘米。（图九五B；彩版一六八）

789/SH242：26，腹鋬范，残。分层线明显，面范薄，泥质，背范厚，夹砂，青灰色，背面大面积泛红。下分型面发现二卯，右卯呈方形，左卯为三角形，残。左侧设鋬。面范爵的腹部饰兽面纹，以云雷纹衬地，其下饰一周重环纹，花纹较清楚。背面不平。残宽6.1、残高5.6厘米。（图九五B；彩版一六八）

790/SH248：5，翼范，残。有分层线，但面范和背范均泥质，青灰色，背面局部泛红。左、右分型面各发现一榫，范面翼的上部发现一三角形卯，可与芯座上的榫相扣合。翼上沿有一道设计线。面范饰几何三角形。背面凹凸不平，手指印明显。此范以翼的中线进行垂直分范。残宽12.4、残高6.9厘米。（图九五B；彩版一六八）

791/SH252：1，腹翼范，稍残。有分层线，但面范和背范均为泥质，青灰色，背面局部微泛红。上分型面残，下分型面有二卯，左分型面发现二卯，右分型面发现一榫。面范以云雷纹勾勒成兽面纹，翼间饰兽头。背面较平，手指印较浅。残宽8.8、残高10.7厘米。（图九五B；拓片四五A；彩版一六八）

792/SH252：17，腹部范，稍残。分层线明显，面范泥质，背范夹砂，青灰色。左、右分型各发现一卯，下分型面有二榫。面范爵的腹部饰兽面纹，以云雷纹衬地，纹饰少许脱落，较清晰。面范上部素面部分涂有淡红色稀泥浆。背面凹凸不平。残宽6.8、残高6.9厘米。（图九五B；拓片四五A；彩版一六九）

793/SH255：9，腹鋬范，残。有分层线，面范较薄，泥质，背范夹砂，青灰色。右分型面发现一卯，下分型面有二榫。鋬的型腔内侧有双卯，应与鋬内侧的芯上的榫相扣合。面范爵的腹部饰兽面纹，以云雷纹衬地，花纹少部分脱落，较清楚。背面不平。残宽6.9、残高5.8厘米。（图九五B；拓片四五A；彩版一六九）

794/SH255：22，足的外包范，残。看不出分层线，泥质，红褐色，背面局部泛灰。左分型面发现一榫。面范上设一爵足的外轮廓线，微内凹。背面较平。残宽4.4、残高4.9厘米。（彩版一六九）

795/SH268：29，腹部范，残。有分层线，面范泥质，背范夹砂，青灰色，正面微泛黄，内胎呈深灰色。下分型面发现一榫。面范爵的腹部饰兽面纹，以云雷纹衬地，地纹几乎全部磨损。范面下部残

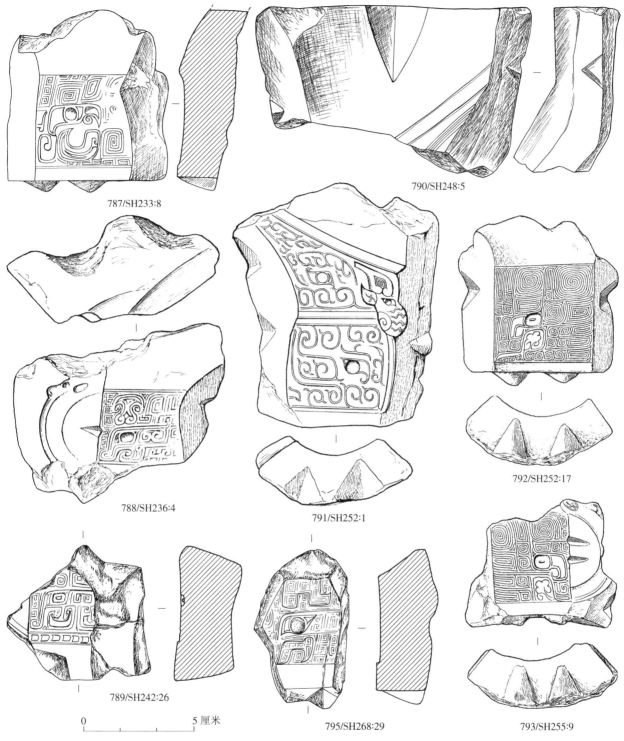

787/SH233:8

790/SH248:5

788/SH236:4

791/SH252:1

792/SH252:17

789/SH242:26

795/SH268:29

793/SH255:9

0　　　　　　　5 厘米

图九五 B　殷墟四期爵（角）范

留一些烟炱。背面不平，有较多的手指印。残宽 4.5、残高 6.5 厘米。（图九五 B；彩版一六九）

796/SH269：6，腹翼范，稍残。分层线较明显，泥质，青灰色，背面局部泛红。左、下分型面各发现一榫，右分型面发现二榫。面范爵的腹部饰兽面纹，以云雷纹衬地，翼部素面，纹饰大部分已脱落，较模糊。左分型面残留一小块淡红色的细泥浆。背面凹凸不平，另有一凸起支脚。残宽 8.5 厘米、残高 8.3 厘米。（图九五 C；彩版一六九）

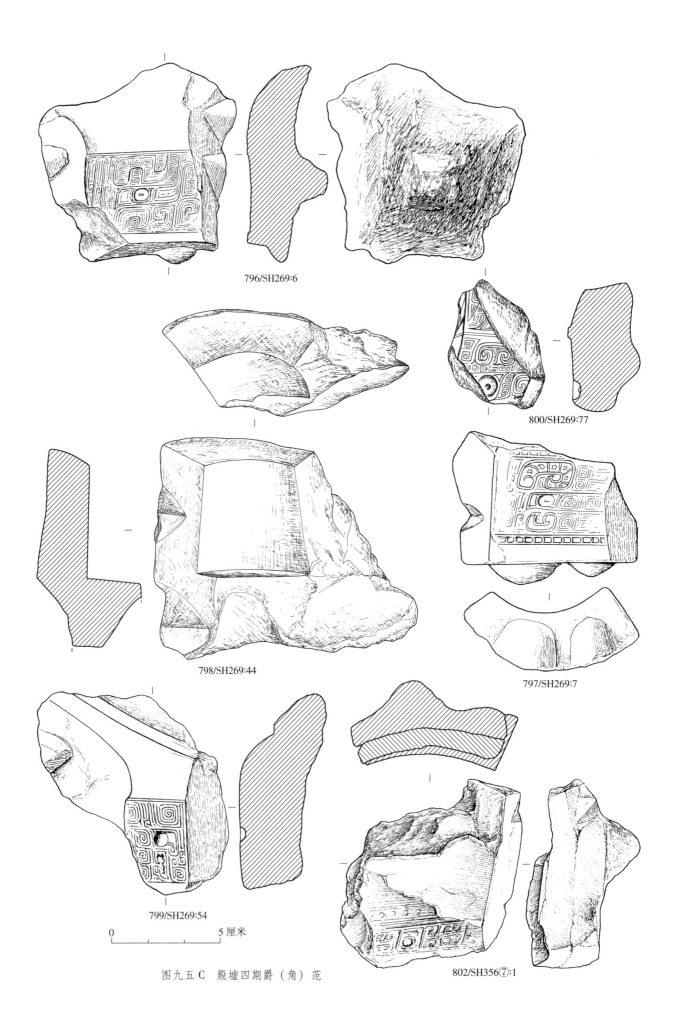

796/SH269:6

800/SH269:77

798/SH269:44

797/SH269:7

799/SH269:54

802/SH356⑦:1

0   5厘米

图九五 C　殷墟四期爵（角）范

797/SH269：7，腹部范，上部残。看不出分层线，泥质，浅灰色，背面局部泛红。左分型面发现二卯，其一残；右分型面发现一卯，残；下分型面有二榫。面范爵的腹部饰兽面纹，以云雷纹衬地，下部饰一周重环纹，花纹大部分已脱落，较模糊。背面高低不平，手指印较浅。残宽8、残高5.7厘米。（图九五C；彩版一六九）

798/SH269：44，腹流范，残。有分层线，面范较薄，泥质，背范夹砂，青灰色，背面局部微泛红。左分型面发现二榫。此范流后端上部留有弧形缺口，缺口下部为平面，用以安置爵的柱帽范。面范素面，表面残留有烟炱痕迹。残宽10.1、残高8.9厘米。（图九五C；彩版一七〇）

799/SH269：54，腹翼范，残。分层线不明显，泥质，青灰色。左分型面发现一榫。面范爵的腹部饰兽面纹，以云雷纹衬地，翼部素面，纹饰部分脱落，不甚清楚。背面凹凸不平，有较多的手指印。残宽7.5、残高8.8厘米。（图九五C；彩版一七〇）

800/SH269：77，腹鋬范，残。分层线不明显，泥质，正面呈青灰色，背面呈灰褐色，内胎呈红褐色。未见榫卯。面范左侧有鋬，鋬上有兽头耳的型腔，面范爵的腹部饰兽面纹，以云雷纹衬地，口沿下的花纹因残存太少而不辨，花纹较清晰。背面凸起一支脚。残宽4.3、残高5.3厘米。（图九五C；拓片四五A；彩版一七〇）

801/SH269：81，足范，残。无分层线，泥质，夹细砂，外层呈红褐色，局部泛灰，内胎呈浅灰褐色。上部中间内凹，为爵腹底的型腔，左右两侧各设一足的型腔，皆残。型腔内有少许烟炱，呈青灰色。残宽5.5、残高4.6厘米。（彩版一七〇）

802/SH356⑦：1，腹部范，残。有分层线。面范和背范均泥质，青灰色。右分型面发现二卯。该范有两层面范，外层素面，内层饰有纹饰，模糊不辨，说明该范曾两次使用。极少见两次使用的陶范。背面不平。残宽7.6、残高7.4厘米。（图九五C；彩版一七〇）

803/SH362：2、5，应属同一件爵的腹部范，皆稍残。分层线较明显，面范泥质，背范夹砂。面范爵的腹部饰兽面纹，以云雷纹和列旗纹填空，其上、下各饰一周联珠纹，纹饰部分脱落，较清晰。背面较平，手指印浅。

803-1/SH362：2，红褐色。右分型面有一榫，下分型面呈台阶状。右侧有鋬，鋬上有一道设计线，为鋬内侧泥芯的边线。面范表面局部有烟炱。残宽8.8、残高6.6厘米。（图九五D；拓片四五A；彩版一七一）

803-2/SH362：5，浅灰色，背范微泛褐。右分型面发现一榫，下分型面有二榫。残宽7.5、残高7.2厘米。（图九五D；拓片四五A；彩版一七一）

804/SH481③：55，足范，残。泥质，表层呈浅褐色，型腔呈青灰色，向内呈红褐色，再内呈浅灰褐色。上部内凹，为爵腹底的型腔，两侧面设两条爵足的型腔，皆残。残宽4.6、残高2.6厘米。（彩版一七一）

805/SH481③：58，足范，残。泥质，浅褐色，型腔呈青灰色，局部有烟炱。上部内凹，为爵腹底的型腔，右侧有一爵足的型腔。残宽4.5、残高5.3厘米。（彩版一七一）

806/SH481③：71，足范，残。泥质，表层红褐色，内胎呈浅灰褐色，型腔呈青灰色，有少许烟炱。上部内凹，为爵腹底的型腔，左侧有一爵足的型腔。残宽4.5、残高3.5厘米。（彩版一七一）

807/SH493①：25，腹翼范，残。分层线明显，面范泥质，青灰色，背范夹砂，浅灰色，局部泛

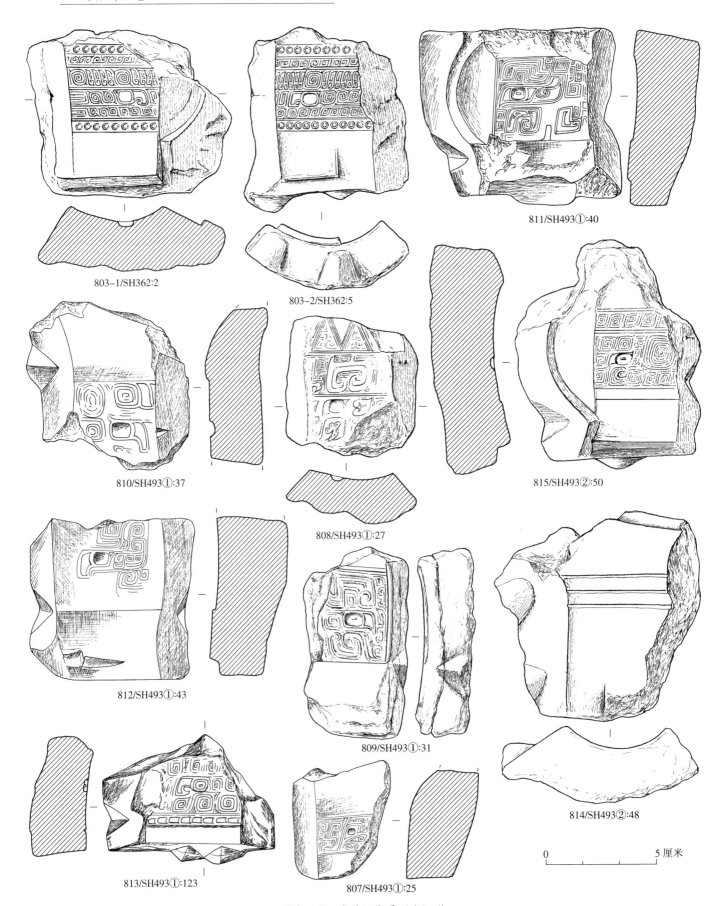

811/SH493①:40

803-1/SH362:2

803-2/SH362:5

810/SH493①:37

808/SH493①:27

815/SH493②:50

812/SH493①:43

809/SH493①:31

814/SH493②:48

813/SH493①:123

807/SH493①:25

0　　　　　5厘米

图九五 D　殷墟四期爵（角）范

红。没有发现榫卯，面范爵的上腹部饰带状夔龙纹，以云雷纹衬地，纹饰部分脱落，较模糊。背面较平。左分型面局部残留有淡红色细泥浆。残宽4.5、残高4.8厘米。（图九五D；彩版一七二）

808/SH493①：27，腹部范，残。有分层线，面范泥质，呈浅灰色，上部少许泛红，背范夹砂，呈红褐色。未见榫卯，右分型面上刻划一道斜线。面范爵的口沿下饰几何三角纹，腹部饰兽面纹，无地纹，纹饰大部分已脱落，较模糊。背面较平。残宽5.9、残高5.5厘米。（图九五D；彩版一七二）

809/SH493①：31，腹部范，残。分层线明显，面范泥质，背范夹砂，青灰色，背面大面积微泛红。右分型面发现一榫。面范爵的腹部饰兽面纹，以云雷纹填空，纹饰大部分已脱落，较模糊。面范局部残留少许烟炱，分型面局部残留少许淡红色细泥浆。背面较平。残宽4.8、残高7.9厘米。（图九五D；彩版一七二）

810/SH493①：37，腹翼鋬范，残。分层线不甚明显，但面范泥质，青灰色，背范夹砂，红褐色，局部泛青。左分型面发现一榫，右侧有爵鋬，鋬内有一小卯，当与鋬内侧的泥芯扣合。面范爵的腹部饰兽面纹，以云雷纹填空，纹饰大部分已脱落，较模糊。背面较平。鋬内侧表面残留有烟炱。残宽6.5、残高7.5厘米。（图九五D；彩版一七二）

811/SH493①：40，腹鋬范，残。有分层线，面范泥质，呈青灰色，背范夹砂，呈深灰色，局部微泛红。左、右分型面各发现一卯，下分型面发现一榫。面范爵的腹部饰兽面纹，以云雷纹衬地，纹饰大部分已脱落，较模糊。背面较平。此范以鋬的中线进行垂直分范，水平分范的位置在腹下部无纹饰处。残宽8.6、残高7.4厘米。（图九五D；彩版一七二）

812/SH493①：43，腹部范，上部残。有分层线，面范泥质，较薄，呈青灰色，背范夹细砂，呈浅褐色，局部泛红。左分型面发现二卯，其一残，右分型面发现一卯。面范饰兽面纹，以云雷纹衬地，纹饰部分脱落。背面较平。此爵垂直分为四扇范，水平分范的位置在下腹部。残宽7.4、残高7厘米。（图九五D；彩版一七二）

813/SH493①：123，腹部范，残。分层线明显，面范泥质，背范夹细砂，青灰色，背面局部泛红。下分型面有二连体榫，左分型面发现一卯。面范饰兽面纹，以云雷纹填空，其下饰一周重环纹，纹饰部分脱落，较清楚。背面较平。残宽7.5、残高5厘米。（图九五D；彩版一七三）

814/SH493②：48，腹部范，残。有分层线，但面范和背范均夹砂，青灰色，背面局部微泛红。左分型面发现二榫。面范爵的口沿下饰三道弦纹，腹部素面。为了使面范表面光滑，涂刷了一层细稀泥浆。背面较平，手指印较浅。残宽9.1、残高9厘米。（图九五D；彩版一七三）

815/SH493②：50，腹鋬范，残。有分层线，面范泥质，呈浅灰色，背范夹砂，青灰色，背面局部微泛红。左、右分型面各发现一卯，下分型面有一榫。面范爵的腹部饰兽面纹，以云雷纹衬地，兽面纹上、下各饰一周联珠纹，纹饰大部分已脱离，较模糊。下分型面局部残留淡红色稀泥浆。背面较平，手指印较浅，手指印内残留有夹砂泥。此爵从鋬的中线进行垂直分范，水平分范的位置在下腹部近底处。残宽8.3、残高9.6厘米。（图九五D；彩版一七三）

816/SH493②：52，柱帽和流范，残，分层线明显，面范泥质，背范夹砂，青灰色，背面局部泛红。左分型面发现一榫。面范上部有爵的口沿及流的设计线，口沿上有三道爵柱的设计线，再上有一弧形平台，当是放置爵帽范的地方。爵腹残，纹饰不详。背面凹凸不平，有指头印。残宽10.2、残高11.4厘米。（图九五E；彩版一七三）

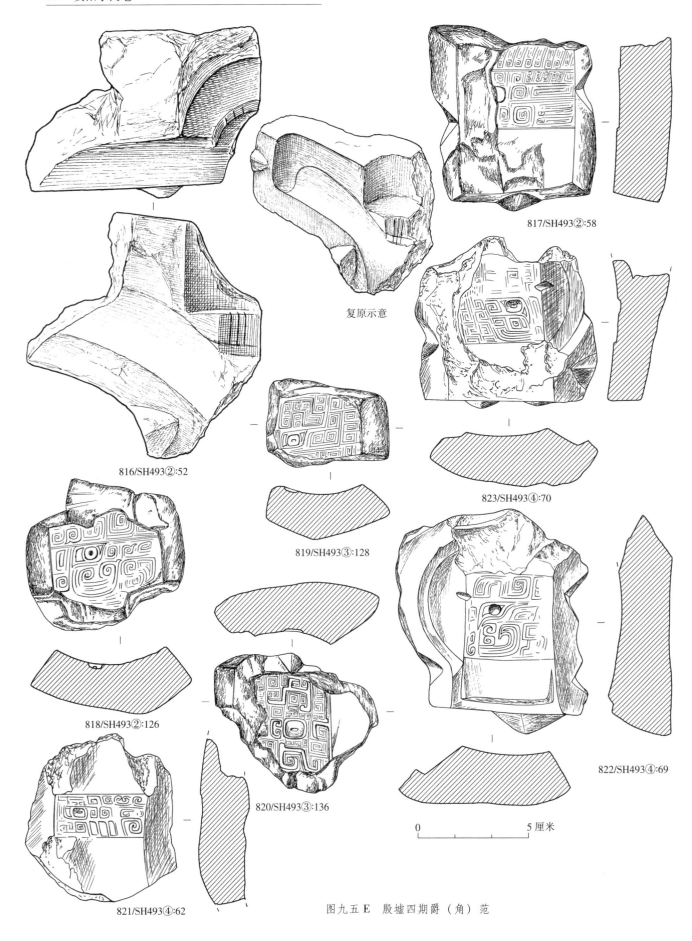

817/SH493②:58

复原示意

816/SH493②:52

823/SH493④:70

819/SH493③:128

818/SH493②:126

822/SH493④:69

820/SH493③:136

821/SH493④:62

0　　　　　5 厘米

图九五 E　殷墟四期爵（角）范

817/SH493②：58，腹部范，残。分层线明显，面范薄，泥质，背范厚，夹砂，灰褐色，局部泛青。下分型面有一榫，左、右分型面各发现一卯。面范饰兽面纹和列旗纹，以云雷纹填空，纹饰大部分已脱落，较模糊。背面较平。残宽7、残高7.8厘米。（图九五E；彩版一七三）

818/SH493②：126，腹部范，残，分层线非常明显，面范泥质，浅褐色，背范夹砂，红褐色，内胎呈青灰色。右分型面发现一卯，残，左分型面发现二卯，皆残。面范下部脱落，爵的腹部饰以云雷纹构成的兽面纹，纹饰大部分已脱落，较模糊。左分型面上残留少许淡红色泥浆。背面较平。残宽6.9、残高6.4厘米。（图九五E；彩版一七三）

819/SH493③：128，腹部范，残。分层线明显，面范泥质，青灰色，背范夹砂，灰褐色。未见榫卯。面范爵的腹部饰以云雷纹构成的兽面纹，纹饰较清楚。背面较平。残宽5.5、残高3.7厘米。（图九五E；拓片四五A）

820/SH493③：136，腹鋬范，稍残。分层线明显，面范泥质，呈青灰色，背范夹砂，呈浅灰色。未见榫卯。右侧有爵鋬的型腔，已残。面范爵的腹部饰兽面纹，以云雷纹衬地，纹饰较清楚。背面较平。残宽6.9、残高6.2厘米。（图九五E；彩版一七四）

821/SH493④：62，腹部范，残，分层线明显，面范泥质，背范夹砂，青灰色。未见榫卯。面范爵的腹部饰以云雷纹构成的兽面纹，纹饰较清楚。右侧有爵鋬的型腔，已残。残宽6.7、残高7.1厘米。（图九五E；彩版一七四）

822/SH493④：69，腹鋬范，稍残。分层线不明显，但面范泥质，呈青灰色，背范夹砂，呈红褐色。左、右分型面各发现二卯，左一残，下分型面有一榫。左侧有一爵鋬型腔，鋬内侧有一小卯。面范爵的腹部饰兽面纹，以云雷纹衬地，纹饰大部分已脱落，较模糊。背面较平。残宽8.4、残高8.7厘米。（图九五E；彩版一七四）

823/SH493④：70，腹鋬范，残。分层线明显，面范泥质，较薄，背范夹砂，青灰色，背面局部微泛红。下分型面有二榫，左、右分型面各发现一榫，右侧有一爵鋬的型腔，鋬内侧有一小卯，当与鋬内侧的泥芯相扣合。面范饰兽面纹，以云雷纹衬地，纹饰大部分已脱落，较模糊。背面较平。下、右分型面残留少许淡红色细泥浆。残宽7.9、残高6.4厘米。（图九五E；彩版一七四）

824/SH493④：71，腹部范，残。有分层线，面范泥质，较薄，背范夹细砂，灰褐色。没有发现榫卯。面范爵口沿下饰三角纹，腹部饰兽面纹，以云雷纹衬地或填空，左侧有扉棱，纹饰大部分已脱离，较模糊。背面较平。残宽5、残高6.4厘米。（图九五F；彩版一七四）

825/SH493④：82，足的外包范，残。看不出分层线，泥质，红褐色。未见榫卯。面范上有一爵足的外轮廓线。背面较平。残宽4.9、残高10.4厘米。（图九五F；彩版一七四）

826/SH493④：133，足的外包范，残。薄胎，看不出分层线，夹细砂，红褐色。未见榫卯。面范上有一爵足的外轮廓线。其右侧向内折起。背面较平整。残宽4.8、残高6.5厘米。（彩版一七五）

827/SH493⑤：85，腹流范，残。分层线明显，但面范和背范均泥质，青灰色，局部泛红。右分型面发现二榫。面范饰兽面纹，以云雷纹衬地，右侧有扉棱，花纹大部分脱落，较模糊。背面较平。残宽7.9、残高8.5厘米。（图九五F；彩版一七五）

828/SH493⑤：131，足的外包范，残。无分层线，夹砂，红褐色。未见榫卯。面范上有一爵足的外轮廓线。背面磨损得较平。残宽6.7、残高6.6厘米。（图九五F；彩版一七五）

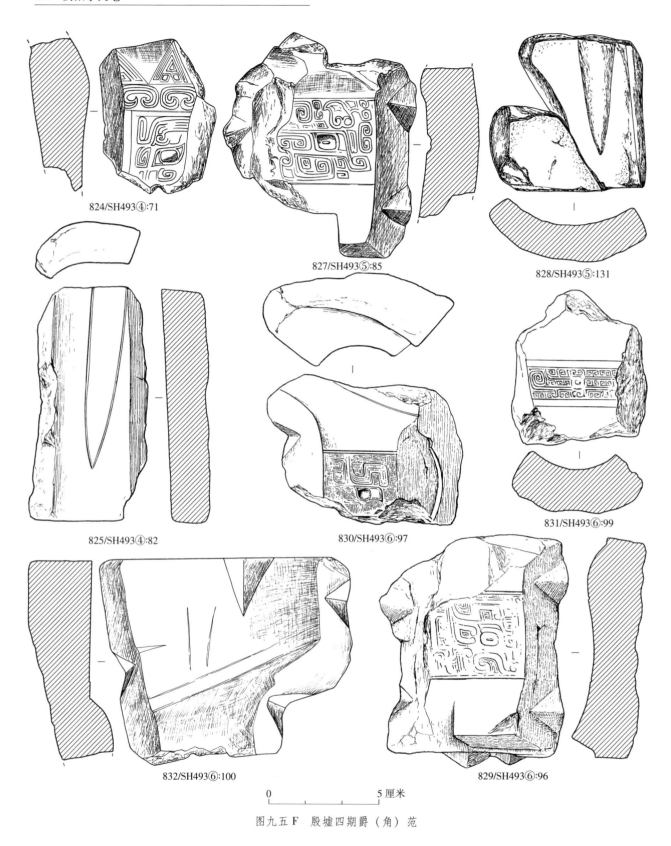

824/SH493④:71

827/SH493⑤:85

828/SH493⑤:131

825/SH493④:82

830/SH493⑥:97

831/SH493⑥:99

832/SH493⑥:100

829/SH493⑥:96

0　　　　　　　　5厘米

图九五F　殷墟四期爵（角）范

829/SH493⑥:96，腹部范，残。有分层线，面范泥质，呈青灰色，上部少许泛红，背范夹砂，呈红褐色。下分型面有二榫，左、右分型面各发现二榫，左一残。面范饰兽面纹，纹饰几乎全部脱落，模糊。面范下部有爵足的型腔，内残留有烟炱。背面较平，手指印较浅。此爵垂直分为四扇范，水平

分范的位置在下腹部近底处。残宽7.8、残高9.7厘米。（图九五F；彩版一七五）

830/SH493⑥：97，腹翼錾范，残。有分层线，面范泥质，背范夹砂，青灰色。左分型面发现一卯。右侧有錾，錾上部饰兽头，錾内侧与面范相接处有一小卯，应是与錾内侧的芯上的小榫相扣合。面范饰兽面纹，以云雷纹填空，纹饰部分脱落，较清楚。背面较平，手指印较浅。此爵以翼的中线和錾上兽头中线进行垂直分范。残宽8、残高5.9厘米。（图九五F；彩版一七五）

831/SH493⑥：99，腹部范，残。有分层线，面范泥质，背范夹砂，青灰色。未见榫卯。面范爵的腹部饰带状云雷纹勾勒而成的兽面纹，其上、下皆饰弦纹，纹饰部分脱落，较清楚。背面凹凸不平，有较多手指印。残宽5.6、残高6.4厘米。（图九五F；彩版一七五）

832/SH493⑥：100，翼范，残。有分层线，面范泥质，呈青灰色，背范夹细砂，呈深灰色。左分型面发现一卯，右分型面发现二卯，范面翼的上部发现二卯，此两卯应是与芯座上的榫相扣合。未见纹饰。背面较平。此范以翼的中线进行垂直分范。残宽11.3、残高8.8厘米。（图九五F；彩版一七六）

833/SH493⑥：103，腹翼范，残。分层线不甚明显，但面范泥质，较薄，背范夹砂，青灰色。左、右分型面各发现一卯，左卯残。面范爵的腹部饰兽面纹，以云雷纹衬地，其上饰列旗纹，纹饰部分脱落，较模糊。背面较平。残宽7.7、残高6.5厘米。（图九五G；彩版一七六）

834/SH493⑦：107，流范，残。看不出分层线，泥质，青灰色。下分型面发现一卯，范面流上部后端有一弧形缺口，是置爵柱帽范的地方。未见纹饰。背面较平。此范以流的中线进行垂直分范。残宽9.5、残高10.1厘米。（图九五G；彩版一七六）

835/SH550：1，腹翼范，翼部残。有分层线，面范较薄，泥质，深灰色，背范细夹砂，青灰色，局部微泛红。下分型面有二榫。左分型面发现一卯，残。面范爵的腹部饰兽面纹，以云雷纹衬地，花纹少部分脱落，较清楚。背面不平。口沿上的范面还残留有淡红色稀泥浆。残宽8.4、残高8.3厘米。（图九五G；拓片四五B；彩版一七六）

836/SH648：4，腹錾范，残。分层线明显，但面范和背范均夹细砂，面范呈红褐色，表面由于与铜液接触呈深灰色，背面为土色，微泛褐。爵錾内侧有一蘑菇状卯，当与錾芯相扣合。面范爵的上腹部饰两道弦纹，其他部分素面。錾内壁残留有烟炱。背面较平。此范以錾的中线进行垂直分范。残宽4.2、残高6.5厘米。（图九五G；彩版一七六）

837/SH648：5，腹錾范，上部残。分层线明显，面范泥质，呈青灰色，背范夹砂，灰褐色。下分型面有一卯，左分型面发现一榫，右分型面发现二榫。面范爵的腹部饰以云雷纹勾勒而成的兽面纹，其他部分又以云雷纹填空，纹饰大部分已脱落，较模糊。背面较平，手指印较浅。此范以錾的中线进行垂直分范，水平分范的位置在腹的下部近。残宽7.4、残高8.3厘米。（图九五G；彩版一七六）

838/SH648：7，腹流范，残。分层线明显，面范泥质，灰黑色，背范夹砂，呈红褐色，局部泛青。左、右分型面各发现一榫。面范爵的上腹部饰一周联珠纹，下部残留甚少，仅见云雷纹，流部素面。口沿上有两道横向平行设计线，上线与流的上部设计线重合，向上有三道竖向平行设计线，为爵柱的定位线，再上出一平台，平台边缘发现一榫，平台为组装柱帽范而设。背面较平，手指印较浅。范面口沿上部残留有烟炱。残宽8.1、残高6.6厘米。（图九五G；彩版一七七）

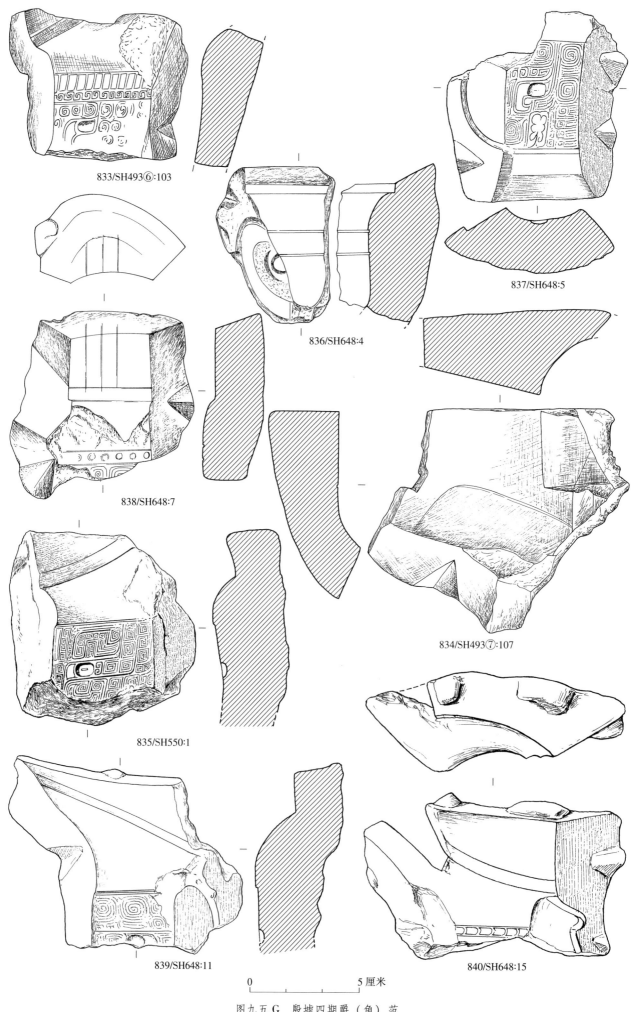

833/SH493⑥:103

837/SH648:5

836/SH648:4

838/SH648:7

834/SH493⑦:107

835/SH550:1

839/SH648:11

840/SH648:15

0   5厘米

图九五G 殷墟四期爵（角）范

839/SH648：11，腹翼鋬范，下部残。分层线明显，面范泥质，下部呈青灰色，上部呈红褐色，背范夹砂，呈红褐色。上分型面发现一榫，左分型面发现二卯，其一残。鋬上饰牛头，腹部饰兽面纹，以云雷纹填空，纹饰大部分已脱落，较模糊。背面较平，手指印较浅。范面上部及左分型面上部残留有烟炱。此范没有范头，上分型面的榫应是为扣合范头所设。残宽 8.3、残高 8.4 厘米。（图九五 G；彩版一七七）

840/SH648：15，腹翼鋬范，下部残。分层线不明显，但面范泥质，呈青灰色，表面有一层灰黑色氧化层。背范夹砂，呈红褐色。上分型面有二榫，左分型面发现一榫，右分型面发现二榫。面范爵的腹部由于残留甚少而不详，口沿下饰一周重环纹。背面较平，手指印较浅。此范没有范头，上分型面的二榫应是为扣合范头所设。残宽 11.6、残高 6.3 厘米。（图九五 G；彩版一七七）

841/SH648：16，流范，残。看不出分层线，夹砂，范面涂有烟炱，呈黑灰色，胎和背面呈红褐色。上分型面发现一榫，下分型面发现一卯。未见纹饰。背面较平。此范以流的中线进行垂直分范。此范没有范头，上分型面的榫应是为扣合范头所设。残宽 8.8、残高 5.9 厘米。（图九五 H；彩版一七七）

842/SH648：18，腹鋬范，残。看不出分层线，但面范泥质，青灰色，背范夹砂，红褐色。左、右分型面各发现一卯，下分型面发现一榫。面范爵的腹部饰兽面纹，以云雷纹衬地，纹饰大部分已脱落，较模糊。背面较平。鋬内范面残留有烟炱。此范以鋬的中线进行垂直分范，水平分范的位置在腹的下部近底处。残宽 8、残高 5.5 厘米。（图九五 H；彩版一七七）

843/SH648：23＋24、25、27、28，应系同一爵足范，皆残。夹砂。爵底和爵足的型腔内均残留有烟炱。

843－1/SH648：23＋24，红褐色，局部泛青。上部内凹，为爵底的型腔，两侧发现两条爵足的型腔，其一甚残。两足之间有一条形卯，当是与爵足下段范相扣合。残宽 5.1～7.6、残高 10.5 厘米。（图九五 H；彩版一七八）

843－2/SH648：25，表层呈浅灰色，胎呈红褐色。底部平整，侧面发现一条爵足的型腔。残宽 5.9、残高 5.8 厘米。（彩版一七八）

843－3/SH648：27，表层呈红褐色，局部泛青。上部内凹，为爵底的型腔，两侧发现两条爵足的型腔，皆残。两足之间有一横向条形卯，残，当是与爵足下段范相扣合。残宽 2.3、残高 4.8 厘米。（彩版一七八）

843－4/SH648：28，表层呈红褐色，局部泛青，胎呈灰褐色。底部较平，侧面发现一条爵足的型腔。残宽 4.3、残高 4.2 厘米。（图九五 H；彩版一七八）

844/SH648：35，腹流范，残。分层线较明显，面范泥质，青灰色，局部微泛褐，背范夹砂，红褐色。右分型面系切割后用手掰开，内侧光滑，切割痕迹明显，表面残留少许淡红色泥浆，外侧粗糙不平，手掰所致。面范爵流素面，腹部残存较少，似饰以云雷纹构成的兽面纹，纹饰大部分已脱落，较模糊。爵口沿及流上有一道横向设计线，向上有两道竖向平行设计线，为爵柱的定位线，再上出一半圆形平台，平台边缘发现一榫，平台为组装柱帽范而设。范面及平面表面有较多烟炱。背面手指印较浅。残宽 7.3、残高 7.8 厘米。（图九五 H；彩版一七八）

845/SH648：36，腹流鋬范，残。分层线明显，面范泥质，深灰色，内胎呈青灰色，背范夹砂，红褐色。左分型面发现一榫。面范爵的腹鋬残存甚少，流素面，口沿上有两道横向平行设计线，上线与

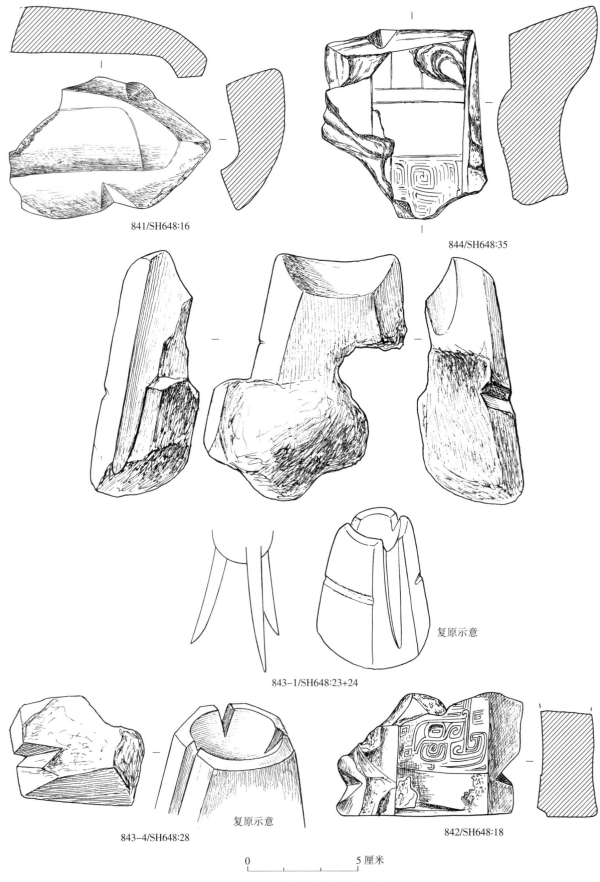

841/SH648:16

844/SH648:35

843-1/SH648:23+24

复原示意

843-4/SH648:28

复原示意

842/SH648:18

0   5厘米

图九五 H 殷墟四期爵（角）范

流的上部设计线重合，向上有三道竖向平行设计线，为爵柱的定位线，再上出一平台，平台边缘发现一榫，平台为组装柱帽范而设。背面手指印较浅，有一道横向凹槽，便于用绳捆绑。残宽8.7、残高6.8厘米。（图九五 I；彩版一七九）

846/SH648：37、38，应属同一件爵的腹部范，皆残。有分层线，面范泥质，背范夹砂，红褐色。面范爵的腹部饰兽面纹，以云雷纹衬地，其下饰一周重环纹，纹饰部分脱落，较清楚。

846－1/SH648：37，左分型面发现二卯，下卯残。腹下部出一台，内残留一些烟炱。残宽5、残高5.7厘米。（图九五 I；彩版一七九）

846－2/SH648：38，内胎泛青灰。未见榫卯。背面磨损得较平。残宽5.7、残高5.1厘米。（图九五 I；拓片四五 B；彩版一七九）

847/SH648：44，应是爵的范头，稍残。无分层线，夹砂，红褐色，表面涂有烟炱，呈灰黑色。下分型面发现一榫，应与爵范口沿上部的卯相扣合，正面中部有一个横向长方形大榫，应与芯头上卯相扣合。残宽6.6、残高6.1厘米。（彩版一七九）

848/SH648：49、54、55、63，可能系同一件爵的足范，皆残。它们质、色及形制基本相同。无分层线，夹砂，红褐色，内胎微泛灰。左右两侧面各设一足的型腔，皆残，型腔内涂有烟炱，呈灰黑色。两足之间的范面中部均设一个长梭形横榫，皆残。

848－1/SH648：49，因甚残，未见左足型腔。残宽5.2、残高3.2厘米。（彩版一七九）

848－2/SH648：54，残宽6.8、残高4.3厘米。（彩版一七九）

848－3/SH648：55，因甚残，未见右足型腔。残宽4.3、残高3.5厘米。（彩版一八〇）

848－4/SH648：63，因甚残，未见右足型腔。残宽3.9、残高3.3厘米。（彩版一八〇）

849/SH648：50、64，可能系同一件爵的足范，皆残。质、色及形制两者基本相同。无分层线，夹砂，表面与铜液接触部分涂有烟炱，呈灰黑色，外层呈红褐色，内胎呈灰褐色。上面中部内凹，圜地，为爵底型腔，侧面有两足的型腔，皆残。

849－1/SH648：50，残宽5.2、残高4.8厘米。（彩版一八〇）

849－2/SH648：64，残宽6.6、残高4厘米。（图九五 I；彩版一八〇）

850/SH649：26，腹錾范，残。分层线明显，面范较薄，泥质，背范夹砂，青灰色，背面局部微泛红。右分型面发现一榫。面范饰兽面纹，以云雷纹衬地，纹饰部分脱落，较模糊。右侧有錾。背面较平，手指印较浅。此范以錾进行垂直分范，水平分范的位置在腹下部近底处。残宽8.5，残高8.1厘米。（图九五 I；彩版一八〇）

851/SH649：27，流范，残。看不出分层线，夹砂，青灰色，背面微微泛红。下分型面和流的前端各发现一卯，流前端的卯应与盖范上的榫扣合。爵流后端上部预留有弧形平台，残，用以安置爵的柱帽范。面范有爵流边沿的设计线。背面凹凸不平，手指印较深。残宽10.1、残高11.7厘米。（图九五 I；彩版一八〇）

852/SH649：28，流范，残。看不出分层线，泥质，青灰色。下分型面发现一卯。爵流后端上部预留有弧形缺口，缺口下部为平面，用以安置爵的柱帽范。面范素面，有爵流边沿和爵口沿的设计线。面范流上部刻划一"十"字记号。背面凸起一支脚，手指印较浅。残宽9.2、残高7.4厘米。（图九五 I；彩版一八一）

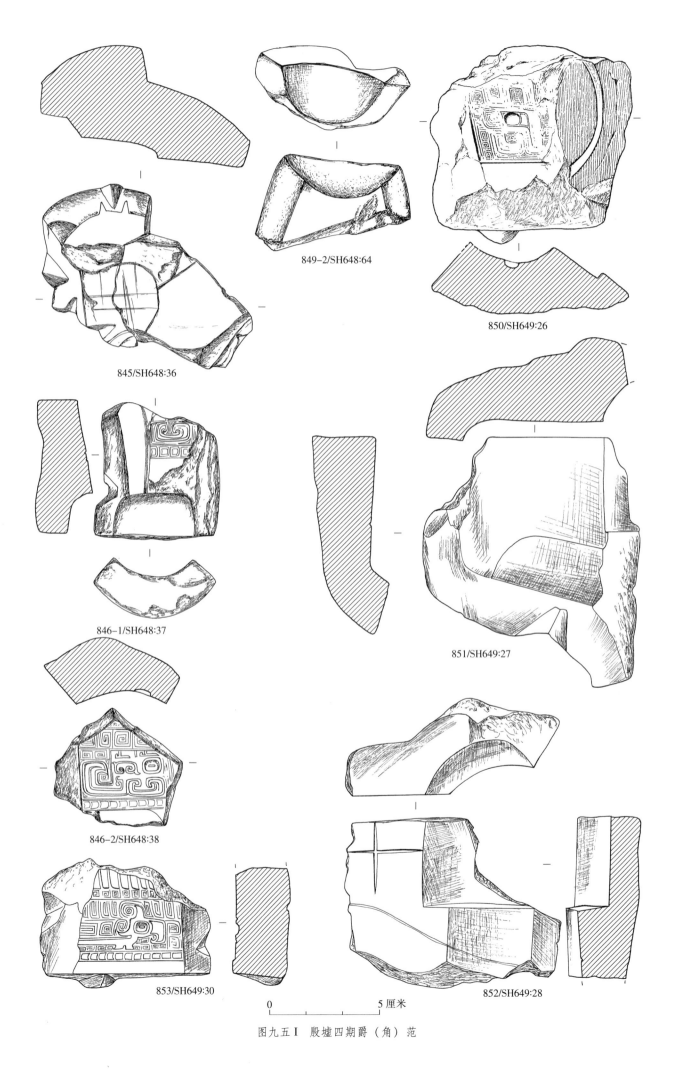

849-2/SH648:64

850/SH649:26

845/SH648:36

846-1/SH648:37

851/SH649:27

846-2/SH648:38

853/SH649:30

852/SH649:28

0   5 厘米

图九五 I　殷墟四期爵（角）范

853/SH649：30，腹部范，上部残。分层线不明显，泥质，面范呈红褐色，表面泛青，背面局部为青灰色，局部泛红。下分型面有一榫，左、右分型面各发现一卯。面范饰兽面纹，以云雷纹衬地，下部饰一周重环纹，纹饰大部分已脱落，较模糊。背面较平，有一道凹槽，是加固陶范捆绑草绳的地方。手指印较浅。此爵垂直分为四扇范，水平分范的位置在腹下部近底处。残宽7.6、残高4.8厘米。（图九五Ⅰ；彩版一八一）

854/SH649：33，腹部范，上部残。分层线明显，面范泥质，背范夹砂，青灰色。下分型面有一榫，左、右分型面各发现一榫，左残。面范爵的腹部饰以云雷纹勾勒而成的兽面纹，其他部分又以云雷纹填空，纹饰大部分已脱落，较模糊。背面较平。分型面残留有淡红色细泥浆。残宽7.2、残高8.3厘米。（图九五J；彩版一八一）

855/SH649：46，流腹鋬范，残。看不出分层线，泥质，青灰色。右分型面发现一卯，面范爵流前端上部有二卯。爵流后端上部有弧形平台，残，是置爵的柱帽范的地方。爵流边沿有设计线。面范素面。背面中部隆起。此范以流的中线进行垂直分范。残宽9.7、残高9.5厘米。（图九五J；彩版一八一）

856/SH649：114，足的外包范，残。看不出分层线，薄胎，夹细砂，红褐色，右分型面泛灰。未见榫卯。面范刻划出爵足的轮廓线。背面较平，有草绳捆绑痕迹。残宽5.8、残高5.9厘米。（彩版一八一）

857/SH649：117，腹鋬范，残。分层线明显，面范薄，泥质，青灰色，背范厚，夹砂，浅褐色，局部泛青灰。下分型面有一榫，右侧设有鋬的型腔。面范饰兽面纹，以云雷纹填空，纹饰大部分已脱落，较模糊。背面较平。残宽9.1、残高6.5厘米。（图九五J；彩版一八一）

858/SH649①：51，腹鋬范，残。分层线明显，面范泥质，较薄，背范夹砂，青灰色，背面局部微泛红，下分型面有一榫，右分型面发现二卯，其一残，上部残留有爵流少许，左侧有鋬的型腔，鋬内侧有一小卯，当与鋬内侧的泥芯扣合。面范爵的腹部饰兽面纹，以云雷纹填空，纹饰部分脱落，较清楚。背面较平。残宽7.3、残高8.7厘米。（图九五J；彩版一八二）

859/SH649①：52，腹鋬范，上部残。有分层线，泥质，青灰色，背面局部微泛红。下分型面有一榫，左、右分型面各发现一榫。右侧有鋬的型腔，鋬下为爵足的型腔。面范饰兽面纹，以云雷纹衬地，纹饰大部分已脱落，较模糊。背面较平。此爵垂直分为四扇范，水平分范的位置在腹下部近底处。残宽8.5、残高6.5厘米。（图九五J；彩版一八二）

860/SH649②：54，腹部范，上部稍残。有分层线，面范泥质，背范夹砂，红褐色，局部泛青。左、右分型面各有二卯，下分型面有二榫。面范饰兽面纹，以云雷纹衬地，左侧有扉棱，花纹部分脱落，较清楚。背面较平。残宽6.9、残高8.5厘米。（图九五J；拓片四五B；彩版一八二）

861/SH649④：62，流范，残。看不出分层线，夹砂，青灰色，背面大面积泛红。右分型面发现一卯，范面流前端有二卯，它们方向垂直。面范未见纹饰，有流的边沿设计线。背面较平，中部凸起。此范以流的中线进行垂直分范。残宽9.2、残高7厘米。（图九五K；彩版一八二）

862/SH649④：63，腹翼范，稍残。分层线明显，面范和背范均泥质，青灰色。下分型面和左、右分型面各有一榫。面范爵的腹部饰兽面纹，以云雷纹衬地，花纹大部分脱落，较模糊。面范的右下角是爵足的型腔。背面较平。此范是从翼的中线进行垂直分范，垂直分为四扇范，水平分范的位置在腹的下部近底处。残宽7.3、残高9.7厘米。（图九五K；彩版一八二）

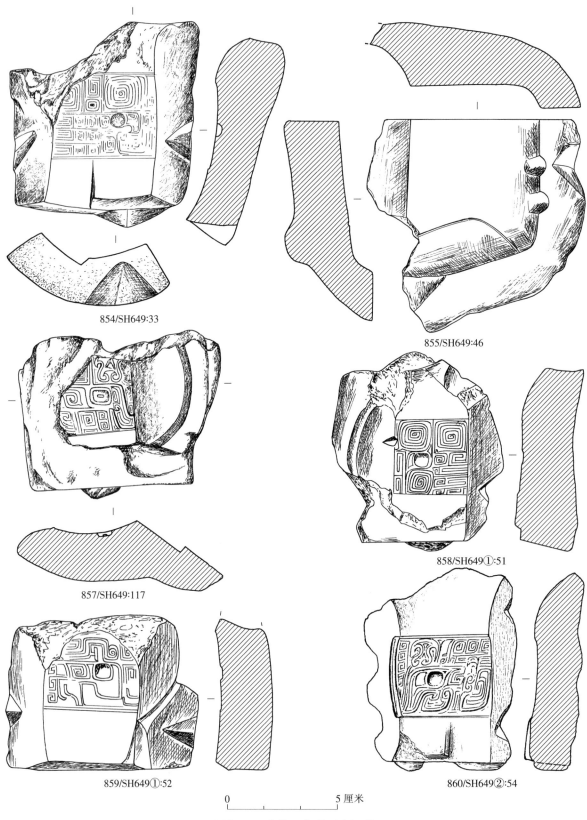

854/SH649:33

855/SH649:46

857/SH649:117

858/SH649①:51

859/SH649①:52

860/SH649②:54

0　　　　　　　5厘米

图九五 J　殷墟四期爵（角）范

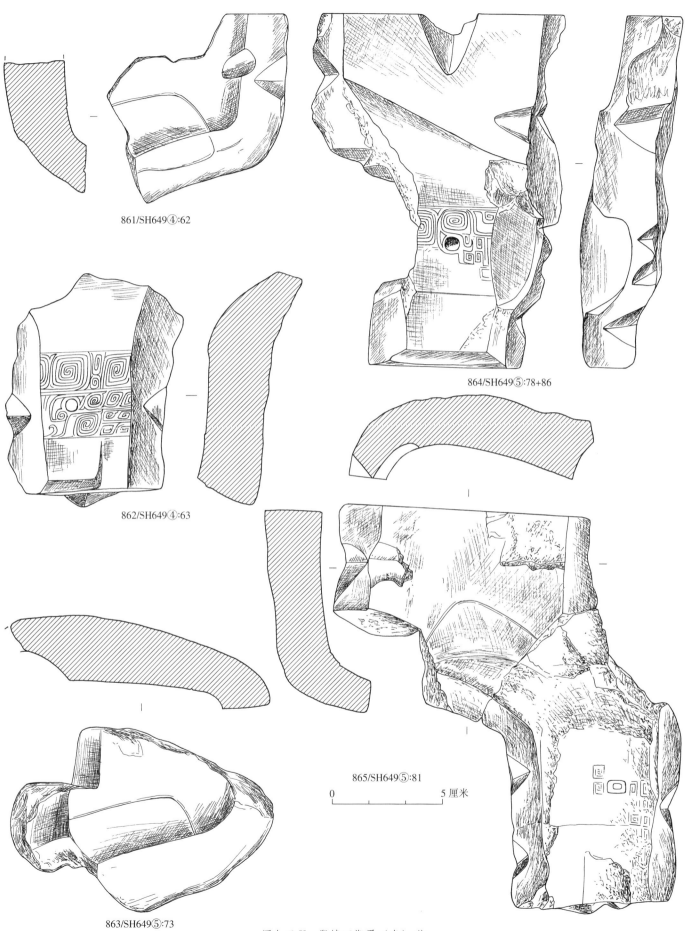

861/SH649④:62

862/SH649④:63

863/SH649⑤:73

864/SH649⑤:78+86

865/SH649⑤:81

0   5 厘米

图九五 K　殷墟四期爵（角）范

863/SH649⑤：73，流范，残。看不出分层线，夹细砂，面范浅灰色，局部泛红，背面呈红褐色。上分型面发现一卯，范面爵流前端上部有一卯，此卯应是与爵芯上的榫相扣合，爵流后端上部有一弧形缺口，底平，是安装爵的柱帽范的位置，下有爵柱设计线。面范未见纹饰，有流的边沿设计线。面范爵流前端和弧形缺口底面残留有烟炱。背面凸起一支脚。此范以流的中线进行垂直分范。残宽11.8、残高8.3厘米。（图九五K；彩版一八二）

864/SH649⑤：78＋86，腹鋬翼范，稍残。有分层线，面范泥质，背范夹砂，青灰色，局部泛红。左、右分型面各发现三卯，左二残，面范翼的上部有一三角形卯。面范爵的腹部饰兽面纹，以云雷纹衬地，鋬上饰兽头，花纹大部分脱落，较模糊。面范表面有烟炱痕迹。背面较平。此范从鋬和翼的中线垂直分为四扇范，水平分范的位置在腹的下部近底处。残宽11.2、残高15.5厘米。（图九五K；彩版一八三）

865/SH649⑤：81，腹流范，稍残。看不出分层线，泥质，正面青灰色，背面泛红。左分型面发现三卯，右分型面发现二卯，其一残，面范流的顶端有一三角形卯，爵流后端上方有弧形缺口，平底，是置爵的柱帽范的地方。面范爵的腹部所饰纹饰已全部脱落。面范表面局部有烟炱痕迹。背面较平。此范从流的中线垂直分为四扇范，水平分范的位置在腹的下部近底部。此范与864/SH649⑤：78＋86应是同一爵范。残宽11.2、残高17厘米。（图九五K；彩版一八三）

866/SH649⑤：87、100，系两扇可以相互扣合的爵流范，均残。有分层线，流的面范泥质，其他部位均夹砂。范面有烟炱。

866－1/SH649⑤：87，面范青灰色，背面红褐色。右分型面发现一榫，下分型面发现一卯，范面流前端上部并排二长方形卯，下卯应与爵芯上的榫相扣合，上卯应与范头上的榫相扣合。背面发现一支脚。残宽8、残高8.8厘米。（图九五L；彩版一八三）

866－2/SH649⑤：100，面范呈灰黑色，胎和背面红褐色。下分型面发现一榫，可与865/SH649⑤：81下分型面上的卯相扣合。背面较平。残宽8.5、残高9.5厘米。（图九五L；彩版一八三）

867/SH649⑤：88，腹鋬范，稍残。分层线明显，面范泥质，较薄，青灰色，背范夹砂，灰黑色，局部微泛红。下分型面有一榫，左分型面发现一卯，右分型面有二卯。左侧有爵鋬的型腔，鋬内侧有一小卯，当与鋬内侧泥芯相扣合。面范饰兽面纹，以云雷纹衬地，纹饰大部分已脱落，较模糊。背面较平。下分型面残留有淡红色细泥浆。残宽7.3、残高9.3厘米。（图九五L；彩版一八三）

868/SH649⑤：89，翼范，残。有分层线，爵翼及其附近的面范为泥质，青灰色，其余部分和背范夹砂，泛红。左、右分型面各发现一卯，范面爵翼上部有一三角形卯，此卯应是与爵芯上的榫相扣合。面范未见纹饰，有爵翼口沿的设计线。面范局部残留有烟炱。背面较平，凸起一支脚。此范以翼的中线进行垂直分范。残宽10.8、残高8.4厘米。（图九五L；彩版一八三）

869/SH649⑤：91，腹部范，稍残。分层线明显，面范泥质，背范夹砂，青灰色。左分型面发现二榫，其一残，右、下分型面各发现一榫。面范饰兽面纹，以云雷纹衬地，纹饰部分脱落，较模糊。面范鋬内残留有烟炱，下分型面残留有淡红色泥浆。背面较平，手指印浅。残宽8.7、残高11.8厘米。（图九五M；彩版一八四）

870/SH649⑤：92，腹鋬范，稍残。分层线明显，面范较薄，泥质，背范夹砂，青灰色。下分型面有一榫，左分型面发现一榫，右分型面发现二榫。面范饰兽面纹，纹饰大部分已脱落，较模糊。右侧

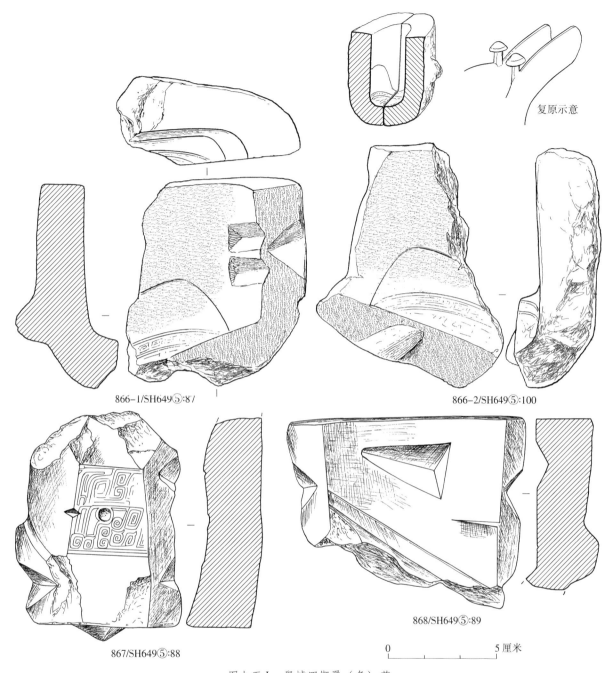

复原示意

866-1/SH649⑤:87　　　　　866-2/SH649⑤:100

867/SH649⑤:88　　　　　868/SH649⑤:89

0　　　　　　　　　　5 厘米

图九五 L　殷墟四期爵（角）范

有鋬，鋬下有爵足的型腔，鋬内残留有烟炱。背面较平，手指印较浅。此范从鋬上进行垂直分范，水平分范的位置在腹的下部。残宽8.8、残高9.6厘米。（图九五 M；彩版一八四）

871/SH649⑤：97，腹翼范，稍残。有分层线，面范较薄，泥质，背范夹砂，青灰色。下分型面有一榫，左、右分型面各发现二榫。面范饰兽面纹，以云雷纹衬地，纹饰大部分已脱落，模糊。背面较平，右分型面残留有淡红色细泥浆。残宽7.1、残高9.9厘米。（图九五 M；彩版一八四）

872/SH664③：98，腹鋬范，残。看不出分层线，泥质，青灰色。下、左分型面各发现一卯，右分型面发现一榫，左侧有鋬。面范所饰纹饰几乎全部脱落，只有兽面纹的一只眼睛较清楚。背面较平。此范从鋬的中线垂直分范，水平分范的位置在腹的下部近底部。残宽8.6、残高6.7厘米。（图九五 M；

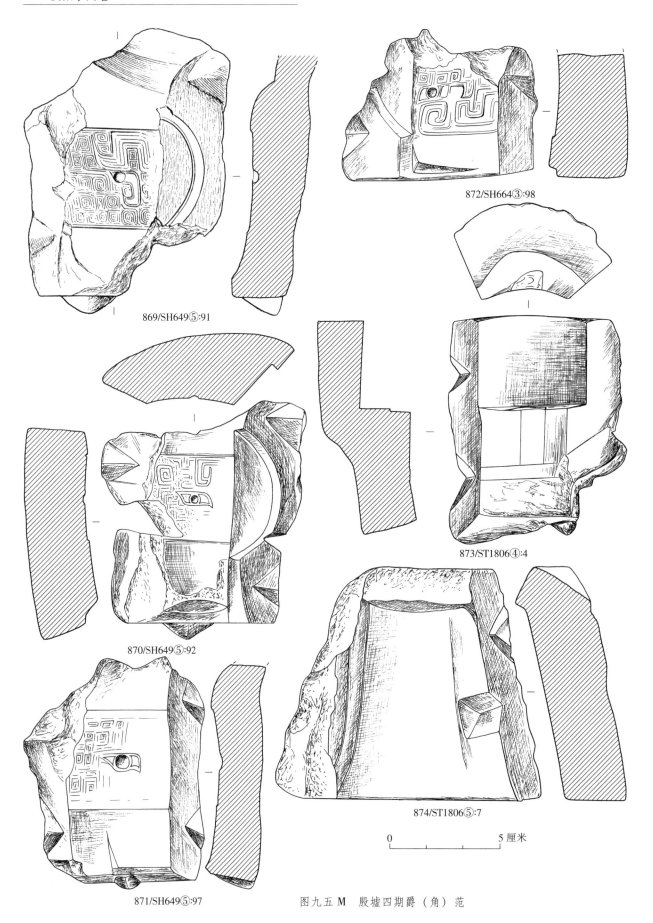

869/SH649⑤:91

872/SH664③:98

870/SH649⑤:92

873/ST1806④:4

871/SH649⑤:97

874/ST1806⑤:7

0   5厘米

图九五 M 殷墟四期爵（角）范

彩版一八四)

873/ST1806④：4，柱帽范，残。看不出分层线，泥质，青灰色。左分型面发现二卯。面范未见纹饰，有爵的口沿、流、柱的设计线。上部有一半圆形平台，完整，其底平，是安装爵的柱帽范的地方，平台内局部残留有烟炱。背面凹凸不平，手指印较深。残宽7.5、残高9.5厘米。（图九五 M；彩版一八四）

874/ST1806⑤：7，足的外包范，稍残。看不出分层线，泥质，青灰色，局部泛红，上分型面有一卯，右分型面有二榫。范面左侧有一爵足的设计线，且残留有烟炱，范面右侧中部一卯，当与爵的顶范相扣合。背面较平，上部出台。此爵水平分为上、下两段，下段由顶范和三块下段范一起封闭起三足型腔。残宽11.7、残高10厘米。（图九五 M；彩版一八四）

875/ST1906③：8，腹鋬范，右上角残。看不出分层线，泥质，青灰色，面范微泛褐色。左、下型面各有一榫。面范饰兽面纹，以云雷纹衬地，花纹部分已脱落。背面凹凸不平。此范从鋬中部进行垂直分范，水平分范的位置在下腹部近底处。残宽8、残高7.1厘米。（图九五 N；彩版一八五）

876/ST1906③：14，腹鋬翼范，稍残。看不出分层线，泥质，青灰色，局部微泛红。下分型面有一卯，左分型面有三卯，右分型面有二卯。面范爵的腹部和翼下所饰纹饰几乎全部脱落，不辨。右侧有鋬。背面较平。此爵从鋬的中线和翼的中线垂直分为四扇范，水平分范的位置在下腹部近底处。残宽8.3、残高9.9厘米。（图九五 N；彩版一八五）

877/ST1906③：17，流范，残。看不出分层线，泥质，青灰色。下分型面发现三卯，面范流的前端上部有一卯。面范素面，有爵流边沿的设计线。爵流后端上部有一半圆形缺口，残，其底平，是安装爵的柱帽范的地方，其下有爵柱的设计线。背面凹凸不平。此范从流的中部进行垂直分范。残宽11.7、残高10.5厘米。（图九五 N；彩版一八五）

878/ST1906④：8，腹鋬范，左上角残。看不出分层线，泥质，面范浅褐色，背面青灰色，局部泛红。右分型面发现一小榫，下分型面有二卯。面范饰兽面纹，以云雷纹衬地，花纹大部分已脱落，较模糊。背面凹凸不平。此范从鋬的中线进行垂直分范，水平分范的位置在下腹部近底处。残宽8.1、残高6.2厘米。（图九五 N；彩版一八五）

879/ST1906④：15，腹部范，稍残。看不出分层线，泥质，青灰色，局部微泛红。左、右分型面各发现一卯。面范饰兽面纹，花纹大部分已脱落，较模糊。此爵垂直分为四扇范，水平分范的位置在下腹部近底处。残宽7.4、残高7.7厘米。（图九五 O；彩版一八五）

880/ST1906④：20，腹部范，稍残。看不出分层线，泥质，面范的含沙量少于背范，青灰色，背面局部微泛红。下分型面有一榫，左、右分型面各发现一榫，左残。左侧有鋬。面范所饰纹饰几乎全部脱落，不辨。背面较平。此爵以鋬垂直分为四扇范，水平分范的位置在下腹部近底处。残宽8.4、残高7.9厘米。（图九五 O；彩版一八五）

881/ST2006③：10+25，腹部和柱帽范，残。分层线不甚明显，但面范泥质，背范夹砂，背面大面积泛红。下、左、右分型面各发现一榫。面范爵的腹部饰兽面纹，以云雷纹衬地，纹饰大部分已脱落，较模糊。爵的口沿及流上部有一道设计线，其上又有两道竖向爵柱的设计线，再上有一弧形平台，当是放置爵帽范的地方。残宽5.8、残高12.3厘米。（图九五 O；彩版一八六）

882/ST2006③：24，翼范，残。有分层线，面范泥质，青灰色，背范夹砂，局部泛褐色。范面翼

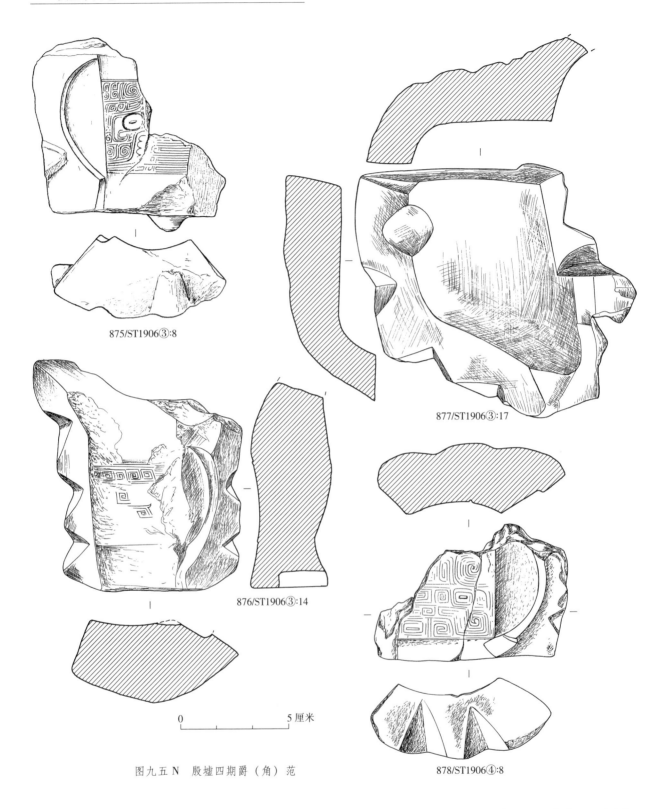

875/ST1906③:8

877/ST1906③:17

876/ST1906③:14

878/ST1906④:8

0   5 厘米

图九五 N 殷墟四期爵（角）范

的上方发现一卯，可与爵芯上的榫扣合。面范翼下三角蕉叶纹。背面较平。残宽 7.2、残高 8.4 厘米。（图九五 O；彩版一八六）

883/ST3007②：1，腹鋬范，残。分层线明显，面范泥质，背范夹砂，青灰色，局部微泛红。左分

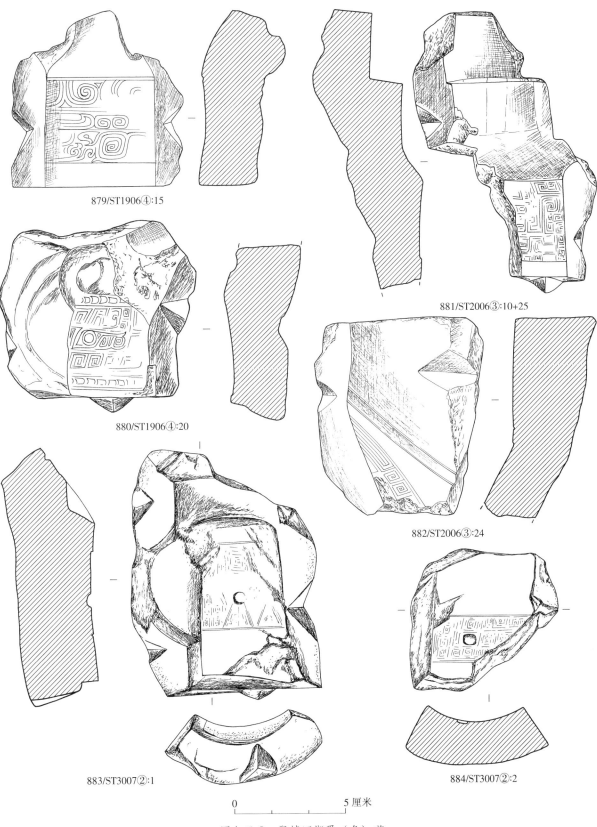

879/ST1906④:15

880/ST1906④:20

881/ST2006③:10+25

882/ST2006③:24

883/ST3007②:1

884/ST3007②:2

0　　　　　　5厘米

图九五〇　殷墟四期爵（角）范

型面发现二卯，下分型面发现一榫。面范爵的腹部饰兽面纹，以云雷纹衬地，花纹大部分脱落，较模糊。鍪下分型面和下分型面残留少量淡红色细泥浆背面较平，手指印较浅。残宽8.2、残高10.8厘米。（图九五O；彩版一八六）

884/ST3007②：2，腹部范，残。分层线较明显，面范泥质，青灰色，背范夹砂，红褐色。左分型面发现一榫，甚低。面范饰以云雷纹构成的兽面纹，纹饰大部分已脱落，较模糊。背面磨损的较平整。残宽6.5、残高6.1厘米。（图九五O；彩版一八六）

885/ST3107②：4，腹部范，残。有分层线，面范较薄，泥质，背范夹砂，青灰色，局部微泛红。左分型面发现二榫。面范口沿的上部有一大三角形卯，残，此卯应和爵芯上的榫相扣合。此范左分型面上部还留有弧形缺口，与另一扇范扣合后组成半圆形缺口，用以安置爵的柱帽范。面范饰有云雷纹勾勒而成的兽面纹，花纹大部分脱落，较模糊。背面凹凸不平。残宽8.5、残高9.7厘米。（图九五P；彩版一八六）

886/ST3107③：2，腹部范，残。有分层线，但面范和背范均泥质，深灰色，局部微微泛红。左分型面发现一榫，右分型面有二榫。面范腹上部饰带状龙纹，以云雷纹衬地，龙纹上下各饰一周重环纹，花纹大部分已脱落，较模糊。背面较平。此范从后翼中线进行垂直分范，水平分范的位置在下腹部近底处。残宽8.2、残高11厘米。（图九五P；彩版一八六）

887/ST3107③：8，腹部范，稍残。有分层线，但面范和背范均泥质，背面青灰色，面范泛红褐色。左、下型面各有一榫。面范饰兽面纹，以云雷纹衬地，左侧有扉棱，花纹大部分已脱落，较模糊。背面较平。此范从扉棱中线进行垂直分范，水平分范的位置在下腹部近底处。残宽6.3、残高7.3厘米。（图九五P；彩版一八七）

888/ST3107③：16，腹流范，残。分层线明显，但面范和背范均泥质，面范呈青灰色，背面泛灰褐色。左、右分型面各发现一榫。面范爵的口沿处有一道横向设计线，其上有两竖道设计线，当为爵柱的边线，再上有一弧形平台，当是放置爵帽范的地方。爵的腹部饰兽面纹，以云雷纹衬地，流下饰蕉叶纹，内填变形夔龙纹，花纹大部分已脱落，较模糊。背面较平，有一支脚。此范从后翼中线进行垂直分范，水平分范的位置在下腹部近底处。残宽9.1、残高7.4厘米。（图九五P；彩版一八七）

889/ST3203⑥：2，腹部范，残。分层线明显，面范泥质，青灰色，背范夹砂，浅灰色，局部微泛褐。下分型面发现一榫，左分型面发现一卯，残。面范饰几何云纹，纹饰较清楚。背面较平。残宽5.4、残高4.5厘米。（图九五P；彩版一八七）

890/ST3205⑥：3，腹流范，残。有分层线，面范泥质，青灰色，背范夹砂，少许微泛红。右分型面发现一榫，口沿上方有弧形缺口，缺口下为平面，是置爵的柱帽范的地方，爵的口沿和柱的位置均有设计线。面范爵的口沿下饰几何三角纹。背面较平，发现一支脚。残宽8.7、残高9.6厘米。（图九五P；彩版一八七）

891/ST3205⑥：8，腹尾范，残。分层线明显，面范泥质，正面呈浅灰色，内胎呈青灰色，背范夹细砂，背面呈红褐色，内胎呈深灰色。未见榫卯。面范爵的颈部及翼饰三角纹，内填纹饰不辨，腹部饰兽面纹，以云雷纹衬地，地纹较细密。背面粘有少许砂质泥。残宽6.3、残高10.2厘米。（图九五P；彩版一八七）

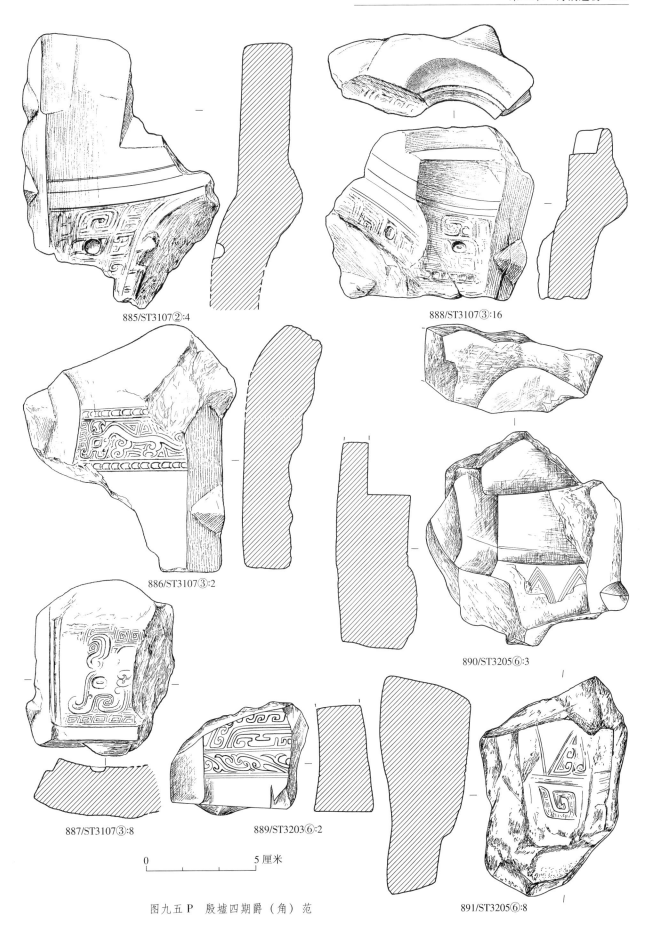

885/ST3107②:4

888/ST3107③:16

886/ST3107③:2

890/ST3205⑥:3

887/ST3107③:8

889/ST3203⑥:2

0   5厘米

图九五 P 殷墟四期爵（角）范

891/ST3205⑥:8

殷墟时期

892/ST2506B③：5，腹部范，残。有分层线，但面范和背范均泥质，面范较薄，呈深灰色。左、右分型面各发现一卯，皆残。面范腹部饰有云雷纹勾勒而成的兽面纹，上、下各饰一周联珠纹，花纹部分脱落，较清楚。背面平。左分型面残留有淡红色稀泥浆。残宽7.9、残高8.3厘米。（图九六；拓片四六；彩版一八七）

（15）斝范

可辨为斝者仅8块，皆为标本。因发现甚少，且多碎小，分范方式不甚清楚，肯定有水平分范，但位置不详。发现有下段垂直分为三扇的斝范，似也有外包三足的现象。

二期

893/SH290②：39，可能是斝的颈部范，残。分层线不明显，但面范泥质，青灰色，背范夹砂，浅褐色。下分型面发现一榫，残。面范饰三角纹，内填云雷纹，纹饰大部分已脱落，较模糊。背面手指印较深。残宽3.4、残高4.1厘米。（图九七；彩版一八八）

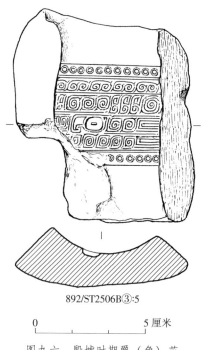

892/ST2506B③:5

0 _____ 5厘米

图九六　殷墟时期爵（角）范

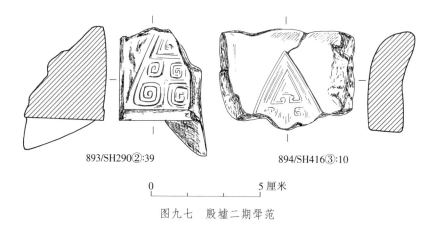

893/SH290②:39　　　　894/SH416③:10

0 _____ 5厘米

图九七　殷墟二期斝范

894/SH416③：10，斝的口部范，残。看不出分层线，泥质，正面呈青灰色，背面呈灰褐色。上分型面发现一小卯。面范斝的口下饰三角蝉纹，纹饰大部分已脱落，较模糊。背面有捆绑绳的痕迹。残宽5.8、残高4.4厘米。（图九七；彩版一八八）

三期

895/SH225：69，斝足范，残。有分层线，面范较薄，泥质，背范夹砂，青灰色。左、右分型面各发现一卯，面范饰蕉叶纹，大部分已脱落，较模糊。面范表面局部发现有淡红色稀泥浆。背面不平。残宽8.6、残高6.7厘米。（图九八；彩版一八八）

896/ST1907⑦：35，斝的颈部范，残。分层线较明显，但面范和背范均泥质，面范呈黄褐色，背面呈青灰色。面范上部饰三角纹，内填云雷纹，下部纹饰几乎全部脱落，不辨。背面凹凸不平，指头

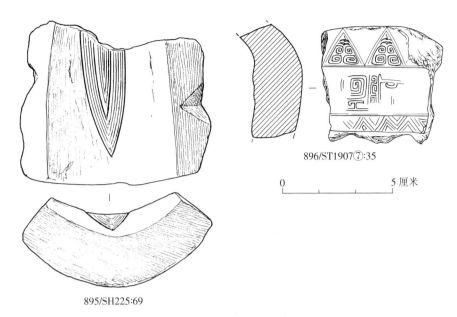

896/ST1907⑦:35

0 _____ 5 厘米

895/SH225:69

图九八 殷墟三期斝范

印较深。残宽5.3、残高4.6厘米。（图九八；彩版一八八）

四期

897/SH233：5，可能是斝的颈部范，残。看不出分层线。泥质，青灰色。左分型面发现一卯，下分型面发现一小榫。面范饰大三角纹，内填蝉纹，纹饰大部分已脱落，较模糊。背面凹凸不平，手指印明显。残宽6.4、残高6.5厘米。（图九九；彩版一八八）

898/SH236：17，应是斝的袋足范，残。分层线明显。面范薄，泥质，青灰色，背范厚，夹少量细砂，红褐色。左、右分型面各发现一榫，左残。面范饰两道平行斜向弦纹，其余素面。背面不平。残宽11.1、残高6.5厘米。（图九九；彩版一八八）

899/ST1906⑤：23，分裆斝的裆部和足部范，残。看不出分层线，泥质，青灰色，背面局部微泛红。右分型面外侧为毛茬，是由于分型时未完全切割所致。面范两足之间有一圆形卯，此卯可与斝三足之间的顶范上的圆榫相扣合的。背面较平。残宽10、残高7.7厘米。（图九九；彩版一八八）

（16）斝范

可辨为斝者47块，其中标本23块。体较小，泥质多于夹砂，青灰色，有的背面局部泛红。多数能看出分层线。纹饰多呈带状，有菱形雷纹、联珠纹、雷纹、兽面纹、斜几何三角纹、涡纹、直棱纹、弦纹等。少数范面涂有淡红色细稀泥和烟炱。

分范方式：无水平分范，垂直分为两扇或四扇。

二期

900/ST2812⑪：9，下腹部和圈足范，残。看不出分层线，泥质，青灰色。右分型面发现一卯。面范斝的下腹部饰瓦纹，圈足饰夔龙纹，以云雷纹衬地，花纹较清楚。背面较平，手指印较浅。残宽5.3、残高6.7厘米。（图一○○；拓片四七；彩版一八九）。

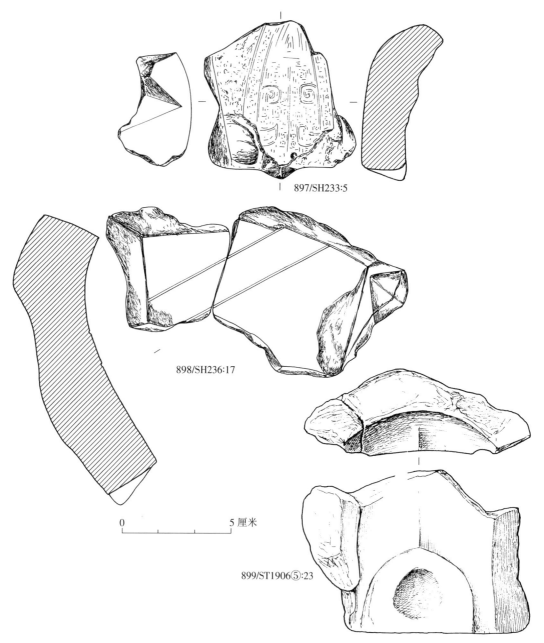

897/SH233:5

898/SH236:17

0   5 厘米

899/ST1906⑤:23

图九九 殷墟四期斝范

三期

901/SH225：35，颈部和腹部范，残。看不出分层线，泥质，面范呈青灰色，背范呈红褐色。左分型面发现一榫。面范觚的腹部饰直棱纹，颈部纹饰几乎全部脱落，不辨，仅辨一眼。背面有数道草绳捆绑痕迹。残宽4.9、残高8.2厘米。（彩版一八九）

902/SH427：5，腹部和圈足范，残。分层线明显，面范泥质，青灰色，背范夹砂，红褐色。下、右分型面各发现一榫。面范觚的腹部素面，仅饰一目纹，圈足饰夔龙纹，以云雷纹衬地，纹饰大部分已脱落，较模糊。腹部和圈足下部表面残留一些烟炱，残宽5、残高7.3厘米。（图一〇一；彩版一八九）

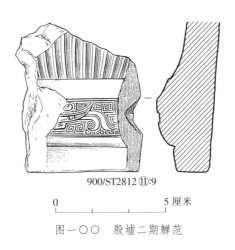

900/ST2812⑪:9

0   5 厘米

图一〇〇 殷墟二期觯范

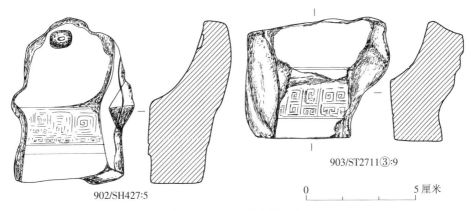

903/ST2711③:9

902/SH427:5

0   5 厘米

图一〇一 殷墟三期觯范

903/ST2711③:9，下腹部和圈足范，残。看不出分层线，泥质，正面青灰色，背面红褐色，局部泛灰。未见榫卯。面范觯腹部素面，圈足饰以云雷纹构成的夔龙纹，较模糊。范面残留有少量烟炱。左分型面有刀切割痕迹，下分型面有刀削痕迹。背面较光滑平，有数道刀刻痕。残宽6.2、残高5.1厘米。（图一〇一；彩版一八九）

四期

904/SH232:1、H232:3 + H255:7，应系同一件觯的口和颈部范，皆残。看不出分层线。面范觯的颈部饰带状双排云雷纹，清晰，云雷纹上下饰弦纹。

904 - 1/ SH232:1，泥质，面范呈灰褐色，背面呈青灰色。未见榫卯。背面凹凸不平。残宽4.5、残高6厘米。（图一〇二 A；拓片四八 A；彩版一八九）

904 - 2/SH232:3 + H255:7，面范泥质，呈灰褐色，背范夹砂，青灰色。左分型面发现一榫。背面手指印较浅。残宽9.8、残高6.8厘米。（图一〇二 A；拓片四八 A；彩版一八九）

905/SH232:7，下腹部和圈足范，残。有分层线，面范泥质，背范夹细砂，面范浅灰色，背面深灰色。未见榫卯。面范觯的圈足饰圆涡纹，圆涡纹上、下各饰一周弦纹。面范表面涂有一薄层细泥浆，呈淡红色。背面较平，手指印较浅。残宽4.3、残高4厘米。（图一〇二 A；拓片四八 B；彩版一九〇）

906/ SH232:9，颈部和腹部范，残。有分层线，面范薄，泥质，背范厚，夹砂，青灰色，局部泛红褐，内胎呈深灰色。左分型面有一长方形凹槽，残，内发现二小榫。面范觯的颈部饰两道弦纹，其

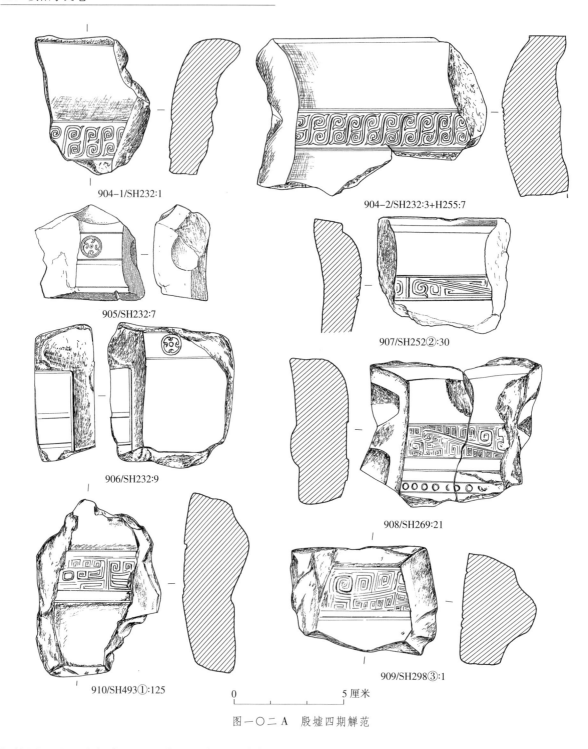

904-1/SH232:1

904-2/SH232:3+H255:7

905/SH232:7

907/SH252②:30

906/SH232:9

908/SH269:21

0　　　　　　　　　5 厘米

910/SH493①:125

909/SH298③:1

图一〇二 A　殷墟四期觯范

间饰圆涡纹，腹部素面。面范和左分型面内侧残留较多淡红色泥浆，背面较平。残宽 5.9、残高 6.7 厘米。（图一〇二 A；彩版一九〇）

907/SH252②:30，口和颈部范，残。看不出分层线，泥质，浅褐色，背面局部泛青。未见榫卯。面范觯的颈部饰带状几何三角纹云纹，花纹较模糊，三角纹上、下各饰一周弦纹。背面较平，手指印较浅。残宽 5.9、残高 5 厘米。（图一〇二 A；彩版一九〇）

908/SH269:21，口和颈部范，残。有分层线，但面范和背范均泥质，正面呈青灰色，背面微泛红褐。左分型面发现二榫，右分型面发现一卯，稍残。面范觯的颈部饰夔龙纹，以云雷纹衬地，其下饰

三道弦纹，下部两道弦纹间饰联珠纹。残宽7.7、残高6.2厘米。（图一〇二A；彩版一九〇）

909/SH298③：1，颈部范，残。分层线明显，面范泥质，青灰色，背范夹细砂，灰褐色。未见榫卯。面范觯的颈部饰以云雷纹组成的带状夔龙纹，其下有一道弦纹，纹饰较清楚。背面凸起一支脚。残宽6.3、残高4.5厘米。（图一〇二A；拓片四八B；彩版一九〇）

910/SH493①：125，颈部范，残。分层线明显，面范薄，泥质，青灰色，背范厚，夹细砂，红褐色，局部泛灰，内胎呈深灰色。未见榫卯。面范觯的颈部饰以云雷纹构成的带状双夔兽面纹，其下有一道弦纹，纹饰较清楚。值得注意的是，部分纹饰呈红褐色，似用红色泥浆修补所致。背面凸起一支脚。残宽5.5、残高7.4厘米。（图一〇二A；彩版一九一）

911/SH649④：60，下腹部和圈足范，残。有分层线，面范泥质，呈褐色，背范含较多细砂，呈青灰色。左、右分型面各发现一卯。面范觯的圈足饰带状夔龙纹，部分脱落，云雷纹上、下各饰弦纹。背面凹凸不平，裹有褐色砂质泥。残宽5.9、残高6.6厘米。（图一〇二B；拓片四八B；彩版一九一）

912/SH649④：69，口和颈部范，残。有分层线，面范泥质，背范含较多细砂。面范呈青灰色，背面呈红褐色。左型面发现一榫。面范觯的颈部饰带状云雷纹，模糊，云雷纹上、下各饰一周联珠纹，全部脱落。背面较平，手指印较浅。残宽5.3、残高7.2厘米。（图一〇二B；彩版一九一）

913/SH649④：70，口和颈部范，残。有分层线，但面范和背范均为泥质，面范灰中泛红，背面呈褐色。上分型面平，左型面发现一榫。面范觯的颈部饰带状云雷纹，较模糊；云雷纹上、下各饰一周联珠纹，几乎全部脱落。背面较平，手指印较浅。残宽5.7、残高7.2厘米。（图一〇二B；彩版一九一）

914/SH664：194，下腹部和圈足范，残。分层线非常明显，面范泥质，青灰色，背范夹砂量甚大，红褐色，局部泛青灰。右分型面发现二榫。面范觯的腹部素面，圈足饰以云雷纹构成的带状对夔兽面纹，纹饰大部分已脱落，较模糊。残宽6.2、残高7厘米。（图一〇二B；彩版一九一）

915/SH664③：83，下腹部和圈足范，残。看不出分层线，泥质，青灰色，局部泛红。右分型面发现一卯。面范觯的圈足所饰纹饰因残留太少而不辨，腹部素面，但有两层面范，外层面范右侧有扉棱，内层面范紧贴外层，且覆盖了外层面范的扉棱。其成因可能是二次使用或修补腹部所致。内层面范表面残留有烟炱。残宽5.4、残高6.3厘米。（图一〇二B；彩版一九二）

916/ST2312③：6，颈部和腹部范，残。有分层线，面范泥质，背范夹砂，青灰色。左分型面发现二榫，右分型面发现一榫。面范觯的颈部饰两道弦纹，较清楚。背面较平，手指印较浅。此觯垂直分为四扇。无水平分范。残宽7.2、残高9.9厘米。（图一〇二B；彩版一九二）

917/ST3107③：9，颈部和上腹部范，残。有分层线，但面范和背范均为砂质，背范含砂量更大。面范灰中泛红，背面呈浅灰色。右型面发现一榫。面范觯的颈部饰带状菱形雷纹，较清楚，菱形雷纹上、下各饰一周联珠纹，几乎全部脱落。背面较平，手指印较浅。残宽4.5、残高6厘米。（图一〇二B；彩版一九二）

918/ST3205⑦：7，口颈部范，残。有分层线，泥质，背范含沙量大于面范，浅褐色，局部泛青。左分型面发现二榫。面范觯的颈部饰带状目纹和四瓣花纹，纹饰较模糊。背面较平。残宽10.5、残高7.4厘米。（图一〇二B；拓片四八B；彩版一九二）

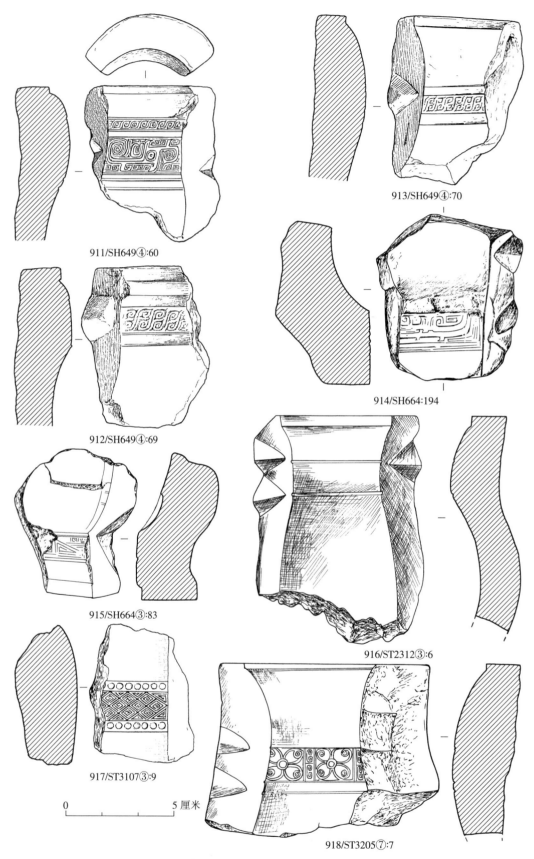

911/SH649④:60

913/SH649④:70

912/SH649④:69

914/SH664:194

915/SH664③:83

916/ST2312③:6

917/ST3107③:9

918/ST3205⑦:7

0   5 厘米

图一〇二 B 殷墟四期觯范

殷墟时期

919/SH213：2，口颈部和上腹部范，残。看不出分层线，泥质，青灰色，背面局部泛红。未见榫卯。面范觯的颈部饰带状夔龙纹，夔龙纹上、下各饰一周联珠纹，联珠纹外又饰弦纹，纹饰较清楚。背面按压的手指印较深。残宽6.5、残高8.7厘米。（图一〇三；彩版一九二）

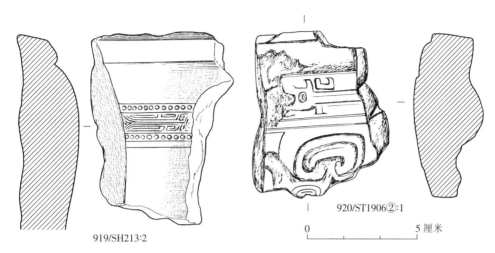

919/SH213:2

920/ST1906②:1

0　　　　　5厘米

图一〇三　殷墟时期觯范

920/ST1906②：1，口颈部和上腹部范，残。有分层线，但面范和背范皆泥质，青灰色，背面局部微泛红。未见榫卯。面范觯的颈部饰带状夔龙纹，腹部饰兽面纹，无地纹，纹饰大部分已脱落，较模糊。背面凸起一支脚。残宽6.2、残高7厘米。（图一〇三；彩版一九二）

（17）觥范

可辨为觥者8块，皆为标本。泥质，青灰色，有的背面局部泛红。多数看不出分层线。分范方式：多数从兽面的鼻梁中线进行垂直分范，少数无垂直分范。

三期

921/SH225②：93，盖的兽首范，残。看不出分层线。上分型面发现一卯，面范右上角发现一榫。面范饰兽面纹一半，下残，柱角，竖耳，其上又以云纹、波折纹、重环纹等多种纹饰装饰，花纹疏朗、精美。背面凹凸不平。残宽7.3、残高9厘米。（图一〇四；拓片四九；彩版一九三）

四期

922/SH255：19，流部范，残。薄胎，看不出分层线。未见榫卯。面范饰夔龙纹，夔体似鱼鳞纹，以云雷纹衬地，纹饰几乎全部脱落，甚模糊。背面较平，手指印浅。残宽4.4、残高4厘米。（图一〇五；彩版一九三）

923/SH269：4，盖前端的兽头范，较完整。分层线不明显。左分型面有二榫，下分型面有一榫，面范觥的口沿下饰

921/SH225②:93

0　　　　　5厘米

图一〇四　殷墟三期觥范

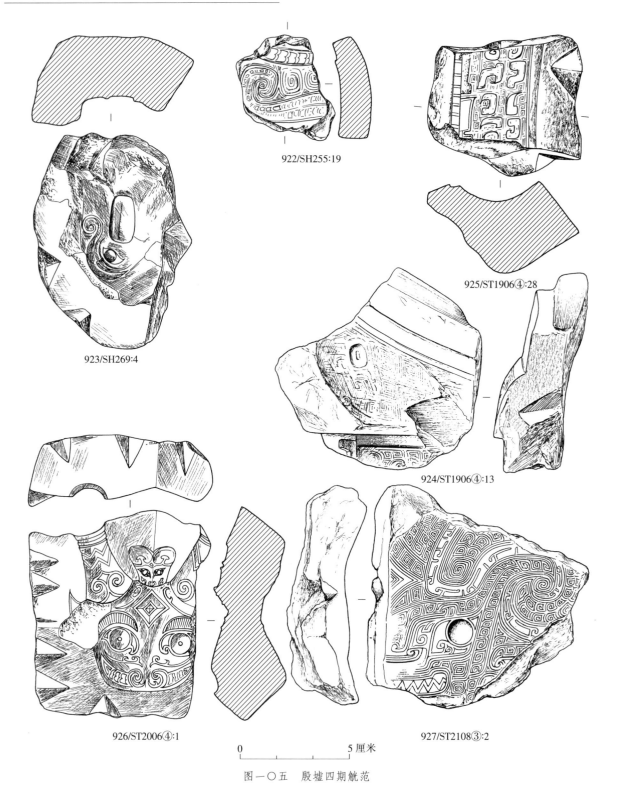

922/SH255:19

923/SH269:4

925/ST1906④:28

924/ST1906④:13

926/ST2006④:1

927/ST2108③:2

0   5 厘米

图一〇五 殷墟四期觚范

兽头之一半，纹饰大部分已脱落，较模糊。背面较平。左分型面残留有烟炱。此兽头由两扇垂直范组成。宽 6.1、高 9 厘米。（图一〇五；彩版一九三）

    924/ST1906④：13，口和腹部范，残。看不出分层线。上分型面发现一条形榫。面范纹饰较模糊，仅一眼睛较清楚，可能是夔龙纹的眼睛。背面较平。残宽 9.3、残高 7.3 厘米。（图一〇五；彩版一九三）

    925/ST1906④：28，流范，稍残。分层线不明显。上、右分型面各有一榫，下分型面发现一卯。

面范上、下各饰一组兽面纹，以云雷纹衬地，左侧有扉棱，纹饰少许脱落，较清楚。背面手指印较深。残宽6.7、残高5.5厘米。（图一〇五；拓片五〇；彩版一九三）

926/ST2006④：1，觥盖兽首范，右残。看不出分层线。上分型面发现三卯，应有四卯，其一已残，下分型面有一条状卯，范面左侧有四榫。面范饰龙头，有两柱状角，角之间饰一小兽头，耳残，花纹精美。背面凹凸不平。残宽8、残高9.1厘米。（图一〇五；拓片五〇；彩版一九三）

927/ST2108③：2，腹部范，残。有分层线，但背范和面范均泥质。未见榫卯。面范饰兽面纹，以云雷纹衬地，纹饰部分脱落，较模糊，但兽牙较清楚。背面凹凸不平。残宽9.9、残高8.7厘米。（图一〇五；拓片五〇；彩版一九四）

殷墟时期

928/SH436①：1，口和腹部范，残。分层线明显，面范泥质，背范夹细砂。右分型面发现一榫。面范饰兽面纹和夔龙纹，纹饰大部分已脱落，模糊。背面不平。残宽6.9、残高7.4厘米。（图一〇六；彩版一九四）

（18）盉范

可辨为盉者仅1块，出土于近代坑，为殷墟时期，不能判断其具体分期。

929/ST2114：02，近代坑出土。腹部和流范，

928/SH436①:1

0   5厘米

图一〇六 殷墟时期觥范

残。有分层线，但面范和背范皆泥质，正面呈浅褐色，背面呈青灰色。上分型面发现一榫，右分型面发现二榫。面范盉的腹部饰兽面纹，流饰云纹，纹饰几乎全部脱落，甚模糊。右分型面残留少许烟炱。残宽6.2、残高6.6厘米。（彩版一九四）

（19）盘范

可辨为盘者29块，其中标本18件。均泥质，青灰色，有的背面局部泛红。大多数看不出分层线。纹饰以带状纹为主，又以菱形雷纹居多，还有夔龙纹、联珠纹、云雷纹等。少数口沿下兽头的位置留有壁龛，可置兽头范或用活块兽头模压印出兽头。少数面范残留有烟炱。

观察到的分范方式：在上腹部与下腹部之间水平分为两段，垂直分范不详。

二期

930/ST2811⑮：10，口和腹部范，残。有分层线，但面范和背范皆泥质，青灰色。右分型面发现二卯，下卯残。面范盘的口沿下饰带状菱形雷纹，纹饰大部分已脱落，较模糊。背面较平。残宽8.8、残高8.5厘米。（图一〇七；彩版一九四）

930/ST2811⑮:10

0   5厘米

图一〇七 殷墟二期盘范

三期

931/SH225：66，口部范，残。分层线不明显，泥质，正面呈青灰色，背面为灰褐色。上分型面发现一榫。面范饰带状双排云雷纹和联珠纹，纹饰大部分已脱落，较模糊。背面凹凸不平，指印较深。残宽5.2、残高7.1厘米。（图一○八；彩版一九四）

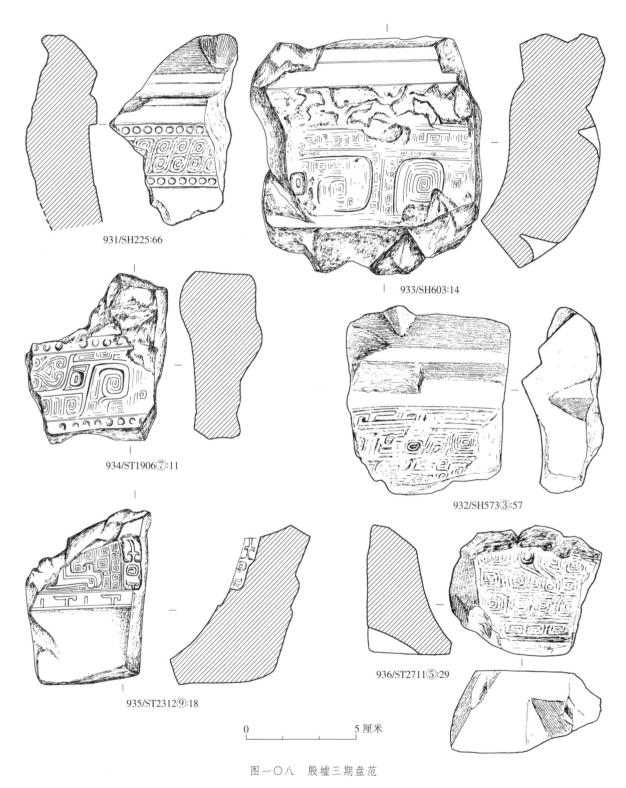

931/SH225:66

933/SH603:14

934/ST1906⑦:11

932/SH573③:57

935/ST2312⑨:18

936/ST2711⑤:29

0   5 厘米

图一○八　殷墟三期盘范

932/SH573③：57，口部范，残。分层线不明显，泥质，青灰色，背面局部泛红。上分型面发现一榫。面范饰夔龙纹，以云雷纹衬地，纹饰大部分已脱落，较模糊。盘的口沿处的范面上发现较多的烟熏痕迹。背面凹凸不平，且有一个凸起支脚，便于放置。残宽7.4、残高8.5厘米。（图一〇八；彩版一九四）

933/SH603：14，口和腹部范，残。胎较厚，分层线明显，面范泥质，青灰色，背面夹砂量甚大，浅灰褐色，内胎呈深灰色。上分型面发现一条形卯，残。面范盘的上腹部饰蜷身夔龙纹，其身上饰鳞纹，以云雷纹衬地，纹饰大部分已脱落，较模糊。盘的口沿上残留少许淡红色泥浆。背面口沿下内收为凹槽，便于捆绑，内有数道刻痕。向下整体较平，但手指印甚深。残宽9.4、残高10.1厘米。（图一〇八；彩版一九五）

934/ST1906⑦：11，口和腹部范，残。看不出分层线，泥质，青灰色。未见榫卯。面范盘的上腹部饰长鼻夔龙纹，其上、下各饰一周联珠纹，纹饰大部分已脱落，较模糊。残宽6.2、残高7厘米。（图一〇八；彩版一九五）

935/ST2312⑨：18，腹部范，残。分层线不明显，泥质，正面呈青灰色，背面大面积微泛红。下分型面发现一卯，近右分型面处有一道刻痕，应是与另一扇陶范组装时用来定位的。面范饰带状夔龙纹，以云雷纹衬地，夔首之间置半浮雕兽头，纹饰部分脱落，较模糊。背面较光滑，有两道平行刻槽。残宽5.6、残高7厘米。（图一〇八；彩版一九五）

936/ST2711⑤：29，腹部范，残。分层线不明显，泥质，青灰色，背面局部泛红。未现榫卯。面范所饰主纹由于脱落较严重，不辨，以云雷纹衬地，下部饰一圈长方块。背面凹凸不平。残宽6.5、残高5.6厘米。（图一〇八；彩版一九五）

四期

937/ST1906④：21，口部范，残。看不出分层线，泥质，浅灰色，背面大面积泛红。上型面有二长方形榫，其一略残。面范上部饰夔龙纹，下部纹饰由于残留太少，不辨，以云雷纹衬地，纹饰大部分已脱落，较模糊。背面凹凸不平，残宽10.2、残高6.6厘米。（彩版一九五）

殷墟时期

938/SH214：3，口部范，残。分层线不明显，泥质，青灰色，背面局部泛红。上分型面发现一榫。面范纹饰残存较少，且几乎全部脱落，仅辨出联珠纹一周。面范盘的口沿上部有一道设计线，附近存留较多烟炱。背面凹凸不平。残宽8.5、残高6.6厘米。（图一〇九；彩版一九五）

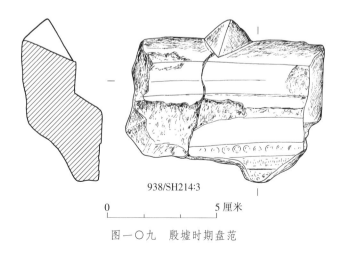

938/SH214:3

0   5厘米

图一〇九 殷墟时期盘范

（20）斗范

可辨为斗者11块，其中标本6块。泥质为主，少数背范夹砂。多呈青灰色，少数为淡红色。浇口位于斗柄末端扇形处。

分范方式：斗体垂直分为两扇，其

中一扇与斗柄范相连，斗体底部有一块范封底，顶部有一块范，顶部范与斗柄上部范相连，为一块范。

三期

939/SH570④：19、20，系两扇合范。均残，看不出分层线。泥质，青灰色。面范斗体饰两道弦纹。

939－1/SH570④：19，上、右分型面各发现一榫，斗体一分型面有一卯，面范下端各有一横卯和一竖卯，可与斗底部范上的榫相扣合。残宽4.4、残高3.9厘米。（图一一〇；彩版一九六）

939－2/SH570④：20，有柄，两侧边缘各有二榫，斗体一分型面有一榫，可与SH570④：19斗体一侧分型面上的卯相扣合，斗体另一侧分型面有二榫。残宽7.7、残高4.3厘米。（图一一〇；彩版一九六）。此斗体由中部垂直分为两扇，斗柄由上、下两扇范扣合。

940/SH570④：24，有柄。残，看不出分层线。泥质，青灰色。两侧边缘各有一榫，斗体两分型面各有二卯，下分型面有一卯。面范斗体下部饰两道弦纹。柄部背面较平，略呈半圆形。斗体由中部垂直分为两扇范，斗柄由上、下两扇范扣合。柄长11.1、残宽7.7、残高4.2厘米。（图一一〇；彩版一九六）

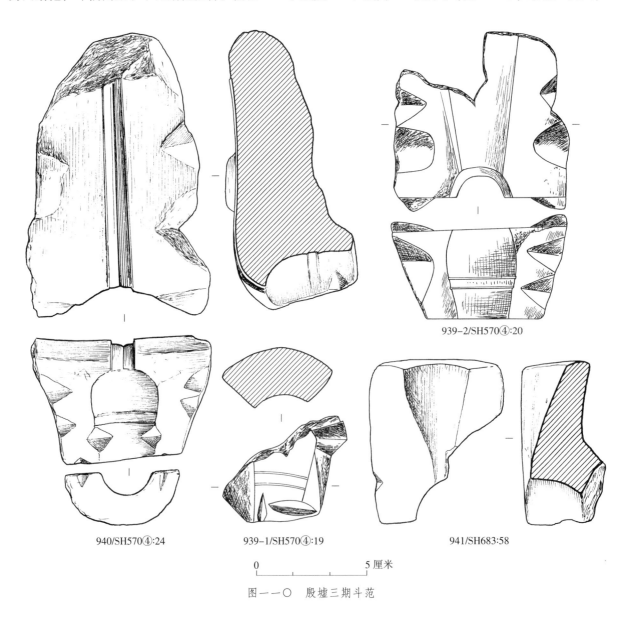

939－2/SH570④:20

940/SH570④:24　　939－1/SH570④:19　　941/SH683:58

0　　　　　　5厘米

图一一〇　殷墟三期斗范

941/SH683：58，残，不见分层线，红褐色，泥质。斗体分型面有一卯，柄部与浇口相连长7.1厘米，此斗体垂直二分。残宽3.1、残高3.2厘米。（图一一〇；彩版一九六）

四期

942/SH362：3，残，分层线不明显，夹砂，红褐色，局部泛灰。上、右分型面各发现一榫，面范素面，下部发现一卯，当是用之扣合斗的底范。背面较平。背面及下分型面均残留有夹砂泥。此斗体垂直二分。残宽8.2、残高6.7厘米。（图一一一；彩版一九六）

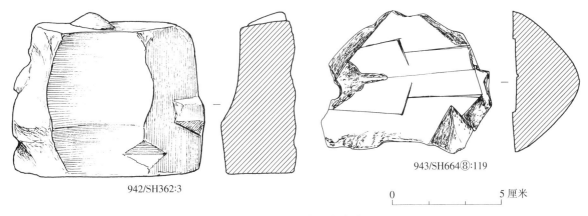

942/SH362:3

943/SH664⑧:119

0　　　　　　　　5厘米

图一一一　殷墟四期斗范

943/SH664⑧：119，残。看不出分层线，泥质，青灰色。分型面上发现一榫。面范上有一把斗柄后端的型腔，略呈扇形，末端设一浇口，残宽7.8、残高5.7厘米。（图一一一；彩版一九六）

（21）盖范

可辨为盖者487块，因其较易辨识，故辨认为盖的数量仅次于觚、爵、鼎、簋（盂），占可辨容器范总数的7.40%，其中标本87块。多数为卣盖，另有少量觯、壶、鼎、斝、彝、罍等盖。大部分呈青灰色，少数呈红褐色。大部分看不出分层线；有的虽能看出分层线，但面范和背范均泥质；少数面范泥质，背范夹砂。纹饰多呈带状，以菱形雷纹、联珠纹居多，还有兽面纹、夔龙纹、云雷纹、几何三角纹并目纹、鸟纹、直棱纹、圆涡纹、斜角云雷纹、弦纹等。少数面范表面有烟炱。另有少数有浇口，浇口设在面范边缘的分型面上。

大致可分为四类：第一类标本81件，口呈椭圆形，覆体呈弧形，纽呈柱状，纽上有帽，此类多为提梁卣的盖范；第二类标本3件，口呈圆形，覆体呈弧形，纽呈圈足状，此类多为殷墟晚期卣或觯的盖范；第三类标本2件，口呈圆形，覆体较平，纽为半环形，此类多为鼎、斝的盖范；第四类标本仅1件，口呈长方形，覆体斜直，且有扉棱，为方彝、方罍之盖范。盖的面范边缘处多设榫，榫以梭形居多，三角形次之。背面中央隆起部位多设条状卯，可与柱纽范的条状榫相扣合。纹饰多呈带状，以菱形雷纹并联珠纹居多，浇口的位置多设在面范的边缘处。便于放置，有的盖范背面设有支脚。

垂直分范有以下四种：一是无垂直分范；二是垂直分为两扇范，体较小的圆形盖多采用此方式；三是垂直分为四扇范，每面各为一扇范，无扉棱的方彝或方罍的盖范多采用此法；四是垂直分为八扇范，每面各两扇范，饰有扉棱的方彝或方罍的盖范多采用此方式。水平分范：有立壁的盖范需进行水平分范，覆体和立壁水平分为上、下两段，立壁多垂直分为四扇范。

二期

944/SH416③：12，残。分层线明显，面范薄，泥质，背范厚，夹粗砂，青灰色，背面局部泛红褐。分型面上发现一长条形榫，较细，残。面范饰带状云雷纹，纹饰大部分已脱落，较模糊。残宽5、残高5.1厘米。（图一一二；彩版一九七）

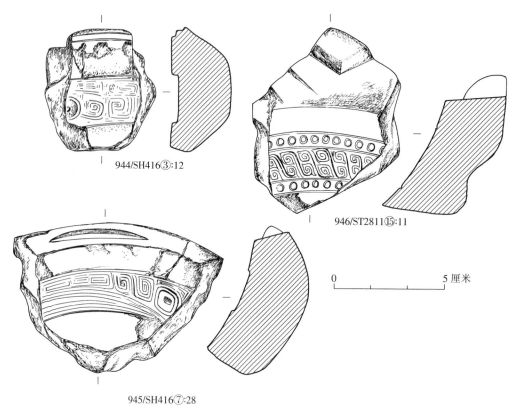

944/SH416③:12

946/ST2811⑮:11

0   5厘米

945/SH416⑦:28

图一一二 殷墟二期盖范

945/SH416⑦：28，残。分层线明显，面范薄，泥质，青灰色，背范厚，夹大量粗砂，浅褐色，局部泛青。分型面上发现一条形梭状榫。面范盖的覆体边缘饰带状斜角目雷纹，纹饰大部分已脱落，较模糊。残宽9、残高6厘米。（图一一二；彩版一九七）

946/ST2811⑮：11，残。有分层线，但面范和背范均泥质，青灰色，背面局部微泛红。分型面上发现一榫。榫一侧设一浇口。面范盖的覆体饰双排云雷纹，其上、下各有一周联珠纹，纹饰部分脱落，较清楚。残宽6.3、残高6.7厘米。（图一一二；彩版一九七）

三期

947/SH24：1，圆形，较完整。分层线不明显，但面范泥质，背范夹细砂，青灰色，背面局部泛红。面范周缘分型面上发现二条形卯和七三角形卯，其二残。背面凹凸不平，且有四个凸起，其中边缘两个凸起为支脚，中部两个凸起是为了安装环形纽，中部两个凸起的分型面和两侧共设十一个卯，来扣合纽的范和芯。面范饰目纹和斜三角几何云雷纹，边缘处设对称两个长方形芯撑。直径23.5、高5.5厘米。（图一一三A；拓片五一A；彩版一九七）

948/SH24：10，圆形，残。看不出分层线，泥质，青灰色，背面局部泛红，未见榫卯。背面凹凸不平，且有一个凸起支脚。圈足状捉手纽，其型腔内发现一卯。面范饰两个圆涡纹。残宽11.7、残高

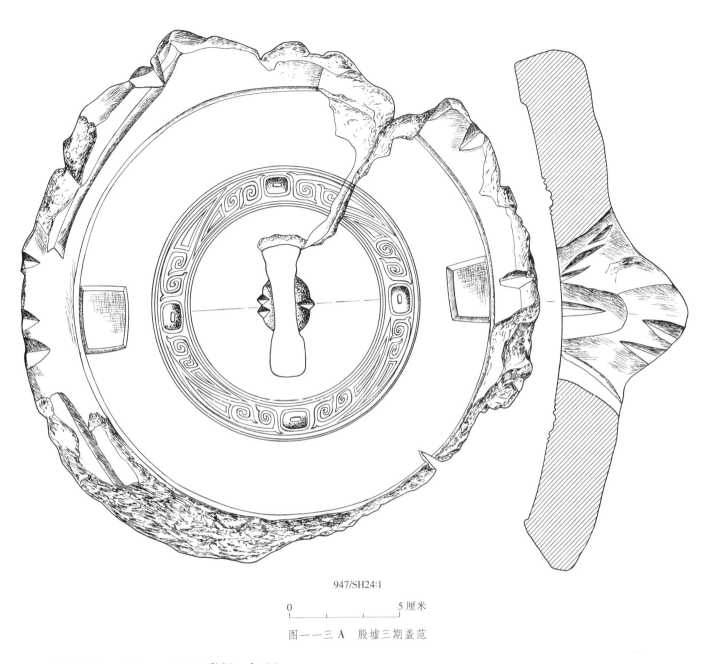

947/SH24:1

0　　　　　　　5 厘米

图一一三 A　殷墟三期盖范

9.2 厘米。（图一一三 B；彩版一九八）

　　949/SH225：16，椭圆形，残。看不出分层线，泥质，面范呈浅灰色，背面呈青灰色。分型面上发现一长条形榫。面范饰带状菱形雷纹、弦纹和联珠纹，雷纹较清楚，联珠纹和弦纹大部分已脱落，较模糊。残宽 6.5、残高 7.2 厘米。（图一一三 B；彩版一九八）

　　950/SH225：31，卣的盖范，椭圆形，残。看不出分层线，泥质，青灰色。分型面上有条形榫。面范饰带状菱形雷纹和联珠纹，纹饰几乎全部脱落，模糊。背面中部较平，且发现二卯，可与柱纽范上的榫相扣合。此盖无垂直分范。水平分范的位置在覆体和立壁之间。残宽 19.7、残高 9.2 厘米。（图一一三 B；彩版一九八）

　　951/SH225：68，长方形，当是方彝的盖范，上端残。分层线明显，面范泥质，背范夹砂，青灰色。背面局部微微泛红。周缘分型面有二榫，左、右分型面各发现一卯。面范饰夔龙纹，以云雷纹衬地，

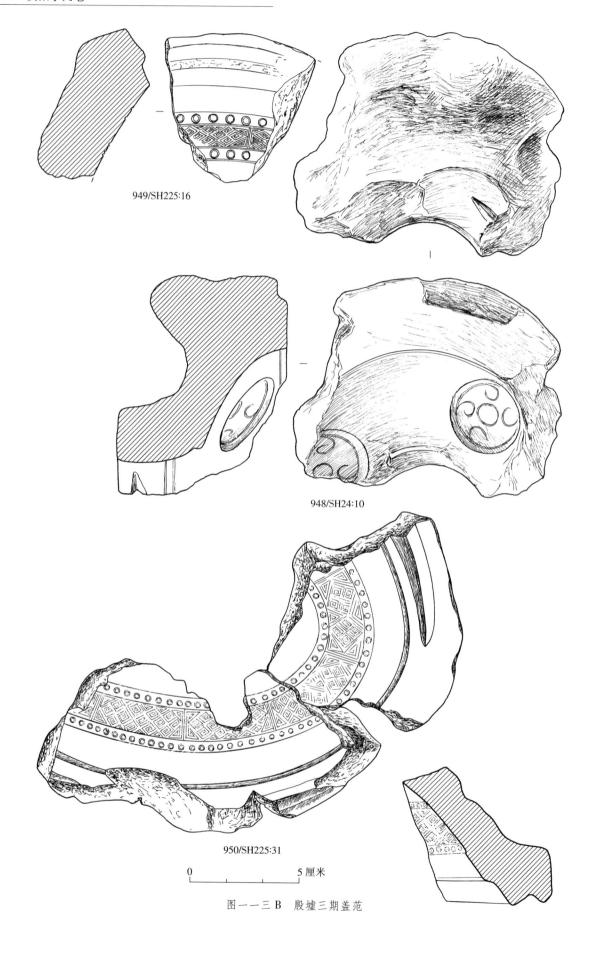

949/SH225:16

948/SH24:10

950/SH225:31

0   5 厘米

图一一三 B   殷墟三期盖范

左右侧有扉棱，花纹少许脱落，清楚。此范以盖的扉棱垂直分范。残宽11、残高5.5厘米。（图一一三C；拓片五一B；彩版一九八）

952/SH225②：101，盖的立壁范，右残。分层线不明显，泥质，青灰色。背面大面积泛红。上分型面发现一卯，下分型面发现一方形榫。面范饰夔龙纹，以云雷纹衬地，花纹大部分已脱落，较模糊。残宽6.4、残高4.2厘米。（图一一三C；彩版一九八）

953/SH242：17，圆形，残。看不出分层线，泥质，青灰色，背面局部泛红，侧分型面发现一三角形卯。圈足状捉手纽，其型腔内发现二对称卯。面范饰带状夔龙纹，夔龙纹内外各饰两道弦纹。残宽7.5、残高8.5厘米。（图一一三C；彩版一九九）

954/SH277：5，椭圆形，残。有分层线，但面范和背范均泥质，青灰色。分型面上发现一长条形榫，一端与一圆形榫相接。面范饰带状菱形雷纹、弦纹和联珠纹，部分纹饰脱落，部分纹饰较清楚。背面凹凸不平，手指印较深。残宽9.1、残高6.6厘米。（图一一三C；彩版一九九）

955/SH371⑩：22，残。分层线明显，面范薄，泥质，背范厚，夹细砂，青灰色。未见榫卯。面范饰鸟纹，以云雷纹衬地，花纹大部分已脱落，模糊。背面较平整、光滑。残宽5.4、残高3.9厘米。（图一一三C；彩版一九九）

956/SH411：2，盖的立壁范，残。看不出层线，泥质，青灰色，背面局部微微泛红。上分型面有一长条形卯，右分型面内侧有切割痕。面范饰几何三角纹，内填云雷纹，纹饰几乎全部脱落，模糊。残宽5.6、残高4.3厘米。（图一一三C；彩版一九九）

957/SH425：7，较小，残。分层线不明显，泥质，青灰色，背面局部微微泛红。周缘、侧分型面各发现一榫。面范饰直棱纹，较清楚。残宽5.3、残高4.4厘米。（图一一三C；彩版一九九）

958/SH427：12，圆形，残。有分层线，面范泥质，呈深灰色，背范夹砂，呈灰黑色。未见榫卯。但有一处浇口。面范饰带状目纹和单排云雷纹，纹饰大部分已脱落，较模糊。残宽7.2、残高3.5厘米。（图一一三C；彩版一九九）

959/SH491：20，卣盖范，椭圆形，残。看不出分层线，泥质，青灰色，背面局部泛红。分型面上发现二长条形榫，其一残。面范饰带状夔龙纹，以云雷纹填空，纹饰大部分已脱落，模糊。背面中部隆起，较平，中央有孔，是置柱纽的地方，在孔的周围发现一卯，可与纽范上的榫相扣。此范无垂直分范。残宽15.2、残高13.5厘米。（图一一三D；彩版二〇〇）。

960/SH570②：3，H570④：8，应是同一盖范，椭圆形，残。看不出分层线，泥质，青灰色，背面微泛红。分型面上有长条形榫。面范饰带状夔龙纹，无地纹，夔龙纹内外各饰两道弦纹。背面中部较平，且中空，是置柱纽的地方。发现一个月牙形卯，可与纽范上的榫相扣。

960-1/SH570②：3，残宽8.5、残高6.2厘米。（图一一三D；拓片五一B；彩版二〇〇）

960-2/SH570④：8，残宽10.3、残高7.2厘米。（图一一三D；拓片五一B；彩版二〇〇）

961/SH681①：2，椭圆形，残。看不出分层线，泥质，青灰色，背面局部泛红。分型面上发现一榫。面范饰带状菱形雷纹和联珠纹，纹饰脱落，雷纹较清楚，联珠纹较模糊。背面凹凸不平，手指印较深。残宽11、残高9.5厘米。（图一一三D；彩版二〇〇）

962/ST2007⑥：10，看不出分层线，夹细砂，红褐色，分型面上发现二榫，其一残。背面中部较平，且发现一卯，此卯当是与盖的柱帽范相扣合。面范饰两道凹纹纹。面范表面及分型面残留较多烟

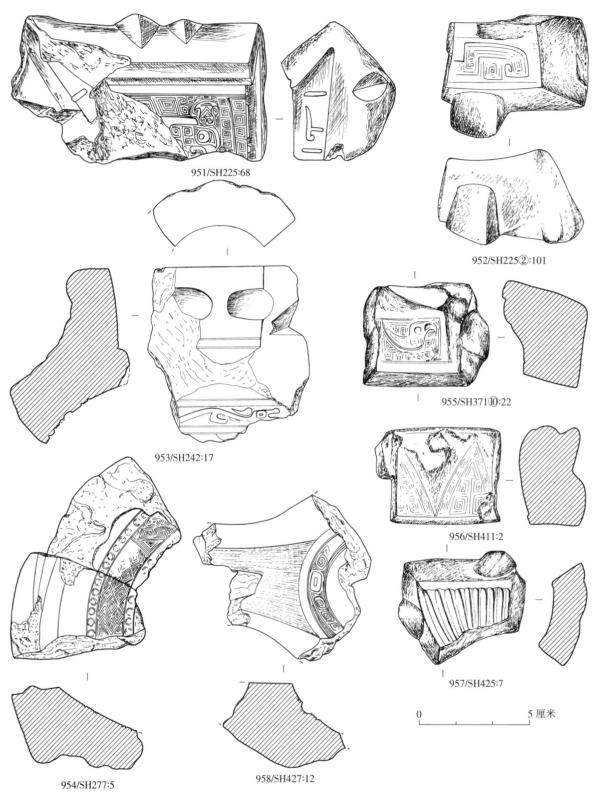

951/SH225:68

952/SH225②:101

953/SH242:17

955/SH371⑩:22

956/SH411:2

954/SH277:5

958/SH427:12

957/SH425:7

0   5 厘米

图一一三 C 殷墟三期盖范

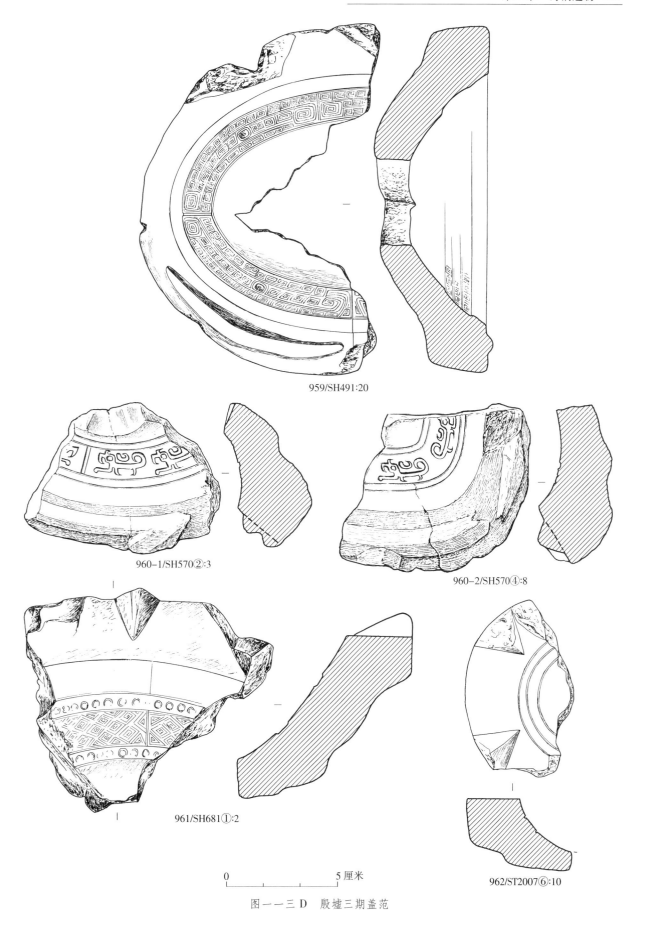

959/SH491:20

960-1/SH570②:3

960-2/SH570④:8

961/SH681①:2

962/ST2007⑥:10

0   5厘米

图一一三D 殷墟三期盖范

㼚。背面边缘处一道绳子捆绑痕迹。残宽7.7、残高5.6厘米。(图一一三 D;彩版二○○)

963/ST2007⑨:2,椭圆形,残。看不出分层线,泥质,正面呈浅灰色,背面呈青灰色。分型面上有一长条形榫。面范饰带状双排云雷纹和联珠纹,纹饰大部分已脱落,较模糊。背面手指印较深,边缘发现一压印云纹。残宽7.3、残高8厘米。(图一一三 E;彩版二○○)

964/ST2212⑤:23,椭圆形,残。看不出分层线,泥质,青灰色。面范饰带状夔龙纹,无地纹,夔龙纹内外各饰两道弦纹。背面中部较平,且发现一个月牙形卯,可与纽范上的榫相扣。残宽7.6、残高8.8厘米。(图一一三 E;彩版二○一)

965/ST2506B④:4,椭圆形,残。分层线明显,面范泥质,背范夹砂,面范薄于背范。青灰色,面范微泛褐色。周缘分型面发现二榫,侧分型面发现三卯。面范饰带状夔龙纹和联珠纹,纹饰大部分已脱落,较模糊。背面中部较平,中央有孔,为纽柱的型腔,在孔的周围发现一卯,可与纽范上的榫相扣。此盖由对开的两块范组成。残宽11.9、残高7.6厘米。(图一一三 E;彩版二○一)

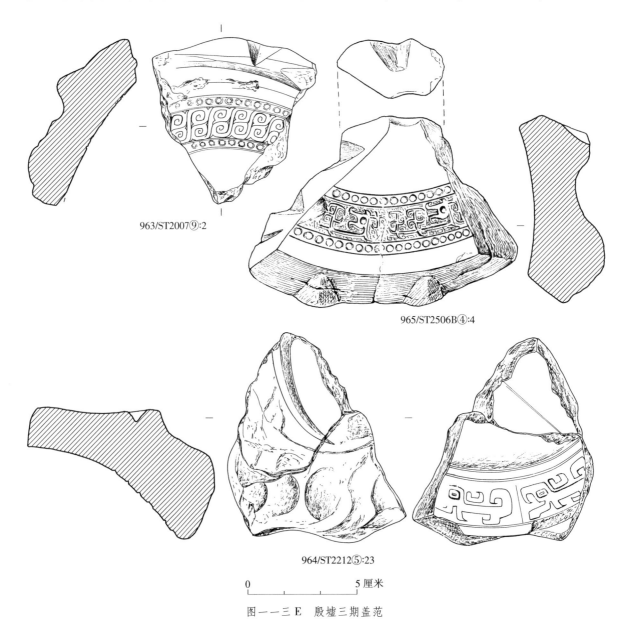

963/ST2007⑨:2

965/ST2506B④:4

964/ST2212⑤:23

0   5厘米

图一一三 E 殷墟三期盖范

四期

966/SH201：2，椭圆形，残。分层线明显，面范较薄，但面范和背范均泥质，青灰色。分型面上发现一三角形榫。面范饰带状兽面纹，其内外各饰一周联珠纹，部分纹饰脱落，较模糊。残宽 7.5、残高 10 厘米。（图一一四 A；彩版二○一）

967/SH227：12，椭圆形，残。看不出分层线，泥质，青灰色，背面局部泛红。周缘分型面发现二榫，且有一处浇口，侧分型面发现一卯，卯旁刻一"王"字。面范饰带状双排云雷纹和弦纹，纹饰大部分已脱落，较模糊。背面有一高支脚。残宽 8.5、残高 5.4 厘米。（图一一四 A；彩版二○一）

968/SH232：31，椭圆形，残。有分层线，面范泥质，呈青灰色，背范夹砂，呈红褐色。未见榫卯。面范饰带状夔龙纹，以云雷纹衬地，夔龙纹内外又各饰一周联珠纹，联珠纹的内外又各饰一道弦纹，纹饰部分脱落，夔龙纹较模糊，联珠纹和弦纹较清楚。残宽 5.1、残高 6.7 厘米。（图一一四 A；彩版二○一）

969/SH252②：24，残。分层线较明显，面范薄，泥质，背范厚，夹砂，青灰色。分型面上发现一小榫。背面靠近中部发现一卯，此卯当是与盖的柱帽范相扣合。面范饰云雷列旗纹并联珠纹，纹饰大部分已脱落，较模糊。背面凹凸不平，发现一支脚。上分型面残留有较多烟炱。残宽 9.8、残高 8.4 厘米。（图一一四 A；彩版二○一）

970/SH252③A：44，盖的立壁范，残。分层线极明显，面范泥质，背范夹大量粗砂，青灰色，背面局部微泛红。上分型面发现一梭状卯，下分型面发现一拐尺状榫。面范所饰纹饰几乎全部脱落，似为夔龙或凤鸟，不确定。背面较平，有一较深手指印。残宽 6.3、残高 2.7 厘米。（图一一四 A；彩版二○二）

971/SH252④：43，残。看不出分层线，泥质，青灰色。分型面上发现一长条形梭状榫。面范盖顶边缘饰带状斜角目雷纹，上部饰直棱纹，纹饰几乎全部脱落，甚模糊。背面凸起一支脚。残宽 6.3、残高 3.9 厘米。（图一一四 A；彩版二○二）

972/SH255：21，残。看不出分层线，薄胎，泥质，正面浅灰褐色，背面青灰色。未见榫卯。面范盖的覆体周缘饰带状斜角目雷纹，其外有一周联珠纹，纹饰较清楚。背面较平。残宽 4、残高 3.2 厘米。（图一一四 A；彩版二○二）

973/SH268：9，椭圆形，残。无分层线，泥质，青灰色，背面局部泛红。面范饰带状斜三角云雷纹。背面较平，且发现一卯，可与纽范上的榫相扣。残宽 6.8、残高 6.6 厘米。（图一一四 A；拓片五二 A；彩版二○二）

974/SH269：22，椭圆形，残。看不出分层线，泥质，青灰色。分型面上发现一长条形榫。面范饰带状菱形雷纹和联珠纹，纹饰部分脱落，较清楚。背面凹凸不平，手指印较深。残宽 7.7、残高 5 厘米。（图一一四 B；拓片五二 A；彩版二○三）

975/SH269：53，椭圆形，残。胎较厚，看不出分层线，泥质，青灰色。周缘分型面发现一长条形榫，侧分型面发现二榫。面范饰带状兽面纹，以云雷纹填空，纹饰部分脱落，较模糊。背面手指印较浅。残宽 11、残高 7.8 厘米。（图一一四 B；彩版二○三）

976/SH275：6，椭圆形，残。有分层线，但面范和背范均泥质，面范呈深灰色，面范较薄。背面呈浅褐色。分型面上有二榫，其一残。面范饰带状菱形雷纹、联珠纹和弦纹。纹饰清楚。残宽 5.3、残

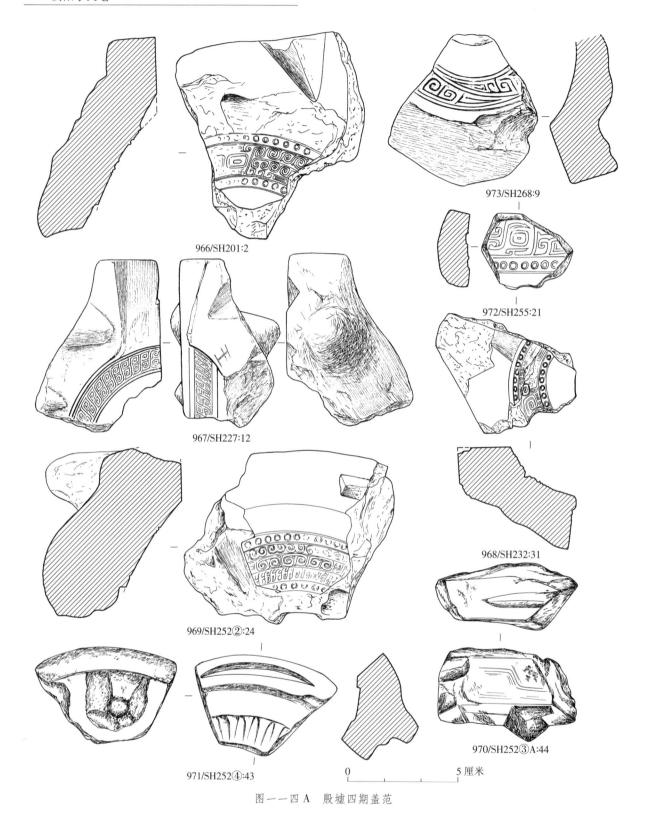

966/SH201:2

973/SH268:9

972/SH255:21

967/SH227:12

968/SH232:31

969/SH252②:24

971/SH252④:43

970/SH252③A:44

0　　　　　　　　5 厘米

图一一四 A　殷墟四期盖范

高 5.7 厘米。(图一一四 B;拓片五二 A;彩版二〇三)

977/SH493④:74,圆形,残。有分层线,面范泥质,青灰色,背范夹细砂,局部泛红。周缘分型面发现二榫。侧分型面发现一卯。面范饰云雷纹。背面凹凸不平。残宽 6.9、残高 4.7 厘米。(图一一四 B;彩版二〇三)

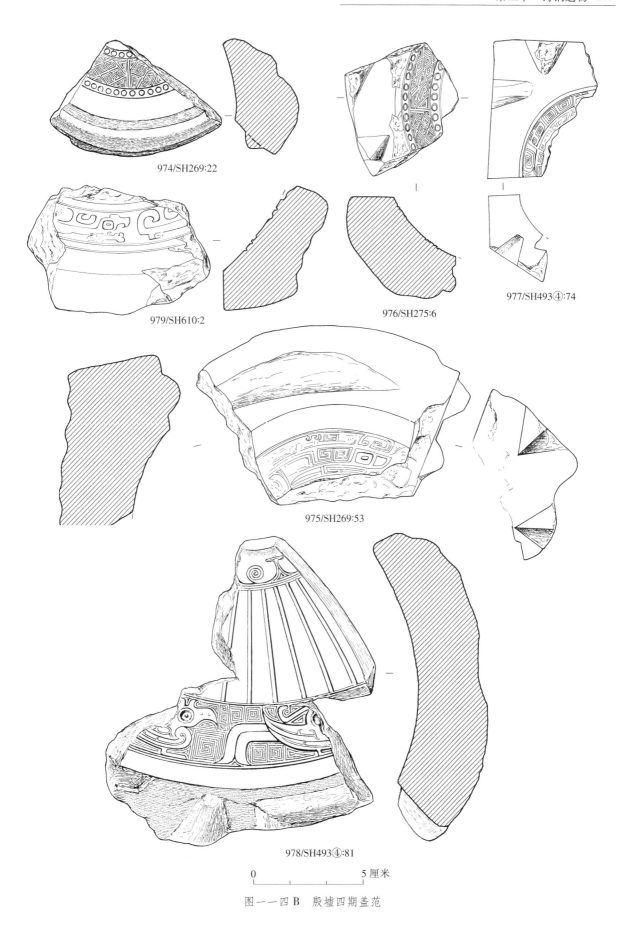

974/SH269:22

977/SH493④:74

979/SH610:2

976/SH275:6

975/SH269:53

978/SH493④:81

0   5 厘米

图一一四 B 殷墟四期盖范

978/SH493④：81，圆形，残。有分层线，面范泥质，青灰色，背范夹细砂，淡红色。分型面上发现一拐尺形榫和一三角形榫，侧分型面发现一卯，残。面范盖的周边饰带状鸟纹，以云雷纹衬地，中部饰瓦纹，里侧饰云纹，最里中空，为置柱纽的地方。花纹几乎没有脱落，非常精美。背范磨损严重。此范有垂直分范，可能垂直分为四扇。残宽12.2、残高12.8厘米。（图一一四B；拓片五二A；彩版二〇三）

979/SH610：2，椭圆形，残。胎较厚，看不出分层线，泥质，青灰色。分型面上发现一"T"形榫。面范饰带状夔龙纹和弦纹，无地纹，纹饰部分脱落，较清楚。背面较平。残宽7.8、残高5厘米。（图一一四B；彩版二〇三）

980/SH648：8，圆形，残。有分层线，面范泥质，青灰色，背范夹砂，红褐色。分型面上发现一榫。面范饰带状云雷纹，纹饰部分脱落，较清楚。面范中央有一凫，内应置环形纽范。背面较平。残宽7.5、残高6.5厘米。（图一一四C；拓片五二A；彩版二〇四）

981/SH648：14，圆形，残。有分层线，面范泥质，浅灰色，背范夹砂，红褐色。侧分型面发现二榫。周缘分型面上设有浇口，浇口表面有两道刻槽。面范饰目纹和斜三角几何云雷纹，纹饰少许脱落，较清楚。背面较平，有一道凹槽，内有草绳捆绑痕迹。残宽8.2、残高5.1厘米。（图一一四C；彩版二〇四）

982/SH648：41，残。分层线较明显，面范泥质，浅灰色，局部微泛褐，背范夹砂，红褐色。未见榫卯。分型面上设有浇口。面范盖的覆体饰菱形雷纹，边缘饰联珠纹一周，纹饰大部分已脱落。范面及下分型面残留少许烟炱。残宽9、残高6.1厘米。（图一一四C；彩版二〇四）

983/SH649④：67，椭圆形，残。无分层面，泥质，面范呈深灰色，背面泛红。分型面上有一圆形榫。面范饰带状云雷纹和弦纹。背面较平。残宽5.1、残高5.7厘米。（图一一四C；拓片五二A；彩版二〇四）

984/SH664③：68，圆形，残。看不出分层线，泥质，青灰色，背面局部泛红。面范饰带状夔龙纹，无地纹，夔龙纹内外各饰两道弦纹。背面中部发现一条形卯，应与柱纽范相扣合。残宽6.2、残高7.8厘米。（图一一四C；拓片五二B；彩版二〇四）

985/SH664③：191，椭圆形，残。分层线不明显，泥质，青灰色，背面大面积泛红。未见卯榫。面范饰带状夔龙纹，无地纹，夔龙纹内外各饰两道弦纹。背面不平。残宽5.4、残高6.6厘米。（图一一四C；彩版二〇四）

986/SH664⑧：125，椭圆形，残。有分层线，但面范和背范均泥质，青灰色。分型面上发现一长条形榫和一半圆形榫二者相交，榫旁有一浇口。面范饰带状菱形雷纹、联珠纹和弦纹。纹饰大部分已脱落，较模糊。背面中部隆起，有孔，孔周围为一平面，是置柱纽范的地方。背面边缘处发现一支脚。残宽11.2、残高9.6厘米。（图一一四C；彩版二〇五）

987/SH664⑧：126，椭圆形，残。有分层线，但面范和背范均泥质，青灰色，背面局部微泛红。分型面上发现一长条形榫。面范饰带状菱形雷纹、联珠纹和弦纹。纹饰部分脱落，部分清楚。面范表面局部残留有烟炱痕迹。背面中部隆起，有孔，孔周围为一平面，是置柱纽范的地方，其上发现一条形卯，可与柱纽上的条形榫相扣合。残宽15.7、残高8厘米。（图一一四D；拓片五二B；彩版二〇五）

980/SH648:8

981/SH648:14

982/SH648:41

984/SH664③:68

985/SH664③:191

983/SH649④:67

986/SH664⑧:125

0　　　　　　5 厘米

图一一四 C　殷墟四期盖范

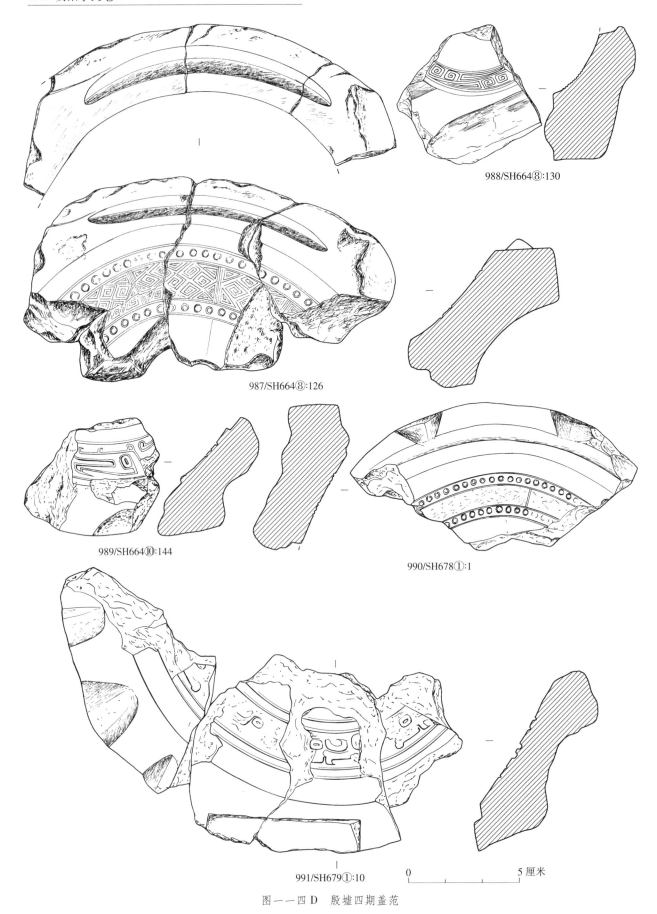

988/SH664⑧:130

987/SH664⑧:126

989/SH664⑩:144

990/SH678①:1

991/SH679①:10

0   5厘米

图——四 D 殷墟四期盖范

988/SH664⑧：130，椭圆形，残。看不出分层线，泥质，青灰色。分型面上发现一条形榫。面范饰带状斜三角几何云雷纹，纹饰少许脱落，较清楚。残宽6.5、残高6.1厘米。（图一一四 D；彩版二〇五）

989/SH664⑩：144，残。红褐色，分层线明显，面范泥质，较薄，背范夹砂，较厚。分型面上发现一榫，残。面范饰夔龙纹，其内外各饰一道弦纹，纹饰线条疏朗，无地纹。残宽6、残高6.3厘米。（图一一四 D；彩版二〇五）

990/SH678①：1，椭圆形，残。分层线不明显，但面范泥质，青灰色，背范夹砂，红褐色。分型面上发现一长条形榫，其外还发现两个略呈三角形的榫。面范饰带状菱形雷纹，其内外各饰一排联珠纹，纹饰大部分脱落，较模糊。背面中部隆起，有孔，孔周围为平面，是置柱纽范的地方。残宽12.9、残高7厘米。（图一一四 D；彩版二〇五）

991/SH679①：10，椭圆形，残。看不出分层线，泥质，青灰色。分型面上发现四榫，其一榫呈长方形，较长。面范饰带状夔龙纹，无地纹，其内外各饰两道弦纹，纹饰大部分脱落，较模糊。背面凹凸不平，手指印较深。残宽19、残高9.1厘米。（图一一四 D；彩版二〇五）

992/ST1906④：3，盖的立壁范，残。有分层线，但面范和背范均泥质，青灰色。上分型面有一条形卯，下分型面发现一长方形榫和一圆弧形榫。面范饰几何三角纹，内填纹饰已脱落。残宽9.9、残高4.5厘米。（图一一四 E；彩版二〇六）

993/ST1906④：14，椭圆形，残。分层线明显，面范较薄，但面范和背范均泥质，青灰色。分型面上发现一长条形榫。面范饰带状菱形雷纹，其内外各饰一周联珠纹，部分纹饰脱落，部分纹饰较清楚。残宽7、残高7.3厘米。（图一一四 E；彩版二〇六）

994/ST1906④：18，椭圆形，残。有分层线，但面范和背范均泥质，青灰色，面范较薄。分型面上发现一长条形榫。面范饰带状菱形雷纹和联珠纹，菱形雷纹较清楚，联珠纹大部分脱落，较模糊。背面中部较平，且发现一卯，可与柱纽范上的榫相扣合。残宽12.1、残高9厘米。（图一一四 E；彩版二〇六）

995/ST1906④：23，残。分层线不明显，但面范泥质，呈青灰色，背面夹砂，深灰色，局部泛红。中部隆起，发现一卯，残，与柱纽范相扣合，分型面上发现一长条形榫，榫末端外折。榫旁设一浇口，已残。面范饰带状菱形雷纹，雷纹上、下各饰一周联珠纹，纹饰大部分已脱落，较模糊。面范及分型面局部残留少量烟炱。残宽16.4、残高8.8厘米。（图一一四 F；彩版二〇六）

996/ST2006③：3+5，椭圆形，残。分层线明显，但面范和背范均泥质，青灰色，背面局部泛红。分型面上发现二榫，一大一小，小榫残，大榫一侧戳印三个小圆圈，其旁刻划一"亚"字，侧分型面发现一榫。面范饰带状纹饰，中间为两排云雷纹，上、下各饰一周联珠纹，联珠纹的大小与上分型面上的小圆圈相同，它们应是用同一种工具戳印的，纹饰少许脱落，较清楚。背面凹凸不平。中部发现一小卯，可与纽范上的榫相扣。残宽12.7、残高7.4厘米。（图一一四 F；拓片五二 B；彩版二〇六）

997/ST2008③：13，可能是觯的盖范，残。看不出分层线，泥质，青灰色，局部微泛红。分型面上发现一榫。面范饰带状斜角雷纹，纹饰大部分已脱落，较模糊。残宽6.3、残高4.9厘米。（图一一四 F；彩版二〇六）

998/ST2212④：43，残。分层线较明显，但面范和背范均泥质，青灰色，背面局部微泛红。面范

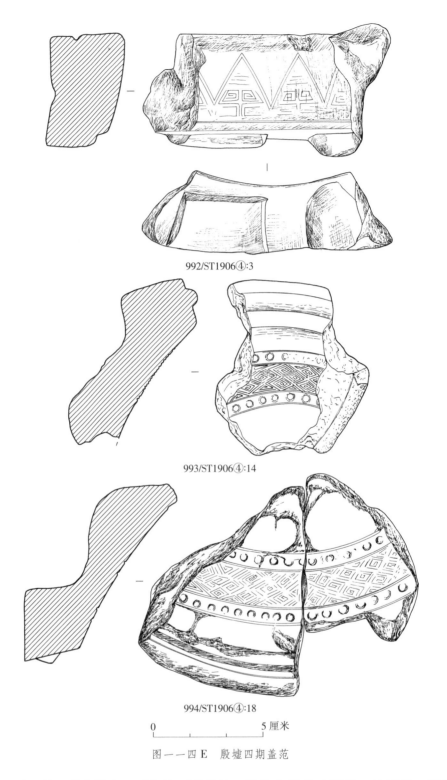

992/ST1906④:3

993/ST1906④:14

994/ST1906④:18

0   5 厘米

图一一四 E　殷墟四期盖范

饰带状夔龙纹，无地纹，夔龙纹上、下各饰两道弦纹，纹饰大部分已脱落，较模糊。面范表面残留少许烟炱。残宽7.1、残高6.9厘米。（图一一四F；彩版二〇七）

　　999/ST2212④：44，残。看不出分层线，泥质，青灰色。侧分型面发现一榫。面范饰带状菱形雷纹、联珠纹和弦纹，纹饰较清楚。面范及分型面残留少许烟炱。残宽6.1、残高8.3厘米。（图一一四F；拓片五二B；彩版二〇七）

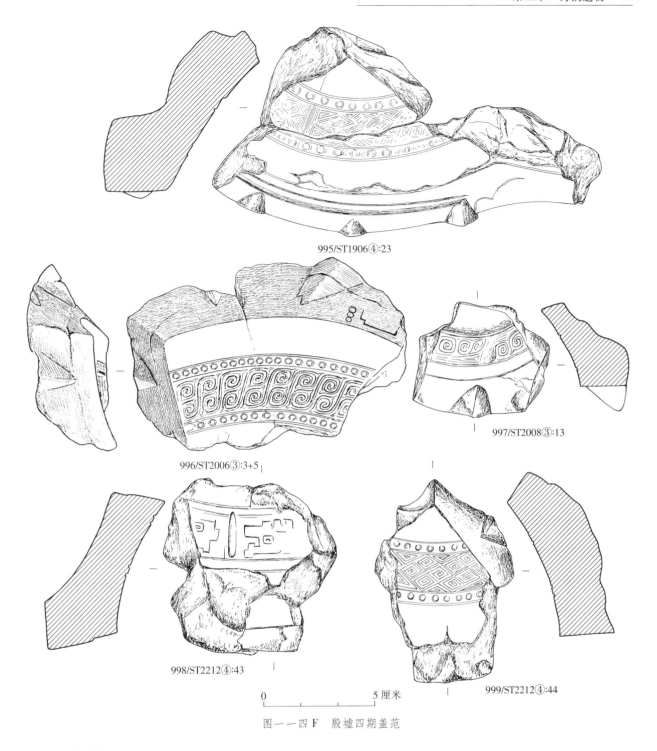

995/ST1906④:23

996/ST2006③:3+5

997/ST2008③:13

998/ST2212④:43

999/ST2212④:44

0   5 厘米

图一一四 F 殷墟四期盖范

殷墟时期

1000/SH214：14，残。看不出分层线，泥质，正面呈青灰色，背面呈红褐色。分型面上发现一榫。面范饰兽面纹，以云纹填空，纹饰大部分已脱落，模糊。残宽5.1、残高4.8厘米。（图一一五；彩版二〇七）

1001/SH359：4，残。分层线较明显，面范泥质，青灰色，背范夹少量细砂，红褐色，局部微泛青，内胎呈深灰色。未见榫卯。面范饰带状云雷纹，其上饰列旗纹，云雷纹大部分已脱落，较模糊。残宽4.8、残高6.3厘米。（图一一五；拓片五三；彩版二〇七）

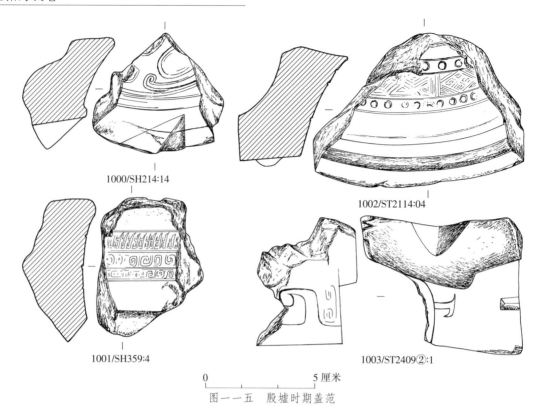

1000/SH214:14

1002/ST2114:04

1001/SH359:4

1003/ST2409②:1

0   5厘米

图一一五　殷墟时期盖范

　　1002/ST2114：04，可能是卣的盖范，残。看不出分层线，泥质，浅灰色，大面积泛红褐，局部泛青灰。分型面上发现一长条形榫。面范饰菱形雷纹，其内外边界各饰一道联珠纹，纹饰大部分已脱落，较模糊。背面发现一道深刻槽。残宽9.6、残高6.4厘米。（图一一五；彩版二〇七）

　　1003/ST2409②：1，可能是鸮卣的盖范，残。看不出分层线，泥质，青灰色。上分型面发现一卯。面范饰兽面纹，无地纹，前端为翘起的喙部。背面凹凸不平。残宽5.5、残高7.1厘米。（图一一五；彩版二〇七）

　　（22）帽范

　　可辨为帽者21块，其中标本19块。多为爵帽，少量为斝帽。泥质为主，极少夹砂，多呈青灰色或浅灰色，少数为淡红色。无分层线。均饰圆涡纹。观察到的帽范有两种形制：一种体较小，但圆涡较大，较深；另一种体较大，但圆涡较小，较浅。均不分范。

　　二期

　　1004/SH639：34，爵帽范，较完整，涡纹边缘稍残。看不出分层线，泥质，淡红色，局部泛青。面范内凹，饰圆涡纹，纹饰较模糊。背面有较高的捏手，有三枚手指印痕，对称两侧各削出一小台，致使顶部略呈正方形。直径2.3、高2.6厘米。（图一一六；彩版二〇八）

　　三期

　　1005/SH225：20，完整。无分层线，泥质，正面呈浅灰色，背面呈灰褐色。未见榫卯。面范为柱帽的型腔，内饰圆涡纹，中部有一小圆窝。纹饰部分脱离，较模糊。背面光滑，平顶。直径2.8、高2.1厘米。（图一一七；拓片五四；彩版二〇八）

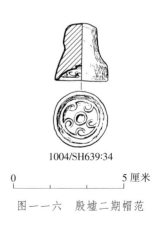

1004/SH639:34

0   5厘米

图一一六　殷墟二期帽范

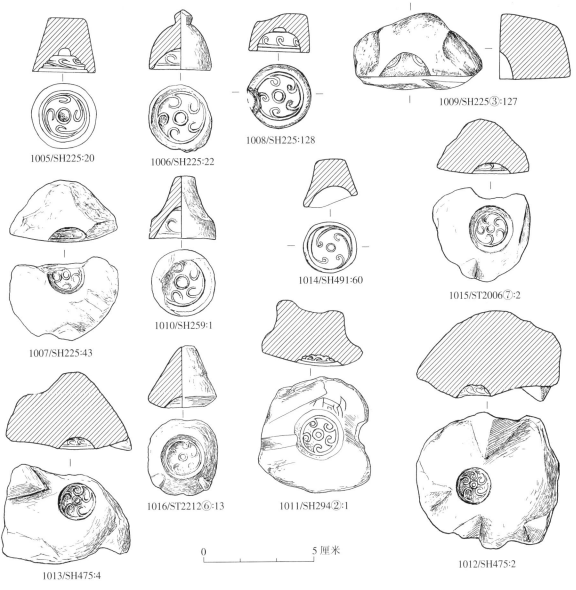

1005/SH225:20　1006/SH225:22　1008/SH225:128　1009/SH225③:127

1007/SH225:43　1010/SH259:1　1014/SH491:60　1015/ST2006⑦:2

1013/SH475:4　1016/ST2212⑥:13　1011/SH294②:1　1012/SH475:2

0　　　　　5 厘米

图一一七　殷墟三期帽范

1006/SH225：22，爵帽范，稍残。无分层线，泥质，正面红褐色，背面浅灰色，局部微泛红。未见榫卯。面范为柱帽的型腔，内饰圆涡纹，花纹部分脱落，较清楚。背面光滑，顶部有一扁平状捉手。残宽2.9、残高3厘米。（图一一七；拓片五四；彩版二〇八）

1007/SH225：43，残。看不出分层线，泥质，面范青灰色，背面泛红。面范周缘发现二榫。纽呈花蕾状，纹饰大部分已脱落，模糊。背面中部平顶，周缘手指印较深。此纽无垂直分范。残宽2.5、残高4.9厘米。（图一一七；彩版二〇八）

1008/SH225：128，较完整。看不出分层线，泥质，青灰色。面范中部内凹，饰圆涡纹，纹饰清楚。背面较光滑，削刮痕迹明显，顶部削制出一个扁片状捉手。直径2.5、高1.5厘米。（图一一七；拓片五四；彩版二〇八）

1009/SH225③：127，残。看不出分层线，泥质，青灰色。分型面上发现一榫。面范中部内凹，饰圆涡纹。背面中部隆起，手指印浅。残宽5.5、残高2.6厘米。（图一一七；彩版二〇八）

1010/SH259：1，稍残。看不出分层线，泥质，红褐色，局部微泛青。未见榫卯。面范中部内凹，饰圆涡纹，纹饰较清楚。背面顶部略呈片状，削刮痕迹明显。残宽2.9、残高2.8厘米。（图一一七；彩版二〇八）

1011/SH294②：1，爵帽范，完整。看不出分层线，泥质，青灰色。面范上有浇口，浇口两侧有条形榫，中部饰圆涡纹，纹饰清楚。背面有凸起捉手。直径5.2、高2.5厘米。（图一一七；拓片五四；彩版二〇九）

1012/SH475：2，可能是爵的帽范，稍残。无分层线，泥质，青灰色，背面大面积泛红。分型面上发现一榫。面范中部饰圆涡纹，纹饰少许脱离，较清楚。背面较光滑。残宽6.5、残高3.6厘米。（图一一七；彩版二〇九）

1013/SH475：4，爵帽范，稍残。无分层线，泥质，青灰色。分型面的四角有四榫，其一残。面范中部饰圆涡纹，纹饰少许脱离，较清楚。背面较光滑。残宽5.3、残高3.7厘米。（图一一七；彩版二〇九）

1014/SH491：60，稍残。无分层线，泥质，浅灰色，局部微泛红。面范中部内凹，饰圆涡纹，纹饰较清楚。背面光滑，侧部有两手指凹窝，平顶。直径2.3、高1.9厘米。（图一一七；彩版二〇九）

1015/ST2006⑦：2，爵帽范，稍残。无分层线，泥质，灰黑色，局部泛红。分型面上发现一榫。面范中部饰圆涡纹，纹饰部分脱离，较模糊。背面较光滑。残宽4.4、残高2.6厘米。（图一一七；彩版二〇九）

1016/ST2212⑥：13，爵帽范，完整。看不出分层线，泥质，青灰色。边沿处有二小榫。面范中部内凹，饰圆涡纹，纹饰较模糊。背面略呈圆锥形。直径3.4、高2.7厘米。（图一一七；彩版二〇九）

四期

1017/SH217⑤：6，爵帽范，较完整。无分层线，泥质，红褐色。未见榫卯。面范有柱帽的型腔，未见纹饰。背面光滑，平顶。直径2.9、高1.9厘米。（图一一八；彩版二一〇）

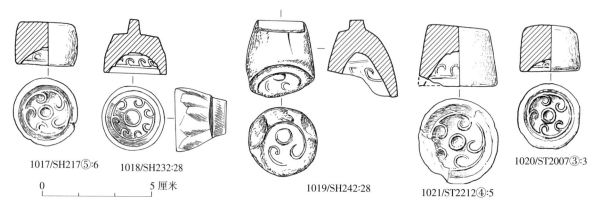

1017/SH217⑤:6　　1018/SH232:28

0　　　　　　　5厘米

1019/SH242:28

1021/ST2212④:5

1020/ST2007③:3

图一一八　殷墟四期帽范

1018/SH232：28，完整。无分层线，泥质，正面青灰色，背面灰褐色。未见榫卯。面范为柱帽的型腔，内饰圆涡纹，正中有一小圆窝，为帽顶。花纹清晰。背面光滑，顶部有一扁平状捉手。直径2.8、高2厘米。（图一一八；拓片五五；彩版二一〇）

1019/SH242：28，稍残。无分层线，泥质，灰褐色。面范中部内凹，饰圆涡纹。背面较光滑，削刮痕迹明显，顶部削制出一个扁片状捉手。残宽3、残高2.9厘米。（图一一八；彩版二一〇）

1020/ST2007③：3，爵帽范，残。无分层线，泥质，灰褐色。未见榫卯。面范内凹，饰圆涡纹，纹饰少许脱离，较清楚。背面光滑，平顶。残宽2.8、残高2厘米。（图一一八；彩版二一○）

1021/ST2212④：5，爵帽范，较完整。无分层线，泥质，正面青灰色，背面灰色，局部微泛红。未见榫卯。面范为柱帽的型腔，内饰圆涡纹，花纹大部分已脱落，较模糊。背面光滑，平顶。直径3.7、高2.3厘米。（图一一八；彩版二一○）

（23）纽范

可辨为纽者45块，其中标本43块。多为卣盖纽，少量为罍、彝、觯、壶等盖纽。泥质为主，少数夹砂。大多数为青灰色或浅灰色，仅2块为淡红色，有的背面局部泛红。无分层线。多数为圆窝，呈六瓣花蕾状，内饰蝉纹或简化蝉纹，少数呈屋顶形，内饰简化兽面纹。

分范方式：大多数不分范，少数垂直二分。

盖与纽的连接方式有四种方式：一是盖范内自带纽的型腔，无须纽范，但盖需要从纽处垂直分范；二是盖范内自带纽型腔，但还需一块纽底范封合，圈足捉手纽多采用此方式；三是盖范与纽范分别制作，再组装在一起浑铸，多数盖纽采用此方式；四是采用铸接的办法把纽和盖连在一起，即先铸好盖，在纽的位置预留一孔，然后在盖内外组装纽范，进行第二次浇注。

三期

1022/SH225：15，残。看不出分层线，泥质，青灰色，背范局部泛红。分型面上有一周条形榫环绕柱纽，残。面范呈八瓣花蕾状，内填蝉纹。背面中部隆起，侧面有手指捉印。残宽5.1、残高3厘米。（图一一九；彩版二一一）

1023/SH242：10，应是卣盖的柱纽范，残。看不出分层线，泥质，青灰色。面范周缘发现一三角形榫。纽呈六瓣花蕾状，每瓣花蕾内填一蝉纹，纹饰较清楚。背面凹凸不平。此纽无垂直分范。残宽8.3、残高8.2厘米。（图一一九；彩版二一一）

1024/SH440③：4，应是彝或罍盖的柱纽范，残。无分层线，泥质，青灰色。未见榫卯。面范仅存纽的四阿屋顶式型腔的一面，其上饰兽面纹，纹饰较模糊。背面较平。残宽3.7、残高4.1厘米。（图一一九；彩版二一一）

1025/SH456③：18，残。看不出分层线，泥质，青灰色，背面泛红。面范呈花蕾状，内饰三角蝉纹，纹饰部分脱落，较清楚。残宽4、残高3.1厘米。（图一一九；彩版二一一）

1026/SH467：10，应是彝或罍盖的柱纽范，残。无分层线，泥质，青灰色，正面局部微泛红。周边分型面共发现五榫。范面中部设纽的型腔，呈四阿屋顶式，饰几何梯形纹，其内饰兽面纹，侧范面饰几何三角纹。纹饰大部分已脱落，较模糊。背面中部隆起，有一个较深的手指印。此纽由垂直两扇范组成。宽7.4、高5厘米。（图一一九；彩版二一一）

1027/ST1906⑦：12，应是彝或罍盖的柱纽范，残。看不出分层线，泥质，红褐色，局部呈青灰色。周边分型面发现一拐尺形榫。面范中部设纽的型腔，呈四阿屋顶式，宽面饰几何梯形纹，内填纹饰几乎全部脱落而不辨。背面不平，手指印宽深。残宽8.7、残高6.5厘米。（彩版二一一）

1028/ST2007⑦A：6，残。看不出分层线，泥质，青灰色，局部泛红。面范纽外侧分型面有一周条形榫环绕纽。纽呈八瓣花蕾状，内填纹饰大部分已脱落，较模糊。背面中部隆起，四周有四个较深的手指印，便于捉拿。残宽7、高5.6厘米。（图一一九；彩版二一二）

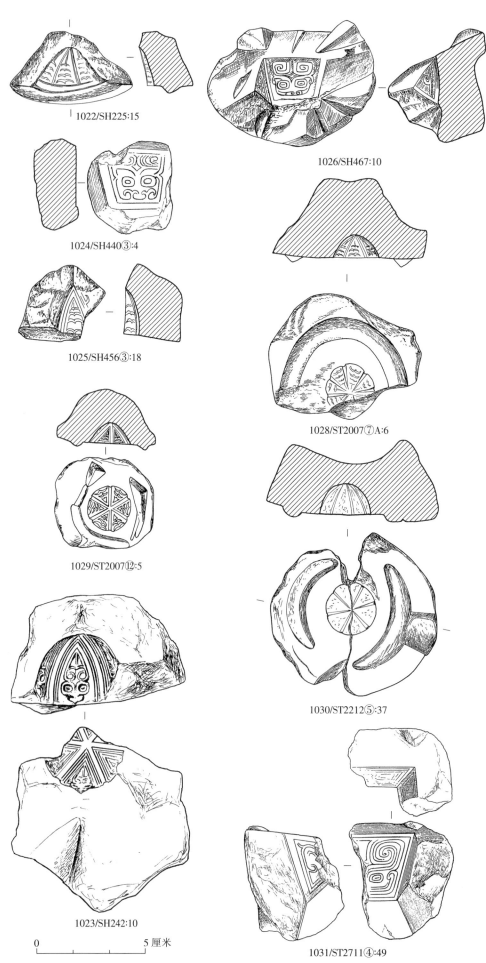

1022/SH225:15

1026/SH467:10

1024/SH440③:4

1025/SH456③:18

1028/ST2007⑦A:6

1029/ST2007⑫:5

1030/ST2212⑤:37

1023/SH242:10

1031/ST2711④:49

0　　　　　　　　5厘米

图一一九　殷墟三期纽范

1029/ST2007⑫：5，卣盖的柱纽范，完整。有分层线，面范泥质，背范夹粗砂，青灰色，背面局部泛红。面范周缘有条形榫。纽呈六瓣花蕾状，内各填一蝉纹，纹饰部分脱落，较清楚。此纽无垂直分范。直径4.6、高2.1厘米。（图一一九；彩版二一二）

1030/ST2212⑤：37，应是卣盖的柱纽范，较完整。看不出分层线，泥质，浅灰色，背面大面积泛红。分型面上有一条形榫和一叉形榫。纽呈花蕾状，纹饰几乎全部脱落。背面较光滑，突起两个支脚。此纽无垂直分范。直径7.4、高3.5厘米。（图一一九；彩版二一二）

1031/ST2711④：49，应是罍或彝盖的柱纽范，残。看不出分层线，泥质，青灰色。周边分型面发现一榫。范面中部设纽的型腔，呈四阿屋顶式，宽面饰几何梯形纹，其内饰兽面纹，窄面饰几何三角纹。纹饰部分脱落。背面有一支脚。此纽由垂直两扇范组成。残宽4.5、残高4.6厘米。（图一一九）

四期

1032/SH232：24，应是卣盖的柱纽范，残。看不出分层线，夹砂，青灰色。面范周缘有二条形榫环绕柱纽。纽呈六瓣花蕾状，纹饰大部分已脱落，较模糊。背面凹凸不平。此纽无垂直分范。直径9.4、高5厘米。（图一二〇；彩版二一二）

1033/SH249：2，应是卣盖的柱纽范，完整。无分层线，泥质，青灰色，局部微泛红。面范周缘有四榫。纽呈六瓣花蕾状，内各填一蝉纹，纹饰部分脱落，较模糊。背面的手指印较明显。此纽无垂直分范。直径5.9、高4.2厘米。（图一二〇；彩版二一二）

1034/SH664⑧：117，应是卣盖的柱纽范，稍残。看不出分层线，泥质，青灰色，背面大面积泛红。面范周缘有一周略呈四边形的条状榫，还有一三角形榫与其垂直相交，残。纽呈六瓣花蕾状，纹饰大部分已脱落，较模糊。背面呈圆锥体。此纽无垂直分范。直径7.6、高3.5厘米。（图一二〇；彩版二一三）

1035/SH664⑩：147，应是卣盖的柱纽范，完整。看不出分层线，泥质，青灰色。面范周缘有一周条形榫，还有二三角形榫与其垂直相交。纽呈花蕾状，纹饰大部分已脱落，较模糊。背面呈圆锥体。此纽无垂直分范。直径5.1、高3.4厘米。（图一二〇；彩版二一三）

1036/SH664⑩：151，应是卣盖的柱纽范，稍残。看不出分层线，泥质，青灰色，面范局部微泛红。面范周缘发现二三角形榫。纽呈花蕾状，纹饰大部分已脱落，模糊。背面凹凸不平。此纽无垂直分范。直径6.4、残高2.5厘米。（图一二〇；彩版二一三）

1037/ST1906⑤：20，残。看不出分层线，泥质，部分呈红褐色，部分呈青灰色。纽外分型面较宽，其上发现一三角形榫和一条形拐尺状榫。纽呈八瓣花蕾状，所填纹饰几乎全部脱落，不辨。残宽9.5、残高6.1厘米。（图一二〇；彩版二一三）

殷墟时期

1038/SH212：2，应是卣盖的柱纽范，残。看不出分层线，但面范泥质，青灰色，背范夹砂，泛红。面范周缘有一周条形榫环绕柱纽。纽呈六瓣花蕾状，纹饰部分脱落，较模糊。背面凹凸不平。此纽无垂直分范。残宽5.9、残高3.7厘米。（图一二一；彩版二一三）

1039/ST2311②：1，应是卣盖的柱纽范，完整。无分层线，泥质，青灰色，背面局部微泛红。面范周缘有四三角形榫和二条形榫，其一残。纽呈六瓣花蕾状，内各填一蝉纹，纹饰部分脱落，较模糊。此纽无垂直分范。宽7.2、高4.8厘米。（图一二一；彩版二一三）

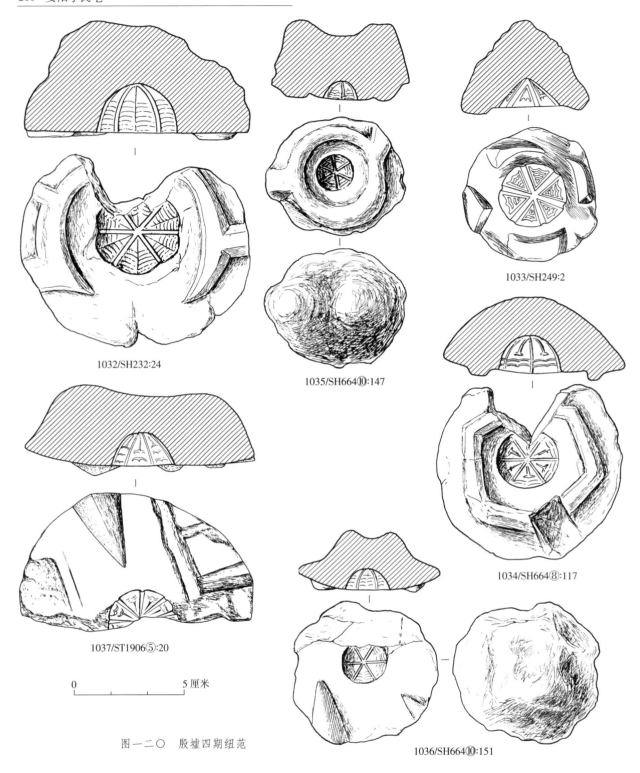

1032/SH232:24

1035/SH664⑩:147

1033/SH249:2

1037/ST1906⑤:20

1034/SH664⑧:117

1036/SH664⑩:151

0　　　　　5 厘米

图一二〇　殷墟四期纽范

（24）兽头范

可辨为兽头者 155 块，占可辨容器范总数的 2.35%，其中标本 79 件。多数呈青灰色或浅灰色，少数为淡红色，有的背范局部泛红。泥质多于夹砂。有的有分层线，面范泥质，背范夹砂。少数背面有绳捆痕迹。多为器物鋬或耳上的兽头，也有器物肩部上的兽头，还有觥盖上的兽头。以牛头居多，也有龙头、蛇头、羊头等。

分范方式有两种：一是不分范，二是从兽头鼻梁中间垂直分为两扇范。

二期

1040/SH473①：17，残。看不出分层线，泥质，青灰色，背面局部微泛红。未见榫卯。面范仅残存兽头的一角，似牛角，其左似饰一耳，不完整。下分型面残留少量淡红色泥浆。残宽7.2、残高4.7厘米。（图一二二；彩版二一四）

三期

1041/SH225：42，可能是觥范，残。有分层线，面范较薄，面范和背范均泥质，青灰色，背面局部微泛红。未见榫卯。面范饰兽面纹。背面凹凸不平。残宽7.2、残高6.1厘米。（图一二三A；彩版二一四）

1042/SH225：44，下残。看不出分层线，泥质，青灰色，背面局部泛红。右分型面发现一卯。面范残留一龙头立角，角上饰重环纹，较清楚。残宽5.9、残高4厘米。（图一二三A；彩版二一四）

1043/SH225：63，残。看不出分层线，泥质，红褐色，局部范青。上、右分型面各发现一榫。面范残存一动物尾巴。背面平且较光滑。残宽4.6、残高4.7厘米。（图一二三A；彩版二一四）

1044/SH411：9，残。看不出分层线，泥质，青灰色，局部泛红。上分型面发现二榫，右分型面有一榫，下分型面发现一榫。面范饰一立体兽头，大部分已脱落，仅兽角较明显。背面有一枚深手指印。残宽4.1、残高4.4厘米。（图一二三A；彩版二一四）

1045/SH423①：4，残。有分层线，但面范和背范皆泥质，青灰色。未见榫卯。面范残存一兽头的立角，立角上饰云纹。背面手指印较深。残宽8.1、残高5.6厘米。（图一二三A；彩版二一四）

1046/SH427：14，牛头，上部残。看不出分层线，泥质，青灰色，背面局部微泛红。左、右分型面各发现一榫。面范饰一牛头，纹饰少许脱离，较清楚。背面较平。残宽5.4、残高4厘米。（图一二三A；彩版二一五）

1047/SH456②：13，可能是卣提梁顶端的兽头。左上角残。看不出分层线，泥质，青灰色，背面局部泛红。上分型面发现一卯，面范下部有一卯，左边发现一竖条形榫，右边有一三角形榫，下有一竖条形榫。面范中部饰一兽头。背面中部凸起。残宽8.4、残高8.5厘米。（图一二三A；彩版二一五）

1048/ST1906⑥：15，牛头，完整。有分层线，但面范和背范均泥质，青灰色。面范的边缘有三榫。面范饰一牛头的一半，花纹较清楚。此范从牛鼻梁的中线进行垂直分范。宽5、高6.1厘米。（图

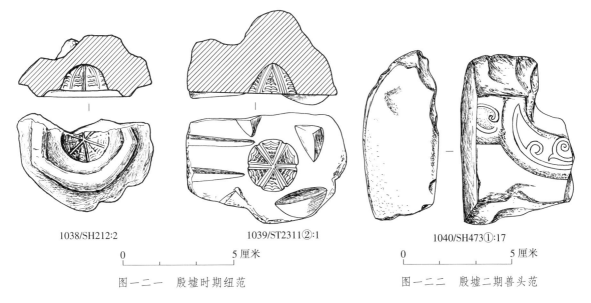

1038/SH212:2　　　　　　1039/ST2311②:1　　　　　　1040/SH473①:17

0　　　　　　5厘米　　　　　　　　　　　　　0　　　　　　5厘米

图一二一　殷墟时期纽范　　　　　　　图一二二　殷墟二期兽头范

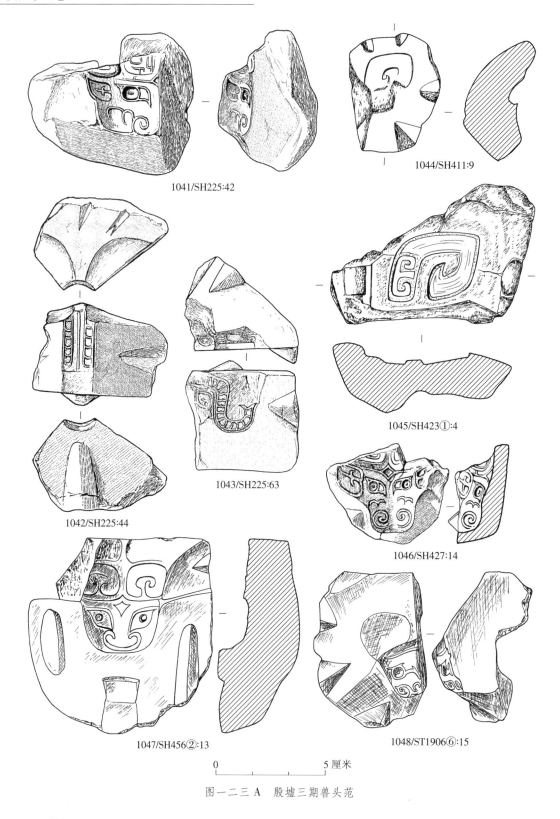

1041/SH225:42

1044/SH411:9

1045/SH423①:4

1043/SH225:63

1042/SH225:44

1046/SH427:14

1047/SH456②:13

1048/ST1906⑥:15

0   5厘米

图一二三A 殷墟三期兽头范

一二三A；彩版二一五）

　　1049/ST1907⑦：15，牛头，下端残。看不出分层线，泥质，青灰色，背面局部泛红。左、右分型面各发现一榫。面范饰一牛头，现只残留其角部，纹饰部分脱离，较清楚。背面不平。此范既无垂直分范，也无水平分范。残宽8.9、残高4.8厘米。（图一二三B；彩版二一五）

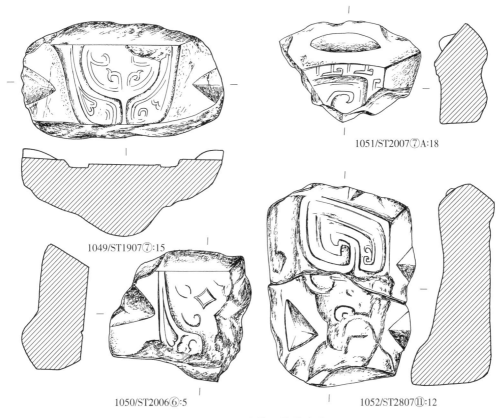

1051/ST2007⑦A：18

1049/ST1907⑦：15

1050/ST2006⑥：5

1052/ST2807⑪：12

图一二三 B　殷墟三期兽头范

　　1050/ST2006⑥：5，应是牛头，残。分层线不明显，泥质，青灰色，背面局部泛红。左分型面发现一榫。面范残存一牛角，角内侧中部饰一菱形纹，其周边饰云纹，花纹大部分已脱落，较模糊。背面不平，凸起两个支脚。残宽5.3、残高5.6厘米。（图一二三 B；彩版二一五）

　　1051/ST2007⑦A：18，残。看不出分层线，泥质，青灰色。上分型面发现一榫。面范饰立体兽首，现仅存其大扁状卷角，花纹较模糊。残宽5.9、残高3.9厘米。（图一二三 B；彩版二一五）

　　1052/ST2807⑪：12，较完整。有分层线，但面范和背范均泥质，青灰色，局部泛红。上分型面有一小拐尺状榫，右分型面有二三角形榫，左分型面下部有三角形卯，上部有一小条形榫。面范饰一兽头的一半，纹饰大部分已脱落，较模糊。背面手指印较小、较浅。宽6.3、高8.8厘米。（图一二三 B；彩版二一六）

　　四期

　　1053/SH201：10，残。看不出分层线，夹细砂，红褐色，局部泛灰。右分型面发现一榫。面范凸起，饰一兽首，大部分已脱落，仅辨其嘴及右眼。背面较平整。残宽5.3、残高6.7厘米。（彩版二一六）

　　1054/SH232：29，稍残。看不出分层线，泥质，青灰色。上分型面发现一榫，左分型面有分型时切割痕迹。面范饰一兽首，大扁状卷角。纹饰大部分已脱离，模糊。背面不平。此兽头范的垂直分范位于兽头的鼻梁中线。残宽6.1、残高6.4厘米。（图一二四 A；彩版二一六）

　　1055/SH252①：20，牛头，完整。看不出分层线，泥质，青灰色，局部微泛红。范面上、下部各有一横状条形榫，紧靠上榫的上部有一凹窝，左右边缘和下部边缘各有一竖状条形榫。面范饰一牛头，纹饰较清楚。背面上部有一道凹槽，当是用绳捆绑加固之用。宽5.9、高5.2厘米。（图一二四 A；拓

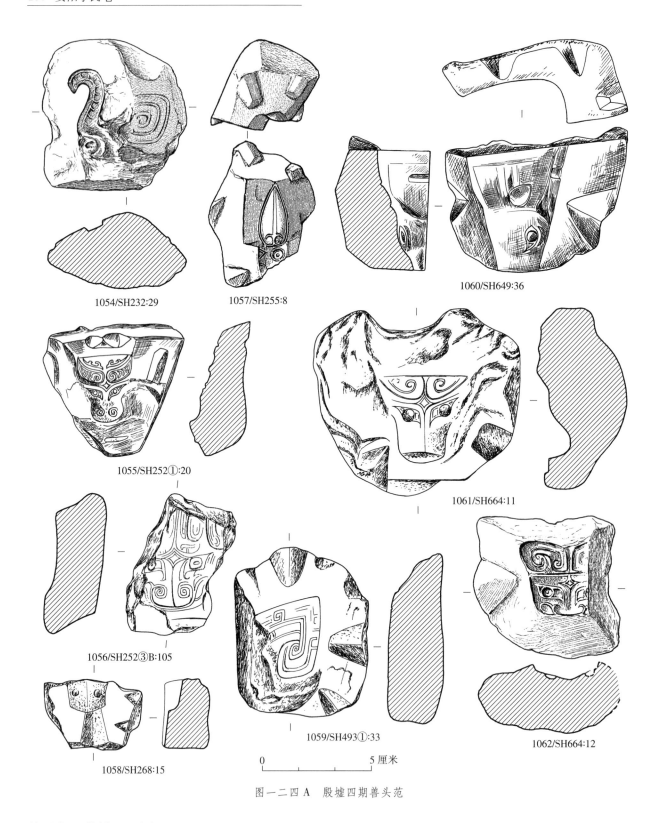

1054/SH232:29   1057/SH255:8   1060/SH649:36

1055/SH252①:20

1061/SH664:11

1056/SH252③B:105

1058/SH268:15

1059/SH493①:33   1062/SH664:12

0   5 厘米

图一二四 A　殷墟四期兽头范

片五六；彩版二一六）。

1056/SH252③B：105，牛头，残。看不出分层线，泥质，青灰色，背面局部泛红。下分型面有一条形榫，残。面范饰一牛头，纹饰部分脱离，较模糊。残宽 3.5、残高 6 厘米。（图一二四 A；彩版二一六）

1057/SH255：8，龙头，可能是觥盖上的龙头范。残。有分层线，面范泥质，背范夹砂。青灰色，局部泛红。周边分型面共发现五榫。面范残留一龙头的立耳，较清楚。背面不平。残宽4.7、残高5.5厘米。（图一二四A；彩版二一六）

1058/SH268：15，残。有分层线，但面范和背范均夹砂，红褐色，局部泛青。左分型面发现一小卯，右分型面发现二小卯，下分型面设有浇口。面范饰一兽头。面范和浇口内有较多烟炱。背面较平。残宽4.5、残高3厘米。（图一二四A；彩版二一七）

1059/SH493①：33，兽头之一半，较完整。有分层线，面范泥质，浅灰色，背范夹砂，深灰色，局部微泛褐。周边分型面共发现三榫。面范饰一兽头，大扁状卷角，其他纹饰已脱离。背面较平，有一深指窝。宽5.9、高7厘米。（图一二四A；彩版二一七）

1060/SH649：36，牛头，完整。有分层线，面范泥质，背范夹砂，青灰色，背面局部微泛红。上分型面有三榫，左、右分型面各有一卯。面范饰一牛头的一半，花纹较清楚。此牛头以鼻梁的中线垂直分范。宽8.3、高5.8厘米。（图一二四A；彩版二一七）

1061/SH664：11，牛头，上端稍残。看不出分层线，泥质，青灰色，面范局部和背面大面积泛红。周边分型面共发现四榫，其二残。面范饰一牛头，纹饰部分脱离，较模糊。背面中部突起。此范既无垂直分范，也无水平分范。残宽9.2、残高8.2厘米。（图一二四A；彩版二一七）

1062/SH664：12，牛头，右残。有分层线，但面范和背范均泥质，青灰色，背面局部泛红。左分型面发现一榫。面范饰一牛头，纹饰部分脱离，较模糊。背面不平。此范既无垂直分范，也无水平分范。残宽5.7、残高5.6厘米。（图一二四A；彩版二一七）

1063/SH664⑥：112，完整。分层线不明显，泥质，青灰色，上分型面有一榫，下分型面有二榫，左分型面有切割痕。面范饰兽头之一半，纹饰较模糊。此兽头范从兽头鼻梁处垂直分为左右两扇。宽4.6、高7.1厘米。（图一二四B；彩版二一七）

1064/SH679②：27，应系提梁末端的兽头，上部残。看不出分层线，泥质，青灰色，背面局部微微泛红。正面兽头外侧的分型面发现四榫，下端有一横向条形榫与下部二榫相连。面范饰一兽头，似蛇头，兽头上的纹饰线条几乎全部脱落，甚模糊，仅眼睛较凸出。背面中部隆起，侧面较光滑。残宽6.7、残高4.6厘米。（图一二四B；彩版二一八）

1065/SH689：4，牛头，残。分层线明显，面范薄，泥质，背范厚，夹砂，青灰色，面范局部微泛红。未见榫卯。面范中部饰一牛头，较模糊。背面中部隆起。残宽6.4、残高5.6厘米。（彩版二一八）

1066/ST1806③：6，牛头，完整。有分层线，但面范和背范均泥质，青灰色。右分型面有一卯，面范的边缘有三榫。面范饰一牛头的一半，花纹清晰。此范从牛鼻梁的中线进行垂直分范。宽6.7、高7.5厘米。（图一二四B；拓片五六；彩版二一八）

1067/ST1806⑤：3，牛头，上部稍残。看不出分层线，夹砂，正面浅灰色，背面泛红。周边分型面共发现三榫。面范饰一牛头。纹饰部分脱离，较模糊。背面较平。残宽9、残高6.7厘米。（图一二四B；彩版二一八）

1068/ST2007④：1，牛头，残。看不出分层线，泥质，青灰色。上分型面有二榫，其一残。面范饰一牛头的一半，纹饰大部分脱离，较模糊。背面较平。此范从牛鼻梁的中线进行垂直分范。残宽6.7、残高5.4厘米。（图一二四B；彩版二一八）

1069/ST2008③：12，残。看不出分层线，泥质，青灰色。左分型面发现一三角形卯。面范上部边缘

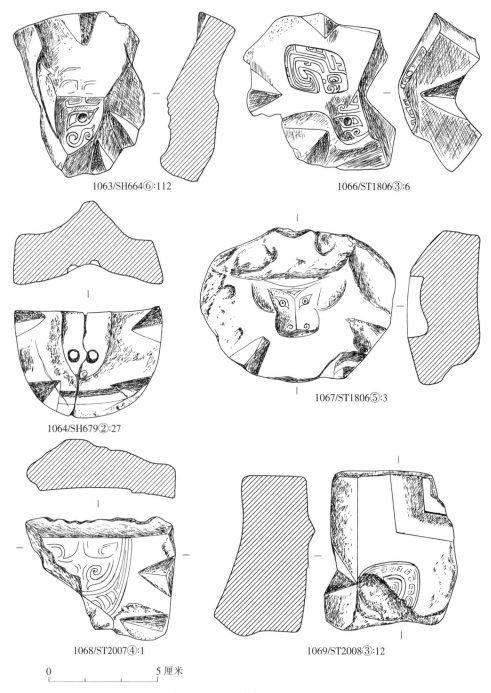

1063/SH664⑥:112

1066/ST1806③:6

1064/SH679②:27

1067/ST1806⑤:3

1068/ST2007④:1

1069/ST2008③:12

0 ——————— 5 厘米

图一二四 B　殷墟四期兽头范

有一条形"拐尺"状榫，左边缘发现一个三角形榫，残。面范饰一兽头之一半，扁片状立角，纹饰大部分脱离，模糊不清。背面右边缘有两道交叉刻痕。残宽5.8、残高6.9厘米。（图一二四 B；彩版二一八）

殷墟时期

1070/SH214：4，残。看不出分层线，泥质，青灰色。面范一边有一长条形榫，另一边有一三角形榫，残。面范中部饰一动物"G"形角，角上的纹饰线条大部分已脱落，此角当为立体状，由正反两块范扣合。残宽6.7、残高5.4厘米。（图一二五；彩版二一九）

1071/SH498：5，兽头的后托范，较完整。看不出分层线，泥质，青灰色，背面局部泛红。上分型

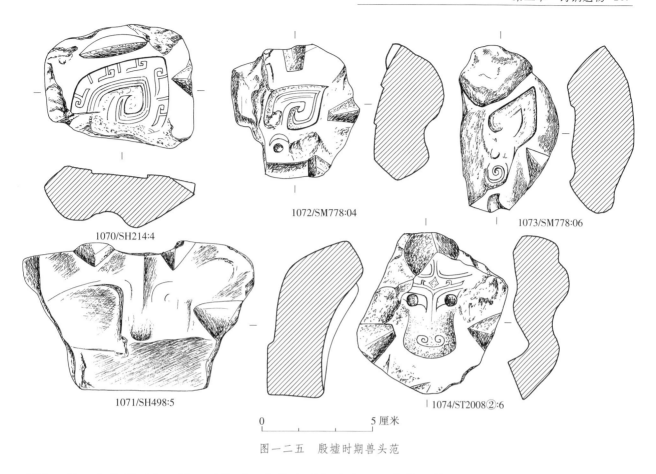

1070/SH214:4

1072/SM778:04

1073/SM778:06

1071/SH498:5

1074/ST2008②:6

0   5 厘米

图一二五　殷墟时期兽头范

面有二榫，右分型面有一榫，下分型面有数个手指浅印。面范饰一兽头立耳之形状，左残。宽9.8、高6.4厘米。（图一二五；彩版二一九）

1072/SM778：04，墓葬填土中出土，残。有分层线，面范泥质，深灰色。背范夹砂，青灰色，微泛红。周边分型面共发现三榫。面范饰一动物头，大扁状卷角，纹饰大部分已脱落，较模糊。背面有一凹窝。残宽5.3、残高5.8厘米。（图一二五；彩版二一九）

1073/SM778：06，墓葬填土中出土，稍残。看不出分层线，泥质，青灰色。背面局部微泛红。右分型面有一榫，左分型面有一卯。面范饰一立体兽首之一半，耳较大，纹饰大部分已脱离，较模糊。残宽4.5、残高6.9厘米。（图一二五；彩版二一九）

1074/ST2008②：6，牛头，残。看不出分层线，泥质，青灰色。左、右分型面各发现一榫。面范饰一牛头，纹饰大部分脱离，较模糊。背面凹凸不平。此范无水平分范，也无水平分范。残宽6.9、残高6.7厘米。（图一二五；彩版二一九）

（25）錾（耳）范

可辨为錾（耳）者15块，其中标本12件。多为簋、斝的錾（耳）。较小的錾（耳）范多与器身相连，混铸而成；较大的錾（耳）多单独制范，与器身进行二次浇注（后铸）连接。

二期

1075/ST2811⑮：9，残。体较大，有分层线，面范泥质，背范夹砂，青灰色。左分型面发现一竖向条形榫。面范边缘处设錾的型腔，錾上所饰的纹饰已脱落，不辨，中部略内凹，为置錾芯所预留。背面凹凸不平，手指印较深。残宽7.3、残高11.6厘米。（图一二六；彩版二二〇）

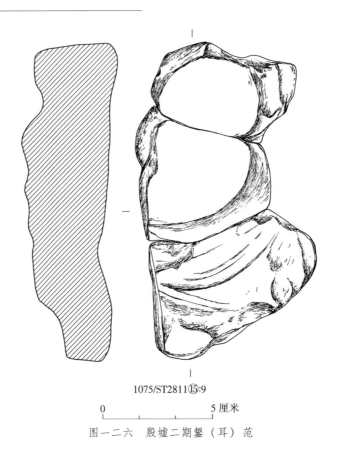

1075/ST2811⑮:9

0   5 厘米

图一二六　殷墟二期鋬（耳）范

三期

1076/SH225：61，残。看不出分层线，泥质，青灰色，背面局部微泛红。耳外分型面发现三卯。面范中部内凹，为耳的型腔，耳上饰云纹，纹饰大部分已脱落，较模糊。背面较光滑，有刀削痕。残宽3.9、残高8.4厘米。（图一二七；彩版二二〇）

1077/SH225：124，残。看不出分层线，泥质，青灰色。面范中部设鋬（耳）的型腔，型腔内侧中部有一蘑菇状卯，当用之与鋬内侧泥芯相扣合，型腔左边缘发现二卯，下卯残，上部出一平台，当是为置鋬（耳）上部兽头而设，平台外边缘有一卯，内边缘有一小凹窝，系兽头的耳朵。背面较平，手指印较浅。残宽7.6、残高5厘米。（图一二七；彩版二二〇）

1078/SH427：6，残。看不出分层线，面范泥质，背范夹砂，青灰色，鋬（耳）外分型面发现二卯。面范上饰云纹，纹饰大部分已脱落，较模糊。鋬（耳）上部设兽头，两卯之间的凹窝系兽头的耳朵，下卯下部的凹窝系兽头的嘴鼻。鋬（耳）里侧内凹，是置芯的位置。残宽5、残高7.3厘米。（彩版二二〇）

1079/ST2711③：5，残。可能是簋耳，有分层线，但面范和背范皆泥质，青灰色，背面大面积泛红。面范设簋耳的型腔，型腔内侧中部有一椭圆形卯，残，当用之与耳内侧泥芯相扣合；再向内为平面，虽残存甚少，但证明是该簋耳是单独制范，再组装在簋腹范上。型腔上部出一平台，平台边缘有二卯，其一残，当是为组装置耳上部的兽头而设。背面较平，手指印较浅。残宽5.3、残高8.2厘米。（图一二七；彩版二二〇）

1080/ST2811③：22，残。看不出分层线，夹砂，青灰色，背面局部微泛红。面范中部设鋬的型腔，边缘发现二卯，皆残。鋬内侧有一道设计线。背面较平整，手指印甚浅。残宽6.1、残高6.5厘米。（图一二七；彩版二二〇）

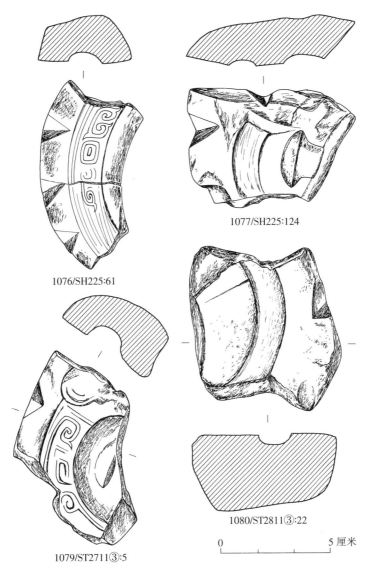

1076/SH225:61

1077/SH225:124

1079/ST2711③:5

1080/ST2811③:22

0　　　　　　　　5 厘米

图一二七　殷墟三期𣪘（耳）范

四期

1081/SH242：27，残。无分层线，夹细砂，红褐色，局部泛青。面范设𣪘（耳）的型腔，型腔下部设浇口。背面较平。残宽4.3、残高7.5厘米。（图一二八；彩版二二一）

1082/ST1806③：9，残。分层线不明显，但面范泥质，背范夹细砂，青灰色。面范中部设𣪘（耳）的型腔，型腔内侧中部有一小卯，当用之与𣪘内侧泥芯相扣合，型腔左边缘有二卯，下部发现一卯，残，上部出平台，当是为置𣪘（耳）上部兽头而设。𣪘（耳）型腔内残留一些烟炱。背面不平，部分脱落。残宽5.5、残高7.7厘米。（图一二八；彩版二二一）

1083/ST1906⑤：22，𣪘的耳范，较薄，残。看不出分层线，泥质，青灰色。耳外侧分型面上发现一卯，耳上饰云纹，纹饰大部分已脱落，较模糊。残宽4.7、残高7.2厘米。（图一二八；彩版二二一）

1084/ST1907⑤：11，𣪘的耳范，残。看不出分层线，泥质，青灰色，局部微泛红。耳外分型面发现一卯。面范中部内凹，为耳的型腔，耳上所饰的纹饰线条已脱落，不辨。背面不平，手指印较深。残宽6.3、残高9.8厘米。（图一二八；彩版二二一）

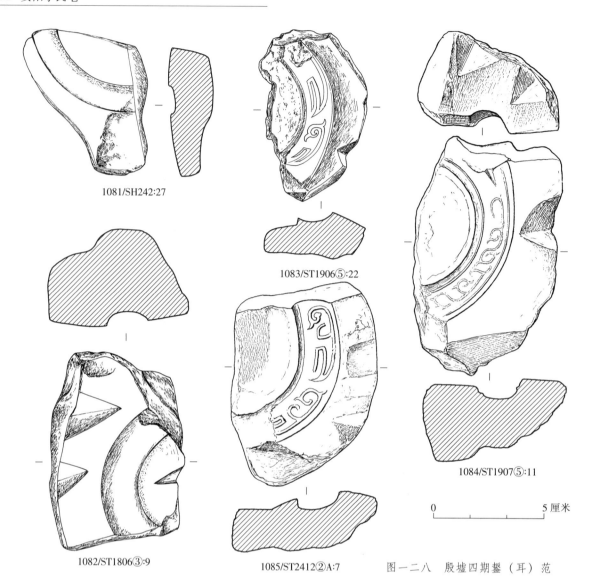

1081/SH242:27

1083/ST1906⑤:22

1084/ST1907⑤:11

1082/ST1806③:9

1085/ST2412②A:7

图一二八　殷墟四期簋（耳）范

1085/ST2412②A：7，簋的耳范，较完整。看不出分层线，泥质，青灰色。耳上、耳外侧分型面各有一小榫，耳内侧有一凹槽，用来安装耳内侧泥芯。耳上饰云纹，部分脱落。耳外侧分型面上有一浇口。背面稍平，手指印较浅。宽6.6、高8.8厘米。（图一二八；彩版二二一）

（26）不辨器形容器范

不辨器形范有64959件，绝大多数为容器范，其中不乏器形特殊、纹饰清晰者。

二期

1086/SH442③：7，稍残。看不出分层线，中部厚，边缘薄。泥质，正面青灰色，背面淡红色。未见榫卯。面范上部饰三角纹，下部饰兽面纹，以云雷纹衬地，纹饰大部分已脱落，较模糊。背面中部隆起，形成捉手。残宽4、残高4.8厘米。（图一二九；彩版二二二）

1087/SH681①：4，下腹部和圈足范。看不出分层线，夹砂，红褐色，背面局部微泛灰。未见榫

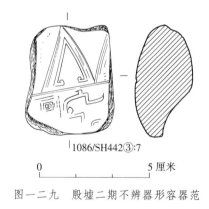

1086/SH442③:7

0　　　　　　　　5厘米

图一二九　殷墟二期不辨器形容器范

卯。面范素面，表面残留较多烟炱。残宽5、残高6.5厘米。（彩版二二二）

三期

1088/SH23①：3，残。看不出分层线，泥质，青灰色，背面局部微泛红。左分型面发现一卯。面范饰云雷纹，纹饰部分已脱落，较清楚。残宽4.3、残高4.1厘米。（图一三〇A；彩版二二二）

1089/SH23①：4，圈足范，残。分层线较明显，面范较薄，泥质，灰色，背范较厚，夹砂，红褐色，局部泛青。上分型面发现二卯，均残。面范圈足所饰纹饰已全部脱落，不辨。残宽8.5、残高5厘米。（图一三〇A；彩版二二二）

1090/SH225：26，可能为瓿的腹部范，残。看不出分层线，泥质，青灰色。未见榫卯。面范饰勾连雷纹。纹饰少许脱落，较清楚。残宽6.6、残高9.8厘米。（图一三〇A；拓片五七；彩版二二二）

1091/SH225：41，残。有分层线，面范和背范均泥质，青灰色，背面大面积微泛红。上分型面发现一榫。面范饰兽面纹，以云雷纹衬地，纹饰清楚。背面较光。残宽6.2、残高3.4厘米。（图一三〇A；拓片五七；彩版二二二）

1092/SH225：67，残。看不出分层线，泥质，青灰色，背面局部泛红。上、右分型面各发现一榫。面范饰兽面纹，以云雷纹衬地，纹饰清楚。背面凹凸不平，但较光滑。残宽9.2、残高3.8厘米。（图一三〇A；彩版二二三）

1093/SH225：83，残。看不出分层线，泥质，表面呈灰黑色，局部泛红，胎呈红褐色。其中一面发现一卯，面范饰带状菱形雷纹，其间用竖线分割。从此范的形状判断，此范应是镶插在主范上的。残宽3.5、残高7厘米。（图一三〇A；拓片五七；彩版二二三）

1094/SH225：125，可能是鸟尊或觥的腹部范，残。胎较薄，有分层线，但面范和背范皆泥质，正面呈黄褐色，背面呈红褐色，局部泛青。未见榫卯。面范所饰纹饰几乎全部脱落，隐约可辨有鱼鳞纹及云雷纹饰。背面较平。残宽5、残高4.2厘米。（图一三〇A；彩版二二三）

1095/SH225②：129，腹部范，残。胎较薄，看不出分层线，泥质，青灰色。下分型面发现一卯。面范饰以云雷纹构成的兽面纹，纹饰大部分已脱落，较模糊。背面粘有少许砂质泥，中部凸起一支脚。残宽7.9、残高7.2厘米。（图一三〇A；彩版二二三）

1096/SH225②：131，上腹部范，残。看不出分层线，泥质，青灰色，背面大面积微泛红。未见榫卯。面范上部饰以云雷纹构成的对夔兽面纹，大部分已脱落，较模糊；下部饰勾连雷纹，较清楚。背面较光滑。残宽5.5、残高4.4厘米。（图一三〇A；彩版二二三）

1097/SH225③：107，残。看不出分层线，泥质，青灰色，大面积泛红。上分型面左端发现一卯，左分型面有一竖向卯，下分型面较光滑，中部发现一榫，残。面范中部有一带状凸起，其上饰波折纹。与1133/ST2212⑥：10、1108/SH431：5应属同类器物。残宽7.6、残高4.7厘米。（图一三〇A；彩版二二四）

1098/SH225③：126，可能是盖范，较完整。有分层线，但面范和背范皆泥质，青灰色。面范平整，略呈圆形，正中有一大三角榫，应与芯的顶部相扣合，起到封顶的作用。背面用泥堆塑痕迹明显。直径8.2、高2.6厘米。（图一三〇B；彩版二二四）

1099/SH226②：183，残。有分层线，面范泥质，表面呈浅灰褐色，胎呈青灰色，背范夹细砂，背面呈红褐色。未见榫卯。面范饰带状回首夔龙纹，以细云雷纹衬地，其上饰一周联珠纹，纹饰较清楚。

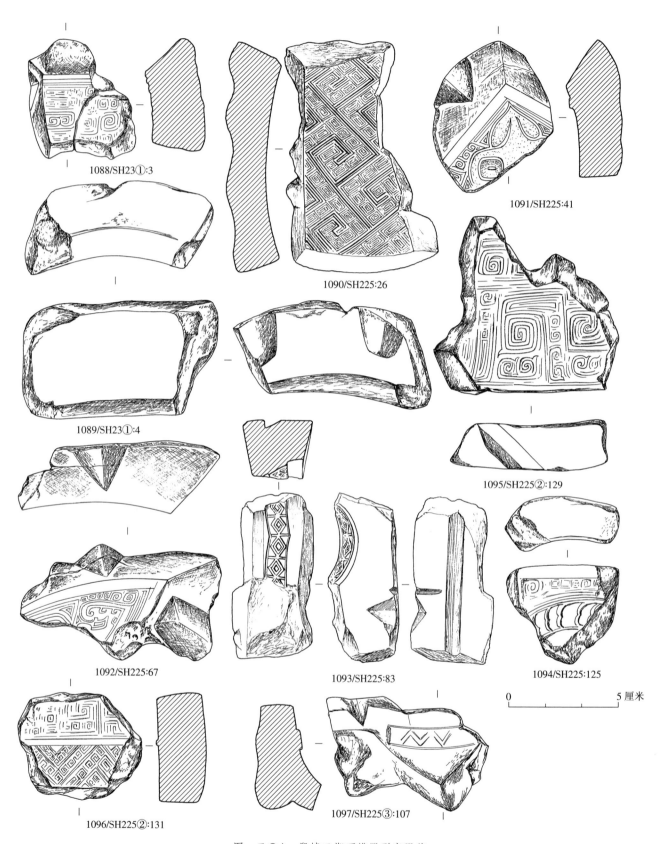

1088/SH23①:3

1090/SH225:26

1091/SH225:41

1089/SH23①:4

1095/SH225②:129

1092/SH225:67

1093/SH225:83

1094/SH225:125

0　　　　　5厘米

1096/SH225②:131

1097/SH225③:107

图一三〇A　殷墟三期不辨器形容器范

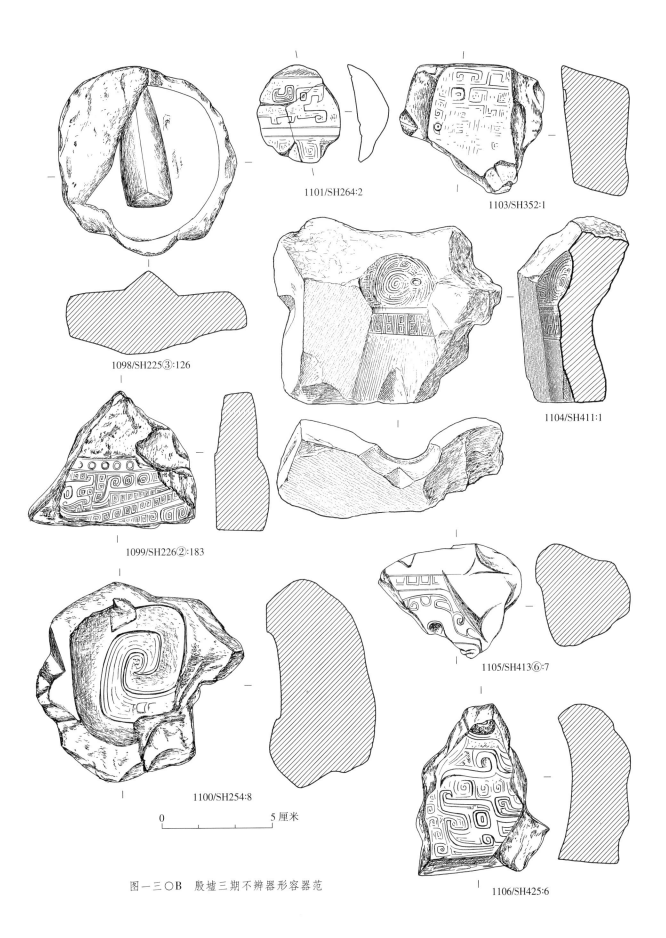

1101/SH264:2

1103/SH352:1

1098/SH225③:126

1104/SH411:1

1099/SH226②:183

1105/SH413⑥:7

1100/SH254:8

0   5 厘米

图一三〇B 殷墟三期不辨器形容器范

1106/SH425:6

残宽7.5、残高5.8厘米。（图一三〇B；拓片五七；彩版二二四）

1100/SH254∶8，腹部范，残。分层线较明显，面范较薄，泥质，背范较厚，夹砂，青灰色，局部泛红。未见榫卯。面范饰大兽面纹，现仅存其"C"形角及耳部少许，无地纹。背面还粘有少量淡红色砂质泥。残宽8.8、残高8.6厘米。（图一三〇B；彩版二二四）

1101/SH264∶2，较完整。看不出分层线，泥质，浅灰色，背面大面积泛红。未见榫卯。面范上部饰夔龙纹，下部饰云雷纹，中部以两道弦纹相隔，花纹部分脱落，较模糊。背面中部隆起。宽3.7、高4.1厘米。（图一三〇B；彩版二二四）

1102/SH315④∶28，腹部范，可能是壶，残。分层线明显。面范薄，泥质，背范夹砂，青灰色。右分型面发现二卯，下卯残。面范饰勾连雷纹，纹饰大部分已脱落，较模糊。背面不平，手指印较深。残宽6.9、残高8.1厘米。（彩版二二四）

1103/SH352∶1，残。看不出分层线，泥质，青灰色，背面局部泛红。一侧分型面发现一榫，残。面范饰以夔龙纹构成的兽面纹，纹饰几乎全部脱落，甚模糊。背面较平。残宽6.2、残高5.8厘米。（图一三〇B；彩版二二五）

1104/SH411∶1，残。看不出分层线。泥质，正面呈青灰色，背面泛红。分型面上发现一卯。面范所饰纹饰由于脱落严重，不辨。背面不平。残宽8.9、残高7.8厘米。（图一三〇B；彩版二二五）

1105/SH413⑥∶7，残。有分层线。但面范和背范均泥质，面范呈青灰色，背面泛红。未见榫卯。面范饰兽面纹，边缘饰雷纹，纹饰较清楚。背面较平。残宽6.6、残高4.2厘米。（图一三〇B；彩版二二五）

1106/SH425∶6，残。分层线不明显，泥质，正面呈青灰色，背面呈灰褐色。下分型面似有一榫，残。面范上部似饰兽面纹，下部饰夔龙纹，以云雷纹衬地，纹饰大部分已脱落，较模糊。背面手指印较深。残宽5.6、残高6.6厘米。（图一三〇B；彩版二二五）

1107/SH427②∶30，腹部范，残。分层线不明显，泥质，青灰色。左分型面发现二卯，下卯残。面范容器的腹部饰兽面纹，以云雷纹衬地，纹饰部分脱落。左分型面残留少许泥浆。背面凸起一支脚。残宽5.5、残高7.7厘米。（图一三〇C；彩版二二五）

1108/SH431∶5，残。看不出分层线，泥质，青灰色。上分型面发现一卯，残，左分型面有一竖向卯，下分型面发现一榫，残。面范中部有一带状凸起，其上饰波折纹，较清楚。上分型面发现一浇口。背面平整。与1133/ST2212⑥∶10应属同类器物。残宽5.3、残高3.2厘米。（图一三〇C；彩版二二五）

1109/SH453∶8，可能是簋的下腹部范，残。看不出分层线，泥质，青灰色。左、下分型面各发现一卯，下卯残。面范容器的腹部饰兽面纹，以云雷纹衬地，主纹残存较少，地纹云雷纹清楚。背面较平。残宽8.8、残高5.4厘米。（图一三〇C；彩版二二六）

1110/SH468∶10，腹部范，可能是觚，残。分层线不明显，但面范泥质，背范夹砂，正面呈青灰色，背面呈浅褐色，内胎呈深灰色。未见榫卯。面范饰直棱纹。背面较平。残宽4.7、残高5厘米。（图一三〇C；彩版二二六）

1111/SH475∶8，腹部范，残。薄胎，看不出分层线，泥质，青灰色。上分型面发现一榫。面范饰云雷纹，主纹不详，纹饰几乎全部脱落，甚模糊。背面有一横向隆起。残宽4.3、残高4.4厘米。（图一三〇C；彩版二二六）

1107/SH427②:30

1108/SH431:5

1114/SH538③:89

1109/SH453:8

1110/SH468:10

1111/SH475:8

1112/SH475:9

1113/SH491:59

1116/SH573:220

1117/SH573①:30

1118/SH573①:211

0   5 厘米

1120/SH582②:8

图一三〇C　殷墟三期不辨器形容器范

1119/SH573②:225

1112/SH475：9，腹部范，残。看不出分层线，泥质，青灰色。面范饰以云雷纹构成的兽面纹，花纹大部分已脱落，较模糊。背面较平。残宽5.9、残高5.2厘米。（图一三〇C；彩版二二六）

1113/SH491：59，残。胎较薄，看不出分层线，泥质，青灰色，背面大面积泛红。上分型面发现一榫。面范似饰夔龙纹，以云雷纹衬地，花纹线条细，大部分已脱落，主纹甚模糊。背面手指印较浅平。残宽6.3、残高4.7厘米。（图一三〇C；彩版二二六）

1114/SH538③：89，腹部范，较厚，残。看不出分层线，但面范泥质，青灰色，背范夹砂，呈灰褐色，内胎呈深灰色。右分型面发现一三角形榫，下分型面发现一长弧形榫。面范饰兽面纹，以云雷纹衬地，纹饰大部分已脱落，较模糊，残宽7.2、残高5.5厘米。（图一三〇C；彩版二二六）

1115/SH570②：42，腹部范，残。胎较薄，看不出分层线，泥质，青灰色，背面局部微泛红。面范所饰纹饰几乎全部脱落，依稀可辨上部饰大三角纹，下部饰夔龙纹，内填对夔纹，皆以云雷纹衬地。下分型面残留少许淡红色泥浆。背面较平，手指印较浅。残宽8、残高9.5厘米。（彩版二二七）

1116/SH573：220，腹部范，较薄，残。看不出分层线，泥质，浅灰色，背面微泛红，内胎呈青灰色。面范饰兽面纹，以云雷纹衬地，纹饰部分脱落，较清楚。残宽5.5、残高7.4厘米。（图一三〇C；拓片五七；彩版二二七）

1117/SH573①：30，残。看不出分层线，泥质，青灰色。未见榫卯。面范饰兽面纹，以云雷纹衬地，花纹部分脱落，较模糊。背面较平。残宽6.5、残高8.5厘米。（图一三〇C；彩版二二七）

1118/SH573①：211，残。看不出分层线，泥质，青灰色，背面大面积泛红。面范饰夔龙纹，夔龙前端接下卷的象鼻，以云雷纹衬地，纹饰较清楚。残宽4.5、残高3.2厘米。（图一三〇C；彩版二二七）

1119/SH573②：225，腹部范，残。胎较薄，分层线不明显，但面范泥质，背范夹砂，青灰色。未见榫卯，右分型面切割痕迹明显。面范饰以云雷纹构成的兽面纹，花纹大部分已脱落，较模糊。背面手指印较深。残宽5.2、残高6.8厘米。（图一三〇C；彩版二二七）

1120/SH582②：8，残。有分层线，面范薄，泥质，青灰色，背范厚，夹砂，灰褐色，内胎呈深灰色。面范饰兽面纹，纹饰大部分已脱落，模糊。背面较平。残宽3.9、残高5.5厘米。（图一三〇C；彩版二二七）

1121/SH606⑤：9，较薄，残。看不出分层线，泥质，灰褐色，局部泛青。上分型面发现三卯，其一残，右分型面发现一榫。面范上部饰夔龙纹，下部饰兽面纹，以云雷纹衬地，纹饰大部分已脱落，模糊。背面较光滑，表面有捆绑痕迹。残宽5.5、残高6.6厘米。（图一三〇D）

1122/SH683：270，残。看不出分层线，泥质，红褐色，背面微泛灰。下分型面发现一卯，残。面范所饰主纹不辨，仅眼睛凸起，以云雷纹衬地，花纹线条细且浅。残宽4.2、残高4.3厘米。（图一三〇D；彩版二二八）

1123/SH685：14，腹部范，残。胎较薄，分层线明显，面范泥质，背范夹砂，青灰色，背面局部微泛红，内胎呈深灰色。下分型面发现一卯。面范饰以云雷纹构成的兽面纹，花纹少许脱落，较清楚。背面较平。残宽6.8、残高4.8厘米。（图一三〇D；彩版二二八）

1124/ST2007⑥：37，可能是罍的腹部范，残。看不出分层线，泥质，青灰色。未见榫卯。面范上

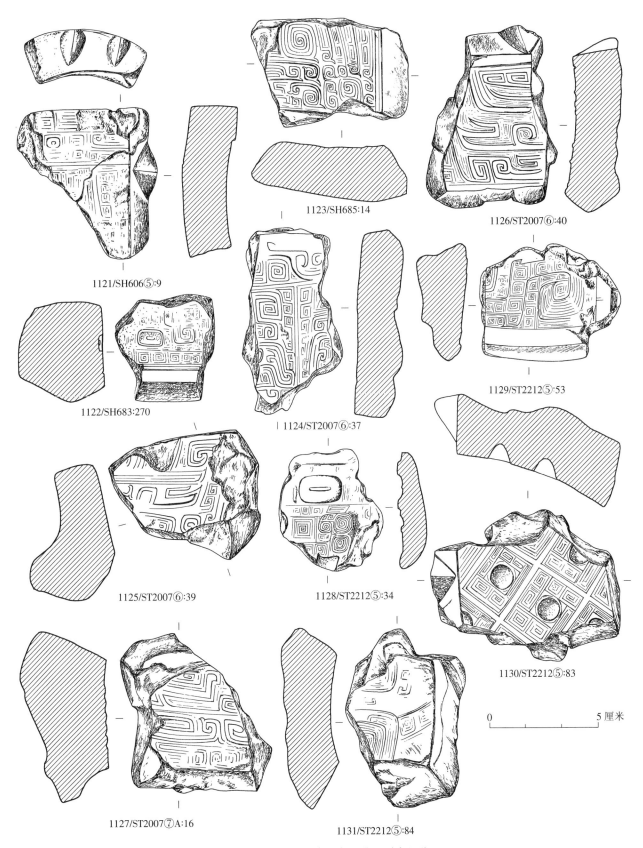

1121/SH606⑤:9

1122/SH683:270

1123/SH685:14

1124/ST2007⑥:37

1125/ST2007⑥:39

1126/ST2007⑥:40

1127/ST2007⑦A:16

1128/ST2212⑤:34

1129/ST2212⑤:53

1130/ST2212⑤:83

1131/ST2212⑤:84

0   5 厘米

图一三〇D 殷墟三期不辨器形容器范

部因残存较少，所饰主纹不详，下部饰大三角纹，内填直立对夔纹，均以云雷纹衬地，主纹模糊，地纹较清晰。残宽4.3、残高7.8厘米。（图一三○D；彩版二二八）。

1125/ST2007⑥：39，腹部范，残。看不出分层线，泥质，青灰色，背面局部泛红。未见榫卯。面范因残存较少，主纹不详，以云雷纹衬地，纹饰部分脱落，较清楚。背面凸起一支脚。残宽6.7、残高5厘米。（图一三○D；彩版二二八）

1126/ST2007⑥：40，腹部范，残。看不出分层线，泥质，青灰色，背面局部泛红。上分型面发现一榫。面范饰兽面纹，以云雷纹衬地，纹饰少许脱落，较清楚。残宽5.5、残高7.5厘米。（图一三○D；拓片五七；彩版二二八）

1127/ST2007⑦A：16，腹部范，残。看不出分层线，泥质，正面呈青灰色。背面呈灰褐色，内胎呈深灰色。未见榫卯。面范饰以粗线条云雷纹构成的兽面纹，纹饰部分脱落，较清楚。背面手指印较浅。残宽6.3、残高6.8厘米。（图一三○D；彩版二二八）

1128/ST2212⑤：34，残。有分层线，面范较薄，泥质，淡红色，背范全部脱落。未见榫卯。面范饰兽面纹，残存较少，仅辨一只眼睛，以云雷纹衬地，花纹线条细且浅。残宽4.7、残高5.2厘米。（图一三○D；彩版二二九）

1129/ST2212⑤：53，圈足范，残。有分层线，但面范和背范均泥质，青灰色。未见榫卯。面范饰兽面纹，以云雷纹衬地，右侧有扉棱，纹饰少许脱落，较清楚。背面凹凸不平。残宽6.5、残高5厘米。（图一三○D；彩版二二九）

1130/ST2212⑤：83，腹部范，残。有分层线，但面范和背范均泥质，青灰色，背面大面积泛红。左分型面发现一榫。面范饰菱形雷纹并乳丁纹，以云雷纹衬地，纹饰较清楚。分型面有较多烟炱。背面手指印深。残宽8.4、残高6.6厘米。（图一三○D；彩版二二九）

1131/ST2212⑤：84，腹部范，残。分层线明显，但面范和背范均泥质，青灰色。右分型面发现一榫。面范所饰纹饰几乎全部脱落，不辨。右分型面有一些烟炱。背面手指印较浅。残宽4.8、残高6.6厘米。（图一三○D；彩版二二九）

1132/ST2212⑤：85，腹部范，残。分层线不明显，泥质，青灰色，背面局部泛红。未见榫卯。面范饰兽面纹，以云雷纹衬地，纹饰少许脱落，较清楚。背面凸起一支脚。残宽7.1、残高8.5厘米。（图一三○E；拓片五七；彩版二二九）

1133/ST2212⑥：10，残。有分层线，面范薄，背范厚，泥质，青灰色，背面局部微泛红。上分型面发现一卯，下分型面有二榫。面范中部有一"人"字形带状凸起，其上饰波折纹。残宽8.8、残高4.8厘米。（图一三○E；彩版二三○）

1134/ST2212⑥：22，残。看不出分层线，泥质，正面青灰色，背面呈浅灰褐色。未见榫卯。面范饰兽面纹，仅一耳较清楚。背面较平。残宽5.6、残高7厘米。（图一三○E；彩版二三○）

1135/ST2212⑦：11、12，系合范，均残。看不出分层线，泥质，青灰色。面范饰倒立夔龙纹，无地纹。背面不平。（图一三○E；彩版二三○）

1135–1/ST2212⑦：11，左分型面发现二榫，残宽5.2、残高7.7厘米。（彩版二三○）

1135–2/ST2212⑦：12，上分型面发现一榫，右分型面发现一卯，残宽5.4、残高5.7厘米。可与ST2212⑦：11左分型面上部的榫相扣合。（彩版二三○）

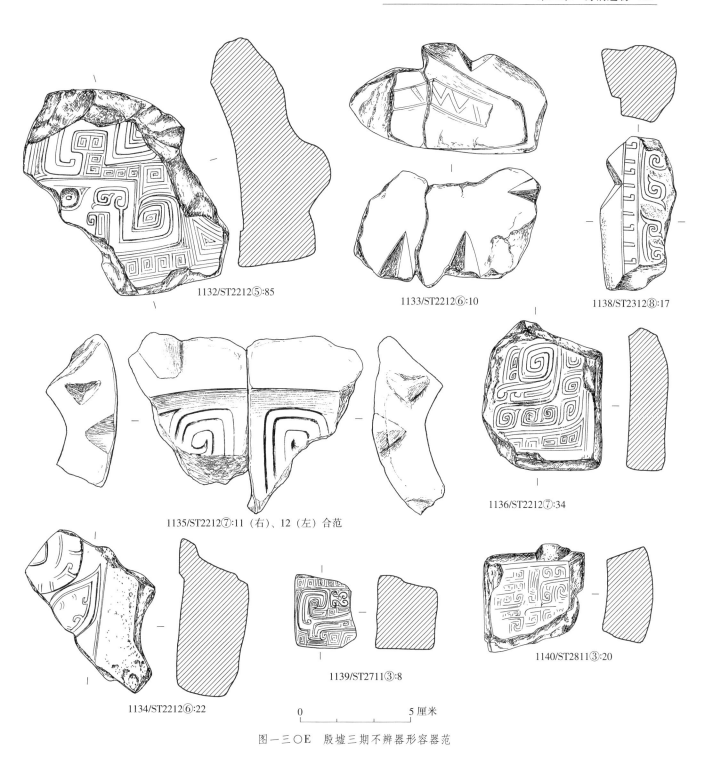

1132/ST2212⑤:85

1133/ST2212⑥:10

1138/ST2312⑧:17

1135/ST2212⑦:11（右）、12（左）合范

1136/ST2212⑦:34

1134/ST2212⑥:22

1139/ST2711③:8

1140/ST2811③:20

0　　　　　5 厘米

图一三〇E　殷墟三期不辨器形容器范

　　1136/ST2212⑦：34，腹部范，残。薄胎，看不出分层线，泥质，青灰色，背面局部泛红。未见榫卯。面范饰以云雷纹构成的兽面纹，纹饰大部分已脱落，较模糊。背面较平。残宽5.3、残高6.3厘米。（图一三〇E；彩版二三〇）

　　1137/ST2311⑩：6，残。分层线明显，面范较薄，泥质，青灰色，背面较厚，夹砂，浅灰色，局部微泛红，内胎呈深灰色。面范所饰纹饰几乎全部脱落，仅隐约看见云雷纹。残宽7.3、残高4.9厘米。（彩版二三〇）

1138/ST2312⑧：17，腹部范，残。看不出分层线，泥质，青灰色，背面局部微泛红。左分型面发现一卯。面范残存较少，主纹不详，仅有云雷纹，左侧有扉棱，纹饰线条较高，较稀疏。背面较平。残宽3.2、残高6.6厘米。（图一三〇E；彩版二三〇）

1139/ST2711③：8，残。方形容器，可能是方尊、方罍等容器的颈下部。看不出分层线，泥质，正面青灰色，背面灰褐色。左分型面发现一卯。面范饰夔龙纹，以云雷纹衬地，花纹清楚。残宽2.6、残高3.1厘米。（图一三〇E；彩版二三一）

1140/ST2811③：20，残。分层线不明显，但面范泥质，背范夹砂，青灰色，胎呈深灰色。上分型面发现一榫，面范主纹不详，仅辨填空的云雷纹。残宽4.5、残高4.1厘米。（图一三〇E；彩版二三一）

四期

1141/SH201：9，腹部范，可能是尊，残。分层线明显，面范泥质，背范夹砂，青灰色。未见榫卯。面范饰兽面纹，以云雷纹衬地，其上饰一周联珠纹，纹饰大部分已脱落，较模糊。背面较平，凸起一支脚。残宽4.9、残高6.4厘米。（图一三一A；彩版二三一）

1142/SH220：18，腹部范，残。有分层线，但面范和背范皆泥质，青灰色，背面局部泛红。右分型面发现一榫。面范饰夔龙纹，以云雷纹衬地，纹饰大部分已脱落，较模糊。残宽7.6、残高9.2厘米。（图一三一A；彩版二三一）

1143/SH227：10，腹部范，残。看不出分层线，泥质，青灰色。上分型面发现三榫。面范饰兽面纹，以云雷纹衬地，纹饰较清楚。背面较平。残宽9.8、残高9厘米。（图一三一A；拓片五八A；彩版二三一）

1144/SH232：8，完整。分层线明显，面范泥质，背范夹砂，青灰色。左分型面有二较小榫，上、下分型面各有一榫，面范饰两道弦纹，弦纹中间纹饰模糊，不详。背面手指印较深，有几道草绳压痕。宽5.8、高5.3厘米。（图一三一A；彩版二三一）

1145/SH232：12，方器，胎较厚，分层线不明显，但面范泥质，青灰色，背范夹砂，呈褐色。未见榫卯。面范饰兽面纹。背面较平。面范局部及上分型面残留有淡红色细泥浆。残宽4.6、残高4.5厘米。（图一三一A；彩版二三二）

1146/SH232：44，腹部范，可能是觚，残。分层线明显，面范泥质，背范夹砂，青灰色。左分型面发现一榫。面范饰以云雷纹构成的兽面纹，纹饰大部分已脱落，较模糊。残宽3.3、残高4.8厘米。（图一三一A；彩版二三二）

1147/SH232：45，腹部范，残。有分层线，但面范和背范皆泥质，背范含砂量高于面范，红褐色，背面局部泛灰。未见榫卯。面范残存较少，似饰兽面纹，线条较粗，较稀疏。分型面残留少许淡红色泥浆。背面较光滑。残宽3.8、残高4.3厘米。（图一三一A；彩版二三二）

1148/SH232：46，方器，可能是方鼎，残。薄胎，分层线不明显，泥质，正面青灰色，背面浅灰褐色。未见榫卯。面范饰以云雷纹构成的兽面纹，花纹线条粗，较清楚。残宽4、残高4.1厘米。（图一三一A；彩版二三二）

1149/SH232：47，上腹部范，可能是簋，残。分层线明显，面范泥质，呈红褐色，背范夹砂，呈灰褐色，局部泛青。右分型面发现二卯，皆残。面范残存较少，所饰主纹不详，仅辨云雷纹及口沿下

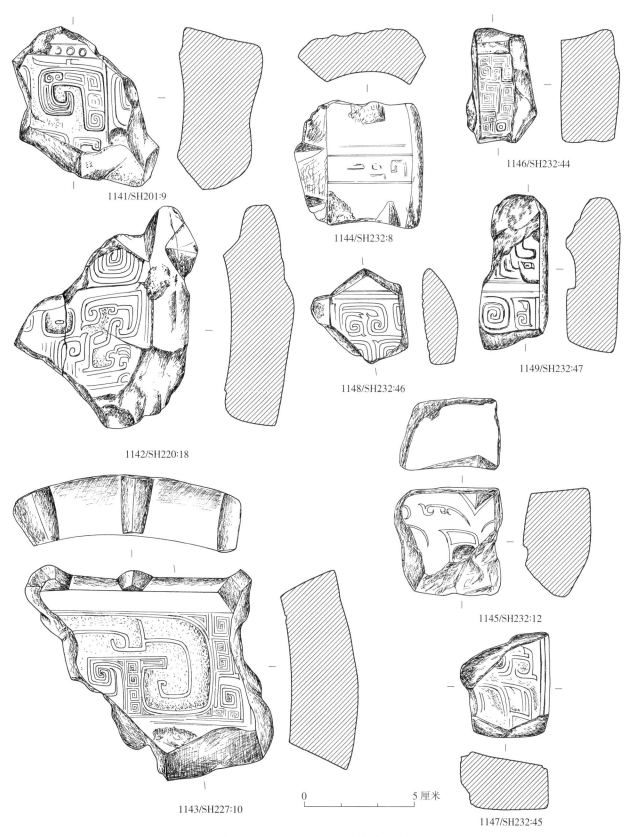

1141/SH201:9

1144/SH232:8

1146/SH232:44

1142/SH220:18

1148/SH232:46

1149/SH232:47

1145/SH232:12

1143/SH227:10

0　　　　　　　5 厘米

1147/SH232:45

图一三一A　殷墟四期不辨器形容器范

的小兽头。残宽2.8、残高6.2厘米。(图一三一A；彩版二三二)

1150/SH233：1，方器，胎较厚，有分层线，面范泥质，背范夹砂，青灰色，背面微泛红。上分型面发现一卯，残。面范饰兽面纹。残宽6.3、残高5厘米。与SH232：12应系同一类器物。(图一三一B；彩版二三二)

1151/SH233：24，腹部范，可能是瓠，残。分层线不明显，泥质，青灰色。右分型面发现二卯，下卯残。面范饰以云雷纹构成的兽面纹，花纹清晰。残宽3、残高4.9厘米。(图一三一B；拓片五八A；彩版二三三)

1152/SH233：25，腹部范，残。分层线不明显，泥质，正面青灰色，背面灰褐色。右分型面发现一榫。面范饰兽面纹，以云雷纹衬地，右侧有扉棱，纹饰大部分已脱落，较模糊。残宽7.4、残高5.7厘米。(图一三一B；彩版二三三)

1153/SH241：1，残。分层线明显，面范泥质，浅灰色，背范夹砂，浅褐色。未见榫卯。面范饰夔龙纹，仅存尾部，下勾，以云雷纹衬地，纹饰较清楚。背范大部分已磨损，较平。残宽5.3、残高5.6厘米。(图一三一B；彩版二三三)

1154/SH255：23，残，有分层线，面范薄，泥质，褐色，背范厚，夹细砂，灰褐色。未见榫卯。面范仅存一涡纹，较清楚。残宽3.6、残高3.8厘米。(彩版二三三)

1155/SH262：1，可能是盘的腹部范，残。厚胎，分层线明显，面范泥质，青灰色，背范夹砂，内部呈深灰色，背面呈红褐色。未见榫卯。面范饰夔龙纹，以云雷纹衬地，其上、下各饰一周联珠纹，纹饰较清楚。背范粘一枚铜锈颗粒。残宽4.9、残高4.8厘米。(图一三一B；彩版二三三)

1156/SH268：10，方器，残。有分层线。面范泥质，呈红褐色，背范夹砂，呈青灰色。面范饰夔龙纹，以云雷纹衬地，右侧有扉棱，纹饰几乎全部脱落，模糊。右分型面残留少许烟炱。残宽6.3、残高6厘米。(彩版二三三)

1157/SH268：30，长方形，残。薄胎，看不出分层线，泥质，青灰色。未见榫卯。面范中部有一长方形浅槽。背面较平整。残宽3、残高3.6厘米。(彩版二三四)

1158/SH269：42，可能是卣的肩部和腹部范，残。有分层线，但面范和背范均泥质，青灰色。左分型面发现一榫。面范卣的肩部饰菱形雷纹，腹部所饰纹饰几乎全部脱落，且残留太少，不辨。背面较平。残宽7.1、残高7厘米。(图一三一B；彩版二三四)

1159/SH269：74，可能是盘的腹部，残。分层线不明显，泥质，青灰色，背面微泛红。下分型面发现一榫。面范饰以云雷纹构成的兽面纹，其下有一周联珠纹，左侧设一残壁龛，是置兽头范的位置，纹饰较清楚。下分型面和壁龛内残留少许淡红色泥浆。背面不平，手指印较深。残宽5.7、残高6.5厘米。(图一三一B；彩版二三四)

1160/SH269：78，腹部范，残。分层线不明显，泥质，青灰色，背面大面积泛红。未见榫卯。面范上部饰带状夔龙纹，下部饰兽面纹，皆以云雷纹衬地，纹饰部分脱落，较清楚。背面较平，手指印内残留有砂质泥。残宽6.6、残高9厘米。(图一三一C；彩版二三四)

1161/SH493①：124，腹部范，可能是瓠，残。分层线明显，面范薄，泥质，背范夹细砂，青灰色，背面微泛红。左分型面发现一卯，残。面范饰以云雷纹构成的兽面纹，其下饰一周联珠纹，花纹线条较深，清楚。背面较平。残宽3.8、残高4.4厘米。(图一三一C；彩版二三四)

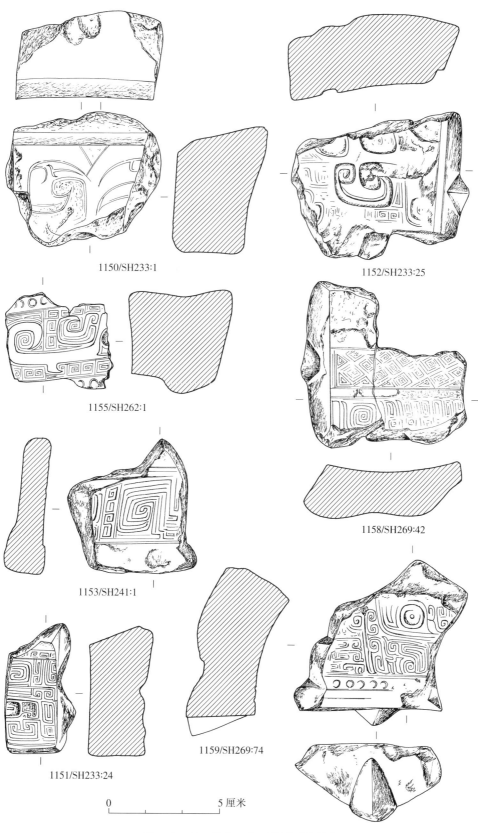

1150/SH233:1

1152/SH233:25

1155/SH262:1

1158/SH269:42

1153/SH241:1

1159/SH269:74

1151/SH233:24

0　　　　　　　5厘米

图一三一 B　殷墟四期不辨器形容器范

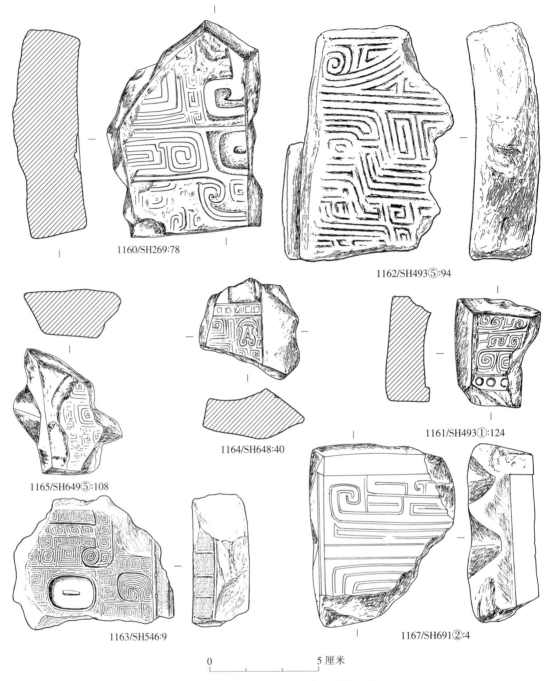

1160/SH269:78

1162/SH493⑤:94

1164/SH648:40

1161/SH493①:124

1165/SH649⑤:108

1163/SH546:9

1167/SH691②:4

0　　　　　　5厘米

图一三一C　殷墟四期不辨器形容器范

　　1162/SH493⑤：94，可能是簋的腹部范，残。看不出分层线，泥质，正面呈浅灰色，背面呈红褐色。未见榫卯。腹上部饰夔龙纹，下部饰兽面纹，以云雷纹填空，花纹线条较粗，纹饰清楚。左侧有扉棱，背面较平。残宽7.3、残高9.9厘米。（图一三一C；拓片五八A；彩版二三四）

　　1163/SH546：9，残。看不出分层线，泥质，正面呈青灰色，背面呈红褐色。未见榫卯。面范饰兽面纹，以云雷纹衬地，右侧有扉棱，花纹部分脱落，较清楚。背面较平。残宽7.5、残高5.3厘米。（图一三一C；彩版二三五）

　　1164/SH648：40，残。有分层线，面范泥质，青灰色，背范夹砂，红褐色。未见榫卯。面范饰兽

面纹，以云雷纹衬地，其上有一周联珠纹，花纹大部分已脱落，较模糊。残宽4.5、残高4.2厘米。（图一三一C；彩版二三五）

1165/SH649⑤：108，残。分层线较明显，面范薄，泥质，浅灰色，背范厚，夹细砂，浅褐色。左分型面发现一榫。面范纹饰残留较少，主纹不详，以云雷纹衬地，较模糊。残宽3.8、残高5.4厘米。（图一三一C；彩版二三五）

1166/SH664④：100，残存甚少，器形不辨。有分层线，但面范和背范皆泥质，正面青灰色，背面红褐色，局部泛青灰。左分型面发现一榫，面范范头上部发现一卯，应与芯头上部的榫相扣合。背面上部草绳捆绑痕迹明显。残宽4.6、残高3.7厘米。（彩版二三五）

1167/SH691②：4，残。看不出分层线，夹砂。浅褐色。未见榫卯。面范上部饰夔龙纹，下部饰兽面纹，花纹线条较粗，较清楚。背面较平。残宽6.5、残高7.5厘米。（图一三一C；拓片五八A；彩版二三五）

1168/SH691②：5，残。有分层线，面范泥质，呈青灰色，背范夹砂，泛红。上分型面有一道窄槽，左分型面发现二卯。面范上部饰夔龙纹并兽头，下部饰兽头，无地纹。背面不平。残宽4.2、残高6.9厘米。（图一三一D；彩版二三六）

1169/ST1806④：11、14，系同一器物范，胎较厚，皆残。无分层线，夹砂，青灰色。分型面上均发现二大卯，仅一卯完整。面范内凹，平底，中部略高，素面。背面平整。（图一三一D）

1169-1/ST1806④：11，背面边缘处隆起较高。残宽13.8、残高8.6厘米。（彩版二三六）

1169-2/ST1806④：14，背面呈红褐色。此铸件由上、下两扇范扣合即可，所铸器物似现在的平底煎锅，也可能是铜础类器物。残宽17.8、残高8.2厘米。（彩版二三六）

1170/ST1806⑤：6，残。分层线不明显，但面范泥质，背范夹砂，青灰色，背面局部微泛红。一侧分型面发现一小卯。面范饰大云雷纹，无地纹，花纹大部分已脱落，较模糊。背面较平。此类铸件由上、下两扇范扣合即可，应为小件器物。残宽4、残高4.8厘米。（图一三一D；彩版二三六）

1171/ST1806⑤：12，腹部范，残。分层线不明显。泥质，青灰色，正面微泛黄褐。面范饰以云雷纹构成的兽面纹，纹饰部分脱落，较粗犷。背面手指印较深。残宽9.5、残高10.1厘米。（图一三一D；彩版二三六）

1172/ST1906⑤：28，可能是罍的腹部范，残。分层线不明显，泥质，青灰色。面范上部饰兽面纹，下部饰大三角蕉叶纹，内填立体对夔纹，以云雷纹衬地，纹饰较清楚。背面不平，有一道较深的草绳压痕。残宽5.3、残高7.5厘米。（图一三一D；拓片五八A；彩版二三六）

1173/ST1906⑤：72，残。分层线明显，面范泥质，青灰色，背范夹细砂，微泛红，胎呈深灰色。面范上部所饰纹饰由于磨损严重，仅存一眼，可能为夔龙纹，下部饰直棱纹，左侧系一斜面，其上等间隔划五道平行斜线，纹饰较模糊。背面较平。残宽4.3、残高4.5厘米。（彩版二三七）

1174/ST2007⑤：10，可能是瓿的腹部范，残。有分层线，但面范和背范皆泥质，呈青灰色。右分型面发现二榫，下分型面发现一榫，残存甚少。面范饰列旗纹，其他纹饰不详，纹饰大部分已脱落，较模糊。上分型面残留少许淡红色泥浆。背面甚不平。残宽5.8、残高9.2厘米。（图一三一D；彩版二三七）

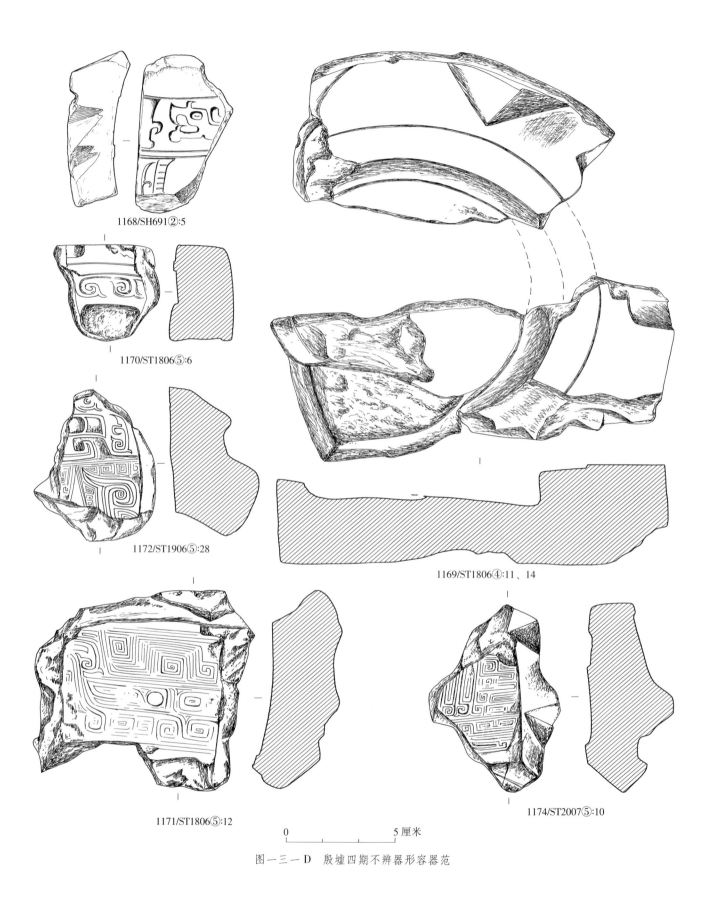

1168/SH691②:5

1170/ST1806⑤:6

1172/ST1906⑤:28

1169/ST1806④:11、14

1171/ST1806⑤:12

1174/ST2007⑤:10

0   5厘米

图一三一D　殷墟四期不辨器形容器范

1175/ST2008③：10，可能是觥的腹部范，残。薄胎，看不出分层线，泥质，青灰色。下分型面发现二榫。面范兽面纹，鱼鳞纹，其下是夔龙纹，皆以云雷纹衬地，纹饰大部分已脱落，较模糊。背面较平。残宽5.1、残高6厘米。（图一三一E；彩版二三七）

1176/ST2212③：27，腹部范，残。胎较薄，分层线不明显，泥质，青灰色，背面大面积微泛红。下分型面发现一榫。面范饰以云雷纹构成的兽面纹，花纹浅且线条较细，但较清楚。残宽4.8、残高7.9厘米。（图一三一E；拓片五八A；彩版二三七）

1177/ST2212④：9，较小，残。看不出分层线，泥质，浅灰色，部分泛红。面范饰云雷纹和重环纹。侧面光滑，背范较平，似为嵌范。残宽3、残高4厘米。（图一三一E；彩版二三七）

1178/ST2212④：42，较厚，残。看不出分层线。泥质，青灰色，背面局部泛红。上分型面和右分型面各发现一卯，皆残。上分型面右侧刻一小槽，应是与右侧相邻陶范组装记号。面范饰兽面纹，以云雷纹衬地，纹饰较清楚。残宽6、残高4.2厘米。（图一三一E；拓片五八A；彩版二三七）

1179/ST2212④：45，应为罍或尊的上腹部，残。分层线不明显，泥质，正面呈青灰色，背面呈红褐色，内胎呈深灰色。面范饰兽面纹，以云雷纹衬地，纹饰较清楚。残宽7.7、残高10.4厘米。（图一三一E；拓片五八B；彩版二三八）

1180/ST2212④：55，可能是罍的腹部，残。分层线不明显，泥质，青灰色，背面局部微泛红。未见榫卯。面范饰大三角蕉叶纹，内填立体对夔纹，以云雷纹衬地，纹饰清楚。残宽5.1、残高5.4厘米。（图一三一E；拓片五八B；彩版二三八）

1181/ST2312③：18，腹部范，残。看不出分层线，泥质，正面呈浅灰色，泛黄，背面呈青灰色，局部微泛红。面范饰兽面纹，以云雷纹衬地，花纹少许脱落，较清楚。背面较平。残宽6.2、残高6.8厘米。（图一三一E；彩版二三八）

1182/ST2312④：5，残。看不出分层线，泥质，青灰色。上分型面发现一卯，下分型面发现二卯，皆残。面范纹饰大部分已磨损，仅一眼睛凸起，以云雷纹衬地。背面较平。残宽6、残高4.8厘米。（图一三一F；彩版二三八）

1183/ST2312⑦：4，残，看不出分层线，泥质，青灰色，背面呈浅褐色。未见榫卯。面范饰兽面纹，以云雷纹衬地，左侧有扉棱，花纹较清楚。背面不平，手指印较深。残宽6.7、残高5.7厘米。（图一三一F；拓片五八B；彩版二三八）

1184/ST3007②：3，残。看不出分层线，泥质，青灰色，背面局部微泛红。上分型面发现一榫。面范饰兽面纹，以云雷纹衬地，花纹较清晰。背面较平。残宽2.9、残高3.3厘米。（图一三一F；彩版二三八）

1185/ST3107③：24，腹部范，残。有分层线，面范泥质，淡红色，背范夹砂，灰褐色，内胎呈青灰色。上分型面发现一榫。面范饰兽面纹，以云雷纹衬地，花纹清晰。背面手指印较浅。残宽4.3、残高4.5厘米。（图一三一F；拓片五八B；彩版二三九）

1186/ST3107③：25，可能为盖范，残。泥质，含细砂，无分层线。顶面呈红褐色，底面呈灰褐色。素面。底面平整，中部有一圆形大卯，应与其下部的芯上的大榫相扣合。残宽9.4、残高11.5厘米。（图一三一F；彩版二三九）

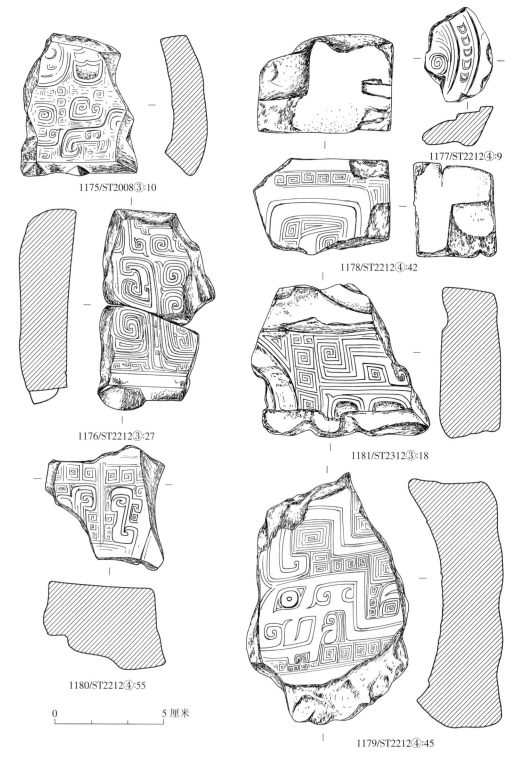

1175/ST2008③:10

1177/ST2212④:9

1178/ST2212④:42

1176/ST2212③:27

1181/ST2312③:18

1180/ST2212④:55

1179/ST2212④:45

0　　　　　5 厘米

图一三一 E　殷墟四期不辨器形容器范

1187/ST3205⑥：7，可能是簋或鼎的腹部，残。有分层线，泥质，背范的含细砂量大于面范，正面呈浅褐色，背面呈红褐色，局部泛灰，内胎呈深灰色。未见榫卯。面范饰菱形雷纹并乳丁纹，雷纹较模糊。背面手指印较浅。残宽 10.5、残高 9.8 厘米。（图一三一 F；彩版二三九）

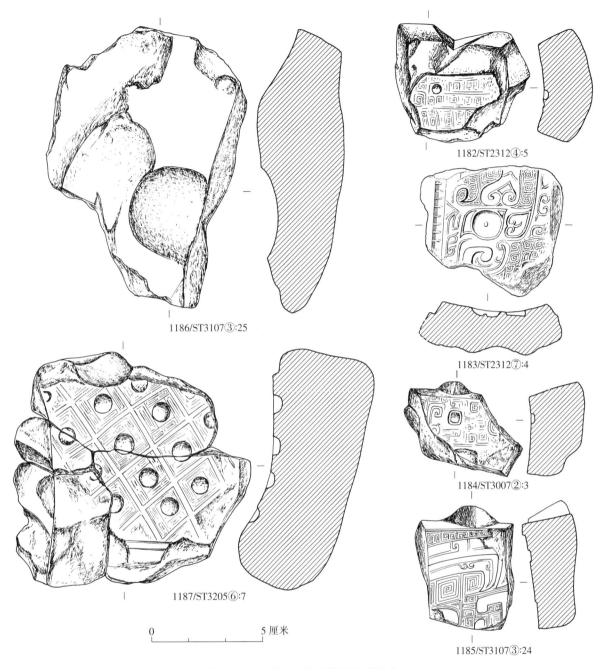

1186/ST3107③:25

1187/ST3205⑥:7

0　　　　　　5 厘米

1182/ST2312④:5

1183/ST2312⑦:4

1184/ST3007②:3

1185/ST3107③:24

图一三一F　殷墟四期不辨器形容器范

殷墟时期

1188/SH209：4，腹部范，残。看不出分层线，泥质，正面呈浅褐色，背面呈青灰色。未见榫卯。面范饰兽面纹，以云雷纹填空，线条较粗，较稀疏，纹饰较清楚。背面较光滑。残宽3.2、残高8厘米。（图一三二A；彩版二三九）

1189/SH214：11，腹部范，残。有分层线，但面范和背范均泥质，青灰色。未见榫卯。面范饰以云雷纹构成的兽面纹，线条较粗，纹饰大部分已脱落，较模糊。范面残留少许烟炱，背范部分脱落。残宽7.8、残高6.3厘米。（图一三二A；彩版二四〇）

1190/SJ1：1，似爵的翼，残。分层线明显，面范泥质，青灰色。背范夹砂，深灰色，大部分已脱

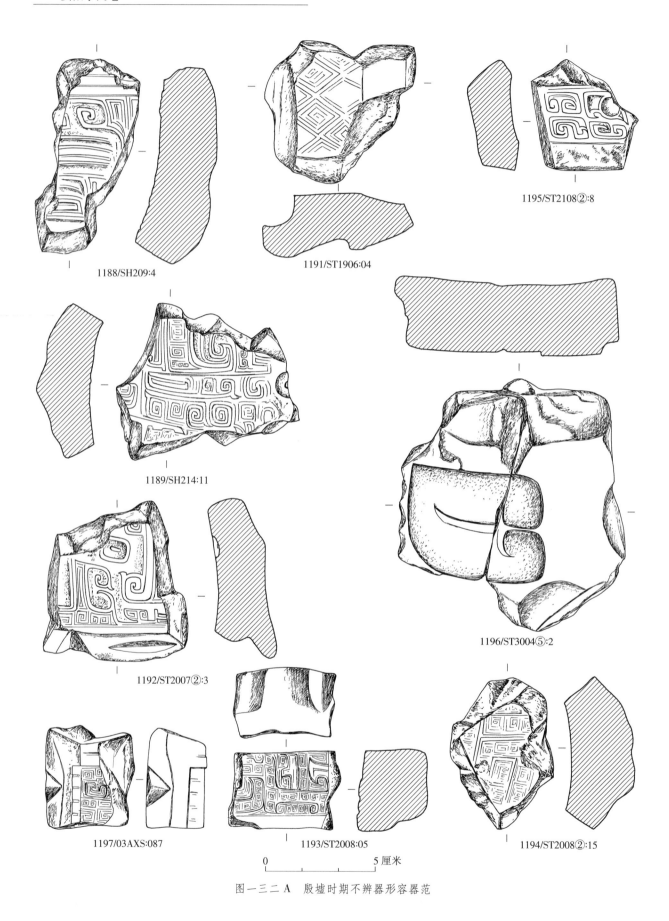

1188/SH209:4

1191/ST1906:04

1195/ST2108②:8

1189/SH214:11

1192/ST2007②:3

1196/ST3004⑤:2

1197/03AXS:087

1193/ST2008:05

1194/ST2008②:15

0　　　　　　　　　5 厘米

图一三二 A　殷墟时期不辨器形容器范

落。未见榫卯。面范饰蕉叶纹，以云雷纹衬地，左有扉棱。残宽4.5、残高3.1厘米。（彩版二四〇）

1191/ST1906：04，采集。系方器，残。看不出分层线，泥质，青灰色。未见榫卯。面范左侧似为柱足的型腔，上有两道纹饰，足内侧为平面，其上有的刻划菱形雷纹，有的仅有菱形外框，似习刻，有跑刀现象。背面不平，用泥堆塑现象明显。残宽6、残高5.9厘米。（图一三二A；彩版二四〇）

1192/ST2007②：3，残。看不出分层线。泥质，青灰色。下分型面发现二竖向卯，其一残。在二竖向卯中间有一横向卯，且与其中一竖向卯相连。面范饰兽面纹，以云雷纹衬地，纹饰较清楚。背面较平，用泥堆塑痕迹明显。残宽6.3、残高6.5厘米。（图一三二A；拓片五九；彩版二四〇）

1193/ST2008：05，采集。残。看不出分层线。泥质，浅褐色，背面局部泛青。下分型面发现二卯，其一残。面范饰夔龙纹，以云雷纹衬地，纹饰较清楚。背面较平。残宽4.3、残高3.3厘米。（图一三二A；彩版二四〇）

1194/ST2008②：15，腹部范，残。看不出分层线，泥质，正面呈青灰色，背面呈红褐色，局部泛青。未见榫卯。面范饰勾连雷纹，纹饰大部分已脱落，较模糊。背面高低不平。残宽4.6、残高5厘米。（图一三二A；彩版二四〇）

1195/ST2108②：8，残。有分层线，泥质，面范浅褐色，背面呈青灰色。未见榫卯。面范饰以粗线条云雷纹构成的兽面纹，较模糊。背面较平。残宽4.3、残高4.6厘米。（图一三二A；彩版二四一）

1196/ST3004⑤：2，残。有分层线，但面范和背范皆泥质，正面呈青灰色，背面呈浅褐色。未见榫卯。面范饰大兽面纹，无地纹，从残存的大耳判断，该器物器体大。背面较平。残宽9.9、残高10.1厘米。（图一三二A；彩版二四一）

1197/03AXS：087，采集。残。有分层线。但面范和背范皆泥质，正面呈青灰色，背面呈浅褐色。左分型面外侧略高于内侧，发现一榫。面范饰兽面纹，以云雷纹衬地，左侧有扉棱，纹饰残存较少，但较清楚。残宽3.7、残高4.4厘米。（图一三二A；彩版二四一）

1198/03AXS：088，采集。腹部范，残。看不出分层线。泥质，青灰色，背面局部微泛红。下分型面发现一榫。面范饰兽面纹，以云雷纹衬地，纹饰部分脱落，较清楚。背面上部用手指摁压出一横向凹槽。残宽6.5、残高5.7厘米。（图一三二B；彩版二四一）

1199/03AXS：089，采集。腹部范，残。看不出分层线。泥质，正面呈青灰色，背面呈浅褐色。上、左分型面各发现一榫。面范饰兽面纹，以云雷纹填空，纹饰大部分已脱落，较模糊。残宽7.8、残高4.5厘米。（图一三二B；彩版二四一）

1200/03AXS：093，采集。可能为罍的上腹部，残。分层线明显，面范泥质，背范夹砂，青灰色，背面局部泛红。上分型面发现一榫。面范饰兽面纹，以云雷纹衬地，纹饰部分脱落，较模糊。残宽9.1、残高10.7厘米。（图一三二B；彩版二四一）

2. 兵器和工具范

可辨为兵器和工具范者甚少，计33块，其中标本20块。兵器范可辨器形有戈、矛、镞等，工具范可辨器形有刀、锛、刻针等，以刀范居多。它们均由两扇对开范相扣合即可形成器物的型腔，有的需要泥芯，有的无须泥芯。

（1）戈范

可辨为戈者仅2块。

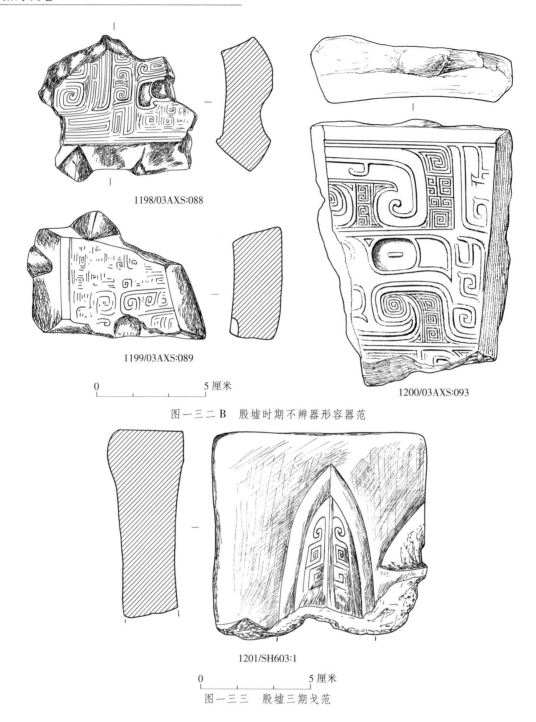

1198/03AXS:088

1199/03AXS:089

1200/03AXS:093

0 　　　　　 5 厘米

图一三二 B　殷墟时期不辨器形容器范

1201/SH603：1

0 　　　　　 5 厘米

图一三三　殷墟三期戈范

三期

1201/SH603：1，残。有分层线，面范泥质，背范夹砂，青灰色，背面大面积泛红。面范为平面，未见榫卯。范面中部为戈的型腔，戈脊棱两侧饰有纹饰，但已全部脱落，不辨。背面较平。浇注此戈只需两块范上、下扣合即可。宽9.1、残高9厘米。（图一三三；彩版二四二）

殷墟时期

1202/SH513③：1，体小，残。有分层线，但面范和背范皆泥质，青灰色，背面局部微泛红。左分型面发现一卯。面范为平面，刻划一件小戈的援前部轮廓线及中线。残宽4.6、残高3.5厘米。（图一三四；彩版二四二）

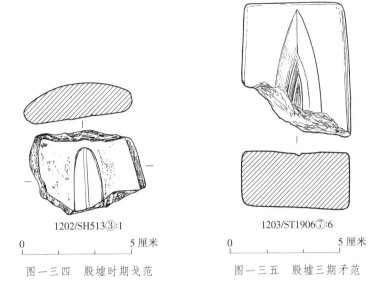

1202/SH513③:1　　　　　　　　1203/ST1906⑦:6

0　　　　　　5厘米　　　　　　0　　　　　　5厘米

图一三四　殷墟时期戈范　　　　　图一三五　殷墟三期矛范

（2）矛范

可辨为矛者仅1块，时代属殷墟三期。

1203/ST1906⑦：6，残。看不出分层线，泥质，正面青灰色，背面微泛红。面范为平面，未见榫卯。范面中部为矛的型腔，只残留其尖部。背面平。浇注此矛只需两块范上、下扣合即可。宽4.8、残高5.7厘米。（图一三五；彩版二四二）

（3）镞范

可辨为镞者6块，其中2块为多镞范，即范面上有多枚镞的型腔；4块为单镞范，即范面上仅有一枚镞的型腔。

三期

1204/SH315④：29，残。泥质，红褐色，正面局部呈青灰色。面范有一件镞的型腔，左边缘有一条形卯，镞尖上部有一道横向设计线，镞尖右侧设有浇口。背面光滑，发现一横向条形凸榫。残宽4.2、残高4.9厘米。（图一三六；彩版二四二）

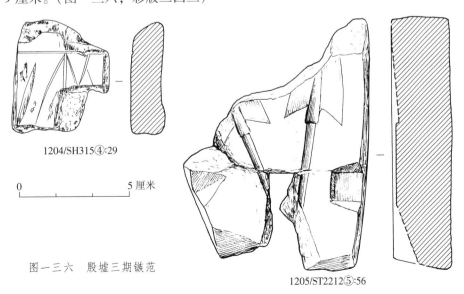

1204/SH315④:29

0　　　　　　5厘米

图一三六　殷墟三期镞范

1205/ST2212⑤:56

1205/ST2212⑤：56，残，看不出分层线，泥质，青灰色，局部微泛红。面范有 2 枚镞的型腔，两镞的铤端设一浇口，铤两侧边沿各有一卯。背面平整。面范表面局部残留有烟炱。残宽8.4、残高11.1 厘米。（图一三六；彩版二四二）

四期

1206/SH664⑨：1，残。厚胎，泥质，范面呈浅灰色，胎呈淡红色。未见榫卯。范面平滑，发现 4 镞，均残，镞铤处设浇道，浇道表面涂有黑色物质。此镞由两块范合成，且可浇铸出数枚铜镞。残宽7.9、残高5.9 厘米。（图一三七；拓片六〇；彩版二四二）

（4）刀范

可辨为刀者 10 块，其中标本 6 块。均泥质，多呈浅灰或青灰色，少数呈红褐色。无分层线。其中一块为双刀范，即刀范面上有两个刀的型腔；其余为单刀范，即刀范面上只有一把刀的型腔。浇注铜刀只需两块范上、下扣合即可。

三期

1207/SH475：6，残。看不出分层线，泥质，正面呈浅灰色，局部泛青，背面呈红褐色。面范中部为单刀型腔，残。上分型面似有数字易卦，较模糊，下分型面发现一长条形榫，残。背面中部隆起。残宽4.8、高5.3 厘米。（图一三八；彩版二四三）

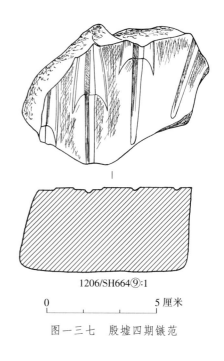

1206/SH664⑨:1

0   5厘米

图一三七　殷墟四期镞范

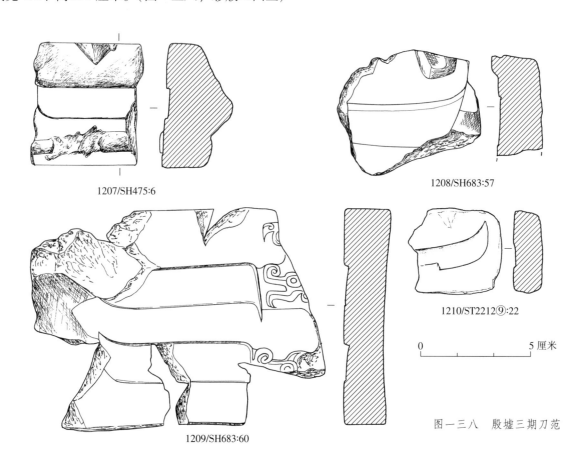

1207/SH475:6

1208/SH683:57

1210/ST2212⑨:22

0   5厘米

1209/SH683:60

图一三八　殷墟三期刀范

1208/SH683：57，残。无分层线，泥质，正面呈青灰色，背面呈红褐色。面范为平面，边缘发现一榫。范面有一把刀的型腔，前端残，素面。背面不平。残宽6、残高5.2厘米。（图一三八；彩版二四三）

1209/SH683：60，残。无分层线，泥质，正面呈灰褐色，背面呈红褐色。面范为平面，未见榫卯。范面有两把刀的型腔，刀柄饰夔龙，夔龙嘴衔刀柄，大部分夔龙已残。背面平且光滑。浇注此两把刀只需两块范上、下扣合即可。残宽12.6、高9.4厘米。（图一三八；彩版二四三）

1210/ST2212⑨：22，只残留尖部少许。看不出分层线，泥质，正面呈深灰色，胎呈红褐色，背面微泛红。未见榫卯，面范为平面，中部有一把刀的型腔，残，尖上翘。背面不平。浇注此把刀只需两块范上、下扣合即可。残宽4.2、高3.8厘米。（图一三八；彩版二四三）

四期

1211/ST2212④：1，柄残。无分层线，背面较光滑，泥质，青灰色。面范周缘发现二榫，刀尖上翘，刀脊饰有镂空。刀尖左侧设有浇口。此刀由两块范扣合。残宽11.8、残高5.4厘米。（图一三九；彩版二四三）

1212/ST3204⑥：2，残。有分层线，面范泥质，背范夹砂，红褐色。面范为平面，上部边缘发现一卯。范面中部有一把刀的型腔，前后端皆残。背面平整，中部有一似马衔的榫头，边缘凸起一条形榫。浇注此把刀只需两块范上、下扣合即可。残宽7.7、高5.3厘米。（图一三九；彩版二四三）

（5）锛范

可辨为锛者仅1块。时代属于殷墟三期。

1213/SH491：26，残。无分层线，泥质，正面呈青灰色，背面微泛红。面范为平面，未见榫卯。范面有一把锛的型腔，只残留刃部。背面呈弧状且光滑。宽6.4、残高4.9厘米。（图一四〇；彩版二四四）

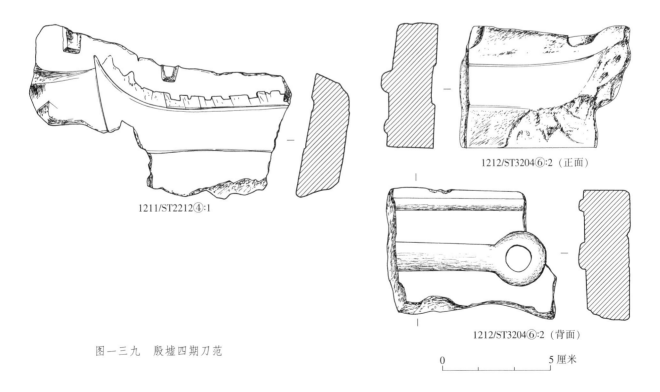

1211/ST2212④:1

1212/ST3204⑥:2（正面）

1212/ST3204⑥:2（背面）

图一三九　殷墟四期刀范

0　　　　　5厘米

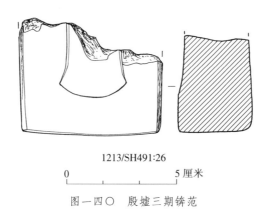

1213/SH491:26

0   5厘米

图一四〇 殷墟三期铸范

（6）刻针范

可辨为刻针者4块，时代均属殷墟三期。

1214/SH428⑧：13、14，系同类器物，可能为刻针范，皆残。看不出分层线，夹砂，红褐色。范面中部为刻针的型腔。背面较平。

1214－1/SH428⑧：13，未见卯榫，刻针型腔一端有浇口。残宽9.3、高6.4厘米。（彩版二四四）

1214－2/SH428⑧：14，两侧分型面各发现一榫，二者对称，均残。残宽10.2、高6.9厘米。（彩版二四四）

1215/SH636：13，15，均残。无分层线，夹砂，灰褐色。两刻针的边缘处各发现一榫。面范为平面，有两枚刻针的型腔。背面略呈弧状且较光滑。浇注此两枚刻针只需两块范上、下扣合即可。

1215－1/SH636：13，背面呈浅褐色。残宽8.5、残高5厘米。（图一四一；彩版二四四）

1215－2/SH636：15，残宽6、高5.4厘米。（图一四一；彩版二四四）

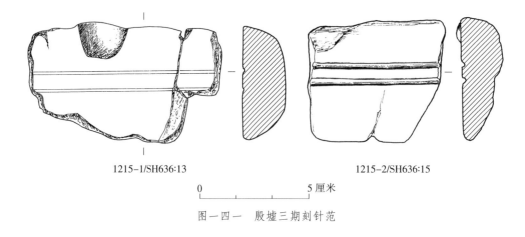

1215－1/SH636:13   1215－2/SH636:15

0   5厘米

图一四一 殷墟三期刻针范

（7）不辨器形工具范

可辨为工具而不识器形者9块，时代均属于殷墟三期。其中6块出自SH636，形制相同，系同一类工具。这些工具只需两块范上、下扣合即可进行浇注。

1216/SH636：7，似刀类工具范，残。看不出分层线，泥质，浅灰色，微泛红。柄处卷首。背面较平。未见榫卯。面范为平面，设一工具的型腔，型腔中部稍偏上处有一道凹线，浇注后为器物的中脊。残宽6.9、高4.5厘米。（图一四二；彩版二四四）

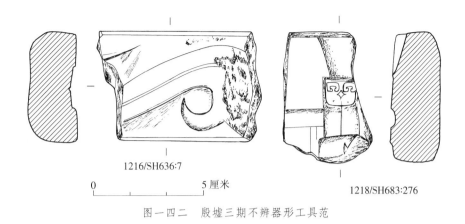

1216/SH636:7

0   5厘米

1218/SH683:276

图一四二 殷墟三期不辨器形工具范

1217/SH683：273，残。看不出分层线，夹砂，红褐色，背面颜色较浅。面范中部所浇注器物的型腔，呈弧形凹槽，内残留较多烟炱，因残存较少，不辨器形。型腔的一侧边缘发现一大榫，残，顶端设浇口，口大底小，略呈扁漏斗状。背面中部隆起，磨损得较平。残宽4.3、残高6.2厘米。（彩版二四四）

1218/SH683：276，似工具范的柄端，残。看不出分层线，泥质，正面呈红褐色，背面呈灰褐色。分型面上未见榫卯。面范为平面，设一工具的型腔，柄端饰兽面纹，柄上端设浇口，柄内下弧，有中脊，两侧设凹槽与之相通，再内设型腔，中部有一小卯，当用之组装扣合内芯。背面较平，有数道刻槽。浇注后柄似斗柄，呈片状弯曲。此工具只需两块范上、下扣合即可。残宽3.6、残高5.7厘米。（图一四二；彩版二四四）

3. 车马器范

可辨为车马器的范很少，计25块，器形有泡、当卢、策、觽等。

（1）泡范

可辨为泡范者18块，标本12块。圆饼状，多为泥质，少数夹砂，无分层线，多呈浅灰色，有的背面泛红。范面中部内凹，为泡的型腔，背面平整。多素面，少数饰简化兽面纹或同心圆。部分周壁上有刻槽。当为马车上用的铜泡范。

二期

1219/SH639：32，稍残，体呈五边形。无分层线，泥质，红褐色，局部微泛青灰。未见榫卯。面范中部内凹，为圆泡的型腔，表层已烧结，呈深灰色，素面；边缘残留少许淡红色细泥浆。周壁两边有刻槽，背面平整。残宽4.1、残高1.7厘米。（图一四三；彩版二四五）

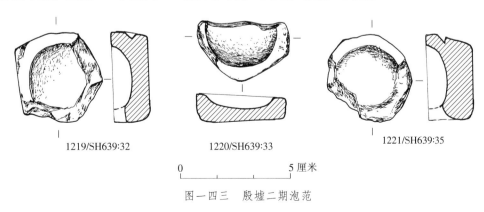

1219/SH639:32   1220/SH639:33   1221/SH639:35

0   5厘米

图一四三 殷墟二期泡范

1220/SH639：33，残，体呈五边形。无分层线，夹细砂，背面呈红褐色，正面呈浅灰褐色。未见榫卯。面范中部内凹，为圆泡的型腔，素面。周壁部分有凹槽，背面平整。残宽3.9、残高2.4厘米。（图一四三；彩版二四五）

1221/SH639：35，残，体呈圆饼形。无分层线，泥质，含细砂，青灰色。未见榫卯。面范中部内凹，为圆泡的型腔，表层已烧结，颜色较深，素面；边沿残留少许淡红色细泥浆。周壁上发现一刻槽，背面平整。残宽3.3、残高1.9厘米。（图一四三；彩版二四五）

三期

1222/ST3004⑨：1，完整，体略呈正方形。无分层线，泥质，青灰色。未见榫卯。面范内凹，四边呈内弧形，其中一边设一浇口。背面中部稍拱起，有削痕。宽4、高3.6厘米。（图一四四；彩版二四五）

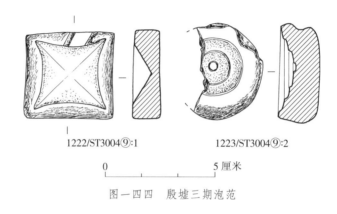

1222/ST3004⑨:1　　　　1223/ST3004⑨:2

0　　　　　5 厘米

图一四四　殷墟三期泡范

1223/ST3004⑨：2，残。圆形，无分层线，泥质，浅灰褐色，局部泛红。未见榫卯。面范内凹，呈圆形阶梯状。背面较平，侧面削刮痕迹明显，且发现两处刻槽，其一残。残宽3.8、残高1.5厘米。（图一四四；拓片六一；彩版二四六）

四期

1224/SH632：1，残。体呈正方形。有分层面，面范泥质，青灰色，背面泛红。未见榫卯。面范内凹，背面较平，侧面有刻槽，较深。边长3.2厘米。（图一四五；彩版二四六）

1225/ST3203⑤：2，残。圆形，有分层面，面范泥质，背面夹砂，青灰色，背面局部泛红。未见榫卯。面范内凹，饰简化兽面纹。背面平整。直径5.1、高1.8厘米。（图一四五；彩版二四六）

1226/ST3203⑥：1，完整。圆形，无分层线，泥质，浅灰色，局部微泛红。未见榫卯。面范内凹，饰简化兽面纹。侧分型面残留有浅红色细泥。背面平整。直径4.7、高1.7厘米。（图一四五；拓片六二；彩版二四六）

1227/ST3204⑥：1，完整。圆形，无分层线，泥质，面范呈青灰色，胎和背面呈红褐色。未见榫卯。面范内凹，呈圆形阶梯状。背面平整。直径4.6、高2.3厘米。（图一四五；拓片六二；彩版二四七）

1228/ST3204⑥：7，稍残。圆形，无分层线，泥质，面范呈灰褐色，胎和背面呈红褐色。未见榫卯。面范内凹，饰兽面纹，无地纹。背面平整，侧壁有明显用刀修整的痕迹。直径5.2、高1.6厘米。

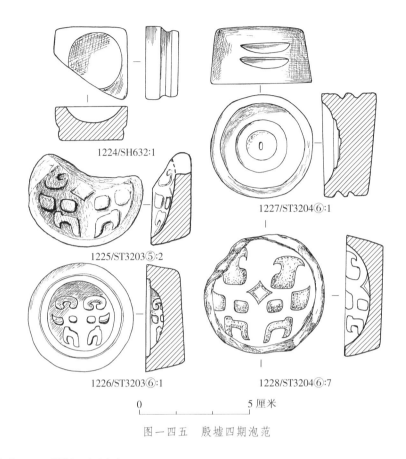

1224/SH632:1

1227/ST3204⑥:1

1225/ST3203⑤:2

1226/ST3203⑥:1

1228/ST3204⑥:7

0　　　　　　5厘米

图一四五　殷墟四期泡范

（图一四五；拓片六二；彩版二四七）

殷墟时期

1229/G7③:1，完整。圆形，无分层线，泥质，浅灰褐色，局部泛红。未见榫卯。面范内凹，饰简化兽面纹。背面平整，周壁有削痕。直径4、高1厘米。（图一四六；拓片六三；彩版二四七）

（2）兽面衡饰范

可辨为兽面衡饰范者仅1块，时代属殷墟三期。

1230/ST2811⑩:3，残。圆形，看不出分层线，泥质，青灰色，背面局部泛红。未见榫卯。面范稍内凹，饰大兽面纹，无地纹。背面中部隆起，手指印密且深。残宽9.5厘米。（图一四七；彩版二四七）

（3）斝范

可辨为斝范者仅5块。分范方式：无水平分范，垂直分为四扇范。

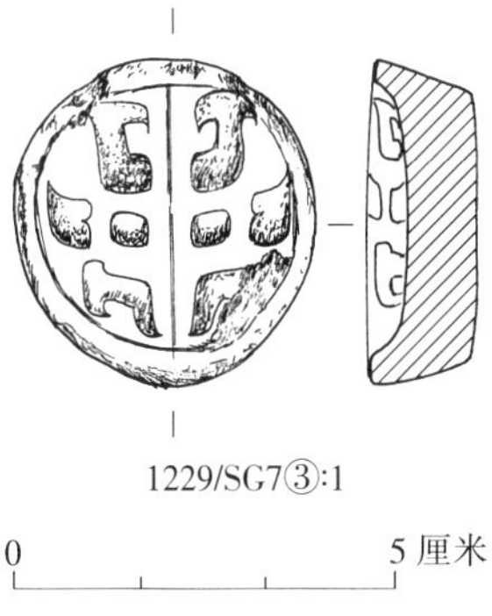

三期

1231/SH628:1，残。看不出分层线，泥质，正面青灰色，背面红褐色。左分型面有一长条形榫，残，右分型面发现二三角形卯，面范顶部有一梭形榫。面范所饰纹饰几乎全部脱落，仅辨认出蕉叶纹的轮廓。背面呈弧形，较平整。残宽5、残高10.2厘米。（图一四八；彩版二四八）

1229/SG7③:1

0　　　　　　5厘米

图一四六　殷墟时期泡范

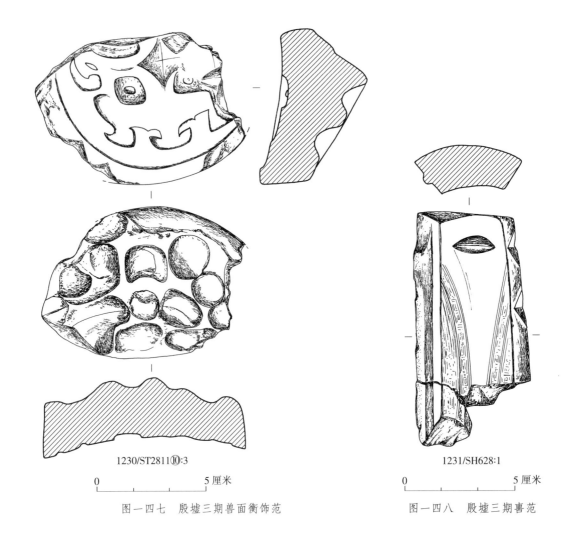

1230/ST2811⑩:3

0　　　　　5厘米

图一四七　殷墟三期兽面衡饰范

1231/SH628:1

0　　　　　5厘米

图一四八　殷墟三期耑范

四期

1232/ST2006⑤：5，残。看不出分层线，泥质，青灰色，背面局部泛红。右分型面有一长条形卯，面范顶部有一条形卯。面范饰长蕉叶纹，残留甚少。背面较平整。残宽4.9、残高5.8厘米。（图一四九；彩版二四八）

1233/ST3204⑥：6，残。看不出分层线，泥质，正面青灰色，背面浅褐色。左分型面有一长条形榫，残，右分型面发现一三角形榫，面范顶部有一梭形榫。面范所饰纹饰几乎全部脱落，仅辨认出蕉叶纹的轮廓。背面呈弧形，较平整。残宽4.7、残高6.3厘米。（图一四九；彩版二四八）

1234/ST3204⑥：10，残。看不出分层线，泥质，青灰色，背面局部微泛红。右分型面有一长条形榫，左分型面发现一小三角形榫。面范所饰纹饰几乎全部脱落，仅辨认出蕉叶纹的轮廓及少许云雷纹。背面呈弧形，较平整。残宽5.5、残高8厘米。（彩版二四八）

殷墟时期

1235/03AXS：022，采集。残。看不出分层线，泥质，青灰色，顶端泛红。上分型面发现一榫，左分型面有一长条形榫，右分型面发现一三角形榫。面范饰长蕉叶纹，其内所填纹饰由于脱落严重，已不辨。此范外侧应该还裹有加固泥。残宽5.1、残高9.6厘米。（图一五〇；彩版二四八）

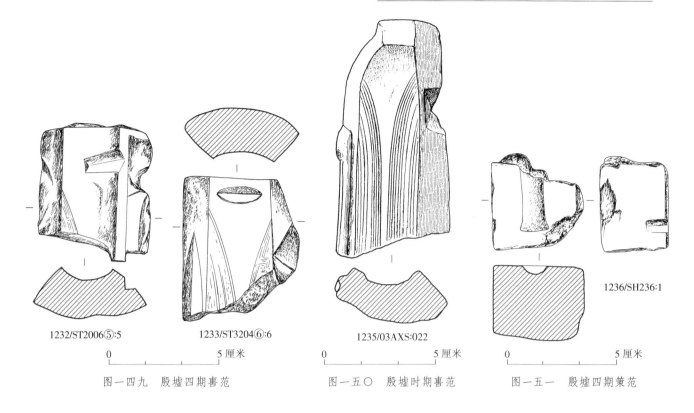

1232/ST2006⑤:5　　　1233/ST3204⑥:6　　　1235/03AXS:022　　　1236/SH236:1

0　　　　　5 厘米　　　0　　　　5 厘米　　　0　　　　5 厘米

图一四九　殷墟四期嘴范　　图一五〇　殷墟时期嘴范　　图一五一　殷墟四期策范

（4）策范

可辨可能为策者仅 1 块，时代属殷墟四期。

1236/SH236：1，残。无分层线，夹细砂，红褐色。未见榫卯。面范平，中部有一半圆型腔，顶端封口。背面平，发现一刻槽，便于加固捆绑草绳。残宽 4.2、残高 4.1 厘米。（图一五一；彩版二四八）

4. 小件范

可辨为小件者 10 块，皆为标本，有夔龙、凤鸟、鱼范等。分范方式：均由两扇对开范扣合即可得到小件的型腔，无须泥芯。

（1）夔龙范

计 4 块。有单夔龙范和双夔龙范之分，单夔龙范是指范面只有一条夔龙的型腔，双夔龙范是指范面有两条夔龙的型腔。

二期

1237/ST2812⑪：7，夔龙范，残，看不出分层线，泥质，青灰色。面范平，饰一大夔龙纹，较清楚。夔首端有一浇口。背面手指印较浅。残宽 8.2、残高 6.4 厘米。（图一五二；彩版二四九）

1237/ST2812⑪:7

0　　　　　5 厘米

图一五二　殷墟二期夔龙范

三期

1238/SH448：1，夔龙范，残。分层线明显，但面范和背范均泥质，面范呈青灰色，背面呈红褐色，局部泛青。一端分型面有一卯。面范有两条夔龙的型腔。背面平整。残宽 6.1、残高 8.1 厘米。（图一五三；彩版二四九）

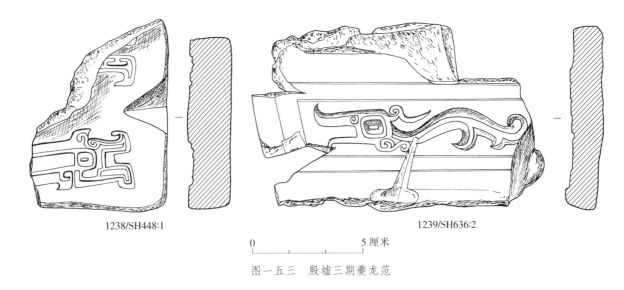

1238/SH448:1　　　　　　　　　　　1239/SH636:2

0　　　　　　　　5厘米

图一五三　殷墟三期夔龙范

　　1239/SH636：2，夔龙范，残，看不出分层线，泥质，青灰色，背面局部微泛红。面范平，上、下边缘处各发现一条形榫。面范饰一夔龙纹，大部分已脱落，模糊。背面较平，手指印浅。残宽12.4、残高8.2厘米。（图一五三；彩版二四九）

　　四期

　　1240/SH269：16，夔龙范。有分层线，但面范和背范均泥质，青灰色，部分泛红。面范为平面，上部边缘发现一条形榫。范面饰夔龙纹，大部分脱落，较模糊。背面较平，中部有一条凸棱。残宽4.9、高4.1厘米。（图一五四；彩版二四九）

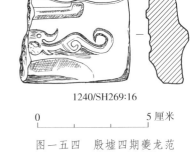

1240/SH269:16

0　　　　　　　　5厘米

图一五四　殷墟四期夔龙范

　　（2）夔龙和凤鸟范

　　计2块，系合范，可浇注出青铜夔龙和凤鸟各3件。时代属殷墟三期。

　　1241/SH683：50＋61、54，夔龙和凤鸟范，均残。分层线不明显，泥质，面范呈青灰色，背面局部泛红。夔首和凤头端设浇口，夔龙和凤鸟中间设主浇道，有小浇道通向每个夔龙和凤鸟。

　　1241－1/SH683：50＋61，面范有三个夔龙的型腔，夔龙首尾相接，较清楚。浇口一侧发现一榫，夔龙下部发现二榫，其一残。背面不平，中部起脊。宽12.4、残高7.4厘米。（图一五五；彩版二四九）

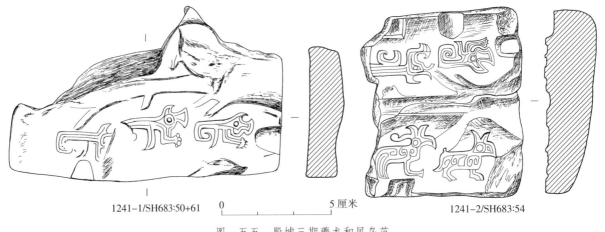

1241-1/SH683:50+61　　　　　　　0　　　　　　5厘米　　　　　　　1241-2/SH683:54

图一五五　殷墟三期夔龙和凤鸟范

1241－2/SH683：54，面范浇口两侧各有一卯，夔龙下部和凤鸟下部各发现二卯。面范主浇道一侧有两个夔龙的型腔，另一侧有两个凤鸟的型腔，它们均首尾相接，较清楚。背面平整。残宽7.1、高8.3厘米。（图一五五；拓片六四；彩版二四九）

（3）鱼范

计2块。

三期

1242/SH491：7，稍残，有分层线，面范泥质，浅灰，泛红，背范夹细砂，呈红褐色。未见榫卯。面范饰一鱼纹，清楚。鱼头的左上角有一浇口。面范和背范均为平面。残宽3.7、残高2.9厘米。（图一五六；彩版二五〇）

四期

1243/ST2312③：5，残。看不出分层线，泥质，正面浅灰色，背面呈青灰色。范面边缘发现一条形榫。面范饰一鱼纹，纹饰部分脱落，较模糊。正面平，背面较平。残宽6、残高4.8厘米。（图一五七；彩版二五〇）

（4）不辨器形小件范

计2块，形制相同。皆属殷墟四期。

1244/ST1806③：5，稍残。泥质，正面青灰色，背面浅灰色。左分型面发现三卯，右分型面有一卯，上分型面有一浇口。面范饰云纹，纹饰大部分已脱落，较模糊。背面平整光滑。残宽7.6、残高12.6厘米。（图一五八；拓片六五；彩版二五〇）。

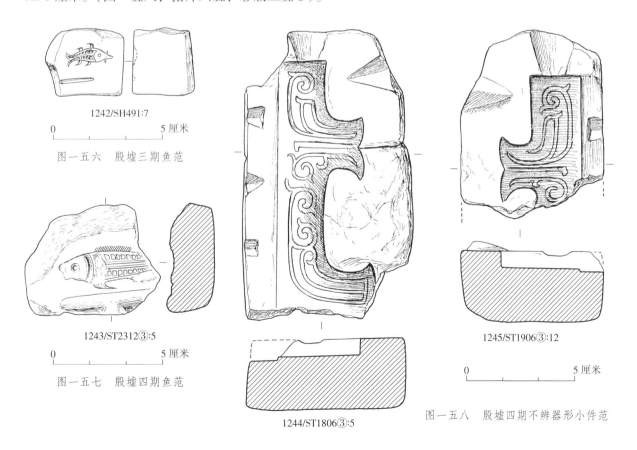

1242/SH491:7

0　　　　　　5厘米

图一五六　殷墟三期鱼范

1243/ST2312③:5

0　　　　　　5厘米

图一五七　殷墟四期鱼范

1244/ST1806③:5

1245/ST1906③:12

0　　　　　　5厘米

图一五八　殷墟四期不辨器形小件范

1245/ST1906③：12，残。泥质，正面青灰色，背面浅灰色。左分型面发现一榫，右分型面发现一卯，上分型面有一浇口。面范饰云纹，纹饰大部分已脱落，较模糊。背面较平整光滑。残宽6.5、残高7.5厘米。（图一五八；拓片六五；彩版二五〇）

5. 字、易卦、数字、刻划符号和动物形象范

计24块，皆为标本。其中字范13块，有的刻在范面上，有的刻在范的分型面上，还有的是刻在已用过的范面上，故这些字非铜器铭文，应为习刻。易卦范3块，均为6个数字为一组，也非铜器铭文，当是工匠在铸造时的占卜算卦。数字范4块，皆为"五"字。刻划符号和动物形范4块，多刻划在范的分型面上，或为习刻，或为工匠记号。

（1）字范

三期

1246/SH573⑤：219，残。看不出分层线，泥质，青灰色，背面大面积泛红。上分型面发现一榫，残。面范所饰纹饰残留较少，不辨。背面手指印较深。其分型面上发现似习刻一"衛"字，较模糊。残宽8、残高5.8厘米。（拓片六六；彩版二五一）

1247/ST1907⑦：24，残。看不出分层线，夹砂，青灰色。范头上刻一"糞"字，较模糊。残宽6.7、残高4.8厘米。（拓片六六；彩版二五一）

1248/ST2007⑦A：9，残。无分层线，泥质，青灰色。范头上部刻划一云纹，下部似刻有字，甚残，不辨。残宽4.1、残高3.6厘米。（拓片六六；彩版二五一）

四期

1249/SH217⑤：3，残。有分层线，面范和背范均夹砂，面范呈浅灰色，背面局部呈青灰色，局部呈红褐色。上分型面发现一榫。背面较平，呈弧状。面范上刻划似字，不识。残宽5.7、残高5厘米。（拓片六七；彩版二五一）

1250/SH232：20，残。分层，面范泥质，青灰色，背范夹砂，灰黑色，局部泛红。范表面涂有褐色稀泥浆。面范上刻一"田"字，字口较粗较深，字迹清晰。残宽3.4、残高3.7厘米。（拓片六七；彩版二五一）

1251/SH493：119，残。有分层线，面范较薄，泥质，浅灰色，背范较厚，夹细砂，青灰色，内胎呈深灰色。左分型面发现一卯，面范饰倒立夔龙纹，以云雷纹衬地，左侧有扉棱，纹饰几乎全部脱落，模糊。背范有意磨平，刻一"天"字，字口较粗且深，字迹清晰。残宽4.2、残高6厘米。（拓片六七；彩版二五一）

1252/SH493①：36，残。有分层线，面范泥质，背范夹砂，浅褐色。右分型面发现一卯。面范上刻一"糞"字，残留下部，字口较粗较深，字迹清晰。残宽6.5、残高5.3厘米。（拓片六七；彩版二五一）

1253/SH493②：51，爵的范头，残。看不出分层线，泥质，正面呈深灰色，胎和背面呈浅褐色。范头上刻一"子"字，残，字口粗且深，字迹清晰。残宽7.7、残高7.6厘米。（彩版二五二）

1254/ST1806④：1，有分层线，面范泥质，呈褐色，背面呈灰黑色。范面上饰有纹饰，模糊。纹饰右侧刻一"天"字，上部稍残，字口细且浅，但字迹较清楚。残宽3.8、残高4.1厘米。（拓片六七；彩版二五二）

1255/ST2212④：21，残。看不出分层线，泥质，浅灰色，背面局部泛红。面范上刻一钺图像，字

口较粗较深，字迹清楚。残宽5.7、残高6.8厘米。（拓片六七；彩版二五二）

1256/ST3107③：5，范头，残。看不出分层线，泥质，浅褐色，背面较平。未见榫卯。范面有黑色烟熏痕迹。范头上刻一字，不识，金文中有类似的族徽"𝑓"、"𝑓"，也有可能是"丙"字。字口既粗又深，字迹清晰。残宽7.5、残高5.2厘米。（拓片六七；彩版二五二）

1257/ST3205⑦：1，范头，残。无分层线，夹砂，面范呈红褐色，背面呈浅褐色，较平。未见榫卯。范头上刻一"子"字，字口既粗又深，字体流畅有力，字迹清晰。残宽5.4、残高5厘米。（彩版二五二）

殷墟时期

1258/SF57：3，鼎足范，残。泥质，面范深灰色，背面青灰色，凹凸不平。在鼎足右侧的范面上刻有"七□巫"三字（从右上开始），中间字不识，上半部分似为𝑓，下半部分漫漶难辨，左侧还刻一"己"字。残宽4.5、残高3.5厘米。（拓片六八；彩版二五二）

（2）易卦范

三期

1259/SH315④：16，镞范，残。无分层线。夹砂，面范呈浅褐色，背面呈深褐色。范的正面为单镞范，背面平，刻有三列数字，每列为六个数字，字口较粗较深，字体相连，字迹清晰，从右向左分别是"七六五八七六""七七六七八七七""七六七七八七"，分别是"离""睽""未济"三卦。残宽4.4、残高4厘米。（图一五九；拓片六九；彩版二五三）

1260/ST1907⑦：34，罍范，残。看不出分层线。泥质，青灰色，背面局部泛红。左、右分型面各发现一榫。面范饰多重大三角纹。花纹左侧刻有一列六个数字"一六六七八六"，为"艮"卦；卦的左侧似刻有一"单"字，或似一列数字卦，模糊不辨。残宽8.6、残高7.8厘米。（拓片六九；彩版二五三）

殷墟时期

1261/SH214：1，残，看不出分层线。泥质，青灰色，背面微泛红，且凹凸不平。范面上的纹饰已脱落，不清。在范的分型面上刻有六个数字"一五一一六六"，为"遁"卦。字口较深，字迹清晰。残宽3.2、残高5.2厘米。（拓片七〇；彩版二五三）

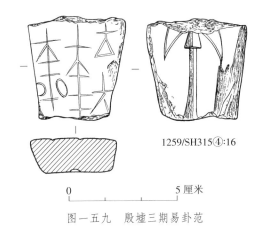

1259/SH315④:16

0　　　　　5厘米

图一五九　殷墟三期易卦范

（3）数范

四期

1262/SH431：1，残。看不出分层线，泥质，青灰色。面范上刻一数字"五"，较模糊。残宽5.7、残高3.2厘米。（彩版二五三）

1263/SH611①：16，残。看不出分层线，泥质，灰色，背面局部微泛红。面范上刻一数字"五"，字口较粗较深，字迹清楚。残宽6、残高5.5厘米。（彩版二五三）

1264/SH611③：26，残。看不出分层线，夹砂，正面呈灰褐色，背面泛红。背面较平。面范上刻一数字"五"，字口较粗较深，字迹清楚。残宽6.8、残高4.4厘米。（彩版二五三）

1265/ST2006③：22，残。看不出分层线，泥质，正面呈浅褐色，背面泛红。面范上刻一数字

"五"，字口较浅，字迹纤细。残宽4.8、残高5.5厘米。（彩版二五三）

（4）刻划符号和动物图像范

三期

1266/SH225：17，残。无分层线，泥质，青灰色。上、下各有一榫。面范纹饰已全部脱落，不辨。背范鼓起，上刻一镞，字口较浅，字迹纤细。残宽4.6、残高4.4厘米。（拓片七一；彩版二五四）

1267/ST2007⑥：100，应是扁足鼎的足范，残。分层线明显，面范泥质，背范夹砂，青灰色，内胎呈深灰色。上分型面发现一卯，残，右分型面发现一榫。面范仅存扁足上部夔龙的喙部。纹饰左侧分型面上刻划一立鸟。残宽4.6、残高4.5厘米。（拓片七一；彩版二五四）

四期

1268/SH269：55，爵范，残。分层线明显，面范泥质，淡红色，背范夹砂，部分呈红褐色，部分为青色。上、下分型面各发现一榫。爵的范头上似刻划一夔龙，较清晰。残宽9、残高5.4厘米。（拓片七二；彩版二五四）

1269/SH493①：35，残。看不出分层线，泥质，正面呈浅褐色，背面呈灰褐色。面范上刻一向下指示符号"⇩"。残宽4、残高4.1厘米。（彩版二五四）

6. 浇口范

可辨为浇口者计9件，皆为标本。大多数呈槽状，上口较宽深，下口较窄浅，少数槽底刻划平行浅槽，便于同样流动。

二期

1270/SH290②：40＋SH416①：27，两范粘接，残。看不出分层线。砂质，青灰色，背面局部泛红。左分型面发现一榫，残。正面中部设浇口，上宽下窄，斜壁，平底，表面有一层白垢。残宽10.1、残高7厘米。（彩版二五五）

三期

1271/SH427：4，残。看不出分层线。泥质，青灰色，局部微泛红。未见榫卯。正面中部设浇口，浇口内底发现八道刻槽。残宽4.2、残高5.3厘米。（图一六〇；彩版二五五）

1272/SH467：13，残。看不出分层线。夹砂，正面呈青灰色，局部微泛红，背面呈红褐色。右分型面有一梭状榫。下分型面有二梭状卯，其一残，这两卯应是用来组装外范的。正面中部设浇口，斜壁，平底，浇槽上部较深。残宽8.1、残高6.4厘米。（图一六〇；彩版二五五）

1273/ST1906⑦：13，残。看不出分层线。泥质，青灰色，正面上部微泛红。未见榫卯。正面中部设浇口，浇口内底发现数道刻槽。左侧面有一道刻槽，应是与另一扇范扣合时定位的标示。背面较平。残宽3.4、残高5.5厘米。（图一六〇；彩版二五五）

四期

1274/SH227：31，残。厚胎，看不出分层线，夹细砂，青灰色，浇口上部微泛红。左分型面发现一榫，且残留少量烟炱。正面中部设浇口，斜壁，圜底，向下收窄。背面中部隆起。残宽9.7、残高12.8厘米。（图一六一；彩版二五五）

1275/SH664⑧：183，稍残。看不出分层线，泥质，正面呈青灰色，背面呈红褐色，局部泛灰。未见榫卯。正面中部设浇口，斜壁，平底，底部两侧有削痕，表面残留少量烟炱。下面外翻，明显附加

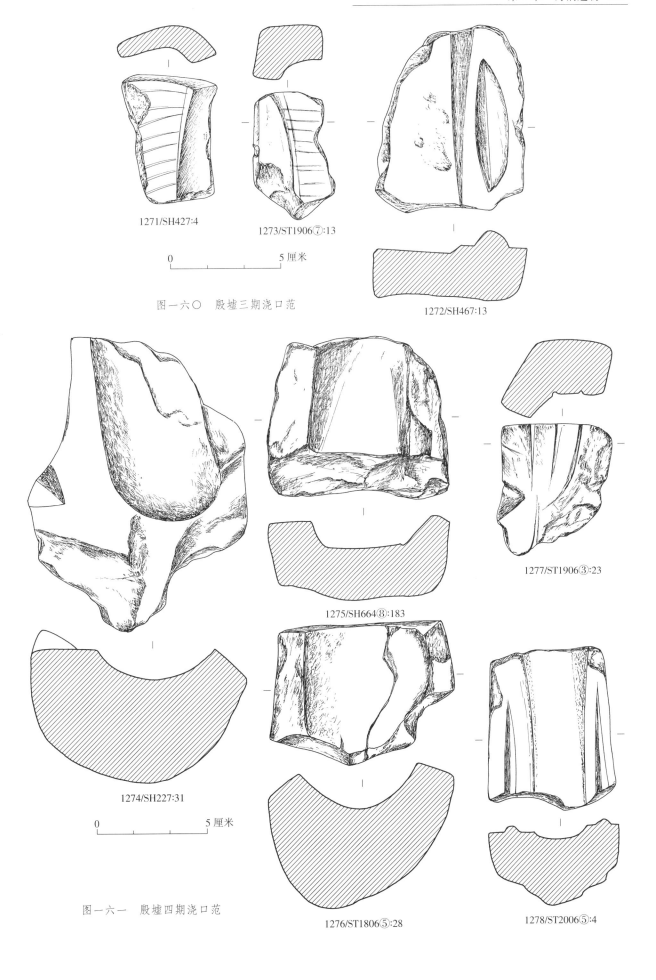

1271/SH427:4

1273/ST1906⑦:13

0   5 厘米

图一六〇 殷墟三期浇口范

1272/SH467:13

1277/ST1906③:23

1275/SH664⑧:183

1274/SH227:31

0   5 厘米

图一六一 殷墟四期浇口范

1276/ST1806⑤:28

1278/ST2006⑤:4

于外范之上。背面较平。残宽7.7、残高6.7厘米。(图一六一；彩版二五五)

1276/ST1806⑤：28，残。有分层线，面范薄，泥质，青灰色，背范夹细砂，灰褐色，内胎呈深灰色。未见榫卯。正面中部呈弧形凹槽，系浇口，上部表面残留少量铜锈。残宽8.3、残高6厘米。(图一六一；彩版二五五)

1277/ST1906③：23，残。看不出分层线，面范薄，泥质，青灰色，局部泛红。左分型面发现一榫。正面上部设浇口，内有两道竖向刻槽。残宽5.1、残高5.5厘米。(图一六一；彩版二五五)

1278/ST2006⑤：4，残。有分层线，均砂质，正面呈青灰色，背面呈红褐色，局部泛青灰。左、右分型面各有一长条形榫。正面中部设浇口，斜壁，平底略弧。背面中部隆起，手指印较深。残宽5.7、残高7厘米。(图一六一；彩版二五五)

(二) 第二类范

计1717块。此类范仅有面范，没有背范。泥质，多呈青灰色，有的局部泛红。背面较光滑，大多有榫，条形榫居多，还有一些圆形、三角形、月牙形榫等。胎通常较薄，多数背面呈弧形，中间厚，边缘薄，少数背面平。此类范几乎全是纹饰范，应是镶嵌在主体范预留的壁龛内的。此类范所浇铸的铜器器形多数较小，少数可浇注较大的青铜器。大部分范曾浇铸过，已破碎，纹饰大部分已脱落。范与范之间大多数不是以卯榫相扣合，而是镶嵌于背范内。绝大多数分型面上不见榫卯，但常见数道划痕，少数范分型面还涂有红色细泥浆，可能是为了弥合范与范之间的缝隙，防止跑火或铜液流出所采取的措施。

可辨器形者计414块，占第二类范的24.11%。其中绝大多数为容器范，另有少量工具、车马器范等。能观察出的纹饰有兽面纹、夔龙纹、云雷纹、雷纹、菱形雷纹、勾连雷纹、云纹、勾连云纹、蕉叶纹、乳丁纹、菱形乳丁纹、弦纹、联珠纹、三角几何纹、圆涡纹、直棱纹、龙纹、蛇纹、凤鸟纹、蝉纹、三角蝉纹、象纹等，以兽面纹、夔龙纹、云雷纹居多，前两者常作为主体纹饰，后者多作为地纹饰于范上。

第二类陶范统计表

种类	数量	占总数的比例	占可辨范的比例	器类	数量	占容器范的比例
容器	403	23.47%	97.34%	方鼎	2	0.50%
				圆鼎	13	3.23%
				簋（盂）	6	1.49%
				瓶	2	0.50%
				圆尊	5	1.24%
				卣	10	2.48%
				觚	193	47.89%
				爵（角）	169	41.94%
				觯	1	0.25%
				兽头	1	0.25%
				涡纹	1	0.25%
工具	3	0.17%	0.72%	不识	3	
车马器	8	0.47%	1.93%	耑	8	

1. 容器范

计403块，占可辨器形总数的97.34%。可辨器形有鼎、簋、瓿、尊、卣、觚、爵、觥等，另有兽头和涡纹范各1块，其中爵、觚数量远远多于其他容器。

（1）方鼎范

计2块。

二期

1279/SH416①：22，腹部范，残，青灰色，背面大面积泛红。面范饰兽面纹，地纹全部脱落，右侧有扉棱。背面光滑，中部有一横向条形榫。残宽5.5、残高3.6、最厚1.7厘米。（图一六二；彩版二五六）

三期

1280/ST2807⑭：3，腹部范，残。青灰色。面范饰兽面纹，右侧有扉棱，花纹大部分脱落，较模糊，背面右边缘有一竖向凸榫，中部近左边缘有一圆形凸榫，残。残宽7.3、残高7.5、最厚1.9厘米。（图一六三；彩版二五六）

（2）圆鼎范

计13块。正面饰有纹饰，以三角蝉纹居多，还有夔龙纹、蕉叶纹等，纹饰大部分已脱落，较模糊。背面以条形榫居多，还有半梭形榫，与相邻范上的半梭形榫组成完整榫。分型面光滑，有的涂浅红色泥浆，有的有斜刻槽。

二期

1281/SH290③：15、28，应系同一件鼎的腹部范，残。青灰色，背面局部微泛红。面范饰三角蝉纹，花纹大部分脱落，较模糊。

1281－1/H290③：15，背面发现一竖状条形榫。残宽5.4、残高5.9、最厚1.8厘米。（图一六四；彩版二五六）

1281－2/H290③：28，左分型面有一道弧形划痕。背面有一横向条形榫。残宽6.6、残高4.3、最厚2厘米。（图一六四；彩版二五六）

1282/SH290③：25，腹部范，残。青灰色，背面局部微泛红。面范口沿下饰夔龙纹，以云雷纹衬地，腹部饰菱形雷纹并乳丁纹，花纹几乎全部脱落，模糊。残宽7.4、高9.4、最厚1.6厘米。（图一六四；彩版二五七）

1283/SH290③：26，腹部范，残。背面微泛红。面范饰三角蝉纹，花纹大部分已脱落，较模糊。面范有一小孔，浇筑时少量铜液进入了陶范内胎的缝隙中。残宽5.9、残高5.5、最厚1.6厘米。（图一六四；彩版二五七）

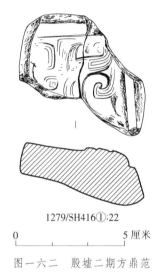

1279/SH416①:22

0   5厘米

图一六二　殷墟二期方鼎范

1280/ST2807⑭:3

0   5厘米

图一六三　殷墟三期方鼎范

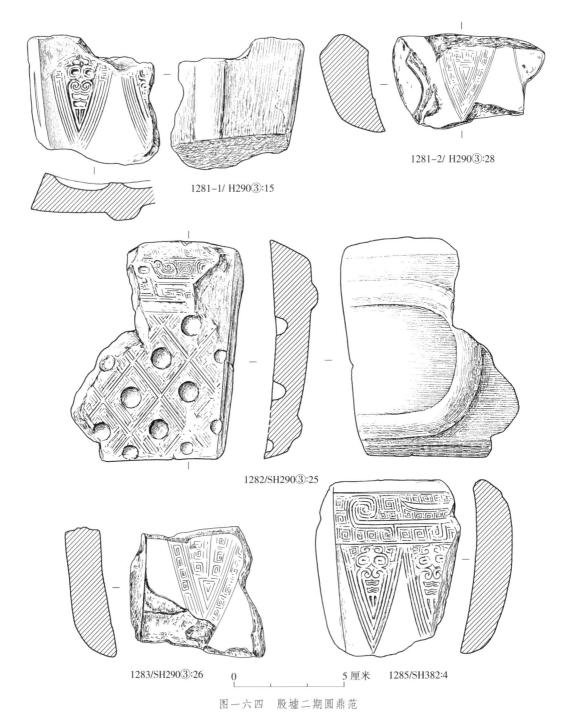

1281-2/ H290③:28

1281-1/ H290③:15

1282/SH290③:25

1283/SH290③:26　　0　　　　　　5 厘米　　1285/SH382:4

图一六四　殷墟二期圆鼎范

　　1284/SH290③：27，口和腹部范，残。背面局部微泛红。面范鼎的口下饰夔龙纹，以云雷纹衬地，左侧有短扉棱，腹部饰三角蝉纹，花纹几乎全部脱落，模糊。背面有一横向条形榫。残宽5.1、残高5.2、最厚1.4厘米。（彩版二五七）

　　1285/SH382：4，腹部范，残。胎较厚。青灰色，背面局部泛红。面范上腹部饰夔龙纹，以云雷纹衬地，下腹部饰三角蝉纹，花纹部分脱落，较清楚。残宽6.6、高7.6、最厚2.2厘米。（图一六四；拓片七三；彩版二五七）

三期

1286/SH277：13，腹部范，较薄，残。左分型面有一竖道划痕。面范饰三角蝉纹，花纹大部分已脱落，较模糊。背面有一横向条形榫。残宽3.4、残高3.7、最厚1.2厘米。（彩版二五七）

1287/SH599⑤：5，腹部范，残。青灰色，背面局部微泛红。面范上腹部饰夔龙纹并圆涡纹，以云雷纹衬地，下腹部饰三角蝉纹，花纹大部分已脱落，较模糊。右分型面上部有习刻花纹，其下有一道斜向刻痕。背面有一横向条形榫。残宽4.8、残高5.9、最厚2.7厘米。（图一六五；彩版二五八）

1288/ST2007⑨：15，腹部范，残。青灰色，背面下部微泛红。面范口沿下所饰花纹脱落严重，不易辨，腹部饰三角蝉纹。右分型面有烟炱。背面中部有一竖向条形榫。残宽4.9、残高5.7、最厚1.3厘米。（图一六五；彩版二五八）

四期

1289/SH252②：42，腹部范，残。青灰色，背面局部微泛红。面范上腹部饰夔龙纹，右侧有短扉棱，下腹部饰三角蝉纹，均以云雷纹衬地，花纹大部分已脱落，较模糊。右分型面发现一圆形小卯。背面有一横向凸榫，残。残宽6.3、残高6.5、最厚2.1厘米。（图一六六；彩版二五八）

1290/SH664③：175，腹部范，残。青灰色，背面局部微泛红。面范饰目纹并四瓣花纹及圆涡纹，纹饰大部分已脱落，较模糊。残长6、宽3.9、最厚1.2厘米。（图一六六；彩版二五八）

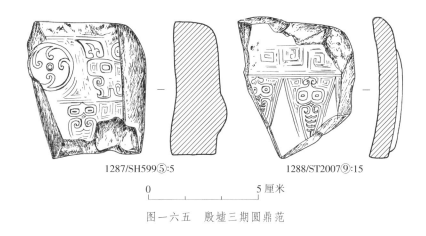

1287/SH599⑤:5   1288/ST2007⑨:15

0   5 厘米

图一六五　殷墟三期圆鼎范

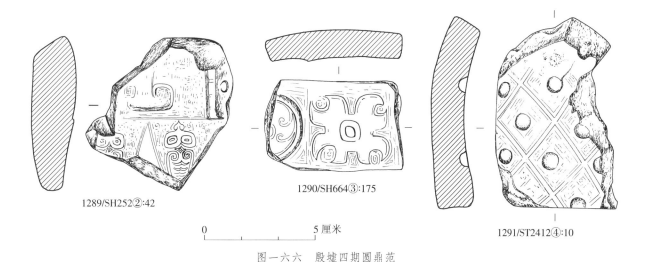

1289/SH252②:42   1290/SH664③:175   1291/ST2412④:10

0   5 厘米

图一六六　殷墟四期圆鼎范

1291/ST2412④：10，腹部范，残。青灰色，背面局部微泛红。面鼎的腹部饰菱形雷纹并乳丁纹，菱形雷纹几乎全部脱落，模糊。背面有一竖向长条形榫。残宽4.8、残高8、最厚1.4厘米。（图一六六；彩版二五八）

（3）簋范

计6块。

二期

1292/ST2812⑮：5，残。青灰色。面范上部饰夔龙纹，下部饰兽面纹，以云雷纹衬地，花纹大部分已脱落，较模糊。右上角有一略呈直角的缺口，其镶嵌于主范内后就成了壁龛，用来组装或压印兽头范，其下有扉棱。背面有一竖向条形榫。残宽6.9、残高4.9、最厚1.2厘米。（图一六七；彩版二五九）

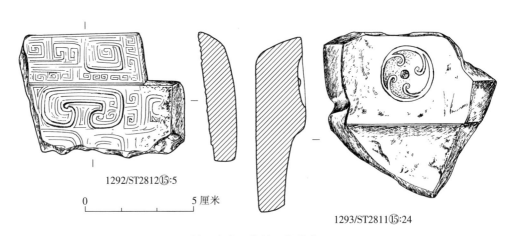

图一六七　殷墟二期簋范

1293/ST2811⑮：24，口和腹部范，残。较厚。青灰色，背面局部微泛红。面范簋的口下饰圆涡纹，腹部饰乳丁纹，其他纹饰几乎全部脱落，不详。口下左侧有一缺口，此范嵌入背范后缺口即变成壁龛，是压印或镶嵌兽头的地方。残宽6.4、残高7.6、最厚2.4厘米。（图一六七；彩版二五九）

三期

1294/SH683：269，下腹部范，残。背面局部微泛黑。面范簋的腹部饰兽面纹，以云雷纹衬地。虽残存甚少，但纹饰清楚。残宽2.3、残高3.8、最厚1.6厘米。（图一六八；彩版二五九）

1295/ST2312⑩：12，口部范，残。仅有面范，青灰色，背面大面积微泛红。面范左侧有扉棱，簋的口沿下饰夔龙纹，以云雷纹衬地，纹饰部分脱落，较清楚。残宽8.2、残高4.4、最厚1.6厘米。（图一六八；彩版二五九）

1296/ST2711④：38，口和腹部范，残。胎较厚，仅有面范，浅灰色，背面大面积微泛红。面范簋的口沿下饰圆涡纹，另设壁龛之一半，当与另一扇范的壁龛相扣合后形成完整壁龛，内置兽头范，腹部饰菱形雷纹并乳丁纹，纹饰大部分已脱落，较模糊。残宽8、残高8.2、最厚2.6厘米。（图一六八；彩版二五九）

1297/ST2812⑥：1，口部范，残。仅有面范，青灰色，背面局部微泛红。面范簋的口沿下饰夔龙纹，以云雷纹衬地。夔首相对的位置留有一壁龛，壁龛内当是放置兽头范的地方。有一横向凸榫。残宽5.1、残高5.6、最厚1.6厘米。（图一六八；彩版二五九）

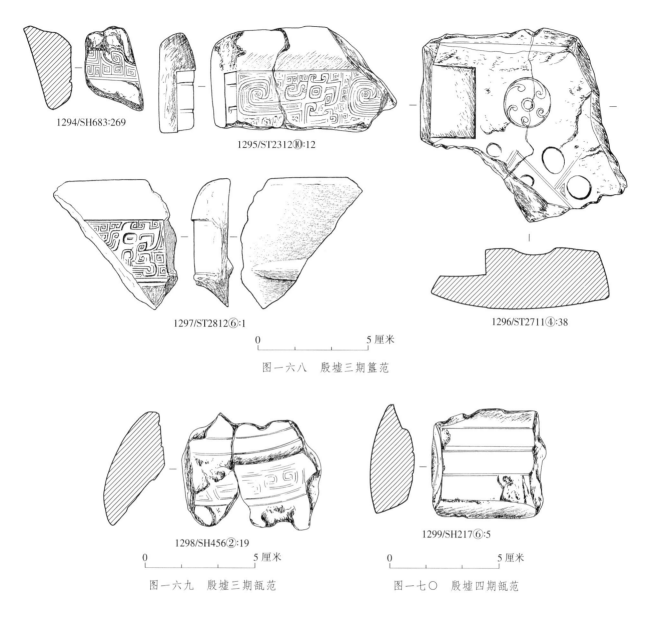

1294/SH683:269

1295/ST2312⑩:12

1297/ST2812⑥:1

1296/ST2711④:38

0　　　　　　　　5厘米

图一六八　殷墟三期簋范

1298/SH456②:19

0　　　　　　　　5厘米

图一六九　殷墟三期瓿范

1299/SH217⑥:5

0　　　　　　　　5厘米

图一七〇　殷墟四期瓿范

（4）瓿范

计2块。

三期

1298/SH456②：19，口部范，残。青灰色。未见卯榫。面范口部饰两道弦纹，口沿上部残留有烟炱。口沿下饰夔龙纹，以云雷纹衬地，纹饰大部分已脱落，较模糊。背面有一竖向条形榫。残宽6.1、残高4.6、最厚2.1厘米。（图一六九；彩版二六〇）

四期

1299/SH217⑥：5，口部范，左残。青灰色，局部微泛红。未见榫卯。面范瓿的口沿下饰两道弦纹，口沿上部残留有烟炱。残宽5、残高4.7、最厚2厘米。（图一七〇；彩版二六〇）

（5）尊范

计5块。

三期

1300/SH573⑤：63，腹部和圈足范，残。青灰色，背面大面积微泛红。面范尊的腹部所饰纹饰残留较少，且脱落严重，仅辨出一周联珠纹和云雷纹少许，圈足饰以云雷纹组成的兽面纹，又以云雷纹填空，圈足上的纹饰少许脱落，较清楚，腹部和圈足之间饰两道弦纹，背面有一横状条形榫。残宽6.6、残高7.4、最厚2.2厘米。（图一七一；拓片七四；彩版二六〇）

1301/ST2312⑩：11，腹部范。胎薄。青灰色。面范饰兽面纹，无地纹，右侧有扉棱，纹饰大部分脱落，较模糊。背面发现一横状长条形榫。左分型面有一薄层稀泥浆。宽10.1、残高6.1、最厚2厘米。（图一七一；彩版二六〇）

四期

1302/SH664③：63，腹部范。胎较厚。青灰色，背面局部微泛红。左分型面有一榫，残。面范上部饰兽面纹，无地纹，下部饰两道弦纹，纹饰较清楚。表面残留有烟炱痕迹。背面发现一榫。残宽6.9、残高5.6、最厚2.2厘米。（图一七二；彩版二六〇）

1303/SH664④：178、179，可能系同一件尊的腹部范，残。青灰色。面范尊的腹部饰兽面纹，无地纹，下部饰三道弦纹。表面残留少许烟炱。背面有一竖向凸榫。

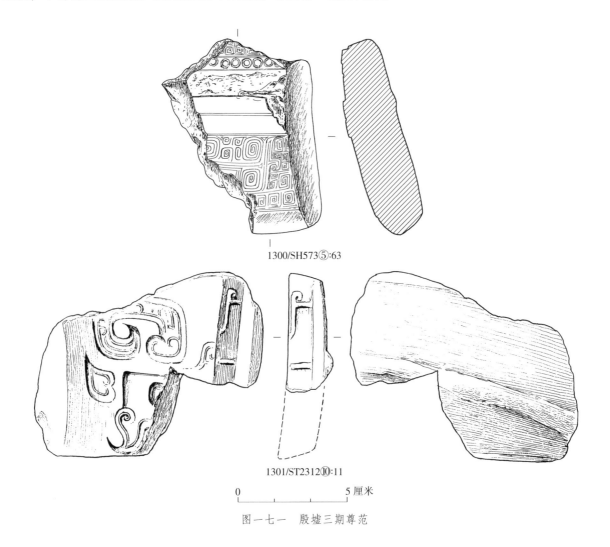

1300/SH573⑤:63

1301/ST2312⑩:11

0   5厘米

图一七一　殷墟三期尊范

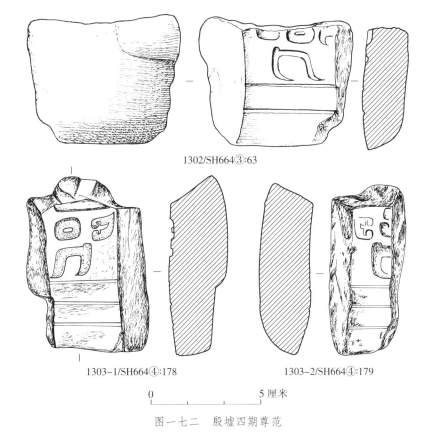

1302/SH664③:63

1303-1/SH664④:178　　　　1303-2/SH664④:179

0　　　　　　　　5 厘米

图一七二　殷墟四期尊范

1303-1/SH664④:178，右分型面发现一道竖斜向刻痕。纹饰较清楚。残宽5.4、残高7.7、最厚2厘米。（图一七二；拓片七五；彩版二六一）

1303-2/SH664④:179，背面局部微泛红。左分型面发现两道斜向划痕。纹饰较模糊。残宽3.4、残高7.2、最厚2厘米。（图一七二；彩版二六一）

（6）卣范

计10块。

二期

1304/SH416①:7，口和肩部范，残。青灰色，背面局部微泛红。面范饰兽面纹，纹饰大部分已脱落，仅一只眼睛及其眉毛较清楚，其他较模糊。背面有一竖向条形榫。残宽4.5、残高5、最厚1.4厘米。（图一七三；彩版二六一）

1305/SH416①:21，口和肩部范，残。胎较厚，青灰色，背面局部泛红。面范卣的肩部饰带状夔龙纹，纹饰几乎全部脱落，甚模糊。背面下部脱落，下部右侧稍内凹。残宽7.5、残高8.1、最厚3.8厘米。（图一七三；彩版二六一）

1306/SH442②:1，口和肩部范，残。胎较厚，正面呈浅灰色，背面呈红褐色，局部泛青灰。面范卣的肩部饰带状夔龙纹，纹饰几乎全部脱落，甚模糊。夔首左侧有一壁龛的一半，可与另一扇范右侧的壁龛组成一完整壁龛，内置兽头范或置范泥后用兽头模压印出兽头。背面下部右侧稍内凹。残宽8.5、残高8.4、最厚3.8厘米。（图一七三；彩版二六一）

1307/SH442③:3、4、5+6，系同一件卣肩部的带状纹饰范。青灰色，背面有的微泛红。面饰带

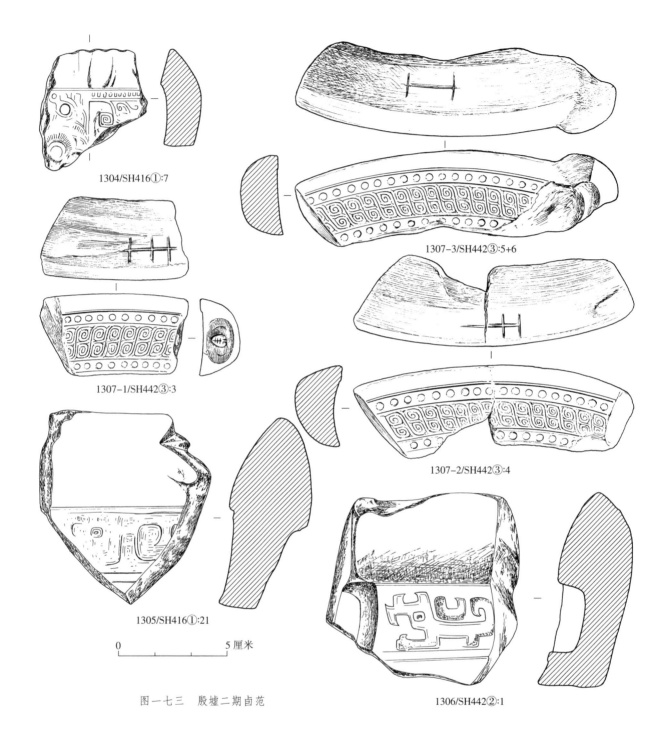

1304/SH416①:7

1307-3/SH442③:5+6

1307-1/SH442③:3

1307-2/SH442③:4

1305/SH416①:21

0　　　　　　　　5厘米

图一七三　殷墟二期卣范

1306/SH442②:1

状云雷纹，云雷纹上、下各饰一周联珠纹。纹饰大部分已脱落，较模糊。背面光滑，刻有"王"字形符号。

1307-1/SH442③:3，较完整。范的一端戳印一海贝，范面残留有淡红色稀泥浆。长6.7、宽3.4、最厚2厘米。（图一七三；彩版二六二）

1307-2/SH442③:4，稍残。残长12.9、宽3.6、最厚1.6厘米。（图一七三；彩版二六二）

1307-3/SH442③:5+6，较完整。一侧分型面设有卣耳的型腔。长14.2、宽3.6、最厚1.6厘米。（图一七三；彩版二六二）

三期

1308/SH453：7，口和肩部范。胎较厚。面范呈灰黑色，背面青灰色。面范饰圆涡纹和目纹，目纹四周饰四瓣花纹，纹饰部分脱落，较模糊。残宽10.4、残高8.5、最厚3.1厘米。（图一七四；彩版二六三）

1309/ST1907⑦：46，肩部范，残。胎较厚。青灰色，局部微泛红。右分型面设有卣耳的型腔。面范饰带状双排云雷纹，其上、下各饰一周重环纹，纹饰部分脱落，较模糊。背面中部有一竖向凸榫。残长7.4、宽3.5、最厚2.2厘米。（图一七四；彩版二六三）

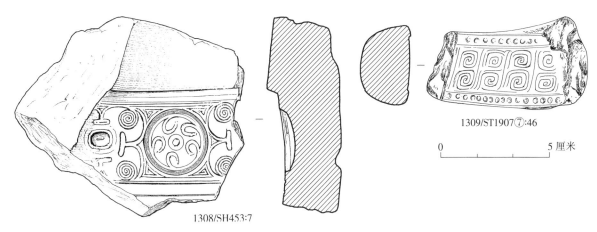

1309/ST1907⑦:46

0　　　　　　　　5厘米

1308/SH453:7

图一七四　殷墟三期卣范

四期

1310/SH217②：1，口和肩部范。胎较厚。青灰色。面范卣的肩部饰双排云雷纹，其上、下各饰一周联珠纹，纹饰部分脱落，较模糊。背面中部有一横状条形榫。残宽5、残高6.4、最厚2.4厘米。（图一七五；拓片七六；彩版二六三）

（7）瓠范

计193块，系容器范中数量最多者，占第二类可辨容器范总数的47.89%。正面多饰花纹，有兽面纹、弦纹、蕉叶纹、联珠纹等，但是花纹大部分已脱落，不甚清楚。背面多有半梭形或条状榫，条形榫多竖向。

二期

1311/SH290③：12，颈部范，残。青灰色，背面局部泛红。面范饰长蕉叶纹，内填变形夔龙纹，以云雷纹衬地，纹饰几乎全部脱落，模糊。左分型面有一竖道刻痕，右分型面有切痕。背面发现一横向条状凸榫。残宽3.8、残高6、最厚1.8厘米。（图一七六；彩版二六三）

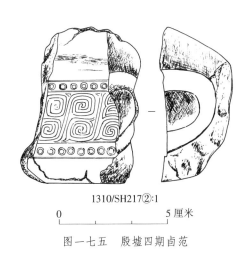

1310/SH217②:1

0　　　　　　　　5厘米

图一七五　殷墟四期卣范

1312/SH416①：9，口部蕉叶纹范，残，横截面略呈长方形。青灰色，局部泛红。面范饰长蕉叶纹，内填纹饰几乎全部脱落，不辨。背面光滑，未见榫卯。宽3.2、残高6.6、最厚1.4厘米。（图一七六；彩版二六三）

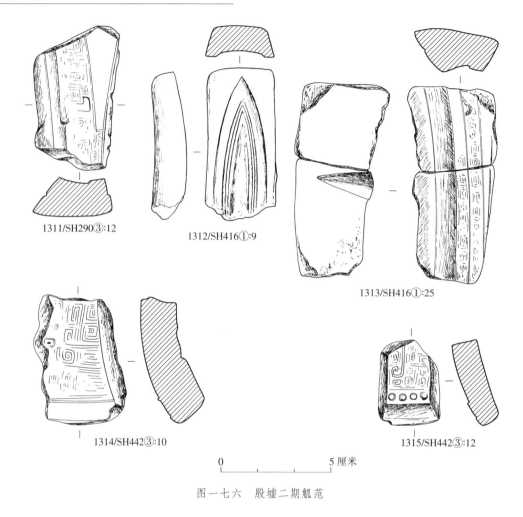

1311/SH290③:12

1312/SH416①:9

1313/SH416①:25

1314/SH442③:10

1315/SH442③:12

0   5厘米

图一七六　殷墟二期瓢范

1313/SH416①：25，颈部范，残。青灰色，上端局部泛红。面范饰长蕉叶纹，内填花纹几乎全部脱落，不辨。左右分型面均有切痕，右分型面有一道竖向刻痕，上分型面平整，有从蕉叶纹上部进行水平分范的迹象。背面中部近右分型面处发现一横向条状凸榫。残宽3.9、残高8.5、最厚1.9厘米。（图一七六；彩版二六三）

1314/SH442③：10，圈足范，残。背面呈红褐色。右分型面有一竖道划痕。面范纹饰几乎全部脱落，主纹不辨，仅辨云雷纹。背面中部有一横向榫，残。残宽3.7、残高5.4、最厚1.8厘米。（图一七六；彩版二六三）

1315/SH442③：12，圈足范，残。面范残留甚少，主纹不详，可辨云雷纹和联珠纹。背面有一凹窝，似卯。残宽2.6、残高3.6、最厚1.3厘米。（图一七六；彩版二六四）

1316/ST2812⑲：9，颈部范，残。青灰色，背面局部微泛红。面范饰长蕉叶纹，内填花纹几乎全部脱落，不辨。右分型面有切痕。背面中部有一道竖向划痕。残宽3.1、残高7.3、最厚1.8厘米。（彩版二六四）

三期

1317/SH7：16，腹部和圈足范，残。胎薄。青灰色。面范腹部所饰纹饰由于脱落严重，已不辨，中部饰两道弦纹，圈足饰兽面纹，以云雷纹填空，圈足纹饰少许脱落，较清楚。此范垂直分为四扇。最宽6.5、残高7.6、最厚1.4厘米。（图一七七A；拓片七七；彩版二六四）

1320/SH261:4

1319/SH225:120

1317/SH7:16

1321/SH427:25

1327/SH491:86

1318/SH225:56

1322/SH456①:25

1324/SH468:8

1325/SH473①:2

1323/SH467:12

1326/SH491:58

1328/ST1806⑥:6

1329/ST2007⑥:15

0   5 厘米

图一七七 A　殷墟三期觚范

1318/SH225：56，腹部范，残。青灰色。面范腹部饰兽面纹，以云雷纹衬地，其上部饰一周联珠纹，再上部饰两道弦纹，纹饰脱落严重，模糊。背面有一横向条状凸榫。残宽 3.9、残高 6.4、最厚 2厘米。（图一七七 A；彩版二六四）

1319/SH225：120，颈部范，残。浅灰色，背面局部泛红，局部泛青灰。面范下部饰弦纹，上部主纹模糊不辨，隐约可辨地纹云雷纹。左分型面上有切痕，左、右分型面均残留有淡红色泥浆。背面近右分型面处有一凸榫。残宽6.8、残高4.1、最厚1.9厘米。（图一七七A；彩版二六四）

1320/SH261：4，圈足范，残。胎薄。青灰色，背面局部泛红。面范上部饰两道弦纹，下部饰兽面纹，以云雷纹填空，纹饰少许脱落，较清楚。左分型面有一道竖向划痕。背面发现一横状条形榫。宽5.1、残高6、最厚1.4厘米。（图一七七A；拓片七七；彩版二六四）

1321/SH427：25，圈足范，残。圈足饰兽面纹，兽面纹上部饰目纹并花瓣纹，纹饰几乎全部脱落，模糊。左分型面内侧有切割痕，下分型面残留少许红色泥浆，右分型面残留少许烟炱。背面中部有一竖向条形榫，略残。残宽5.9、残高6.5、最厚1.4厘米。（图一七七A；彩版二六五）

1322/SH456①：25，腹部范，残。青灰色，局部泛红。面范瓠腹部残留较少，仅见云雷纹及两道弦纹，纹饰较清楚，花纹槽内发现一些烟炱。背面有一凸榫，残。残宽4.5、残高3.1、最厚1.3厘米。（图一七七A；彩版二六五）

1323/SH467：12，圈足范，残。青灰色，背面局部微泛红。面范瓠的圈足饰兽面纹，以云雷纹填空，纹饰大部分已脱落，较模糊。残宽4.9、残高4.8、最厚1.4厘米。（图一七七A；彩版二六五）

1324/SH468：8，圈足范，残。青灰色，下部微泛红。面范瓠的圈足饰兽面纹，以云雷纹衬地，下部饰一周重环纹，右侧有扉棱，纹饰大部分已脱落，较模糊。右分型面残留有淡红色泥浆。残宽4.3、残高6.6、最厚1.8厘米。（图一七七A；彩版二六五）

1325/SH473①：2，口部蕉叶纹范，残。青灰色。面范饰长蕉叶纹，内填变形夔龙纹，以云雷纹衬地，纹饰几乎全部脱落，模糊。残宽3.3、残高7.2、最厚1.8厘米。（图一七七A；彩版二六五）

1326/SH491：58，圈足范，残。青灰色，背面局部微泛红。面范瓠的圈足饰兽面纹，以云雷纹填空，纹饰大部分已磨损，较模糊。背面中部有一方形卯，残。残宽4.5、残高5.6、最厚1.4厘米。（图一七七A；彩版二六五）

1327/SH491：86，圈足范，残。青灰色，背面大面积泛红。右分型面上有一道竖向刻痕。面范瓠的圈足饰兽面纹，以云雷纹衬地，下部饰一周重环纹，纹饰部分脱落，较清楚。残宽3.6、残高3、最厚1.5厘米。（图一七七A；彩版二六五）

1328/ST1806⑥：6，圈足范，残。青灰色。面范瓠的圈足饰以云雷纹构成的兽面纹，仅兽面纹的眼睛凸起，兽面纹上、下及下腹部各饰一周联珠纹，腹部与圈足之间隔以弦纹，纹饰部分脱落，较清楚。背面近左分型面处有一榫，残。范面残留少许烟炱。残宽6.3、残高6、最厚1.8厘米。（图一七七A；拓片七七；彩版二六六）

1329/ST2007⑥：15，圈足范，残。青灰色，背面局部微泛红。右分型面上有一道竖向刻痕。面范瓠的圈足饰兽面纹，以云雷纹衬地，纹饰少许脱落，较清楚。背面有一横向条形榫。残宽4.5、残高7、最厚2.2厘米。（图一七七A；拓片七七；彩版二六六）

1330/ST2007⑦A：1，口部蕉叶纹范，下部残，横截面呈三角形。青灰色，背面局部泛红。面范饰长蕉叶纹，由于纹饰几乎全部脱落，其内填纹饰不辨。背面同侧发现二榫，其一残。残宽3.8、残高8.1、最厚1.8厘米。（图一七七B；彩版二六六）

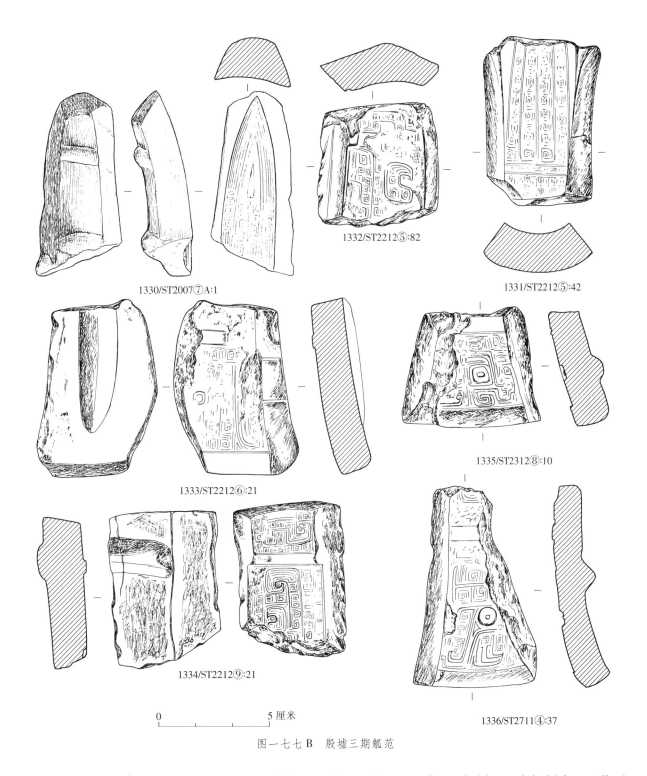

1332/ST2212⑤:82

1331/ST2212⑤:42

1330/ST2007⑦A:1

1333/ST2212⑥:21

1335/ST2312⑧:10

1334/ST2212⑨:21

1336/ST2711④:37

0　　　　　　　5 厘米

图一七七 B　殷墟三期瓿范

1331/ST2212⑤：42，颈部范，残。青灰色，下分型面微泛红。分型面粗糙，且有切割痕。面范下部饰双排云雷纹，上部饰长蕉叶纹，内填云雷纹，纹饰几乎全部脱落，甚模糊。背面上部有一横状梭形榫，残。残宽 5.1、残高 7.4、最厚 2 厘米。（图一七七 B；彩版二六六）

1332/ST2212⑤：82，颈部和腹部范，残。青灰色，背面局部微泛红。左分型面上有一道竖向刻痕。面范瓿的颈部饰蛇纹，腹部饰兽面纹，均以云雷纹衬地，主纹身上又饰云雷纹，形成三层花纹，腹部左右两侧有扉棱，纹饰大部分已脱落，较模糊。背面中部有一竖向长条形榫。残宽5.4、残高5.3、最厚1.8厘米。（图一七七B；彩版二六六）

1333/ST2212⑥：21，腹部和圈足范，残。青灰色，背面局部微泛红。右分型面上有一“]”形刻槽。面范所饰纹饰几乎全部脱落，仅辨圈足上兽面纹的眼睛及少许云雷纹。背面中部有一竖向长条形凸榫。残宽4.9、残高7.4、最厚1.8厘米。（图一七七B；彩版二六七）

1334/ST2212⑨：21，腹部范，下部残。青灰色。面范觚的腹部饰以云雷纹构成的倒立夔龙纹，左右两侧有细扉棱，其上纹饰几乎全部脱落，仅辨少许云雷纹。背面中部有一竖向划痕，上部近右分型面处有一条形横凸榫之一半。右分型面残留少许细泥浆。残宽4.6、残高6.7、最厚1.4厘米。（图一七七B；彩版二六七）

1335/ST2312⑧：10，圈足范，残。青灰色，局部微泛红。右分型面有切割痕。面范觚的圈足饰以云雷纹构成的兽面纹，纹饰疏朗，大部分已脱落。背面近左分型面处有一条形横向凸榫。左分型面及范面残留少许烟炱。最宽6、残高5、最厚1.5厘米。（图一七七B；彩版二六七）

1336/ST2711④：37，腹部和圈足范，残。青灰色，背面局部泛红。左分型面上有一道竖向划痕。面范觚的腹部残留深少，且脱落严重，纹饰不辨，圈足饰兽面纹，以云雷纹衬地，圈足上的纹饰大部分也已脱落，较模糊，腹部和圈足之间饰弦纹。背面中部有一横向梭形榫之一半。残宽5.5、残高8.8、最厚1.4厘米。（图一七七B；彩版二六七）

四期

1337/SH242：23，圈足范，残。面范觚的左侧有扉棱，圈足饰兽面纹，以云雷纹衬地，圈足下饰联珠纹，纹饰大部分已脱落，较模糊。残宽4、残高4.7厘米。（图一七八；彩版二六七）

1338/SH252①：41，圈足范，残。青灰色。面范觚的腹部与圈足之间饰两道弦纹，圈足饰兽面纹，以云雷纹填空，花纹少许脱落，较清晰。左分型面上部有一道斜向刻痕，下部有一道竖向划痕。背面下部有一横向凸榫。残宽5、残高8.5、最厚1.5厘米。（图一七八；拓片七八；彩版二六七）

1339/SH269：71、72，应系同一件觚的圈足范，残。青灰色，大面积泛红褐。面范觚的圈足饰以云雷纹构成的兽面纹，仅兽面纹的眼睛凸起。

1339－1/SH269：71，兽面纹上部有两道弦纹。右分型面残留有淡红色泥浆，背面近右分型面有一凸榫之一半。残宽5、残高5.5、最厚1.3厘米。（图一七八；彩版二六八）

1339－2/SH269：72，背面中部有一竖向条形榫。残宽5.5、残高3.7、最厚1.7厘米。（图一七八；彩版二六八）

1340/SH289②：13，腹部范，左侧稍残。青灰色，局部泛红。上分型面为刀削后掰断而成。面范饰兽面纹，以云雷纹衬地，其上、下各饰两道弦纹，兽面纹几乎全部脱落，模糊。背面有一条竖向条状凸棱，凸棱左侧有一道刻痕。由此范知，此觚从上、下腹部进行水平分范，腹部垂直分为四扇。宽4.8、残高9.1、最厚1.8厘米。（图一七八；彩版二六八）

1341/SH426：7，腹部范，残。青灰色，背面局部微泛红。面范上部饰两道弦纹，下部饰以云雷纹构成的兽面纹，纹饰部分脱落，较清楚。左分型面有切割痕迹。背面中部有一竖向条形凸榫。残宽5.1、残高5.9、最厚1.6厘米。（图一七八；彩版二六八）

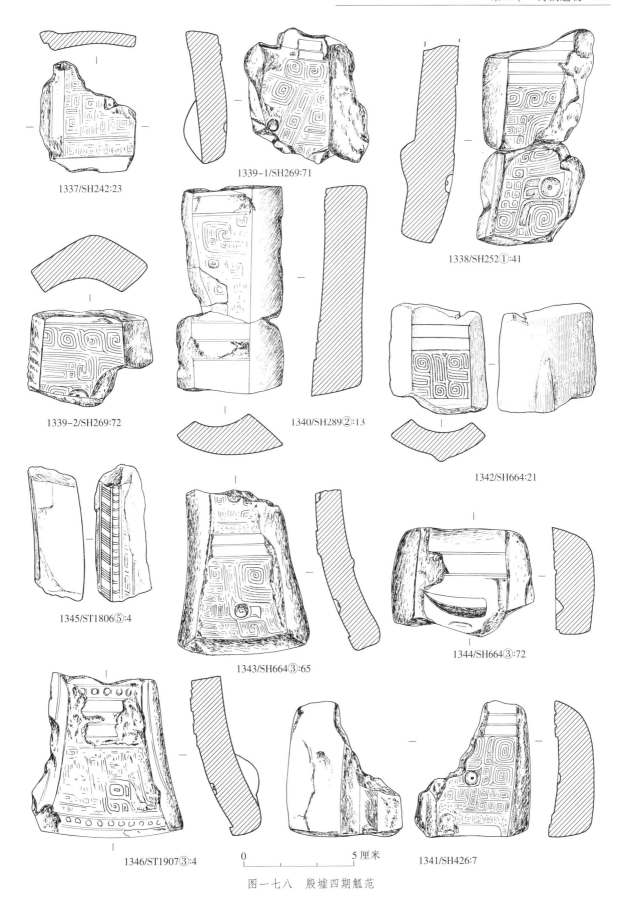

1337/SH242:23

1339-1/SH269:71

1338/SH252①:41

1339-2/SH269:72

1340/SH289②:13

1342/SH664:21

1345/ST1806⑤:4

1343/SH664③:65

1344/SH664③:72

1346/ST1907③:4

0　　　　　　　5 厘米

1341/SH426:7

图一七八　殷墟四期觚范

1342/SH664：21，腹部范，残。青灰色。面范上部饰两道弦纹，下部饰兽面纹，大部分已脱落，较模糊。背面有一条形凸棱。宽4.4、残高4.3、最厚1.4厘米。（图一七八；彩版二六八）

1343/SH664③：65，腹部和圈足范。正面青灰色，背范红褐色，局部泛灰。面范瓿的腹部和圈足均饰以云雷纹构成的兽面纹，又以云雷纹填空，二者之间以弦纹相隔，纹饰大部分已脱落，较模糊，仅兽面纹的眼睛凸出。背面中部有一竖向条形榫，残。最宽5.8、残高7.4、最厚1.5厘米。（图一七八；彩版二六九）

1344/SH664③：72，腹部范，下部残。大面积泛红。左分型面上有一竖道划痕，右分型面有切割痕。面范上部饰两道弦纹，下部饰兽面纹，无地纹，纹饰较清楚。残宽6.3、残高4.6、最厚1.9厘米。（图一七八；彩版二六九）

1345/ST1806⑤：4，口部蕉叶纹范，残。青灰色。左分型面有一榫，残。面范饰长蕉叶纹，内填重环纹和穗纹，纹饰部分脱落，较清楚。残宽2.5、残高5.7、最厚2.2厘米。（图一七八；拓片七八；彩版二六九）

1346/ST1907③：4，腹部和圈足范，腹部残。青灰色。右分型面有切割痕，左分型面上有一道竖向划痕。面范瓿的圈足饰以云雷纹构成的兽面纹，仅兽面纹的眼睛凸起，兽面纹上、下及下腹部各饰一周联珠纹，腹部与圈足之间饰两道弦纹，纹饰几乎全部脱落，模糊不清。背面下部近左分型面处有一凸榫之一半。最宽6.6、残高7.1、最厚1.6厘米。（图一七八；彩版二六九）

殷墟时期

1347/SH509：2，腹部和圈足范，残。正面呈浅灰色，局部泛青灰，背面呈红褐色，局部泛灰。面范瓿的腹部和圈足以两道弦纹区分，腹部和圈足上的纹饰几乎全部磨损，似皆为以云雷纹衬地的兽面纹。背面中部偏右有一竖向长条形榫。残宽5.6、残高6.5、最厚1.8厘米。（图一七九；彩版二六九）

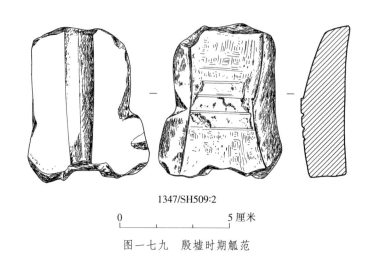

1347/SH509:2

0　　　　　　5厘米

图一七九　殷墟时期瓿范

（8）爵范

计169块，数量仅次于瓿者，占第二类可辨容器范总数的41.94%。背面多有凸榫，以半梭形较多，还有三角形、圆泡形等。部分分型面上有数道斜划槽。纹饰以兽面纹居多，还有三角纹、蕉叶纹、联珠纹、夔龙纹等，纹饰大多已脱落，较模糊。

二期

1348/SH290②：5，腹部范，残。胎较薄，青灰色。左、右分型面上均有一道刻槽。面范口沿下饰几何三角纹，腹部饰兽面纹，以云雷纹填空，纹饰大部分已脱落，较模糊。背面发现一榫。残宽7.1、残高6.5、最厚1.2厘米。（图一八〇A；彩版二七〇）

1349/SH290②：7，翼范，残。青灰色，背面局部微泛红。面范饰蕉叶纹，内填变形夔龙纹，以云雷纹和三角纹填空，纹饰大部分脱落，较模糊。左分型面残留有烟炱，且有一道弧形刻痕。背面有一小凹窝。此范从翼的中部进行垂直分范。残宽3.4、残高5.4、最厚1.6厘米。（图一八〇A；彩版二七〇）

1350/SH290②：32，腹部范，残。局部泛红。面范所饰纹饰大部分已脱落，主纹不辨，以云雷纹衬地，左侧有扉棱。右分型面残留较多烟炱。背面中部有一棱形横榫之一半，与左侧相邻范组合后形成完整棱形榫。残宽3.3、残高3.6、最厚1.3厘米。（图一八〇A；彩版二七〇）

1351/SH290②：34，腹部范，残。背面局部微泛红。面范饰兽面纹，纹饰几何全部脱落，仅辨兽面纹的眼睛。左分型面残留较多淡红色细泥浆。背面有一条形竖榫。残宽2.2、残高4.1、最厚1.1厘米。（图一八〇A；彩版二七〇）

1352/SH290③：24，腹部范，残。青灰色，背面局部泛红。面范爵的口沿下饰三角纹，腹部饰兽面纹，以云雷纹衬地，右侧有扉棱，纹饰大部分已脱落，较模糊。背面有一条竖向凸棱。残宽7.1、残高7.2、最厚2.2厘米。（图一八〇A；彩版二七〇）

1353/SH290③：38，流范，仅残存流部。大部分呈红褐色，少部分呈青灰色。面范爵流下饰蕉叶纹，内填纹饰大部分已脱落，隐约可辨云雷纹。残宽4、残高4.6、最厚1.6厘米。（图一八〇A；彩版二七〇）

1354/SH416①：8，腹部范。青灰色，局部微泛红。面范爵的口沿下饰三角纹，腹部饰兽面纹，以云雷纹衬地，左侧有扉棱，纹饰大部分已脱落，较模糊。背面有一三角形榫。残宽5.1、残高4.9、最厚1.2厘米。（图一八〇A；彩版二七一）

1355/SH416①：19，腹部和流范，残。青灰色，背面大面积微泛红。面范爵的口沿下饰三角纹，流下饰蕉叶纹，内填云雷纹，其余纹饰不详。残宽4.7、残高4.4、最厚1.2厘米。（图一八〇A；彩版二七一）

1356/SH416④：15，腹部和翼范，残。青灰色。面范爵的口沿下饰三角蝉纹，流下饰蕉叶纹，腹部饰兽面纹，衬地的云雷纹几乎全部磨损。背面中部有一三角形榫。残宽4.8、残高7.5、最厚1.5厘米。（图一八〇B；彩版二七一）

1357/SH442③：1，腹部范，残。面范爵的口沿下饰几何三角纹，腹部饰兽面纹，纹饰几乎全部脱落，模糊。残宽5.1、残高4.8、最厚1.5厘米。（图一八〇B；彩版二七一）

1358/SH442③：2，流范，残。青灰色，局部泛红。面范饰蕉叶纹，内填变形夔龙纹，纹饰几乎全部脱落，模糊。下分型面残留有淡红色细泥浆。残宽3.7、残高5.7、最厚1.4厘米。（图一八〇B；彩版二七一）

1359/SH442③：8，腹部范，残。青灰色，背面局部泛红。面范爵的口沿下饰三角纹，腹部饰兽面纹，以云雷纹衬地，左侧有扉棱，纹饰大部分已脱落，较模糊。背范中部有一个三角形榫。面范上部结合右分型面残留有淡红色细泥浆。残宽6、残高7、最厚1.4厘米。（图一八〇B；彩版二七二）

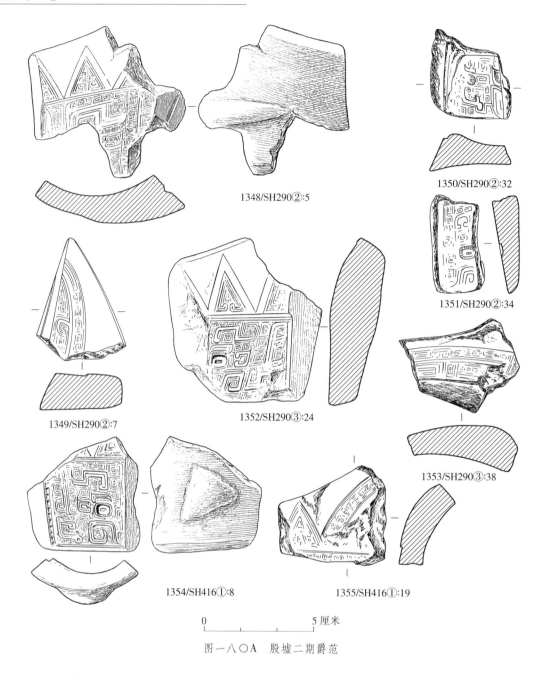

1348/SH290②:5

1350/SH290②:32

1351/SH290②:34

1349/SH290②:7

1352/SH290③:24

1353/SH290③:38

1354/SH416①:8

1355/SH416①:19

0   5厘米

图一八〇A　殷墟二期爵范

　　1360/SH442③:9，腹部范，残。青灰色，背面局部微泛红。左分型面上有一道刻线。面范爵的口沿下饰三角纹，腹部饰兽面纹，以云雷纹衬地，左侧有扉棱，纹饰大部分已脱落，较模糊。背面有一条横向凸榫。残宽6.5、残高5.5、最厚1.4厘米。（图一八〇B；彩版二七二）

　　1361/SH442③:11，口部和翼范，残。红褐色。翼饰长蕉叶纹，有扉棱，口沿下饰三角几何纹，纹饰几乎全部已脱落，模糊。残宽7.5、残高3.5、最厚1.7厘米。（图一八〇B；彩版二七二）

　　1362/SH442③:14，流范，残。青灰色。下分型面有划痕，且残留少量淡红色泥浆。面范爵流下饰蕉叶纹，内填纹饰大部分已脱落，主纹不辨，依稀可辨地纹云雷纹。残宽4.4、残高4.9、最厚1.7厘米。（图一八〇B；彩版二七二）

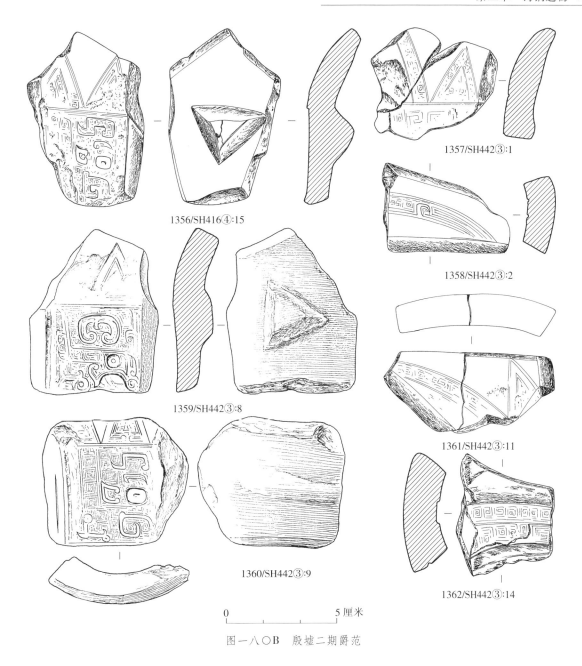

1356/SH416④:15

1357/SH442③:1

1358/SH442③:2

1359/SH442③:8

1361/SH442③:11

1360/SH442③:9

1362/SH442③:14

0　　　　　　5厘米

图一八〇B　殷墟二期爵范

三期

1363/SH217①:9，腹部范，残。呈青灰色，背面局部微泛红。右分型面有一道横向划痕。面范饰兽面纹，纹饰几乎全部脱落，仅辨兽面纹的眼睛。左分型面残留有淡红色泥浆。背面有一个三角形榫。残宽4.8、残高3.9、最厚1.2厘米。（图一八一A；彩版二七二）

1364/SH217①:16，流范，残。呈青灰色。右分型面有一道刻槽。面范饰蕉叶纹，内填纹饰几乎全部脱落，不辨。残宽2.9、残高4.1、最厚1.3厘米。（图一八一A；彩版二七三）

1365/SH217⑥:15，翼范，残。呈青灰色，局部微泛红。面范爵翼下饰蕉叶纹，内填纹饰几乎全部脱落，隐约可辨云雷纹。背面有一横向条形榫。残宽3.6、残高6、最厚1.8厘米。（图一八一A；彩版二七三）

1366/SH225:79，腹部范。胎中间厚，边缘薄。正面浅灰褐色，背面青灰色。面范爵的口沿下饰

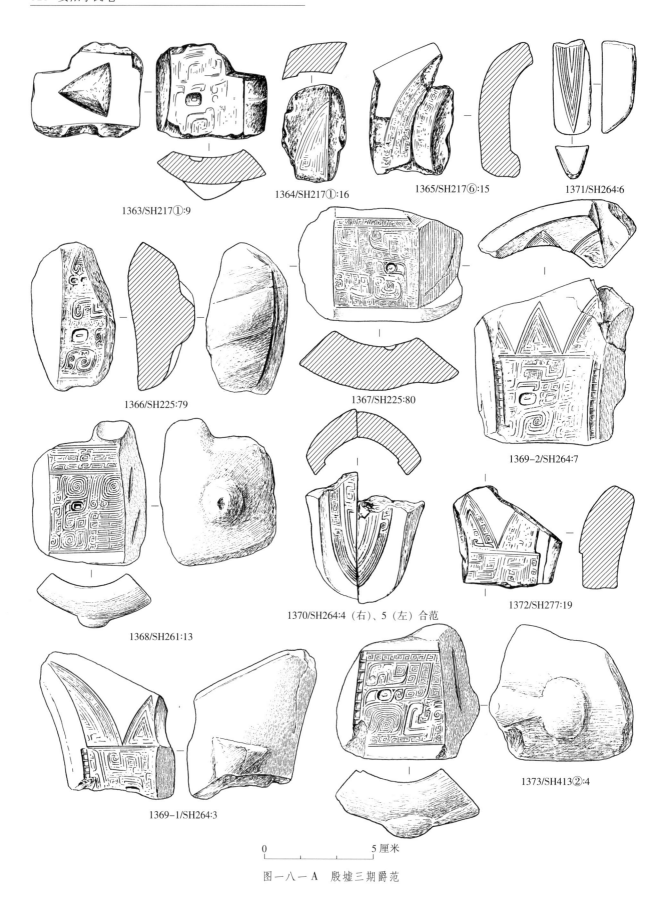

1363/SH217①:9

1364/SH217①:16

1365/SH217⑥:15

1371/SH264:6

1366/SH225:79

1367/SH225:80

1369-2/SH264:7

1368/SH261:13

1370/SH264:4（右）、5（左）合范

1372/SH277:19

1369-1/SH264:3

1373/SH413②:4

0   5厘米

图一八一A　殷墟三期爵范

几何三角纹，内填蝉纹，腹部饰兽面纹，以云雷纹衬地，纹饰部分脱落，较模糊。背面有一横状条形榫。残宽3.8、残高6.5、最厚2厘米。（图一八一A；拓片七九；彩版二七三）

1367/SH225：80，腹部范，稍残。青灰色，背面局部泛红。面范爵的腹部饰兽面纹，纹饰大部分已脱落，较模糊。右侧有爵鋬的型腔。背面有一凹窝。残宽7.3、高4.9、最厚1.8厘米。（图一八一A；彩版二七三）

1368/SH261：13，腹部范。青灰色，背面局部微泛红。右分型面有两道刻槽。面范上部有爵流，爵的腹部饰兽面纹，以云雷纹衬地，纹饰部分脱落，稍模糊。背面中部有一圆形榫。面范下部残留有烟炱。宽5.3、高6.3、最厚1.6厘米。（图一八一A；彩版二七三）

1369/SH264：3、7，可能是同一件爵的腹部和翼部范。胎薄。正面青灰色，局部微泛红，背面红褐色，局部微范青。面范爵的腹部饰兽面纹，以云雷纹衬地，左右侧面有扉棱，翼部饰长蕉叶纹，口沿下饰三角几何纹，纹饰大部分已脱落，较模糊。

1369－1/SH264：3，背面发现一三角形榫。残宽5.2、残高6、最厚1.6厘米。（图一八一A；彩版二七四）

1369－2/SH264：7，背面发现一条形榫。最宽6.9、残高7.5、最厚1.6厘米。（图一八一A；彩版二七四）

1370/ SH264：4、5，流合范，皆残。面范饰蕉叶纹，内填变形夔龙纹，纹饰大部分已脱落，较模糊。（图一八一A）

1370－1/ SH264：4，正面呈青灰色，局部微泛红，背面呈浅褐色。右分型面有一道刻槽。残宽3.3、残高4.6、最厚1.2厘米。（彩版二七四）

1370－2/ SH264：5，青灰色。背面有一竖向凸榫。残宽3.5、残高5.5、最厚1.2厘米。（彩版二七四）

1371/SH264：6，足范，残。青灰色，背面局部微泛红，面范饰蕉叶纹，纹饰几乎全部脱落，甚模糊。背面中部隆起，截面略呈三角形。宽1.5、残高4、最厚1.4厘米。（图一八一A；彩版二七四）

1372/SH277：19，口和腹部范，残。正面呈青灰色，背面呈浅褐色，局部泛青。右分型面部有一道竖向划痕。面范爵的口沿下饰三角纹，腹部饰兽面纹，以云雷纹衬地，右侧有扉棱，纹饰几乎全部脱落，甚模糊。残宽4.4、残高4.3、最厚1.9厘米。（图一八一A；彩版二七五）

1373/SH413②：4，腹部范，完整。胎中间厚，上、下薄。青灰色，背面局部微泛红。右分型面刻划一窄槽。面范饰兽面纹，以云雷纹衬地，纹饰部分脱落，较清楚。背面发现一圆形榫和一三角形榫，二者相接。宽6.7、高5.9、最厚2.4厘米。（图一八一A；彩版二七五）

1374/SH427：10，腹部范。青灰色。右分型面上部有两竖道划痕，下部有两横道划痕。面范爵的腹部饰兽面纹，以云雷纹衬地，纹饰几乎全部脱落，甚模糊。背面中部有一圆形榫。宽4.8、高5.2、最厚1.4厘米。（图一八一B；彩版二七五）

1375/SH429：1，腹部范，残。背面微泛红。面范饰兽面纹，以云雷纹填空，纹饰几乎全部脱落，模糊。背面有一横向条形榫，较细。宽5.2、残高4.6、最厚1.2厘米。（图一八一B；彩版二七五）

1376/SH440⑦：8，腹部和翼范，残。青灰色。面范爵的口沿下饰三角纹，腹部饰兽面纹，翼部饰蕉叶纹，均以云雷纹衬地，纹饰大部分已脱落，较模糊。右分型面有划痕。背面有一蝶形榫。残宽4.5、残高6.7、最厚1.3厘米。（图一八一B；彩版二七六）

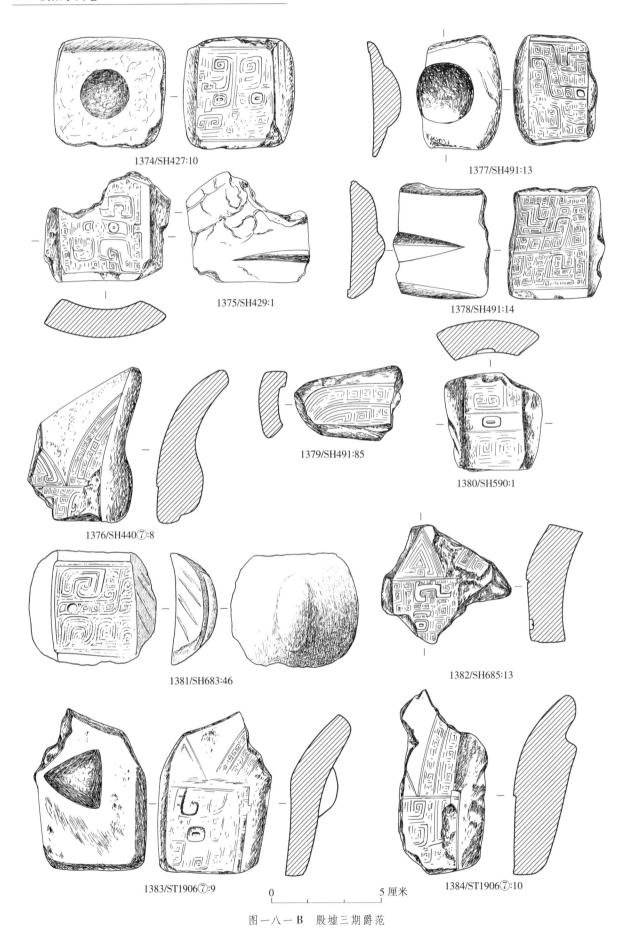

1374/SH427:10

1377/SH491:13

1375/SH429:1

1378/SH491:14

1376/SH440⑦:8

1379/SH491:85

1380/SH590:1

1381/SH683:46

1382/SH685:13

1383/ST1906⑦:9

1384/ST1906⑦:10

0   5 厘米

图一八一B 殷墟三期爵范

1377/SH491：13，腹部范，残。背面微泛红。腹部饰兽面纹，以云雷纹衬地，纹饰几乎全部脱落，模糊。左分型面有两道横向划痕。背面有一圆形榫。残宽3.8、高4.7、最厚1.2厘米。（图一八一B；彩版二七六）

1378/SH491：14，腹部范。青灰色，背面局部微泛红。面范爵的腹部饰兽面纹，以云雷纹衬地，纹饰部分脱落，局部较模糊。背面中部有一横向梭形榫之一半。残宽4、高4.6、最厚1.1厘米。（图一八一B；彩版二七六）

1379/SH491：85，流范，残。青灰色，前端局部泛红。面范爵流下饰蕉叶纹，内填纹饰几乎全部脱落，隐约可辨云雷纹。残宽4.7、残高2.9、最厚1.3厘米。（图一八一B；彩版二七六）

1380/SH590：1，腹部范，残。局部泛红褐。腹部饰兽面纹，纹饰几乎全部脱落，甚模糊，仅兽面纹的眼睛较清楚。背面有一凹窝，残，似卵。宽4.3、高4.1、最厚1.4厘米。（图一八一B）

1381/SH683：46，腹部范。青灰色。右分型面有三斜道划痕。面范爵的腹部饰兽面纹，以云雷纹衬地，纹饰大部分已脱落，较模糊。背面有一竖向条形榫。残宽6、残高4.9、最厚1.6厘米。（图一八一B；彩版二七六）

1382/SH685：13，腹部和翼范，残。青灰色，背面局部泛红。面范爵的口沿下饰三角纹，腹部饰兽面纹，翼部饰蕉叶纹，均以云雷纹衬地，纹饰部分脱落，较清楚。左分型面残留有淡红色泥浆。残宽5.7、残高5.2、最厚1.8厘米。（图一八一B；彩版二七七）

1383/ST1906⑦：9，腹部和翼范，残。青灰色，背面局部泛红。面范所饰纹饰几乎全部脱落，隐约可辨爵的口沿下饰三角纹，腹部饰兽面纹，翼部饰蕉叶纹，填有云雷纹，右侧有扉棱，左、右分型面残留少许淡红色细泥浆。背面中部有一三角形榫。宽5.1、残高6.8、最厚1.4厘米。（图一八一B；彩版二七七）

1384/ST1906⑦：10，腹部和翼范，残。青灰色，上部微泛褐。面范爵的口沿下饰三角纹，腹部饰兽面纹，翼部饰蕉叶纹，均以云雷纹衬地，右侧有扉棱，纹饰大部分脱落，较模糊。背面有两道划痕，一竖向长条形榫，其上有一卵，残。残宽4、残高7.9、最厚2.4厘米。（图一八一B；彩版二七七）

1385/ST2007⑥：13，腹部和流部范。胎薄。青灰色。面范饰兽面纹，以云雷纹衬地，纹饰大部分脱落，较模糊。右分型面有一道窄槽。背面发现一竖状长条形榫。宽4.9、残高5.9、最厚1.1厘米。（图一八一C；彩版二七七）

1386/ST2007⑦A：12，翼部范，残。青灰色，背面局部微泛红。面范饰蕉叶纹，内填纹饰几乎全部脱落，不辨。下分型面有两道相交刻痕。背面有一凸榫。此范从翼的中部进行垂直分范。残宽3.9、残高6、最厚2.2厘米。（图一八一C；彩版二七八）

1387/ST2007⑬：10，腹部和流部范，稍残。青灰色，背面局部微泛红。左分型面有一圆形小凹窝。面范爵的口沿下饰几何三角纹，翼下饰蕉叶纹，腹部饰兽面纹，纹饰几乎全部脱落，甚模糊。背面中部有一三角形榫，稍残。残宽5.2、残高5.8、最厚1.5厘米。（图一八一C；彩版二七八）

1388/ST2007⑬：11，腹部范，稍残。青灰色，背面局部微泛红。左分型面有一道竖向刻槽。面范爵的口沿下饰几何三角纹，流下饰蕉叶纹，内填云雷纹，腹部饰兽面纹，以云雷纹衬地，左右两侧均有扉棱，纹饰几乎全部脱落，甚模糊。左分型面及左右扉棱内残留有淡红色泥浆。背面有一横向条形榫。最宽7、残高7.2、最厚1.3厘米。（图一八一C；彩版二七八）

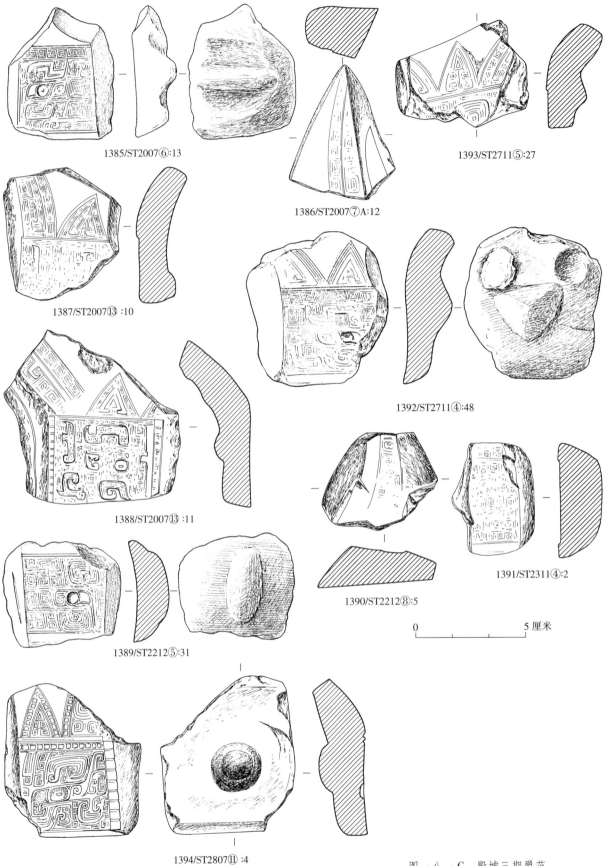

1385/ST2007⑥:13

1386/ST2007⑦A:12

1393/ST2711⑤:27

1387/ST2007⑬:10

1392/ST2711④:48

1388/ST2007⑬:11

1391/ST2311④:2

1390/ST2212⑧:5

1389/ST2212⑤:31

0   5 厘米

1394/ST2807⑪:4

图一八一C　殷墟三期爵范

1389/ST2212⑤：31，腹部范，稍残。胎中间较厚，上、下边缘较薄。青灰色，背面局部泛红。左分型面刻划一道窄槽。面范饰兽面纹，以云雷纹填空，纹饰大部分已脱落，较模糊。背面发现一竖状条形榫。宽5.2、高4.5、最厚1.2厘米。（图一八一C；彩版二七八）

1390/ST2212⑧：5，翼范，残。青灰色，局部泛红。面范爵尾下饰蕉叶纹，翼下有细扉棱，纹饰几乎全部脱落，模糊。残宽4.4、残高4.3、最厚1.8厘米。（图一八一C；彩版二七八）

1391/ST2311④：2，腹部范，残。胎中间较厚，上、下边缘较薄。青灰色。面范饰兽面纹，以云雷纹填空，纹饰大部分已脱落，较模糊。残宽3.5、高4.7、最厚1.7厘米。（图一八一C；彩版二七九）

1392/ST2711④：48，腹部范，稍残。青灰色。右分型面刻划一道窄槽。面范爵的口沿下饰几何三角纹，腹部饰兽面纹，纹饰大部分已脱落，较模糊。背面中部有一三角形榫，还发现两个手指印，用泥补起。残宽5.8、残高6.6、最厚1.8厘米。（图一八一C；彩版二七九）

1393/ST2711⑤：27，腹部和翼范，残。青灰色，背面局部微泛红。左分型面有切割痕刻。面范爵的口沿下饰几何三角纹，腹部饰兽面纹，尾饰蕉叶纹，内填雷纹，纹饰大部分已脱落，较模糊。背面有一横向长条形榫。残宽5.8、残高4.1、最厚1.7厘米。（图一八一C；彩版二七九）

1394/ST2807⑪：4，腹部范，稍残。青灰色，局部泛红。面范爵的口沿下饰三角纹，内填重环纹和云雷纹，腹部饰兽面纹，以云雷纹衬地，其上有一周重环纹，右侧有扉棱，纹饰部分脱落，较清楚。背面有一圆形凸榫。宽6、残高6.9、最厚1.6厘米。（图一八一C；拓片七九；彩版二七九）

四期：

1395/SH227：13，腹部和翼范，残。胎较厚。青灰色。面范爵的口沿下饰多重三角纹，腹部饰兽面纹，以云雷纹衬地，翼下饰蕉叶纹，内填云雷纹，纹饰大部分已脱落，较模糊。背面有一横向条形榫之一半。残宽7、残高6.1、最厚2.6厘米。（图一八二A；彩版二八〇）

1396/SH269：19，翼范。胎较厚。青灰色，背面局部泛红。面范饰蕉叶纹，内填云雷纹，纹饰部分脱落，较清楚。此范从翼中部进行垂直分范。残宽3.8、残高5.2、最厚1.8厘米。（图一八二A；拓片八〇；彩版二八〇）

1397/SH269：26，腹部范，稍残。胎中间厚，上、下边缘薄。青灰色。左分型面刻划两道窄槽。面范饰兽面纹，以云雷纹填空，纹饰大部分已脱落，较模糊。背面发现一横向榫和一竖向榫。残宽5.1、高4.9、最厚1.8厘米。（图一八二A；彩版二八〇）

1398/SH269：69，腹部范，稍残。青灰色，局部泛红。右分型面有三道斜向刻槽。面范饰兽面纹，以云雷纹填空，纹饰大部分已脱落，较模糊。背面中部有一圆形榫。宽5、残高4.2、最厚1.3厘米。（图一八二A；彩版二八一）

1399/SH269：73，流范，残。青灰色。面范爵流下饰蕉叶纹，内填纹饰全部脱落，不详。残宽2.7、残高4.1、最厚1厘米。（图一八二A；彩版二八一）

1400/SH275：5，腹部和流范，残。青灰色。面范爵的口沿下饰多重三角纹，其下饰一周联珠纹，腹部残存较少，饰兽面纹，以云雷纹衬地，流下饰蕉叶纹，内填云雷纹，纹饰几乎全部脱落，甚模糊。背面有一凸榫，残。残宽6.2、残高4.2、最厚2.8厘米。（图一八二A；彩版二八一）

1401/SH480①：2，腹部和流范，稍残。青灰色，背面局部泛红。面范爵的腹部饰兽面纹，以云雷纹衬地，右侧似有扉棱，纹饰大部分已脱落，甚模糊，流下素面。背面上部有一棱形浅卯，下部有一

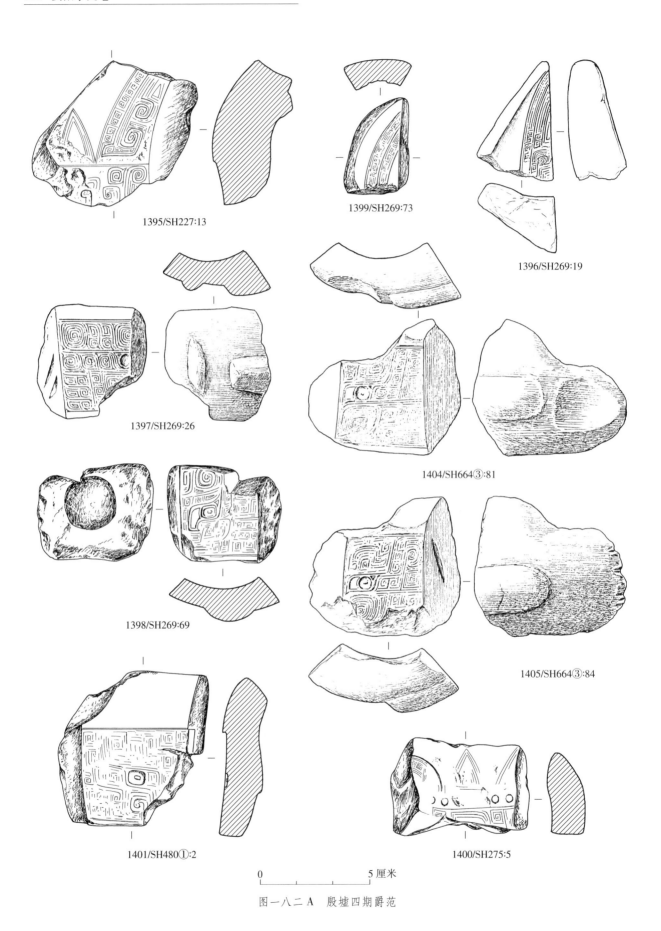

1395/SH227:13

1399/SH269:73

1396/SH269:19

1397/SH269:26

1404/SH664③:81

1398/SH269:69

1405/SH664③:84

1401/SH480①:2

1400/SH275:5

0　　　　　　　5厘米

图一八二 A　殷墟四期爵范

长条形榫。宽 6.2、残高 6.5、最厚 1.5 厘米。（图一八二 A；彩版二八一）

1402/SH480①：3，翼范，残。微泛红。面范爵尾下饰蕉叶纹，内填纹饰几乎全部脱落，不辨。残宽 5.3、残高 3.3、最厚 1.5 厘米。（彩版二八一）

1403/SH481③：27，鋬范，残。红褐色，背面局部泛青灰。面范边缘处设爵鋬的型腔，中部有一略呈三角形卯，用来组装鋬芯。鋬的上部有三个小卯，可能用之组装鋬上的兽头范。残宽 5、残高 4.6、最厚 1.6 厘米。（彩版二八二）

1404/SH664③：81，腹部范，稍残。胎中间厚，上、下边缘薄。青灰色。面范饰兽面纹，以云雷纹填空，纹饰部分脱落，较模糊。背面发现一横状榫。宽 7、高 5.9、最厚 2.5 厘米。（图一八二 A；彩版二八二）

1405/SH664③：84，腹部范，稍残。胎较厚。青灰色。面范饰兽面纹，以云雷纹填空，纹饰部分脱落，较模糊。右分型面刻划一道窄槽。背面发现一榫。宽 7、高 6.1、最厚 2.4 厘米。（图一八二 A；彩版二八二）

1406/SH664③：190，腹部范，残。胎中部厚，上、下两端薄。青灰色，背面大面积泛红。面范饰兽面纹，以云雷纹衬地，纹饰大部分已脱落，较模糊。背面中部凸起。残宽 4、残高 5.6、最厚 2.2 厘米。（图一八二 B；彩版二八二）

1407/SH664⑤：104，腹部范，左残。胎中间厚，上、下边缘薄。青灰色，背面局部微泛红。面范饰兽面纹，纹饰大部分已脱落，较模糊。背面发现一竖状榫。残宽 4.4、残高 4.9、最厚 1.8 厘米。（图一八二 B；彩版二八二）

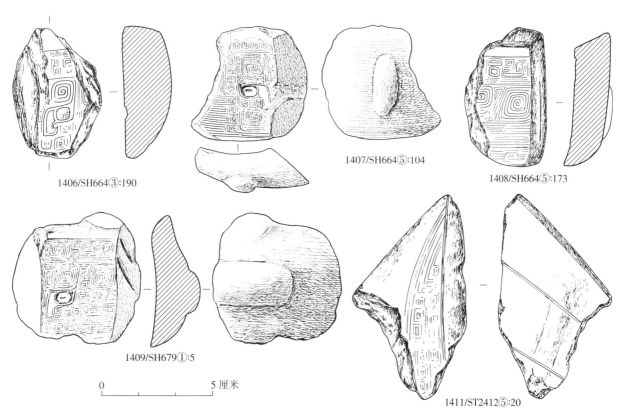

1406/SH664③：190　　1407/SH664⑤：104　　1408/SH664⑤：173

1409/SH679①：5

0　　　　5 厘米

1411/ST2412⑤：20

图一八二 B　殷墟四期爵范

1408/SH664⑤：173，腹部范，残。青灰色，背面局部泛红。右分型面有一道竖向划痕。面范上部折出一短流，爵腹部饰以云雷纹构成的兽面纹。背面发现一凸榫，残。残宽3.7、残高5.9、最厚1.5厘米。（图一八二 B；彩版二八三）

1409/SH679①：5，腹部范，胎中间厚，上、下边缘薄，青灰色。右分型面刻划两道窄槽。面范爵的腹部饰兽面纹，以云雷纹衬地，纹饰大部分已脱落，较模糊。背面有一横状条形榫。宽6.1、残高5.8、最厚1.6厘米。（图一八二 B；彩版二八三）

1410/ST1906⑤：26，腹部范，残。青灰色，背面微泛褐。面范爵的腹部所饰纹饰全部磨损，不辨。背面中部有一横向条形榫。残宽4.7、高5.1、最厚2厘米。（彩版二八三）

1411/ST2412⑤：20，腹部和翼范，残。青灰色，局部微泛红。面范所饰纹饰几乎全部脱落，仅辨翼下饰蕉叶纹。背面发现一竖向条形榫，有两道横向平行刻痕，刻痕划过凸榫。残宽5.2、残高9、最厚2.2厘米。（图一八二 B；彩版二八三）

殷墟时期

1412/SH359：1，腹部和翼范。胎薄。青灰色。面范饰兽面纹，以云雷纹衬地，纹饰大部分已脱落，模糊。左分型有一道窄槽。此范从翼中部进行垂直分范。残宽7.3、残高7.4、最厚2.6厘米。（图一八三；彩版二八四）

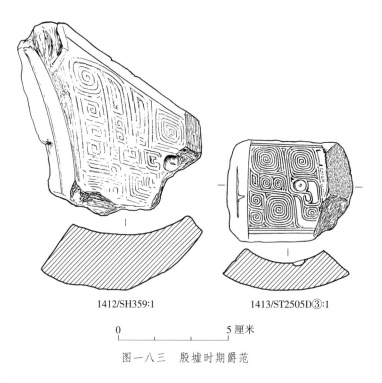

1412/SH359:1   1413/ST2505D③:1

0   5厘米

图一八三　殷墟时期爵范

1413/ST2505D③：1，腹部范。胎薄。青灰色。面范饰兽面纹，以云雷纹填空，纹饰部分脱落，较清楚。左分型面有一道窄槽。背面发现一横状长条形榫。宽5.8、高4.4、最厚1.4厘米。（图一八三；拓片八一；彩版二八四）

（9）觥范

仅1块，时代属殷墟二期。

1414/SH473①：10，口部范，残。青灰色，背面局部泛红。面范所饰纹饰几乎全部脱落，不辨，

仅口沿处有两道定位线。定位线上部残留有淡红色泥浆。残宽6.2、残高5.8、最厚1.9厘米。（彩版二八四）

（10）兽头范

仅1块，时代属殷墟四期。

1415/SH269：68，较完整。青灰色，左分型面处微泛红。正面饰一小兽头，大部分已脱落，较模糊。宽3.4、高2.8、最厚1.4厘米。（图一八四；彩版二八四）

（11）涡纹范

仅1件。时代属殷墟三期。

1416/SH427：28，残。胎薄，青灰色。面范饰一圆涡纹，较清楚，表面残留少量烟炱。此范应是镶嵌在主范涡纹处预留的壁龛内。残宽2.7、残高3.4、最厚0.7厘米。（图一八五；彩版二八四）

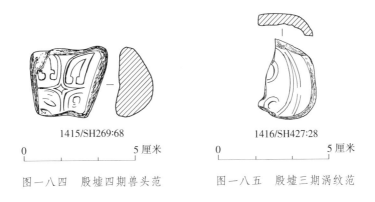

1415/SH269:68　　　　　　　　　1416/SH427:28

0　　　　　　　5厘米　　　　　　0　　　　　　　5厘米

图一八四　殷墟四期兽头范　　　　图一八五　殷墟三期涡纹范

（12）不辨器形容器范

计1028块，数量最多，占第二类陶范总数的59.87%。正面均饰纹饰，以兽面纹居多，还有云雷纹、联珠纹、圆涡纹、四瓣花纹、蝉纹、弦纹等，纹饰大部分已剥落，较模糊。多数背面中脊上有一条状榫，少数有二榫，或相交，或并排。

又以带状纹饰范居多，因其镶嵌于容器颈部、肩部、圈足以及盖子的边缘等部位的纹饰带所留的凹槽内，故不易确定其所嵌容器的器类。

二期

1417/SH283：3，带状纹饰范，残。右分型面有二斜道平行划痕。面范饰双排云纹，纹饰大部分已脱落，较模糊。残长3.1、宽2.5、最厚1.2厘米。（图一八六；彩版二八五）

1418/SH290③：21，带状纹饰范，残。深灰色，背面局部微泛红。面范饰单排云雷纹，其上、下各饰一周联珠纹，饰纹大部分已脱落，较模糊。背面光滑，有一横状条形榫。残长4.4、宽3.5、最厚1.4厘米。（图一八六；彩版二八五）

1419/SH416①：20，带状纹饰范，残。青灰色。面范饰双排云雷纹，其上、下各饰一周联珠纹，花纹大部分已脱落，较模糊。背面中部有一横向条形榫。残长4.5、宽2.9、最厚1.2厘米。（图一八六；彩版二八五）

1420/SH416①：23，带状纹饰范，残。青灰色，背面局部微泛红。面范饰双排云雷纹，其上、下各饰一周联珠纹，花纹大部分已脱落，较模糊。背面中部有一横向条形榫。残长5.7、宽2.9、最厚1.2厘米。（图一八六；彩版二八五）

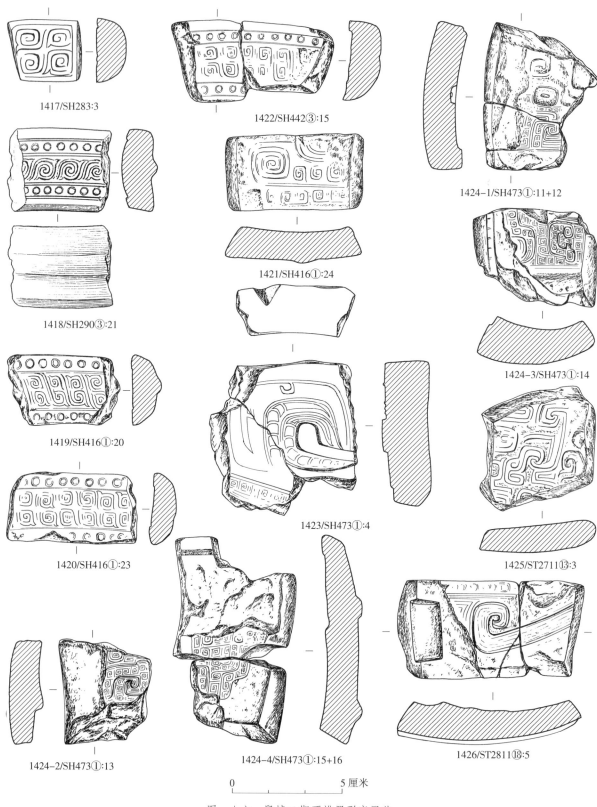

1417/SH283:3

1422/SH442③:15

1424-1/SH473①:11+12

1418/SH290③:21

1421/SH416①:24

1424-3/SH473①:14

1419/SH416①:20

1423/SH473①:4

1425/ST2711⑬:3

1420/SH416①:23

1424-2/SH473①:13

1424-4/SH473①:15+16

1426/ST2811⑱:5

0   5厘米

图一八六　殷墟二期不辨器形容器范

1421/SH416①：24，带状纹饰范，右端残。青灰色。面范所饰纹饰几乎全部脱落，隐约可辨一夔龙纹的身尾，尾上卷。背面中部有一竖向月牙形榫。残长6.1、宽3.2、最厚1.4厘米。（图一八六；彩版二八五）

1422/SH442③：15，带状纹饰范，残。深灰色，左端泛红。面范饰双排云雷纹和上下两圈联珠纹，花纹大部分已脱落，较模糊。背面中脊略内凹。残长7.2、宽3.5、最厚1.5厘米。（图一八六；彩版二八六）

1423/SH473①：4，残。青灰色，背面局部泛红。面范饰一兽面纹的角，花纹部分脱落，较模糊。背面较平。残宽6.5、残高6.2厘米。（图一八六；彩版二八六）

1424/SH473①：11＋12、13、14、15＋16，应系同一件容器范，残。青灰色，局部泛红。面范饰兽面纹，以云雷纹衬地，纹饰大部分已脱落，但残留部分较清晰。

1424－1/SH473①：11＋12，腹部范。背面未见榫卯。残宽5、残高6.1、最厚1.5厘米。（图一八六；彩版二八六）

1424－2/SH473①：13，腹部范。残宽4.5、残高4.2、最厚1.8厘米。（图一八六；彩版二八六）

1424－3/SH473①：14，腹部范。分型面残留较多淡红色泥浆。背面发现一条形榫之一半。残宽5.4、残高4.1、最厚1.7厘米。（图一八六；彩版二八六）

1424－4/SH473①：15＋16，口部和腹部范。背面发现两条横向长条形榫。残宽5.2、残高7.2、最厚1.8厘米。（图一八六；彩版二八六）

1425/ST2711⑬：3，腹部范，残。青灰色，背面大部分泛褐。面范饰兽面纹，以云雷纹填空。残宽4.6、残高4.8、最厚1.3厘米。（图一八六；彩版二八七）

1426/ST2811⑱：5，可能是壶颈部的带状纹饰范，残。青灰色。面范饰带状夔龙纹，残存夔龙纹的后半身，卷尾，纹饰大部分已脱落，地纹不详。夔龙纹的左侧近分型面处设弧形凹槽之一半，与其相邻带状纹饰范的另一半凹槽组成完整的半圆形凹槽，应为壶颈部穿孔的型腔，型腔内及左分型面有烟炱。背面中部有一长条形榫。残长8.4、宽4.2、最厚1.5厘米。（图一八六；彩版二八七）

三期

1427/SH24：14，带状纹饰范，残。青灰色，局部微泛红，内胎呈深灰色。面范正面饰兽面纹，以云雷纹衬地，一侧面饰稀疏云纹，花纹较清楚。残长8.5、宽3.6、最厚1.8厘米。（图一八七A；拓片八二；彩版二八七）

1428/SH24：28，带状纹饰范，残。大面积泛红。左分型面有三斜道平行划痕。由于残存较小，面范主纹不详，以云雷纹衬地，纹饰线条较细浅。背面中部有一条形横榫。残长2.5、宽3.9、最厚1.4厘米。（图一八七A；彩版二八七）

1429/SH225：27，带状纹饰范，残。青灰色。面范饰带状夔龙纹，以云雷纹填空，较模糊。背面微弧。残长3.3、宽2.8、最厚1.6厘米。（图一八七A；彩版二八七）

1430/SH225：28，残，可能是容器口沿下所饰的带状纹饰范。青灰色。面范饰带状兽面纹，以云雷纹填空，花纹部分脱落，较模糊。背面呈弧面，中部有一横状条形榫。残长6.2、宽3.3、最厚1.6厘米。（图一八七A；彩版二八八）

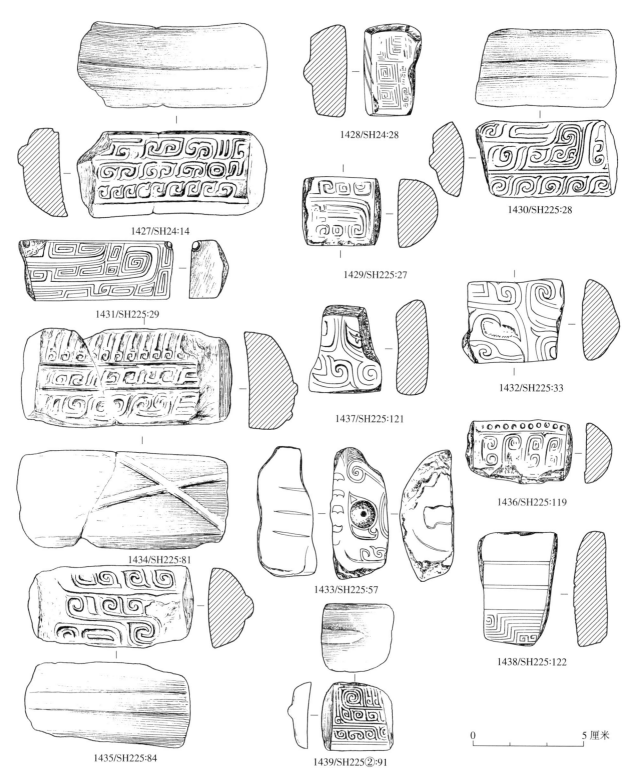

1428/SH24:28

1430/SH225:28

1427/SH24:14

1429/SH225:27

1431/SH225:29

1432/SH225:33

1437/SH225:121

1434/SH225:81

1436/SH225:119

1433/SH225:57

1438/SH225:122

1435/SH225:84

1439/SH225②:91

0   5 厘米

图一八七 A　殷墟三期不辨器形容器范

　　1431/SH225：29，残，可能是容器口沿下所饰的带状纹饰范，青灰色。面范饰带状夔龙纹，以云雷纹填空，花纹清楚。背面中部凸起一条形榫。残长 6.6、宽 2.6、最厚 1.6 厘米。此范与 SH225③：108 应是同一容器范。（图一八七 A；拓片八二；彩版二八八）

1432/SH225：33，带状纹饰范，残。青灰色，背面局部泛红。面范所饰纹饰不辨。背面有一横状条形榫。残长4.3、宽3.4、最厚1.6厘米。（图一八七A；彩版二八八）

1433/SH225：57，残。青灰色。面范所饰主纹不辨，有一只圆形眼睛，眼睛一侧饰有火焰纹，以云雷纹衬地，纹饰较清楚。背面发现并排三道划痕。宽5.4、残高2.4、最厚2.2厘米。（图一八七A；彩版二八八）

1434/SH225：81，残，可能是容器口沿下所饰的带状纹饰范。青灰色，背面微泛红。面范饰带状兽面纹，上部饰列旗纹，以云雷纹填空，花纹大部分已脱落，较模糊。背面较平，发现一条状"X"形榫。残长9.6、宽4.1、最厚2.2厘米。（图一八七A；彩版二八八）

1435/SH225：84，残，可能是容器口沿下所饰的带状纹饰范。青灰色，背面大面积微泛红。面范饰带状兽面纹，以云雷纹填空，花纹较清楚。背面呈弧状，中部有一横状长条形榫。残长7.5、宽3.5、最厚1.8厘米。（图一八七A；彩版二八九）

1436/SH225：119，带状纹饰范，残。青灰色。面范饰双排云雷纹，上边缘处饰一排联珠纹，纹饰较模糊。背面呈弧状，有一凸榫。残长4.5、宽2.6、最厚1.3厘米。（图一八七A；彩版二八九）

1437/SH225：121，残存较小。面范所饰主纹不详，仅辨云雷纹，较疏朗。残宽3.2、残高4.2、最厚1.4厘米。（图一八七A；彩版二八九）

1438/SH225：122，残。青灰色。面范上部饰两道弦纹，其下因残存较少，主纹不详，云雷纹填空，纹饰较清楚。残宽3.5、残高4.9、最厚1.6厘米。（图一八七A；彩版二八九）

1439/SH225②：91，带状纹饰范，残。青灰色。面范饰带状夔龙纹，以云雷纹填空，花纹清楚。左分型面残留有泥浆。背面呈弧状，中部有一横状长条形榫。残长3.2、宽2.9、最厚1厘米。（图一八七A；彩版二八九）

1440/SH225③：108，可能是容器口沿下所饰的带状纹饰范。青灰色，背面大面积泛红。面范饰带状夔龙纹，以云雷纹填空，花纹清楚。背面平。残长6.6、宽2.4、最厚1.4厘米。（图一八七B；拓片八二；彩版二八九）

1441/SH225③：115，带状纹饰范，残。面范饰大雷纹，较疏朗，纹饰大部分已脱落，较模糊。左分型面残留少量淡红色细泥浆。背面内凹。残长4.2、宽3.9、最厚1.1厘米。（图一八七B）

1442/SH277：15，带状纹饰范，残。青灰色，背面局部微泛红。面范饰以粗线条云雷纹构成的兽面纹，纹饰大部分已脱落，较模糊。背面有一竖向凸榫。残长6.3、宽4.8、最厚1.8厘米。（图一八七B；彩版二九〇）

1443/SH277：16，可能是容器口沿下束颈处所饰的带状纹饰范，残。青灰色，局部微泛红。面范饰以云雷纹构成的带状兽面纹，花纹部分脱落，较清楚。背面有一凸榫，残。残长4.4、宽3.4、最厚1.5厘米。（图一八七B；彩版二九〇）

1444/SH284：1，带状纹饰范，残。正面呈深灰色，背面呈青灰色，胎呈浅褐色。面饰带状云雷纹，纹饰线条较疏朗。背面中部有凸棱，凸棱最高处位于分型面处。残长4.5、宽3、最厚1.1厘米。（图一八七B；拓片八二；彩版二九〇）。

1445/SH427：7，带状纹饰范，残。青灰色。纹饰大部分已脱落，较模糊，只辨认出部分云纹和一眼睛。背面中部有条形凸棱，便于镶嵌于地范内。残长4.8、宽3.3、最厚1.8厘米。（图一八七B；彩

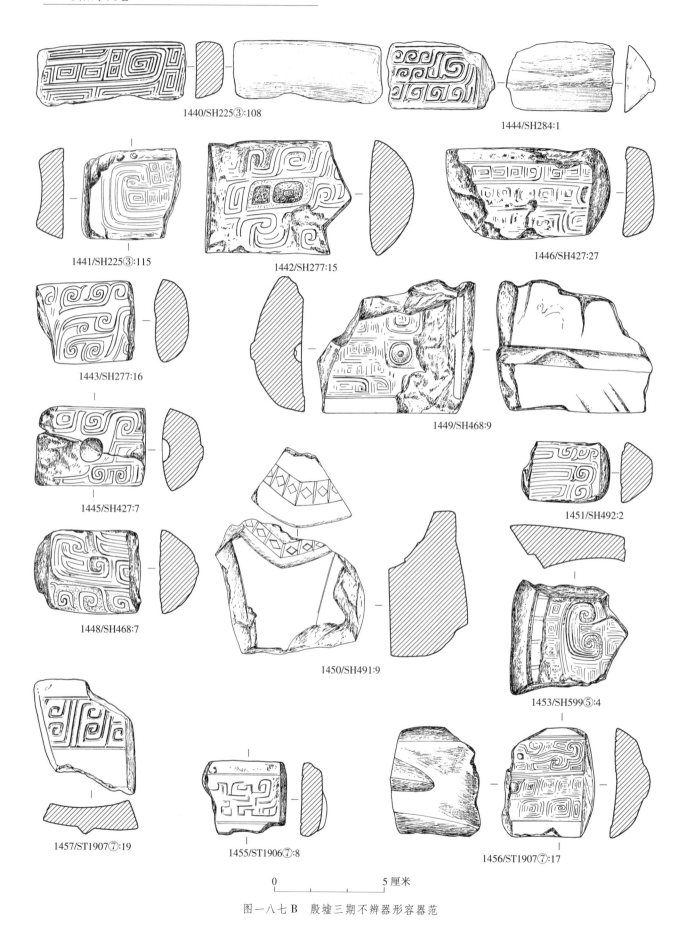

1440/SH225③:108

1444/SH284:1

1441/SH225③:115

1442/SH277:15

1446/SH427:27

1443/SH277:16

1449/SH468:9

1445/SH427:7

1451/SH492:2

1448/SH468:7

1450/SH491:9

1453/SH599⑤:4

1457/ST1907⑦:19

1455/ST1906⑦:8

1456/ST1907⑦:17

0　　　　　　　　　5 厘米

图一八七 B　殷墟三期不辨器形容器范

版二九〇）

1446/SH427：27，带状纹饰范，残。青灰色，背面局部微泛红。面饰带状夔龙纹，以云雷纹填空，纹饰大部分已脱落，较模糊。背面发现一竖向条形凸棱。残长7.1、宽3.8、最厚1.4厘米。（图一八七B；彩版二九〇）

1447/SH440⑤：6，残。面范饰几何三角纹，内填纹饰大部分已脱落，不辨。残宽2.5、残高5.5、最厚1.8厘米。（彩版二九〇）

1448/SH468：7，带状纹饰范，残。青灰色，背面局部微泛红。面范饰以云雷纹构成的夔龙纹，仅存夔龙的后半身，尾上卷，纹饰大部分已脱落，较模糊。背面中部有一横向长条形榫。残长4.8、宽3.6、最厚2.1厘米。（图一八七B；彩版二九一）

1449/SH468：9，带状纹饰范，残。青灰色。面范饰以双夔组成的兽面纹，右侧有扉棱，纹饰几乎全部脱落，仅圆形眼睛清楚。背面中部有一横向长条形榫。残长7.3、宽5.3、最厚1.8厘米。（图一八七B；彩版二九一）

1450/SH491：9，残。胎较厚，看不出分层线。青灰色，局部微泛红。面范饰带状菱形纹，其间用竖线隔开。上分型面有浇口，甚浅。背面平整，有一三角形榫。残宽6.9、残高3.3厘米。（图一八七B；彩版二九一）

1451/SH492：2，带状纹饰范，残。青灰色，背面局部微泛红。面饰以云雷纹组成的双夔兽面纹。背面左侧发现一竖向凸榫。残长4、宽2.5、最厚1.3厘米。（图一八七B；彩版二九一）

1452/SH573④：217，带状纹饰范，残。青灰色，背面局部泛红。面范大部分纹饰已脱落，主纹似为兽面纹，隐约可辨衬地的云雷纹。残长6.4、宽5、最厚2.4厘米。（彩版二九一）

1453/SH599⑤：4，腹部范，残。青灰色。面范饰兽面纹，以云雷纹衬地，左侧有较高的扉棱，花纹大部分已脱落，较模糊。背面发现一横向条形榫，还粘有少量砂质泥。残宽4.8、残高5.1、最厚1.4厘米。（图一八七B；彩版二九二）

1454/SH683：268，残。正面呈青灰色，背面呈红褐色，局部泛灰。面范饰蛇纹，仅残存头部，其下纹饰不辨，花纹深刻，无地纹。背面有两凸榫，均残。残宽5.9、残高4.7、最厚1.4厘米。（彩版二九二）

1455/ST1906⑦：8，带状纹饰范，残。胎较薄。青灰色，背面局部微泛红。面范饰以云雷纹构成的夔龙纹，其上、下各饰一道弦纹。背面有一竖向凸榫。残长3.8、宽3、最厚1厘米。（图一八七B；彩版二九二）

1456/ST1907⑦：17，残，胎较薄，应为容器的腹部范。青灰色。右分型面有两斜道划痕。面范上部饰夔龙纹，下部饰兽面纹，仅存一眼睛，以云雷纹填空，云雷纹线条甚浅。背面有一横向梭形榫之一半。残宽4、高4.6、最厚1.2厘米。（图一八七B；拓片八二；彩版二九二）

1457/ST1907⑦：19，残。正面呈青灰色，背面泛红。面范饰双排云雷纹，纹饰线条较粗，清晰。背面平，有一横状条形榫。残宽4、残高5.1、最厚1.2厘米。（图一八七B；拓片八二；彩版二九二）

1458/ST2006⑥：4，似三足容器的足部范，上残。正面呈深灰色，背面呈青灰色，局部微泛红。面范平整，刻划有一足尖的轮廓线。右分型面有一道竖向划痕。背面发现一梭形榫之一半。宽3.7、残高4.6、最厚1.9厘米。（图一八七C；彩版二九三）

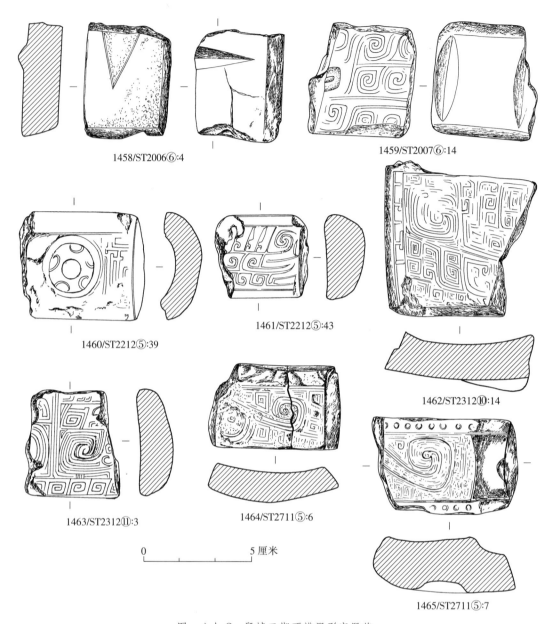

1458/ST2006⑥:4

1459/ST2007⑥:14

1460/ST2212⑤:39

1461/ST2212⑤:43

1462/ST2312⑩:14

1463/ST2312⑪:3

1464/ST2711⑤:6

1465/ST2711⑤:7

0   5 厘米

图一八七 C　殷墟三期不辨器形容器范

　　1459/ST2007⑥：14，带状纹饰范，残。青灰色，背面局部微泛红。面范饰夔龙纹，以云雷纹填空，纹饰较稀疏，大部分已脱落，较模糊。背面有二竖状条形榫。残长4.3、宽4.7、最厚1.5厘米。（图一八七 C；彩版二九三）

　　1460/ST2212⑤：39，带状纹饰范，残。青灰色。纹饰大部分已脱落，较模糊，可辨认出圆涡纹。背面边缘处凹下，较薄，便于镶嵌于主范内。残长5.4、宽4.7、最厚2.4厘米。（图一八七 C；彩版二九三）

　　1461/ST2212⑤：43，带状纹饰范，残。正面呈青灰色，饰夔龙纹，以云雷纹填空。纹饰线条较粗较深。背面呈灰黑色，有凸棱。残长4、宽3.6、最厚1.8厘米。（图一八七 C；彩版二九三）

　　1462/ST2312⑩：14，腹部范，残。青灰色，背面大面积微泛红。面范饰兽面纹，以云雷纹填空。左侧有扉棱，纹饰部分脱落，较清楚。背面有一凸榫，残。残宽6.7、残高6.6、最厚1.7厘米。（图

一八七C；彩版二九三）

1463/ST2312⑪：3，带状纹饰范，残。浅青灰色，背面局部泛红。面饰夔龙纹，夔龙纹上、下各饰一周云雷纹，纹饰部分脱落。背面中部有一凸榫。残长4.1、宽4.7、最厚1.6厘米。（图一八七C；彩版二九四）

1464/ST2711⑤：6，带状纹饰范，残。青灰色。面范饰带状夔龙纹，仅存夔龙纹后半身，卷尾，以云雷纹衬地，纹饰大部分已脱落，较模糊。背面发现一个用手指摁压的浅窝。残长5.8、宽3.7、最厚1.4厘米。（图一八七C；彩版二九四）

1465/ST2711⑤：7，可能是壶的肩部带状纹饰范，残。青灰色，背面局部微泛红。面范饰带状夔龙纹，仅存夔龙纹的卷尾，以云雷纹衬地，纹饰大部分已脱落，较模糊。夔龙纹的右侧近分型面处设弧形凹槽，凹槽中部稍浅，上、下两端较深，埋入泥芯后浇注出竖向穿孔。右分型面及背面上部各有一道横向划痕。背面中部有一手指压窝，为卯。残长6.3、宽4.1、最厚2.2厘米。（图一八七C；彩版二九四）

四期

1466/SH222：7，带状纹饰范，残。局部微泛红。面范饰直立回首夔龙纹，纹饰线条较深，较清楚。右侧似为缺口，镶嵌于主范后即形成了壁龛，是置兽头的地方。残长2、宽4.3、最厚1.3厘米。（图一八八；拓片八三；彩版二九四）

1467/SH233：23，残。红褐色。正面中部凸起，饰菱形雷纹，背面平整。残宽3.4、残高1.9、最厚1.4厘米。（图一八八；彩版二九四）

1468/SH269：20，残，可能是觚范。青灰色，背面局部泛红。面范饰带状以云雷纹勾勒的兽面纹，又以云雷纹填空。上部有一凹窝，内饰云纹，系兽面纹的立耳，花纹较清楚。背面呈弧形，中部有一横状条形榫。残宽2.2、残高5.6、最厚2.2厘米。（图一八八；彩版二九五）

1469/SH269：39，可能是觚范，残。面范呈浅褐色，背面呈青灰色。面范饰兽面纹，以云雷纹衬地。上部有两凹窝，内饰云纹，系兽面纹的立耳和立角。花纹部分脱落，较清楚。背面较平。残宽3.4、残高5.4、最厚1.6厘米。（图一八八；彩版二九五）

1470/SH269：70，带状纹饰范，残。青灰色，背面大面积泛红。面范饰以粗线条的云雷纹构成的兽面纹，花纹较清楚。面范及分型面有少量烟炱。背面中脊有一横向条形凸榫。残长5.1、宽3.6、最厚2厘米。（图一八八；拓片八三；彩版二九五）

1471/SH426：6，带状纹饰范，残。范面呈灰褐色，背面呈青灰色。面饰双排云雷纹，云雷纹上、下各饰一周联珠纹，云雷纹几乎全部脱落，较模糊，联珠纹较清楚。背面较平。残长4.2、宽2.1、最厚0.9厘米。（图一八八；彩版二九五）

1472/SH664③：64，带状纹饰范，残。含细砂，正面灰黑色，背面微泛红。面范饰带状兽面纹，以云雷纹填空，花纹清楚。背面呈弧形，中部有一横状条形榫。残长4.4、宽3.4、最厚1.6厘米。（图一八八；拓片八三；彩版二九五）

1473/SH664③：176，带状纹饰范，残。青灰色。面范饰以云雷纹构成的夔龙纹。背面有一圆形凸榫。残长3.6、宽2.9、最厚1.3厘米。（图一八八；彩版二九六）

1474/SH664④：177，带状纹饰范，残。青灰色，背面微泛黄。面范饰以双夔龙纹组成兽面纹，又

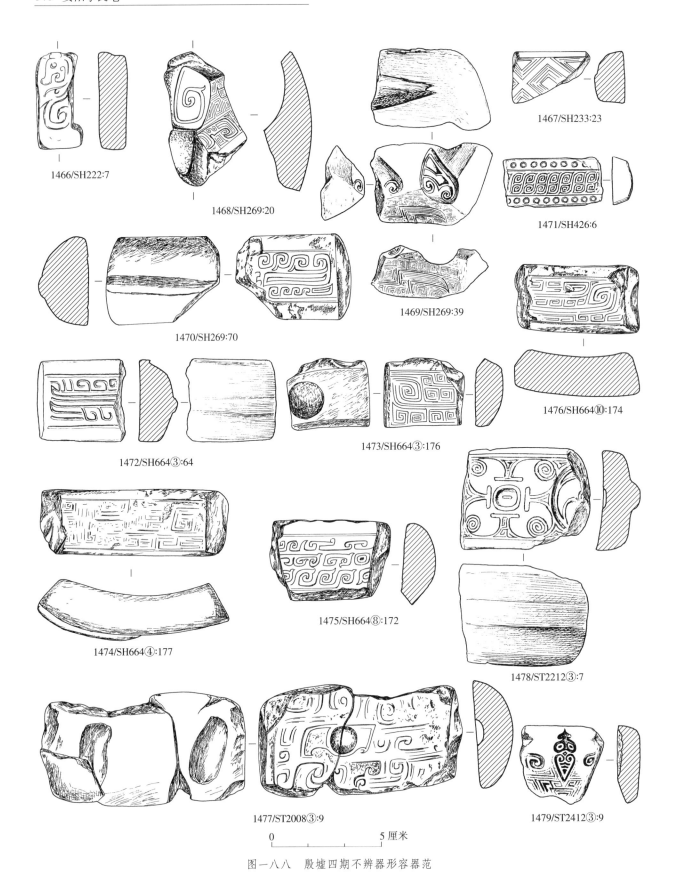

1466/SH222:7

1468/SH269:20

1467/SH233:23

1471/SH426:6

1470/SH269:70

1469/SH269:39

1476/SH664⑩:174

1472/SH664③:64

1473/SH664③:176

1474/SH664④:177

1475/SH664⑧:172

1478/ST2212③:7

1477/ST2008③:9

1479/ST2412③:9

0　　　　　　　5 厘米

图一八八　殷墟四期不辨器形容器范

以云雷纹填空。右分型面有较多烟炱。背面有一横向长梭形凸榫，残。残长8.4、宽2.9、最厚1.8厘米。（图一八八；彩版二九六）

1475/SH664⑧：172，带状纹饰范，残。浅灰褐色。面范饰以云雷纹组成的带状双夔兽面纹，纹饰线条较粗、较深，且清晰。花纹内及边缘处有较多烟炱。另在下部边沿还残留少量淡红色泥浆，烟炱压在泥浆之上。背面发现一凸榫，残。残长5.1、宽3.4、最厚1.5厘米。（图一八八；拓片八三；彩版二九六）

1476/SH664⑩：174，带状纹饰范，左残。浅灰色，背面大面积泛红。面范饰带状夔龙纹，以云雷纹衬地，纹饰部分脱落，较清楚。背面中部偏下处有一横向长条形榫。残长5.4、宽2.9、最厚1.7厘米。（图一八八；彩版二九六）

1477/ST2008③：9，带状纹饰范，残。青灰色，背面局部微泛红。面范饰以粗线条云雷纹构成的兽面纹，仅眼睛明显凸起，纹饰大部分已脱落，较模糊。背面有两个竖向凸榫。残长9.4、宽4.8、最厚1.8厘米。（图一八八；彩版二九七）

1478/ST2212③：7，带状纹饰范，残。青灰色，背面泛红。面范饰目纹并四瓣花纹及圆涡纹，纹饰部分脱落。背面光滑，有裂纹，中部有条形凸棱，便于镶嵌于地范内。残长5.8、宽4.4、最厚1.4厘米。（图一八八；彩版二九七）

1479/ST2412③：9，残。胎薄，夹砂，浅灰色，微微泛红。未见榫卯。面范饰一蝉纹。残宽3.7、残高3.3、最厚1.2厘米。（图一八八；拓片八三；彩版二九七）

殷墟时期

1480/SH213：5，带状纹饰范，残。青灰色，局部呈红褐色。面饰带状双排云雷纹，云雷纹上、下各饰一周联珠纹，云雷纹几乎全部脱落，较模糊，联珠纹较清楚。一侧分型面残留有淡红色泥浆。残长4.9、宽2.5、最厚1.2厘米。（图一八九；彩版二九八）

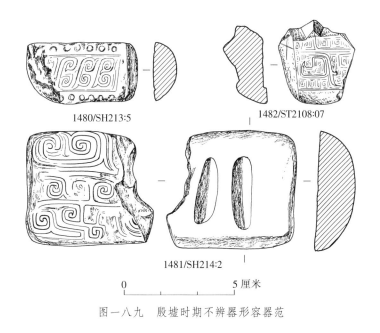

1480/SH213:5

1482/ST2108:07

1481/SH214:2

0   5 厘米

图一八九　殷墟时期不辨器形容器范

1481/SH214：2，带状纹饰范，残。面范饰以云雷纹构成的夔龙纹，较疏朗，纹饰大部分已脱落，较模糊。背面中部有二竖向条形榫。残长5.5、宽4.8、最厚1.7厘米。（图一八九；彩版二九八）

1482/ST2108：07，残。青灰色，背面局部泛红。左分型面刻划一"十"字形符号。面范饰兽面纹，以云雷纹衬地，纹饰大部分已脱落，较模糊。背面有二横向条形榫。残宽3.2、残高3.5、最厚1厘米。（图一八九；彩版二九八）

2. 工具范

仅3块，时代均为殷墟三期。

三期

1483/SH683：56、67，应系同一类工具范，不识为何种工具，残。红褐色。右端直立一环，似柄。面范饰稀疏云纹，花纹线条较深，但残留较少。

1483－1/SH683：56，局部泛青灰，范面残存少许烟炱。残宽4.5、残高3.9厘米。（图一九○；彩版二九九）

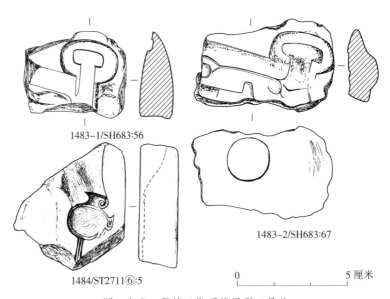

1483－1/SH683:56

1483－2/SH683:67

1484/ST2711⑥:5

0   5厘米

图一九○　殷墟三期不辨器形工具范

1483－2/SH683：67，背面发现一圆形榫。残宽6.3、残高3.9、最厚1.1厘米。（图一九○；彩版二九九）

1484/ST2711⑥：5，残，浅褐色，局部泛青。顶部有一浇口。面范所饰纹饰几乎全部脱落，不辨。背面平。残宽5.1、残高5.7、最厚2厘米。（图一九○；彩版二九九）

3. 车马器范

仅发现8块车軎范。

三期

1485/SH261：10，残，看不出分层线，青灰色。一侧分型面发现一长条形榫，另一侧分型面发现一梯形卯。面范饰夔龙纹，以云雷纹衬地，纹饰大部分已脱落，较模糊。背面较平。残宽5.7、残高6.6、最厚2.2厘米。（图一九一；彩版二九九）

1486/SH636：5，前端残。青灰色，背面局部微泛红。左分型面发现一条形卯，面范前端有一卯、

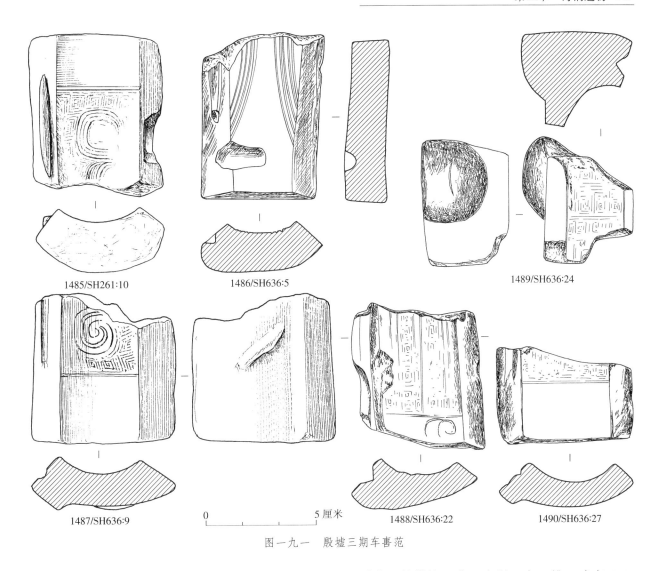

1485/SH261:10　　1486/SH636:5　　1489/SH636:24

1487/SH636:9

0　　　　　5 厘米

1488/SH636:22　　1490/SH636:27

图一九一　殷墟三期车軎范

应与芯上的榫相扣合。面范饰三角蕉叶纹，花纹大部分脱落，较模糊，背面光滑，有一榫。残宽 5.4、残高 7.2、最厚 1.8 厘米。（图一九一；彩版二九九）

1487/SH636:9，一端残。青灰色，背面局部泛红。左分型面发现一条形卯。面范饰兽面纹，以云雷纹衬地，花纹大部分脱落，较模糊，背面有一榫。残宽 6.4、残高 6.5、最厚 2 厘米。（图一九一；彩版三〇〇）

1488/SH636:22，残。青灰色，背面局部微泛红。左分型面较宽，发现一竖向条形卯。面范纹饰几乎全部脱落，隐约可辨主纹夔龙纹及蕉叶纹，蕉叶纹内填变形夔龙纹。背面光滑，中部有一条斜向凸起。残宽 5.5、残高 6、最厚 1.6 厘米。（图一九一；彩版三〇〇）

1489/SH636:24，残。正面呈青灰色，背面呈红褐色，局部泛青灰。左分型面较宽，发现一竖向条形卯。面范纹饰大部分已脱落，隐约可辨主纹夔龙纹及蕉叶纹，蕉叶纹内填变形夔龙纹。背面左上角有一大半圆形榫。残宽 5.4、残高 5、最厚 2.8 厘米。（图一九一；彩版三〇〇）

1490/SH636:27，残。青灰色，背面局部泛红。左分型面较宽，发现一竖向条形卯，残。面范纹饰残留较少，且严重脱落，不辨。右分型面残留少量淡红色泥浆。残宽 6、残高 4.2、最厚 1.7 厘米。（图一九一；彩版三〇〇）

四期

1491/ST3203⑦：1，残。青灰色，背面大面积泛红。左分型面较宽，上有一竖向条形卯，卯的下端向外折出，略呈拐尺状，利于范的组合固定。面范饰夔龙纹，仅存夔首少许，以云雷纹衬地，纹饰大部分已脱落，较模糊。背面下部拐角处有一凸榫。残宽5.3、残高5.7、最厚1.9厘米。（图一九二；彩版三〇〇）

1492/ST3203⑦：2，残。青灰色，背面局部泛红。左、右分型面各有一竖向条形卯，残。面范纹饰大部分已脱落，仅地纹云雷纹较清楚。背面发现并排两个小凹窝。残宽5.9、残高5.5、最厚2.6厘米。（图一九二；彩版三〇〇）

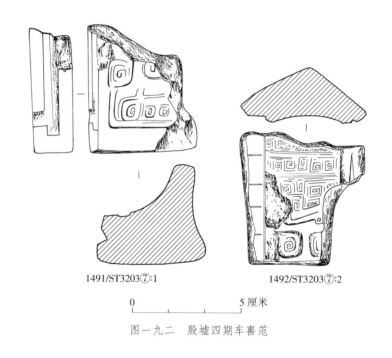

1491/ST3203⑦：1　　　　　　1492/ST3203⑦：2

0　　　　　　　　5厘米

图一九二　殷墟四期车軎范

三　芯

辨认出的芯计2160块，仅占熔铜器具总数的2.85%。有明芯、盲芯之分，明芯发现较多，盲芯由于浇铸后留在铜器内不取出，故数量甚少。另有少量因铜器重新回炉暴露出了盲芯，此类芯称之为"回炉芯"。芯有的没有经火，有的经过低温烘烤，质地较疏松，不易保存，且与红烧土块相混，能辨认出的数量较少。质地有泥质和砂质两种，又可分为保留有浇铸面和无浇铸面两类，前类因表面较光滑，且直接与高温铜液接触形成烧结面，易辨认，少数还能判断出器形；后类不与铜液接触，大部分为较大器物泥芯的内部，往往可观察到夯窝，它们与红烧土相混，不易辨认。多数芯表层泥质，结构紧密，因与高温铜液接触而烧结，多呈青灰色或灰黑色；靠近表层部分多夹砂，质地较疏松，多为颗粒状，多呈红褐色或浅褐色；再向内结构又变得较紧密，多为芯泥本色。有的芯上还发现有榫卯，证明这些芯应由数块组装起来，才能形成铸件的完整芯。为使表面光滑和利于脱范，多数芯表面刷有稀泥浆和烟炱，刷痕多为横向。芯一般不饰纹，少数饰纹，如盘芯多饰有纹饰。

绝大多数为容器芯，容器芯一般由芯体、芯头、芯座等三部分组成。芯体与范体之间的空隙即为铸件的型腔，芯头和芯座分别位于芯体的上、下部，与范头和范座扣合后起固定外范及形成浇口和冒口的作用。因它们不与铜液接触，芯头和芯座不会形成烧结面，多呈红褐色，且多有榫，榫设在左右两侧，且榫的左右两半多上下错位。另有少量兵器芯，以及用于车马上的圆泡芯。

芯统计表

种类	数量	占芯的比例	器类	数量	占容器芯的比例
容器	2045	94.68%	鼎	19	0.93%
			罍	5	0.24%
			卣	3	0.15%
			瓿	27	1.32%
			爵	8	0.39%
			盉	1	0.05%
			觥	1	0.05%
			盘	5	0.24%
			不辨容器	1976	96.63%
兵器工具	29	1.34%	矛	7	
			锛	1	
			不辨兵器（工具）	21	
车马器	65	3.01%	泡	65	
其他	21	0.97%	铭文	1	
			回炉	13	
			不识	7	

（一）容器芯

计2045块，占辨认出芯总数的94.68%。可辨器形者69块，仅占容器芯的3.37%。器类有鼎、罍、卣、瓿、爵、盉、觥、盘等，以瓿、鼎数量居多。

1. 鼎芯

计19块，皆为鼎足芯。夹砂与泥质几乎各占一半，多呈淡红色或灰褐色。部分鼎足上自带芯撑，有的还有刻槽。

三期

1493/SH456④：29，下端残。略呈圆柱体，上粗下细。夹砂，表层呈红褐色，局部泛灰，内胎呈灰色红。顶部为斜面，有两道平行划痕。顶径3.4、残高5.8厘米。（图一九三；彩版三〇一）

1494/SH653①：4，残。圆柱体。夹砂，表面呈灰黑色，内胎为土之本色，为泛灰褐。一端平整，柱体表面削刮痕迹明显。直径6、残高9.3厘米。（图一九三；彩版三〇一）

四期

1495/SH232：34，残。圆柱体。夹砂，表层呈红褐色，内胎呈青灰色。柱体表面发现一芯撑及三竖道刻槽。直径2.6、残高3.4厘米。（图一九四；彩版三〇一）

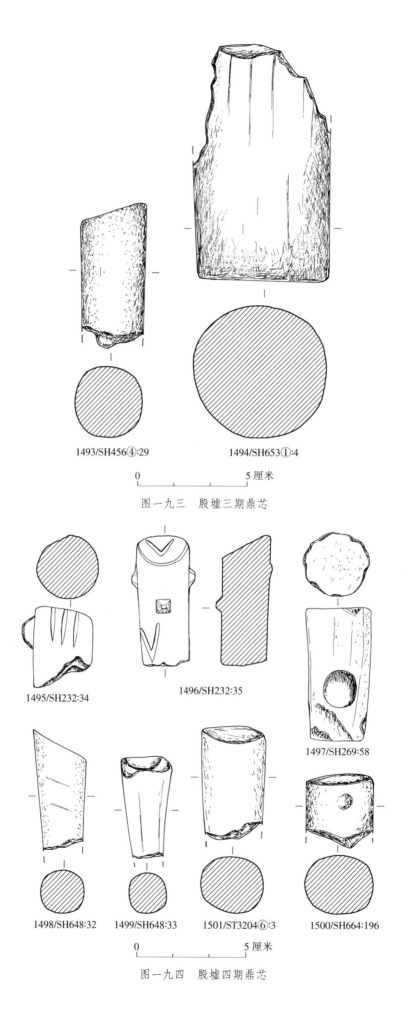

1493/SH456④:29   1494/SH653①:4

0   5厘米

图一九三　殷墟三期鼎芯

1495/SH232:34   1496/SH232:35

1497/SH269:58

1498/SH648:32 1499/SH648:33 1501/ST3204⑥:3 1500/SH664:196

0   5厘米

图一九四　殷墟四期鼎芯

1496/SH232：35，鼎足芯，下端残。椭圆形柱体，上粗下细。泥质，红褐色。顶部为斜面，顶部及侧面有"V"形刻痕。鼎足上部有数枚泥芯撑。顶径2.5、底径2.1、残高5.3厘米。（图一九四；彩版三○一）

1497/SH269：58，较完整。圆柱体，中部微束。泥质，局部夹砂，青灰色，局部泛红。柱体中部有一圆形凹窝，平顶略下凹。表面削刮痕迹明显。直径2.9、高5.7厘米。（图一九四；彩版三○一）

1498/SH648：32，下端残。椭圆形柱体，上粗下细。夹细砂，青灰色，局部泛红。顶部为斜面，有两道平行划痕；足上部发现两道平行斜向划痕，较顶部划痕深，足下部发现一芯撑，残。残顶径2～2.5、残底径1.6～1.9、残高5厘米。（图一九四；彩版三○一）

1499/SH648：33，下端残。略呈圆形锥体，上粗下细。夹细砂，青灰色，局部微泛红。平顶中部有一凹窝，残。足上有两道竖向对称棱脊。残顶径2.2、残底径1.4、残高4.2厘米。（图一九四；彩版三○二）

1500/SH664：196，下端残。椭圆形柱体。夹砂，褐色，局部泛灰。顶部为斜面，足上部发现一芯撑。顶径2.6～3.1、残高3厘米。（图一九四；彩版三○二）

1501/ST3204⑥：3，下端残。椭圆柱体，向下略细。夹细砂，青灰色，局部泛红。顶部为斜面，中间隐约有一道设计线。顶径2.6～2.8、残底径2.3～2.6、残高4.8厘米。（图一九四；彩版三○二）

殷墟时期

1502/SH212：3，残。圆柱体，平顶。夹砂，红褐色，局部泛灰。柱体近顶处有两个自带芯撑，左右对称，其一磨损严重。残宽3.3、残高4.8厘米。（图一九五；彩版三○二）

1503/SH239：1，较完整。圆柱体，上部略细于下部。泥质，含砂，部分呈青灰色，部分呈红褐色。柱体靠上部位发现两个自带芯撑，顶部并排有两个长方形凹窝，平顶稍向一方倾斜。表面有削刮痕迹。直径2.3、高4.6厘米。（图一九五；彩版三○二）

2. 罍芯

计5块。

三期

1504/SH456①：28，肩部芯，残。泥质，外层结构较紧密，表层呈深灰色，向内呈红褐色，内胎结构较疏松，呈浅灰褐色，颗粒状。圆肩，肩部有一周浅槽。残宽4.6、残高5.1厘米。（彩版三○三）

1505/SH570④：39，颈部和肩部芯。残。泥质，部分呈红褐色，部分呈青灰色。表面光滑，似涂抹一薄层泥浆，内侧呈颗粒状，夯筑而成，局部有明显夯窝。罍的肩部发现两个圆泡，其一残，它们对应的位置当是罍肩部的圆涡纹。残宽14.5、残高9.9厘米。（图一九六；彩版三○三）

四期

1506/SH546：15，肩部芯，残。罍的肩上凸起一大圆泡，残。泡的位置当是在青铜器肩上圆涡纹的位置，肩部还发现一竖向梭形卯。表面有一层烟炱，呈黑灰色，近表面处淡红色，内胎为土之本色，局部微泛红，呈颗粒状，结构疏松。残宽9.9、残高8.3厘米。（图一九七；彩版三○三）

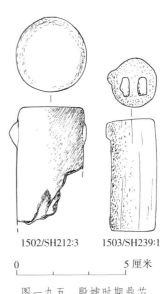

1502/SH212:3　　1503/SH239:1

0 ────────── 5 厘米

图一九五 殷墟时期鼎芯

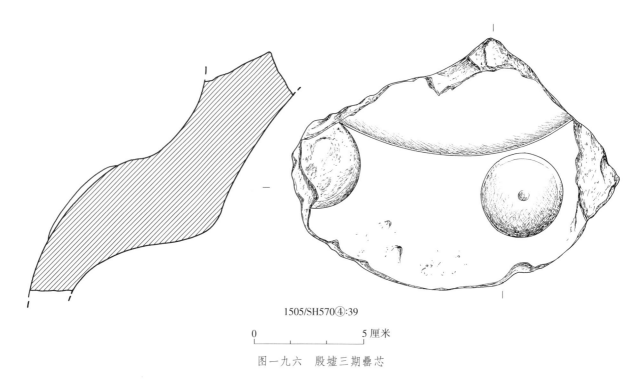

1505/SH570④:39

0   5厘米

图一九六　殷墟三期罍芯

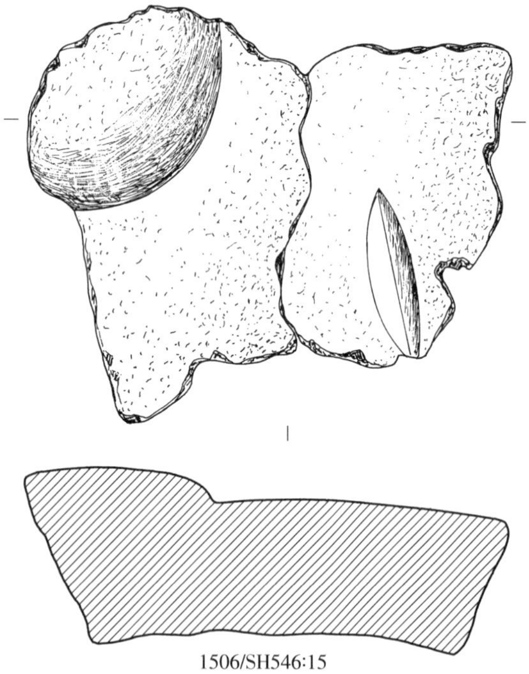

1506/SH546:15

0   5厘米

图一九七　殷墟四期罍芯

3. 卣芯

计3块，时代属殷墟三期。

1507/SH680②:6、7，系同一件椭圆形卣的腹部芯，可以组装在一起。皆残。鼓腹。泥质，表面光滑，呈红褐色，局部泛灰，结构紧密，胎呈灰褐色，向内颜色渐淡，结构较疏松。（彩版三〇四）

1507－1/SH680②:6，残宽5.9、残高7.9厘米。

1507－2/SH680②:7，残宽6.5、残高8厘米。

1508/ST1906⑦:1，圈足芯，较完整。扁圆柱体。泥质，胎为原本色，内侧结构较疏松。芯座上面设有大浇口和冒口，侧面有两个对称凸榫，圈足上有两个对称泥芯撑，圈足和浇口表面有烟炱痕。圈足长径14.7、短径10.3厘米，芯头长径20、短径14.2、高13.9厘米。（图一九八；彩版三〇四）

4. 觚芯

计27块，是可辨容器中数量最多者。大多数泥质，少数夹砂，胎呈浅灰色或淡红色。少数表面有烟炱。有的芯头或芯座上有榫，应与范头或范座扣合。还有的芯顶部或底部也有榫卯，当与其他芯相扣合，组成复合芯。不少表面设有芯体与芯头或芯座分界线。

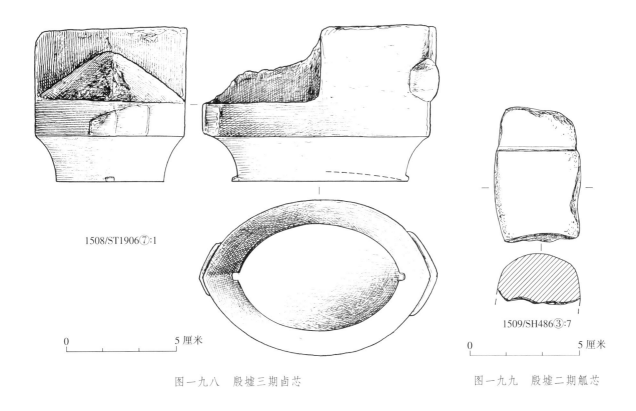

1508/ST1906⑦:1

0　　　　　　　　5厘米

图一九八　殷墟三期卣芯

1509/SH486③:7

0　　　　　　　　5厘米

图一九九　殷墟二期瓿芯

二期

1509/SH486③:7，腹部和颈部芯，残。泥质，结构紧密，表层呈灰褐色，内胎呈黑灰色。腹部与颈部之间跳台，腹部稍粗于颈部。腹径3.6、颈径3.3、残高5.6厘米。（图一九九；彩版三〇五）

三期

1510/SH225③:138，圈足芯和芯座，残。泥质，外层呈红褐色，内胎呈浅灰褐色，结构较紧密。芯座上发现一榫，磨损严重。残宽7、残高4.9厘米。（彩版三〇五）

1511/SH277:7、20，可能是同一件瓿的圈足芯和芯座，皆残。夹细砂，表层结构较紧密，内胎呈浅灰褐色，结构较疏松。圈足下有一周斜槽。芯座较矮，座底较平。

1511-1/SH277:7，表层呈浅褐色，局部泛红，圈足表面及斜槽内有较多烟炱。芯座右侧发现一小榫，残，底面边缘有一小凹槽。残宽6、残高4厘米。（彩版三〇五）

1511-2/SH277:20，表层呈红褐色，芯座上发现一大榫，榫的左右两半上下错位。残宽4.6、残高4厘米。（彩版三〇五）

1512/SH315④:19，腹部芯和颈部芯，残。腹部芯上面内凹，颈部芯下面外凸，二者可扣合在一起。夹砂，红褐色。圆柱体，腹微鼓，颈稍束，表面有竖向设计线和横向设计线各一道，另有数道或直或斜的纹饰设计线。残宽4.3、残高8厘米。（图二〇〇；彩版三〇五）

1513/SH445⑤:1，圈足芯和芯座，残。泥质，灰色，芯座微泛褐。圈足上部和下部各有一道设计线，圈足下有芯座，芯座底部中间有凹窝。残宽7.5、残高7.8厘米。（图二〇〇；彩版三〇五）

1514/SH685:10，颈部芯，残。泥质，部分呈红褐色，部分呈灰褐色。平面呈圆形，下细上粗，径下有一道设计线。从上部断面观察，内胎结构紧密，小夯窝较明显。表面残留少许烟炱。残宽4、

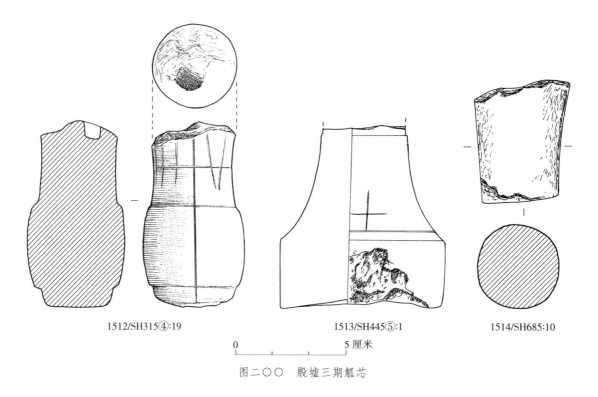

1512/SH315④:19   1513/SH445⑤:1   1514/SH685:10

0   5厘米

图二〇〇　殷墟三期觚芯

残高4.8厘米。(图二〇〇;彩版三〇六)

四期

1515/SH220①:8,颈部芯,残。泥质,青灰色,局部微泛红,内胎微泛灰褐。平面呈圆形,下细上粗。底部平整,有一卯,残,应与觚的腹部芯顶端的榫相扣合,组成复合芯。表面残留少许烟炱。残宽8.2、残高5.3厘米。(图二〇一;彩版三〇六)

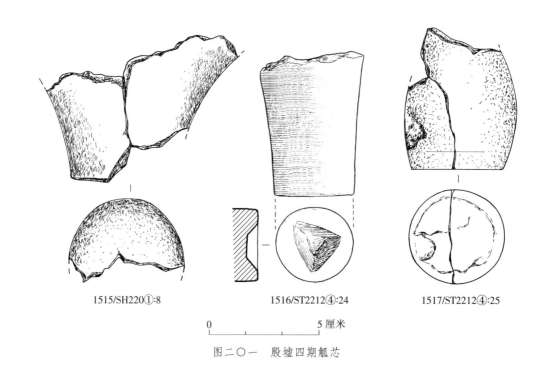

1515/SH220①:8   1516/ST2212④:24   1517/ST2212④:25

0   5厘米

图二〇一　殷墟四期觚芯

1516/ST2212④：24，颈部芯，残。泥质，红褐色，局部泛青。平面呈圆形，下细上粗。底部平整，中间有一三角形卯，应与瓿的腹部芯顶端的榫相扣合，组成复合芯。表面残留较多烟炱。残宽4.6、残高6.4厘米。（图二〇一；彩版三〇六）

1517/ST2212④：25，腹部芯，残。圆柱体，中部微鼓，腹与颈相接处内束，平底。泥质，表面一薄层呈灰黑色，向内呈褐色，再内呈浅灰色。残宽5、残高6厘米。（图二〇一；彩版三〇六）

殷墟时期

1518/03AXS：01，采集。芯和芯座部分，残。泥质，红褐色，表面局部泛灰，素面。有芯座，芯座侧面有两个对称大榫头，榫头的左右两半上下错位，便于更好地固定外范。底部空心。残宽10.2、残高13.7厘米。（图二〇二；彩版三〇七）

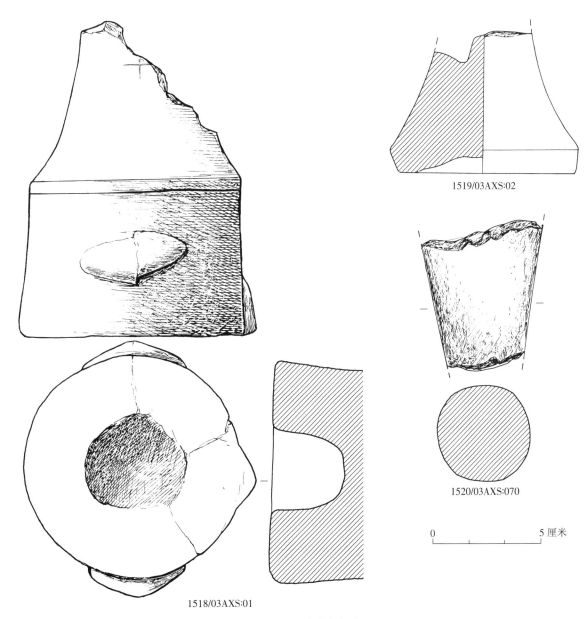

1519/03AXS:02

1520/03AXS:070

0　　　　　　　5厘米

1518/03AXS:01

图二〇二　殷墟时期瓿芯

1519/03AXS：02，采集。觚芯圈足和芯座部分，残。泥质，表面一薄层呈青灰色，向内有一周褐色，再内呈浅灰色。素面。圈足下部断面有明显夯窝，夯窝直径约1厘米。残宽8.5、残高6.1厘米。（图二〇二；彩版三〇七）

1520/03AXS：070，采集。颈部芯，残。泥质，表面呈灰黑色，局部微泛褐，内胎呈红褐色，局部泛青，结构较紧密。平面呈圆形，下细上粗。表面残留少许烟炱。残宽5.3、残高6.1厘米。（图二〇二；彩版三〇七）

5. 爵芯

计8块。

三期

1521/ST2007⑥：43，流芯，残。泥质，青灰色，局部泛红。流前端上部有一榫，应与流前端范上的卯相扣合。流的口沿上部及底部中间各有一道定位线。残宽4.3、残高4.1厘米。（彩版三〇八）

四期

1522/SH232：33，流芯。泥质。截面略呈半椭圆形，前端内收，呈深灰色，下部呈浅褐色。表层结构紧密，烧结温度高，内胎较疏松。下面中部有所错位。残宽3.8、残高4.6厘米。（彩版三〇八）

1523/SH546：1，流和腹部芯，残。泥质，表面呈青灰色，局部残留有烟炱，胎呈红褐色。深腹，下腹微鼓。爵流两侧有方形凹槽，为爵柱的型腔。残宽8.4、残高10.5厘米。（图二〇三；彩版三〇八）

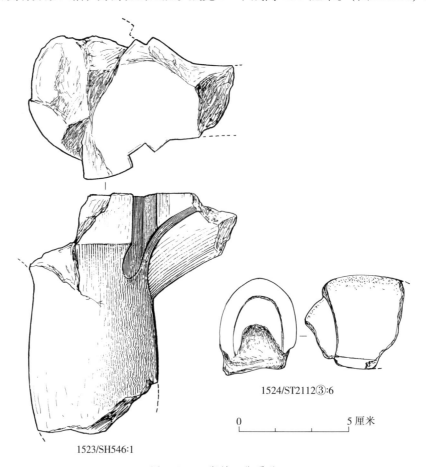

1524/ST2112③:6

0   5厘米

1523/SH546:1

图二〇三　殷墟四期爵芯

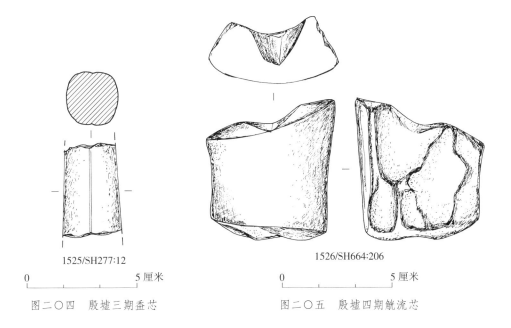

1525/SH277:12

0   5厘米

图二〇四 殷墟三期盉芯

1526/SH664:206

0   5厘米

图二〇五 殷墟四期觥流芯

1524/ST2112③:6,流芯,残。泥质,表面大部分呈红褐色,结构较疏松,型腔内有较多烟炱,呈灰黑色,内胎呈浅灰褐色,结构较紧密,夯窝明显。现仅存爵流前端少许。残宽3.3、残高4.8厘米。(图二〇三;彩版三〇八)

6. 盉芯

仅1块。时代属殷墟三期。

1525/SH277:12,流芯,后端残。圆形柱体,前端较细,后端较粗。泥质,红褐色,局部微泛灰。顶端平整,中部有一道设计线与柱体表面上下对称设计线相连。残宽2.6、残高4.2厘米。(图二〇四;彩版三〇八)

7. 觥芯

仅1块,为觥流芯。时代属殷墟四期。

1526/SH664:206,后端残。砂质,红褐色。上分型面发现一榫,前端有一卯,二者应与外范扣合;下分型面卯,应与另半个流芯扣合,组成完整的流芯。残宽6、残高5.7厘米。(图二〇五;彩版三〇八)

8. 盘芯

计5块,皆饰有纹饰。由于盘芯表面饰有纹饰,所以芯也分两层,表层薄,泥质,青灰色,局部微泛红,结构紧密,内胎厚,砂质,颗粒状,结构疏松。

三期

1527/SH225:50,残。看不出分层线,泥质,青灰色。未见榫卯。面范略鼓起,饰龙纹,内填菱形雷纹,纹饰部分脱落,较模糊。分型面上和面范素面部分残留有红色稀泥浆。残宽8.5、残高8.4厘米。(图二〇六;彩版三〇九)

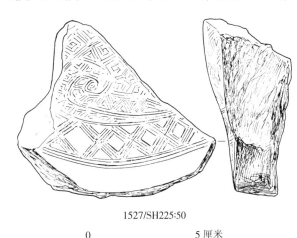

1527/SH225:50

0   5厘米

图二〇六 殷墟三期盘芯

四期

1528/SH227：21、22、33，可能系同一件盘芯，均残。内胎呈浅灰褐色。表面上部饰夔龙纹，下部饰盘龙纹，龙身填重环纹，纹饰大部分已脱落，较模糊。

1528－1/SH227：21，残宽7.2、残高6.2厘米。（图二〇七；彩版三〇九）

1528－2/SH227：22，残宽8.3、残高5.9厘米。（图二〇七；彩版三〇九）

1528－3/SH227：33，残宽5.8、残高5.9厘米。（图二〇七；彩版三〇九）

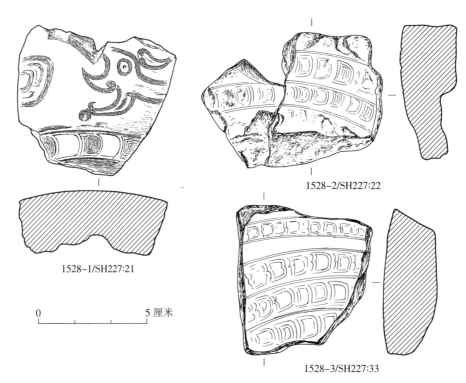

1528-2/SH227:22

1528-1/SH227:21

0　　　　　　　5厘米

1528-3/SH227:33

图二〇七　殷墟四期盘芯

殷墟时期

1529/ST2007②：8，残。内胎呈灰褐色。表面饰龙纹，龙身饰重环纹，纹饰部分脱落，较模糊。残宽4.2、残高4.9厘米。（图二〇八；彩版三〇九）

9. 不辨器形容器芯

计1976块，占容器芯总数的96.63%。夹砂多于泥质，表面多呈淡红色，颜色由外及里逐渐变浅，内部多为土之本色。皆素面，多有烟炱，有的设浇口，有的有榫卯，系复合芯。有的从断面还可看出小夯窝。

大部分系容器的腹部芯；还有一些为容器的芯座或芯头，其侧面常自带较大的榫，榫中部多有垂直凸线，凸线两侧的榫多上下错位。榫是制作芯时由范座或范头上的卯翻印而成，凸线系两范之间的范线。

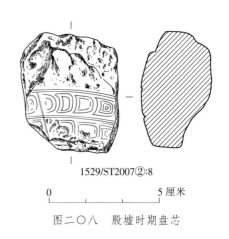

1529/ST2007②:8

0　　　　　　　5厘米

图二〇八　殷墟时期盘芯

二期

1530/SH630：1，残，仅存其少芯体和部分芯头。泥质，红褐色。芯体仅辨为椭圆形弧形流。芯座一侧面较平；另一侧面呈弧形，有中缝，略有错位，这是合范筑芯时范线错位造成的。芯头中部前后各设一浇口，或一者为冒口，内有较多烟炱。残宽5.5、残高4.3、浇口宽2.1厘米。（图二〇九；彩版三一〇）

三期

1531/SH225：137，圈足芯和芯座，可能是瓢，残。夹细砂，外层呈红褐色，结构较紧密；内胎呈浅灰褐色，结构较疏松。型腔内有少量烟炱芯座上发现一榫，磨损严重。残宽4.3、残高4.7厘米。（图二一〇；彩版三一〇）

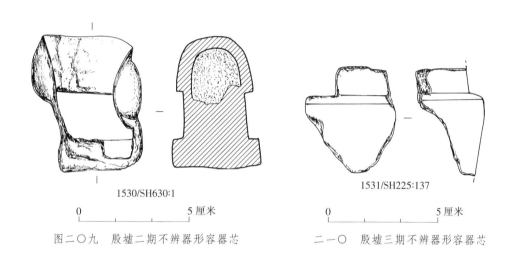

1530/SH630:1　　　　　　　　　　　1531/SH225:137

0 ⸻ 5 厘米　　　　　　　　　　　0 ⸻ 5 厘米

图二〇九　殷墟二期不辨器形容器芯　　　二一〇　殷墟三期不辨器形容器芯

1532/SH225：150，肩部芯，残。夹细砂，表层呈青灰色，局部泛褐，结构较紧密，内胎呈浅灰褐色，颗粒状，结构疏松。折肩，表面有少许烟炱。残宽4.6、残高4.9厘米。（彩版三一〇）

1533/SH225③：144，圈足芯，残。砂质，表层呈青灰色，局部有烟炱，向内呈红褐色，再内呈浅灰褐色，结构较疏松。残宽6.6、残高3.3厘米。（彩版三一〇）

1534/SH253：10，圈足芯，残。泥质，表层呈青灰色，向内呈浅褐色，再内呈浅灰色，结构较紧密。上面略内凹，且残存两道刻痕。残宽4.1、残高2.5厘米。（彩版三一〇）

1535/SH261：16，芯座，残。泥质，含细砂，表层呈浅灰色，局部泛褐，内胎呈浅灰褐色，结构较紧密。芯座上发现一榫，残。残宽6.5、残高3.4厘米。（彩版三一〇）

1536/SH411：11，芯座，残。细砂质，红褐色，内胎局部微泛灰，外层结构较紧密，内胎为颗粒状，结构较疏松。表层发现一横榫，左残。底面平整。残宽7、残高5.5厘米。（彩版三一一）

1537/SH427：35，圈足芯，残。泥质，结构较紧密，表层呈青灰色，向内呈红褐色，再内呈浅灰色，最内呈浅褐色。圈足上面平整，略内凹。残宽4.1、残高3.3厘米。（彩版三一一）

1538/SH456：30，芯座，残。细砂质，表层呈褐色，局部泛灰，向内呈灰色，结构较紧密，内胎呈浅灰色，颗粒状，结构较疏松。上面边缘平整，稍外斜，为器物型腔。残宽6.1、残高3.6厘米。（彩版三一一）

1539/SH491：29、37，可能是同一件容器的腹部芯，皆残。下腹微鼓。泥质，表面光滑，呈红褐色，结构紧密，向内呈青灰色，再向内呈浅褐色，结构较疏松。表层有涂抹稀泥浆时留下的刷痕。

1539-1/SH491：29，残宽11.2、残高11.7厘米。（彩版三一一）

1539-2/SH491：37，表面有一竖道设计线。残宽8、残高7.7厘米。（彩版三一一）

1540/SH491：54，腹部芯，残。腹微鼓，圜底近平。泥质，表面光滑，呈红褐色，胎呈灰褐色，向内颜色渐淡。残宽16.7、残高11.9厘米。（彩版三一一）

1541/SH517：5，芯头，残。泥质，表层呈红褐色，内胎呈青灰色，结构较紧密。芯头上面平整，发现一弧形条状卯，应与盖范相扣合。芯头中空，内面呈红褐色。残宽9、残高5.4厘米。（彩版三一二）

1542/SH543：3，腹部芯，残。鼓腹。泥质，表面较光滑，部分脱落，呈灰褐色，向内结构疏松，颗粒状，红褐色，在向内稍施夯，结构较紧密，由外向内颜色渐淡。残宽8.4、残高6厘米。（彩版三一二）

1543/SH573③：227，芯座，残。表层夹细砂，浅灰色，局部泛红，有少许烟炱，内胎泥质，颗粒状，结构疏松，外侧呈红褐色，内部呈灰色。芯座表面有一特大横榫，榫中部稍错位，左半榫略大于右半榫。右侧面平整，左侧面也应有平整面，现已脱落，两者应为浇口或冒口。残宽10.8、残高5.7厘米。（彩版三一二）

1544/SH573③：229，芯座，残。砂质，表层红褐色，局部泛灰，结构较紧密，内胎呈浅灰褐色，颗粒状，结构较疏松。芯座上面边缘平整，外斜，为器物型腔，有烟炱，呈灰黑色。表面发现一横榫，左残。底面平整。残宽8.6、残高5厘米。（彩版三一二）

1545/SH573⑤：228、SH573⑥：232，应同一件容器芯，可能是圆尊颈部，皆残。泥质，含细砂，表层呈青灰色，向内呈红褐色，再内呈灰褐，结构较紧密。颈下部微束，上部外敞。

1545-1/SH573⑤：228，残宽6、残高5.8厘米。（彩版三一二）

1545-2/SH573⑥：232，残宽4.8、残高6.1厘米。（彩版三一三）

1546/SH573⑥：233，芯座，残。表层夹细砂，红褐色，局部泛灰，结构较紧密，内胎泥质，浅灰色，微泛褐，结构较疏松。芯座上面边缘平整，稍外斜，为型腔，呈深灰色。底面平整。残宽6.6、残高4.1厘米。（彩版三一三）

1547/SH680②：8，方形容器的圈足芯。残。泥质，上面呈青灰色，平整，一边缘有一斜面，浇注后起加强底部的作用，圈足表层呈浅褐色，结构较疏松，胎呈浅灰色，结构较紧密。残宽4.2、残高4.3厘米。（彩版三一三）

1548/SH680②：10，方形容器的圈足芯。残。泥质，表层呈红褐色，内胎呈浅灰褐色，结构较紧密。上部有一道斜槽，内有烟炱，应为器物型腔。下部有一圆泡形大榫。左面平整，略内凹，应为分型面，属复合芯座。残宽6.7、残高6.2厘米。（彩版三一三）

1549/ST1806⑥：10，腹部芯，残。泥质，表层呈青灰色，局部泛红，内胎呈浅灰褐色，结构较紧密。表面凸起一圆泡，应与铜器表面的圆涡纹相对应。残宽6.1、残高6.5厘米。（彩版三一三）

1550/ST1907⑦：48，腹部芯，残。鼓腹。泥质，表层呈灰色，向内呈红褐色，再内呈浅灰褐色。表面光滑，有较多涂抹稀泥时留下的横向刷痕，局部有烟炱。残宽12.1、残高13.1厘米。（彩版三一三）

1551/ST2007⑥：41，芯座，残。泥质，含细砂，表层呈浅灰色，局部泛红，内胎呈浅灰褐色，结构较疏松。芯座表面发现一榫，残。一侧面有一块略呈三角形的烧结面，平整，呈青灰色，应为浇口或冒口。残宽3.8、残高3.9厘米。（彩版三一四）

1552/ST2007⑥：55，圈足芯，可能是簋的圈足，残。泥质，表层呈青灰色，向内呈红褐色，再内呈浅灰色。圈足上平面刻划有网格线。残宽4、残高3.6厘米。（彩版三一四）

1553/ST2212⑤：88，应是圆罍的肩部芯，残。泥质，浅灰黑色，表面局部有烟炱，呈灰黑色。肩部有一周浅槽，内有两道凸弦纹。残宽5.4、残高8.5厘米。（彩版三一四）

1554/ST2212⑤：90，腹部芯，残。泥质，表层呈灰黑色，向内呈红褐色，再内呈灰色，向内颜色渐浅。表面光滑，有较多涂抹稀泥时留下的横向刷痕，且有较多烟炱。残宽7.9、残高5.2厘米。（彩版三一四）

1555/ST2711③：11，腹部芯，残。泥质，表层呈灰黑色，向内呈灰色，再内呈浅灰色，局部微泛褐。一侧面平整，且呈台阶状，或与相邻芯相扣合形成复合芯，或用来镶嵌铭文芯。表面有较多横向刷痕，且有烟炱。残宽7.2、残高9.2厘米。（彩版三一四）

四期

1556/SH201：13，芯座，残。泥质，含细砂，表层呈红褐色，结构较紧密，内胎呈浅灰褐色，结构较疏松。芯座上面边缘平整，为型腔，呈灰黑色，有较多烟炱。表面发现一榫，残。底面平整。残宽5.4、残高3.9厘米。（彩版三一五）

1557/SH201：14，芯座，残。泥质，含细砂，表层呈红褐色，上部泛青灰，内胎呈浅灰褐色，结构较紧密。上面边缘平整，为型腔。表面发现一榫，残。残宽6.1、残高5厘米。（彩版三一五）

1558/SH227：34，腹部芯，残。泥质，表层光滑，呈青灰色，向内呈红褐色，再内又呈青灰色，结构紧密，夯窝明显。鼓腹，空心。残宽4.5、残高4.8厘米。（彩版三一五）

1559/SH227：41，下部芯及芯座，残。泥质，含较多细砂，芯的表层光滑，呈青灰色，局部有少量烟炱，内胎呈灰色，向内颜色渐浅，颗粒状，结构较疏松。芯座上发现一横向长条榫。残宽6.9、残高4.9厘米。（彩版三一五）

1560/SH227：43，芯座，残。泥质，表层呈青灰色，下部微泛红，结构较紧密，内胎呈浅灰褐色，颗粒状，结构疏松。上面边缘处平整，为型腔，有烟炱。芯座上发现一横向长条榫。左侧面平整，为分型面，属复合芯座。残宽5.8、残高4.9厘米。（彩版三一六）

1561/SH232：54，口部和肩部芯，残。泥质，含较多细砂，芯的表层较粗糙，颗粒状，上部呈红褐色，下部呈灰色，内胎呈浅灰褐色，结构较疏松。直口微敛，折肩。残宽4.9、残高5.5厘米。（彩版三一六）

1562/SH233：11，芯座，残。泥质，含较多细砂，表层呈红褐色，结构较紧密，内胎呈灰褐色，结构较疏松。芯座上发现一大榫，且有一竖道凸线穿过榫的中部，榫的左右两半上下略有错位。凸线的成因是合范筑芯时范线所致，榫由两范座上各带一半的卯压印而成。芯座底部有一大浇口（或冒口）。残宽6.5、残高5.5厘米。（图二一一；彩版三一六）

1563/SH242：30，方形容器的腹部芯，可能是方鼎，残。泥质，表层呈青灰色，向内呈红褐色，再内呈浅灰色，结构较紧密。底面平整，与腹壁垂直。残宽6、残高4.9厘米。（彩版三一六）

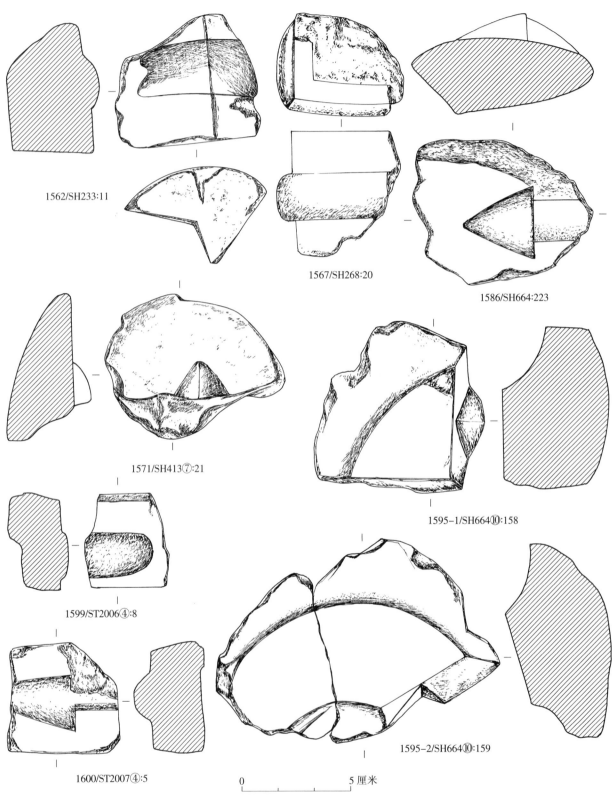

1562/SH233:11

1567/SH268:20

1586/SH664:223

1571/SH413⑦:21

1595-1/SH664⑩:158

1599/ST2006④:8

1600/ST2007④:5

1595-2/SH664⑩:159

0   5厘米

图二一一 殷墟四期不辨器形容器芯

1564/SH242：43，芯座。泥质，表层部分呈红褐色，部分呈青灰色，内胎呈浅灰褐色，颗粒状，结构较紧密。芯座上发现一大榫，另有一条竖向凸线把榫分为左右两半，两半榫上下略有错位。左右两侧面各发现有烧结面，平整，呈青灰色，应为浇口或冒口。残宽6.9、残高4.5厘米。（彩版三一六）

1565/SH252：48，方形容器的口部芯，残。直口，平沿。泥质，表层较光滑，呈青灰色，上面局部泛红，且粘有铜锈，结构较紧密，内胎呈浅灰褐色，结构较疏松。残宽5.8、残高3.9厘米。（彩版三一七）

1566/SH255：28，芯座。泥质，表层呈青灰色，内胎呈深灰色，颗粒状，结构较紧密。芯座上发现一横向榫，残。右侧面有一块烧结面，平整，为浇口或冒口。残宽3.6、残高4.5厘米。（彩版三一七）

1567/SH268：20，方形容器的圈足芯座，残。泥质，含细砂，表层较光滑，呈浅褐色，局部泛灰，结构较紧密，内胎呈红褐色，结构较疏松。上面边缘光滑，已烧结，与铜液接触过，有较多烟炱。芯座两侧面各有一大榫。残宽5.7、残高5.2厘米。（图二一一；彩版三一七）

1568/SH268：31，圈足芯，残。泥质，表层较光滑，呈青灰色，向内呈红褐色，再内灰色，微泛褐，结构较紧密。上面内凹为圜底，侧面下部有一道控制线，其下刻划有纹饰，甚少，不辨。残宽2.9、残高2.7厘米。（彩版三一七）

1569/SH298④：2，可能是瓠的颈部芯，残。泥质，表层光滑，局部呈红褐色，局部深青灰色，胎呈青灰色，结构紧密。表面竖向刮痕明显。此芯可能是由模削刮而成。残宽3.8、残高3厘米。（彩版三一七）

1570/SH298④：3，圈足芯，残。泥质，表层青灰色，局部微泛红，有较多烟炱，胎呈褐色，结构较紧密。芯上部有网格状划痕。残宽4.8、残高5.4厘米。（彩版三一七）

1571/SH413⑦：21，残。平面呈（椭）圆形。砂质，红褐色。底面平整，中部发现一榫，当与器物的另一部分芯相扣合，组成复合芯。顶面中部呈弧形凸起，表层光滑，涂有一薄层泥浆，泥浆大部分已脱落。残宽7.8、残高6.1厘米。（图二一一；彩版三一八）

1572/SH481②：106，芯座，残。泥质，表层呈青灰色，下部泛红，结构较紧密。上面边缘平整，外斜，局部有烟炱，为器物型腔。芯座上发现一横向梭形榫，残。残宽5.1、残高3.4厘米。（彩版三一八）

1573/SH481③：63，芯座，残。泥质，表层呈红褐色，内胎呈浅灰褐色，结构较紧密。芯座上面边缘平整，稍外斜，为器物型腔。右侧面平整，应为分型面，属复合芯。芯座较矮，平底。残宽4.4、残高2.6厘米。（彩版三一八）

1574/SH481④：85，圈足芯，残。泥质，结构较紧密，表层呈青灰色，向内呈红褐色，再内呈浅灰褐色。圈足上面平整。表面刷痕明显。残宽4.9、残高2.6厘米。（彩版三一八）

1575/SH493：118，甚残。泥质，外层部分呈青灰色，部分呈红褐色，内胎呈浅灰褐色。表面光滑，似饰纹饰，不辨。残宽3.7、残高2.7厘米。（彩版三一八）

1576/SH493①：141，芯座，残。泥质，表层部分呈红褐色，部分呈灰色，内胎呈浅灰褐色，结构紧密。上面边缘平整，稍内倾。底部中空，表层呈灰色，内胎呈红褐色。残宽6.6、残高5.6厘米。

（彩版三一九）

1577/SH546：29，腹部芯，残。外层夹细砂，表层呈灰黑色，有较多烟炱，向内呈红褐色，结构较疏松，再内呈浅灰褐色，结构较紧密，内胎泥质，为土之本色，结构较紧密。腹上部有一道设计线，应是腹与口的定位线。残宽8.7、残高5.8厘米。（彩版三一九）

1578/SH546：34，可能是罍的肩部芯，残。泥质，颗粒状，结构较疏松，表层呈灰黑色，有较多烟炱，向内局部呈红褐色，局部呈青灰色，再内呈浅灰褐色。表面凸起一大圆泡，残。残宽5.1、残高5厘米。（彩版三一九）

1579/SH546：38，残。泥质，表层红褐色，局部泛灰，内胎呈灰褐色，结构较紧密。芯一端较平，表面削刮痕迹明显。残宽5、残高4.9厘米。（彩版三一九）

1580/SH611①：101，芯座，残。泥质，含细砂，灰褐色，结构较紧密。上面边缘平整，呈灰黑色，有较多烟炱，为器物型腔。芯座上发现一长条形榫，残，有一竖道凸棱穿过榫的中部。残宽5.6、残高3.6厘米。（彩版三一九）

1581/SH615：1，芯座，残。泥质，表面呈青灰色，内胎呈红褐色，结构较疏松。两侧面平整，已烧结，应为浇口或冒口。残宽4.7、残高4.4厘米。（彩版三一九）

1582/SH648：30，口部芯，残，敛口。细砂质，表层光滑，呈深灰色，残留少许烟炱，胎呈红褐色。口内面平整，非实心。左侧面发现一榫，当与器物的另一芯右侧面的卯相扣合，组成复合芯。残宽4.5、残高4.2厘米。（彩版三二〇）

1583/SH648：57，容器芯的芯头，残。砂质，红褐色，局部泛青灰。上、下面平整。芯头边缘结构较紧密，夯窝明显，中部较疏松。残宽6、残高3厘米。（彩版三二〇）

1584/SH664：161，底部和芯座部分，残。泥质，表层较光滑，呈浅灰色，结构较紧密，夯窝明显，内胎呈浅褐色，结构较疏松。底与座之间出台，台的宽度应是器底壁的厚度。残宽4.3、残高3.5厘米。（彩版三二〇）

1585/SH664：214，芯座，残。夹砂，表层浅褐色，局部泛灰，结构较紧密，内胎浅灰褐色，结构较疏松。芯座上面边缘平整，残留少许烟炱，为器物的型腔。右侧面平整，为分型面，属复合芯座。残宽5.2、残高4.8厘米。（彩版三二〇）

1586/SH664：223，芯座，残。外层砂质，表面呈红褐色，向内呈灰褐色，结构较疏松，内胎泥质，为泥土本色，结构较紧密。芯座上发现一大榫，榫中部跳台，其左半大于右半。残宽7.3、残高5.4厘米。（图二一一；彩版三二〇）

1587/SH664：237，圈足芯，残。砂质，表层上面呈青灰色，残留少许烟炱，下部呈红褐色，结构较紧密，内胎呈浅灰褐色，颗粒状，结构较疏松。上面平整，刻划网格。残宽3.7、残高3.5厘米。（彩版三二〇）

1588/SH664③：157，芯座，残。泥质，表层较光滑，呈浅灰褐色，结构较紧密，内胎结构较疏松，呈浅褐色。上面边缘平整，有较多烟炱，为器物型腔。芯座上发现一大榫，且有一竖道凸棱穿过榫的中部。残宽5.9、残高3.4厘米。（彩版三二一）

1589/SH664③：230，芯座，残。夹砂，表层呈浅褐色，结构较紧密，内胎为土之本色，微微泛红，结构较疏松。右侧面平整，说明该芯座是由两块或两块以上芯座组成的复合芯座。芯座上部右侧

发现一榫之一半，其应与右侧相邻的芯座上部左侧的半榫组成一个完整榫。残宽 6.4、残高 4.5 厘米。（彩版三二一）

1590/SH664③：234，芯和芯座，残。泥质，含细砂，表层红褐色，芯表面有烟炱，内胎浅灰褐色，结构较紧密。芯座表面发现一榫，残。残宽 7、残高 4.7 厘米。（彩版三二一）

1591/SH664⑧：198，芯座，残。夹砂，表层呈红褐色，结构较紧密，内胎呈浅灰褐色，颗粒状，结构较疏松。芯座右侧面平整，且已烧结，可能是浇口。芯座上发现一榫，另有一道竖向凸棱穿过榫的中部，且榫的左右两半大小不一。残宽 5.3、残高 5.2 厘米。（彩版三二一）

1592/SH664⑨：208，肩部芯，残。外层含砂，表面浅灰色，向内红褐色，内胎泥质，浅灰褐色，结构较紧密。圆肩，肩面较宽，微鼓。残宽 4.6、残高 5.5 厘米。（彩版三二一）

1593/SH664⑨：228，芯座，残。泥质，表层呈红褐色，局部微泛灰，结构较疏松，向内呈灰色，结构较紧密，再内呈浅灰褐色，颗粒状，结构较疏松。芯座表面发现一榫，残，榫左右两半上下错位。右侧面平整，已烧结，呈青灰色，应为浇口或冒口。底面平整。残宽 7.3、残高 5.4 厘米。（彩版三二二）

1594/SH664⑩：106，芯座，残。砂质，颗粒状，表层呈红褐色，结构较紧密，夯窝明显，内胎结构较疏松，呈浅褐色，向内颜色渐淡。上面边缘光滑，已烧结，与铜液接触过，应为器壁的厚度。残宽 6.6、残高 5 厘米。（彩版三二二）

1595/SH664⑩：158、159，应为同一件容器的口和肩部芯，皆残。砂质，表层呈红褐色，内部呈灰褐色。表面有较多烟炱。此两芯皆为复合芯。

1595－1/SH664⑩：158，内侧面上发现一榫。残宽 8.3、残高 8 厘米。（图二一一；彩版三二二）

1595－2/SH664⑩：159，系容器的口部。内侧面上发现一卯，顶面中部有一大卯，应与盖范上的大榫相扣合。残宽 7.4、残高 12.3 厘米。（图二一一；彩版三二二）

1596/ST1806③：11，可能是罍的肩部芯，残。细砂质，表层光滑，呈灰色，局部泛红，向内呈红褐色，再内呈青灰色，最内呈浅灰褐色。表面各凸起一圆泡，残。残宽 4.8、残高 5.8 厘米。（彩版三二二）

1597/ST1906④：34、35，可能是同一件方向容器的腹部芯，皆残。泥质，表层呈青灰色，平整光滑，有涂抹稀泥浆时留下的横向刷痕，局部有少许烟炱。

1597－1/ST1906④：34，既有腹壁，又有底部，腹壁稍外倾，平底。表层向内呈青灰色，结构较疏松，再内呈浅灰褐色，结构较紧密。残宽 5.3、残高 4.1 厘米。（彩版三二三）

1597－2/ST1906④：35，系腹壁。表层向内呈红褐色，结构较疏松，再内呈浅灰褐色，最内为土之本色，微泛灰，结构较紧密。残宽 5.1、残高 4.7 厘米。（彩版三二三）

1598/ST1906⑤：32，应是方形容器的肩部芯，残，折肩。泥质，含细砂，表层光滑，呈深灰色，向内呈浅褐色，且颜色渐浅。残宽 5.8、残高 4.7 厘米。（彩版三二三）

1599/ST2006④：8，芯座，残。泥质，含细砂，外层呈红褐色，局部泛灰，向内呈浅灰色，再内呈浅褐色。芯座上平面边缘与铜液接触部分涂有较多烟炱，呈灰黑色。侧面发现一榫，残。下面平整，中部有凹窝，残。残宽 3.7、残高 3.8 厘米。（图二一一；彩版三二三）

1600/ST2007④：5，残，芯头或芯座。细砂质，表层较光滑，呈浅灰色，局部泛红，内胎结构疏松，呈浅褐色。上、下面平整，侧面有一榫，榫以中线下部跳台，左大右小。残宽4.4、残高5.1厘米。（图二一一；彩版三二三）

1601/ST3107③：26，芯座，残。细砂质，呈浅灰褐色，局部泛红，内胎结构疏松，颗粒状。表面光滑，上部有一道横向定位线，定位线上部有较多烟炱，下部有一榫，另有一条竖向范线穿过榫的中部，致使榫的左右两半略有错位。残宽5.3、残高4.3厘米。（彩版三二三）

殷墟时期

1602/SH213：6，圈足芯，残。泥质，表层呈红褐色，因涂有烟炱，局部呈灰黑色，结构较紧密，内胎呈浅灰褐色，结构较疏松。上面平整，有网格状划痕，侧面上部自带一芯撑。残宽5.2、残高5.4厘米。（图二一二；彩版三二四）

1603/03AXS：04，采集。芯头，可能是瓠的芯头，残。细砂质。表层较光滑，已烧结，呈浅灰色，局部泛红，内胎结构较疏松，呈红褐色。侧面有一榫，以中线左右两半上下错位。榫左侧面设有浇口，浇口内有烟炱。残宽5.6、残高3.8厘米。（彩版三二四）

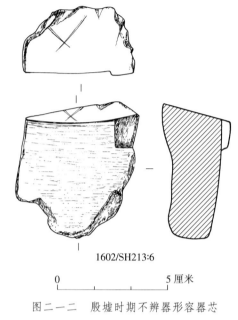

1602/SH213:6

0 ————————— 5厘米

图二一二 殷墟时期不辨器形容器芯

1604/03AXS：065，采集。腹部芯，残。下腹微鼓。泥质，表层较光滑，呈红褐色，向内呈深灰色，结构较紧密，胎呈浅褐色，颗粒状，结构疏松。表面涂抹稀泥时留下的划痕明显，且有较多烟炱。残宽5.3、残高5.5厘米。（彩版三二四）

（二）兵器和工具芯

计29块，可辨器形者8件。

1. 矛芯

计7件，且均出自SH683，时代属于殷墟三期。

1605/SH683：4、87、89、91、94、97、101，夹砂，红褐色，有的局部泛灰。底座上有两个对称凸榫，榫间设有对称浇口和冒口。

1605－1/SH683：4，较完整。最宽5、残高15.8厘米。（图二一三；彩版三二五）

1605－2/SH683：87，下部残。榫头左右两半上下错位。最宽5.2、残高8.7厘米。（图二一三；彩版三二五）

1605－3/SH683：89，尖端残。最宽5.6、残高10.6厘米。（图二一三；彩版三二五）

1605－4/SH683：91，残。最宽4.6、残高9厘米。（图二一三；彩版三二五）

1605－5/SH683：94，残。芯体一面发现一自带芯撑，芯头前后设有对称的浇口和冒口。残宽4.2、残高10.6厘米。（图二一三；彩版三二五）

1605－6/SH683：97，残。榫头左右两半上下错位。残宽4、残高7.5厘米。（图二一三；彩版三二五）

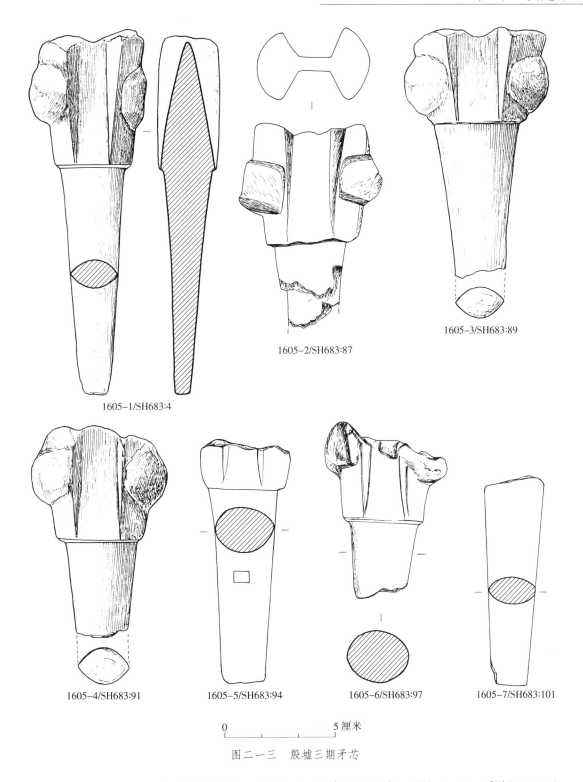

1605-1/SH683:4

1605-2/SH683:87

1605-3/SH683:89

1605-4/SH683:91

1605-5/SH683:94

1605-6/SH683:97

1605-7/SH683:101

0   5 厘米

图二一三 殷墟三期矛芯

1605-7/SH683：101，残，不见芯头。残宽 2.8、残高 9.3 厘米。（图二一三；彩版三二五）

2. 铸芯

1 件。年代属殷墟四期。

1606/SH664③：202，夹细砂，褐色。长方形，片状，下端稍扁。上有芯头，芯头中部正反面皆有凹槽，为浇口或冒口。芯头两侧皆有一榫，用来扣合外范。上宽 5.2、下宽 3.4、残高 7.3 厘米。（图二一四；彩版三二五）

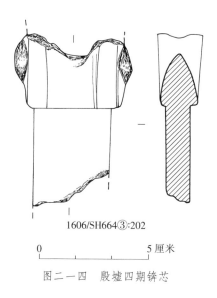

1606/SH664③:202

0   5 厘米

图二一四　殷墟四期铸芯

3. 不辨器形工具芯

计 21 件。

三期

1607/SH427:31，残，芯头。砂质，红褐色，局部泛青灰。芯头正面设浇口之一半，左侧平整，为分型面，与相邻半个芯头的浇口组合，形成完整的浇口。背面发现一三角形榫，应与陶范相扣合。残宽4.3、残高5.8、浇口宽2.1厘米。（彩版三二六）

1608/SH571①:8，残，不识。夹砂，红褐色。横截面呈椭圆形，顶端略内凹，底端较平，且底端略窄扁于顶端，两侧面有棱脊，其中一侧面中部横出片状舌形芯。最宽处4.8、下宽3.1、残高6.8厘米。（图二一五；彩版三二六）

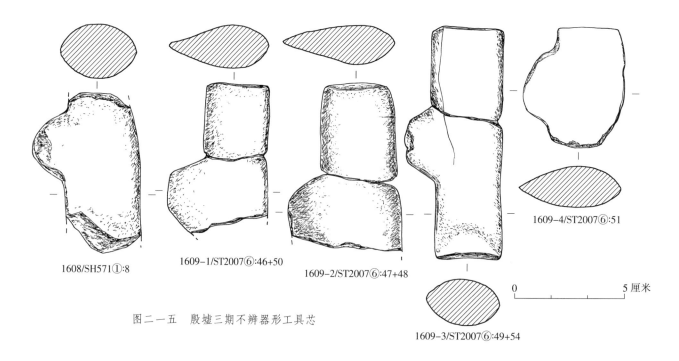

1608/SH571①:8

1609-1/ST2007⑥:46+50

1609-2/ST2007⑥:47+48

1609-3/ST2007⑥:49+54

1609-4/ST2007⑥:51

0   5 厘米

图二一五　殷墟三期不辨器形工具芯

1609/ST2007⑥：46＋50、47＋48、49＋54、51、52，系同一类工具或兵器芯。质地、颜色、形制与1608/SH571①：8相同。

1609－1/ST2007⑥：46＋50，顶端残。最宽处4.4、下宽2.7、残高6厘米。（图二一五；彩版三二六）

1609－2/ST2007⑥：47＋48，底端残。最宽处5、下宽3.2、残高7.2厘米。（图二一五；彩版三二六）

1609－3/ST2007⑥：49＋54，较完整。最宽4.1、顶截面宽3.2、底截面宽2.9、残高10.1厘米。（图二一五；彩版三二六）

1609－4/ST2007⑥：51，两端皆残，内胎呈灰色。残宽4.5、残高5.3厘米。（图二一五；彩版三二六）

1609－5/ST2007⑥：52，残。残宽3.9、残高4.3厘米。（彩版三二六）

四期

1610/SH275：8，残，芯头。泥质，红褐色。底面与一侧面平整，另一侧面呈弧面，有中脊及一榫，中脊竖穿榫中部。芯头中部前后各设一浇口，或一者为冒口，内有较多烟炱。宽4、残高6.2、浇口宽2.6厘米。（图二一六；彩版三二七）

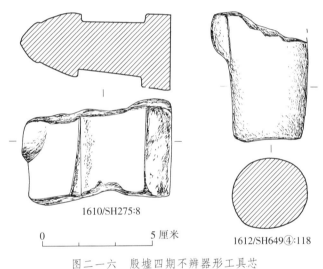

1610/SH275:8

0　　　　　5厘米

1612/SH649④:118

图二一六　殷墟四期不辨器形工具芯

1611/SH481④：34，残，芯头。泥质，含细砂，表层局部呈青灰色，局部呈红褐色，结构较疏松，内胎呈浅灰褐色，结构较紧密，夯窝明显。一侧面左右两半严重错位，错缝内有烟炱，其上发现的榫也随之错位，这是因合范制芯时范线严重错位所致。残宽4.4、残高4.8厘米。（彩版三二七）

1612/SH649④：118，残。夹砂，表面呈灰色，上部微泛红，内胎呈红褐色，下部泛灰。略呈圆柱体，上粗下细，上部一侧面发现一榫，底端中部有一凹窝，似是为组装芯所设的卯。上宽3.7、下宽3.1、残高5.3厘米。（图二一六；彩版三二七）

（三）车马器芯

仅有泡芯，计65块，均残。皆砂质，多呈红褐色。芯位于托板之上，托板呈长方形，正面平整，上有两列泡芯，中部设有一主浇道位于两列泡芯之间，又从主浇道上分别设支浇道通向每一枚泡芯。托板边缘设三角形榫，榫与泡范扣合，可浇注出多件铜泡。

二期

1613/SH639：1、9、11、13、22、27，中小型泡芯，大小基本相同，直径约2.6厘米。它们可能是同一件托板上的泡芯，皆残。托板平整，其上设泡芯，泡芯中部有穿，皆磨损严重。

1613－1/SH639：1，一侧有边线，托板上发现两枚泡芯，其一残。残长5.1、残宽6.1厘米。（图二一七；彩版三二八）

1613－2/SH639：9，一侧有边线，托板上发现两枚泡芯，泡芯内侧设一主浇道。残长6.6、残宽7.9厘米。（图二一七；彩版三二八）

1613－3/SH639：11，一侧有边线，托板上发现一枚泡芯，残。残长6.4、残宽3.5厘米。（图二一七；彩版三二八）

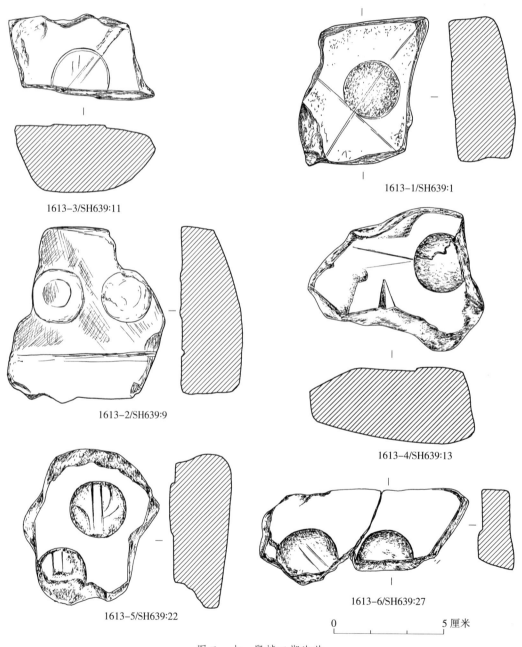

1613－3/SH639:11

1613－1/SH639:1

1613－2/SH639:9

1613－4/SH639:13

1613－5/SH639:22

1613－6/SH639:27

0　　　　　　5厘米

图二一七　殷墟二期泡芯

1613－4/SH639：13，一侧有边线，边线内侧托板上发现一斜面，似浇口，浇口下发现一榫，托板上发现一枚泡芯，稍残。残长7.6、残宽5.4厘米。（图二一七；彩版三二八）

1613－5/SH639：22，托板上发现两枚泡芯，其一残。残长6.7、残宽5.5厘米。（图二一七；彩版三二八）

1613－6/SH639：27，一侧有边线，托板上发现两枚泡芯，皆残。残长9.2、残宽3.9厘米。（图二一七；彩版三二八）

四期

1614/SH648：68、69，大型泡芯，大小基本相同，直径约4.1厘米。它们可能是同一件托板上的泡芯，皆残。托板平整，右侧有边线，边线自上而下向内倾斜。托板上各发现一泡芯，泡芯中部有穿，皆磨损严重。泡芯的左下侧各发现一小段浇道，皆甚残，应是通向其下部另一泡芯的浇道。

1614－1/SH648：68，穿孔明显。残宽5.1、残高5.8厘米。（图二一八；彩版三二九）

1614－2/SH648：69，残宽6.3、残高5.9厘米。（图二一八；彩版三二九）

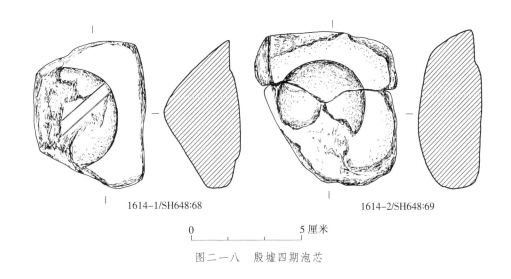

1614-1/SH648:68   1614-2/SH648:69

0   5 厘米

图二一八　殷墟四期泡芯

（四）铭文芯

仅发现1块，时代属殷墟四期。

1615/SH255：24，上部残。较薄，长方形。夹细砂，正面呈青灰色，微鼓，背面呈浅灰色，略凹，三侧面内收，应系嵌范。正面所施铭文应为阳文，因浇注几乎全部脱落，隐约可辨"天乍（作）□彝"四字（自左至右），第三字残，不辨。宽3.5、残高3.9、厚1.6厘米。（图二一九；拓片八四；彩版三二九）

1615/SH255:24

0   5 厘米

图二一九　殷墟四期铭文芯

（五）回炉芯

计13件，皆为鼎足的盲芯。为节约用铜，鼎足废弃后投入熔炉，融掉其表面的青铜。因经过熔炉高温，其表面多已熔融，玻璃化，发亮，且多粘有铜渣。

三期

1616/SF73：23，残。椭圆柱体。平顶，顶端略粗，下部较细。表面呈灰绿色。粘有较多铜渣。直径2.8、残高4.4厘米。(彩版三二九)

1617/SH397④：2，较完整。圆柱体，一端略粗，另一端较细。表面呈黑色。顶部残留有少许铜渣。顶径2.4、底径1.9、高4.9厘米。(彩版三二九)

1618/SH455：7，下端残。圆柱体，上端略粗，下端稍细。顶部为斜面。表面大部分呈灰黑色，局部呈浅灰色，削刮痕迹明显。粘有少许铜渣。顶径2.9、高4.5厘米。(彩版三二九)

1619/SH456④：31，稍残。圆柱体。表面大部分已熔融，泛紫红，局部呈青灰色，削刮痕迹明显。粘有少许铜渣。直径2.2、残高4.5厘米。(彩版三三〇)

1620/SH573④：213，较完整。圆柱体，顶端略粗，下端较细。表面紫红色，局部发黑。顶部为斜面。顶径3、底径2.4、高5.1厘米。(彩版三三〇)

1621/SH599③：7，残。扁圆柱体，平顶。表面呈紫黑色，内胎呈蜂窝状。残宽2.7、残高3.4厘米。(彩版三三〇)

1622/ST2811③：21，稍残。圆柱体，上端粗，下端细。表面呈黑色，内胎呈蜂窝状。顶部残留有少许铜渣。顶径2.5、底径1.5、高5.1厘米。(彩版三三〇)

四期

1623/SH269：67，下端残。圆柱体，平顶，顶端略粗，下端稍细。表面部分呈灰黑色，部分呈浅灰色，削刮痕迹明显。粘有少许铜渣。顶径1.9、残高3.7厘米。(彩版三三〇)

殷墟时期

1624/SM860：01，盗坑内出土，残。圆柱体，一端平整。表面呈浅灰色。粘有较多铜渣。直径3.5、残高3.7厘米。(彩版三三〇)

（六）其他芯

计7块，皆不识。

三期

1625/SH680③：9，较完整。略呈圆馒头形，夹砂，红褐色。正面较平，背面中部隆起。直径5.1、最厚2厘米。(彩版三三〇)

四期

1626/SH222：11，残。泥质，表层与铜液接触部分呈深灰色，其他部分呈红褐色，内胎呈浅灰褐色。上面平整，中部有一凹槽，凹槽与侧面型腔相连，侧面型腔呈弧形。残宽3.6、残高3.3厘米。(彩版三三〇)

第三节　辅助器具

主要有熔铜时鼓风的陶管、刻划铸铜器具纹饰的铜刻针、打磨修整铜器的磨石等，还有数件用途不详的陶拍。另有一些铜刀（削）、骨锥等制范工具已放入墓葬随葬品或小件遗物中另卷介绍，此不赘述。

一　陶管

计 44 件。其中 42 件出自遗址，2 件出自墓葬（见墓葬 SM590、SM676）。大部分泥质，少数夹砂。大部分呈灰色，少数呈红褐色。多数表面有削痕，少数磨光。形制多数上端较粗，下端较细，中心有一圆形穿孔。依据陶管顶端有无帽，分两型：

A 型

17 件。陶管顶端有帽。

二期

1627/SH639：40，稍残。泥质，灰褐色，帽顶泛红。帽顶较平，帽檐宽。管体表面削痕明显。通高 4.9、帽径 4.6、管底径 1.7、孔径 0.6 厘米。（图二二〇；彩版三三一）

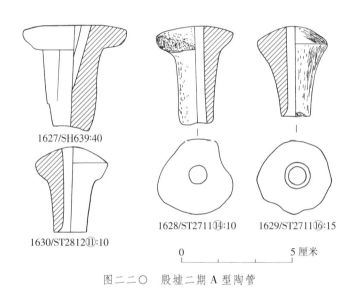

1627/SH639:40

1630/ST2812⑪:10

1628/ST2711⑭:10　　1629/ST2711⑯:15

0　　　　　　5 厘米

图二二〇　殷墟二期 A 型陶管

1628/ST2711⑭：10，稍残。泥质，红褐色，管局部呈灰黑色。帽顶微凸，帽檐较宽。管体表面削痕明显。残高 4.4、帽径 3.3、帽顶孔径 0.8、管底孔径 0.9 厘米。（图二二〇；彩版三三一）

1629/ST2711⑯：15，稍残。泥质，灰黑色，帽顶呈浅褐色。帽顶凸起，帽檐较窄。管体表面有削痕。通高 4、帽径 3.3、管底径 1.7、孔径 0.8 厘米。（图二二〇；彩版三三一）

1630/ST2812⑪：10，完整。泥质，青灰色。帽顶凸起，形似蘑菇，帽檐较宽。管体表面有削痕。管底孔径大于帽顶，且管端孔内侧有一道轮痕。通高 3.8、帽径 3.2、管底径 1.5、帽顶孔径 0.7、管底孔径 1 厘米。（图二二〇；彩版三三一）

三期

1631/SH24：27，管底残。泥质，红褐色，局部泛灰。帽与管无分界线，帽顶微凸，帽檐窄。管体表面削痕明显。通高 3.8、帽径 3.1、帽顶孔径 0.7 厘米。（图二二一；彩版三三一）

1632/SH277：10，残。泥质，灰黑色。帽顶凸起，帽檐较窄，局部粘有铜锈。残高 2.3、帽径 2.6、孔径 0.7 厘米。（图二二一；彩版三三一）

1633/SH277：11，管稍残，较粗短。泥质，灰色，局部泛红。帽顶微凸，帽檐较窄，修整痕迹明

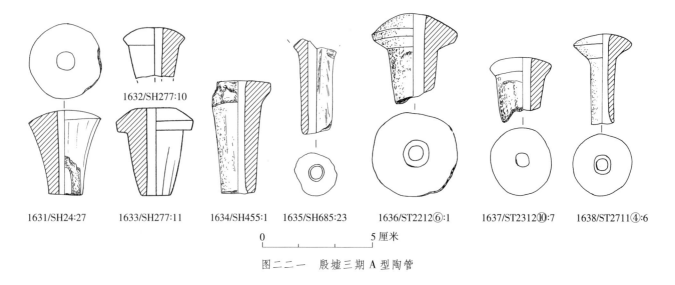

1631/SH24:27　　1633/SH277:11　　1634/SH455:1　1635/SH685:23　　1636/ST2212⑥:1　　1637/ST2312⑩:7　1638/ST2711④:6

1632/SH277:10

0　　　　　　　　5 厘米

图二二一　殷墟三期 A 型陶管

显。通高 3.3、帽径 2.9、管底径 1.5、帽顶孔径 0.5、管底孔径 0.7 厘米。（图二二一；彩版三三一）

　　1634/SH455：1，帽残。泥质，浅褐色，局部泛青。帽顶平整，帽檐较窄。管底孔径大于帽顶。管体表面有削痕。通高 4.9、管径 1.8、帽顶孔径 0.8、管底孔径 1 厘米。（图二二一；彩版三三一）

　　1635/SH685：23，帽残。泥质，浅灰褐色。帽顶凸起，帽檐甚窄。管体表面有削痕。残高 4、管底径 1.5、孔径 0.8 厘米。（图二二一）

　　1636/ST2212⑥：1，管残。夹砂，红褐色。帽顶凸起，帽檐较宽。帽顶孔径较大。残高 3.7、帽径 3.9、帽顶孔径 1 厘米。（图二二一；彩版三三一）

　　1637/ST2312⑩：7，管残。夹砂，青灰色，局部微泛红。帽顶较平，帽檐窄。残高 2.7、帽径 2.9、孔径 0.7 厘米。（图二二一；彩版三三二）

　　1638/ST2711④：6，完整，管体细长。泥质，灰黑色，帽顶微泛褐。帽顶凸起，帽檐较宽。帽顶孔径大于管底。管体表面削痕明显。通高 3.8、帽径 2.6、管底径 1.2、帽顶孔径 0.7、管底孔径 0.5 厘米。（图二二一；彩版三三二）

　　四期

　　1639/SH220①：14，帽残，管体较细长。泥质，浅灰色，局部微微泛红。帽顶凸起，帽檐较窄。管体表面削痕明显。通高 5、管底径 1.4、管底孔径 0.8 厘米。（图二二二；彩版三三二）

　　1640/SH233：20，残。泥质，灰黑色，局部泛青。帽顶平整。帽顶孔径较大，管体表面有削痕。残高 2.4、帽径 3.5、帽顶孔径 1 厘米。（图二二二；彩版三三二）

　　1641/SH255：44，管残。泥质，红褐色，局部泛灰黑。帽顶凸起，有五道刻槽围绕帽孔，基本均分帽顶，帽檐下部也有数道刻痕。残高 2.1、帽径 4、帽顶孔径 0.9 厘米。（图二二二；彩版三三二）

　　1642/SH268：26，帽残。泥质，管呈深灰色，帽呈浅灰色。帽檐较窄，帽顶凸起，近孔处削平，表面修整痕迹明显，制作规整。管底孔径较大。通高 4、帽径 3.1、管底径 1.4、帽顶孔径 0.7、管底孔径 0.9 厘米。（图二二二；彩版三三二）

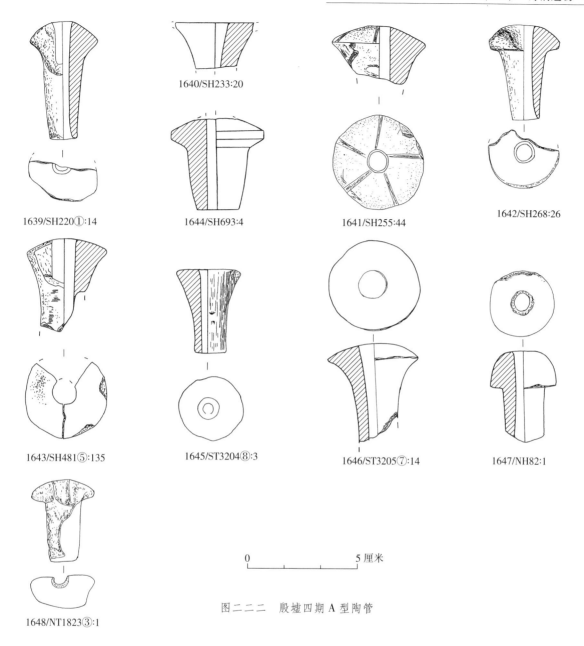

1640/SH233:20

1639/SH220①:14　　　　　1644/SH693:4　　　　　1641/SH255:44　　　　　1642/SH268:26

1643/SH481⑤:135　　　　　1645/ST3204⑧:3　　　　　1646/ST3205⑦:14　　　　　1647/NH82:1

0　　　　　　　　　5 厘米

图二二二　殷墟四期 A 型陶管

1648/NT1823③:1

1643/SH481⑤：135，残。泥质，青灰色，局部微泛红，胎呈深灰色。帽檐窄，帽顶微凸。残高3.6、帽径3.7、孔径1.1厘米。（图二二二；彩版三三二）

1644/SH693：4，帽残，较粗短。泥质，青灰色。帽檐较窄，帽顶微凸。通高4.1、管底径2.1、管底孔径0.9厘米。（图二二二；彩版三三二）

1645/ST3204⑧：3，完整。泥质，浅灰色，局部泛红褐。帽与管无分界线，帽顶与管底皆平整，沿较窄，管较细，表面削痕明显。帽顶孔径大于管底。通高3.6、帽径2.7、管底径1.4、帽顶孔径0.8、管底孔径0.5厘米。（图二二二；彩版三三二）

1646/ST3205⑦：14，管残。泥质，红褐色，局部泛青灰。帽檐较窄，帽顶微凸。管体表面削痕明显。帽顶孔径较大。残高4.3、帽径4、帽顶孔径1.3厘米。（图二二二；彩版三三三）

1647/NH82：1，出土于北区。稍残。泥质，灰褐色。帽顶凸起，形似蘑菇，帽檐较窄。两端孔径

大于中部。通高 4、帽径 2.9、管底径 1.8、孔径 1 厘米。（图二二二；彩版三三三）

1648/NT1823③：1，出土于北区。帽残，较短小。泥质，红褐色，局部泛青。帽顶凸起，帽檐较窄。通高 3.5、帽径残 2.6、管底径 1.4、管底孔径 0.6 厘米。（图二二二；彩版三三三）

殷墟时期

1649/SH309①：1，仅存帽。夹砂，青灰色，内胎泛褐。帽高高凸起，呈馒头形。残高 2.8、帽径 3.2、孔径 0.8 厘米。（图二二三；彩版三三三）

1650/ST2812：01，采集。管残。泥质，浅灰色，局部泛青。帽顶凸起，帽檐窄，呈龟头形，表面削痕明显。残高 4.6、帽径 2.8、帽顶孔径 0.6 厘米。（图二二三；彩版三三三）

B 型

计 27 件。陶管顶端无帽，多数顶端粗于底端。

二期

1651/SH651⑥：1，完整。泥质，青灰色，局部微泛褐。管体中部略粗于两端，底端孔径大于顶端。通高 4.7、管径 2.4、顶端孔径 0.6、底端孔径 1.2 厘米。（图二二四；彩版三三三）

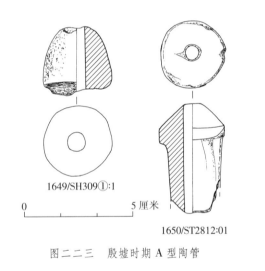

1649/SH309①:1

1650/ST2812:01

0   5 厘米

图二二三　殷墟时期 A 型陶管

1651/SH651⑥:1

0   5 厘米

图二二四　殷墟二期 B 型陶管

三期

1652/SH24：26，稍残。泥质，青灰色。顶端粗于底端，顶部微凸。表面削痕明显。通高 4.7、顶径残 2.8、底径 1.7、底端孔径 0.6 厘米。（图二二五；彩版三三三）

1653/SH225：88，残。泥质，青灰色。底端孔径较大，表面削痕明显。残高 3.4、底径 1.5、底端孔径 0.7 厘米。（图二二五；彩版三三三）

1654/SH517：10，下端残。泥质，灰黑色，顶部青灰色。顶部平整，顶端孔径较大。残高 2.5、顶径 2.6、顶端孔径 0.8 厘米。（图二二五；彩版三三三）

1655/SH573①：108，完整，体较粗长。泥质，深灰色，局部微泛褐。顶较平，近孔处内凹，底端内凹。通高 5.6、顶径 2.7、底径 1.8、孔径 0.8 厘米。（图二二五；彩版三三四）

1656/SH573④：109，较完整，体较细长。泥质，青灰色。顶微凸，底平整。通体磨光。通高 4.3、顶径 2.1、底径 1.3、孔径 0.8 厘米。（图二二五；彩版三三四）

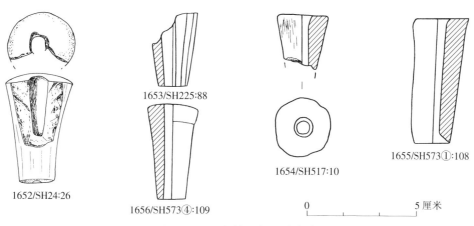

1652/SH24:26

1653/SH225:88

1654/SH517:10

1655/SH573①:108

1656/SH573④:109

0　　　　　　5 厘米

图二二五　殷墟三期 B 型陶管

四期

1657/SH232：84，残，泥质，青灰色。下端孔径大于上端。残高 3.4、残宽 2.3 厘米。（图二二六；彩版三三四）

1658/SH233：102，上端残。泥质，表面呈浅灰褐色，胎呈青灰色。平底。通体磨光。残高 3.3、底径 1.8、底端孔径 0.8 厘米。（图二二六）

1659/SH248：3，下端残，体较细。泥质，青灰色，局部泛红。顶较平，表面有削痕。残高 2.6、顶径 1.8、顶端孔径 0.7 厘米。（图二二六；彩版三三四）

1660/SH269：182，顶端稍残。泥质，浅灰褐色。底端孔径大于顶端。通高 4、顶径 2.5、底径 1.9、

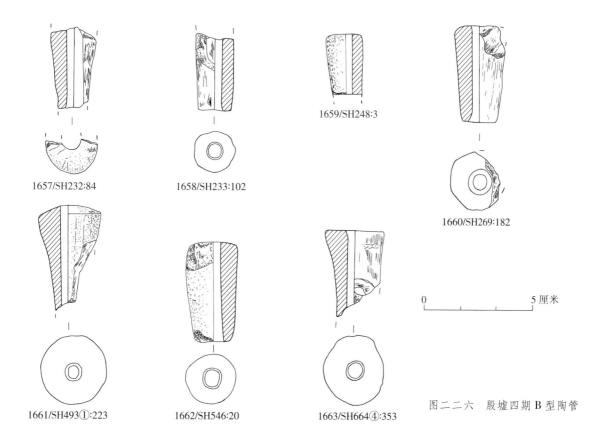

1657/SH232:84

1658/SH233:102

1659/SH248:3

1660/SH269:182

1661/SH493①:223

1662/SH546:20

1663/SH664④:353

0　　　　　　5 厘米

图二二六　殷墟四期 B 型陶管

顶端孔径 0.7、底端孔径 0.8 厘米。（图二二六；彩版三三四）

1661/SH493①：223，下端残。泥质，青灰色。顶微凸。表面削痕明显。残高 4.5、顶径 3.1、孔径 0.7 厘米。（图二二六；彩版三三四）

1662/SH546：20，稍残。泥质，青灰色。顶和底皆较平，底端孔径大于顶端。表面削痕明显。通高 4.3、顶径残 2.2、底径 1.8、顶端孔径 0.7、底端孔径 0.9 厘米。（图二二六；彩版三三四）

1663/SH664④：353，下端残。泥质，浅灰褐色，内胎近孔处呈青灰色。顶部平整。通体磨光。残高 3.3、顶径 3、孔径 0.9 厘米。（图二二六；彩版三三四）

殷墟时期

1664/SH212：7，底端残。泥质，青灰色，局部微微泛红。平顶。通体磨光。残高 2.3、顶径 2.5、孔径 0.8 厘米。（图二二七）

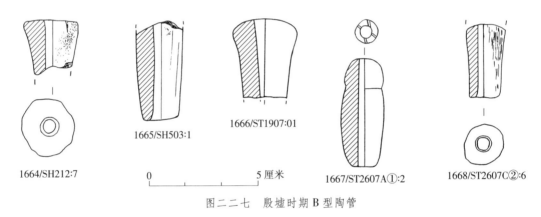

1664/SH212:7

1665/SH503:1

1666/ST1907:01

0　　　　　　　　5 厘米

1667/ST2607A①:2

1668/ST2607C②:6

图二二七　殷墟时期 B 型陶管

1665/SH503：1，顶端残。泥质，青灰色。平底。表面有削痕。底端孔径较大。残高 4.3、底径 1.7、孔径 0.9 厘米。（图二二七；彩版三三四）

1666/ST1907：01，采集。残。夹砂，红褐色。顶部微凸。通体磨光。顶端孔径较大。残高 3.5、顶径 2.6、顶端孔径 0.9、底端孔径 0.7 厘米。（图二二七；彩版三三五）

1667/ST2607A①：2，完整。夹细砂，红褐色，局部微泛青。管体中部粗于两端。顶部绕孔有四道刻槽，顶端下部内束。表面有削痕。通高 4.8、管径 1.8、孔径 0.5 厘米。（图二二七；彩版三三五）

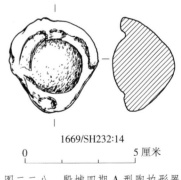

1669/SH232:14

0　　　　　　　　5 厘米

图二二八　殷墟四期 A 型陶拍形器

1668/ST2607C②：6，顶端残。泥质，灰黑色，局部泛青。平底。表面削痕明显。残高 3.2、底径 1.6、孔径 0.8 厘米。（图二二七；彩版三三五）

二　陶拍形器

计 12 件。夹砂，多呈红褐色。可分两型。

A 型

计 4 件。体多为圆形。正面中部凸起，边缘处有一周凹槽；背面隆起，多有指印，便于手捉。

四期

1669/SH232：14，稍残。正面呈浅灰褐色，背面呈青灰色。直径 4、残厚 2.6 厘米。（图二二八；

彩版三三五）

殷墟时期

1670/ST1806②∶3，稍残。正面呈红褐色，背面呈浅灰褐色。直径 4.9、残厚 2 厘米。（彩版三三五）

B 型

计 8 件。体多为椭圆形。正面多微拱起，光滑；背面隆起，多有指印或指窝，便于手捉。

三期

1671/SH225∶240，椭圆形，残。红褐色，局部泛青灰。背面有三枚较深指窝。长径 6.3、短径 5.3、厚 3.5 厘米。（彩版三三五）

1672/SH225③∶147，圆形，背面残。红褐色。正面较平整。直径 7.5、残厚 3.1 厘米。（彩版三三五）

1673/SH571①∶6，略呈椭圆形，稍残。红褐色。背面中部有两个深指窝。长径 7.6、短径 5.8、厚 3 厘米。（图二二九；彩版三三五）

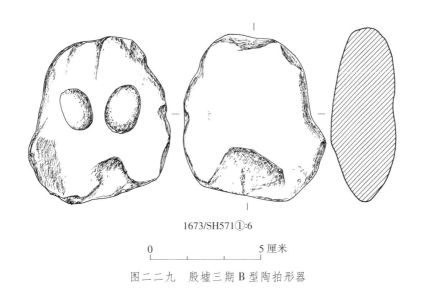

1673/SH571①:6

0   5 厘米

图二二九 殷墟三期 B 型陶拍形器

四期

1674/SH493①∶220、221、222、SH493④∶137，形制基本相同。椭圆形，饼状。正面已烧结，青灰色，背面呈红褐色，手指印较浅。

1674－1/SH493①∶220，较完整。背面局部泛青。长径 8.7、短径 6.2、厚 2.8 厘米。（彩版三三六）

1674－2/SH493①∶221，较完整。长径 7.6、短径 5、厚 2.3 厘米。（彩版三三六）

1674－3/SH493①∶222，残。内胎呈灰褐色。残长径 6.6、残短径 5.2、厚 3.3 厘米。（彩版三三六）

1674－4/SH493④∶137，较完整。背面平整，略内凹。长径 8.2、最厚 2.4 厘米。（彩版三三六）

1675/ST3107③∶28，略呈方形，两端稍残。红褐色。背面手指印浅。残长 5.5、宽 5.2、厚 2.7 厘米。（彩版三三六）

三 陶锥形器

计 9 件。皆泥质，多呈红褐色，少数呈灰褐色。大致呈圆锥状，大小不一，尖顶或小平顶，大平底。表面多磨光，少数有削痕。用途不详。

二期

1676/ST2711⑲：1，体较小，尖顶，表面磨光。高 2.8、底径 2.3 厘米。（图二三〇；彩版三三七）

四期

1677/ST1906③：35，体较细高，小平顶，表面有削痕。高 3.9、底径 2.4 厘米。（图二三一；彩版三三七）

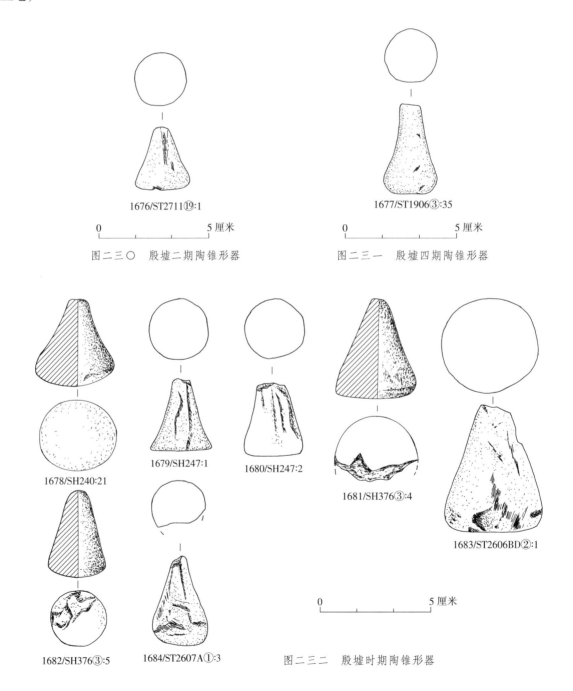

1676/ST2711⑲:1

0   5 厘米

图二三〇　殷墟二期陶锥形器

1677/ST1906③:35

0   5 厘米

图二三一　殷墟四期陶锥形器

1678/SH240:21

1679/SH247:1

1680/SH247:2

1681/SH376③:4

1683/ST2606BD②:1

1682/SH376③:5

1684/ST2607A①:3

0   5 厘米

图二三二　殷墟时期陶锥形器

殷墟时期

1678/SH240：21，体较矮，尖顶，稍残。表面磨光。高3.6、底径3.3厘米。（图二三二；彩版三三七）

1679/SH247：1，体较矮小，尖顶，稍残。高3、底径2.7厘米。（图二三二；彩版三三七）

1680/SH247：2，体较矮小。灰色。小平顶。高3.2、底径2.7厘米。（图二三二；彩版三三七）

1681/SH376③：4，稍残。体较高。红褐色。尖顶。表面磨光。高4.4、底径3.2厘米。（图二三二；彩版三三七）

1682/SH376③：5，稍残。体较细高。红褐色，局部泛灰。尖顶，稍残。表面磨光。高3.6、底径2.4厘米。（图二三二；彩版三三七）

1683/ST2606BD②：1，稍残。体高大。红褐色。尖顶，稍残。表面磨光。高5.8、底径4.3厘米。（图二三二；彩版三三七）

1684/ST2607A①：3，稍残。体较高。红褐色。尖顶。表面磨光。高3.8、底径残2.5厘米。（图二三二；彩版三三七）

四　铜刻针

计31件。整体呈长条形。多数前端有尖或刃，少数前端有尖，后端为刃。柄截面多呈三棱形，少数呈圆形或半圆形或长方形。出土时多已残，尤其针尖或刃残缺者居多，且多锈蚀严重。其用途为刻划陶范纹饰或剔除青铜器纹饰内的范土。

三期

1685/SH315④：24，柄残，尖稍残。柄截面呈三棱形。残长7.1厘米，重2.6克。（图二三三；彩版三三八）

四期

1686/SH12：54，柄残。柄截面呈圆形。前端有尖，稍残。残长4.7厘米，重5.4克。（图二三四）

1687/SH248：1a，刃残。柄截面呈长方形。残长7.9厘米，重3.3克。（图二三四；彩版三三八）

1688/SH248：1b，柄残。柄截面呈三棱形。前端有扁刃。残长5.6厘米，重2.4克。（图二三四；彩版三三八）

1689/SH269：188，较完整。柄截面呈长方形，前端有扁刃。长6.9厘米，重1.9克。（图二三四）

1690/SH289：3，柄和尖皆残。柄截面呈三棱形。残长5.5厘米，重2.6克。（图二三四；彩版三三八）

1691/SH334：3a，完整。柄截面略呈圆形。前端有圆尖。长12.7厘米，重10.5克。（图二三四；彩版三三八）

1692/SH334：3b，完整。柄截面略呈圆形。前端较尖。长8.1厘米，重5.2克。（图二三四；彩版三三八）

1685/SH315④:24

0　　　　　　　5厘米

图二三三　殷墟三期铜刻针

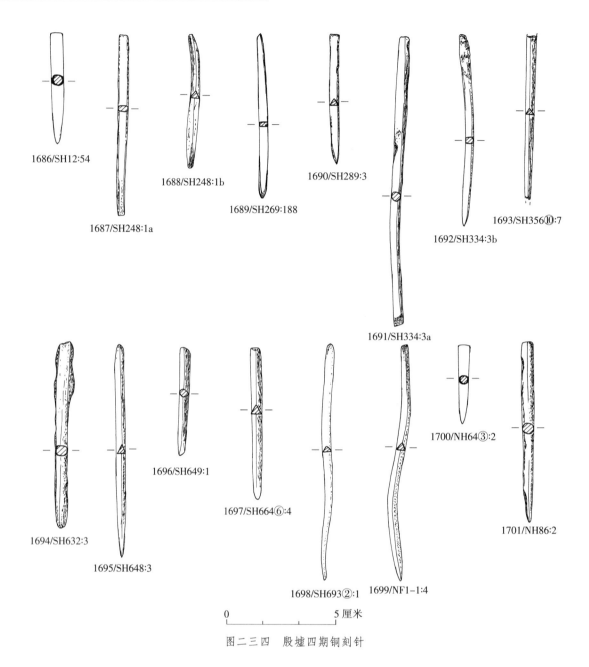

1686/SH12:54

1687/SH248:1a

1688/SH248:1b

1689/SH269:188

1690/SH289:3

1691/SH334:3a

1692/SH334:3b

1693/SH356⑩:7

1694/SH632:3

1695/SH648:3

1696/SH649:1

1697/SH664⑥:4

1698/SH693②:1

1699/NF1-1:4

1700/NH64③:2

1701/NH86:2

0　　　　　　　5 厘米

图二三四　殷墟四期铜刻针

1693/SH356⑩：7，柄和尖皆残。柄截面呈三棱形。残长 7.1 厘米，重 2 克。（图二三四；彩版三三八）

1694/SH632：3，柄和尖皆残。柄截面呈圆形。残长 8.1 厘米，重 8.8 克。（图二三四；彩版三三八）

1695/SH648：3，完整。柄截面呈三棱形。前端有圆尖，后端有扁刃。长 9.1 厘米，重 3.5 克。（图二三四；彩版三三八）

1696/SH649：1，柄残。柄截面呈三棱形。前端有扁刃。残长 4.6 厘米，重 2.6 克。（图二三四；彩版三三八）

1697/SH664⑥：4，柄残。柄截面呈三棱形。前端有圆尖。残长 6.5 厘米，重 6 克。（图二三四；彩版三三八）

1698/SH693②：1，完整。柄截面呈半圆形。前端有圆尖，后端有扁刃。长9.5厘米，重3.4克。（图二三四；彩版三三八）

1699/NF1－1：4，完整。柄截面略呈三棱形。前端有圆尖。长10.2厘米，重5.5克。（图二三四；彩版三三八）

1700/NH64③：2，柄残。柄截面呈圆形。前端有圆尖。残长3.3厘米，重2.3克。（图二三四）

1701/NH86：2，柄残。柄截面呈圆形。前端有圆尖。残长7.9厘米，重6克。（图二三四；彩版三三八）

殷墟时期

1702/SH209：2，柄残。柄截面呈三棱形。前端有圆尖。残长6厘米，重2.6克。（图二三五）

1703/ST2710：03，扰坑出土。尖残。柄截面呈圆形。残长6.9厘米，重2.4克。（图二三五；彩版三三八）

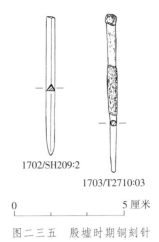

1702/SH209:2

1703/T2710:03

0　　　　　　5厘米

图二三五　殷墟时期铜刻针

五　磨石

总计6229块，标本937块。均为长石石英砂岩，有粗、细砂岩两种，以粗砂岩居多。它们的用途绝大多数是用来打磨新浇铸出来的青铜器，打磨时，与青铜器接触的地方多为磨石的侧面，故磨石的侧面多为磨制，较光滑，有的局部残留打制痕迹；而正反或上下两面多为打制，较粗糙，正面或上面多平整，反面或下面多不平，有的还起层脱落或跳台。由于打磨青铜器的部位及要求不同，而且长期用来打磨青铜器，故磨石的形状、大小、厚薄多不一样。形体有片体、柱体、球体等几种，以片体为大宗，少量柱体，球体罕见；形状有圆形、椭圆形、方形、长方形、三角形、梯形、多边形以及不规则形等几类，以圆形居多。另有少量磨石不排除是用来磨制骨笄、骨锥等生活用具的。这里一并介绍。

（一）粗砂岩

标本880块。多呈灰白色，有的泛米黄，有的表层局部泛黑，少数呈红褐色。依其形体的不同，分以下几型。

A 型

计780块。片状。又依其形状的不同分以下几个亚型。

Aa 型

计238块。圆形或略呈圆形。

二期

1704/SH375④：6，较厚。灰白色，微泛米黄。除反面打制较粗糙外，其余面皆磨制较光滑，正面平整，正中有一浅凹窝，反面不甚平，中部也有一凹窝。直径5.3、厚2.9厘米。（彩版三三九）

1705/SH651①：27，灰黄色，微泛白。通体磨制，正面平整，反面较平，侧面光滑，反面和侧面有裂纹。直径4.2、厚1.8厘米。（彩版三三九）

1706/ST2711⑭：26，较厚。青灰色，泛米黄。通体磨制光滑，正反面平整，侧面中部微鼓。直径

5.1、厚 3 厘米。（彩版三三九）

1707/ST2811⑭：25，青灰色，微泛白，表层局部呈黄褐色。通体磨制，正反面较平整，局部残留少许打制痕，侧面光滑。直径 4.6、厚 2.1 厘米。（彩版三三九）

1708/ST2812⑯：2c，灰黄色，泛白。正反面打制较平，侧面磨制光滑，中部微鼓。直径 5.2、厚 2.4 厘米。（彩版三三九）

三期

1709/SH371①：1a，较薄。紫灰色，局部泛白。通体磨制光滑，正反面平整。直径 5.2，厚 1.7 厘米。（彩版三三九）

1710/SH397④：41，较薄。灰黄色，微泛褐。除反面打制略粗糙不平外，其余面皆磨制光滑，正面平整。直径 5.8、厚 1.7 厘米。（彩版三三九）

1711/SH455：10，亚白色。正面隆起，反面平整，通体磨制光滑。直径 4.9、厚 2.2 厘米。（彩版三三九）

1712/SH457②：4，灰白色，泛米黄。除反面打制较粗糙不甚平外，其余面皆磨制较光滑，正面较平整，侧面残留一处打制痕。直径 5.4、厚 2.3 厘米。（彩版三三九）

1713/SH603：3，厚薄不一。青灰色，泛米黄。通体磨制，正反面较平整，侧面光滑。直径 5.2，最厚 2.2 厘米。（彩版三四〇）

1714/SH665：17，较厚。灰白色，泛米黄。除反面打制略粗糙外，其余面皆磨制光滑，正面平整，侧面中部外鼓。直径 4.5、厚 2.7 厘米。（彩版三四〇）

1715/ST1907⑦：61，体较小且薄。青灰色，微泛白、米黄。通体磨制光滑，仅反面略显粗糙，正反面平整，侧面磨出一亚腰。直径 3.8、厚 1.2 厘米。（彩版三四〇）

1716/ST2007⑫：13，较薄。青灰色，微泛白、米黄。通体打制较粗糙，未见磨制痕迹。应尚未使用过。直径 5、厚 1.5 厘米。（彩版三四〇）

1717/ST2212⑦：24，灰白色，泛米黄。通体磨制较光滑，正反面较平整，侧面磨出一条直边。直径 4.8、厚 2.4 厘米。（彩版三四〇）

1718/ST2212⑧：19，较厚。青灰色，表层泛黄褐。正面及侧面磨制光滑，正面平整，侧面中部鼓起，似圆鼓，局部残留有打制痕迹，反面打制，不平。直径 5.8、厚 3.9 厘米。（彩版三四〇）

1719/ST2212⑧：25，厚薄不均。灰白色，微泛米黄。除反面打制较粗糙外，其余面皆磨制较光滑，正面平整，反面稍平，侧面中部微鼓。直径 5.6、厚 3.2 厘米。（彩版三四〇）

1720/ST2609⑤：4，较厚。灰黄色，微泛白。通体打制粗糙不平。应尚未使用。直径 6.4、厚 4.2 厘米。（彩版三四〇）

四期

1721/SH233：41，较小。灰白色，微泛黄褐，反面表层泛黑。除反面打制略粗糙外，其余面皆磨制光滑，正面平整，侧面中部微鼓。直径 3.5、厚 2.1 厘米。（彩版三四〇）

1722/SH233：43，较厚。灰褐色，微泛白、米黄，局部泛黑。除反面打制略粗糙外，其余面皆磨制光滑，正面平整，有一道磨痕。直径 4.7、厚 3 厘米。（彩版三四一）

1723/SH255：11，较厚。灰白色，泛米黄。除反面打制粗糙不平外，其余面皆磨制，正面平整，

侧面光滑，残留少许打制痕迹。直径6、厚3.4厘米。（彩版三四一）

1724/SH422：8，较小，较薄，稍残。紫灰色，微泛黄。除反面打制略粗糙外，其余面皆磨制光滑。正反较平整，边缘处磨出一凹槽，侧面磨出棱角。直径4、厚1.4厘米。（彩版三四一）

1725/SH493③：166，较薄。灰黄色，泛白。通体磨制。正面平整，反面较粗糙，不甚平，侧面光滑，局部磨出棱角。直径5.2、厚1.5厘米。（彩版三四一）

1726/SH611①：51，较厚。灰黄色，泛白。通体磨制光滑，局部残留有打制痕，正反面较平整，侧面中部微鼓。直径5、厚3厘米。（彩版三四一）

1727/SH611③：68，较薄，紫灰色。正面及周边磨制光滑，反面泛黑，打制、起层、跳台。直径5.2、厚1.1厘米。（彩版三四一）

1728/SH649：152，较薄。灰白色，微泛米黄。通体打制，正反面较平，正面略显光滑，其余面皆较粗糙。应尚未使用。直径4.4、厚1.3厘米。（彩版三四一）

1729/ST1906③：27，灰白色，微泛黄褐。通体磨制光滑，正面平整，磨出两道"X"形浅槽，反面中部略内凹。直径5、厚2.1厘米。（彩版三四一）

1730/ST2006③：52，灰白色，泛米黄。通体磨制光滑，正反面平整，正面磨出两个浅槽。直径4.2、厚2.6厘米。（彩版三四一）

1731/ST2008③：24，红褐色，表面泛灰。侧面磨制光滑，正反面打制，正面平整，反面不平。直径4.5、厚1.9厘米。（彩版三四二）

1732/ST3205⑥：10，灰白色，泛米黄。通体磨制光滑，仅反面略显粗糙，侧面磨出棱角。直径5.2、厚1.8厘米。（彩版三四二）

殷墟时期

1733/ST1907②：2，灰白色，泛米黄。通体磨制较光滑。正面较平，磨出一道凹槽，反面微内凹，侧面磨出一道直线，局部残留打制痕。直径6.3、厚2.8厘米。（彩版三四二）

1734/ST2008②：22，较厚。灰白色，微泛米黄。正面及侧面磨制光滑，正面平整，反面打制，不平。直径5.3、厚3.5厘米。（彩版三四二）

1735/ST2606A③：1，灰白色，微泛米黄。除反面打制较粗糙不平外，其余面皆磨制，正面较平整，侧面光滑，一处磨成直边。直径5.7、厚2.6厘米。（彩版三四二）

1736/ST2703②：1，红褐色，局部微泛浅灰。侧面磨制光滑，正反面打制，正面平整，反面少许脱落，不平。直径4.6、厚2.6厘米。（彩版三四二）

Ab 型

计117块。椭圆形或略呈椭圆形。

二期

1737/SH651⑥：33，较厚。灰白色，微泛米黄。正面及侧面磨制，正面平整，侧面光滑，中部外鼓，局部残留少许打制痕迹，反面打制较粗糙不平。长径6.1、短径4.8、厚3.5厘米。（彩版三四二）

1738/SH651⑥：35，青灰色，微泛白、米黄，正面局部呈红褐色。除长径两端侧面少部分磨制较光滑外，其余皆打制粗糙不平。长径10.8、短径7.6、厚3.2厘米。（彩版三四二）

1739/ST2811⑳：6，较厚。灰黄色，微泛青。通体磨制较光滑，局部残留少许打制痕，正面平整。长径11.1、短径7.9、厚2.9厘米。（彩版三四二）

三期

1740/SH425：12，较厚。灰白色，微泛米黄。通体磨制较光滑，正面平整，磨出一道凹槽，反面较平，少许起层脱落。长径4.9、短径3.9、厚3厘米。（彩版三四三）

1741/SH455：8，青灰色，微泛白、米黄。正面磨制平整，侧面磨制光滑，局部残留打制痕迹，反面打制较平。长径6.2、短径5.4、厚1.9厘米。（彩版三四三）

1742/SH457②：6，较薄。灰白色，泛米黄。除反面打制粗糙不平外，其余面皆磨制光滑，正面平整。长径5.4、短径4.5、厚1.5厘米。（彩版三四三）

1743/SH510⑥：12，灰白色，微泛米黄，局部泛黑。正面及侧面磨制光滑，正面平整，反面打制较粗糙不平。长径5.6、短径4.9、厚1.8厘米。（彩版三四三）

1744/SH665：20，较厚。灰白色，微泛米黄。通体磨制光滑，仅反面略显粗糙，正面平整，侧面磨出棱角。长径4.7、短径3.6、厚2.9厘米。（彩版三四三）

1745/SH671①：3，较薄。暗红色，正面有一薄层钙化质，呈亚白色。通体磨制光滑。长径5.4、短径3.8、厚1.8厘米。（彩版三四三）

1746/ST1907⑦：67，青灰色，微泛米黄。正反面打制较粗糙不平，侧面磨制较光滑。长径7.2、短径4.2、厚1厘米。（彩版三四三）

1747/ST2212⑥：32，较薄，且厚薄不均。灰黄色。通体打制，粗糙不平，一面起层，部分脱落。应尚未使用。长径5、短径4.5、厚1.6厘米。（彩版三四三）

1748/ST2312⑨：21，较薄。灰白色，微泛米黄。通体磨制光滑，仅反面略显粗糙，正面平整。长径7.4、短径3.3、厚1.3厘米。（彩版三四三）

四期

1749/SF66-1：6，灰黄色，微泛白。除反面打制略粗糙且较平外，其余面皆磨制光滑，正面平整。长径5.4、短径3.7、厚1.9厘米。（彩版三四四）

1750/SH233：63，体小，较薄。青灰色，微泛米黄。正面及侧面磨制较光滑，正面平整，反面打制较粗糙。长径4.7、短径3.8、厚1.1厘米。（彩版三四四）

1751/SH252②：76，较薄。灰白色，微泛米黄。通体磨制光滑，仅反面略显粗糙，正面平整。长径6.9、短径4.6、厚1.2厘米。（彩版三四四）

1752/SH269：145，较薄。红褐色，微泛白。通体磨制较光滑，仅反面略显粗糙，正面平整，侧面局部残留少许打制痕迹。长径5.9、短径5、厚1.3厘米。（彩版三四四）

1753/SH426：13，紫红色，表层微泛灰。通体磨制较光滑，正面平整，侧面磨出棱角。长径5.9、短径5、厚2.2厘米。（彩版三四四）

1754/ST2006③：48，薄。灰褐色，泛白，背面呈黄褐色。通体磨制较光滑，侧面局部残留少许打制痕，正面平整，反面部分起层脱落。长径6.9、短径4.4、厚0.9厘米。（彩版三四四）

Ac 型

计139块。长方形或略呈长方形，多圆角。

二期

1755/ST2811⑭：34，较长。灰白色，微泛黄褐。正反面打制，正面较平，侧面磨制较光滑，局部残留少许打制痕迹。长18.6、宽6.7、厚3.8厘米。（彩版三四四）

1756/ST2811⑰：4，较薄。灰白色，泛米黄。除一窄面打制外，其余面皆磨制较光滑，正反面较平。长9.7、宽6.3、厚2厘米。（彩版三四四）

三期

1757/SH202④：44，长条状。暗红色。除两窄边打制外，其余皆磨制光滑，其中一长边为斜面，正反面平整。长5.1、宽1.3、厚1.1厘米。（彩版三四五）

1758/SH217①：13，较厚。灰白色，微泛黄褐。正面及侧面磨制较光滑，正面及两长侧面较平整，其一侧面略内凹，两短侧面呈弧面，反面打制较粗糙，较平。长7.1、宽5.3、厚4.2厘米。（彩版三四五）

1759/SH226③：43，稍残。灰白色，微泛黄褐。通体磨制光滑，正面平整，反面局部起层脱落，两面边缘处均斜下切。长7.2、宽6.1、厚1.7厘米。（彩版三四五）

1760/SH428⑧：8，长条形。青灰色，泛米黄。通体磨制较光滑，正反面平整，反面中部微内凹。长7.2、宽3.1，厚2.1厘米。（彩版三四五）

1761/SH430：6，较厚。灰白色，微泛米黄。通体磨制较光滑，反面局部残留打制痕，正反面较平，两窄边磨成弧线。长5.2、宽3.2、厚2.9厘米。（彩版三四五）

1762/SH445①：19，厚薄不一。灰白色，微泛米黄。通体磨制较光滑，正面平整，反面起层，大部分已脱落，两长侧面磨出中脊，两短侧面磨成弧面。长9.7、宽5、厚2.3厘米。（彩版三四五）

1763/SH573②：272，较厚。青灰色，微泛米黄。通体磨制光滑，正反面平整，微内凹面，一窄侧面为斜面。长4.8、宽3.3、厚2.7厘米。（彩版三四五）

1764/ST2212⑤：66，稍亚腰。灰白色，微泛米黄。通体磨制光滑，正反面平整，反面局部起层脱落。长4.8、宽3.7、厚1.6厘米。（彩版三四五）

1765/ST2212⑤：125，长条状。灰白色，泛米黄。通体磨制较光滑，正反面中部微凹，一窄面磨成弧面，另一窄面磨出棱角。长7、宽2.5、厚1.4厘米。（彩版三四五）

四期

1766/SF66－1：7，紫灰色。通体磨制光滑，仅反面略显粗糙，正反面平整。长5.2、宽4.2、厚2.5厘米。（彩版三四六）

1767/SH6⑥：62，较薄，长条形，微亚腰。青灰色，泛米黄。除一窄边打制外，其余皆磨制光滑，正面平整，反面略显粗糙，中部略内凹。长5.2、宽2.3、厚1厘米。（彩版三四六）

1768/SH493①：185，灰褐色。通体磨制光滑，反面略显粗糙，左侧面残留有打制痕，正反面平整，两窄边略磨成弧面。长4.8、宽2.9、厚1.6厘米。（彩版三四六）

1769/SH493①：195，灰白色，微泛米黄。除一侧面打制粗糙外，其余面皆磨制较光滑，正面较平，磨出一道窄槽。长5.6、宽4.9、厚2.5厘米。（彩版三四六）

1770/SH493①：199，薄。青灰色，泛米黄。正反面打制，部分起层脱落，不平，侧面磨制较光滑，一短侧面磨成弧面。长11.1、宽6.2、厚1.5厘米。（彩版三四六）

1771/SH610：19，灰白色，微泛黄褐。通体磨制较光滑，正面平整，中部微内凹，反面残留少许打制痕。长6.5、宽3.6、厚2.1厘米。（彩版三四六）

1772/SH611③：70，较薄。灰白色，微泛米黄。正面及三侧面磨制较光滑，正面平整，部分起层脱落，反面及另一侧面打制较粗糙，反面略平。长6.2、宽5.1、厚1.8厘米。（彩版三四六）

1773/ST1906⑤：38，较薄。青灰色，泛米黄，反面表层呈黄褐色。除一窄面打制外，其余面皆磨制较光滑，正反面较平整，反面磨出一道浅槽，另一窄面略呈弧面。长9.5、宽5.5、厚1.5厘米。（彩版三四六）

Ad 型

计37块。方形或略呈方形，多为圆角。

二期

1774/ST2711⑬：15，薄片，形制规整。灰白色，局部泛米黄。仅反面打制稍粗糙外，其余皆磨制较光滑，正面平整，反面较平，两对应侧面为平整，另两对应侧面略呈弧面。边长6.1、厚1.3厘米。（彩版三四七）

三期

1775/SH7⑤：24，灰白色，微泛米黄。通体磨制光滑，仅反面略显粗糙，正面一边缘起层，脱落，跳台。边长4.5、厚1.6厘米。（彩版三四七）

1776/SH427：63，灰白色，微泛米黄。除两长侧面打制粗糙外，其余面皆磨制较光滑，正面较平整，反面不甚平。边长5、厚2.8厘米。（彩版三四七）

1777/ST2007⑫：10，较厚，形制较规整。灰白色，微泛米黄。正面及一侧面磨制光滑，正面残留较多打制痕迹，其余面皆打制较粗糙，较平。边长5.9、厚4.9厘米。（彩版三四七）

1778/ST2212⑥：33，较薄。黄褐色。正面及侧面磨制光滑，正面起层，部分脱落，跳台，一短边侧面残留较大的打制面，反面打制略粗糙，较平。边长4.4、厚1.7厘米。（彩版三四七）

四期

1779/SH413①：22，部分呈灰白色、微泛米黄，部分呈灰黑色。通体磨制较光滑，一侧面残存大面积打制痕，正反面平整，两对称侧面为弧面。边长5、厚2.3厘米。（彩版三四七）

1780/SH611③：72，灰黄色。除一长侧面打制粗糙外，其余面皆磨制较光滑，正面平整，反面不平。边长4.4、厚2厘米。（彩版三四七）

1781/ST1806⑤：37，灰白色，微泛黄褐。除对称两侧面打制粗糙外，其余面皆磨制较光滑，正面平整，反面不甚平。边长6.2、厚2.2厘米。（彩版三四七）

Ae 型

计169块。梯形或略呈梯形。有的顶为弧线，似舌形；有的底为弧线，形似铲。

二期

1782/ST2811⑭：27，较薄。青灰色，泛米黄。除反面打制略粗糙较平外，其余面磨制光滑，正面少许起层脱落。顶长3.9、底长5.4、高6.2、厚1.4厘米。（彩版三四七）

三期

1783/SH427：67，灰白色。通体磨制光滑，仅背面略显粗糙，右侧面残留一处较大的打制面，顶

底面呈弧面。顶长2.6、底长3.7、高5.2、厚2.3厘米。（彩版三四八）

1784/SH457②：5，紫灰色。上下面打制，其他面磨制较光滑，正面平整，反面不甚平。顶长2.2、底长4.6、高6.6、厚2厘米。（彩版三四八）

1785/SH491：73，灰黄色，微泛白。通体磨制光滑，正反面平整，中部皆微内凹；顶底面略呈弧面。顶长2.9、底长3.5、高4.1、厚2厘米。（彩版三四八）

1786/SH597：1，灰白色，泛米黄。正反面磨制平整光滑，正面有两道、背面有一道竖向刻痕，上下面打制，两侧面磨制。顶长4.2、底长5.7、高11.6、厚2厘米。（彩版三四八）

1787/SH599③：9，较薄。灰黄色。通体磨制光滑，正反面平整，正面微内凹，顶底面呈弧面。顶长1.4、底长3.4、高6.3、厚1.2厘米。（彩版三四八）

1788/SH606③：6，较薄，亚腰。深灰色，微泛米黄。通体磨制光滑，反面略显粗糙，正反面平整。顶长3.6、底长5、高7.8、厚1.5厘米。（彩版三四八）

1789/ST1806⑥：21，亚白色，泛米黄。除顶部打制较粗糙外，其余面皆磨制，局部残留少许打制痕迹，正反面较平，正面磨出两道平行凹槽，背面磨出一道凹槽，左右侧面较光滑。顶长3.2、底长4.5、高6.5、厚3.4厘米。（彩版三四八）

1790/ST2212⑤：126，较小。灰黄色。通体磨制光滑，正面微内凹，反面有一浅槽，顶底面呈弧面。顶长2.2、底长3、高4.7、厚1.3厘米。（彩版三四八）

1791/ST2212⑦：32，较厚。灰黄色，泛白。除底面打制粗糙外，其余面皆磨制光滑，正反面平整，顶面磨出中脊。顶长2.4、底长3.2、高5.7、厚2.5厘米。（彩版三四八）

1792/ST2212⑧：30，较薄。青灰色，泛米黄。通体磨制较光滑，反面上部起层脱落，略显粗糙不平，正面较平整，顶底面呈弧面，底面直线略斜。顶长2.7、底长4.4、高7、厚1.5厘米。（彩版三四九）

1793/ST2811⑧：4，厚薄不一。灰黄色，微泛白。通体打制，正面略平。应尚未使用过。顶长4.3、底长7.3、高11.1、厚2.7厘米。（彩版三四九）

四期

1794/SH268：64，暗红色，微泛灰。除反面打制较粗糙外，其余皆磨制光滑，正面平整，底面呈弧形。顶长3.3、底长5.7、高5.4、厚2厘米。（彩版三四九）

1795/SH481①：127，薄。青灰色，局部微泛紫。通体磨制较光滑，反面略显粗糙，正面平整，反面不甚平。顶长4.2、底长5.7、高6.7、厚1.3厘米。（彩版三四九）

1796/SH493①：173，紫灰色，背面为黑灰色。除底面打制粗糙外，其余面皆磨制光滑，正反面平整，正面磨出一道斜向窄槽，反面中部微内凹，顶面磨为弧面。顶长3.1、底长4.4、高5.3、厚1.9厘米。（彩版三四九）

1797/SH546：58，暗红色。通体磨制光滑，正面平整，少许起层脱落，反面中部微内凹。顶长2.7、底长3.1、高3.8、厚1.3厘米。（彩版三四九）

1798/SH611③：62，较厚，较规整。灰白色，微泛米黄。通体磨制较光滑，局部残留少许打制痕迹，正面略内凹。顶长2.3、底长2.9、高5、厚2.5厘米。（彩版三四九）

1799/SH649：144，灰白色，泛米黄。除底面打制粗糙外，其余面皆磨制较光滑，正反面平整，中部皆微内凹，反面上部残留一处打制痕，顶面呈弧面。顶长 3.3、底长 4.5、高 5.4、厚 2.1 厘米。（彩版三四九）

1800/ST1906③：30，较薄。青灰色，泛米黄，局部泛灰黑。正面较平，磨制较光滑残留有打制痕迹，反面略粗糙。顶长 3.8、底长 5.7、高 7.5、厚 1.5 厘米。（彩版三四九）

Af 型

计 53 块。三角形或略呈三角形。顶较多磨为圆形，有的呈长舌形，有的呈楔形。

二期

1801/SH486①：9，规整。灰黄色，微泛白。通体磨制光滑，仅反面略显粗糙不平，正面平整。底长 3.9、高 10.8、厚 2.1 厘米。（彩版三五○）

三期

1802/SH606④：32，较薄。灰黄色。通体磨制较光滑，局部残留少许打制痕迹，正反面较平整，正面边缘磨出浅台。底长 5.1、高 5.2、厚 1.6 厘米。（彩版三五○）

1803/ST1906⑦：22，青灰色，泛米黄。通体磨制，正反面较粗糙，正面磨出三道凹槽，反面磨出两道凹槽，侧面较光滑，其中长边侧面呈弧面。底长 5.1、高 9.7、厚 2.9 厘米。（彩版三五○）

1804/ST2212⑤：104，较薄。青灰色，泛米黄。除反面打制较粗糙不平外，其余面皆磨制较光滑，正面稍平。底长 8、高 4.2、厚 1.2 厘米。（彩版三五○）

1805/ST3205⑨：3，稍残，米黄色，微泛白。正反面及底面打制较粗糙，两侧面磨制较光滑。底长 6.7、高 6.3、厚 1.8 厘米。（彩版三五○）

四期

1806/SH232：68，体小且薄，略呈等腰三角形。灰白色，微泛黄褐。除底面打制外，其余面皆磨制较光滑，正面较平整。底长 2.8、高 4.3、厚 0.7 厘米。（彩版三五○）

1807/SH268：44，较薄。灰白色，泛黄褐。通体磨制较光滑，仅反面略显粗糙，正反面平整，底面略呈弧面。底长 5.8、高 6.8、厚 1.9 厘米。（彩版三五○）

1808/SH268：45，较薄。灰黄色。正反面打制较粗糙，正面较平，反面不平，侧面及底面磨制较光滑，底面呈弧面。底长 5.6、高 9、厚 1.6 厘米。（彩版三五○）

1809/SH269：112，较薄。灰黄色，正面呈黄褐。除反面打制较粗糙不平外，其余皆磨制，正面平整，侧面光滑。底长 3.4、高 5.7、厚 1.7 厘米。（彩版三五一）

1810/SH269：113，灰黄色，微泛白。通体磨制光滑，正面微鼓，反面较平，底面呈弧面。底长 3.1、高 6.9、厚 1.7 厘米。（彩版三五一）

1811/SH611③：52，略呈等腰三角形，形制较规整。灰白色，微泛黄褐。正面及侧面磨制光滑，正面平整，反面及底面打制较粗糙，反面不甚平。底长 4.1、高 8.9、厚 1.9 厘米。（彩版三五一）

1812/ST2312③：21，较厚。青灰色，微泛米黄。除底面打制粗糙外，其余面皆磨制较光滑，正反面均微内凹。底长 2.5、高 6.3、厚 2 厘米。（彩版三五一）

Ag 型

计 8 块。多边形（四条边以上），绝大多数不等边。

三期

1813/SH226②：190，五边形。灰白色，微泛米黄。正面平整，反面不平。长 4、宽 3.9、厚 2.4 厘米。（彩版三五一）

1814/ST1906⑦：19，五边形。青灰色，表面泛米黄。正面磨制平整，反面不平。长 6.6、宽 6、厚 4.4 厘米。（彩版三五一）

四期

1815/SH268：55，六边形。暗红色。有的边较直，有的内弧，有的外弧，长短不一，正、反面未打磨，但较平。长 4、宽 3.8、厚 2.6 厘米。（彩版三五一）

1816/SH289①：16，六边形。灰白色，泛黄褐。除正面稍打磨较光滑平整外，其余皆打制粗糙不平，应为已打制成型但尚未使用过的磨石。长 9.1、宽 7.6、厚 1.5 厘米。（彩版三五一）

1817/SH422：9，五边形。青灰色，微泛米黄。正面磨制平整，反面未经打磨。长 5、宽 4.9、厚 1.1 厘米。（彩版三五二）

1818/SH649：147，六边形。灰黄色。正面磨制平整，反面未经打磨。长 4.4、宽 4.2、厚 2.2 厘米。（彩版三五二）

Ah 型

计 19 块。不规则形。

三期

1819/SH226②：186，部分呈紫红色，部分呈灰白色，微泛米黄。通体磨制较光滑，局部残留少许打制痕迹，正面平整。长 8.2、宽 4.3、厚 1.5 厘米。（彩版三五二）

1820/ST2609⑤：9，灰黄色，泛白。仅侧面少许磨制，其余皆打制粗糙不平。长 13.7、宽 8.1、厚 3.5 厘米。（彩版三五二）

1821/ST2711⑤：22，体大，厚薄不均，似刀形。灰黄色，微泛白。除两长侧面磨制较光滑外，其余面皆打制粗糙不平，其中最长侧面磨成弧面。长 25、宽 8.1、厚 4 厘米。（彩版三五二）

殷墟时期

1822/SH286：1，浅灰黄色，微泛白。正反面及一侧面磨制平整，正面磨制出两道平行凹槽，其余侧面打制粗糙不平。长 6.9、宽 6.2、厚 3.3 厘米。（彩版三五二）

B 型

计 76 块。柱体。又依形状的不同分以下几个亚型。

Ba 型

计 45 块。横截面呈圆形或略呈圆形。

二期

1823/SH283：1，灰白色，泛米黄。通体磨制光滑，底面不平。直径 3.1、高 3.2 厘米。（彩版三五三）

三期

1824/SH622：3，青灰色，微泛白、米黄。顶面及侧面磨制光滑，顶面平整，侧面中部微鼓，底面打制粗糙，较平。直径5.2、高4.1厘米。（彩版三五三）

1825/SH665：7，灰白色，微泛米黄。顶底面打制，较平，侧面磨制光滑，中部微鼓。直径5.5、高4.7厘米。（彩版三五三）

1826/ST2212⑤：81，灰白色，微泛米黄。顶面略小于底面，顶面打制较平，底面磨制平整，侧面磨制光滑，中部微鼓。直径5.2、高4.2厘米。（彩版三五三）

1827/ST2212⑧：18，灰白色，微泛米黄。顶面略小于底面，二者皆打制较粗糙，较平，侧面磨制光滑，局部残留少许打制痕迹。直径4.6、高3.5厘米。（彩版三五三）

1828/ST2212⑨：27，灰白色，泛米黄。顶底面打制较粗糙，较平，侧面磨制光滑，中部微鼓，局部残留少许打制痕迹。直径4.6、高3.7厘米。（彩版三五三）

1829/ST2312⑩：17，灰白色，微泛米黄。顶底面打制，较平整，侧面磨制光滑，中部微鼓。直径5.4、厚3.9厘米。（彩版三五三）

1830/ST2312⑪：5，灰白色，泛米黄。顶面磨制平整，底面打制粗糙，侧面磨制光滑，中部微鼓。直径5.4、高4.2厘米。（彩版三五三）

四期

1831/SH546：50，灰白色，微泛米黄。顶面及侧面磨制，较光滑，顶面平整，底面打制，较粗糙，较平。直径3.7、高3.2厘米。（彩版三五三）

1832/SH691①：10，体较小。暗红色。顶面及侧面打磨光滑，底面打制，不平。直径2.9、高2.7厘米。（彩版三五四）

Bb 型

计8块。横截面呈椭圆形或略呈椭圆形。

三期

1833/SH633：1，灰白色，微泛米黄。通体磨制，顶底面平整，侧面磨制光滑，中部较鼓，局部残留少许打制痕迹。顶径2.7～3.1、腹径3.7～4.2、高3.3厘米。（彩版三五四）

1834/SH665：13，灰白色，微泛米黄。正反面打制，正面较平，反面不平，侧面磨制较光滑，中部微内凹。直径4.4～5.1、高3.4厘米。（彩版三五四）

1835/ST2312⑧：18，青灰色，泛白、微泛米黄。通体磨制光滑，顶底面平整，顶面小于底面。顶径2.7～3.1、底径3.7～3.9、高3.1厘米。（彩版三五四）

Bc 型

计9块。横截面呈长方形或略呈长方形。

三期

1836/SH226③：194，紫灰色，局部泛青。通体磨制光滑。长2.5、宽2.1、高7厘米。（彩版三五四）

1837/SH266：3，圆角。黄褐色，局部泛白。通体磨制较光滑，顶端略细于底端。顶长4.6、顶宽4.2、底长5.3、底宽4.9、高11.3厘米。（彩版三五四）

1838/SH510：11，青灰色。顶部为弧面，通体磨光。长3、宽2.7、高5.6厘米。（彩版三五四）

Bd 型

计10块。横截面呈方形或略呈方形，多圆角。

二期

1839/SH651①：26，灰黄色，局部泛褐。通体磨制光滑，顶底面鼓起，顶面略小于底面，皆打制较平整，侧面有裂纹。顶边长3.2、底边长3.5、高3.5厘米。（彩版三五四）

三期

1840/SH603：22，灰白色，泛米黄。顶面磨制平整，底面打制不平，侧面磨制较光滑。边长4.2、高3.7厘米。（彩版三五四）

Be 型

计4块。横截面呈三角形或略呈三角形。

四期

1841/SH252③：61，三边略相等。灰白色，微泛米黄。顶面小于底面，顶底面及一侧面打制，较粗糙，另两侧面磨制，较光滑。顶边长3.7、底边长4.9、高3.9厘米。（彩版三五五）

C 型

计24件。球体。

二期

1842/ST2811⑲：7，灰色，微泛白和米黄。通体磨制光滑，局部残留少许打制痕迹。直径4.9厘米。（彩版三五五）

三期

1843/SH665：21，灰白色，微泛米黄。通体磨制较光滑。直径6.1厘米。（彩版三五五）

1844/SH683：186，灰白色，泛米黄。通体磨制较光滑。直径5.5厘米。（彩版三五五）

1845/ST2807⑮：1，青灰色，微泛白、米黄。通体磨制光滑，局部磨出凸棱。直径3.7厘米。（彩版三五五）

四期

1846/SH426：15，灰白色，泛米黄。通体磨制较光滑，表面有一处小平面。直径5厘米。（彩版三五五）

殷墟时期

1847/ST1921①：33，暗红色。通体磨制光滑。直径6.9厘米。（彩版三五五）

1848/ST2711：5，采集。灰白色，微泛米黄。通体磨制光滑。直径3.9厘米。（彩版三五五）

（二）细砂岩

标本计62块。

A 型

计5块。圆形或略呈圆形。

二期

1849/ST2711⑮：19，薄。暗红色。通体打制，正反面较平整，侧面粗糙不平。应尚未使用过。直

径 4.2、厚 1 厘米。（彩版三五六）

三期

1850/SH665：8，薄。暗红色。通体磨制光滑，反面略显粗糙，正反面较平整。直径 4.9、厚 1.1 厘米。（彩版三五六）

四期

1851/SH649：155，暗红色。通体磨光，反面起层跳台。直径 4.7、厚 1.3 厘米。（彩版三五六）

殷墟时期

1852/G8：9，青灰色，表层泛黑，通体磨光。直径 6.1、厚 1.4 厘米。（彩版三五六）

B 型

计 9 块。椭圆形或略呈椭圆形。

二期

1853/ST2812⑲：12，较薄。暗红色，泛灰。正反面皆打制，正面平整，侧面大部分打磨。长径 7.8、短径 3.9、厚 1.3 厘米。（彩版三五六）

三期

1854/SH226：191，较厚。暗红色。侧面大部分磨制光滑，局部保留有打制面，正面面积较大，磨制平整，中部有一半圆形钻孔，孔内有工具痕，反面面积较小，打制平整。正面长径 9.4、短径 6.9 厘米，反面长径 7.5、短径 5 厘米，孔径 1.2、厚 4.3 厘米。（彩版三五六）

1855/SH573③：216，体大。紫灰色，局部泛黑。正反面磨制平整光滑，中部皆微内凹，侧面大部分打制较粗糙，少部分磨制较光滑。长径 32.5、短径 16.3、厚 4.3 厘米。（彩版三五六）

1856/SH606⑥：46，体小。暗红色。通体磨制光滑，局部残留少许打制痕迹，正反面较平整。长径 6、短径 3.5、厚 1.5 厘米。（彩版三五七）

C 型

计 22 块。长方形或略呈长方形。

二期

1857/ST2711⑭：38，稍残，暗红色。正反两面及两侧面磨制，正面光滑，反面平整，另两侧面打制。长 7.1、宽 4.3、厚 1 厘米。（彩版三五七）

三期

1858/SH573⑥：271，较薄，残。暗红色。正面及侧面磨制光滑，反面打制较平整。残长 4.2、宽 3.7、厚 0.9 厘米。（彩版三五七）

1859/SH600⑥：53，暗红色。正反面及两长侧面磨制，正面光滑，两短侧面打制。长 11.7、宽 5.8、厚 1.7 厘米。（彩版三五七）

四期

1860/SH647①：5，暗红色。除一窄侧面打制外，其余面皆磨制光滑，正反面平整。长 6.9、宽 5.3、厚 1.6 厘米。（彩版三五七）

1861/SH649①：4，较厚，稍残。灰绿色。除两窄边打制外，其余皆磨制光滑，正反面平整，反面中部有一横道磨制浅槽，其中一窄面有切割痕迹，中间有一圆形钻孔，孔残，双面钻，稍错位。长

9.6、宽4.7、厚2.5厘米。（彩版三五七）

1862/SH649①：6，较薄，长条状。紫灰色。正面及两长边磨制光滑，正面平整，磨出一浅槽，反面及两窄边打制，反面较平。长5、宽2.5、厚0.9厘米。（彩版三五七）

1863/SH649④：104，暗红色。除两窄边打制粗糙外，其余皆磨制光滑，正面和一侧面磨出一道浅槽，反面磨出三横一竖相交凹槽。长6.1、宽3.1、厚1.9厘米。（彩版三五七）

殷墟时期

1864/ST1921①：31，暗红色。正反面打磨光滑，反面起层跳台，宽边磨制，短面打制。长9.7、宽3.9、厚1.7厘米。（彩版三五七）

D 型

计3块。方形或略呈方形。

二期

1865/SH283：9，暗红色。通体磨制，仅一侧面保留大面积的打制痕迹。边长5.1、厚1.8厘米。（彩版三五八）

四期

1866/SH269：126，暗红色。通体磨光，仅一侧面较粗糙。边长4.6、厚1.6厘米。（彩版三五七）

E 型

计11块。梯形或略呈梯形。

二期

1867/SH651①：40，暗红色，局部泛灰。除反面打制较平外，其余皆磨制光滑，正面平整。顶长3.2、底长4、高7.1、厚1.8厘米。（彩版三五八）

四期

1868/SH611③：58，底端残，暗红色。顶为弧面。正面及侧面磨制光滑，正面中部有一竖向刻痕，反面起层跳台。顶长3.3、残高5.3、厚1.6厘米。（彩版三五八）

1869/SH649：163，灰黄色。通体磨制光滑，局部残留大面积的打制痕，正面较平，中部磨出一棱形凹槽，反面不平。顶长1.9、底长3.5、高7.7、厚2.3厘米。（彩版三五八）

F 型

计4块。三角形或略呈三角形。

三期

1870/ST2212⑧：35，紫灰色，局部泛灰黑。一直边及底边打制，其余磨制光滑。底长3.6、高9.8、厚2.2厘米。（彩版三五八）

四期

1871/SH481③：125，暗红色。正面及底面打磨光滑，另两边及反面未打磨，反面且起层跳台。底长6.7、高4.2、厚1.3厘米。（彩版三五八）

G 型

计3块。多边形（四条边以上），绝大多数不等边。

四期

1872/ST3204⑥：14，较薄。暗红色。五条边，皆打磨，顶面较窄，较平直，两底面较宽，为弧面，略呈舌状，有圆刃，正反面局部打磨，但较平。长5.7、宽4.7、厚0.9厘米。（彩版三五八）

第四节　其他

铜渣、烧土块、木炭等也是该铸铜遗址常见遗物。其中铜渣最多，计218块。皆为熔铜时留下的残渣，因其内多含铜，故质多较重。绝大多数呈不规则形，且大小不一，表层有铜锈，多呈灰绿色，局部呈紫红色，有的局部有铁红锈，多有气孔。多夹杂少量木炭颗粒。少数为炉壁残块掉入熔炉，不但满身粘满铜渣，而且部分铜液侵入炉壁气孔内，致使其较重。

二期

1873/SH375⑩：21，质较重，夹杂木炭颗粒。重62.1克。（彩版三五九）

1874/SH415：1，体较大，局部有铁红锈，夹杂较多木炭颗粒。重125.9克。（彩版三五九）

1875/SH651⑥：48，夹杂木炭颗粒，有较大气孔。重26.8克。（彩版三五九）

1876/ST2711⑭：12，体较大，夹杂较多木炭颗粒。重75.6克。（彩版三五九）

1877/ST2711⑯：16，局部有铁红锈，有气孔。重85.8克。（彩版三五九）

1878/ST2812⑬：4，夹杂少量木炭颗粒。重51.1克。（彩版三五九）

三期

1879/SF27：10，略呈片状，有气孔。重50.3克。（彩版三六○）

1880/SH202②：30，体大，片状，质重。重283.7克。（彩版三六○）

1881/SH445①：28，与炉壁残块伴出。夹杂木炭颗粒。重23.2克。（彩版三六○）

1882/SH453（a）：15，体大，质重，夹杂较多木炭颗粒。重132.8克。（彩版三六○）

1883/SH456⑤：85，夹杂木炭颗粒。重14.3克。（彩版三六○）

1884/SH606⑥：65，有较多铁红锈。重49.6克。（彩版三六○）

1885/SH665：23，略呈扁片状，质重。重95.5克。（彩版三六一）

1886/SH683：236，有较多铁红锈。重46.6克。（彩版三六一）

1887/SH683：248，与炉壁残块伴出。质较重，有较多铁红锈。重16.6克。（彩版三六一）

1888/SH683：249，局部有铁红锈。重17.6克。（彩版三六一）

1889/ST1907⑦：83，夹杂少量木炭颗粒。重24克。（彩版三六一）

1890/ST2007⑬：6，较小，质重，有大面积铁红锈。重18.6克。（彩版三六一）

1891/ST2212⑧：49，局部有铁红锈，有小气孔。重32.4克。（彩版三六二）

1892/ST2312⑨：33，有较多铁红锈。重24.3克。（彩版三六二）

四期

1893/SH289③：40，局部有铁红锈。重18.7克。（彩版三六二）

1894/SH664④：170，质重，片状，正面较光滑。重39.1克。（彩版三六二）

1895/SH664⑨：360，略呈片状。重 33 克。（彩版三六三）

1896/ST3207④：1，上端厚，下端薄，略呈铲形。质重，似浇口处所留。重 58.4 克。（彩版三六三）

殷墟时期

1897/SH237：2，锈蚀严重，有"发泡"现象。重 20.7 克。（彩版三六三）

1898/SH347：3，局部有铁红锈。重 21.3 克。（彩版三六三）

第三章 结语

一 从铸铜遗物看铸铜遗址的范围、年代、性质、布局及意义

（一）铸铜遗址的范围

经过 1960 年、2000~2001 年、2003~2004 年、2005 年数次的考古发掘，我们对孝民屯铸铜遗址的大致范围有了初步认识。1960 年发掘的孝民屯西地铸铜遗址紧邻 2003 年发掘的铸铜遗址西部，二者中间仅一条南北向的铁路线相隔，2005 年发掘区与 2004 年发掘的孝民屯村南铸铜遗址也仅一院墙之隔，三者系同一个铸铜遗址应该没有问题。三者东西相连，其长度超过了 400 米，再结合发掘遗存情况看，孝民屯村南部南北宽约 100 米的区域分布着大量商代铸铜遗存，应是铸铜生产集中区，面积达 4 万平方米以上。而孝民屯村中、村北也零星出土一些铸铜遗物，应是铸铜遗址的边缘区。2000~2001 年发掘的孝民屯东南地铸铜遗址面积达 1 万平方米以上[1]，与 2005 年孝民屯村南发掘区相距约 200 米，二者之间的区域 2004~2006 年已进行了考古发掘，发现了 2 座带墓道的大墓、数座车马坑、一些祭祀坑等重要的商代遗存，但未发现与铸铜直接相关的遗存[2]，这说明孝民屯村南和村东南地铸铜遗址二者相对独立。然而二者相距较近，使用时期又相同，二者之间应该存在一定的关联性，在广义上应属同一商代铸铜作坊遗址，可统称为"孝民屯商代铸铜作坊遗址"，孝民屯村西和村南部为西区，村东南部为东区，总面积达 5 万平方米以上，是殷墟范围内迄今发现的最大一处商代铸铜作坊遗址。

（二）铸铜遗址的年代

该铸铜遗址破坏严重，尤其东区原为高台地，后因建窑烧砖和平整土地等缘故，破坏程度更为严重。许多地方清理上层扰土后即暴露出了与铸铜有关的遗存，故大部分遗迹单位只能依据其本身包含物来判断它的年代，由于铸铜遗物的演变规律不甚明显，所以与之伴出的陶片是判断该遗迹及铸铜遗物年代分期的重要证据。

从铸铜遗迹内出土的陶片看，西区孝民屯村西铸铜遗址的使用年代出现于殷墟二期，延续至殷墟三、四期[3]。西区孝民屯村南铸铜遗址内的大部分灰坑（窖穴）、房基属殷墟三、四期，殷墟二期的

---

[1] 中国社会科学院考古研究所安阳工作队：《2000~2001 年安阳孝民屯东南地商代铸铜遗址发掘报告》，《考古学报》2006 年第 3 期。
[2] 中国社会科学院考古研究所安阳工作队资料。
[3] A. 中国社会科学院考古研究所编著：《殷墟发掘报告（1958~1961）》，第 60~69 页，文物出版社，1987 年。B. 中国社会科学院考古研究所编著：《殷墟的发现与研究》，第 91~92 页，科学出版社，1994 年。

遗迹所占比例很小。从铸铜遗迹内出土陶范的形制和纹饰看，所浇注的青铜器大部分属殷墟后期，少量属殷墟二期。这说明西区孝民屯村南铸铜遗址也出现于殷墟二期，主要使用和兴盛时期为殷墟三、四期，延续使用时间较长[1]。东区孝民屯东南铸铜遗址的大部分灰坑（窖穴）、房址属殷墟四期，亦有少量殷墟三期的遗存，殷墟二期遗存比例很小。从陶范的形制和纹饰看，所浇注的青铜器大部分属殷墟后期，部分器形和纹饰所反映的年代可能晚至商末周初。说明东区铸铜遗址的使用年代也较长，出现于殷墟二期，发展于殷墟三期，繁荣于殷墟四期，消亡与商周更替之际[2]。

东区出土的大垂珥簋范、牛头垂珥簋范、华冠出戟凤鸟卣范、夔龙并直棱纹禁范等，西区出土的凤鸟并直棱纹卣范、夔凤并直棱纹的高圈足觥范等，它们所对应的青铜器多见于传世品，且多已流失海外，殷墟发掘品中极罕见。过去多数学者往往把这些传世铜器的年代全部判断为西周早期，似不妥，因为孝民屯铸铜遗址内不见西周早期的文化遗物，虽然有学者提出殷墟最晚阶段或许已进入西周纪年[3]，但也仅是推测。从墓葬出土的演变规律最明显的陶觚爵看，殷墟四期中的五个阶段的陶觚爵的演变是一脉相承的，若把其中的后两段硬生生地拉入西周早期似有点牵强。我们认为，这批青铜器的形制在殷墟晚期已经出现，西周早期继承了这些风格且有所发展。所以，这批青铜器的年代其中一部分应属于商代晚期，另一部分属于西周早期。

（三）铸铜遗址的性质

西区孝民屯村西铸铜遗址由于发掘面积较小，当时发掘者认为这一铸铜作坊规模较小，以生产工具和武器为主，也生产少量礼器，可能是一处民间手工业铸铜作坊[4]。现在看来这种观点是不准确的，该区域是孝民屯西区铸铜遗址不可分割的一部分应该是没有问题的。但同时发掘者也给出了一个明确的信息：此处是以生产工具和武器为主，这为研究西区铸铜遗址内部格局提供了重要线索。

东区孝民屯东南铸铜遗址内出土大量陶范、熔炉残块以及较多磨石和制范工具。其中陶范3万余块，绝大多数为礼器范，所浇注的青铜礼器种类齐全，不少陶范反映了高规格的青铜礼器，说明孝民屯东南地是一处规模大、级别高、以生产礼器为主的商代铸铜作坊遗址[5]。其中殷墟四期晚段灰坑（2000AGH31）内出土大量陶范，包括大型圆鼎范、华冠出戟凤鸟卣范、大垂珥簋范、大型方禁范等，证明殷墟四期晚段时这里的铸铜业生产还是很繁荣的。

西区孝民屯村南铸铜遗址规模之大、规格之高、出土铸铜遗物之丰富，是殷墟其他铸铜遗址所无法比拟的。其中陶范的数量最大，计7万余块，绝大多数为礼器范，部分陶范反映了极高规格的青铜礼器的制作。如F43内出土的大型圆盘的芯座，盘的口径达154厘米[6]，F54内出土的2件大圆鼎足模，直径13～17厘米[7]，它们的体形之大为殷墟迄今所仅见，应该系为王室特制。另还发现了少量

---

[1] 殷墟孝民屯考古队：《河南安阳市孝民屯商代铸铜遗址2003～2004年的发掘》，《考古》2007年第1期。
[2] 中国社会科学院考古研究所安阳工作队：《2000～2001年安阳孝民屯东南地商代铸铜遗址发掘报告》，《考古学报》2006年第3期。
[3] 唐际根、汪涛：《殷墟第四期文化年代辨微》，《考古学集刊》第15集，文物出版社，2004年。
[4] A. 中国社会科学院考古研究所编著：《殷墟发掘报告》（1958～1961），第60～69页，文物出版社，1987年。B. 中国社会科学院考古研究所编著：《殷墟的发现与研究》，第91～92页，科学出版社，1994年。
[5] 中国社会科学院考古研究所安阳工作队：《2000～2001年安阳孝民屯东南地商代铸铜遗址发掘报告》，《考古学报》2006年第3期。
[6] 岳洪彬、岳占伟：《试论殷墟孝民屯大型铸范的铸造工艺和器形——兼论商代盥洗礼仪》，《考古》2009年第6期。
[7] A. 殷墟孝民屯考古队：《河南安阳市孝民屯商代铸铜遗址2003～2004年的发掘》，《考古》2007年第1期。B. 岳占伟、刘煜：《殷墟铸铜遗址综述》，《三代考古》（二），科学出版社，2006年。

工具、兵器及车马器范。

　　综上所述，孝民屯铸铜遗址是一处殷墟迄今最大规模的以生产礼器为主的商代铸铜作坊遗址。其所浇铸的青铜礼器种类齐全，不仅有高等级的重器，也有一般等级的青铜礼器，还有一些兵器、工具、车马器等，说明孝民屯铸铜遗址是一个综合性生产作坊遗址。

（四）铸铜遗址的布局

　　首先，我们应从殷墟遗址的总体布局来考察孝民屯铸铜遗址的布局。殷墟的总体布局是"聚族而居，聚族而葬"，即殷墟整个都邑是由数十个，甚至上百个族邑组成的。王族居住在殷墟宫殿宗庙区，王族有单独的墓地——王陵区，但有资格埋入王陵区的仅有国王及其直系亲属，当然还有大量祭奠他们的祭祀坑，而王族其他大部分成员只能埋在殷墟宫殿宗庙区内，这就是为什么殷墟宫殿宗庙区内存在非常多中小型墓葬的缘故。其他族邑分布在殷墟宫殿宗庙区周围，与王室关系较紧密的族邑可能距离宫殿宗庙区近一些，反之可能远一些。各族邑内部以家庭为单位构成，有贵族和平民之分，贵族为管理者。各族成员只能在自己的族邑内生活、生产以及埋葬，即居、葬、产三位一体。族邑内没有公共墓地，家庭墓葬相对集中，所以随着家族内部成员的不断增多，生活、生产遗存和墓葬之间会存在较多的叠压或打破关系。

　　殷墟各类手工业遗址分布在不同的族邑内，属于家族行为。青铜器铸造当然也是家族行为，铸铜遗址自然分布在铸造青铜器家族的族邑内。铸铜匠人不但在自己的族邑内进行生产（铸造青铜器）和生活，而且死后也只能埋在自己的族邑内。所以孝民屯铸铜遗址自殷墟二期搬迁过来后经过一百多年的发展，生产遗迹、生活遗迹及墓葬交错分布，有的遗迹之间还有叠压打破关系；生产垃圾（陶范和炉壁等）和生活垃圾（陶片和兽骨等）也往往堆积在同一时期的相同遗迹单位内；不少遗迹既用于生产，又用于生活，如水井和窖穴等；有的遗物同样是生产和生活并用，如铜刀、骨锥等。遗址内既没有纯粹的生产区，也没有纯粹的生活区，生产和生活区交织在一起，这就是孝民屯铸铜作坊遗址的整体布局。

　　孝民屯铸铜作坊遗址内部的具体布局需从包含铸铜遗物的遗迹的时空分布来观察。从其空间分布看，孝民屯村中和村北铸铜遗物甚少，仅发现少量铜刻针、陶管、磨石等辅助器具，没有发现炉壁、陶范、陶模、泥芯等熔铜和铸铜器具；而孝民屯村南发现大量铸铜遗物，应是铸铜生产的密集区。

　　从其分期看，殷墟二期，包含铸铜遗物的遗迹及铸铜遗物数量少，即使在铸铜密集区的孝民屯村南也是零星分布，但分布范围较大，仅一处相对比较集中，此期应为铸铜作坊的初始期（图二三六）；殷墟三期，包含铸铜遗物的遗迹及铸铜遗物数量迅速增多，在孝民屯村南似乎形成了三处相对比较集中的生产区，应为铸铜作坊的繁荣期（图二三七）；殷墟四期，包含铸铜遗物的遗迹数量略微减少，但铸铜遗物数量较殷墟三期有所增多，且在孝民屯村南的三处相对集中的生产区似乎更加集中，应为铸铜作坊的鼎盛期（图二三八）。

（五）铸铜遗址发现的意义

　　孝民屯铸铜遗址内发现的与铸铜有关的原料取土坑、范土备料坑、范块阴干坑、大型青铜器铸造场所、祭祀坑、铸铜遗物废弃坑，以及与铸铜活动有关的房址、灰坑（窖穴）、水井，还有铸铜工匠的墓地等，根据这些在很大程度上可复原该铸铜作坊遗址的全貌。

过去许多学者受《1969~1977年殷墟西区墓葬发掘报告》[1]的影响，认为殷墟西区就是墓地。孝民屯铸铜作坊遗址的发现与发掘，以及后来为配合安阳钢铁厂厂区的改造，又陆续清理了一大批房址、灰坑（窖穴）、水井、沟渠、墓葬等殷墟时期的遗存，完全改变了学术界对殷墟西区只是墓地的片面认识。殷墟西区与殷墟的其他区域一样，也分布着不同家族，每个家族相对独立，他们只能在自己家族范围内生产、生活以及埋葬。

孝民屯铸铜遗址西南不远处为北辛庄制骨作坊遗址，二者组成了殷墟西区重要的手工业作坊区。这不仅进一步丰富了殷墟西区的文化内涵，而且提高了学术界对殷墟西区在商代晚期社会政治和经济等领域所处重要地位的认识。

二　从铸铜遗物看商代青铜器的铸造技术和制作工艺

（一）范、模、芯的材料来源与处理

1. 材料来源

殷墟时期安阳地区分布着两种古土壤[2]：京广铁路以西，主体分布着更新世和全新世原生或次生黄土，主要是由风的作用形成的；京广线以东地区主要分布着浅灰或深灰色的冲积土（图二三九）。

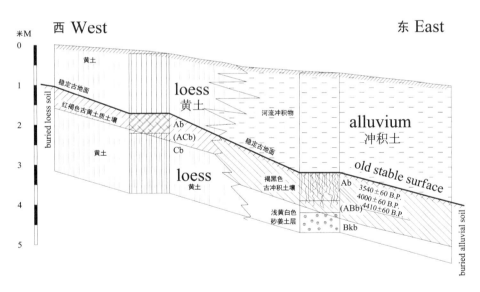

图二三九　安阳地区的古土壤分布示意图

从安阳地区两种古土壤的显微图像可以看出，原生黄土中物质颗粒径相对均匀，而冲积土中物质颗粒径差别较大；冲积土中有较多砂粒径大小的颗粒，而在原生黄土中很少见到砂粒径大小的颗粒（彩版三六四，1）。原生黄土的粉砂平均含量（19.5%±3.3）比冲积土的粉砂平均含量（8.6%±0.7）高出一倍多（图二四〇）。

〔1〕　中国社会科学院考古研究所安阳工作队：《1969~1977年殷墟西区墓葬发掘报告》，《考古学报》1979年第1期。
〔2〕　James B. Stoltman、荆志淳、唐际根、George（Rip）Rapp：《商代陶器生产——殷墟、洹北商城出土陶器的岩相学分析》，《多维视域》，科学出版社，2009年。

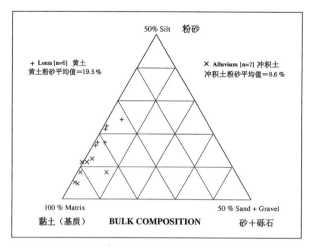

图二四〇   安阳本地原生土总体成分比较三元图

殷墟陶范、陶模、泥芯的粉砂平均含量均高于原生黄土的粉砂平均含量，且颗粒径相对均匀，除部分双层范的背料（粗料）层及一些兵器芯等人为刻意加砂外，很少发现砂质颗粒径大小的物质。另，殷墟铸铜遗址内出土的焙烧火候较低的陶范、处于阴干阶段的泥模、泥芯内部皆呈现出材料本色，与原生黄土的颜色接近。这些均证明殷墟陶范、陶模、泥芯所用的材料皆来自安阳地区的原生黄土，而非冲积土。

2. 材料处理

（1）范的材料处理

陶范既有纹饰的要求，又有浇注的要求，精细的纹饰要求陶范的材料尽量细腻，可塑性要强，收缩率要低；而浇注要求陶范耐高温性要高，透气性要好。粉砂的颗粒径介于细砂与黏土之间（彩版三六四，2），能同时满足两者需求，是制作陶范的理性材料。故陶范具有高粉砂的特性，尤其细料范与双层范的细料（面料）层高粉砂的特性更明显，其粉砂含量比原生黄土粉砂含量高出许多，有的陶范样品粉砂含量高达40%以上，比原生黄土的粉砂含量高出一倍多（图二四一）。这就需要对原生黄土进行多次淘洗，洗掉或减少黄土中黏土的成分来提高其粉砂含量，以满足陶范，尤其细料范与双层范

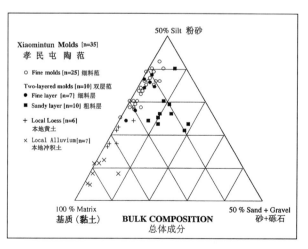

图二四一   孝民屯陶范与本地原生土总体成分比较三元图

的细料（面料）层高粉砂的需求。具体做法是：把已洗掉其他杂质的泥土加水搅拌均匀，等到泥水中的粉砂沉淀而黏土还尚未沉淀时，倒出含有黏土的泥水，如此多次，即可得到高粉砂的陶土。所以"洗土去泥（黏土）"是处理陶范材料的一个非常重要的工序。

另，为提高陶范的耐高温性和透气性，双层范的粗料（背料）层和粗料范多人为加砂，所以它们砂的平均含量多高于原生黄土内砂的平均含量，且砂质颗粒径大小不一（彩版三六五，1），较大者往往肉眼可视（见彩版一九一：914）。所以，在处理双层范的粗料（背料）层和粗料范时，多有一道"加砂"的工序。

陶范虽来自原生黄土，但陶范与黄土相比，黄土中有大量的黏土物质，而陶范内部普遍存在着大量空洞，黏土很少，有的甚至几乎看不到黏土的存在（彩版三六五，2）。没了黏土，粉砂之间是怎么组织在一起的？我们通过偏光显微镜和 X 射线能量散射谱元素扫描，发现粉砂之间普遍存在一种"隐晶钙质物"（彩版三六五，3），其成分为碳酸钙化的消石灰（彩版三六五，4），粉砂颗粒就是被这种物质黏结起来的，故我们推测陶范在制作过程中加入了消石灰作为黏合剂。另外，陶范中还经常分析到富含磷/铁/钙的隐晶物质（彩版三六五，5），动物粪便中含有较高的磷、铁、钙等矿物成分，牛、羊等食草动物的粪便中又含大量纤维等有机物质，故我们推测陶范中应该是加入了诸如牛粪之类的有机质，陶范在烘烤的过程中，磷被淋滤、有机物质被燃烧掉后形成了大量空洞。

（2）模和芯的材料处理

陶模和泥芯的粉砂含量有的接近原生黄土的粉砂含量，有的略高于原生黄土（图二四二、二四三），说明陶模和泥芯都是直接用原生黄土制作的，粉砂含量略高于原生黄土的原因应该是在洗土去掉杂质的过程中少量黏土流失造成的，并非有意提高的。

少数泥芯的含砂量与黄土相当，而大部分泥芯的砂含量明显高于黄土的砂含量，有的还高出多倍，这说明在制作这些泥芯时有一道人为加砂的工序。考古发掘出土的兵器芯的含砂量要高于其他泥芯。这些说明在制作不同器类的泥芯时，有的需要人为加砂，尤其兵器芯需加更多的砂。

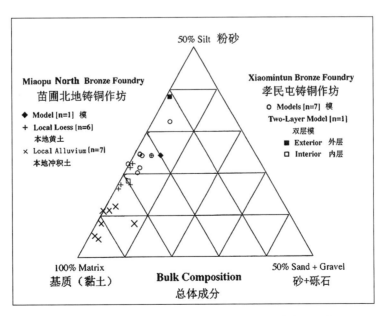

图二四二　孝民屯和苗圃北地陶模与本地原生土总体成分比较三元图

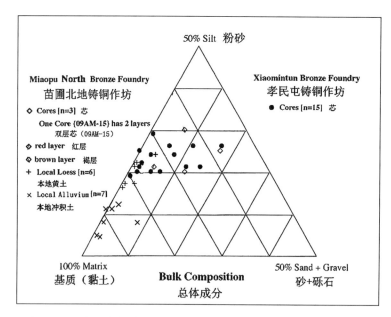

图二四三　孝民屯和苗圃北地泥芯与本地原生土总体成分比较三元图

（二）模、范、芯的制作工艺

1. 模的制作工艺

（1）分类

殷墟出土的陶模很少，有整体模、附件模、组合模、活块模等四种。整体模发现很少，部分原因可能是因为有些小型器物采用实物为模。簋模 261/ST1806：01（见图二二；彩版五四），系整体模，体小，素面，颈部有两道、圈足有一道水平设计线，器身有两道对称垂直设计线。此模仅是器型的设计模，放大数倍后才能成为实用模。

附件模指附件单独制模，有的组装于主体模上，就形成了组合模。兽头模 1961APNH40：1（图二四四；彩版三六六，1），其背后有一卯，先组装在主体模上，然后进行翻范。还有一些附件虽也单独制模，但这些模不是组装在主体模上，而是用来翻制附件范，然后再把翻好的附件范组装在主体范上。兽头錾模 283/SH683：2（见图三三；彩版五九），兽头錾制作在一个陶板上，陶板上平面拱起，拱起弧度应与安装此兽头錾的器壁弧度一致，然后把翻制出来的兽头錾范组装在主体范上。用这样的兽头錾模可以翻制多件兽头錾范，提高了制范效率。

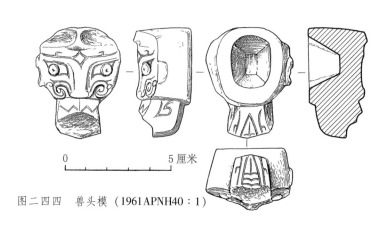

0   5厘米

图二四四　兽头模（1961APNH40：1）

组合模指同一件器物分块制模，然后组装在一起。除部分附件模安装在主体模上形成组合模外，少数较大型器物也分块制模。罍肩部模265/SH225：85（见图二五；彩版五五），此模底部有分型面，证明此罍非整体模，而是在肩部和腹部之间水平分模。

活块模也多为附件模，单独制模，有兽头模、柱帽模、圆泡模等，用之在泥范上压印出兽头范、柱帽范、圆涡纹等。它们背面多有一捉手，便于手捉。兽头模2000AGT15 扰坑：1[1]（彩版三六六，2），正面饰一浮雕兽头，背面隆起，有三个较深的手指印，便于手捉。用之在泥范上兽头位置预留的壁龛内压印出兽头范及其型腔。柱帽模304/ST1906：01（见图三九；彩版六三），正面呈圆锥形，饰圆涡纹，背面隆起，削为片状捉手，捉手下部有一穿孔，可用之在泥范上压印出柱帽的型腔及纹饰。圆泡模2000AGT10③：3（彩版三六六，3），正面饰凸起的涡纹，背面有数个手指窝印，便于手捉，可用之在泥范上圆泡的位置压印出圆泡的型腔及纹饰。

（2）塑模

殷墟出土的陶模数量远少于陶范，以至于有的学者认为殷墟的陶范不需要从陶模上翻制，而是直接制作的。近年我们通过对殷墟同一墓葬中出土的成对或成组青铜器的考察，提出了"一模多器"的观点[2]，认为成对或成组的青铜礼器很可能是同模翻制的。青铜工具、兵器以及部分小型礼器采用实物模的现象应该也是存在的。然而，更多的青铜礼器，尤其那些大型青铜礼器，拥有者一般要求其具有唯一性，即铸造的青铜器不同于其他器物，这就需要单独塑模，肯定不能用实物作为模型。塑模的过程同时也是铸件的设计过程[3]。塑模需要两道工序：一是塑造器型，二是制作纹饰，塑型比作纹更关键和重要。当然泥模变为陶模还有一个阴干、烘烤的过程。

（3）分区和定位

多数陶模在施纹之前都要进行分区，这就是陶模表面常见数道水平或垂直平行设计线的原因。分区的目的有二：一是控制模上所施纹饰的范围，尤其主体纹饰（兽面纹、夔龙纹、凤鸟纹等）的范围，二是分范位置的定位线，即所翻陶范的分范线就在此设计线上。模表面的水平线多位于器物的颈、肩、上腹、下腹、足等的分界线上，垂直线多位于垂直分范的位置。簋模257/ST1806⑥：9、258－1/ST1906⑥：20（见图二〇；彩版五四），应系同一件簋模，颈部上、下各有一道水平设计线，是用来控制颈部纹饰范围的；腹上部和腹下部也各有一道水平设计线，是用来控制腹部纹饰范围的；颈下与腹上的设计线又是颈、腹之间的分界线；垂直设计线既是区分颈部主体纹饰（夔龙纹）的定位线，又是垂直分范的定位线。

（4）施纹

陶模的施纹方法主要有两种：一种是减地法，多数陶模采用此法。即在设计好的陶模表面刮去主体纹饰以外的其他部分，使主体纹饰凸显出来，然后再雕刻、修整主体纹饰及部分地纹云雷纹，有的地纹云雷纹是在翻制好的范上直接刻划的。鼎模252/SH227：24（见图一八；彩版五三），表面所饰的兽面纹和倒立夔龙纹皆是采用减地法制作的，主体纹饰身上的花纹系雕刻而成，在花纹的底部可以看

〔1〕 中国社会科学院考古研究所安阳工作队：《2000～2001年安阳孝民屯东南地商代铸铜遗址发掘报告》，图六：7、图版一一：3，《考古学报》2006年第3期。

〔2〕 岳洪彬、岳占伟：《试析殷墟铸铜中的"一模多器"现象》，《南方文物》2014年第3期。

〔3〕 华觉明、冯富根、王振江、白荣金：《妇好墓青铜器群铸造技术的研究》，《考古学集刊》第1集，1981年。

见清晰的刻痕，花纹断面与器身没有分层，因此可以判断不是贴塑泥条而是雕刻完成。

另一种是贴塑法，即在设计好的泥模上贴泥片堆塑花纹。鼎足模2000AGH31：25（彩版三六六，4），表面兽面纹即是采用贴塑法完成的，我们能从残留兽面纹的耳朵部分的断面可以看出，耳朵与器身之间分层，证明是贴塑上去的。有的陶模采用局部贴塑。耳（錾）模282/SH254：1（见图三三；彩版五九），从兽头的耳朵局部脱落痕迹观察，兽头的耳朵是贴塑上去的，其他部分是刻划的。因贴塑的花纹易脱落，且不易掌控纹饰整体高度保持一致，故采用此法的模较少。

（5）母模和模盒的使用

不少陶模是用母模翻印或模盒压印出来的。殷墟迄今虽然没有找到明确的母模和模盒，但是我们能从出土的一些陶模上发现有使用母模和模盒制作的直接或间接证据。殷墟出土的大部分容器模非实心，而是中空的，且内壁多有手指压痕。分裆鼎模251/SH683：77（见图一七；彩版五三），所饰云雷纹的线条很细很浅，应是从母模上翻印下来的。模胎虽有一定的厚度，但非实心，而且内壁发现有较深的手指印痕。这些手指印痕应是用手指从母模上摁压纹饰造成的，这也间接证明该鼎模应是从母模上翻印下来的。

另有一些容器的附件模（如兽头模、錾模、耳模等）和兵器模（如矛模等），是用模盒压印的。具体做法是：先在两扇模盒内装满模泥，再扣合模盒，挤压模泥，最后脱去模盒就完成了模的制作。兽头錾模284/SH683：76（见图三三；彩版六〇），是采用两扇錾的模盒挤压而成，直接证据是兽头下錾的中部有一道竖向错缝，错缝成因应是两扇模盒挤压错位形成，这与两块陶范扣合后形成的范线相似。錾上的兽头随錾由模盒制作，但兽头表面的纹饰是刻划完成。矛模332－1/SH683：78（见图四六；彩版六九），也是由两扇矛的模盒扣合形成，直接证据是矛模的两个侧面各有一道竖向凸线，且与之对应的芯头上的榫头左右两半有上下错位现象。凸线的成因和榫头错位的原因均是由两块模盒挤压造成。矛模上端的简化兽面纹也是随着模盒翻印下来的。

母模和模盒的使用，大大提高了制模的工作效率，是制模技术上的很大进步。尤其兵器模盒的使用，使批量铸造青铜兵器成为可能。

2. 范的制作工艺

（1）分类

殷墟出土的陶范依据有无背范及用料的粗细大致可分为三大类：双层范、细料范、粗料范。双层范远远多于后两者，占陶范总量的90％以上。

①双层范

分内、外两层，内层为面范，外层为背范。由于分型面多用泥浆做过处理，所以多数双层范的分层线不甚明显，少数分层线较明显。面范多泥质，结构较紧密，一般较薄，又称细料层；背范多夹砂，结构较疏松，一般较厚，又称粗料层。簋范914/SH664：194（见图一〇二B；彩版一九一）和盖范989/SH664⑩：144（见图一一四D；彩版二〇五），分层线明显，面范泥质，较薄，质地较紧密；背范夹砂，较厚，结构较疏松。另有少数背范与面范材料相同，皆泥质。瓿范2003AXST1906⑤：13（彩版三六七，1），面范较薄，背范较厚，虽分层线明显，但面范和背范材料相同，皆泥质。背范的背面多凹凸不平，有许多深浅不一的手指印，有的还设凸起的支脚，便于平放。车衡饰范1230/ST2811⑩：3（见图一四七；彩版二四七），背面手指印较深。盖范971/SH252④：43（见图一一四A；彩版二〇二），背面凸起一支脚。

面范多是为了纹饰的需要，目的是为了更好地从陶模上翻印纹饰，陶模上的花纹越精细，要求陶范的面料越细密。然而细密的面料耐热性较差，浇注时容易造成崩裂等一系列铸造缺陷，故面范尽量做得薄些，能够满足纹饰的要求即可。背范的作用是为了提高陶范的耐热性和抗冲击能力，故多含有一定量的砂子，为起到支撑作用，背范需要做得厚些。盖范 944/SH416③：12（见图一一二；彩版一九七），面范饰有纹饰，泥质，较薄；背范较厚，含砂量非常大。殷墟没有发现含砂量如此高的陶土，应是人为向陶土中加入了砂子，砂子的加入大大增强了陶范的耐热性。另有少量素面范，因其没有纹饰的要求，故无论面范还是背范含砂量皆较高。觚范 748/SH679①：4（见图九一 C；彩版一六一），素面，面范和背范皆夹砂。这些现象表明，殷墟时期的铸铜匠人已经开始意识到背范和面范的区别，并采取了相应的工艺进行处理[1]。

②细料范

较少，不分层，较薄，泥质，多呈青灰色，结构紧密，质地与双层范的面料层相近。背面较光滑，有的背面平，有的背面呈弧形，中间较厚，边缘较薄。此类范所浇铸的铜器器型多数较小，以爵、觚居多；少数也可浇注较大的青铜器，如鼎、簋等。

大多数背面有凸榫，榫多为长条形，还有三角形、圆形、拐尺形等。爵范 1410/ST1906⑤：26（见彩版二八三），背面有一横向长条形榫；觚范 1343/SH664③：65（见图一七八；彩版二六九），背面有一竖向长条形榫；爵范 1363/H217①：9（见图一八一 A；彩版二七二），背面有一个三角形榫。爵范 1374/SH427：10（见图一八一 B；彩版二七五），背面有一圆形榫。

有的分型面内侧有切割痕，外侧系用手掰开。觚范 1311/SH290③：12（见图一七六；彩版二六三），右分型面内侧光滑，切割痕迹明显，外侧粗糙，应是用手掰开的。

有的分型面上还有数道竖向或斜向划痕。觚范 1320/SH261：4（见图一七七 A；拓片七七；彩版二六四），左分型面上有一道竖向划痕；爵范 1381/SH683：46（见图一八一 B；彩版二七六），右分型面上有三道斜向平行划痕。

少数分型面上涂有一薄层淡红色细泥浆。爵范 1383/ST1906⑦：9（见图一八一 B；彩版二七七），左、右分型面上残留一些淡红色细泥浆。

③粗料范

甚少，不分层，较厚，夹砂，多呈红褐色，结构较疏松，质地与双层范的背料层相似。少数素面或饰简单纹饰（如弦纹）的范采用此法。陶范 1087/SH681①：4（见彩版二二二），夹砂，不分层，素面，范面有较多烟炱。

（2）双层范的制作

双层范的制作需要两道工序，第一道工序是把面范泥料拍打成薄片后贴敷在陶模上，第二道工序是把背范泥料分成许多小块，用手指依次摁压在面范上而形成背范。这就是为什么陶范背面多有许多深浅不一的手指印的原因。鼎范 397/ST2212⑤：20（见图五〇G；彩版八三），背范即是把背范泥料分成许多小块依次摁压在面范上的，故背面有许多深浅不一的手指印窝（彩版三六七，2）。分块摁压背

〔1〕　A. 岳占伟、刘煜：《殷墟铸铜遗址综述》，《三代考古》（二），科学出版社，2006 年。B. 中国社会科学院考古研究所安阳工作队：《1969～1977 年殷墟西区墓葬发掘报告》，《考古学报》1979 年第 1 期。

范有两大益处：一是可以使陶模上的纹饰很好地压印在面范上，二是由于每块泥料的着力点不同，可以在面范和背范之间形成许多较大的空洞，提高了陶范的耐热性。具体做法是：先在模上做好一扇泥范，再在其分型面上适当的位置刻划出卯眼，然后做与之相邻的另一扇泥范。这一扇范的分型面上与先做好的泥范的分型面上卯眼相对应的位置就摁压出了榫头。所以无论卯眼是什么形状，均可以摁压出与之形状相同的榫头，仅一凹一凸的区别。鼎范 415/ST1907⑦：7、8，系同一件分裆鼎的相邻两扇合范，即是先在鼎模上制作好鼎范 415 – 3/ST1907⑦：7，包括在适当的位置用刀刻出卯眼，再在鼎模上制作与之相邻的另一扇鼎范 415 – 4/ST1907⑦：8，如此在前者的卯眼内就摁压出了后者的榫头（见图二五 C；彩版八七）。这种方法可以使相邻的两扇范扣合更紧密。我们从陶范上也很容易看出卯眼是刻划、榫头系摁压形成。榫卯的成因也佐证了陶模的存在，因为这些工序必须在陶模上进行。

（3）双层范的组装

双层范不但范与范之间采用榫卯结构进行组装，而且范与芯、范头与芯头之间也使用榫卯加以定位，这样不仅大大降低了范与范、范与芯之间组装、定位的难度，而且可减免一些垫片的使用。大多数爵范上部自带较高的范头。爵范 864/SH649⑤：78 + 86（见图九五 K；彩版一八三），上部有较高的范头，范头上还有一枚较大的卯。另有少量范头是以榫卯形式组装上去的。爵范 839/SH648：11（见图九五 G；彩版一七七），上分型面有一榫，此榫即是为扣合范头上的卯所设。爵的范头内侧多设与芯头和盖范相扣合的卯，有的设双卯，其中下卯与芯头扣合，上卯与盖范扣合。爵范 855/SH649：46（见图九五 J；彩版一八一），流前端的范头上设双卯，上卯扣合盖范上与之对应的榫，下卯扣合芯头上与之对应的榫。爵范头上卯的方向既有横向也有竖向，横竖卯相互配合使用，可以更加牢固地定位爵芯。铜爵上很少发现垫片，爵芯与底范之间不是依靠垫片来支撑，而是依靠芯头和盖范与范头之间的榫卯来定位和固定，底范则是依靠其与外包范之间的榫卯来定位和固定（图二四五）。

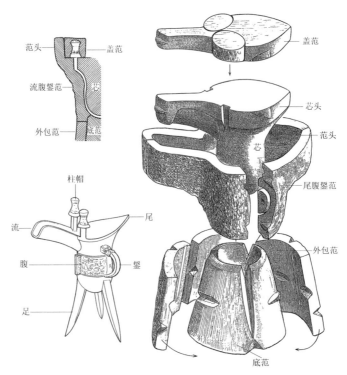

图二四五　爵范与芯的组装示意图

为使其组装更严密，相邻两范的分型面上往往涂一些细泥浆，泥浆经过浇注时的高温变为淡红色，所以我们经常能观察部分陶范的分型面上多残留一些淡红色细泥浆。爵范892/ST2506B③：5（见图九六；拓片四六；彩版一八七），左分型面上有一些淡红色细泥浆。

（4）细料范的使用方式

细料范的分型面上不见榫卯，说明范与范之间不是用卯榫来组装的。细料范的共同特征是皆为纹饰范，我们称之为"独立纹饰范"〔1〕，且中部较厚，边缘较薄，背面多有条形或其他形状的凸榫，除瓿、爵、鼎、簋等少量容器范外，多为带状纹饰范，依据这些特征，我们推测细料范多数应该是作为嵌范使用的，即把它们嵌入陶范相对应的纹饰带预留的壁龛内。其背后的凸榫当是用于配合定位的。卣肩部的带状纹饰范1307－1/SH442③：3（见图一七三；彩版二六二），面范饰带状云雷纹并联珠纹，右分型面戳印一枚贝形，背面有一凸榫，且刻划一"王"字，此范应是镶嵌于盖范带状纹饰的位置预留的壁龛内的。簋范539/ST2003：01（见图六八；彩版一一三），其口沿下的带状纹饰即是把已做好的带状纹饰范镶嵌于主范所预留的壁龛内的。

瓿范上部的蕉叶纹多单独制范，再嵌入主范内。瓿范1330/ST2007⑦A：1（见图一七七B；彩版二六六），系一扇完整蕉叶纹范，背面有两横向条形榫，下榫残。此蕉叶纹范当是镶嵌于瓿颈部饰蕉叶纹的位置预留的壁龛内的。瓿范1345/ST1806⑤：4（见图一七八；彩版二六九），系半个蕉叶纹范，此范应是与之相邻的另一半蕉叶纹范组合后再与其他陶范组装成型，然后再敷加背料层进行加固。

另发现少量细料范上有缺口，嵌入主范后，缺口就形成了壁龛，再嵌入兽头范或用陶模压印兽头范于壁龛内。簋范1292/ST2812⑮：5（见图一六七；彩版二五九），其右上角有一方形缺口，背面有一竖向长条形榫，此范只有嵌入主范后，方形缺口才能形成壁龛，壁龛内即可镶嵌兽头范或放入范泥用兽头模压印出兽头范。陶范上缺口的发现，佐证了此类范应该是嵌范，因只有镶嵌于主范内，缺口才能形成壁龛，才可用之制作兽头。

（5）复合范的使用方式

有的附件范与主体范之间采用复合范的办法完成。部分簋范颈下的兽头、卣范肩部的兽头等即是采用复合范的办法制作的。具体做法是：制作主体范时，在兽头的位置预留一壁龛，多数情况是相邻两扇范各有壁龛的一半，扣合后组成一个完整壁龛。兽头可用两种方式完成：一是压印兽头，即在壁龛内填一块范泥，用活块兽头模压印出兽头。簋范1296/ST2711④：38（见图一六八；彩版二五九），口沿下兽头的位置设半个壁龛，与相邻的另一扇范口沿下的半个壁龛组成一个完整壁龛，在其内放入范泥，用兽头模压印出兽头范。簋范478/SH683：47（见图六六G；彩版一〇三），其口沿下兽头即是在预留的壁龛内放入范泥后用兽头模压印出来的，兽头的周边压印痕迹明显。为使压印的兽头与主体范结合更牢固，壁龛的底部往往制作粗糙。卣范690－3、6/SH679②：19、24（见图八七C；彩版一四九），系同一件卣的两扇合范，每扇范上各设一半壁龛，合范后组成一个完整壁龛，壁龛底部非常粗糙。另一种方式是镶嵌兽头范，即把预先做好的兽头范镶嵌在壁龛内。簋范473/SH573②：31、34（见图六六D；彩版一〇一），系同一件簋的两扇合范，每扇范上设壁龛的一半，合范后组成一个完整壁龛，较光滑，其底部左右两侧各向外延伸出深几毫米的卡槽，用来卡住镶嵌进来的兽头范。复合范

〔1〕 内田纯子、岳占伟：《独立纹饰范的研究》，《三代考古》（七），科学出版社，2017年。

的使用能够降低制范的难度，也便于脱范，是殷墟时期较常用的方法[1]。

（6）范的二次使用情况

兵器范或许存在二次或多次使用的可能。极少数容器范也有二次使用的迹象。爵范 802/SH356⑦：1（见图九五 C；彩版一七〇），有两层面范，内层面范饰有纹饰，外层面范素面。第一次是作为纹饰范使用，第二次则是作为素面范使用的。

（7）范线的预处理

我们经常看到许多陶范垂直四或六分，而铜器表面仅能看到二或三竖道范线，这是由于组装陶范时预先处理掉部分范线造成的。扁体卣范多数垂直均分为四扇，而铜器表面仅能看到左右二竖道范线，很难发现前后中部的竖向范线，这是因为组装卣范时，前后的陶范先两两扣合，然后用细稀泥等材料进行"批缝"，再进行组装，这样浇注后的铜卣表面就只有左右两道竖向范线了（图二四六）。分裆鼎范多数垂直六分，而铜器表面仅能看道三道竖向范线，其原因与卣相同（图二四七）。故在组装陶范时，常常会有一道预处理部分范线的工序。

（8）双层范与细料范之间的关系

双层范与细料范所反映的不同的制作工艺出现的时间是有早晚的，细料范的制作工艺要早于双层范。细料范主要见于小屯东北地和大司空南地两个铸铜遗址，虽然在苗圃北地和孝民屯铸铜遗址也有少量发现，但其数量远远低于双层范。由于小屯东北地和大司空南地铸铜遗址的遗迹现象较为复杂，兼之发掘年代久远，学者们对它们的年代分期存在异议。我们倾向于认为这两处铸铜作坊的始建年代和

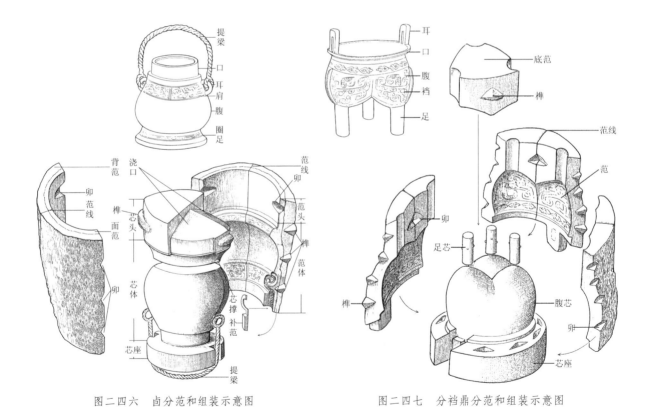

图二四六　卣分范和组装示意图　　　　图二四七　分裆鼎分范和组装示意图

〔1〕 刘煜、岳占伟、何毓灵、唐锦琼：《殷墟出土青铜礼器铸型的制作工艺》，《考古》2008 年第 12 期。

鼎盛时期要早于殷墟时期，很可能属于洹北商城时期，而细料范就出现于这一阶段，殷墟一、二期较多使用，殷墟二期以后较少使用。而双料范从殷墟二期以后大量使用，并迅速替代细料范，成为殷墟陶范的主流做法。细料范在孝民屯铸铜遗址内殷墟二期时占有一定的比例，而殷墟三期、四期已很少，这也佐证了上述观点。

（9）阴干和烘烤

泥范成为陶范还需要两道工序：阴干和烘烤。泥范的制作是在陶模上分扇完成的，经过一段时间变硬后，需要从陶模上取下阴干。为防止泥范变形，阴干时需把泥范重新组装起来，再用草绳捆绑加固，故有的陶范的背面有草绳捆绑痕迹。尊范 552/SH225：39（见图七二 A；彩版一一七），背面中部有一道草绳捆绑印痕。为防止泥范因失水不均发生崩裂，需要将其放在温湿度相对稳定的地窖内阴干。孝民屯铸铜遗址发现的数处窖穴，制作规整，底部铺一层木炭，应当是用来阴干泥范的阴干坑[1]（彩版三六七，3）。

烘范需要在窑内进行。2016 年安阳市文物考古研究所在距殷墟宫殿宗庙区东北约 10 千米处新发现的辛店商代铸铜遗址内清理一座制作规整的袋状坑（H33），底中部又挖一长方形小坑，小坑内填满木炭，坑壁四周已烧成红色。推测此坑可能是专门为烘烤泥范而建的烘范窑[2]（彩版三六七，4）。其烧制方法应是把泥范放在坑底长方形小坑的周围，小坑内放入燃料进行"焖烧"。如此结构的窑（坑）及烧制方法与烧制日用陶器的陶窑及烧制法[3]相比，陶范的烧成温度应低于日用陶器，属于低温陶制品。

我们采用多次重烧热膨胀法，对殷墟孝民屯铸铜遗址出土的陶范烧成温度进行了取样测定，结果显示：范面温度在 450～550℃之间；范背温度均低于 450℃，多在 400～450℃之间，少数低于 400℃。范面温度多高于范背温度的原因是浇注时高温铜液对范面进行了二次加温造成的，而范背温度受高温铜液影响相对较小，故范背温度更接近于陶范的原始烧成温度，所以陶范的烧成温度应该低于 450℃[4]。

殷墟陶范绝大部分陶范呈青灰色，应是在还原气氛下烧制完成的。但又有不少陶范背面局部泛红，其原因我们推测应是在浇注前二次加热陶范形成的，这也佐证了陶范在浇注前有一个预加热的过程。

3. 芯的制作工艺

（1）芯的分类

殷墟出土的泥芯较少，且多碎小，有明芯、盲芯之分，明芯发现甚多，盲芯由于浇铸后留在铜器内，故标本甚少。芯的质地有泥质和夹砂两种，容器芯多泥质，兵器和车马器芯多夹砂。部分芯经过低温烘烤，呈淡红色；有的芯没有烘烤，仍为土之本色。芯可分为有浇铸面和无浇铸面两类，前者易辨认，少数还能判断出器形，后者与烧土相混，难辨别。容器芯占绝大多数，也有少量兵器芯，还发现用于马车上的圆泡芯。

（2）芯的构成

泥芯由芯体、芯头、芯座等三部分组成。芯体为器物的真正内芯，芯头和芯座仅起固定外范及形

〔1〕　殷墟孝民屯考古队：《河南安阳市孝民屯商代铸铜遗址 2003～2004 年的发掘》，《考古》2007 年第 1 期。
〔2〕　孔德铭、申明清、李贵昌、孔维鹏：《河南省安阳市辛店商代铸铜遗址发掘及学术意义》，《三代考古》（七），2017 年。
〔3〕　中国社会科学院考古研究所安阳工作队：《河南安阳市殷墟刘家庄北地制陶作坊遗址的发掘》，《考古》2012 年第 12 期。
〔4〕　金锐、岳占伟、朱剑、宋国定、王昌燧：《殷墟孝民屯铸铜遗址出土陶范烧制工艺初探》，《南方文物》2016 年第 2 期。

成浇口的作用。芯体多为容器的腹部，表层刷细泥浆，较光滑，结构紧密，因浇注时曾与高温铜液接触，硬度强，且多已烧结，呈浅灰色或青灰色，表面多涂有烟炱；内部为实心，多呈红褐色或泥土本色，质地较为松散，尤其靠近表层部分，多为颗粒状。容器芯 2003AXSH214：15（彩版三六八，1），表面已烧结，呈青灰色，较光滑；内部呈红褐色，由外及内颜色渐淡，结构疏松，呈颗粒状。

芯头和芯座分别位于芯体的上部和下部。因不与铜液接触，芯头和芯座不会形成烧结面，多呈红褐色，且多有榫头，榫头设在左右两侧，用于与范头和范口上分型面的卯眼扣合。为了更好地固定外范，每个榫头有意制成左右两半上下错位。瓠芯 1518/03AXS：01（见图二○二；彩版三○七），圈足以上设较大的芯头，芯头两侧中部各设一榫，且每榫的左右两半上下错位，芯头正面顶部又设一榫，此三榫能够比较牢固地扣紧范头，使其不易上下、左右错位。卣的圈足芯 1508/ST1906⑦：1（见图一九八；彩版三○四），圈足以下设较高的芯头，芯头的一半设前后浇口，另一半侧面中部设较大榫头，榫头左右两半上下稍错位，圈足底部两侧自带两枚泥质芯撑。

（3）芯的制作

关于泥芯的制法，石璋如先生最早提出"刮模为芯"[1]，但事实并非完全如此，因为芯和模的功能要求不同，芯要求有更好的耐火度、退让性和溃散性[2]，其结构多较疏松；而模的表面多数需要施加纹饰，要求泥料精细，故其结构较为致密。还有殷墟出土的陶模多空心，而绝大部分泥芯为实心。所以刮模为芯的可能性很小。

①刮模为芯

少数器形较小、较简单的器物，可能采用刮模为芯的办法制作泥芯，具体做法是：刮去模的表层，刮掉的厚度即是铜器器壁的厚度，也即青铜铸件的型腔。容器芯 1569/H298④：2（见彩版三一七），结构较紧密，表面削刮痕迹明显，应是"刮模为芯"。

②合范夯芯

大多数器物，尤其是器形较大、较复杂的器物，芯应该是单独制作的，具体做法是：先做一芯座，然后在芯座上组装好范，在范的内壁贴敷一层泥片，泥片的厚度即是铜器器壁的厚度，也即青铜铸件的型腔，接着用芯料填充，芯料填充过程中洒入适量水分，使其潮湿，但不能变成泥状。填充的同时要对芯料稍微施夯。所谓施夯，就是手握一把小木棍对芯进行轻微夯打。最后去范和泥片即完成了芯的制作。部分芯断面有许多小窝窝即是集束小木棍的夯窝。容器芯 1514/SH685：10（见图二○○；彩版三○六），断面有许多小夯窝。较大器物的泥芯，靠近范的区域施夯，结构较紧实，内部不施夯，结构较疏松。容器芯 1583/SH648：57（见彩版三二○），外部夯窝明显，结构较紧密，内部未施夯，结构较疏松。芯头与芯体一起从范头内夯筑出来，芯头上的榫头是从范头上的卯眼中翻制形成。瓠的圈足芯 1518/03AXS：01（见图二○二；彩版三○七）和卣的圈足芯 1508/ST1906⑦：1（图一九八；彩版三○四），二者的圈足芯和芯头皆是在它们的圈足范和范头内夯筑成型，芯头上的榫头则是从芯头上的卯眼内压印出来的，前者侧面的两榫头左右两半故意压制得上下错位，后者芯头侧面的范线明显且错位。

---

〔1〕 石璋如：《殷代的铸铜工艺》，《历史语言研究所集刊》第 26 本，1955 年。
〔2〕 刘煜、岳占伟、何毓灵、唐锦琼：《殷墟出土青铜礼器铸型的制作工艺》，《考古》2008 年第 12 期。

③直接夯芯

特大型器物的泥芯是直接夯筑的。依据孝民屯铸铜遗址发掘的一座半地穴式房子内出土的大圆盘芯座[1]（彩版三六八，2），我们了解到一些制作大型泥芯的具体方法：先建造一座专门用于浇注大型青铜器的半地穴式房子，在房内中部下挖一圆形浅坑，坑内填一层结构较疏松的熟土，然后在熟土上夯筑所铸器物的芯座和芯，芯中空，便于浇注时预加热。做好芯座和芯后，环绕芯座挖沟填充沙子、碎陶片、碎陶范及小石子等，并在沟外铺垫一圈沙子。

④表面处理

为使表面光滑，大多数芯体表面还需刷一薄层细泥浆。故我们看到的芯体表面多有刷痕，刷痕多呈横向，利于铜液流动均匀。容器芯 1597 – 2/ST1906④：35（见彩版三二三），表面平整，泥浆的横向刷痕明显。为增强铜液的流动性，多数芯体表面还涂有烟炱。容器芯 2003AXSH546：35（彩版三六九，1），表面有较多烟炱。为保持器壁厚薄均一，青铜器表面明显凸起的部位，对应芯上的部位亦凸起。罍芯 1506/SH546：15（见图一九七；彩版三〇三），肩部有凸起的圆泡，与青铜器肩部凸起的圆涡纹对应，这样就可以使饰圆涡纹的器壁与其他器壁厚度基本相同。为利于浇注时铜液流通更加均匀，另有少数泥芯底部刻划菱形网格。容器芯 1570/SH298④：3（见彩版三一七），底部刻划菱形网格。

（4）复合芯

有的芯分块制作，再以榫卯形式组装在一起。瓿芯 1516/ST2212④：24（见图二〇一；彩版三〇六），系瓿的颈部，底有一卯，此卯与瓿腹部芯上的榫相扣合组成完整瓿芯。容器芯 1595 – 2/SH664⑩：159（见图二一一；彩版三二二），系容器的口部，其侧面有一卯，应与另一块口部芯上的榫组装一起形成完整的椭圆形口部芯。

（5）花纹芯

大多数芯素面，少数芯施有花纹。因花纹的要求，芯外层泥质。盘芯 1528 – 3/SH227：33（见图二〇七；彩版三〇九），表层泥质，青灰色，结构紧密，饰夔龙纹；内部夹砂，为土之本色，微泛灰，结构疏松，呈颗粒状。

（6）铭文芯

甚少。铭文芯多单独制芯，再采用嵌入法完成与主芯的结合。具体做法是：先刻制铭文模，阴文；再翻制铭文芯，阳文；然后把铭文芯嵌入主芯铭文位置预留的壁龛内，它们与主芯组成了复合芯。铭文芯 2001AGH2：2[2]（拓片八五；彩版三六九，2），系独立芯，较完整。从其弧度、形状、背面光滑程度以及上部有一榫等特征判断，此芯应是镶嵌于一件器物主体芯上的，与主体芯属于复合芯。铭文芯 1615/SH255：24（见图二一九；拓片八四；彩版三二九），系一块独立的铭文芯，上部残，三侧面内收，亦属嵌芯。

（7）回炉芯

器物的足部、耳部等部位多设盲芯。为节省铜料，有的带有盲芯的足、耳废掉后重新回炉熔化，盲芯就会完全暴露出来。由于经过高温，这些盲芯多呈黑色，且发亮。这些泥芯又称回炉芯。鼎足回

---

〔1〕　岳洪彬、岳占伟：《试论殷墟孝民屯大型铸范的铸造工艺和器形——兼论商代盥洗礼仪》，《考古》2009 年第 6 期。
〔2〕　中国社会科学院考古研究所安阳工作队：《2000～2001 年安阳孝民屯东南地商代铸铜遗址发掘报告》，图二〇：3，图二一：3，图版一五：2，《考古学报》2006 年第 3 期。

炉芯1623/SH269：67（见彩版三三〇），表面有削痕，大部分呈黑色，且发亮，此芯即是鼎足废掉后又重新回炉，芯外部的青铜熔化后所致。

（8）芯撑的设置

芯撑多设在鼎等柱足的内侧或簋、瓿、卣等圈足的上部，有（长）方形、（椭）圆形、十字形、不规则形等形状。常见鼎足内侧，瓿、卣等圈足上部的小孔洞即是泥芯自带的芯撑造成的。鼎足芯1496/SH232：35（见图一九四；彩版三〇一），鼎足上部自带数枚泥芯撑，顶部及侧面有"V"形刻痕。殷墟出土的铜卣圈足上部常见的长方形或十字形镂孔即是卣的圈足芯上自带芯撑造成的（彩版三六九，3）；铜鼎柱足内侧常见的孔洞也是如此，其中部分孔洞又用铜液进行了封闭（彩版三六九，4）。

（9）浇口的位置

因大多数青铜容器为倒浇，故浇口多位于器物的下部。三足或四足容器的浇口常设在一足之下底范或范头上，与外包范扣合后形成封闭的浇口型腔。圈足容器的浇口多设在圈足之下芯头上，与外包的范头扣合形成封闭的浇口型腔。爵底范1984APNH5：3（彩版三六九，5），三足的型腔设在底范上，其中一足及其下的范头为浇口，浇口宽于爵足型腔，与爵的外包范扣合后形成完整的浇口。卣的圈足芯1508/ST1906⑦：1（见图一九八；彩版三〇四），浇口设在圈足之下的芯头上，与卣的范头扣合后形成完整的浇口。

兵器和工具的浇口常设在芯头上，与范头扣合形成封闭的浇口型腔。矛芯1605－3/SH683：89（见图二一三；彩版三二五），上部设较大芯头，芯头左右两侧各有一枚大榫头，前后设较宽的浇口，与矛的范头扣合后形成完整的浇口。锛芯1606/SH664③：202（见图二一四；彩版三二五），上部设芯头，芯头，前后设宽浇口，与锛的范头扣合后形成完整的浇口。

（三）殷墟青铜器的铸型分范技术

1. 分范方式

殷墟青铜器的铸型分范方式主要有两种形式：垂直分范和水平分范，这两种分范方式相互配合使用，且相当普遍。下面以鼎和瓿为例。

（1）鼎

观察到的分范方式有九种：

①无水平分范，垂直分为三扇，无顶范。用此方式铸造一件青铜鼎需三块范。此分范方式流行于殷墟一期和洹北商城时期。殷墟花园庄西北M20出土的铜鼎M20：2[1]（彩版三七〇，1），通体有三道明显范线，范线腹部垂直，底部呈"Y"形。

②无水平分范，垂直分为三扇，有一块顶范。用此方式铸造一件青铜鼎需四块范。设一块底范是殷墟二期以后最常见的方法。体型较小、纹饰较简单的鼎多采用此法。鼎范348/SH573③：53（见图四九D；拓片一二C；彩版七三），即是以足外侧垂直分为三扇范。范两足之间所设的卯眼，是用来与底范上对应的凸榫扣合的。

③无水平分范，垂直分为六扇，有一块底范。用此方式铸造一件青铜鼎需七块范。分裆鼎多采用

---

〔1〕 中国社会科学院考古研究所安阳工作队资料。

此方式。分档鼎范 415 – 1/ST1907⑦：1（见图五二 B；拓片一五 A；彩版八六），即是以足外侧和档部垂直分为六扇范，此范上部自带鼎耳，下部所设的半个卵眼与相邻的一扇范下部的半个卵眼相扣合组成一个完整卵眼，再与底范上对应的榫头扣合。

④无水平分范，但足是后铸的，腹部垂直分为六扇范，每足垂直分为两扇，三足共有六扇范。用此方式铸造一件青铜鼎需要进行二次浇注，共需十二块范。扁足圆鼎多采用此方式。鼎足范 426 – 1/SH481③：5（见图五五；拓片一七；彩版九〇），扁足即是采用两扇范扣合浇注而成。

⑤在颈部和腹部之间水平分为两段，上段垂直分为六扇，下段垂直分为三扇，有一块底范。用此方式铸造一件青铜鼎需十块范。颈部饰带状纹饰而腹部素面的圆鼎多采用此分范方式。鼎合范 356/ST2007⑥：9 和 346/SH481③：1[1]，即是以颈下水平分范，颈上部（含耳）以扉棱垂直分为六扇范（彩版三七〇，2）。

⑥在腹部近底处水平分为两段，上段垂直分为六扇，下段垂直分为三扇，有一块底范。用此方式铸造一件青铜鼎需十块范。鼎范 351/SH596③：1（见图四九 E；拓片一二 D；彩版七四），即是以腹部近底处水平分范，以颈部扉棱垂直分为六扇范。

⑦在腹部近底处水平分为两段，上、下段各垂直分为三扇，有一块底范。用此方式铸造一件青铜鼎需七块范。少数分档鼎采用此法。分档鼎范 2005AGLBH32②：1[2]（彩版三七〇，3），即是以腹部近底处水平分范，以扉棱垂直分为三扇范。

⑧在颈部、腹部中间偏下处水平分为三段，各垂直分为六扇，有一块底范。用此方式铸造一件青铜鼎需十九块范。形体大、颈部饰带状纹饰而腹部素面的铜鼎应是采用这种方式。大圆鼎 1990AGNM160：62[3]（彩版三七一，1），即是从颈部带状花纹下和下腹部进行水平分范，以扉棱处和足部兽面纹的鼻梁处垂直分为六扇范。圆鼎范 2000AGH31：3[4]（彩版三七一，2），即是以腹部偏下处进行水平分范，以足部兽面纹鼻梁（扉棱）处垂直分范。

⑨在颈部、腹部近底处水平分为三段，各垂直分为六扇，有一块底范。用此方式铸造一件青铜鼎需十九块范。形体较大、饰满身花纹（底部素面）的铜鼎应是采用这种方式。圆鼎苗南 M47：1[5]（彩版三七一，3），即是从颈部带状花纹下和腹部近底素面处进行水平分范，以扉棱垂直分为六扇范。鼎足范 2001AGH28：7[6]（彩版三七一，4），即是以腹部近底处进行水平分范，以足部兽面纹鼻梁（即扉棱）处垂直分范。

（2）甗

观察到的分范方式有五种：

①无水平分范，垂直分为两扇。用此方式铸造一件青铜甗仅需两块范。部分素面甗采用此方法。甗范 1960APNT207④A：41[7]（彩版三七一，5），即是垂直对开分为两扇范。

〔1〕 岳占伟、岳洪彬、刘煜：《殷墟青铜器的铸型分范技术研究》，图二：6，《殷墟新出土青铜器》，云南人民出版社，2008 年。

〔2〕 岳占伟、岳洪彬、刘煜：《殷墟青铜器的铸型分范技术研究》，图二：7，《殷墟新出土青铜器》，云南人民出版社，2008 年。

〔3〕 中国社会科学院考古研究所编著：《安阳殷墟郭家庄商代墓葬》，图五六，彩版五：2，中国大百科全书出版社，1998 年。

〔4〕 A. 中国社会科学院考古研究所安阳工作队：《2000～2001 年安阳孝民屯东南地商代铸铜遗址发掘报告》，图七：2，《考古学报》2006 年第 3 期。B. 岳占伟、岳洪彬、刘煜：《殷墟青铜器的铸型分范技术研究》，图二：1，《殷墟新出土青铜器》，云南人民出版社，2008 年。

〔5〕 安阳市文物工作队、安阳市博物馆编著：《安阳殷墟青铜器》，彩版二，中州古籍出版社，1993 年。

〔6〕 中国社会科学院考古研究所安阳工作队：《2000～2001 年安阳孝民屯东南地商代铸铜遗址发掘报告》，第 361 页：图七：4，《考古学报》2006 年第 3 期。

〔7〕 岳占伟、岳洪彬、刘煜：《殷墟青铜器的铸型分范技术研究》，图九：6，《殷墟新出土青铜器》，云南人民出版社，2008 年。

②在颈上部水平分为两段，垂直分为两扇。用此方式铸造一件青铜瓿需四块范。部分素面瓿采用此方法。瓿范 748/SH679①：4（见图九一 C；彩版一六一），即是以颈上部进行水平分范的。

③在颈部和腹部之间水平分为两段，垂直分为四扇。用此方式铸造一件青铜瓿需八块范。花纹瓿多采用此方法。瓿范 713 - 1/SH570④：1（见图九〇 B；拓片四一 A；彩版一五五），即是以颈腹之间进行水平分范，以腹部和圈足兽面纹中部垂直分为四扇；瓿范 747/SH664⑨：136（见图九一 C；彩版一六一），以颈下进行水平分范，以蕉叶纹中部垂直分范。

④在腹部和圈足之间水平分为两段，垂直分为四扇。用此方式铸造一件青铜瓿需八块范。少数花纹瓿采用此方法。瓿圈足范 754/ST1907④：27（见图九一 D；彩版一六二），即是以腹部和圈足之间进行水平分范，以圈足上的扉棱垂直分为四扇范。

⑤在颈部和腹部之间水平分为上、下两段，上段垂直分为两扇，下段垂直分为四扇。用此方式铸造一件青铜瓿需六块范。颈部以上素面瓿多采用此方法。铜瓿 2001AHDM60：2[1]（彩版三七一，6），表面范线明显，以颈腹之间水平分为上、下两段，上段素面，垂直分为两扇，下段饰兽面纹，垂直分为四扇范。

2. 分范规律

通常情况下，形体较大，纹饰繁缛、外形弧度变化大的铜器所需陶范的块数较多，而形体较小，纹饰简单或素面、外形弧度变化小的铜器所需陶范的块数较少。大部分兵器或工具，仅需两块范。分范的目的有二：一是便于脱模；二是控制各块范的大小及高度，以便于操作，并减少范在制作、阴干、焙烧过程中变形的可能[2]。

水平分范的位置一般位于铜器器壁弧度改变最大部位稍靠上一些或稍靠下一些，目的是为了降低合范的难度，避开应力集中的部位。甗范 455/ST1906⑤：14（见图六四；彩版九六），水平分范的位置即在束腰部位稍靠上一些，簋圈足范 480/SH685：8（见图六六 G；拓片二四 F；彩版一〇三），水平分范的位置即在圈足稍靠上一些。为保持纹饰的完整性，又便于打磨范线，区分上下纹饰之间的素面带也常是水平分范的位置。瓿范 545 - 2/SH685：6 + 7（见拓片二七 A；彩版一一五），水平分范的位置即在上、下腹之间的素面带处。

垂直分范一般沿扉棱或鋬或兽头的中线进行。簋范 477 - 1/SH683：3（见图六六 F；拓片二四 D；彩版一〇二），即是以扉棱中线进行垂直分范的。爵范 769/SH253：4（见图九四；拓片四四；彩版一六五），即是沿鋬及鋬上兽头的中线进行垂直分范的。大部分垂直等分，少数不等分。有的简易扉棱不进行垂直分范，也有少数从兽头的一侧进行垂直分范的现象。尊肩部范 592/SH269：37（见图七六；彩版一三〇），即是沿兽头的右侧进行垂直分范的。多数情况下，三足器一般垂直三或六分，圈足器一般垂直二或四或六分，方形器一般垂直四或八分。也有上下段垂直分范扇数不一样的，如少量瓿范，上段素面，垂直二分，下段因有纹饰垂直四分。分范虽有一定规律性，但并非一成不变，有时表现出多样性和灵活性，这多与青铜器的技术传统和技术风格密切关系，有时还与工匠的技术选择和技术创新、甚至"炫技"有关。

---

〔1〕 中国社会科学院考古研究所编著：《安阳殷墟花园庄东地商代墓葬》，图一六七：1，彩版三三：2，科学出版社，2007 年。

〔2〕 岳占伟、岳洪彬、刘煜：《殷墟青铜器的铸型分范技术研究》，《殷墟新出土青铜器》，云南人民出版社，2008 年。

三足或四足器在殷墟商城至殷墟一期时不设底范，底部常见明显的"Y"形范线。殷墟二期开始普遍设一块底范。但有的三足器为了方便制作三足的型腔，则采用二块或三块底范（图二四八）。爵底范 776/ST2812⑤：1（见图九四；彩版一六六），即是采用了两块底范。采用两块底范的铜爵底部常见一道明显范线（彩版三七二）。

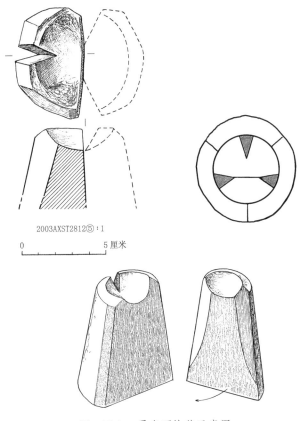

2003AXST2812⑤：1

0   5 厘米

图二四八　爵底两块范示意图

3. 附件与器身的铸接方式

殷墟青铜器附件有柱帽、柱纽、耳錾、提梁、兽头等。较小附件多与器身范制作在一起或组装在一起一次性浇注成型；较大附件多采用二次或多次浇注才能完成与器身的连接。附件与器身的铸接方法在很大程度上反映了殷墟青铜器先进的铸造技术。

（1）柱帽与器身的铸接方式

小型柱帽与器身一次性浑铸。以爵为例，爵柱的型腔直接做在爵芯的上部，爵帽范则是先用帽模压印，再作为嵌范镶入爵的盖范内（图二四九），最后将盖范倒置在爵芯和爵范弧形平台之上（见图二四五）。爵芯 1523/SH546：1（见图二〇三；彩版三〇八），芯的上部凹槽即是爵柱型腔。爵帽模 304/ST1906：01（见图三九；彩版六三），即是专门用来压印帽范的。帽范 1004/SH639：34（见图一一六；彩版二〇八），即是由帽模压印形成。爵盖范 1984APNH16：17[1]（彩版三七三，1），其内嵌入了帽范。爵范 852/SH649：28（见图九五Ⅰ；彩版一八一），其上部的弧形平台即是为放置嵌有帽范的盖范所设。

---

〔1〕　中国社会科学院考古研究所安阳工作队：《1982～1984 年安阳苗圃北地殷代遗址的发掘》，图一一：3，《考古学报》1991 年第 1 期。

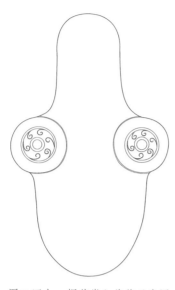
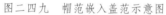

图二四九　帽范嵌入盖范示意图

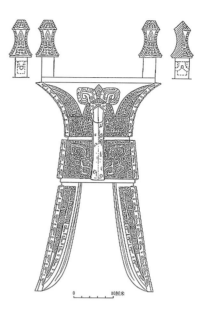

图二五〇　铜斝（2001ADHM54：43）

爵帽的位置在爵柱型腔的正上方，这也正是爵的帽下范线（彩版三七三，2）的成因。

　　大型柱帽则多采用铸（焊）接法完成与器身的连接。即帽和帽下立柱的上部、器身和立柱的下部分别铸好，再注入铜液进行铸（焊）接完成二者的连接。铜斝 2001ADHM54：43[1]（图二五〇；彩版三七三，3、4），即采用铸（焊）接法，且在帽下立柱下方铸出八字形外撇榫头，在器口立柱上方留出凹槽，且铸出一根横向圆柱；二者组装时，八字形外撇榫头放置于凹槽内，其上方被圆柱承接，然后浇注铜液于凹槽内完成二者的连接。铜斝 1990AGNM160：173[2]（彩版三七三，5），斝柱上方有铸（焊）接时铜液冷却留下的收缩孔，这是大型柱帽采用铸（焊）接法的最好证据。殷代工匠已熟练掌握了青铜溶液作为焊料进行铸（焊）接技术。玉璧 1983ASM662：2[3]（彩版三七三，6），两半破裂处分别钻孔，然后采用铜液焊接在了一起。

　　（2）纽与盖的铸接方式

　　多数纽与盖采用一次性浑铸。少数盖范内自带柱纽的型腔，但盖和纽需要垂直分范。盖范 1961APNH19：6[4]（彩版三七三，7），系盖及纽之一半范，盖中部自带柱纽的型腔。圈足捉手纽还需一块顶范进行封合。圈足捉手纽范 953/SH242：17（见图一一三 C；彩版一九九），纽的型腔和盖连在一起，其上部的卯眼是用来组装顶范的。多数盖范与纽范分别制作，再组装在一起浑铸。盖范 2001AGH25：1、2、3[5]（彩版三七三，8），三块盖范与另一块盖范组装在一起，中部形成纽柱的型腔。纽范 1033/SH249：2（见图一二〇；彩版二一二），系纽的型腔，其与盖范组装在一起进行浑铸。

〔1〕　A. 中国社会科学院考古研究所编著：《安阳殷墟花园庄东地商代墓葬》，图九一：1，彩版一八：1、3，科学出版社，2007 年。B. 中国社会科学院考古研究所、安阳市文物考古研究所编著：《殷墟新出土青铜器》，图版六七、六八，云南人民出版社，2008 年。
〔2〕　A. 中国社会科学院考古研究所编著：《安阳殷墟郭家庄商代墓葬》，图七二，图版五四三，中国大百科全书出版社，1998 年。B. 中国社会科学院考古研究所、安阳市文物考古研究所编著：《殷墟新出土青铜器》，图版一三一，云南人民出版社，2008 年。
〔3〕　中国社会科学院考古研究所安阳工作队资料。
〔4〕　A. 中国社会科学院考古研究所编著：《殷墟发掘报告（1958～1961）》，图三二：5，图版九：13，文物出版社，1987 年。B. 岳占伟、岳洪彬、刘煜：《殷墟青铜器的铸型分范技术研究》，图一〇：8，《殷墟新出土青铜器》，云南人民出版社，2008 年。
〔5〕　岳占伟、岳洪彬、刘煜：《殷墟青铜器的铸型分范技术研究》，图一〇：3，《殷墟新出土青铜器》，云南人民出版社，2008 年。

少数纽与盖采用二次浇铸（后铸法）完成。即铸盖时，在纽的位置预留纽柱型腔，然后在盖内外组装纽范，进行第二次浇注完成二者的连接。铜卣 1994ALNM637：7[1]（彩版三七四，1），其柱纽即是采用此方法后铸上去的，为美观，内侧饰涡纹，外侧饰火纹，且还能起到加固作用。

（3）鋬（耳）与器身的铸接方式

小型鋬（耳）与器身采用一次性浑铸法。即鋬（耳）的型腔与器身范制作在一起。耳鋬上的兽头范有的是耳鋬范自带，但需要从兽头鼻梁处进行垂直分范。罍范 2001AGH28：4[2]（彩版三七四，2），即是耳和耳上兽头的型腔直接与器身做在一起，从兽头中线进行垂直分范。有的在兽头的位置做出壁龛，在壁龛内镶嵌或用兽头模压印兽头范。爵范 2000AHGH31：45[3]（彩版三七四，3），鋬上兽头的位置预留半个壁龛，与之相邻爵范扣合后形成一个完整壁龛，再镶嵌或压印出兽头范。较大的兽头，则是在鋬（耳）上组装兽头范。罍肩部范 2001AGH28：13[4]与兽头范 2001AGH28：8[5]（彩版三七四，4），二者系合范，后者组装于前者右侧罍耳型腔上部，后者再与另一块左侧有耳型腔的罍肩部范扣合，即完成了耳与兽头范的组装。罍肩部和耳范 629/H426：5（见图八三 D；彩版一三六），耳的型腔上部台阶即是用来组装耳上兽头范的。

大型鋬（耳）采用二次浇注（后铸法）完成与器身的铸接。有的是在浇注器身时，在鋬（耳）位置铸出榫，再安装耳鋬范，进行第二次浇注完成。铜盂 2001HDM54：157[6]（彩版三七四，5），腹部的绚索形鋬即是器身先铸出榫头，然后组装鋬范，二次浇注形成。证据是二者衔接处鋬明显叠压于器身纹饰之上。簋耳和垂珥范 2000AGH31：12[7]（彩版三七四，6），垂珥下端有浇口，这也可佐证其是二次浇注于器身上的。有的是浇注器身时，在鋬耳的根部先预留出孔洞，然后在孔洞外组装耳鋬范，孔洞内用范封合，进行第二次浇注；为美观，封合范的表面常装饰涡纹。铜盂 2001HDM54：169[8]（彩版三七五，1），即是采用此法完成鋬与器身的连接。

耳内衔环采用先铸埋入法完成与器耳的套接。即先铸好衔环，制范时在耳内侧制压印出衔环的型腔，型腔深于衔环，安装罍范时，把衔环埋入其中，再进行浇注即可完成二者的衔接。罍肩部和耳范 643/ST2007⑤：9（见图八三 G；彩版一三八），耳内侧有较深的衔环型腔，即是用来掩埋预先铸好的铜衔环。

（4）提梁与器身的铸接方式

多数提梁与器身上的耳进行套接，其方式与衔环和耳的套接工艺相近，也采用先铸埋入法，即先

〔1〕 岳占伟、岳洪彬、刘煜：《殷墟青铜器的铸型分范技术研究》，图一一：7、8，《殷墟新出土青铜器》，云南人民出版社，2008 年。

〔2〕 A. 中国社会科学院考古研究所安阳工作队：《2000～2001 年安阳孝民屯东南地殷代铸铜遗址发掘报告》，图一〇：2，图版一一：6，《考古学报》2006 年第 3 期。B. 岳占伟、岳洪彬、刘煜：《殷墟青铜器的铸型分范技术研究》，图五：4，《殷墟新出土青铜器》，云南人民出版社，2008 年。

〔3〕 岳占伟、岳洪彬、刘煜：《殷墟青铜器的铸型分范技术研究》，图八：1，《殷墟新出土青铜器》，云南人民出版社，2008 年。

〔4〕 A. 中国社会科学院考古研究所安阳工作队：《2000～2001 年安阳孝民屯东南地殷代铸铜遗址发掘报告》，图一〇：6，《考古学报》2006 年第 3 期。B. 岳占伟、岳洪彬、刘煜：《殷墟青铜器的铸型分范技术研究》，图五：6，《殷墟新出土青铜器》，云南人民出版社，2008 年。

〔5〕 A. 中国社会科学院考古研究所安阳工作队：《2000～2001 年安阳孝民屯东南地殷代铸铜遗址发掘报告》，图一〇：5，《考古学报》2006 年第 3 期。B. 中国社会科学院考古研究所、安阳市文物考古研究所编著：《殷墟新出土青铜器》，图版七三，云南人民出版社，2008 年。

〔6〕 A. 中国社会科学院考古研究所编著：《安阳殷墟花园庄东地商代墓葬》，图九八，彩版一七：1，科学出版社，2007 年。B. 中国社会科学院考古研究所、安阳市文物考古研究所编著：《殷墟新出土青铜器》，图版七二，云南人民出版社，2008 年。

〔7〕 A. 中国社会科学院考古研究所安阳工作队：《2000～2001 年安阳孝民屯东南地殷代铸铜遗址发掘报告》，图八：4，《考古学报》2006 年第 3 期。B. 岳占伟、岳洪彬、刘煜：《殷墟青铜器的铸型分范技术研究》，图四：2，《殷墟新出土青铜器》，云南人民出版社，2008 年。

〔8〕 A. 中国社会科学院考古研究所编著：《安阳殷墟花园庄东地商代墓葬》，图九七，彩版一七：3、4，科学出版社，2007 年。B. 中国社会科学院考古研究所、安阳市文物考古研究所编著：《殷墟新出土青铜器》，图版七三，云南人民出版社，2008 年。

铸好提梁，制作器身和耳范时，在耳的内侧用提梁压印出其型腔，组装器身范时再把提梁两端的环埋入耳内，再进行第二次浇注完成提梁与器耳的套接（图二五一）。卣肩部和耳范678/SH217⑥：2（见图八七A；拓片三九A；彩版一四五），耳内侧有用绚索提梁压印出来的型腔，安装卣范时，把预先铸好的提梁两端的环部埋入型腔内，再进行第二次浇注。有的埋入提梁后，还需修补因埋提梁而遭破坏的纹饰。卣肩部和耳范663/SH491：8（见图八六B；彩版一四二），耳内侧有用绚索提梁压印出来的型腔，压印型腔时破坏了夔龙纹的尾部，所以埋入提梁后还需对夔龙纹的尾部进行修补，使纹饰完整。

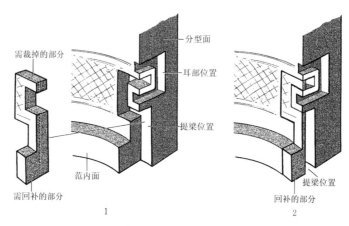

图二五一　卣提梁与器身范组装结构示意图

少数器身无耳，提梁和器身采用分铸法分别铸造。两者的连接有三种方式：一是浇注器身时耳的位置预铸出孔洞，然后在孔洞外侧预埋好提梁末端的环，最后孔洞内外合范浇注出横梁。横梁内端多装饰涡纹，外端多铸出兽头用来管控提梁。铜卣2008ALNH326：1[1]（彩版三七五，2），即是采用此法铸造。二是浇筑器身时耳的位置铸出榫头，使用时二者套合在一起。铜卣1990ASM991：5[2]（彩版三七五，3），其肩部无耳，但在耳的位置铸出榫头，提梁两端兽头的背面铸出卯眼，使用时二者套接一起，提梁可自由取下。三是浇注器身时口沿上部预铸出孔洞，提梁两端呈柱形，由外向内横穿器身孔洞后机械性锻打其末端，形成柱帽来管控提梁。提梁锓形器1995AGNM26：28[3]（彩版三七五，4），即是采用如此。此方式较为原始，可能系北方草原民族技术传统。

（5）兽头与器身的铸接方式

浅浮雕兽头多直接与器身范做在一起。多数在兽头的鼻梁处垂直分范，少数在兽头的一侧进行垂直分范。卣合范691/SH679②：21、22（见图八七D；彩版一五〇；彩版三七六，1），肩部的兽头即是与肩部的带状纹饰制作在一起的，以兽头的鼻梁中线垂直分范。尊肩部范592/SH269：37（见图七六；彩版一三〇），肩部的兽头即是与肩部的带状纹饰制作在一起的，但垂直分范的位置在兽头的右侧。

高浮雕兽头多是在器身范兽头的位置做出一壁龛，壁龛常常均分于相邻两块范上，扣合后形成完整壁龛，然后在壁龛内镶嵌兽头范或放置一块范泥，用活块兽头模压印出兽头。详见前文"复合范的使用方式"。

〔1〕　中国社会科学院考古研究所安阳工作队：《河南安阳市殷墟刘家庄北地2008年发掘简报》，图一〇：3，《考古》2009年第7期。

〔2〕　中国社会科学院考古研究所安阳工作队资料。

〔3〕　A. 中国社会科学院考古研究所安阳工作队：《河南安阳市郭家庄东南26号墓》，图九，图版四：2，《考古》1998年第10期。B. 中国社会科学院考古研究所、安阳市文物考古研究所编著：《殷墟新出土青铜器》，图版二二，云南人民出版社，2008年。

立体兽头多数采用榫头式后铸法，即铸造器身时，在装兽头的位置先铸出榫头，然后在榫头上安装兽头范，再进行第二次浇注完成二者的铸接。方尊颈部和肩部合范601/SH683：53、59（见图七九；彩版一三一），两范扣合后肩部形成一近圆形孔洞，浇注后即形成一榫头，然后在榫头周围扣合兽头范进行二次浇注即完成了兽头与器身的连接。另有少数立体兽头采用分铸套接法，即器身和兽头先分别铸好，器身铸出榫头，兽头背面铸出卯眼，然后二者套接一起使用。铜方尊1990AGNM160：128[1]（彩版三七六，2），其肩部兽头与器身分铸，可自由取下。

（四）殷墟陶范的施纹方法

殷墟陶范的施纹方法大致可归纳为三种：模作纹、范作纹、模范合作纹，后者居多，前者次之，范作纹较少。

1. 模作纹

指全部纹饰皆在模上制作，再翻印在范上。

模作纹有以下几个特征：（1）因纹饰与地范是一体的，故纹饰线条脱落后的底部为糙面，完好无损的纹饰线条的顶部为弧面。（2）纹饰线条两侧的底面是平面，且较光滑。鼎的扁足范426－2/SH481③：6（见图五五；拓片一七；彩版九〇），范上所施的夔龙纹是由陶模翻印出来的，保存完好的纹饰线条的顶部是弧面，脱落后的线条底部是糙面，纹饰线条两侧的底面是平面，且较光滑。

殷墟时期平面花纹和浅浮雕花纹多采用陶模翻制法。大部分以云雷纹衬地的浅浮雕花纹，不仅主体纹饰，而且作为地纹的云雷纹均是在陶模上制作好之后再翻印在陶范上的。不过作为地纹的云雷纹在陶模上往往较浅，翻印在陶范上后只有其轮廓，故还需要在陶范上依其轮廓线进行刻划和修整，使花纹的纹路更加清晰和凸起。多数主体纹饰由陶模翻印后也需要修整线条，这就是为什么我们经常在纹饰线条两侧看到有较深刻痕的缘故。分档鼎模251/SH683：77（见图一七；拓片一；彩版五三），表面不仅施有浅浮雕饕餮纹和夔龙纹，而且还施云雷纹衬地。但云雷纹线条较浅，翻印于陶范上就更浅了，只能是其轮廓，就像是"起稿线"一样，无法浇注出来，故翻印后必须依线条的轮廓进行刻划和修整。

先翻后刻是陶模翻制法的两道同等重要的工序，只有在翻印后进行刻划和修整，陶范上的纹饰才更清晰和凸起，线条才更均匀和流畅，所以后一道工序往往要比前者费时费工得多。当然，少数只有浅浮雕主纹而无地纹的陶范只需从陶模上翻印就可以了，无须后道工序。簋范472－1/SH570④：25（见图六六C；拓片二四B；彩版一〇〇），无地纹，表面所施的浅浮雕饕餮纹和夔龙纹均由陶模翻印，翻印后没有进行刻划和修整。

还有，我们经常看到殷墟出土的陶范有内外两层，内层往往较薄，而外层背面有许多深浅不一的手指摁印。陶范的内外两层成因和外层表面的手指印均是由陶模翻印陶范时造成的，即由模翻范时，先敷一薄层泥于模上，再用手指一块一块地堆塑和摁压外层泥，以便陶模上的纹饰更好地翻印在陶范上。这两道制作工序又是陶模翻制法的一个有力佐证。

---

〔1〕 A. 中国社会科学院考古研究所编著：《安阳殷墟郭家庄商代墓葬》，图六四、六五，图版四〇，彩版七，中国大百科全书出版社，1998年。B. 中国社会科学院考古研究所、安阳市文物考古研究所编著：《殷墟新出土青铜器》，图版一二五～一二七，云南人民出版社，2008年。

2. 范作纹

指全部纹饰直接在陶范上制作，常用刻划手法。

范作纹有以下几个特征：（1）因花纹线条与地范是一体的，故其脱落部分的底部是糙面。（2）完好无损的纹饰线条的顶部是平面。（3）纹饰线条两侧的底面是糙面。器盖范947/SH24：1（见图一一三A；拓片五一A；彩版一九七），范上所施的目纹和斜三角云雷纹均是在范上直接刻划形成的。因斜三角云雷纹的线条和地范是一体的，故其脱落部分的底面为糙面；为凸显纹饰线条剔除其两侧所留下的底面为糙面；因为纹饰线条是在一个平面上刻划的，故线条的顶部是平面。

少数施简单纹饰的范（如凹弦纹）多采用此法。分档斝范2003AXSH233：7（彩版三七七，1），范上所施的双人字凹弦纹是直接在范上刻划而成，纹饰槽内有明显的刻痕，还发现有"跑刀"现象。

也有少数施带状纹饰的范采用此法。盖范989/SH664⑩：144（见图一一四D；彩版二〇五），范上所施的带状夔龙纹和弦纹均是直接在陶范上刻划成纹。纹饰粗犷，线条的顶面为平面，刻槽内刻划痕迹明显。

还有少数施平面纹饰的范采用此法。容器范1167/SH691②：4（见图一三一C；拓片五八A；彩版二三五），范上所施的平面纹饰是在范上直接刻划形成，刻槽的底面为糙面，有明显的刻划痕迹，纹饰线条较粗，线条的顶部为平面。

3. 模范合作纹

指陶范上的纹饰是由陶模翻印和在陶范上直接制作两种方法相结合完成的。这是殷墟陶范最常见的施纹方法。

通常情况下，陶范上的主体纹饰和地纹云雷纹是由陶模翻印下来的，主体纹饰翻印后还需进行修整，地纹云雷纹翻印后还要进行修刻。而那些简单、不易或无法翻印的辅助纹饰则是在陶范上直接制作的，陶范上直接制作的那部分纹饰经常运用刻划、堆塑、压印、戳印、镶嵌等几种手法。纹饰繁缛的陶范，通常需要运用多种施纹手法才能完成纹饰的制作。陶范的施纹方法又具有多样性和灵活性，如陶范上的浮雕兽头可以用模印、压印、镶嵌等多种手法完成。这可能与工匠的习惯有关。

殷墟陶范上常见的饕餮纹、夔龙纹、凤鸟纹等半浮雕主体纹饰多为陶模翻印，翻印后再对纹饰线条进行修整，而饕餮纹的眉毛和鸟纹的羽毛则是在陶范上直接刻划；作为地纹的云雷纹有的是由陶模翻印后刻划而成，有的是在陶范上直接刻划形成。簋范477-1/SH683：3（见图六六F；拓片二四D；彩版一〇二），范上所施的饕餮纹、夔龙纹和云雷纹均是由陶模翻印后进行刻划修整形成。觥盖范926/ST2006④：1（见图一〇五；拓片五〇；彩版一九三），范上所施的饕餮纹是由陶模翻印修整而成，而饕餮上的花纹线条是堆塑上去的，饕餮的眉毛是在范上直接刻划而成。少量平面设计的云雷纹，云雷纹的外轮廓线是在陶模上刻划设计的，由陶模翻印于陶范上后接着在陶范上刻划云雷纹。簋模258-1/ST1906⑥：20（见图二〇；拓片三；彩版五四），模上刻划云雷纹的外轮廓线，翻印于范上后，再在陶范上刻划轮廓线内的云雷纹细部。

陶范上起分区作用的弦纹，多是在范上直接刻划的。簋范473-1/SH573②：31（见图六六D；拓片二四C；彩版一〇一），范上所施的饕餮纹和夔龙纹是由陶模翻印后修整形成，花纹线条两侧有较深的修整刀痕；作为地纹的云雷纹是由陶模翻印后刻划形成；簋的口沿下留有壁龛，壁龛内镶嵌兽头范或敷上泥后用活块兽头模压印出兽头；夔龙纹和饕餮纹之间的两道凹弦纹则是在陶范上直接刻划而成，由于刻划时用力不均匀，致使弦纹宽度和深浅皆不同。

联珠纹和圆圈纹多采用圆管状工具直接戳印在陶范上，这样浇铸后在青铜器上表现的联珠纹和圆圈纹为阳纹；少数联珠纹是刻划在陶模上，再由陶模翻印于陶范上，这样浇铸后在青铜器上表现的联珠纹则为阴纹。盖范2000AGH13：4〔1〕（彩版三七七，2），范上所施的两周联珠纹是用管状工具直接戳印上去的，在陶范的分型面上还发现两个戳印的小圆圈，似有试验之意，这更证明了该陶范上的联珠纹是直接戳印的。方器模323/SH641③：3（见图四四A；彩版六七），模上所施的联珠纹是刻划上去的，圆圈不甚规矩，大小也不太一样。联珠纹在陶模上为阴纹，翻印于陶范上为阳纹，浇注于青铜器上则为阴纹。

乳丁纹多用圆锥状工具在陶范上直接戳印而成。鼎范351/SH596③：1（见图四九E；拓片一二D；彩版七四），范上所施的夔龙纹、云雷纹、菱形雷纹和扉棱皆由陶模翻印后刻划修整形成，而菱形雷纹中部的乳丁纹则是用锥状工具在陶范上直接戳印形成，因为乳丁纹圆圈周缘有戳印时挤压翻卷痕迹。

圆涡纹和圆泡纹多由活块模直接压印于范上形成。活块模可以压印多块范。帽模2001AGT7扩扰坑：1〔2〕（彩版三七七，3），系活块模，背面有提手，模上逆向施四个涡纹。其用法是手捉此模，直接压印出柱帽范。帽范1018/SH232：28（见图一一八；拓片五五；彩版二一〇），范内所施的涡纹是由活块柱帽模压印而成。泡模2000AGT10③：3〔3〕（见彩版三六六），系活块模，背面有提手，模上顺向施六个涡纹。其用法是手捉此模把圆泡纹直接压印于范上。另有少量圆泡纹是由陶模翻印于范上的。罍的肩部模265/SH225：85（见图二五；拓片七；彩版五五），模上先施圆泡纹，然后翻印于范上。

镶嵌法多适用于施带状纹饰的陶范，即带状纹饰单独制范，然后镶嵌于主范内。带状纹饰范1431/SH225：29（见图一八七A；拓片八二；彩版二八八），范上所施的带状夔龙纹和云雷纹均为模印后修刻而成，范的背面（彩版三七七，4）光滑，有横向凸棱，便于镶嵌于主范内。簋范539/ST2003：01（见图六八；彩版一一三），范上所施的带状纹饰是镶嵌于主范上的，我们能观察到带状纹饰与主范之间有明显的镶嵌痕迹。

下面我们着重探讨一下学术界较为关注的模范合作纹中的堆塑法。

陶范上堆塑的花纹具有以下几个特征：（1）纹饰线条与地范不是一体的，纹饰线条脱落部位一般都在其与地范结合处，脱落后的底部为光面，有的有浅槽；（2）完好的纹饰线条的顶部是弧面；（3）纹饰线条两侧底面是平面，且较光滑。爵（角）角范791/SH252：1（见图九五B；拓片四五A；彩版一六八），范上所施云雷纹是堆塑上去的。我们能够观察到这些线条已脱落部分的底部较光滑，完好的纹饰线条的顶部呈圆弧状，纹饰线条以外部分的底面是平面，且较光滑。

陶范扉棱上的纹饰线条，由于从模上翻印比较困难，多采用堆塑法来完成。大饕餮纹身上的花纹线条，由于用模翻印时容易脱落，故亦多也采用堆塑法来制作。这些线条在堆塑前，先要在范上设计

〔1〕 岳占伟、岳洪彬、刘煜、内田纯子：《殷墟陶范的施纹方法》，图四：1，《考古学集刊》第18集，科学出版社，2010年。
〔2〕 A. 中国社会科学院考古研究所安阳工作队：《2000～2001年安阳孝民屯东南地殷代铸铜遗址发掘报告》，图版一一：2，《考古学报》2006年第3期。B. 岳占伟、岳洪彬、刘煜、内田纯子：《殷墟陶范的施纹方法》，图四：5，《考古学集刊》第18集，科学出版社，2010年。
〔3〕 A. 中国社会科学院考古研究所安阳工作队：《2000～2001年安阳孝民屯东南地殷代铸铜遗址发掘报告》，图六：1，图版一〇：5，《考古学报》2006年第3期。B. 岳占伟、岳洪彬、刘煜、内田纯子：《殷墟陶范的施纹方法》，图四：7，《考古学集刊》第18集，科学出版社，2010年。

其纹路的位置和形状，有的是在纹路线上先做出浅槽，然后进行堆塑，以便使堆塑的花纹更牢固。由于堆塑的纹饰线条粗细不太均匀，故堆塑后还需要对纹饰线条进行修整，我们经常观察到堆塑花纹两侧有较深的刻痕即是对其修整所致。尊范2001AGH1：7〔1〕（彩版三七八，1），范的侧面扉棱上的纹饰线条是堆塑上去的。我们能观察到已脱落纹饰线条的底部为光面，线条两侧还有修整留下的刻痕。鼎范2000AGT10③：1〔2〕（彩版三七八，2），范上所施饕餮纹是用陶模翻印的，而饕餮身上的纹饰线条是堆塑的，范侧面扉棱上的纹饰线条也是堆塑上去的，而作为地纹的云雷纹则是在陶范上直接刻划的。我们能观察到云雷纹的线条顶面为平面，而饕餮纹和扉棱上的花纹线条是已脱落部分的底部为光面，且有浅槽（彩版三七八，3、4）。鼎范2000AGT10③：10〔3〕（彩版三七八，5），仅存饕餮纹的耳部，耳是由陶模翻印的，而耳上的纹饰线条则是堆塑上去的，线条脱落后其底面为光面，且有浅槽。

（五）殷墟青铜器铭文的制作方法

殷墟青铜器铭文可分为铸铭和刻铭两大类。铸铭即铸前作铭，系在陶模、范、芯上完成铭文的制作，而后浇注出铭文。刻铭即铸后作铭，系青铜器浇注后，在器体上刻划出铭文。殷墟出土的有铭铜器，铸铭占绝大多数，刻铭极少。

1. 铸铭

依所施铭文对象的不同又可分为模作铭、芯作铭和范作铭等三种方式，三者又以模作铭最多，芯作铭次之，范作铭最少。通常情况下，器壁内、外侧的阴文铸铭均由模作铭制作；器壁内侧的阳文铸铭由芯作铭制作；器壁外侧的阳文铸铭由范作铭制作。

（1）模作铭

指铭文先在模上制作，再翻印到芯或范上，最后浇注形成。这类铭文在模上为阴文，多采用刻划手法完成。模作铭翻印于芯上与翻印于范上所采用的方法不同，前者需要四道工序：一是制作独立的铭文模，为阴文；二是将铭文模翻印于独立的芯上，成为铭文芯，为阳文；三是将铭文芯嵌入器物的主体芯内；四是合范浇注出青铜器铭文，为阴文。还有，为了使文字更加清晰，线条更加均匀、流畅，还需要对从铭文模翻印在芯或范上的文字进行修整。这与陶范上的纹饰从模上翻印后，要对纹饰线条进行修整，以便浇注出来的青铜器纹饰更加清晰的道理一样。

殷墟虽然迄今还没有发现铭文模，但是从殷墟孝民屯东南地铸铜遗址出土的一件铭文芯2001AGH2：2〔4〕（见彩版三六九，2）上的铭文判断，它们应是从铭文模上翻印下来的。依据是铭文脱落后的线条底部均为糙面，证明铭文线条和地芯是一体的，不是堆塑上去的，因为文字若是堆塑的，脱落后文字底部应较光滑。另，铭文两侧的底面非常光滑，说明铭文也不是采用减地法剔除文字以外的部分形成的，这与我们判断殷墟陶范上的花纹是否为堆塑、刻划的标准相同〔5〕。所以，我们判定，此铭文芯上的文字原来应是从铭文模上翻印下来的，文字在铭文模上为阴文，翻印到芯上为阳文，看

〔1〕　岳占伟、岳洪彬、刘煜、内田纯子：《殷墟陶范的施纹方法》，图六：2，《考古学集刊》第18集，科学出版社，2010年。
〔2〕　岳占伟、岳洪彬、刘煜、内田纯子：《殷墟陶范的施纹方法》，图六：3、4、5，《考古学集刊》第18集，科学出版社，2010年。
〔3〕　岳占伟、岳洪彬、刘煜、内田纯子：《殷墟陶范的施纹方法》，图六：6，《考古学集刊》第18期，2010年。
〔4〕　中国社会科学院考古研究所安阳工作队：《2000～2001年安阳孝民屯东南地商代铸铜遗址发掘报告》，图二〇：3，图二一：3，图版一五：2，《考古学报》2006年第3期。
〔5〕　岳占伟、岳洪彬、刘煜、内田纯子：《殷墟陶范的施纹方法》，《考古学集刊》第18期，2010年。

似阴文的原因是浇注后文字线条因铜液的冷却收缩被拽掉于青铜器铭文字口内所致。另外，我们观察到已脱落铭文的两侧有刻划痕迹，那是从模上翻印后，用工具修整铭文所致，以便使铭文更加清晰，线条更加流畅。

还有，从技术上说，刻划铭文模，再翻印于芯或范上，尽管多了一道翻印程序，但要比直接在芯或范上剔除其他部分或堆塑铭文要科学得多。这是因为如果在芯或范上直接剔除文字线条两侧的泥土使之成为阳文，那么剔除部分的底面很难处理平整，浇注后青铜器铭文两侧会粗糙不平，影响铭文美观；若在芯或范上直接堆塑铭文，则不易控制铭文字体的宽度和高度，且铭文阴干后或在浇注过程中容易脱落。而刻划铭文模，就较容易掌握文字字体的宽度和深度，翻印于芯或范上后，文字字体和地芯或地范是一体的，不易脱落。故我们推测殷墟时期青铜器上的阴文铸铭，绝大多数应是先制作铭文模，再翻于芯或范上，最后浇注于青铜器上而成。

由于模作铭翻印于范上浇注出的青铜器铭文位于器物表面，与"铭文要铸在不显著位置"[1]的原则相违背，所以模作铭的青铜容器绝大多数翻印于芯上。铭文位于器内腹壁或底部、圈足内、銎内、盖内等。此例极多，故不再赘述。但另有极少量位于容器外的阴文铸铭，应是采用模作铭翻印于范上浇注而成。铜方尊2001HDM54：84[2]（彩版三七九，1），在器外敞口下，大蕉叶纹两侧的空白地带施两组阴文铸铭"亚长"二字，此铭文应是与蕉叶纹一起制作在模上，为阴文，后翻印到范上，为阳文，再浇注于器外，为阴文。

殷墟青铜兵器钺、戈、矛等以及日常用具箕形器、勺等器物的阴文铸铭多采用模作铭翻印于范上浇注而成，且铭文多位于柄部。铜戈2001HDM54：285[3]（彩版三七九，2），銎部正反面施阴文铸铭"亚长"二字。铜矛2001HDM54：129[4]（彩版三七九，3），骹部施阴文铸铭"亚长"二字。铜勺2001HDM54：149[5]（彩版三七九，4），柄中部施阴文铸铭"亚长"二字。铜箕形器1994ALNM793：1[6]（彩版三七九，5），柄部后端施阴文铸铭"亚弜"二字。以上五件器物柄部的阴文铸铭皆是先将铭文刻划在模上，为阴文，后翻印在范上，为阳文，再浇注于器体柄部，为阴文。

另有少量阴文铸铭浇注完成后还在字口内镶嵌绿松石。铜钺2001HDM54：582[7]（彩版三七九，6），柄部一面饰兽面纹，另一面饰夔龙纹，夔龙纹中间施阴文铸铭"亚长"二字，铭文应是与兽面纹、夔龙纹一起先制作在钺模上，为阴文，后翻印在钺范上，为阳文，再浇注出铭文，为阴文，最后在铭文字口内镶嵌绿松石。铜弓形器2001HDM54：393[8]（彩版三七九，7），弓身背部圆凸泡两侧各施阴文铸铭"亚长"二字，其后又各饰一蝉纹，铭文的制作方式同前者。

还有一种现象值得注意，殷墟出土的同铭铜器，无论是同一器物的器和盖同铭，还是不同器物的同铭，铭文的字形或间架结构都没有完全相同的，这说明它们不是从同一个铭文模上翻印出来的，所

〔1〕 马承源主编：《中国青铜器》（修订本），第350页，上海古籍出版社，2003年。
〔2〕 中国社会科学院考古研究所著：《安阳殷墟花园庄东地商代墓葬》，图九二：拓片一四，彩版一五：1，科学出版社，2007年。
〔3〕 A. 中国社会科学院考古研究所、安阳市文物考古研究所编著：《殷墟新出土青铜器》，图版六四，云南人民出版社，2008年。B. 中国社会科学院考古研究所安阳队资料。
〔4〕 中国社会科学院考古研究所著：《安阳殷墟花园庄东地商代墓葬》，图一〇九：2，彩版二五：3、左2，科学出版社，2007年。
〔5〕 中国社会科学院考古研究所著：《安阳殷墟花园庄东地商代墓葬》，图一〇〇：1，彩版二六：3，科学出版社，2007年。
〔6〕 中国社会科学院考古研究所、安阳市文物考古研究所编著：《殷墟新出土青铜器》，图版一〇二，云南人民出版社，2008年。
〔7〕 中国社会科学院考古研究所著：《安阳殷墟花园庄东地商代墓葬》，拓片二一，彩版二三：4，科学出版社，2007年。
〔8〕 中国社会科学院考古研究所著：《安阳殷墟花园庄东地商代墓葬》，图一二一：3，拓片二六：2，彩版二八：4，科学出版社，2007年。

以我们推测一件铭文模可能只翻印一件铭文芯或范。

（2）芯作铭

指铭文直接在泥芯上制作，多采用刻划手法。铭文在芯上为阴文，浇注出的青铜器铭文为阳文，多位于器物圈足内壁。芯作铭在殷墟青铜器铭文中所占比例小，且铭文通常只有 1~2 个字。这是因为一则殷墟青铜器铭文以阴文铸铭为主流，二则泥芯质地一般较疏松，刻划文字时字口边沿容易脱落，致使浇注出来的青铜器铭文线条不流畅，缺乏美感。铜觚 1999ALNM1046：11[1]（彩版三七九，8），圈足内施阳文铸铭"亚"字，此铭文应是先在觚的圈足芯上直接刻划"亚"字，为阴文，再浇注出青铜器铭文"亚"字，为阳文。铜觚 1982 戚东 M63：10[2]（彩版三七九，9），圈足内施阳文铸铭"宁箙"二字，此铭文的制作方式与前者同相同。

（3）范作铭

指铭文直接在范上制作，多采用刻划手法。铭文在范上为阴文，浇注出的青铜器铭文为阳文。范作铭与模作铭再翻印于范上一样，浇注出的青铜器铭文位于器体表面，不符合"铭文要铸在不显著地方"的原则，所以范作铭在青铜器铭文中所占比例甚小。爵鋬范 2001AGH1：3[3]（彩版三七九，10），鋬上刻划"丁酉□"三字，第三字不辨，阴文，浇注出来的青铜器铭文应为阳文，铭文的位置在青铜爵鋬的兽头下，目前尚未发现此铭文范对应的青铜爵。

2. 刻铭

指在铸造好的青铜器上直接刻划铭文。殷墟出土青铜器铸铭占绝大多数，刻铭极少。推其原因，可能主要有以下三个方面：一是当时极少有硬度大于青铜的工具，很难在浇注好的青铜器上刻划文字，而在泥质模、范、芯上制作文字就容易多了；二是当时的铭文要求在器物上不显著的位置，譬如在鋬内、盖内、器内壁、器内底、圈足内等，青铜器浇注完毕后，这些地方刻划铭文非常不顺手；三是铸铭文字笔画较粗，美感较强，与殷墟青铜器"浑厚凝重"的整体风格一致，而刻铭虽然程序简单，但字迹纤细，缺乏韵味。

目前殷墟仅发现一座殷墟四期晚段的商代墓葬（1982 戚家庄东 M63）出土了 4 件刻铭铜器。铜鼎 M63：11[4]（彩版三八〇，1）的刻铭为"田口"二字，不识，位于腹内壁。铜簋 M63：17[5]、铜觚 M63：12[6]、铜斝 M63：15[7]的刻铭皆为"宁箙"二字，前者位于器内底部（彩版三八〇，2），后两者位于口内壁（彩版三八〇，3、4）。这些刻铭字口两端较窄、较浅，中部则较宽、较深，且常见字体笔画两端出头，偶见跑笔、重笔现象。这四件刻铭青铜器是目前科学发掘出土的年代最早的刻铭铜器，它们的发现，可以确切地把青铜器刻铭的历史追溯到殷墟文化第四期偏晚阶段，其意义非常重大。

---

〔1〕　中国社会科学院考古研究所安阳工作队：《安阳殷墟刘家庄北 M1046 号墓》，图一一：4、5，《考古学集刊》第 15 期，2004 年。

〔2〕　安阳市文物考古研究所编著：《安阳殷墟戚家庄东商代墓地发掘报告》，图一九九：2，拓片三：6，彩版六三：2，中州古籍出版社，2015 年。

〔3〕　中国社会科学院考古研究所安阳工作队：《2000~2001 年安阳孝民屯东南地殷代铸铜遗址发掘报告》，图二〇：6，图二一：2，图版十五：1，《考古学报》2006 年第 3 期。

〔4〕　安阳市文物考古研究所编著：《安阳殷墟戚家庄东商代墓地发掘报告》，图一九八：1，拓片三：1，彩版五九：2，中州古籍出版社，2015 年。

〔5〕　安阳市文物考古研究所编著：《安阳殷墟戚家庄东商代墓地发掘报告》，图一九八：3，拓片四：3，彩版六〇：2，中州古籍出版社，2015 年。

〔6〕　安阳市文物考古研究所编著：《安阳殷墟戚家庄东商代墓地发掘报告》，图一九九：1，拓片三：3，彩版六三：1、3，中州古籍出版社，2015 年。

〔7〕　安阳市文物考古研究所编著：《安阳殷墟戚家庄东商代墓地发掘报告》，图一九八：4，拓片三：2，彩版六一：1，中州古籍出版社，2015 年。

（六）大型青铜器的浇注方式

依据苗圃北地铸铜遗址内的大方鼎范[1]的发掘情况及孝民屯铸铜遗址内大圆盘芯座[2]的发掘情况，我们初步推测出商代铸造大型青铜容器的工序及场景。

1. 建筑铸造场所

商代铸造大型青铜容器是在半地穴式建筑内进行的。如苗圃北地铸铜遗址内的大方鼎范位于一座半地穴式房子 IVF1 内（图二五二；彩版三八一），孝民屯铸铜遗址内大圆盘芯座也位于一座半地穴式房子 F43内（见彩版三六八）。再由苗圃北地 IVF1 的四角各有一个柱洞推测，此类半地穴式房子应该是工棚式建筑。

2. 夯筑芯和芯座

半地穴式浇注场所建好后，在其中部下挖一圆形浅坑，坑内填一层结构较疏松的熟土，然后在熟土上夯筑所铸器物的芯座和内芯，内芯中空，便于浇注前预热内芯。孝民屯铸铜遗址内大圆盘芯座中部有一片略呈圆形的红烧土即是浇注前预热内芯形成的。做好芯座和内芯后，环绕芯座挖沟填充沙子、碎陶片、碎陶范及小石子等，并在沟外铺垫一圈沙子。

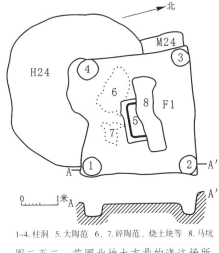

1~4. 柱洞　5. 大陶范　6、7. 碎陶范、烧土块等　8. 马坑
图二五二　苗圃北地大方鼎的浇注场所

3. 建炉熔铜

因浇注大型青铜器需要大量铜液，推测在浇注场所周围地面上或台子上需要建数座大型熔炉同时熔铜，且需要浇道把铜液从熔炉导入铸件的型腔内。浇道从熔炉的出铜口至铸件的浇注口应呈由高到低的斜坡状（图二五三）。这也是为什么大型铸件需要在半地穴式工棚内浇注的原因所在：降低铸件浇注口的高度，使浇道的坡度更大一些，铜液更容易流入预铸件的浇口内。

4. 合范浇注

大型青铜器在扣合顶范前，需要先对内芯进行预热。外范扣合完毕后，其外还需裹一层草拌泥。浇铸时，还需对外范进行加热。加热内芯和外范目的是为了浇铸时铜液的流动性更好。

5. 去范打磨

殷墟铸铜遗址内发现大量磨石，均属长石石英砂岩，有粗、细砂岩之分，形状多呈片状，有圆形、椭圆形、长方形、梯形、楔形、不规则形等，另有少量柱状、球状磨石。这些磨石皆是用来打磨青铜器的。由如此大量的磨石看，青铜器浇注后打磨的工作量很大。

（七）青铜器熔铜复原实验

1. 商代熔炉的构造

殷墟铸铜遗址出土的熔炉，从它们的断面观察，以草泥炉居多，建造方式多为泥条盘筑。炉壁由

〔1〕　中国社会科学院考古研究所编著：《殷墟发掘报告（1958～1961）》，图一四，图版四，文物出版社，1987年。
〔2〕　岳洪彬、岳占伟：《试论殷墟孝民屯大型铸范的铸造工艺和器形——兼论商代盥洗礼仪》，《考古》2009年第6期。

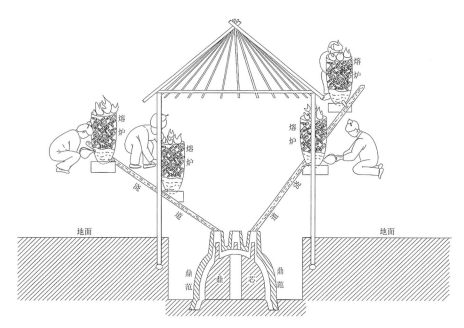

图二五三　殷墟大圆鼎浇注复原示意图

里及外可分三层：炉衬层、基体层、外壳层。炉衬层一般较薄，夹砂，含砂量大。基体层一般较厚，起支撑炉子的作用。基体原应为圆形泥条，因受压多变为圆角方形，内夹杂大量秸秆，秸秆方向多与泥条顺向。基体层外表多呈青灰色，局部泛红褐，内部因秸秆炭化而呈黑灰色。外壳层一般较薄，也多夹杂一些秸秆，但其方向多杂乱无章。外壳层因受热较少，且温度较低，多呈浅灰色，甚至没变色。

依据炉衬烧结和熔融程度的不同，熔炉可分为预热区、保温区、熔铜区和炉缸等四部分。其中预热区位于炉子的上部，衬面多呈浅灰色或灰褐色，多已烧结，无龟裂，未熔融；保温区位于炉子的中上部，衬面多呈青灰色或深灰色，多已烧结，有龟裂，上部未熔融，下部微熔融，下部胎内有少量细小气孔；熔铜区位于炉子的中下部，衬面多呈灰黑色，局部泛紫红，完全熔融，呈玻璃态，"发亮"，少数还有向下流动的现象，胎内有大量大小不一的气孔，似蒸馒头的"发面"。炉缸位于炉子的下部和底部，是盛铜液的地方，因长时间与铜液接触，炉缸表面普遍粘有一层铜液，又因埋在地下三千多年，所粘铜液已变为铜锈，多呈灰绿色。有的炉壁有多层炉衬，可能是其多次使用和维修所致。还有少量炉衬表面有明显的木炭戳压痕迹，这证明木炭和铜块是放在一起的，属内燃式炉。

2. 建造熔炉

依据殷墟铸铜遗址出土熔炉的形制和结构，我们建造了一个熔炉。其形制为圆形直筒状，圜底，口内径22、深70厘米。炉壁最厚处厚8厘米，分内外三层：内层为砂质炉衬，含大量砂子，厚约2厘米；中间为基体，采用夹杂大量秸秆的泥条盘筑于炉衬外围，最厚处厚约4厘米；外层为外壳，采用夹杂一些秸秆的草拌泥堆附在基体外，最厚处厚约3厘米。炉子自上而下分四节：上节为预热区，高约20厘米；其下为保温区，高约20厘米；再下为熔铜区，高约15厘米；最下为炉缸，高约15厘米。炉子左右两侧及后面各设一个圆形鼓风口，皆位于炉缸的上部，高度略有上下，由外向内倾斜。金门设在正前方，位于炉缸的近底部，大小形状与风口相近，由里向外略倾斜。为便于浇注，我们又在熔炉的下方设了较高的底座，其上部为厚约10厘米的草拌泥，下部铺垫了两层厚约10厘米的砖块（图二五四；彩版三八二，1）。

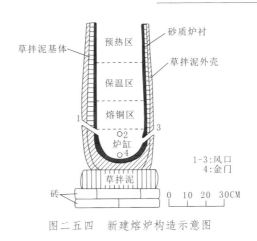

图二五四 新建熔炉构造示意图

3. 熔铜实验

熔铜前，先用湿木棍堵上金门，还要把一些硬木块放入熔炉内燃烧 1 小时左右，这样既加热了炉子，又能在炉子底部聚集较多的炭火，然后在炉子的中部分层放入铜条和木炭，同时放入一定比例的锡块和铅块，再用木炭加满炉子的上部，最后进行鼓风。鼓风设备可先采用人工皮囊（彩版三八二，2），等铜条开始熔化时，再采用电力鼓风机，加大风力（彩版三八二，3）。熔铜过程中，还要不断向炉子上部添满木炭，起到预热和保温作用，这样炉子下部才能达到且稳定在高温状态，使铜条熔化且较长时间保持液体状态。等到铜条完全熔化后，就可以拔掉金门内的塞子，使铜液快速流入预先放置于金门下方的陶范浇口内（彩版三八二，4）。

熔铜结束后，我们对熔炉进行了解剖，发现预热区和保温区上部的炉衬表面呈浅灰色，虽已烧结，但没有熔融；保温区下部炉衬表面呈深灰色，有龟裂，且微熔融；熔铜区的炉衬表面呈灰黑色，局部泛紫红，完全熔融（彩版三八二，5），且内部有"起泡"现象（彩版三八二，6）。以上这些现象均与殷墟铸铜遗址出土的炉壁相似。

三 从铸铜遗物看殷墟晚期青铜器的演变和商末周初青铜器的断代问题

（一）殷墟晚期青铜器的演变

依据孝民屯铸铜遗址出土的铸铜遗物，尤其陶范的种类、形制、数量以及在各个时期所占的比例，结合殷墟出土的以及传世的青铜礼器，我们认为殷墟晚期青铜礼器发生了重大变革，青铜礼器出现了两个截然不同的发展方向：

一是向着明器化方向发展，即出现了专门用于墓葬随葬的葬器。其具体表现为器形变小，体薄质轻；纹饰简单，或素面，或饰以弦纹、极简化兽面纹；无铭；铸造粗糙，范线多未打磨，盲芯多暴露等。此类青铜礼器多出于殷墟晚期的中小型贵族墓葬（殷墟晚期的大墓均被盗掘），故很容易给人以殷墟晚期青铜文化走向衰落的假象。

一是沿着实用器，即祭祀用器方向继续发展，并且出现了两种不同风格：一种风格是沿着传统样式继续前进。具体表现为器形变化不大，但器壁变得较薄；复层满身花纹的器皿减少，颈部及圈足饰带状花纹的器皿激增，多数花纹变得细密，虽有主纹与地纹之分，但主纹多不突出，与地纹基本在同一平面上；有的省去地纹，突出主纹，还有的以疏朗的云雷纹构成兽面纹或夔龙纹的身尾；多有铭文，少量礼器出现了较长篇的记事性铭文，且出现了"……作……尊（彝）"格式的铭文。此风格在铸造技术上似乎没有多大进步，甚至有的器类还有衰落的趋势。该风格的实用青铜礼器多与明器化的青铜礼器同出于殷墟晚期的中小型贵族墓。

另一种风格是大胆创新。具体表现为体大、壁厚、质重，造型新颖、奇特、夸张，纹饰精细、繁缛，铸造精湛、优良，给人一种耳目一新的感觉，使人精神为之大振。此风格的青铜礼器在铸造技术和工艺上大胆创新。此风格真正代表了殷墟晚期灿烂辉煌的青铜文化，是殷墟青铜礼器发展史上的一次重大变革。该风格的青铜礼器多见于国内外的传世铜器以及孝民屯出土的部分陶范所对应的青铜礼器（彩版三八三，1、2）。1991年殷墟后冈大墓M9出土的觥盖[1]（彩版三八四，1、2）、2008年殷墟刘家庄北地水井J31出土的铜卣残片[2]（彩版三八四，3）、2011年殷墟刘家庄北地窖藏坑H2498出土的高扉棱铜卣[3]（彩版三八四，4）等也是此风格的代表。

殷墟晚期青铜礼器向着实用器与明器两个发展方向发展的内在原因应是人们思想意识形态的变化。众所周知，殷人尊神尚鬼，崇拜上帝，听命于天。但是到了殷墟晚期，殷人开始对上帝及鬼神有所怀疑，甚至出现了帝王武乙射天的故事侮诟天神，这与殷墟三期墓葬中开始出现明器的考古材料相呼应，应该不是一种机缘巧合，而是殷人宗教观念开始变化的一种反映，这也是人类思想观念的一大进步。

（二）商末周初青铜礼器的断代问题

商末周初青铜礼器的断代问题一直是困扰学者们的一个难题。过去多数学者把这一时期的华冠出戟凤鸟卣、长方垂珥簋、牛首垂珥簋、方禁等与殷墟传统风格明显不一致，且多为海内外博物馆的藏品的铜器归为西周早期。但是也有部分学者将它们定为商代晚期。马承源将上海博物馆藏华冠出戟凤鸟卣定为商器[4]，早期学者容庚将弗利尔博物馆藏华冠出戟凤鸟卣定为商器[5]。但自陈梦家以后，学者一般多将弗利尔与波士顿美术馆藏华冠出戟凤鸟卣定为西周早期[6]。容庚把哥本哈根国立博物馆藏告田方禁觥定为殷器[7]，而李学勤、艾兰、罗森夫人则将之定为周器[8]。美国弗利尔博物馆藏饰牛首垂珥的四耳簋，一般学者也将其定为西周早期[9]。容庚则定为殷器[10]。长方垂珥簋在已知的发掘出土商代铜器上不见，而在西周早期常见，如利簋、德簋、天亡簋等，均带铭文，年代皆为西周早期无疑。

近年随着孝民屯铸铜遗址与之相近甚至相同陶范的出土，以及宝鸡石鼓山高级贵族墓（M3、M4）

〔1〕　A. 中国社会科学院考古研究所安阳工作队：《1991年安阳后冈殷墓的发掘》，图九，图版四：1，《考古》1993年第10期。B. 中国社会科学院考古研究所、安阳市文物考古研究所编著：《殷墟新出土青铜器》，图版一九三、一九四，云南人民出版社，2008年。

〔2〕　中国社会科学院考古研究所安阳工作队：《河南安阳市殷墟刘家庄北地2008年发掘简报》，图六：1、4、7、11，《考古》2009年第7期。

〔3〕　中国社会科学院考古研究所安阳工作队：《河南安阳市殷墟刘家庄北地2010~2011年发掘简报》，图六：1，图七，图版一一：2，《考古》2012年第12期。

〔4〕　马承源：《记上海博物馆新收集的青铜器》，图一，图五，图版四：1，《文物》1964年第7期。

〔5〕　容庚：《商周彝器通考》，第315页，第719页：图版六一二，上海人民出版社，2008年。

〔6〕　A. 中国科学院考古研究所编：《美帝国主义劫掠的我国殷周铜器集录》，第112页，第840、841页：图版A591，科学出版社，1962年。B. 中国青铜器全集编辑委员会：《中国青铜器全集·西周2》，第149页：图版一五三，文物出版社，1997年。

〔7〕　容庚：《商周彝器通考》，第325页，第755页：图版六八一，上海人民出版社，2008年。

〔8〕　A. 李学勤、艾兰：《欧洲所藏青铜器遗珠》，彩版八，图版九五，文物出版社，1995年。B. Jessica Rawson, *Western Zhou Ritual Bronzes from the Arthur M. Sackler Collections* (Arthur M. Sackler Foundation, Washington D. C. , 1990) , Volume IIB, p. 246, fig. 8. 2.

〔9〕　A. 中国科学院考古研究所编：《美帝国主义劫掠的我国殷周铜器集录》，第44页，第515页：图版A225，科学出版社，1962年。B. 中国青铜器全集编辑委员会：《中国青铜器全集·西周1》，第52页：图版五五，文物出版社，1996年。

〔10〕　容庚：《商周彝器通考》，第261页，第535页：图版二四九，上海人民出版社，2008年。

的发现，促使我们重新思考上面这批铜器的年代问题。

首先，从孝民屯铸铜遗址出土的与之对应的陶范看，这批非传统风格的青铜礼器中的一部分是在殷墟铸造的应该没有问题。而孝民屯铸铜遗址出土的大量陶范，可以辨识者绝大多数仍属于典型商晚期风格，不见其他可以确切断定为西周时期铜器风格的陶范。所以这批风格迥异的陶范应与典型晚商风格的陶范同时伴出似乎也没多大问题。

然后，从同一时期铸造技术看，殷墟晚期青铜器铸造技术要高出先周许多，这从同时期两者铸造的青铜器很容易看出，也是学者们的共识。与其他技术一样，青铜器铸造技术也会有其来源、传承和发展。如华冠出戟凤鸟卣应该是在殷墟三期已出现的凤鸟卣基础上发展来的（彩版三八五，1），长方垂珥簋和牛首垂珥簋应该是殷墟四期出现的垂珥簋的传承和发展（彩版三八五，2）。

还有，从殷墟九十年来的考古发掘资料看，无论从各个家族的四合院建筑群规模，还是墓葬（人口）、陪葬马车以及随葬青铜礼器的数量来判断，殷墟其他时期都无法与殷墟四期相提并论，这彰显了殷墟四期经济文化的繁荣。再从文献记载看，无论是酒池肉林，还是鹿台自焚（佩戴上万件玉器），都表明帝辛（纣王）是一个狂妄自傲、好大喜功之人。而这批非传统铜器的风格与帝辛（纣王）的性格非常相似。

综上，我们认为这批非传统风格的铜器出现于殷墟四期，很可能始于帝辛（纣王）时期，最早的铸造地在安阳殷墟孝民屯。当然，我们也不否认它们中的一部分甚至大部分铸造于西周早期以及非安阳造的观点。但是，这批非传统风格的铜器不论时代是否进入西周，铸造地是否在安阳殷墟，有一点可以确定，它们属于同一批（代）工匠的杰作，确切地说，即为殷墟最晚期那批（代）匠人，其身份先是殷人，后随着商代灭亡而成了殷遗民。正因为这批铜器系同一批（代）匠人所铸，他们几十年形成的技术风格不会有太大的改变，所以这批铜器无论是否进入西周纪年，它们的形制、纹饰及风格都非常相近，这也正是商末周初青铜器难以断代的主要原因。

附　表

附表一 铸铜遗物（标本）统计表

灰坑内出土的铸铜遗物标本统计表

遗迹单位	所在探方	分期	铸铜遗物的分类及标本的数量															
			铸铜遗物器具									铜块	铜渣	其他				不明
			熔铜器具			铸铜器具			辅助器具					木炭	烧土	盆形器	陶锥形器	
			大型炉	小型炉	模	一类范	二类范	芯	陶管	铜刻针	磨石							
SH6	ST1227	四早									3							
SH7	ST1227	三					1				1		1					
SH12	ST1127	四早								2	2							
SH23	ST1611	三	2			3												
SH24	ST1613	三	2	3	1	10	2	2	2				2		2			
SH40	ST1224	二晚								1								
SH49	ST1613	三	1	1		1										1		
SH201	ST2007	四早	2		1	4		9										
SH202	ST1704	三	7			1					9		3			1		
SH205	ST2007	东周	1															
SH206	ST2307	东周		3		2												
SH207	ST2006	东周									1							
SH209	ST2007	东周				2				1	1							
SH210	ST2007	东周	1															
SH211	ST2007	东周				1					3							
SH212	ST2008	东周	3			1		1	1	1								

续附表一

铸铜遗物的分类及标本的数量

遗迹单位	所在探方	分期	熔铜器具			铸铜器具				辅助器具		铜块	铜渣	其他				不明
			大型炉	小型炉	模	一类范	二类范	芯	陶管	铜刻针	磨石			木炭	烧土	盆形器	陶锥形器	
SH213	ST2008	东周	4			2	1	1			1							
SH214	ST2007	东周	10	3	1	11	2	1										
SH215	ST1907	东周	1	1		2					1		1					
SH217	ST1807	三	2			4	5				2							
SH218	ST1807	东周				1												
SH219	ST1711	三				1							1					
SH220	ST1806	四早	8	1		12		5	1		8							
SH222	ST2006	四早		1		6	1	3			6							
SH225	ST2008	三	43	22	2	90	26	21	1		24		1	1	1	1		1
SH226	ST2003	三	10			20		1			15		2			1		
SH227	ST1906	四早	47		2	20	1	16			7							
SH228	ST2126	东周									2							
SH229	ST2106	东周		1														
SH230	ST2210	东周									1				1			
SH232	ST2206	四早	5	3	3	34		13	1		21		2					
SH233	ST2206	四早	38	2		13	1	12	2	1	27		3					
SH236	ST2006	四早	14		1	14		6			1		1					
SH237	ST2207	殷墟	1															
SH238	ST2306	四早				1												
SH239	ST2306	东周	1					1			1							
SH240	ST2306	东周或更晚									1						1	
SH241	ST1907	四早	14			1		3			1							
SH242	ST2006	四早				25		16			2							
SH243	ST2103	东周											1					
SH247	ST2103	东周															2	

续附表一

遗迹单位	所在探方	分期	铸铜遗物的分类及标本的数量															
			熔铜器具			铸铜器具				辅助器具		铜块	铜渣	其他				不明
			大型炉	小型炉	模	铸铜范			陶管	铜刻针	磨石			木炭	烧土	盆形器	陶锥形器	
						一类范	二类范	芯										
SH248	ST2006	四早	8			2		3	1	2	3				1			
SH249	ST2006	四早	3	1		1							1	1				
SH251	ST2306	东周	2															
SH252	ST2306	四早	24		3	24	4	7			24		5					
SH253	ST2006	三	1			4		6			2							
SH254	ST1907	三		2	1	2				1	2							
SH255	ST2206	四早	9		1	10		8	1		11		1					1
SH257	ST2103	东周或更晚																
SH258	ST2307	东周	1			2	1				2							
SH259	ST2207	三				1												
SH260	ST2307	四早									2							
SH261	ST1906	三	6	6		6	7	1			8		4					
SH262	ST2306	四				1					1							
SH263	ST2306	三									5							
SH264	ST2307	三				1	5											
SH266	ST1907	三				1					5							
SH267	ST1906	三									5		1					
SH268	ST2206	四		3	4	19	11	9	1	2	23							
SH269	ST2206	四早	46	5	3	53		12	1	2	41		4		1			
SH274	ST2409	东周				1	1	1										
SH275	ST2409	四早				6	1											
SH277	ST2007	三	10		4	3	4	4	2		8							
SH281	ST2410	四				1					2							
SH282	ST1907	殷墟									1		1		1			
SH283	ST1907	二晚					1				15		2					

续附表一

铸铜遗物的分类及标本的数量

遗迹单位	所在探方	分期	熔铜器具			铸铜器具			辅助器具			铜块	铜渣	其他				不明
			大型炉	小型炉	模	铸铜范		芯	陶管	铜刻针	磨石			木炭	烧土	盔形器	陶锥形器	
						一类范	二类范											
SH284	ST2409	三					1											
SH286	ST2006	疑东周									2							
SH289	ST2613	四		11			1	1		1	9		4					
SH290	ST2306	二晚	5			5	28				3							
SH292	ST2408	四	2															
SH293	ST2409	三									1							
SH294	ST2409	三				1												
SH295	ST2411	三	21															
SH296	ST2411	四				1					1							
SH298	ST1706	四				1		5			3							
SH299	ST2613	三														1		
SH303	ST2506	东周或更晚									1							
SH308	ST2608	东周											2					
SH309	ST2505D	东周							1									
SH311	ST2606C	殷墟	2															
SH313	ST2608C	三		1							2							
SH314	ST2506D	东周	9	1														
SH315	ST2608C	三	1	7		6	1	1		1	5							
SH318	ST2505D	东周		1							4							
SH325	ST2407	东周									1							
SH332	ST2607	东周																
SH334	ST2506B	四				1				2								
SH338	ST2505	东周									1							
SH343	ST2706	四早									2							
SH347	ST2506	东周	1										1					

续附表一

铸铜遗物的分类及标本的数量

遗迹单位	所在探方	分期	熔铜器具 大型炉	小型炉	铸铜器具 模	一类范	二类范	芯	陶管	辅助器具 铜刻针	磨石	铜块	铜渣	木炭	其他 烧土	盔形器	陶锥形器	不明
SH352	ST2409	三	1			2												
SH356	ST2408	四早	14	1		6				1	15							
SH358	ST2609	宋代				1												
SH359	ST2008	东周				2	1	1										
SH360	ST2007	东周	1								1							
SH362	ST2506B	四				5												
SH363	ST2506D	东周	1								1							
SH365	ST2506B	四早				1		1										
SH371	ST2705	三	7			1					4				1			
SH372	ST2505D	三														1		
SH373	ST2505D	三									1							
SH375	ST2708	二晚	1	1		5				1	13	1	2					
SH376	ST27096BD	东周				1		2			1						2	
SH382	ST2505	二晚					2											
SH384	ST2505	三									4							
SH396	ST2706	东周	1								1							
SH397	ST2608BD	三	2	13							22		1					
SH399	ST2706	三				2		2										
SH404	ST2705	三									2							
SH405	ST2606BD	东周									1							
SH409	ST2708	殷墟	2			1					1							
SH411	ST2008	三	4	1		3		2			3							
SH412	ST1907	三									1							
SH413	ST2410	四	3	1		6	1				1							
SH415	ST2412	二											2					

续附表一

铸铜遗物的分类及标本的数量

遗迹单位	所在探方	分期	熔铜器具 大型炉	熔铜器具 小型炉	熔铜器具 模	铸铜器具 铸铜范 一类范	铸铜器具 铸铜范 二类范	铸铜器具 芯	铸铜器具 陶管	辅助器具 铜刻针	辅助器具 磨石	铜块	铜渣	其他 木炭	其他 烧土	其他 盆形器	其他 陶锥形器	其他 不明
SH416	ST2306	二晚				5	16				1				3			
SH418	ST2008	东周		1											1			
SH419	ST2108	东周				1					1							
SH420	ST2412	三	3															
SH422	ST2610	四早	3										1		2			
SH423	ST2610	三				2					2		1		1			
SH425	ST2008	三	2			4		1			7							
SH426	ST2008	四早	1			4	3	1			7							
SH427	ST2008	三	15	1		25	5	7			25							
SH428	ST2412	三				3					1							
SH429	ST2408	三					1	1										
SH430	ST2008	三					1											
SH431	ST2108	三	2			6					4							
SH435	ST2613	殷	1								6							
SH436	ST2411	四				1		1										
SH439	ST2711	三											3					
SH440	ST2711	三				3	2						2					
SH442②	ST2206	二晚	1				1						1					
SH442③	ST2206	二晚				2	12	2										
SH445	ST2710	三	2	5			1	1					10					
SH446	ST2410	三		2		2		1								1		
SH448	ST3203	四早	1			3					3							
SH450	ST2710	东周或更晚	1															
SH453	ST2812	三		1		1	1	1			2		4					
SH455	ST2410	三		1		1	1	1	1		7		1					

续附表一

遗迹单位	所在探方	分期	熔铜器具		铸铜器具					辅助器具		其他						
			大型炉	小型炉	模	一类范	二类范	芯	陶管	铜刻针	磨石	铜块	铜渣	木炭	烧土	盆形器	陶锥形器	不明
SH456	ST2211	三	2	25		11	2	4			29		16					
SH457	ST2709	三									11							
SH467	ST2008	三				11	1	1										
SH468	ST2008	三	3	2	2	1	3				3							
SH471	ST1706	四早									1							
SH472	ST2711	四				3					1							
SH473	ST3709	二?			2	4	10	3										
SH474	ST3007	东周				1												
SH475	ST2108	三	2	1		9					2							
SH480	ST2213	四	5	2			2											
SH481	ST2214	四早	1	8		20	1	80	1		20		8					
SH482	ST2213	四				1					3							
SH483	ST3007	东周		2							2							
SH485	ST2410	夏		1									1					
SH486	ST2709	二晚	1	3				1			5	1	4					
SH488	ST3005	魏晋以后	1															
SH489	ST3509	后岗一期						3			10							
SH490	ST2213	东周或晚		2							2							
SH491	ST2008	三	10	5	1	22	6	28			6		2					
SH492	ST2008	三	1				1				1							
SH493	ST3107	四早	17	9	1	100		11	1		50		1		1			3
SH496	ST2413	四	1		1	1					2		2					
SH497	ST2807	魏晋	1															
SH498	ST2008	魏晋				3					1							
SH499	ST2807	魏晋	1								1							

铸铜遗物的分类及标本的数量

续附表一

遗迹单位	所在探方	分期	铸铜遗物的分类及标本的数量															
			熔铜器具			铸铜器具			辅助器具			铜块	铜渣	其他					
			大型炉	小型炉	模	一类范	二类范	芯	陶管	铜刻刀	磨石			木炭	烧土	盔形器	陶锥形器	不明
SH501	ST2807	魏晋									1							
SH502	ST3006	四早	1					1			4							
SH503	ST3005	魏晋以后							1									
SH508	ST3004	东周				1												
SH509	ST2213	四				1	1											
SH510	ST2008	三		8							3							
SH512	ST2807	魏晋				1					1							
SH513	ST2911	魏晋	1			1												
SH517	ST1911	三	3	1		1		1	1				1					
SH530	ST2413	三						6			5							
SH534	ST3206	四?				1												
SH538	ST2711	三	1	1		1					1							
SH539	ST2710	三	1	2														
SH540	ST2413	三			2	1		2					1					
SH543	ST3005	三	1	3	1	1		1										
SH545	ST1705	三									1							
SH546	ST2212	四早	26	1	1	27		19	1		16							
SH548	ST2413	三									1							1
SH549	ST2807	四早			2	1												
SH550	ST2807	四				1												
SH553	ST2807	四早				1		1										
SH558	ST2413	二晚		2		1					2							
SH559	ST2910	三			1													
SH560	ST2910	三				2					1							
SH561	ST2312	三	1					1							1			

续附表一

铸铜遗物的分类及标本的数量

遗迹单位	所在探方	分期	熔铜器具			铸铜器具			辅助器具			其他						
			大型炉	小型炉	模	一类范	二类范	芯	陶管	铜刻针	磨石	铜块	铜渣	木炭	烧土	盆形器	陶锥形器	不明
SH562	ST2814	三									1							
SH563	ST3207	三									1							
SH564	ST2910	三		2														
SH565	ST2811	四	1															
SH567	ST2013	四	6	1		1					4							
SH570	SH2013	三		1		39		2			4			1	1			
SH571	ST2013	三	1	1		6		2			1							
SH572	ST2811	三				1		1			1							
SH573	ST2911	三	30		4	55	3	11	2		26		3	1	3			
SH575	ST2208	东周									1							
SH580	ST3003	三									4							
SH582	ST2910	三	1	8		1		1			19		2					
SH583	ST3004	三	1															
SH586	ST3003	三	5			1					3							
SH590	ST3005	三		1			1											
SH596	ST2313	三				1												
SH597	ST1809	三									2							
SH598	ST2311	三	4								3							
SH599	ST2311	三		1		1	3	1			3		1					
SH600	ST1705	三				1					1							
SH603	ST2807	三	9	3		4					6		2	1				
SH605	ST2807	三	2															
SH606	ST2911	三	3	15		6		2			24		12			2		1
SH610	ST2012	四早		4	1	9		3			6							
SH611	ST2012	四早	15	2		19		2			40				1			

续附表一

铸铜遗物的分类及标本的数量

遗迹单位	所在探方	分期	熔铜器具			铸铜器具			辅助器具			其他						
			大型炉	小型炉	模	一类范	二类范	芯	陶管	铜刻针	磨石	铜块	铜渣	木炭	烧土	盔形器	陶锥形器	不明
SH615	ST2013	四期	2					1										
SH616	ST2807	三	1								1							
SH618	ST2013	三				4												
SH619	ST3003	三				1												
SH622	ST2909	三									1							
SH623	ST2012	三		1							2							
SH625	ST2807	三							1									
SH628	ST3003	三				1												
SH630	ST2210	二晚	2					3										
SH632	ST3205	四				1		1		1	4							
SH633	ST2811	三									8		2					
SH635	ST3309	三						1										
SH636	ST3203	三	2			20	6				1							
SH639	ST3411	二晚				1		41	1		1							
SH641	ST3309	四早	2		1													
SH642	ST3006	四早	5	2														
SH647	ST2906	四早	1	11							3					1		
SH648	ST3413	四早			1	27		38		1	4							
SH649	ST3007	四早	11	7	1	82		8		1	45				1			
SH650	ST2214	四早									1							
SH651	ST2811	二晚	1	11					1		29		4					
SH653	ST2809	三			1													
SH664	ST2112	四早	50	15	3	149	21	49		1	23		4		3			1
SH665	ST2809	三									16		2					
SH667	ST2114	三				1												

续附表一

铸铜遗物的分类及标本的数量

遗迹单位	所在探方	分期	熔铜器具			铸铜器具			辅助器具			其他						
			大型炉	小型炉	模	一类范	二类范	芯	陶管	铜刻针	磨石	铜块	铜渣	木炭	烧土	盆形器	陶锥形器	不明
SH669	ST2114	四早				1					1							
SH670	ST2114	四	5		1	2		3										
SH671	ST2113	三									2							
SH672	ST3116	西周									3							
SH678	ST2113	四				1												
SH679	ST2113	四早		1		30	1	6										
SH680	ST2113	三	1	3		3		5			3							
SH681	ST3006	三		2		3												
SH683	ST3010	三	56	33	15	8	10	26			8		26			2		
SH685	ST2911	三	2	1			1	3	1		3							
SH686	ST2005	四	1															
SH687	ST2911	三				2					2		1					
SH689	ST2104	四早																
SH691	ST2105	四				5		1			4		2					
SH692	ST2105	四									2							
SH693	ST2105	四	3		1	1			1	1	1							
SH697	ST2005	三				1												
SH698	ST3107	四	1			1		2			2							

探方地层内出土的铸铜遗物标本统计表

铸铜遗物的分类及标本的数量

探方地层	分期	熔铜器具			铸铜器具			辅助器具			其他						
		大型炉	小型炉	模	一类范	二类范	芯	陶管	铜刻针	磨石	铜块	铜渣	木炭	烧土	盆形器	陶锥形器	不明
ST1427④	殷墟									1							
ST1528③	四早									3							

续附表一

铸铜遗物的分类及标本的数量

探方地层	分期	熔铜器具		铸铜器具					辅助器具		铜块	铜渣	其他				不明
		大型炉	小型炉	模	一类范	二类范	芯	陶管	铜刻针	磨石			木炭	烧土	盆形器	陶锥形器	
ST1625②	殷墟									1							
ST1806 采集	殷墟			1													
ST1806②	殷墟				1												1
ST1806③	四早	7		2	8		5			6							
ST1806④	四早	6	2		15		4			3							
ST1806⑤	四早	23			28	1	3			9							
ST1806⑥	三	11		1	7	1	6			5							
ST1806⑦	三						1			1							
ST1807②	殷墟				1												
ST1807③	四早	1								1							
ST1820③	殷墟									1							
ST1906 采集	殷墟	1		1	3					2							
ST1906②	殷墟				1												
ST1906③	四早	2			21		1			8							
ST1906④	四早	15			21	1	8			4		1				1	
ST1906⑤	四早	33	2		24	1	3										
ST1906⑥	三	8		3	19		1			7							
ST1906⑦	三	4	1		7	3	1	1		8		1					
ST1907 采集	殷墟																
ST1907②	殷墟									2							
ST1907③	四早	11		1	5	1				2							
ST1907④	四早	9			4												
ST1907⑤	四早				6							1			1		
ST1907⑥	三				2												
ST1907⑦	三	8	3	4	31	5	4					5					

续附表一

探方地层	分期	熔铜器具		铸铜器具				辅助器具			其他						
		大型炉	小型炉	模	一类范	二类范	芯	陶管	铜刻针	磨石	铜块	铜渣	木炭	烧土	盔形器	陶锥形器	不明
ST1907⑧	三	1															
ST1907⑩	三																
ST1921①	殷墟									2							
ST1921②	殷墟								1	5							
ST2002⑥	殷墟				2					1							
ST2003 采集	殷墟				1												
ST2006 晚坑 4	殷墟				1												
ST2006①	殷墟	1															
ST2006③	四早	13		1	24		2			28							
ST2006④	四早				6		4										
ST2006⑤	四早			1	3		1			4							
ST2006⑥	四早		1		4	1				1							
ST2006⑦	四早	11			2												
ST2007②	殷墟	4			3		1			1							
ST2007③	四早				5							2					
ST2007④	四早	10	2	2	4		3			3							
ST2007⑤	四早	3	3		7	1				3		1					
ST2007⑥	三	25	4	1	24	3	18			2							
ST2007⑦	三	4		1	11	3	1			2							
ST2007⑨	三	22		1	5	1				6		3		2			
ST2007⑫	三		1		2	2				6		1					
ST2007⑬	三	2			2							2					
ST2007⑭	三	2			1					1							
ST2008 采集	殷墟	1			1												
ST2008②	殷墟	6	1		6	1	1			3							

续附表一

铸铜遗物的分类及标本的数量

探方地层	分期	熔铜器具 大型炉	熔铜器具 小型炉	铸铜器具 模	铸铜器具 一类范	铸铜器具 二类范	铸铜器具 芯	辅助器具 陶管	辅助器具 铜刻针	辅助器具 磨石	铜块	铜渣	其他 木炭	其他 烧土	盆形器	陶锥形器	不明
ST2008③	四	2			5	1				2					1		
ST2008①	三		1														
ST2108 采集	殷墟									1							
ST2108 晚坑	殷墟	3			1												
ST2108②	殷墟				1					2							
ST2108③	四	3			3		2			8							
ST2112③	四				12												
ST2113 扰坑	殷墟				2												
ST2114 扰坑	殷墟	1			4												
ST2206 晚坑1	殷墟									2							
ST2207⑤	殷墟				1												
ST2212③	四早	3		2	20	1				9				2			
ST2212④	四	9	1	1	32	6	14			14					1		
ST2212⑤	三	14	9	3	37	1	12			35		1					
ST2212⑥	三	7	7	3	7	1		1		5							
ST2212⑦	三	1	1		11		3			12							
ST2212⑧	三	7	7			2	1			26	13						
ST2212⑨	三					1				11							
ST2213①	殷墟				1												
ST2214④	殷墟				1												
ST2306 采集	殷墟				1					1							
ST2311②	殷墟				1												
ST2311④	三		2		2	1				1							
ST2311⑦	三		1		1												
ST2311⑩	三				2					1				1			

续附表一

铸铜遗物的分类及标本的数量

探方地层	分期	熔铜器具		铸铜器具					辅助器具		铜块	铜渣	其他				
		大型炉	小型炉	模	一类范	二类范	芯	陶管	铜刻针	磨石			木炭	烧土	盔形器	陶锥形器	不明
ST2312 采集	殷墟									3							
ST2312②	殷墟									1							
ST2312③	四早	8		2	9		1			6							
ST2312④	四早	4	1		3					1							
ST2312⑥	四早	2								7							
ST2312⑦	四早				3							1					
ST2312⑧	三	3	2	2	4	1				12							
ST2312⑨	三		2	4	4		1			10		1					
ST2312⑩	三	2	2			3		1		10		2					
ST2312⑪	三				3	1				28		1					
ST2313 采集	殷墟			1													
ST2409②	殷墟				1												
ST2412 采集	殷墟	4															
ST2412②	四				1		1										
ST2412②A	四				2												
ST2412③	四	2				1											
ST2412④	四	4				1						1					
ST2412④A	四									1							
ST2412④B	四									1							
ST2412⑤	三					1				2							
ST2412⑤A	三									1							
ST2412⑧	三					2				1							
ST2505D	殷墟		1														
ST2505D③	殷墟	1			1					2		1					
ST2505D⑤	三	2					1								1		

续附表一

探方地层	分期	熔铜器具		铸铜器具				辅助器具			铜块	铜渣	其他				不明
		大型炉	小型炉	模	一类范	二类范	芯	陶管	铜刻针	磨石			木炭	烧土	盏形器	陶锥形器	
ST2505D⑥	三	2			4					2							
ST2506B	殷墟						1										
ST2506B②	殷墟									1							
ST2506B③	殷墟				1					1							
ST2506B④	三				5												
ST2605A②	殷墟									1							
ST2606A②	殷墟															1	
ST2606A③	殷墟									2							
ST2607A①	殷墟							1								1	
ST2607 晚坑	殷墟					1				3							
ST2607A②	殷墟									2							
ST2607C②	殷墟							1									
ST2609②B	殷墟	1	1		2												
ST2609④	三									1							
ST2609⑤	三									6		3					
ST2609⑧	三		2							2		1					
ST2703②	殷墟									2							
ST2706②	殷墟	2															
ST2706③	殷墟	2												1			
ST2706 晚坑3	殷墟									1							
ST2708③	殷墟									4							
ST2709 采集	殷墟				1		1										
ST2710②	殷墟									1		1			1		
ST2710 扰沟	殷墟								1								
ST2711 采集	殷墟				1	1				8							

续附表一

铸铜遗物的分类及标本的数量

探方地层	分期	熔铜器具		铸铜器具				辅助器具			铜块	铜渣	其他				
		大型炉	小型炉	模	一类范	二类范	芯	陶管	铜刻针	磨石			木炭	烧土	盔形器	陶锥形器	不明
ST2711①	殷墟	2			2	2											
ST2711②	殷墟	1			5	1											
ST2711③	三	4	3		5	1	2			3		1					
ST2711④	三			1	3	3		1		9		2					
ST2711⑤	三	2	3		6	5				4							
ST2711⑥	三					1				7							
ST2711⑦	三									2							
ST2711⑧	三		4							1							
ST2711⑪	三									1							
ST2711⑫	二晚									7		2					
ST2711⑬	二晚		5			1				15		1					
ST2711⑭	二晚	1	9					1		12		5					
ST2711⑮	二晚		6									3					
ST2711⑯	二晚	12	1	1				1		1		1					
ST2711⑰	二晚	3	10									1					
ST2711⑲	二晚											1				1	
ST2712②	殷墟									2							
ST2804②	殷墟							1									
ST2804④	殷	1		1						2							
ST2807⑤	四早	1												1			
ST2807⑥	四早				1					2					1		
ST2807⑦	三	1												1			
ST2807⑧	三	3	2		3	1				1		1					
ST2807⑪	三				3	1				1							
ST2807⑭	三		1			1				2							

续附表一

铸铜遗物的分类及标本的数量

探方地层	分期	熔铜器具		铸铜器具					辅助器具		铜块	铜渣	其他				
		大型炉	小型炉	模	一类范	二类范	芯	陶管	铜刻针	磨石			木炭	烧土	盆形器	陶锥形器	不明
ST2807⑮	三									1							
ST2807⑱	三									1							
ST2807⑳	二晚		1							2		1					
ST2811②	殷墟	1															
ST2811③	三				3		1										
ST2811④	三	3								2							
ST2811⑤	三									1							
ST2811⑥	三													1			
ST2811⑧	三									4							
ST2811⑩	三		1		1					6							
ST2811⑫	三									1							
ST2811⑬	二晚	3	1														
ST2811⑭	二晚	1	5							13							
ST2811⑮	二晚	1	3		3	1				8							
ST2811⑯	二晚		2							2							
ST2811⑰	二晚						1			2							
ST2811⑱	二晚					1											
ST2811⑲	二晚									2							
ST2811⑳	二晚									2							
ST2812 采集	殷墟							1		1							
ST2812③	三		1	1	3		1										
ST2812④	三	1	1		3	1				2							
ST2812⑤	三	2	1		3	1				1							
ST2812⑥	三	2			2	1				2							
ST2812⑧	三		3							3							

续附表一

铸铜遗物的分类及标本的数量

探方地层	分期	熔铜器具		铸铜器具				辅助器具			铜块	铜渣	其他				不明
		大型炉	小型炉	模	一类范	二类范	芯	陶管	铜刻针	磨石			木炭	烧土	盆形器	陶锥形器	
ST2812⑨	三									1		1					
ST2812⑪	二晚				5			1				1					
ST2812⑬	二晚											2					
ST2812⑮	二晚					1											
ST2812⑯	二晚									8							
ST2812⑲	二晚		4			1				2	1	1					
ST2911采集	殷墟									1							
ST3004⑤	殷墟	3	2		1					2		1					
ST3004⑨	三				3					3							
ST3006④	四			1	1												
ST3006⑦	四	2															
ST3007②	殷墟				3												
ST3107②	四				3												
ST3107③	四	2	3	4	21		4			2							
ST3107④	四早		2	1						1							
ST3203⑤	四早	1			2							1					
ST3203⑥	四早	2			4					2							
ST3203⑦	四早					2											
ST3204③	殷墟				1												
ST3204⑤	四									4							
ST3204⑥	四	6	1		7		1			9							
ST3204⑦	四									5							
ST3204⑧	四						1	1		1							
ST3204⑨	四早				1					1							
ST3204⑪	三				2					3							

续附表一

铸铜遗物的分类及标本的数量

探方地层	分期	熔铜器具		铸铜器具				辅助器具			铜块	铜渣	其他				
		大型炉	小型炉	模	一类范	二类范	芯	陶管	铜刻针	磨石			木炭	烧土	盔形器	陶锥形器	不明
ST3205⑤	四	1															
ST3205⑥	四	7		2	7					10							
ST3205⑦	四	1	1	1	10			1				1					
ST3205⑧	四早									2							
ST3205⑨	三	2			1					3							
ST3206③	四				1												
ST3206④	四				1					1							
ST3207④	四				1		1										
ST3207⑤	三				3												
ST3207⑦	三				1												
ST3709采集	殷墟			1													

房基与其他遗迹内出土的铸铜遗物标本统计表

遗迹单位	所在探方	分期	熔铜器具		铸铜器具				辅助器具			铜块	铜渣	其他				
			大型炉	小型炉	模	一类范	二类范	芯	陶管	铜刻针	磨石			木炭	烧土	盔形器	陶锥形器	不明
SF27	T1611	二晚		8							4		5					
SF54	T2411	殷			2													

续附表一

墓葬填土或盗坑内出土的铸铜遗物标本统计表

遗迹单位	所在探方	分期	铸铜遗物的分类及标本的数量															
			熔铜器具			铸铜器具			辅助器具			铜块	铜渣	木炭	其他			不明
			大型炉	小型炉	模	一类范	二类范	芯	陶管	铜刻针	磨石				烧土	盆形器	陶锥形器	
SM356 填土	T1603	殷		1				1			2							
SM567 填土	T2306	殷									1							
SM568 填土	T2307	殷		3			1											
SM605 填土	T2605	殷									1							
SM606 填土	T2605C	殷	1															
SM659 填土	T2711	殷									1							
SM675 填土	T3509	殷				6		5			1							
SM703 填土	T2410	殷		2			1						2					
SM733 填土	T2712	殷				1												
SM735 填土	T2709	殷		2							1							
SM736 填土	T2709	殷									3		1					
SM739 填土	T2613	殷				1					1							
SM762 填土	T3006	殷									1							
SM778 盗坑	T3209	殷	1	1		1					1				11			
SM788 填土	T2212	殷				5												
SM800 填土	T3207	殷				1												
SM814 填土	T2012	殷																
SM829 填土	T2611	殷									1							
SM834 填土	T2011	殷									1							
SM849 填土	T2011	殷	1															
SM859 填土	T2811	殷									1							
SM860 盗坑	T2309	殷	1					1										
SM876 填土	T2214	殷																

遗址内采集的铸铜遗物标本统计表

遗迹单位	分期	铸铜遗物的分类及标本的数量															
		熔铜器具			铸铜器具			辅助器具			铜块	铜渣	木炭	其他			不明
		大型炉	小型炉	模	一类范	二类范	芯	陶管	铜刻针	磨石				烧土	盆形器	陶锥形器	
03AXS 采集	殷墟	31	9	5	15	1	15			11		1		1			

附表二　铸铜遗物数量和重量统计表

器类		数量（块）
第一类范	圆鼎	1021
	方鼎	35
	方彝	11
	方座	1
	甗	18
	簋（盂）	509
	瓿	32
	圆尊	243
	方尊	11
	圆罍	262
	方罍	2
	卣	339
	壶	1
	觚	2043
	爵（角）	1230
	斝	8
	觯	47
	觥	8
	盉	1
	盘	29
	斗	11
	盖	487
	帽	21
	纽	45
	兽头	155
	鋬（耳）	15
	戈	2

续附表二

器类		数量（块）
第一类范	矛	1
	镞	6
	刀	10
	锛	1
	刻针	4
	不辨器形工具	9
	泡	18
	兽面衡饰	1
	觿	5
	策	1
	小件	10
	字、数、易卦、（动物形）符号	24
	浇口	9
	不辨	64959
第二类范	方鼎	2
	圆鼎	13
	簋	6
	瓿	2
	尊	5
	卣	10
	觚	193
	爵	169
	觥	1
	兽头	1
	涡纹	1
	不辨器形容器	1028
	工具	3
	觿	8
	不辨	275
模	鼎	9
	簋	8
	瓿	2
	罍	3
	觚	1

续附表二

器类		数量（块）
模	舣	10
	纽	3
	鍪（耳）	14
	绚索	5
	帽	3
	兽头	9
	涡纹	2
	不辨器形容器	73
	矛	3
	不辨器形工具	2
	泡	1
芯	鼎	19
	罍	5
	卣	3
	瓠	27
	爵	8
	盂	1
	舣	1
	盘	5
	不辨器形容器	1976
	矛	7
	锛	1
	不辨器形兵器（工具）	21
	泡	65
	铭文芯	1
	回炉芯	13
	其他	7
大型熔炉	泥质炉衬堆筑式草泥炉	8513
	砂质炉衬堆筑式草泥炉	78
	条筑式草泥炉	758
	条筑兼堆筑式草泥炉	2
	砂泥炉	270
小型熔炉	草泥炉	664
	砂泥炉	243

续附表二

器类		数量（块）
辅助器具	陶管	44
	陶拍形器	12
	陶锥形器	9
	铜刻针	31
	磨石	6229
其他	铜渣	218
	残铜片（块）	19
	陶将军盔片	22
	烧土	6857

续附表二

拓　片

除五一A以外，拓片均为原大

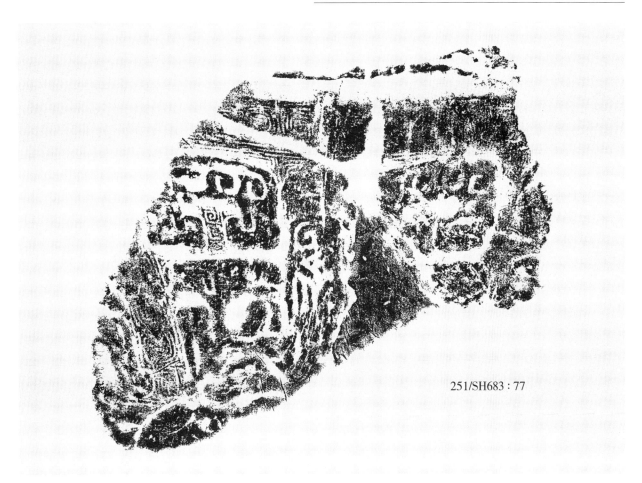

251/SH683：77

拓片一　殷墟三期鼎模

252/SH227：24

拓片二　殷墟四期鼎模

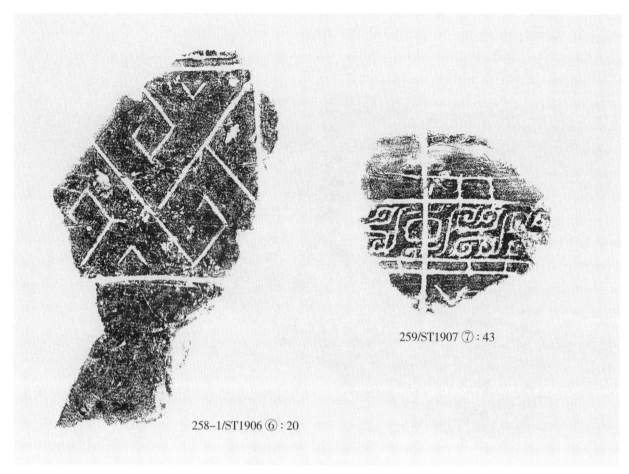

259/ST1907 ⑦ : 43

258–1/ST1906 ⑥ : 20

拓片三　殷墟三期簋模

261/ST1806 : 01

拓片四　殷墟时期簋模

263/SH573 ③ : 75

拓片五　殷墟三期瓿模

264/SH214 : 10

拓片六　殷墟时期瓿模

265/SH225：85

拓片七 殷墟三期罍模

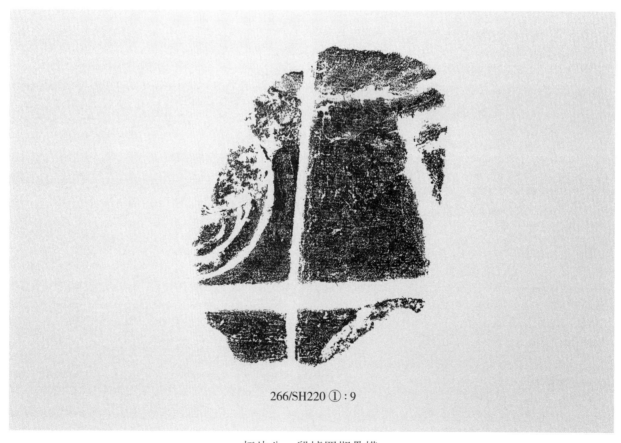

266/SH220 ①：9

拓片八 殷墟四期罍模

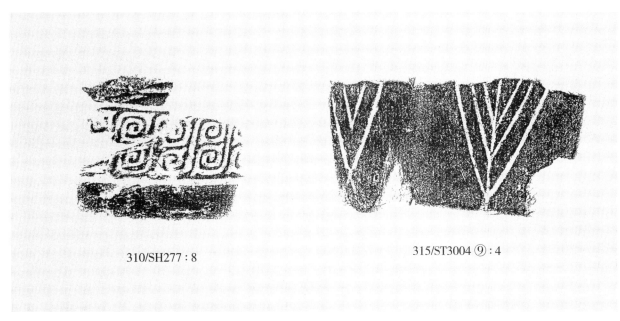

310/SH277：8　　　　　　　　315/ST3004 ⑨：4

拓片九　殷墟三期不辨器形容器模

321-1/SH549：1

拓片一〇　殷墟四期不辨器形容器模

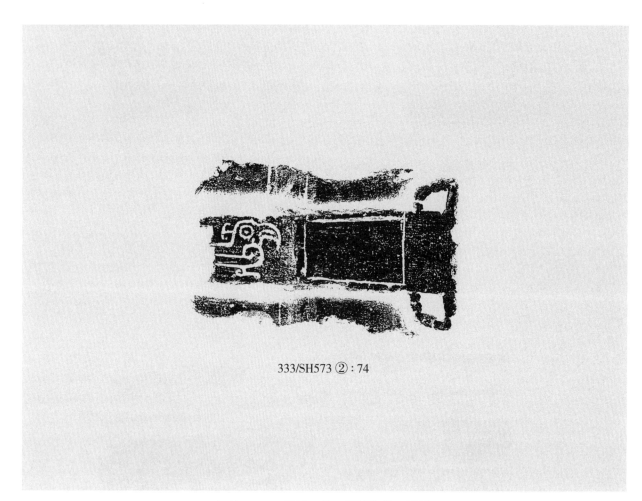

333/SH573 ② : 74

拓片一一　殷墟三期不辨器形工具模

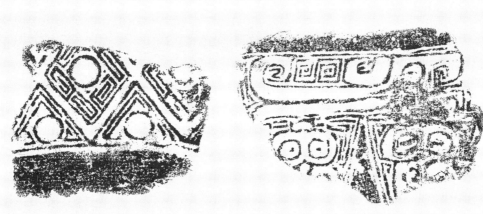

335/SH225∶38   337/SH225∶73

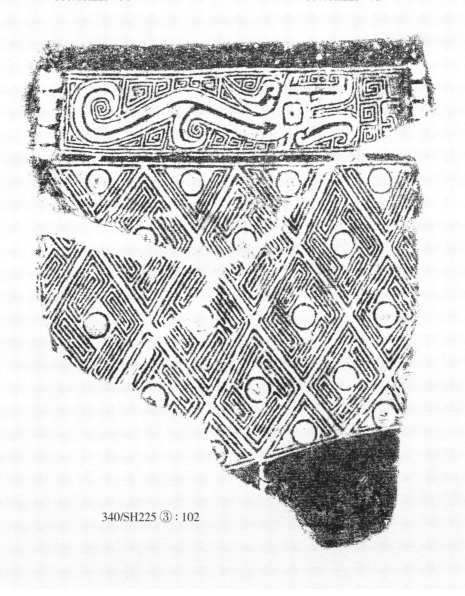

340/SH225 ③∶102

拓片一二 A　殷墟三期第一类范·圆腹鼎范

343/SH425：2   347-1/SH571 ①：1

346/SH481 ③：1

拓片一二 B　殷墟三期第一类范·圆腹鼎范

348/SH573 ③：53

拓片一二 C　殷墟三期第一类范·圆腹鼎范

351/SH596 ③ : 1

355/ST1906 ⑦ : 7

拓片一二 D　殷墟三期第一类范·圆腹鼎范

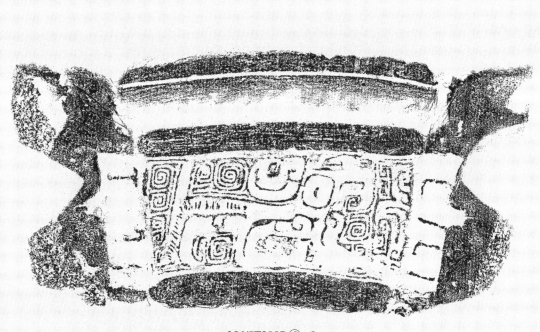

356/ST2007 ⑥：9

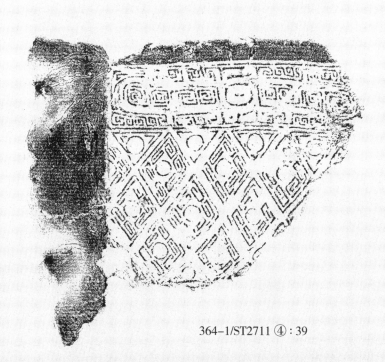

364-2/ST2711 ④：40

364-1/ST2711 ④：39

拓片一二 E　殷墟三期第一类范・圆腹鼎范

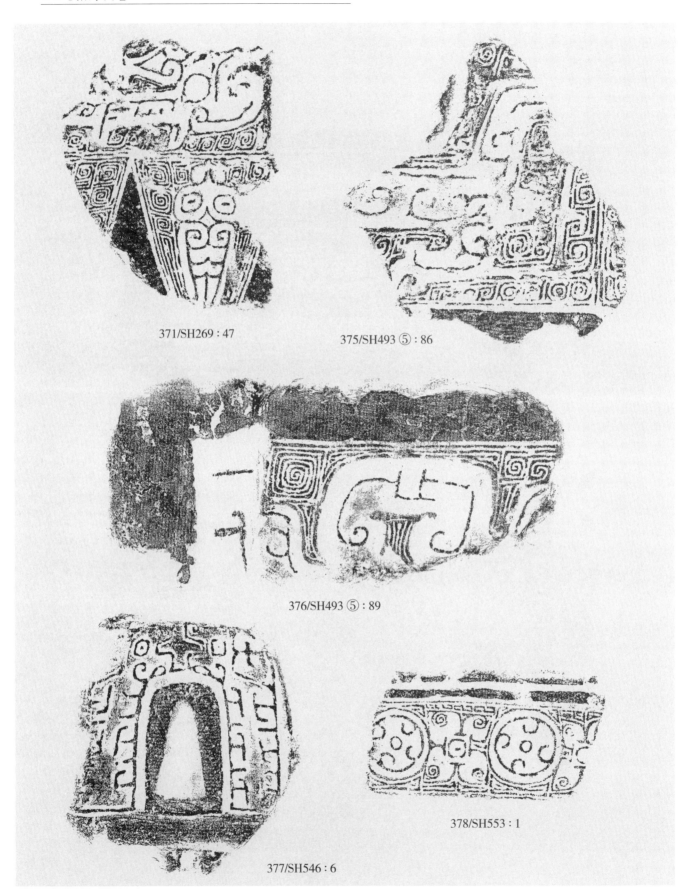

371/SH269∶47

375/SH493⑤∶86

376/SH493⑤∶89

377/SH546∶6

378/SH553∶1

拓片一三 A　殷墟四期第一类范·圆腹鼎范

381/SH649 ⑤：82

390/SH664 ⑧：129

398/ST2212 ⑤：22

395/ST2006 ④：5

399/ST2212 ⑤：44

拓片一三 B　殷墟四期第一类范·圆腹鼎范

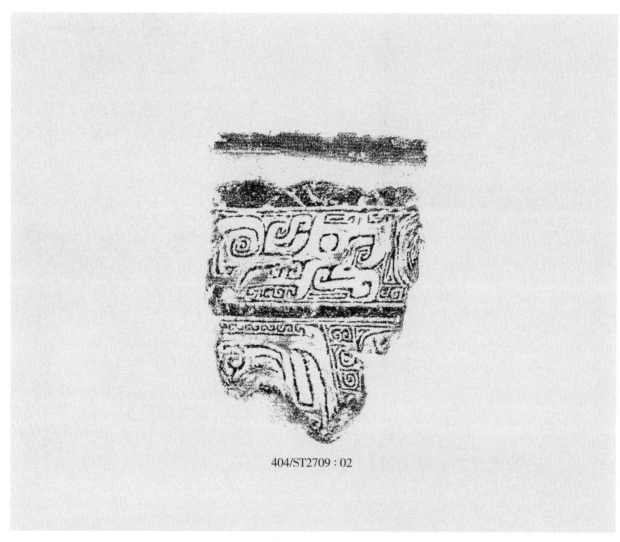

404/ST2709：02

拓片一四　殷墟时期第一类范·圆腹鼎范

415-2/ST1907 ⑦:2

415-1/ST1907 ⑦:1

拓片一五 A　殷墟三期第一类范·分裆鼎范

415-3/ST1907⑦:7　　　　　　　415-4/ST1907⑦:8

拓片一五 B　殷墟三期第一类范·分裆鼎范

415-6/ST1907 ⑦：10

拓片一五C　殷墟三期第一类范·分裆鼎范

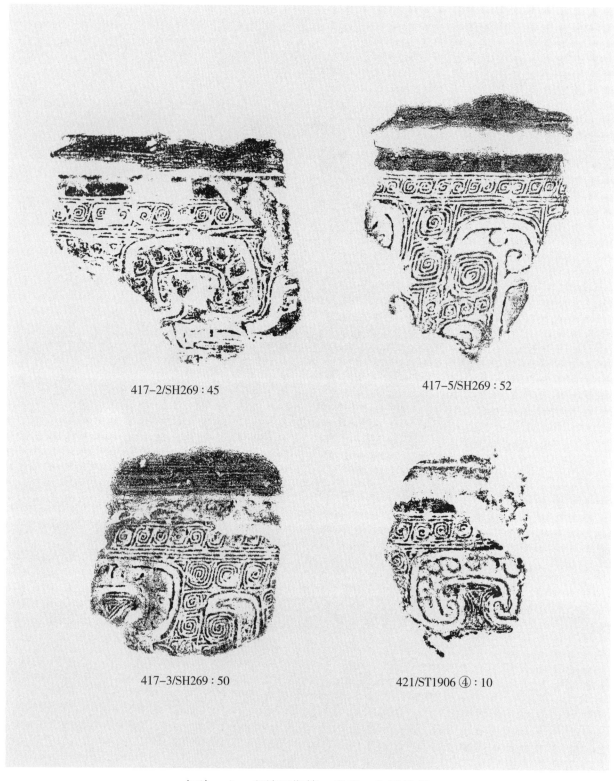

417-2/SH269:45

417-5/SH269:52

417-3/SH269:50

421/ST1906 ④:10

拓片一六 殷墟四期第一类范·分裆鼎范

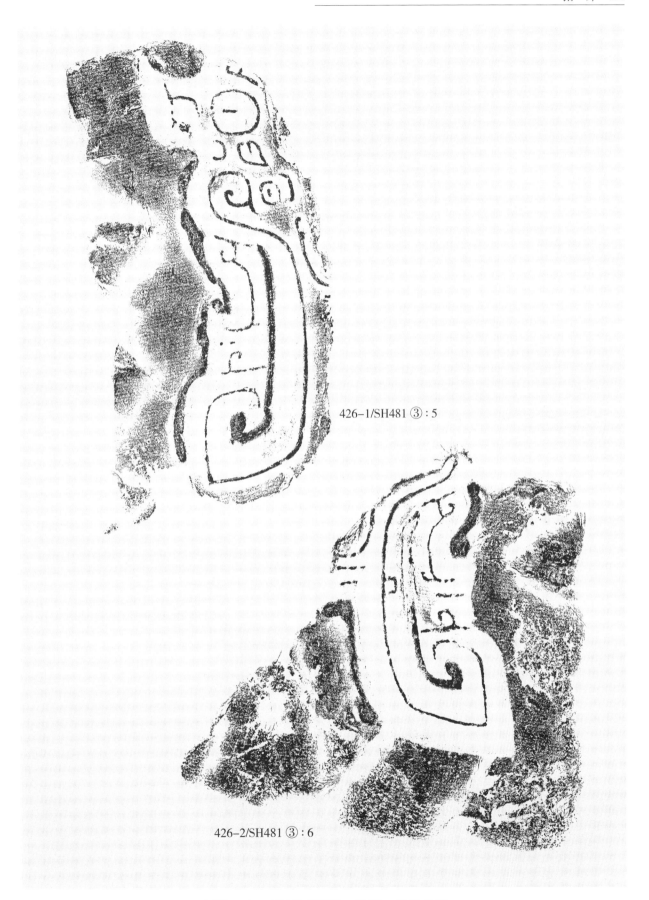

426-1/SH481 ③：5

426-2/SH481 ③：6

拓片一七　殷墟四期第一类范·扁足鼎范

428/SH225：62

拓片一八　殷墟三期第一类范·方鼎范

433/SH472：1

拓片一九 A　殷墟四期第一类范·方鼎范

434/SH493 ④：84

435-2/SH664 ③：57

拓片一九 B　殷墟四期第一类范·方鼎范

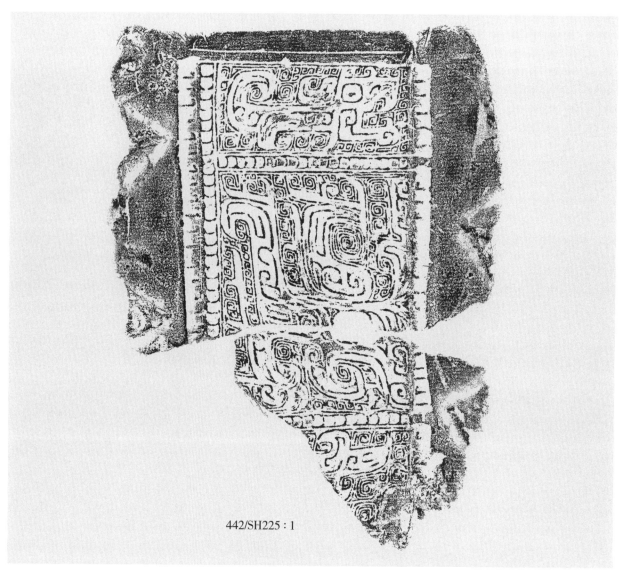

442/SH225：1

拓片二〇　殷墟三期第一类范·方彝范

445/ST2006 ③：6

拓片二一　殷墟四期第一类范·方彝范

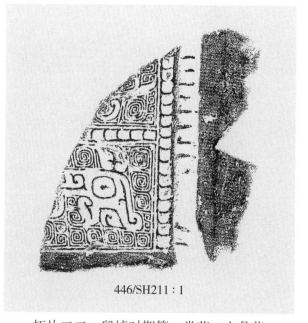

446/SH211：1

拓片二二　殷墟时期第一类范·方彝范

457-2/SH375：27

拓片二三　殷墟二期第一类范·簋（盂）范

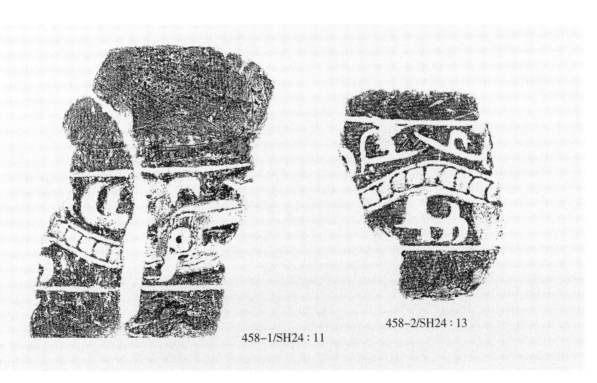

458-1/SH24：11

458-2/SH24：13

拓片二四 A　殷墟三期第一类范·簋（盂）范

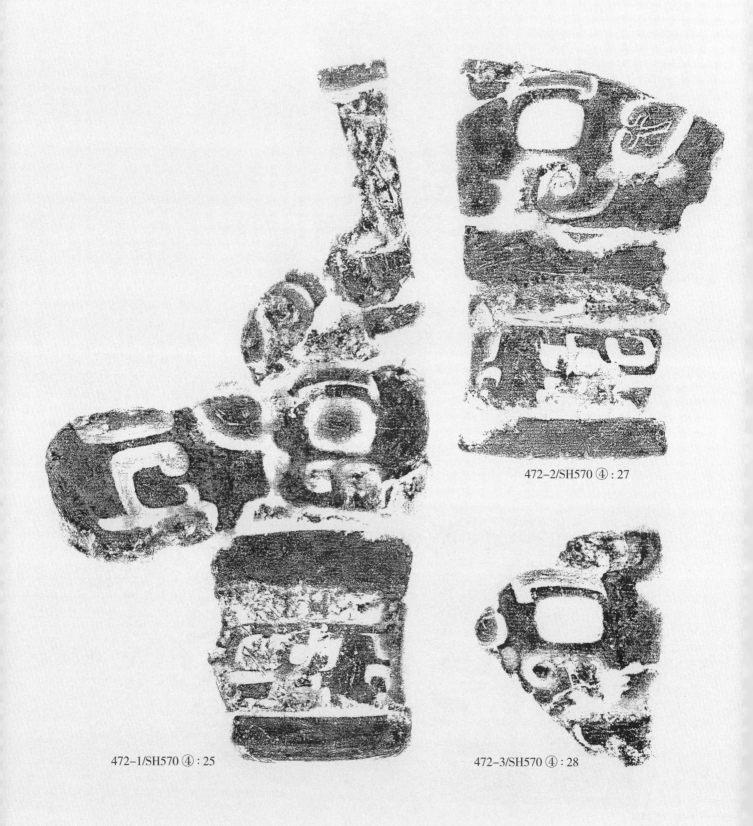

472-2/SH570 ④∶27

472-1/SH570 ④∶25

472-3/SH570 ④∶28

拓片二四 B　殷墟三期第一类范·簋（盂）范

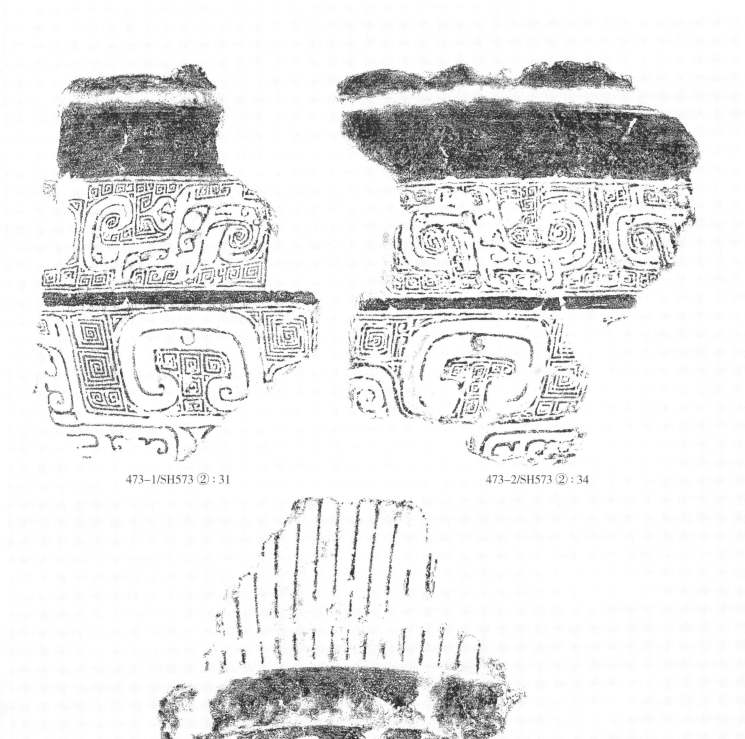

473-1/SH573 ② : 31　　　　　　473-2/SH573 ② : 34

476/SH618 ① : 1

拓片二四 C　殷墟三期第一类范・簋（盂）范

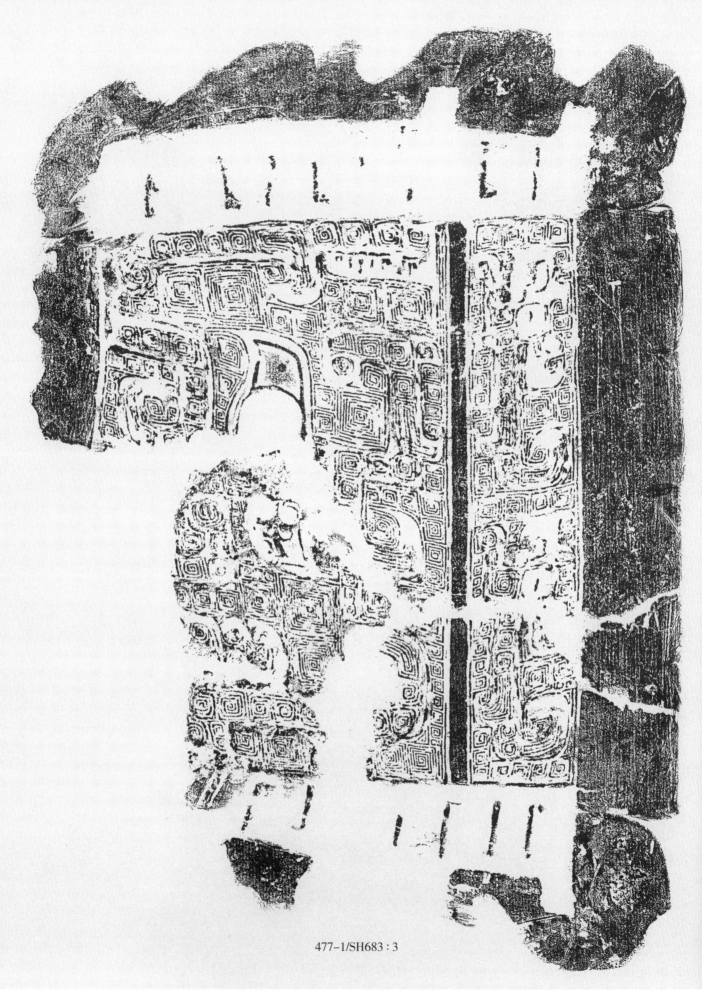

477-1/SH683：3

拓片二四 D　殷墟三期第一类范·簋（盂）范

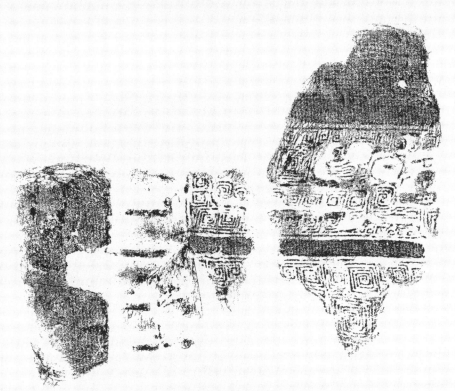

477-3/SH683:75

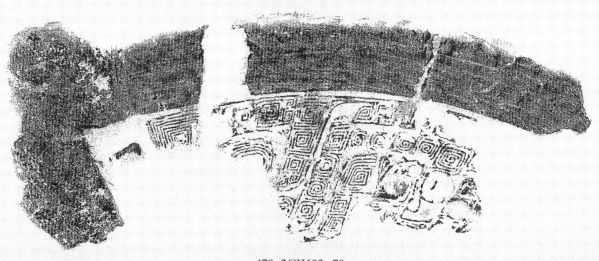

479-2/SH683:70

拓片二四 E　殷墟三期第一类范·簋（盂）范

480/SH685：8

481/SH685：9

拓片二四 F　殷墟三期第一类范·簋（盂）范

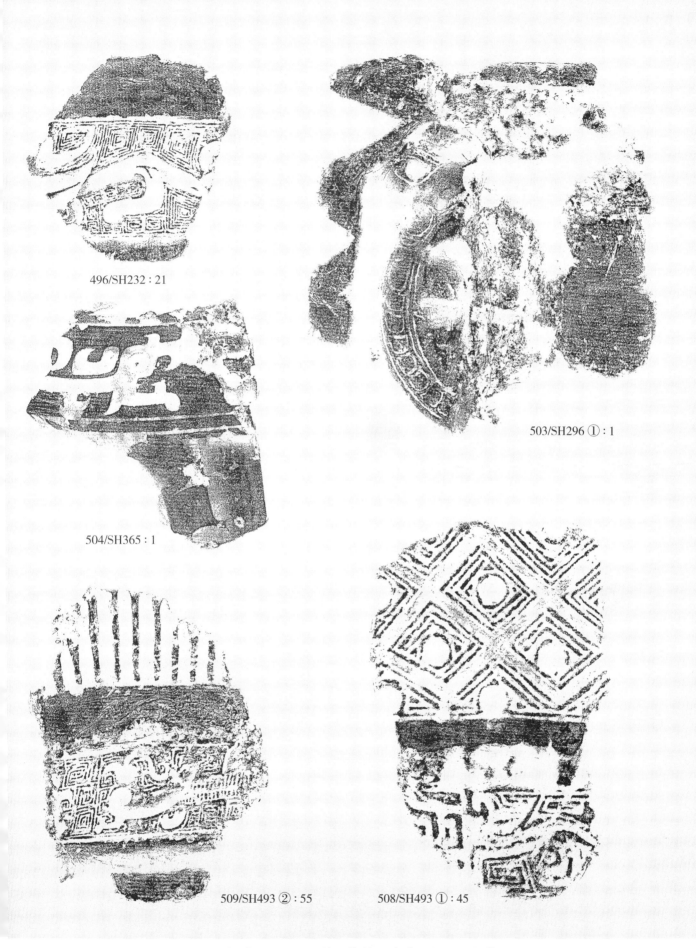

496/SH232 : 21

503/SH296 ① : 1

504/SH365 : 1

509/SH493 ② : 55　　　508/SH493 ① : 45

拓片二五 A　殷墟四期第一类范·簋（盂）范

510/SH493 ⑤：93

511/SH611 ①：15

525/ST1906 ④：27

527/ST2007 ④：2

530/ST2108 ③：4

534/ST3205 ⑦：8

拓片二五 B　殷墟四期第一类范·簋（盂）范

540/ST2113：01

拓片二六　殷墟时期第一类范·簋（盂）范

545-1/SH573 ⑤ : 62

545-2/SH685 : 6+7

拓片二七 A　殷墟三期第一类范·瓿范

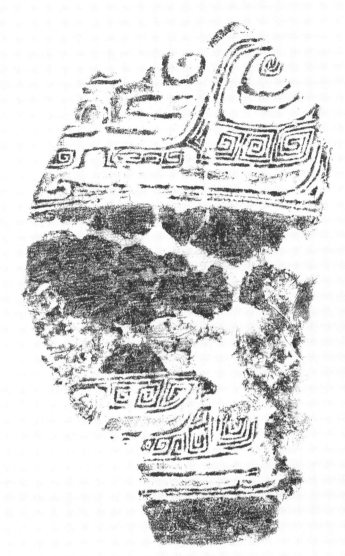

546/SH680 ② : 2

拓片二七 B　殷墟三期第一类范·瓯范

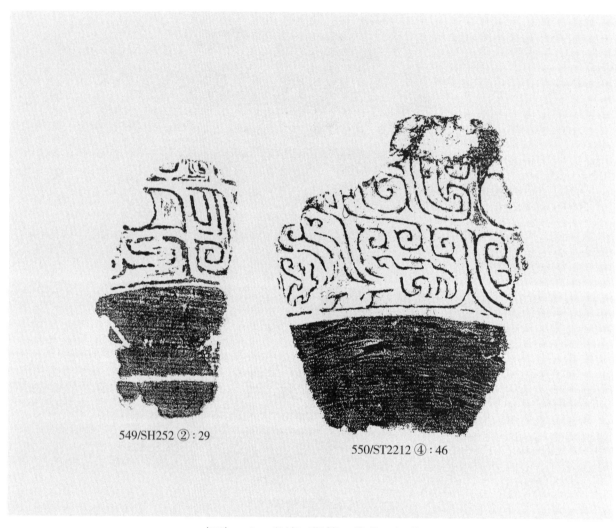

549/SH252 ② : 29

550/ST2212 ④ : 46

拓片二八　殷墟四期第一类范・瓿范

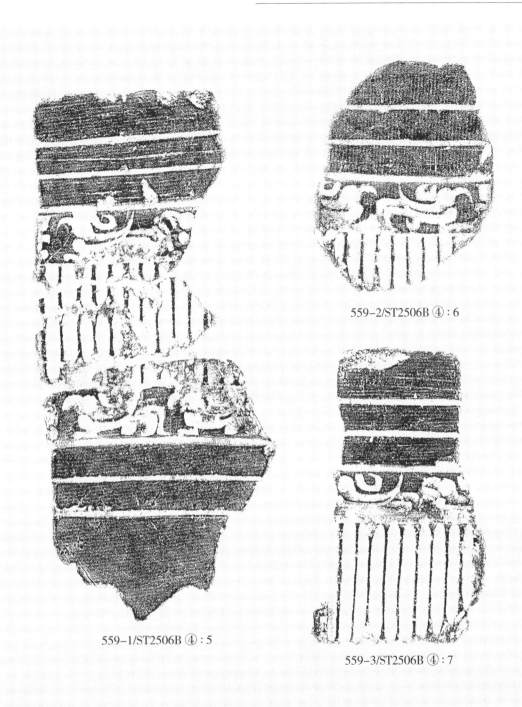

559-2/ST2506B ④ : 6

559-1/ST2506B ④ : 5

559-3/ST2506B ④ : 7

拓片二九　殷墟三期第一类范·粗瓠形尊范

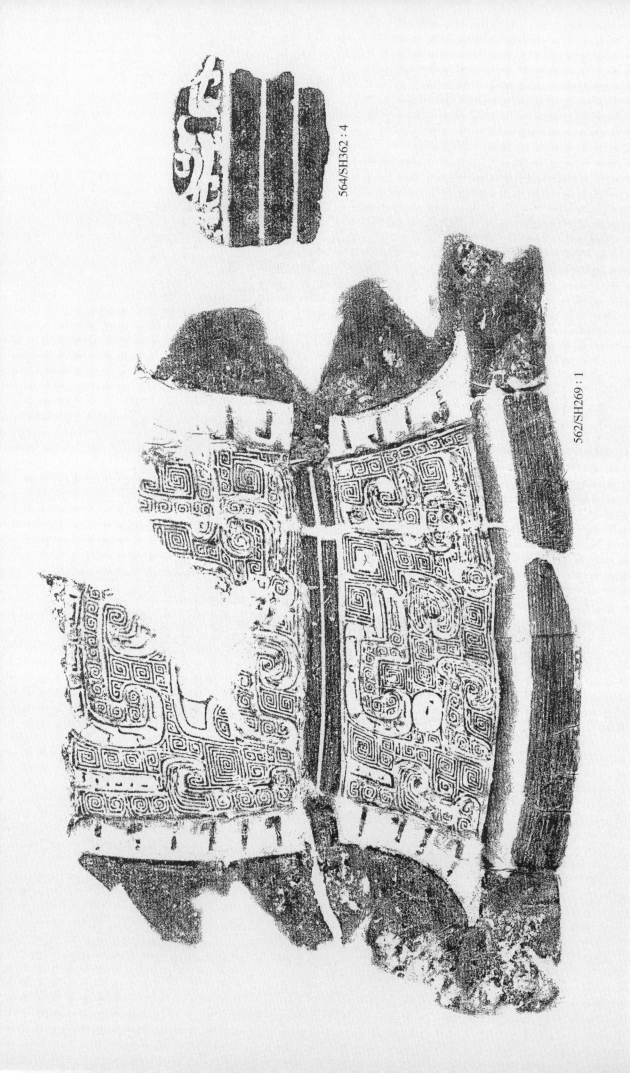

564/SH362：4

562/SH269：1

拓片三〇 A　殷墟四期第一类范・粗觚形尊范

567-1/SH481 ③：10

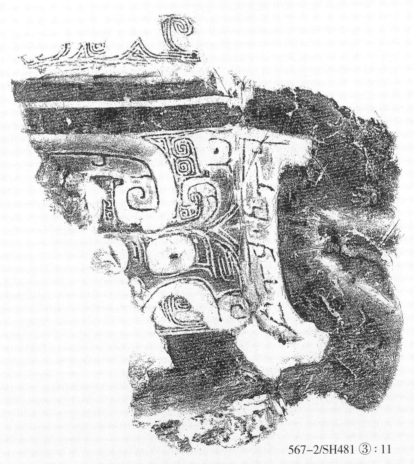

567-2/SH481 ③：11

拓片三〇 B　殷墟四期第一类范·粗觚形尊范

567-3/SH481 ④：3

拓片三〇C　殷墟四期第一类范·粗觚形尊范

567-4/SH481 ④：9

567-5/SH481 ④：12

拓片三〇D　殷墟四期第一类范·粗觚形尊范

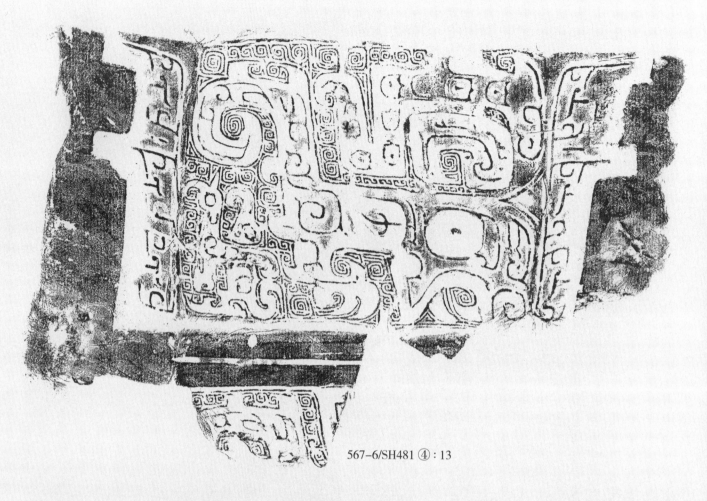

567-6/SH481 ④：13

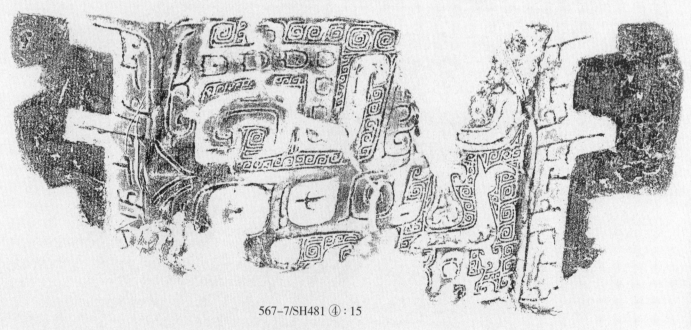

567-7/SH481 ④：15

拓片三〇 E　殷墟四期第一类范·粗觚形尊范

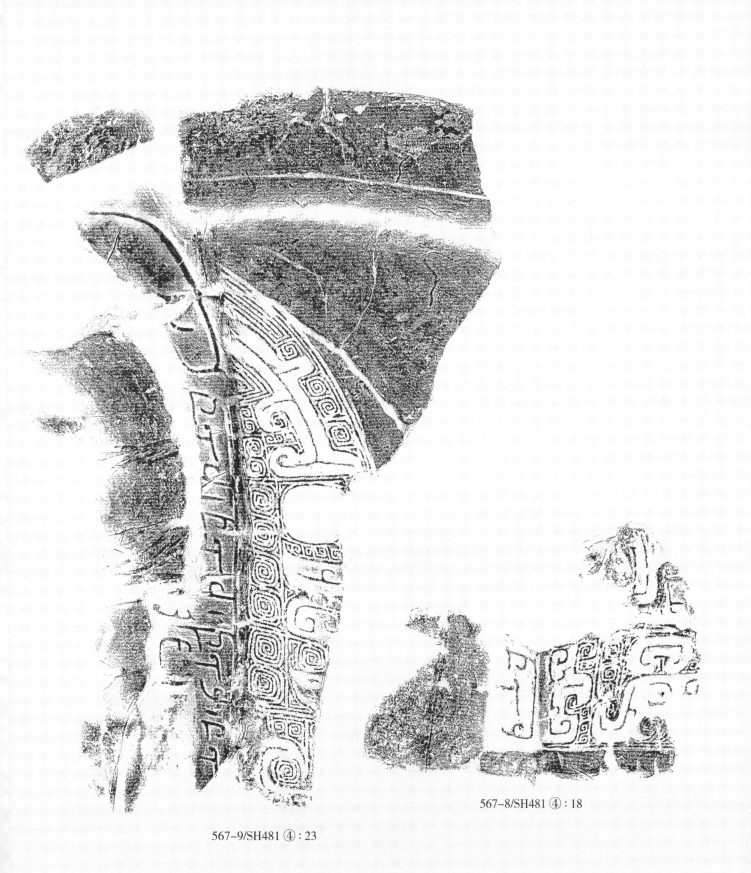

567-8/SH481 ④ : 18

567-9/SH481 ④ : 23

拓片三〇 F　殷墟四期第一类范・粗觚形尊范

570/SH546：3

580/ST1906 ⑤：29

583/ST2312 ③：4

584/ST3205 ⑥：5

拓片三〇G　殷墟四期第一类范·粗觚形尊范

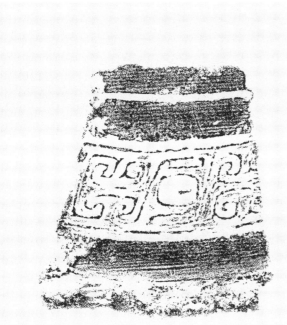

593/SH693：2

591/SH252：18

拓片三一　殷墟四期第一类范·折肩尊范

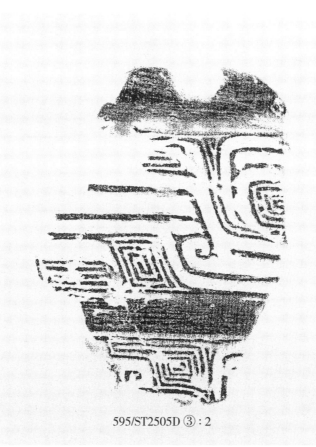

595/ST2505D ③：2

拓片三二　殷墟时期第一类范·折肩尊范

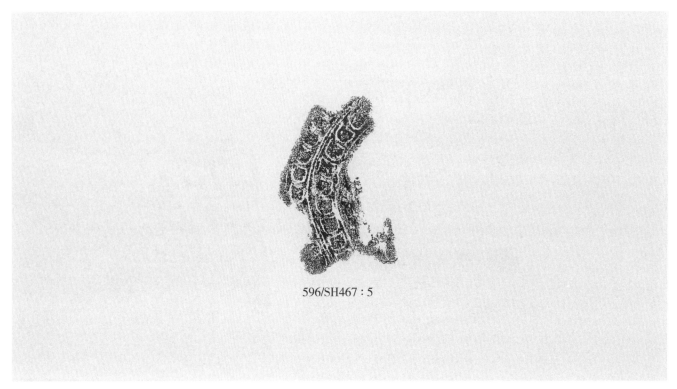

596/SH467：5

拓片三三　殷墟三期第一类范·鸮尊范

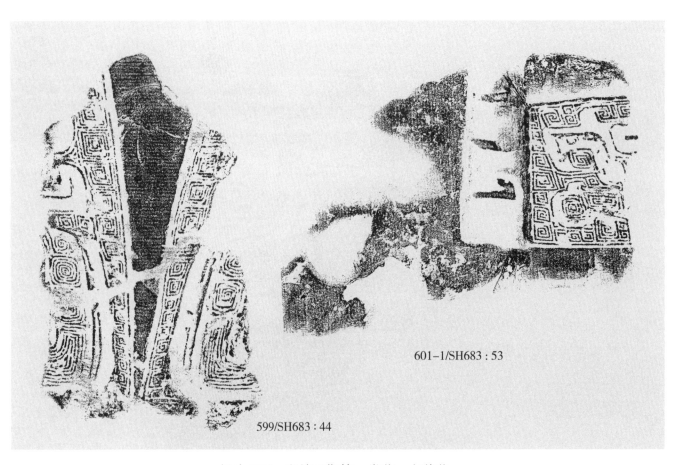

601-1/SH683：53

599/SH683：44

拓片三四　殷墟三期第一类范·方尊范

611/SH685：4

614/ST2007 ⑨：16

615/ST2312 ⑨：12

拓片三五　殷墟三期第一类范·罍范

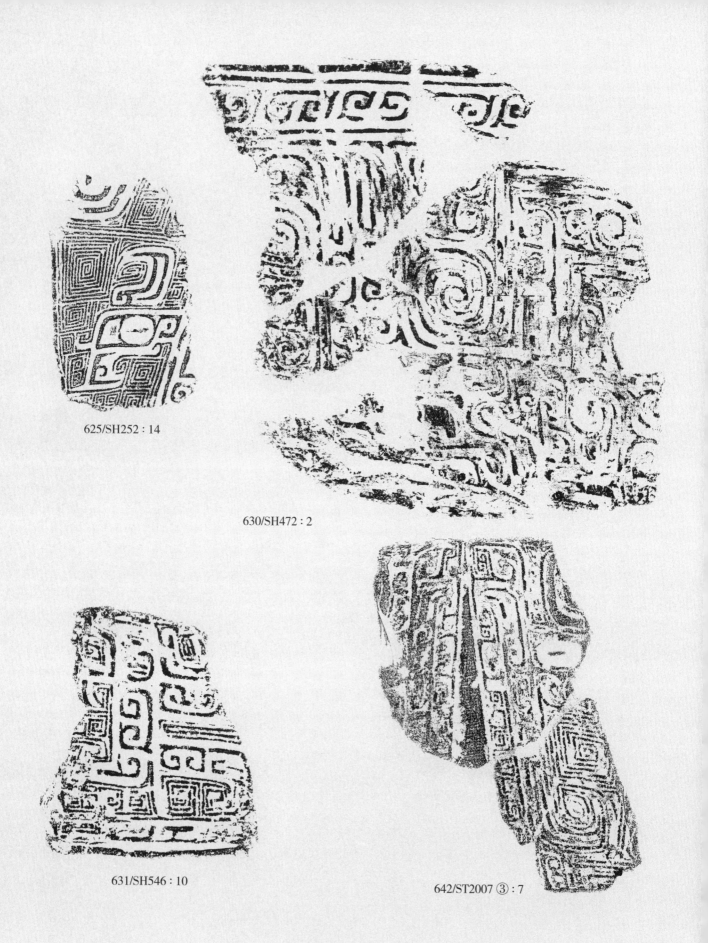

625/SH252：14

630/SH472：2

631/SH546：10

642/ST2007③：7

拓片三六　殷墟四期第一类范·罍范

650/M788：019

拓片三七　殷墟时期第一类范·罍范

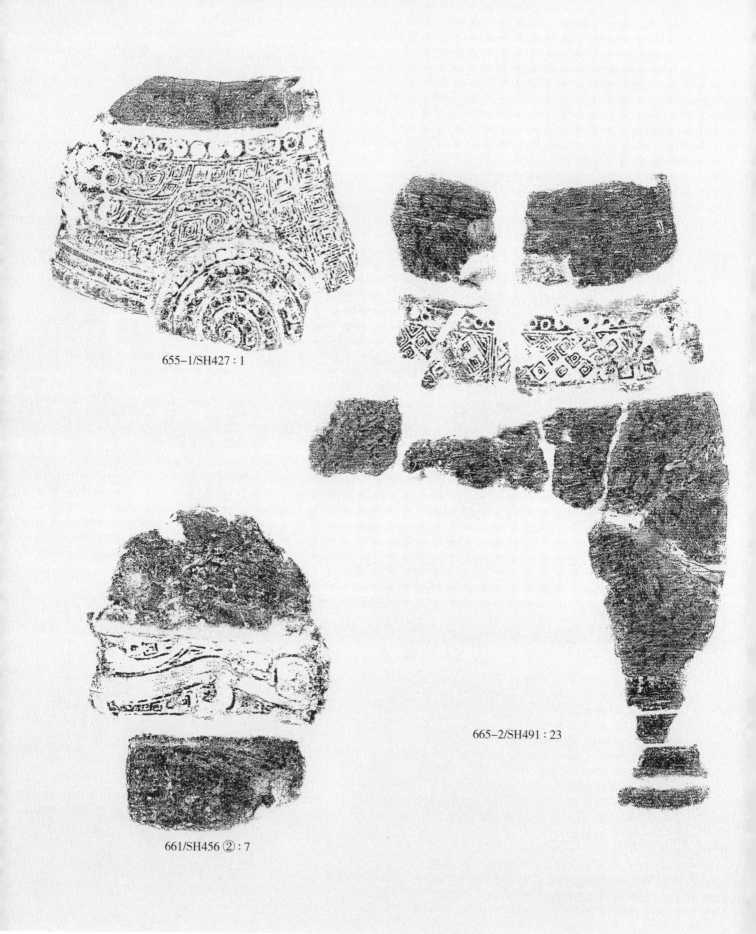

655-1/SH427:1

665-2/SH491:23

661/SH456②:7

拓片三八　殷墟三期第一类范·卣范

678/SH217 ⑥ : 2

681/SH268 : 18

682/SH269 : 40

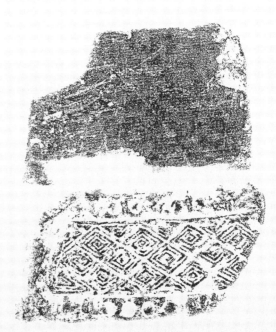

688/SH664 ④ : 99

拓片三九 A　殷墟四期第一类范・卣范

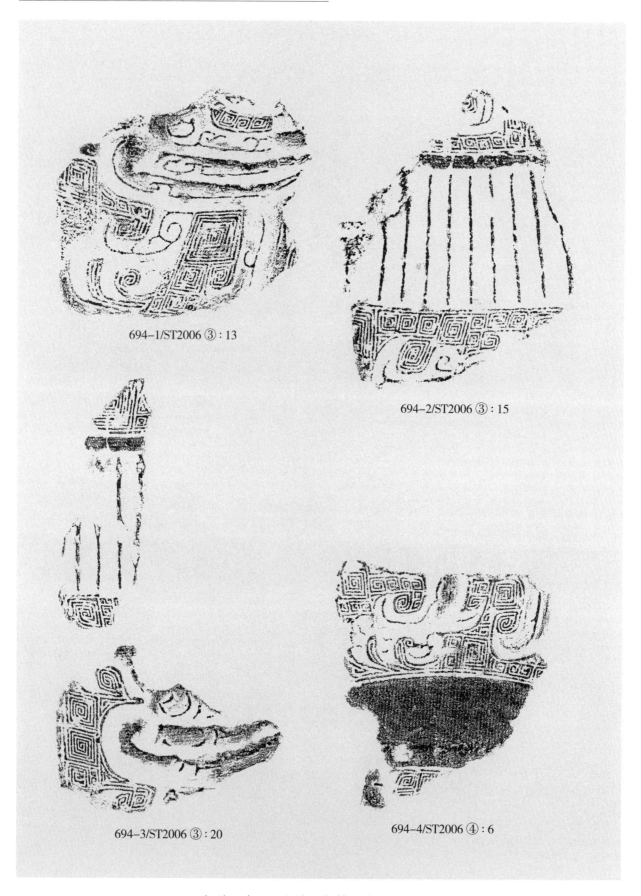

694-1/ST2006 ③：13

694-2/ST2006 ③：15

694-3/ST2006 ③：20

694-4/ST2006 ④：6

拓片三九 B　殷墟四期第一类范·卣范

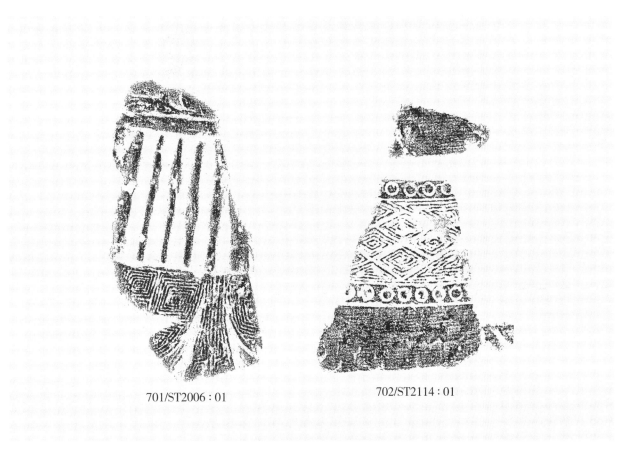

701/ST2006：01　　　　　　　702/ST2114：01

拓片四〇　殷墟时期第一类范·卣范

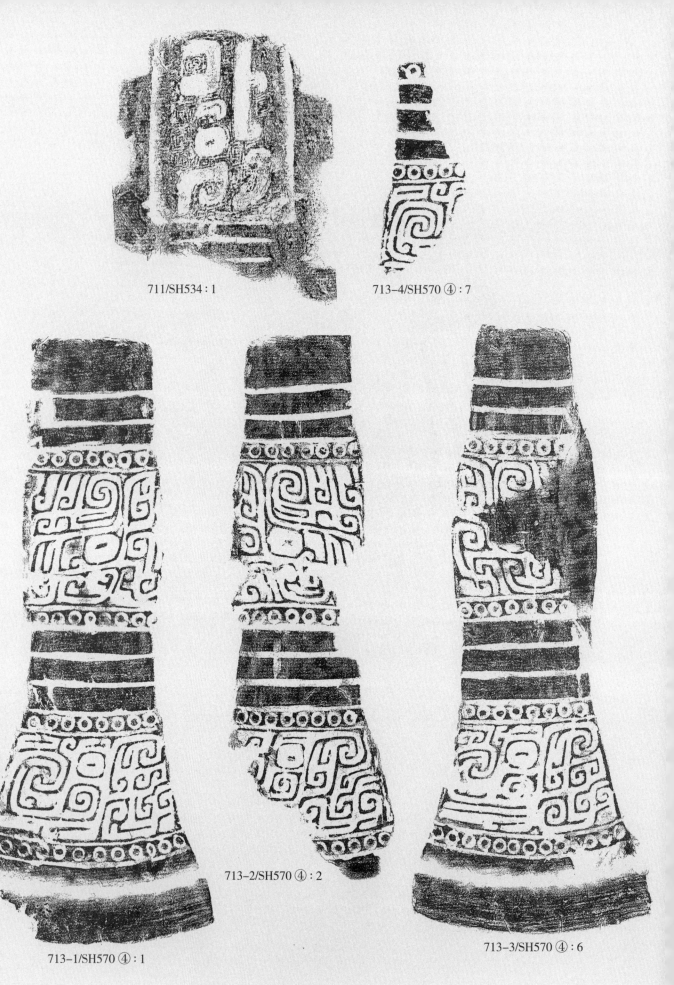

711/SH534：1

713-4/SH570④：7

713-2/SH570④：2

713-1/SH570④：1

713-3/SH570④：6

拓片四一A　殷墟三期第一类范・瓠范

714/SH618 ③：3

718/ST2212 ⑤：28

715/ST1906 ⑥：14

719/ST2212 ⑤：36

720/ST2212 ⑤：86

拓片四一 B　殷墟三期第一类范·觚范

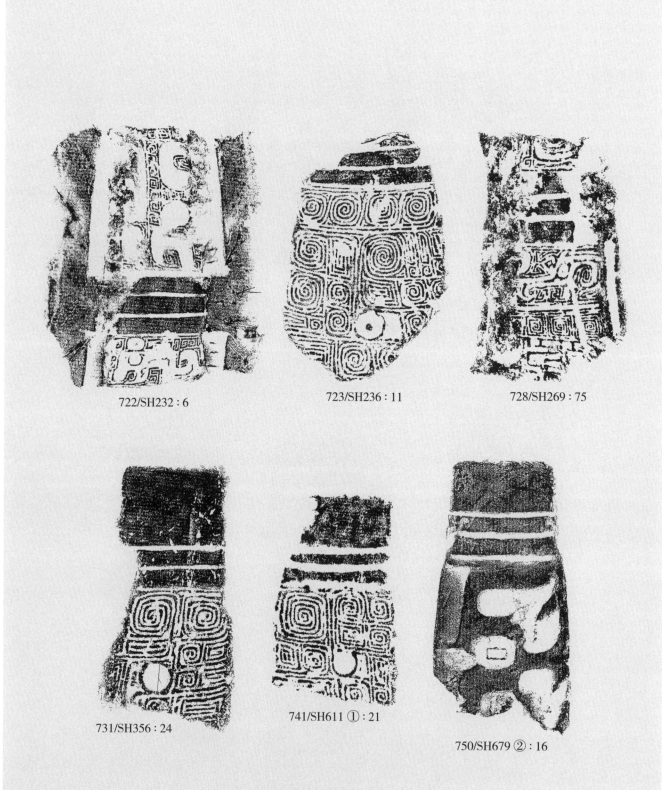

722/SH232：6

723/SH236：11

728/SH269：75

731/SH356：24

741/SH611 ①：21

750/SH679 ②：16

拓片四二 A　殷墟四期第一类范·觚范

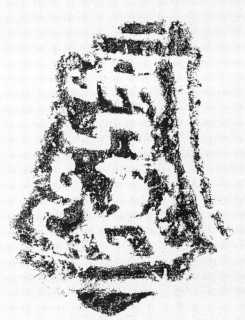
758/ST2312 ③：7

760/ST3107 ②：1

拓片四二 B　殷墟四期第一类范・觚范

763/SH474：1

拓片四三　殷墟时期第一类范・觚范

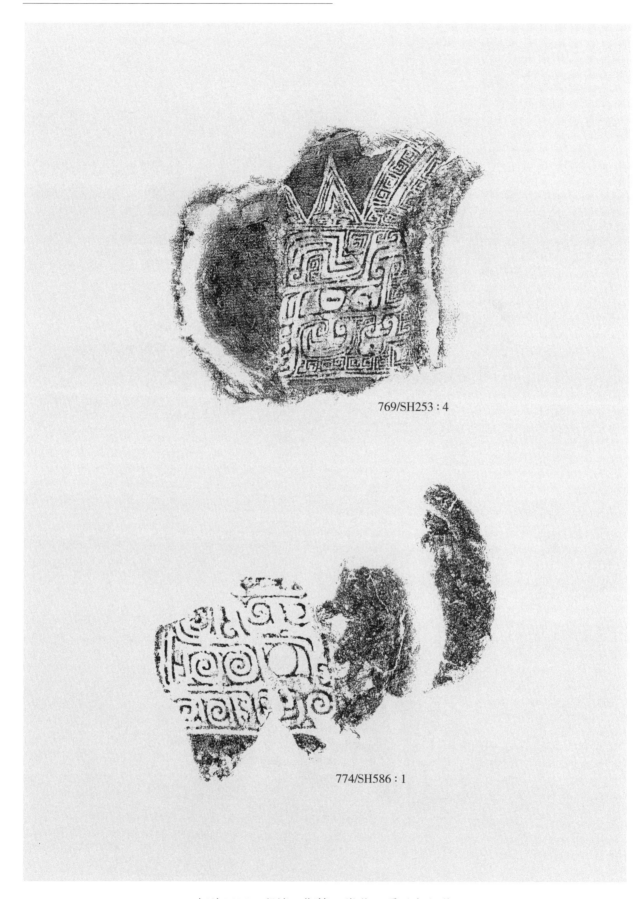

769/SH253：4

774/SH586：1

拓片四四　殷墟三期第一类范·爵（角）范

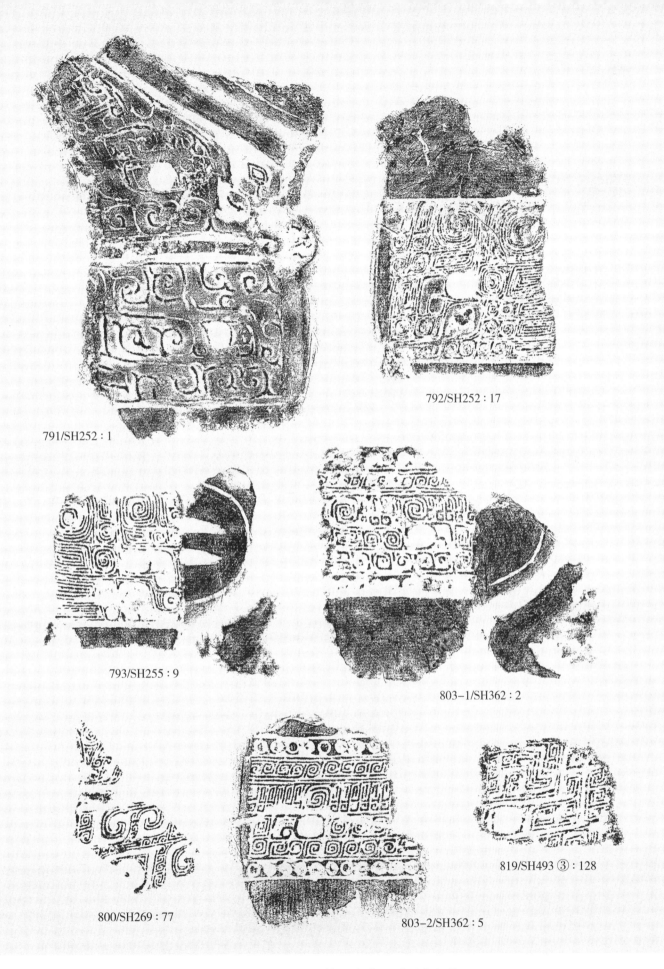

791/SH252：1

792/SH252：17

793/SH255：9

803-1/SH362：2

800/SH269：77

803-2/SH362：5

819/SH493 ③：128

拓片四五 A　殷墟四期第一类范·爵（角）范

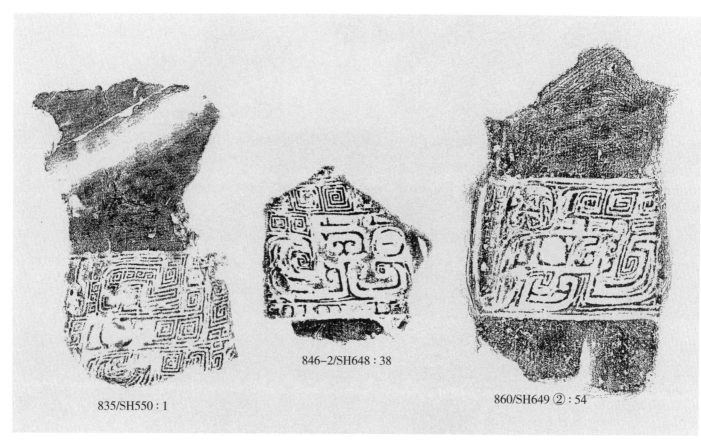

835/SH550：1

846-2/SH648：38

860/SH649 ② ：54

拓片四五 B　殷墟四期第一类范・爵（角）范

892/ST2506B ③ ：5

拓片四六　殷墟时期第一类范・爵（角）范

900/ST2812⑪：9

拓片四七　殷墟二期第一类范·觯范

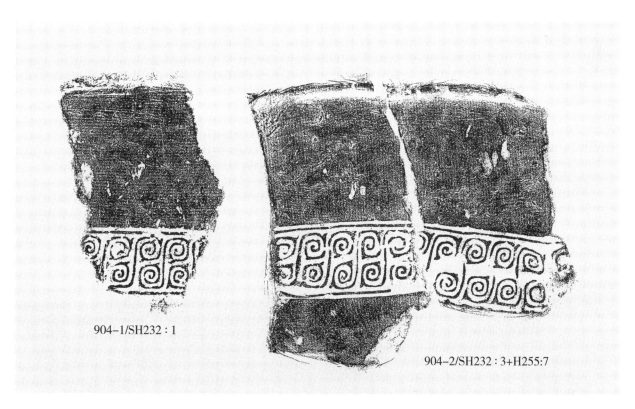

904-1/SH232：1

904-2/SH232：3+H255:7

拓片四八 A　殷墟四期第一类范·觯范

905/SH232：7

909/SH298 ③：1

911/SH649 ④：60

918/ST3205 ⑦：7

拓片四八 B　殷墟四期第一类范·觯范

921/SH225 ② : 93

拓片四九　殷墟三期第一类范·觚范

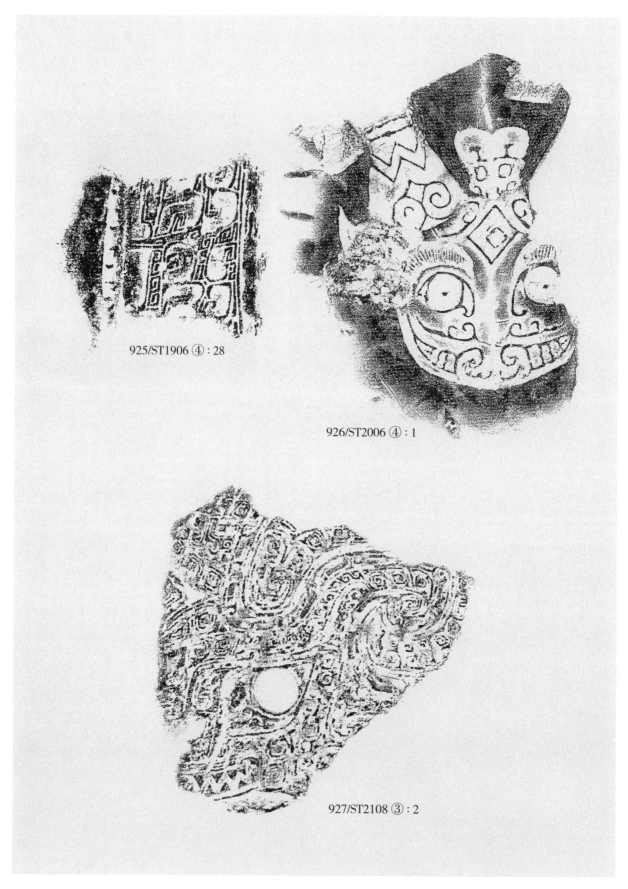

925/ST1906 ④:28

926/ST2006 ④:1

927/ST2108 ③:2

拓片五〇 殷墟四期第一类范·觥范

5厘米

947/SH24：1

拓片五一 A　殷墟三期第一类范·盖范

951/SH225：68

960-1/SH570 ②：3

960-2/SH570 ④：8

拓片五一 B　殷墟三期第一类范·盖范

973/SH268：9

974/SH269：22

976/SH275：6

980/SH648：8

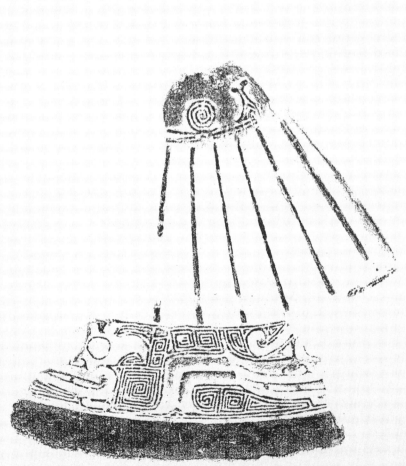

978/SH493 ④：81

983/SH649 ④：67

拓片五二 A　殷墟四期第一类范·盖范

984/SH664 ③ : 68

987/SH664 ⑧ : 126

996/ST2006 ③ : 3+5

999/ST2212 ④ : 44

拓片五二 B　殷墟四期第一类范·盖范

1001/SH359：4

拓片五三　殷墟时期第一类范·盖范

1018/SH232：28

拓片五五　殷墟四期第一类范·帽范

1005/SH225：20

1006/SH225：22

1008/SH225：128

1011/SH294②：1

拓片五四　殷墟三期第一类范·帽范

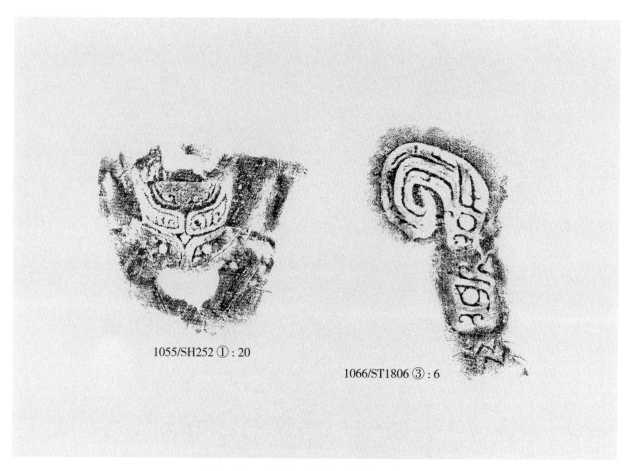

1055/SH252 ① : 20

1066/ST1806 ③ : 6

拓片五六　殷墟四期第一类范·兽头范

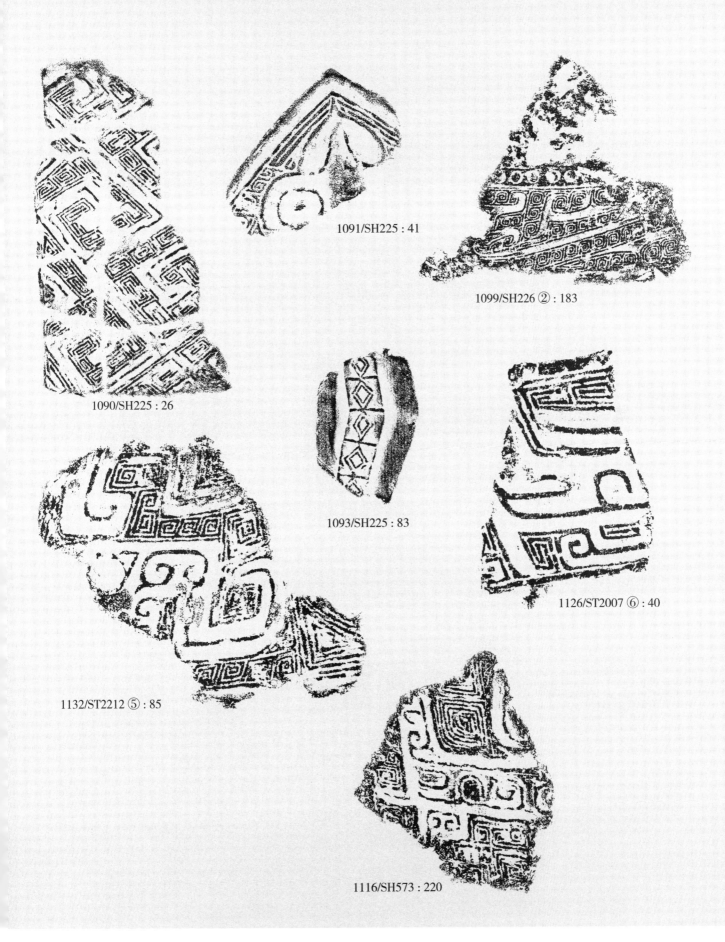

1091/SH225 : 41

1099/SH226 ② : 183

1090/SH225 : 26

1093/SH225 : 83

1126/ST2007 ⑥ : 40

1132/ST2212 ⑤ : 85

1116/SH573 : 220

拓片五七　殷墟三期第一类范・不辨器形容器范

1143/SH227 : 10

1167/SH691 ② : 4

1151/SH233 : 24

1176/ST2212 ③ : 27

1162/SH493 ⑤ : 94

1172/ST1906 ⑤ : 28

1178/ST2212 ④ : 42

拓片五八 A　殷墟四期第一类范・不辨器形容器范

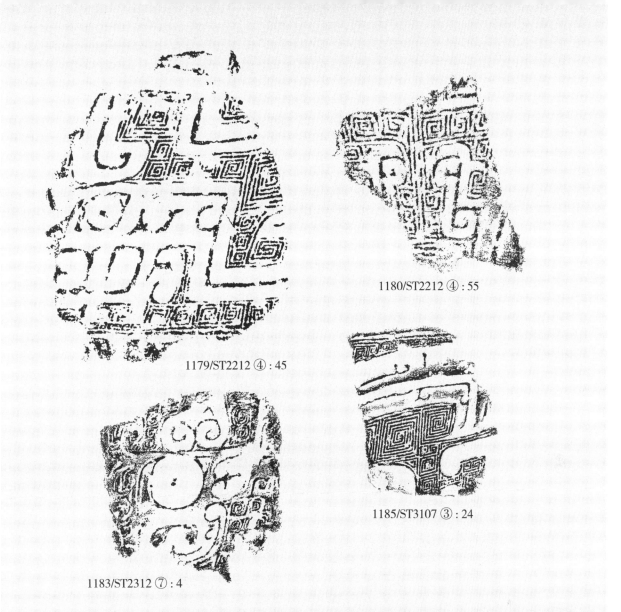

1180/ST2212 ④ : 55

1179/ST2212 ④ : 45

1185/ST3107 ③ : 24

1183/ST2312 ⑦ : 4

拓片五八 B　殷墟四期第一类范·不辨器形容器范

1192/ST2007 ② : 3

拓片五九 殷墟时期第一类范·不辨器形容器范

1206/SH664 ⑨ : 1

拓片六〇　殷墟四期第一类范·镞范

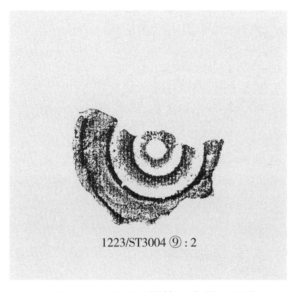

1223/ST3004 ⑨ : 2

拓片六一　殷墟三期第一类范·泡范

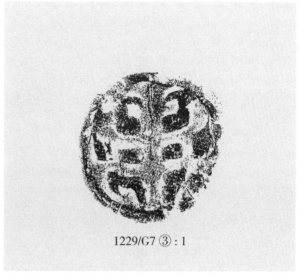

1229/G7 ③ : 1

拓片六三　殷墟时期第一类范·泡范

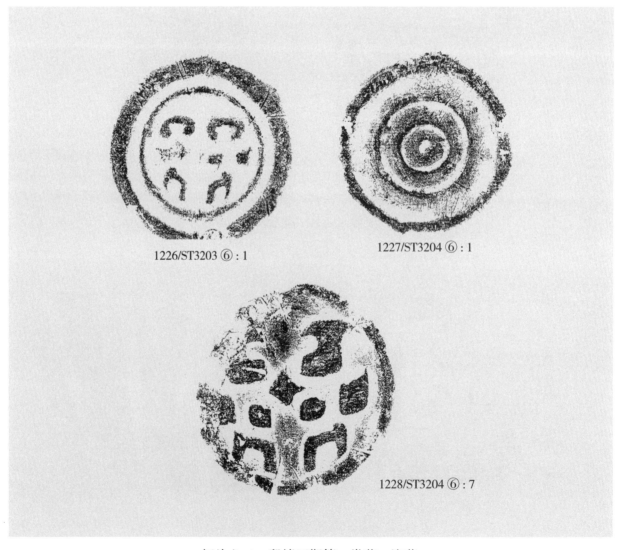

1226/ST3203 ⑥ : 1

1227/ST3204 ⑥ : 1

1228/ST3204 ⑥ : 7

拓片六二　殷墟四期第一类范·泡范

1241-2/SH683：54

拓片六四　殷墟三期第一类范·夔龙和凤鸟范

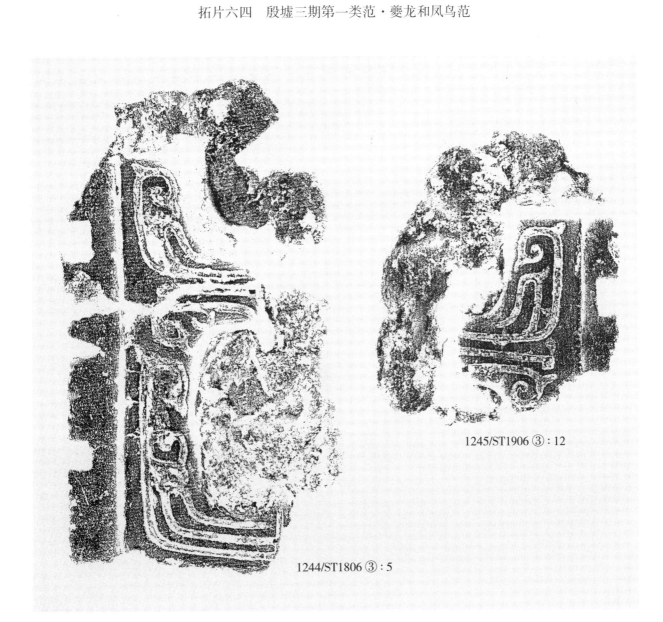

1245/ST1906 ③：12

1244/ST1806 ③：5

拓片六五　殷墟四期第一类范·小件范

1246/SH573 ⑤ : 219

1247/ST1907 ⑦ : 24

1248/ST2007 ⑦ A : 9

拓片六六　殷墟三期第一类范·字铭范

1249/SH217 ⑤ : 3

1250/SH232 : 20

1251/SH493 : 119

1252/SH493 ① : 36

1254/ST1806 ④ : 1

1255/ST2212 ④ : 21

1256/ST3107 ③ : 5

拓片六七　殷墟四期第一类范·字铭范

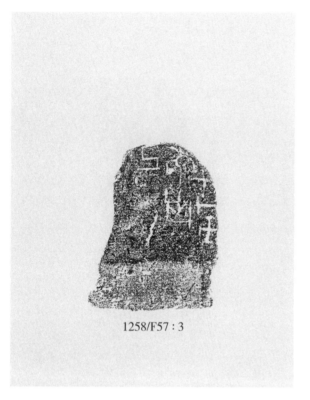

1258/F57：3

拓片六八　殷墟时期第一类范·字铭范

1261/SH214：1

拓片七〇　殷墟时期第一类范·易卦范

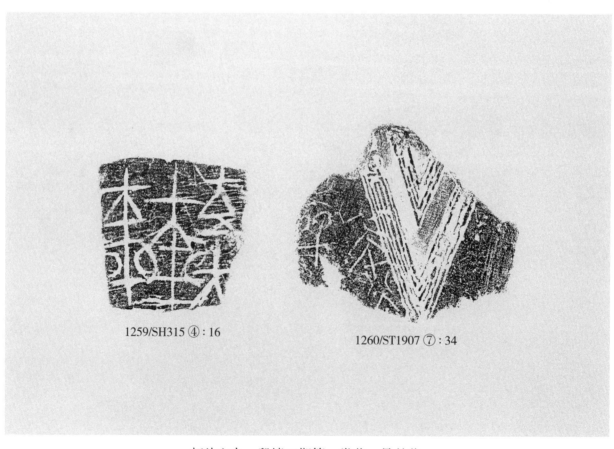

1259/SH315 ④：16　　　　　1260/ST1907 ⑦：34

拓片六九　殷墟三期第一类范·易卦范

1266/SH225∶17   1267/ST2007 ⑥∶100

拓片七一　殷墟三期第一类范·刻划符号和动物形象范

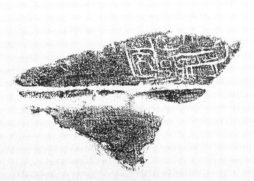

1268/SH269∶55

拓片七二　殷墟四期第一类范·刻划符号和动物形象范

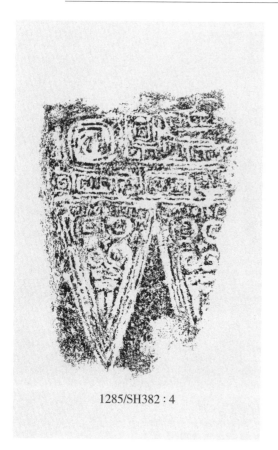

1285/SH382：4

拓片七三　殷墟二期第二类范·圆鼎范

1300/SH573 ⑤：63

拓片七四　殷墟三期第二类范·尊范

1303-1/SH664 ④：178

拓片七五　殷墟四期第二类范·尊范

1310/SH217 ②：1

拓片七六　殷墟四期第二类范·卣范

1317/SH7：16

1320/SH261：4

1328/ST1806 ⑥：6

1329/ST2007 ⑥：15

拓片七七　殷墟三期第二类范·瓢范

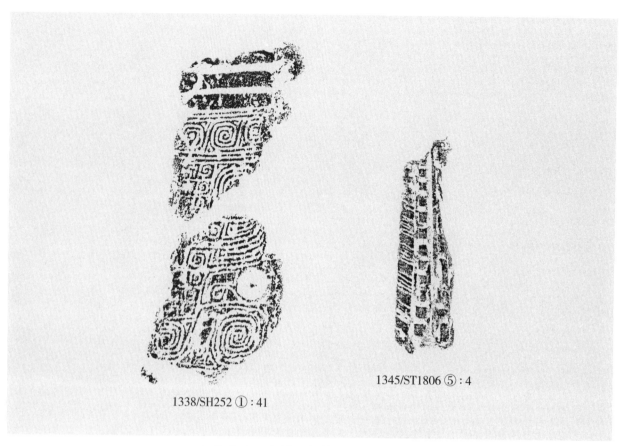

1345/ST1806 ⑤：4

1338/SH252 ①：41

拓片七八　殷墟四期第二类范·觚范

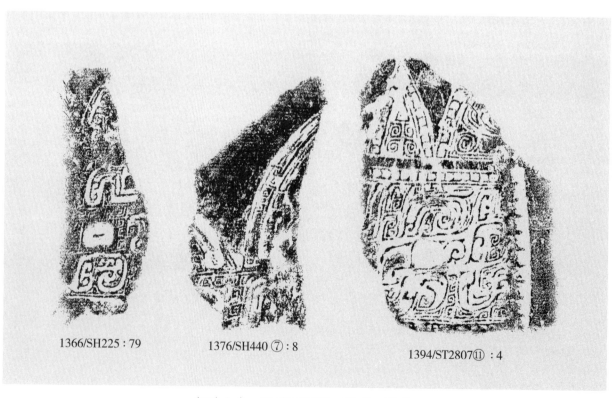

1366/SH225：79　　　1376/SH440 ⑦：8　　　1394/ST2807⑪：4

拓片七九　殷墟三期第二类范·爵范

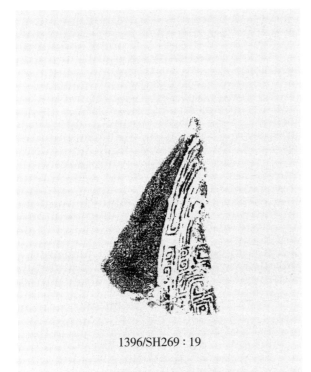

1396/SH269：19

1413/ST2505D ③：1

拓片八〇　殷墟四期第二类范・爵范　　　　　　拓片八一　殷墟时期第二类范・爵范

1427/H24：14

1444/SH284：1

1431/H225：29

1456/ST1907 ⑦：17

1440/SH225 ③：108

1457/ST1907 ⑦：19

拓片八二　殷墟三期第二类范·不辨器形容器范

1466/SH222：7

1470/SH269：70

1472/SH664 ③：64

1475/SH664 ⑧：172

1479/ST2412 ③：9

拓片八三　殷墟四期第二类范·不辨器形容器范

1615/SH255：24

拓片八四　殷墟四期铭文芯

2001AGH2∶2

拓片八五　铭文芯

后 记

首先，本报告的编写是孝民屯课题组所有成员的集体成果。

报告整理和编写期间，安阳队已退休的杨锡璋先生、刘一曼先生和在职的岳洪彬先生，以及科技中心的刘煜女士、加拿大英属哥伦比亚大学的荆志淳先生、美国芝加哥大学的李永迪先生、台湾史语所的内田纯子女士等提出了许多宝贵意见。尤其荆志淳先生与我们一起长期合作，在陶范材料的来源、处理、配方、岩相学观察以及实验考古等方面做了大量工作。

安阳队技师王艳丽、霍慧敏、王卫国、岳俊燕、何凯、单青霞等同志做了大量基础性工作，尤其王艳丽女士自始至终辅助编者们辛勤工作，确保了本卷顺利完成。经过十几年的磨炼，她已成为了辨认陶范的行家。

铸铜遗物线图大部分由山西省考古研究院李夏亭老师绘制，内蒙古自治区文物考古研究所刘海文老师、安阳队技师刘晓贞女士以及安阳市文物考古研究所的黄晓芳女士也参与部分绘制工作，尤其李夏廷老师，虽身体欠安，然数次来安，不辞辛劳，加班加点，极高质量完成了陶范绘图工作。铸铜遗物拓本大部分系安阳队老技师王浩义同志（已退休）拓制，安阳队技师何海慧女士对部分遗物进行了补拓。铸铜遗物图版大部分系安阳市文物考古研究所申明清副所长拍摄，少量由安阳队技师何凯同志及编者自己补拍。

在此对以上先生们的指导帮助和同志们的辛勤劳动表示衷心感谢！

本卷编写大概经历了三个阶段，第一阶段预算文字 13 万字，线图 750 幅，拓片 400 幅，图版 1050 幅。2012 年前后，当编写快要结束时，发现在陶片筐内遗漏了不少陶范等铸铜遗物，我们又不得不对新找到的铸铜遗物再次进行挑选、绘图、拓片、照相、描述、统计等。至 2018 年上半年编写工作基本完成时，计文字约 50 万字、线图约 1600 幅、拓片约 800 幅、图版约 3900 幅，超出原来预算太多，尤其图版部分，无法出版，出版社的同志建议精减。2018 年下半年至今，编者一直"狠心"做着精减工作，主要对炉壁、磨石、铜渣等铸铜遗物进行了大量删减。为给读者较为完整的信息，把从文中删减下来的遗物标本，重新纳入统计表，将在"中国社会科学院考古研究所网站考古数据库"中公布，方便有需要的读者查阅，如此也不失为一种补救措施。由于炉壁、磨石、铜渣等遗物很难用线图表现其形态，本卷多采用图版形式来表现，在统计表中增加入了图版一列。陶范、陶模等重要遗物几乎没有删减，泥芯中不辨器形者删去了不少。现已精减完成，计文字约 26 万字，线图 1492 幅，拓片 268 幅，图版 2303 幅。这里所谓的三个阶段，实际是我们的疏忽大意造成的，尤其第二个阶段，使得不少工作又要重新开始，造成时间、人力、精力的极大浪费。这里着重提到编写的三个阶段，不是给我们编写报告缓慢寻找借口，目的是让以后编写报告的学者以此为戒。本卷编写太慢的另一原因是平日里编者们其他杂事太多，写写停停，当停顿一段时间后，再次进出编写状态又需多日，此乃又是编写报告一大忌。

因诸多因素，本卷历经十五年才完成。由于我们学识有限，尽管大家已竭尽全力，但是我们知道，报告中肯定还有许多瑕疵和不足，望大家批评指正！

编　者

2020 年 4 月

Abstract

This monograph includes two volumes containing 260,000 characters in text, 1492 line drawings, 268 rubbings, and 2303 plates. It is a report primarily about the bronze foundry remains excavated by the Institute of Archaeology at the Chinese Academy of Social Sciences during 2003 – 2004 at Xiaomintun in Anyang. These remains can be divided into four categories: copper – melting apparatus, casting implements, auxiliaries and others. Copper – melting apparatus include large and small furnaces. Casting implements are dominated by ceramic molds, they also include ceramic models and clay cores. Auxiliaries mainly comprise whetstones, ceramic tuyères, bronze incising points, and other tools of unknown function such as the likes of ceramic paddles and awls. Other remains include slags, burned earth, charcoals, and other casting – related materials. Some objects might be used as manufacturing implements as well as daily utensils, and their functions remain uncertain, for examples, bronze knives and bone awls. They are not included as part of foundry remains for discussion; instead they are reported in the category of other objects.

The stand – alone reporting of bronze foundry remains is largely due to the enormous number of excavated objects that need systematic and detailed descriptions. Unlike other types of artifacts, ceramic molds and models may be best illustrated in the corresponding formats of line drawing, rubbing and photo, and they demand high quality of line drawings and photograph plates. In addition, publishing this work as a separate monograph is intended to emphasize the importance of these recently excavated bronze foundry remains.

The periodization of foundry remains in this study is determined by diagnostic pottery samples unearthed from same stratigraphic units. Given that many features often contain sherds earlier than actual feature age itself, some ceramic molds may be earlier than assigned dates. For better understanding the overall picture of each category of foundry remains, this study does not follow the traditional method of "phase determination followed by categorization", instead adopts a procedure of "categorization followed by phase determination".

The conclusion section summarizes the findings from the Xiaomintun bronze foundry site at Yinxu in Anyang; furthermore, it provides the observations, critical evaluation and research the author has had in more than a decade; and it is a summary of the author's most recent understandings of bronze casting technologies and craft production at Yinxu.

中国田野考古报告集

考古学专刊

丁种第九十四号

安阳孝民屯

（三）殷商遗存·铸铜遗物

下册

中国社会科学院考古研究所　编著

文物出版社

北京·2020

ANYANG XIAOMINTUN

III-LATE SHANG BRONZE FOUNDRY REMAINS

Volume 2

(*With an English Abstract*)

by

The Institute of Archaeology

Chinese Academy of Social Sciences

Cultural Relics Press

Beijing · 2020

彩版目录

1/ST2711⑯：3（二期）

3/SH226①：197（三期）

2/SH225②：208（三期）

4/SH261：32（三期）

彩版一　大型条筑式草泥炉残块

5/SH277：33（三期）

6/SH295①：4（三期）

7/SH295①：8（三期）

8/SH411：16（三期）

9/SH420：1（三期）

彩版二　大型条筑式草泥炉残块

10/SH603：25（三期）

11/ST2007⑥：73（三期）　　　　　　　　12/ST2007⑦A：21（三期）

彩版三　大型条筑式草泥炉残块

13/ST2007⑨：6（三期）

彩版四　大型条筑式草泥炉残块

14/ST2007⑨：7（三期）

15/ST2007⑨：8（三期）

16/ST2007⑨：9（三期）

彩版五　大型条筑式草泥炉残块

17/ST2007⑨：10（三期）

彩版六　大型条筑式草泥炉残块

18/ST2007⑨：13（三期）

19/ST2007⑨：23（三期）

20/ST2007⑨：25（三期）　　　　　　21/ST2812④：18（三期）

彩版七　大型条筑式草泥炉残块

22/SH233：93（四期）

23/SH268：66（四期）

24/SH268：69（四期）　　　　25/SH268：72（四期）　　　　26/SH269：152（四期）

彩版八　大型条筑式草泥炉残块

27/SH269：154（四期）

28/SH269：158（四期）

29/SH356⑤：33（四期）

30/SH546：72（四期）

31/SH611①：83（四期）

32/SH664：303（四期）

彩版九　大型条筑式草泥炉残块

33/SH664：308（四期）

34/SH664：312（四期）

35/SH664：313（四期）

36/SH664：314（四期）

37/ST1906④：45（四期）

38/ST1906⑤：42（四期）

彩版一〇　大型条筑式草泥炉残块

39/ST2108③：22（四期）   40/ST2312③：14（四期）

41/ST2312⑥：9（四期）

42/ST2412④A：27（四期）

彩版一一　大型条筑式草泥炉残块

43/ST2412④A：28（四期）

44/ST3203⑤：5（四期）　　　　　　　45/ST3203⑥：7（四期）

46/SH214：20（无期）　　　　　　　47/ST3004⑤：8（无期）

彩版一二　大型条筑式草泥炉残块

48/SH290③：45（二期）

49/SH486②：14（二期）　　　　　　　　　50/SH651①：46（二期）

51/ST2711⑯：6（二期）　　　　　　　　52/SH225：217（三期）

彩版一三　大型泥质炉衬堆筑式草泥炉残块

53/SH225②：234（三期） 54/SH225②：235（三期）

55/SH261：34（三期）

56/SH445③：23（三期）

彩版一四　大型泥质炉衬堆筑式草泥炉残块

57/SH445③：24（三期）

58/SH468：15（三期）

59/SH571②：11（三期）

60/SH573④：287（三期）

61/SH573④：289（三期）

彩版一五　大型泥质炉衬堆筑式草泥炉残块

62/SH573⑥：201（三期）

63/SH683：110（三期）

64/SH683：111（三期）

65/SH683：190（三期）

66/SH683：191（三期）

彩版一六　大型泥质炉衬堆筑式草泥炉残块

68/SH683：198（三期）

67/SH683：195（三期）

69/SH683：201（三期）

70/SH683：202（三期）

彩版一七　大型泥质炉衬堆筑式草泥炉残块

71/SH683：204（三期）

72/SH683：209（三期）

73/SH683：211（三期）

74/SH683：213（三期）

75/SH683：214（三期）

彩版一八　大型泥质炉衬堆筑式草泥炉残块

76/SH683：216（三期）

77/SH683：221（三期）

78/SH683：222（三期）

79/SH683：224（三期）

80/SH683：225（三期）

81/SH683：226（三期）

82/SH683：227（三期）

彩版一九　大型泥质炉衬堆筑式草泥炉残块

83/SH683：229（三期）　　　　　　　　　84/SH683：232（三期）

85/ST1906⑥：40（三期）　　86/ST2006⑦：12（三期）　　87/ST2007⑦A：22（三期）

88/ST2212⑦：33（三期）　　89/ST2505D⑥：8（三期）　　90/SH220：35（四期）

彩版二〇　大型泥质炉衬堆筑式草泥炉残块

91/SH227：58（四期）

92/SH227：68（四期）

93/SH227：85（四期）

94/SH227：96（四期）

95/SH233：83（四期）

彩版二一　大型泥质炉衬堆筑式草泥炉残块

96/SH241：11（四期）

97/SH241：12（四期）

98/SH252：82（四期）

99/SH252：90（四期）

100/SH268：81（四期）

彩版二二　大型泥质炉衬堆筑式草泥炉残块

101/SH268：82（四期）

103/SH269：174（四期）

102/SH269：162（四期）

104/SH413④：23（四期）

彩版二三　大型泥质炉衬堆筑式草泥炉残块

105/SH413④：24（四期）

106/SH493：218（四期）

108/SH493②：217（四期）

107/SH493①：213（四期）

109/SH493④：209（四期）

彩版二四　大型泥质炉衬堆筑式草泥炉残块

110/SH502①：11（四期）

111/SH546：82（四期）

112/SH642③：13（四期）

113/SH649：174（四期）

114/SH649：176（四期）

115/SH664：324（四期）

彩版二五　大型泥质炉衬堆筑式草泥炉残块

116/SH664：335（四期）

118/SH664：350（四期）

117/SH664：347（四期）

119/ST1806③：21（四期）

120/ST1806⑤：49（四期）

彩版二六　大型泥质炉衬堆筑式草泥炉残块

123/ST2212④：83（四期）

121/ST2006③：65（四期）

124/ST3205⑥：22（四期）

122/ST2212④：80（四期）

125/SH214：26（无期）

彩版二七　大型泥质炉衬堆筑式草泥炉残块

126/SH230①：3（无期）　　　　　　　　　127/ST2007②：9（无期）

128/ST2412：35（无期）　　　　　　　　　129/ST2711①：2（无期）

130/03AXS：045（无期）　　　　　　　　　131/03AXS：059（无期）

彩版二八　大型泥质炉衬堆筑式草泥炉残块

132/SH290①：42（二期）

133/SH290①：43（二期）

134/SH202②：238（三期）

135/SH217②：10（三期）

136/SH217⑥：11（三期）

彩版二九　大型砂质炉衬堆筑式草泥炉残块

137/SH225②：159（三期）

138/SH427：42（三期）

140/ST1906⑥：30（三期）

139/SH606③：53（三期）

141/ST2811④：5（三期）

彩版三〇　大型砂质炉衬堆筑式草泥炉残块

143/SH236：26（四期）

142/SH227：48（四期）

144/SH241：7（四期）

145/SH546：46（四期）

彩版三一　大型砂质炉衬堆筑式草泥炉残块

146/SH567：8（四期）

147/SH664③：256（四期）　　　　148/SH664④：264（四期）

149/ST2006③：34（四期）　　　　150/ST2706③：2（无期）

彩版三二　大型砂质炉衬堆筑式草泥炉残块

151/ST2711⑯：7（二期）

152/ST2711⑯：10（二期）

彩版三三　大型条筑兼堆筑式草泥炉残块

153/SH290②：41（二期）

154/SH225②：158（三期）

155/SH225③：156（三期）

156/SH427：38（三期）

157/SH456①：32（三期）

158/SH603：10（三期）

彩版三四　大型砂泥炉残块

159/SH603：18（三期）

160/SH683：115（三期）

161/SH683：189（三期）

162/SH683：192（三期）

163/SH683：219（三期）

164/SH683：223（三期）

165/ST2212⑤：94（三期）

彩版三五　　大型砂泥炉残块

166/SH220：23（四期）

167-1/SH252②：53（四期）

167-2/SH252②：54（四期）

167-3/SH252②：55（四期）

168/SH269：96（四期）

169/SH356②：25（四期）

彩版三六　大型砂泥炉残块

170/SH493①：147（四期）

171-1/SH567：4（四期）

171-2/SH567：6（四期）

172/SH649⑤：126（四期）

173/SH664③：247（四期）

174/SH664③：248（四期）

彩版三七　大型砂泥炉残块

175/SH664⑥：240（四期）

176/SH664⑩：254（四期）

177/ST1907④：8（四期）

178/ST2006③：31（四期）

179/ST2312④：7（四期）

180/ST3004⑤：3（无期）

彩版三八　大型砂泥炉残块

181/SH486③：6（二期）

182/SH651⑦：10（二期）

183/ST2711⑭：17（二期）

184/ST2711⑭：19（二期）

185/ST2711⑭：21（二期）

彩版三九　小型草泥炉残块

186/ST2711⑮：11（二期）

187/ST2711⑰：1（二期）

188/ST2711⑰：3（二期）

189/ST2711⑰：10（二期）

190/ST2811⑭：22（二期）

191/ST2811⑯：8（二期）

彩版四〇　小型草泥炉残块

192/ST2811⑯：9（二期）

193/ST2812⑲：5（二期）

195/F119：33（三期）

194/F73③：29（三期）

196/SH225：170（三期）

彩版四一　小型草泥炉残块

197/SH225：174（三期）

198/SH225：178（三期）

200/SH397④：3（三期）

199/SH225②：166（三期）

201/SH397④：4（三期）

彩版四二　小型草泥炉残块

202/SH456⑤：33（三期）

203/SH606⑤：21（三期）

204/SH680②：12（三期）

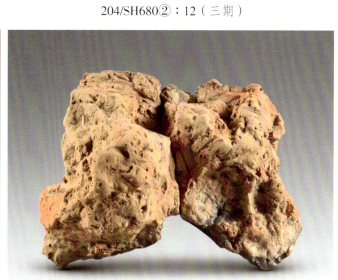

205/SH683：286（三期）

彩版四三　小型草泥炉残块

206/SH683：288（三期）

208/SH683：311（三期）

207/SH683：306（三期）

209/ST2007⑫：9（三期）

彩版四四　小型草泥炉残块

210/ST2212⑦：20（三期）

211/ST2609⑧：1（三期）

213/SH289③：21（四期）

212/ST2812③：3（三期）

214/SH289③：32（四期）

彩版四五　小型草泥炉残块

215/SH289③：33（四期）　　　　　　　216/SH664③：270（四期）

217/SH664③：271（四期）　　218/SH664③：273（四期）　　219/ST1906⑤：33（四期）

220/SH206：3（无期）　　　　　　　　221/ST3004⑤：4（无期）

彩版四六　小型草泥炉残块

222/SH651①：15（二期）　　　　　　　　223/SH261：19（三期）

224/SH315④：1（三期）　　　　　　　　225/SH315④：30（三期）

226/SH397②：22（三期）

彩版四七　小型砂泥炉残块

227/SH445⑥：14（三期）

228/SH491：66（三期）

229/SH570②：43（三期）

230/SH573②：247（三期）

231/SH573③：240（三期）

232/SH573⑥：248（三期）

彩版四八　小型砂泥炉残块

233/SH603：19（三期）

234/SH683：303（三期）

235/SH683：305（三期）

236/ST2007⑥：65（三期）

237/ST2212⑤：99（三期）

彩版四九　小型砂泥炉残块

238/ST2212⑤：100（三期）

239/ST2212⑧：15（三期）

240/SH268：41（四期）

241/SH481②：107（四期）

242/SH493④：155（四期）

243/SH642③：8（四期）

彩版五〇　小型砂泥炉残块

244/SH649④：132（四期）

245/ST2006⑥：6（四期）

246/SH214：19（无期）

247/SH215：4（无期）

彩版五一　小型砂泥炉残块

248/SH468：1（三期）

249/SH468：16（三期）

250/SH683：1（三期）

彩版五二　鼎模

252/SH227：24（四期）

251/SH683：77（三期）

253/ST2212⑤：57（四期）　　254/ST3205⑥：26（四期）

255-1/F54：1（无期）　　　　　　　　255-2/F54：2（无期）

彩版五三　　鼎模

256/SH573④：203（三期）　　　257/ST1806⑥：9（三期）　　　259/ST1907⑦：43（三期）

258-1/ST1906⑥：20（三期）　　258-2/ST1906⑥：42（三期）　　260/ST3107③：19（四期）

261/ST1806：01（无期）　　　　　262/ST2313：01（无期）

263/SH573③：75（三期/瓿模）

264/SH214：10（无期/瓿模）

265/SH225：85（三期/罍模）

266/SH220①：9（四期/罍模）

267/ST1806③：28（四期/罍模）

268/SH664③：156（四期/瓠模）

彩版五五　瓿、罍、瓠模

269/SH277：39（三期）

270/SH573②：76（三期）

271/ST2212⑤：64（三期）

273/ST2312⑨：31（三期）

272/ST2212⑤：65（三期）

274/ST2312⑨：32（三期）

彩版五七　舳模

275/SH269：60（四期）　　　　　　　　　276/ST2212④：28（四期）

277/ST2312③：13（四期）

278/03AXS：07（无期）

彩版五八　觥模

279/SH496①：12（三期/纽模）　　280/SH252②：97（四期/纽模）　　281/SH268：24（四期/纽模）

282/SH254：1［三期/錾（耳）模］

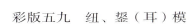

283/SH683：2［三期/錾（耳）模］

彩版五九　纽、錾（耳）模

284/SH683：76（三期）

285/SH685：11（三期）

286/ST1907⑦：40（三期）

287/ST2812④：7（三期）

彩版六○　鍪（耳）模

288/SH232：32（四期）

289/SH242：6（四期）

290/SH268：19（四期）

291/SH268：83（四期）

292/SH664③：352（四期）

293/ST2007④：7（四期）

294/ST2007④：8（四期）

295/ST3107③：18（四期）

彩版六一　鋬（耳）模

296/SH559：1（三期）

297/SH683：106（三期）

298/SH269：181（四期）

299/SH664④：162（四期）

300/SH670②：17（四期）

301/ST2212③：23（四期）

彩版六二　绚索模

302/ST2007⑦A：13（三期）

304/ST1906：01（无期）

303/ST2006⑤：1（四期）

彩版六三　帽模

305/SH277：6（三期/兽头模）　　　　306/SH448：3（三期/兽头模）

307/SH269：57（四期/兽头模）

308/ST2312⑧：11（三期/涡纹模）　　　　309/ST2312⑧：12（三期/涡纹模）

彩版六四　兽头、涡纹模

310/SH277：8（三期）

311/SH543：8（三期）

312/ST1906⑥：21（三期）

313/ST2711⑤：26（三期）

314/ST2807⑧：6（三期）

315/ST3004⑨：4（三期）

彩版六五　不辨器形容器模

316/SH252：99（四期）

317/SH255：10（四期）

318/SH268：25（四期）

319/SH493①：108（四期）

321-1/SH549：1（四期）

彩版六六　不辨器形容器模

322/SH610：23（四期）

323/SH641③：3（四期）

325/SH693：3（四期）

326/ST1806③：8（四期）

327/ST2006③：69（四期）

328/ST2212④：89（四期）

彩版六七　不辨器形容器模

329-1/ST3107③：33（四期）

329-2/ST3107③：34（四期）

330/ST3205⑦：13（四期）

331/ST3709：01（无期）

332-1/SH683：78（三期/矛模）

332-2/SH683：79（三期/矛模）　　　　　332-3/SH683：83（三期/矛模）

333/SH573②：74（三期/不辨器形工具模）　　　334/ST3203⑤：6（四期/泡模）

彩版六九　矛、不辨器形工具、泡模

335/SH225：38（三期）

336/SH225：55（三期）

337/SH225：73（三期）

338/SH225：74（三期）

339/SH225：75（三期）

340/SH225③：102（三期）

342/SH315：27（三期）

343/SH425：2（三期）

341/SH254：7（三期）

344/SH456②：9（三期）

彩版七一　第一类范·圆腹鼎范

345/SH467：3（三期）

347-1/SH571①：1（三期）

347-2/SH571①：2（三期）

346/SH481③：1（三期）

347-3/SH571①：3（三期）

彩版七二　第一类范·圆腹鼎范

348/SH573③：53（三期）

349/SH573③：54（三期）

350/SH573③：58（三期）

彩版七三　第一类范·圆腹鼎范

351/SH596③：1（三期）

353/SH618③：4（三期）

352/SH606③：14（三期）

354/ST1806⑥：3（三期）

彩版七四　第一类范·圆腹鼎范

355/ST1906⑦：7（三期）

357/ST2007⑦A：17（三期）

356/ST2007⑥：9（三期）

358/ST2212⑦：13（三期）

359/ST2212⑦：14（三期）

彩版七五　第一类范·圆腹鼎范

361/ST2311⑦：1（三期）

360/ST2212⑦：15（三期）

362/ST2312⑨：19（三期）

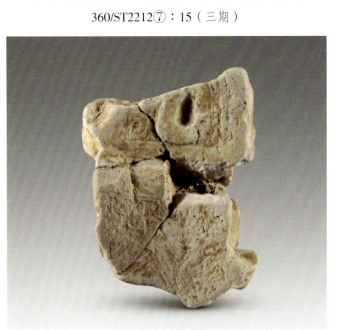

363/ST2711③：7（三期）

彩版七六　第一类范・圆腹鼎范

364-1/ST2711④：39（三期）

364/ST2711④：40、39合范（三期）

365/ST2812⑥：7（三期）

彩版七七　第一类范·圆腹鼎范

366/SH236：6（四期）　　　　　　　　367/SH236：10（四期）

368/SH268：3（四期）

369/SH268：8（四期）　　　　　　　　370/SH269：46（四期）

彩版七八　第一类范·圆腹鼎范

371/SH269：47（四期）

372/SH281：2（四期）

373/SH472：3（四期）

374/SH493①：39（四期）

375/SH493⑤：86（四期）

376/SH493⑤：89（四期）

彩版七九　第一类范·圆腹鼎范

377/SH546：6（四期）

378/SH553：1（四期）

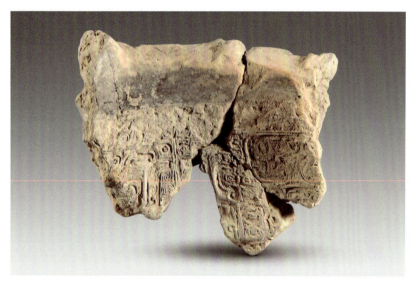

379-1/SH610：5（四期）

380/SH649：47（四期）

379-2/SH610：6（四期）

381/SH649⑤：82（四期）

彩版八〇　第一类范·圆腹鼎范

382/SH664：40（四期）

383/SH664③：54（四期）

384/SH664③：82（四期）

385/SH664③：90（四期）

386/SH664③：96（四期）

387/SH664③：185（四期）

388/SH664③：186（四期）

彩版八一　第一类范・圆腹鼎范

389/SH664⑧：123（四期）

390/SH664⑧：129（四期）

391/SH664⑨：137（四期）

392/SH679①：1（四期）

393/SH679①：31（四期）

彩版八二　第一类范·圆腹鼎范

394/ST1906③：5（四期）

397/ST2212⑤：20（四期）

395/ST2006④：5（四期）

398/ST2212⑤：22（四期）

396/ST2212④：53（四期）

399/ST2212⑤：44（四期）

彩版八三　第一类范·圆腹鼎范

400/SH223：5（无期）

401/SH376③：6（无期）

402/SM739：01（无期）

403/ST2114：03（无期）

404/ST2709：02（无期）

405/ST2711②：1（无期）

406/SH225：12（三期）

407/SH225：18（三期）

408/SH225：40（三期）

409/SH225：70（三期）

410/SH225：71（三期）

411/SH225：78（三期）

412/SH225②：100（三期）

彩版八五　第一类范・分裆鼎范

413/SH427：16（三期）

414/SH427：21（三期）

415-1/ST1907⑦：1（三期）

415-1、2/ST1907⑦：1、2合范（三期）

415-2/ST1907⑦：2（三期）

415-3/ST1907⑦：7（三期）

415-4/ST1907⑦：8（三期）

415-3、4/ST1907⑦：7、8合范（三期）

415-5/ST1907⑦：9（三期）

415-6/ST1907⑦：10（三期）

416/ST2807⑪：10（三期）

彩版八七　第一类范·分裆鼎范

417-1/SH268：4（四期）

417-2/SH269：45（四期）

417-3/SH269：50（四期）

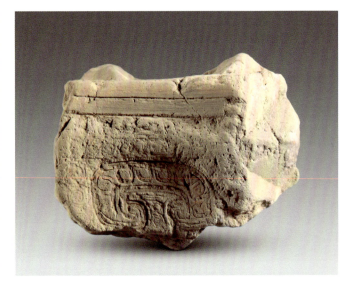

417-4/SH269：51（四期）

417-5/SH269：52（四期）

418/SH664：34（四期）

419/SH664③：55（四期）

420/SH664③：94（四期）

421/ST1906④：10（四期）

422/ST2212③：3（四期）

423/SH225：54（三期）   424/SH572：6（三期）

425/ST2007⑥：99（三期）   426-1/SH481③：5（四期）

426-2/SH481③：6（四期）   427/SH664⑩：193（四期）

彩版九〇　第一类范·扁足鼎范

428/SH225：62（三期）

429/SH440③：9（三期）

430/SH573②：37（三期）

431/ST1907⑦：11（三期）

432/ST2006⑥：1（三期）

彩版九一　第一类范·方鼎范

433/SH472：1（四期）

434/SH493④：84（四期）

435-1/SH664③：53（四期）

435-2/SH664③：57（四期）

436/SH689：3（四期）

437/ST1907③：1（四期）

彩版九二　第一类范·方鼎范

438/ST2007④：4（四期）

439/SH358：1（无期）

440/SH509：3（无期）

441/ST2609②：3（无期）

442/SH225：1（三期/方彝范）

443/SH571①：5（三期/方彝范）

444/SH669①：4（四期/方彝范）

445/ST2006③：6（四期/方彝范）

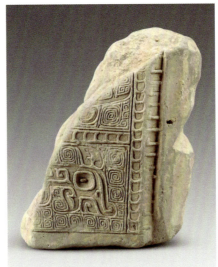

446/SH211：1（无期/方彝范）

447/SH255：6（三期/方座范）

448/SH491：16（三期）

449/ST1906⑥：13（三期）

450/SH664：120（四期）

451/SH664③：49（四期）

452/SH664③：51（四期）

453/SH664③：52（四期）

彩版九五　第一类范·鬲范

454/SH664⑨：131（四期）

455/ST1906⑤：14（四期）

456/ST2212⑤：32（四期）

457-1/SH375：26（二期）　　　457-2/SH375：27（二期）

458-1/SH24：11（三期）

458-2/SH24：13（三期）

459/SH24：30（三期）

460/SH24：31（三期）

彩版九七　第一类范·簋（盂）范

461/SH225：34（三期）

462/SH225②：96（三期）

463/SH225③：110（三期）

464/SH277：17（三期）

465/SH277：18（三期）

466/SH399：2（三期）

彩版九八　第一类范·簋（盂）范

467/SH428：12（三期）

468/SH446：1（三期）

469/SH475：7（三期）

470/SH491：5（三期）

471/SH491：10（三期）

472-1/SH570④：25（三期）

472-2/SH570④：27（三期）

472-3/SH570④：28（三期）

472-2、3/SH570④：27、28合范（三期）

473/SH573②：31、34合范（三期）

473-1/SH573②：31（三期）

473-2/SH573②：34（三期）

474/SH573②：224（三期）

475/SH573③：56（三期）

476/SH618①：1（三期）

彩版一〇一　第一类范·簋（盂）范

477-1/SH683：3（三期）

477-1/SH683：3（三期/背面）

477-2/SH683：72（三期）

477-3/SH683：75（三期）

477-4/SH683：281（三期）

478/SH683：47（三期）

480/SH685：8（三期）

479-1/SH683：68+74（三期）

479-2/SH683：70（三期）

481/SH685：9（三期）

482/ST1806⑥：1（三期）

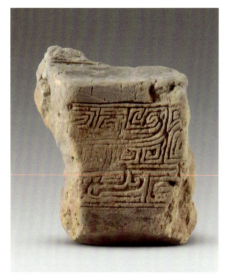

483/ST1906⑥：23（三期）

484/ST1906⑥：25（三期）

485/ST1907⑦：22（三期）

486/ST2007⑥：5+29（三期）

487/ST2007⑨：3（三期）

488/ST2212⑤：29（三期）

490/ST2312⑧：8（三期）

489/ST2212⑤：38（三期）

491/SH220②：16（四期）

492/SH220②：17（四期）

493/SH227：4（四期）

彩版一〇五　第一类范・簋（盂）范

494/SH227：9（四期）　　　495/SH227：11（四期）　　　496/SH232：21（四期）

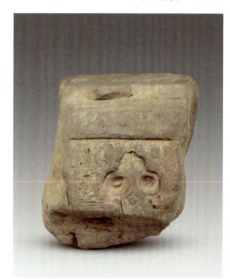

497/SH242：16（四期）　　498/SH252③：33（四期）　　499/SH255：5（四期）

500/SH268：6（四期）　　　　　　501/SH269：10（四期）

502/SH269：48（四期）　　　　505/SH426：4（四期）　　　　506/SH456②：10（四期）

503/SH296①：1（四期）　　　　　　　504/SH365：1（四期）

507/SH481①：14（四期）　　　　　　508/SH493①：45（四期）

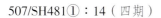

彩版一〇七　第一类范·簋（盂）范

509/SH493②：55（四期）

510/SH493⑤：93（四期）

511/SH611①：15（四期）

513/SH664：18（四期）

512/SH649：45+66（四期）

514/SH664：195（四期）　　　　515/SH664③：67（四期）　　　　516/SH664③：71（四期）

517/SH664③：189（四期）　　　　　518/SH664⑥：109、110合范（四期）

518-1/SH664⑥：109（四期）　　　　　518-2/SH664⑥：110（四期）

519/SH664⑥：181（四期）

520/SH664⑧：122（四期）

521-1/ST1806⑤：21（四期）

521-2/ST1806⑤：23（四期）

522/ST1806⑤：64（四期）

523/ST1906③：2（四期）

524/ST1906③：3（四期）

525/ST1906④：27（四期）

526/ST1906⑤：12（四期）

527/ST2007④：2（四期）

528/ST2006③：14（四期）

529/ST2006③：23（四期）

530/ST2108③：4（四期）

531/ST2212④：50（四期）

532/ST3006④：1（四期）

533/ST3203⑥：5（四期）

534/ST3205⑦：8（四期）

彩版一一二　第一类范·簋（盂）范

535/03AXS：021（无期）

536/03AXS：025（无期）

537/03AXS：026（无期）

538/SM778：02（无期）

539/ST2003：01（无期）

540/ST2113：01（无期）

541/SH570④：37（三期）　　542/SH573②：223（三期）　　543-1/SH573③：41（三期）

543-2/SH573③：55（三期）　　　　543/SH573③：41、55合范（三期）

544/SH573③：49（三期）

545-1/SH573⑤：62（三期）

545/SH573⑤：62、SH685：6+7合范（三期）

545-2/SH685：6+7（三期）

546/SH680②：2（三期）

547/ST1907⑦：36（三期）

548/ST2007⑦A：10（三期）

549/SH252②：29（四期）

550/ST2212④：46（四期）

551/SH215：2（无期）

552/SH225：39（三期）

553/SH225：65（三期）　　　　　　　555/SH697：2（三期）

554-1/SH683：69（三期）　　554-8/SH683：277（三期）　　554-9/SH683：278（三期）

556/ST1907⑦：21（三期）

558-2/ST2505D⑥：4（三期）

558-1、3/ST2505D⑥：3、5合范（三期）

558-3/ST2505D⑥：5（三期）

558-1、3/ST2505D⑥：3、5合范（三期）

558-2、3/ST2505D⑥：4、5合范（三期）

560/ST2711⑤：12（三期）

561/SH236：16（四期）

559-1/ST2506B④：5（三期）

559-2/ST2506B④：6（三期）

彩版一一九　第一类范·粗瓠形尊范

562/SH269：1（四期）

彩版一二〇　第一类范·粗觚形尊范

563/SH269：35（四期）

564/SH362：4（四期）

566/SH413⑤：6（四期）

565/SH413④：19（四期）

567-1/SH481③：10（四期）　　　　　　　567-2/SH481③：11（四期）

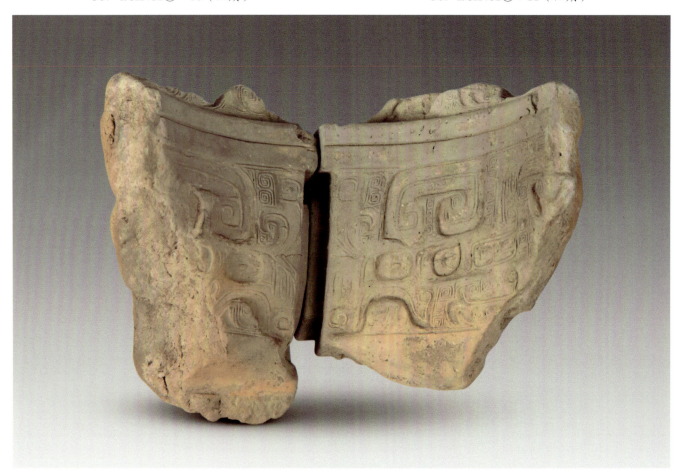

567-1、2/SH481③：10、11合范（四期）

彩版一二二　第一类范·粗觚形尊范

567-3/SH481④：3（四期）

567-4/SH481④：9（四期）

567-6/SH481④：13（四期）

彩版一二三　第一类范·粗瓠形尊范

567-7/SH481④：15（四期）　　　　　　　567-8/SH481④：18（四期）

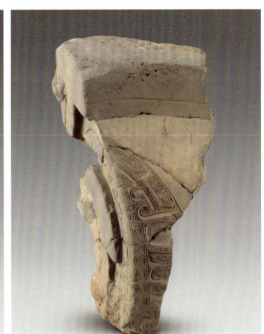

567-9/SH481④：23（四期）

568/SH493①：34（四期）

569/SH546：2（四期）

570/SH546：3（四期）

572/SH649：113（四期）

571/SH546：5（四期）

彩版一二五　第一类范·粗瓠形尊范

573/SH649⑤：75（四期）

574/SH649⑤：77（四期）

576-1/SH664③：187（四期）

575/SH664③：79（四期）

576-2/SH664③：188（四期）

彩版一二六　第一类范·粗瓠形尊范

578/ST1806③：2（四期）

577/SH679①：6（四期）

579/ST1806⑤：63（四期）

580/ST1906⑤：29（四期）

581/ST2006⑤：3（四期）

彩版一二七　第一类范·粗觚形尊范

582/ST2007④：3（四期）

583/ST2312③：4（四期）

584/ST3205⑥：5（四期）

585/SH215：3（（无期）

彩版一二八　第一类范·粗觚形尊范

586/SH573⑥：64+67+71（三期）

588/SH685：5（三期）

587/SH683：52（三期）

589/SH233：3（四期）

590/SH233：4（四期）

591/SH252：18（四期）

592/SH269：37（四期/折肩尊范）

593/SH693：2（四期/折肩尊范）

594/SH369：29（无期/折肩尊范）

595/ST2505D③：2（无期/折肩尊范）

596/SH467：5（三期/鸮尊范）

597/SH586①：9（三期/鸮尊范）

598/SH24：29（三期）

601-1/SH683：53（三期）

599/SH683：44（三期）

600/SH683：45+49（三期）

601-2/SH683：59（三期）

601/SH683：53、59合范（三期）

602/SH481④：17（四期）

603/SM800：01（无期）

彩版一三一　第一类范·方尊范

604/SH225：51（三期）

605/SH225②：90（三期）

606/SH225②：92（三期）

607/SH423：3（三期）

608/SH570：41（三期）

彩版一三二　第一类范・罍范

609/SH570④：23（三期）

610/SH571①：4（三期）

611/SH685：4（三期）

612/SH691②：3（三期）

613/ST1907⑦：20（三期）

614/ST2007⑨：16（三期）

彩版一三三　第一类范·罍范

615/ST2312⑨：12（三期）

616/ST3207⑦：5（三期）

617/SH220①：1（四期）

618/SH220①：4、5合范（四期）

619/SH220①：6（四期）

620/SH220①：7（四期）

彩版一三四　第一类范·罍范

621/SH220①：15（四期）

622/SH227：3（四期）

623/SH233：22（四期）

624/SH236：3（四期）

625/SH252：14（四期）

626/SH269：17（四期）

彩版一三五　第一类范·罍范

627/SH269：31（四期）

629/SH426：5（四期）

628/SH269：38（四期）

630/SH472：2（四期）

631/SH546：10（四期）

632/SH546：12（四期）

彩版一三六　第一类范・罍范

633/SH546：23（四期）

635/SH664⑤：184（四期）

634/SH664③：192（四期）

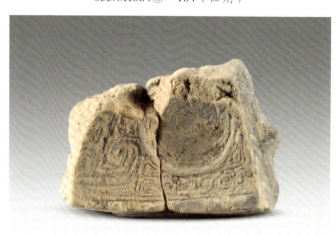

636/SH670④：9（四期）

637/SH679②：30（四期）

638/ST1806④：8、9合范（四期）

639/ST1806⑤：11（四期）

640/ST1906③：18（四期）

641/ST2007③：5（四期）

642/ST2007③：7（四期）

643/ST2007⑤：9（四期）

644/ST2212④：54（四期）

645/ST2212④：56（四期）

646/ST3205⑥：6（四期）

647/SH214：13（无期）

648/SH498：4（无期）

649/SM788：01（无期）

650/SM788：019（无期）

651-1/SH290③：10（二期）

651-2/SH290③：11（二期）

652-1/SH290③：18（二期）

651/SH290③：10、11合范（二期）

652-2/SH290③：19（二期）

彩版一四〇　第一类范·卣范

653/SH225：30（三期）

654/SH315③：26（三期）

655-1/SH427：1（三期）

655-2/SH427：3（三期）

655-3/SH427：9（三期）

656/SH427：2（三期）

657/SH430：2（三期）

658/SH431：4（三期）

659/SH440⑤：5（三期）

660/SH446②：2（三期）

661/SH456②：7（三期）

662/SH473①：5（三期）

663/SH491：8（三期）

664/SH491：19（三期）

665-1/SH491：22（三期）

666/SH491：24（三期）

665-2/SH491：23（三期）

667/SH496④：11（三期）

668/SH567：1（三期）

669/SH573②：222（三期）

670/SH599④：3（三期）

671/ST1906⑦：2（三期）

672/ST2007⑫：7（三期）

673/ST2212⑤：41（三期）

674/ST2711③：6（三期）　　　　　675/ST2711⑤：8（三期）

676/ST2811③：19（三期）　　　　677/ST2812④：6（三期）

678/SH217⑥：2（四期）　　　　　679/SH227：14（四期）

680/SH232：10（四期）

681/SH268：18（四期）

682/SH269：40（四期）

683-1/SH648：9（四期）

683-2/SH648：10（四期）

683-3/SH648：34（四期）

684/SH648：39（四期）

685/SH648：42（四期）

686/SH664：15（四期）

687/SH664③：77（四期）

688/SH664④：99（四期）

689/SH664⑥：113（四期）

690-1/SH679②：13（四期）

690-2/SH679②：14（四期）

690-3/SH679②：19（四期）

690-4/SH679②：20（四期）

690-5/SH679②：23（四期）

690-6/SH679②：24（四期）

690-3、6/SH679②：19、24合范（四期）

690-4、5/SH679②：20、23合范（四期）

691-1/SH679②：21（四期）　　　　　　691-2/SH679②：22（四期）

692/ST1806⑤：1（四期）　　　　　　693/ST1906⑤：27（四期）

694-1/ST2006③：13（四期）

694-2/ST2006③：15（四期）

694-3/ST2006③：20（四期）

694-4/ST2006④：6（四期）

695/ST2007⑤：8（四期）

696/ST2212③：10（四期/卣范）　　697/ST2212④：51（四期/卣范）　　698/ST2212④：52（四期/卣范）

699/ST2412②：8（四期/卣范）　　　　　　700/SH359：3（无期/卣范）

701/ST2006：01（无期/卣范）　　702/ST2114：01（无期/卣范）　　703/ST2212⑥：12（三期/壶范）

彩版一五二　第一类范·卣、壶范

704/SH23②：2（三期）

705/SH49：5（三期）

707/SH399：1（三期）

706/SH225②：130（三期）

708/SH427②：29（三期）

709/SH467：4（三期）

711/SH534：1（三期）

710/SH517：4（三期）

712/SH543：4（三期）

713-1/SH570④：1（二期）　　　713-2/SH570④：2（三期）　　　713-3/SH570④：6（三期）

713-4/SH570④：7（三期）　　　　713-5/SH570④：1、2、6、7（三期）

714/SH618③：3（三期）　　　715/ST1906⑥：14（三期）　　　716/ST1906⑥：24（三期）

717/ST2007⑥：23（三期）　　　　　718/ST2212⑤：28（三期）

719/ST2212⑤：36（三期）　　　　　720/ST2212⑤：86（三期）

721/SH220①：2（四期）

722/SH232：6（四期）

723/SH236：11（四期）

724/SH242：25（四期）

726/SH268：28（四期）

727/SH269：36（四期）

729/SH269：76（四期）

730/SH334：4（四期）

728/SH269：75（四期）

731/SH356：24（四期）

732/SH493①：46（四期）

733/SH493①：129（四期）

734/SH493②：127（四期）

735/SH493④：132（四期）

736/SH493④：134（四期）

737/SH493④：135（四期）

738/SH493⑥：130（四期）

739/SH546：24（四期）

彩版一五九　第一类范·瓿范

740/SH610：9（四期）

741/SH611①：21（四期）

742/SH648：43（四期）

743-1/SH649：115（四期）

743-2/SH649：116（四期）

744/SH649④：65（四期）

746/SH664⑧：182（四期）

彩版一六〇　第一类范·瓾范

747/SH664⑨：136（四期）

748/SH679①：4（四期）

749/SH679②：15（四期）

750/SH679②：16（四期）

751/ST1906③：4（四期）

752/ST1906③：13（四期）

753/ST1907③：8（四期）

754/ST1907④：27（四期）

755/ST2212③：6（四期）

756/ST2212③：8（四期）

757/ST2212④：49（四期）

758/ST2312③：7（四期）

759/ST2807⑥：5（四期）

760/ST3107②：1（四期）

761/ST3107③：3（四期）

762/ST3107③：7（四期）

763/SH474：1（无期）

764/SH375：1（二期）

765/SH473①：20（二期）

766/SH558④：8（二期）

767/SH225：19（三期）

768/SH225③：146（三期）

彩版一六四　第一类范·爵（角）范

769/SH253：4（三期）

770/SH413③：5（三期）

771/SH427：17（三期）

772/SH570④：33（三期）

773/SH573③：230（三期）

彩版一六五　第一类范·爵（角）范

774/SH586：1（三期）

775/SH603：2（三期）

776/ST2812⑤：1（三期）

777/ST3207⑤：3侧面（三期）

778/SH217⑤：4（四期）

779/SH220①：3（四期）

彩版一六六　第一类范·爵（角）范

781/SH232：11（四期）

783/SH232：27（四期）

784/SH232：42（四期）

782/SH232：19（四期）

785/SH232：43（四期）

彩版一六七　第一类范·爵（角）范

786/SH233：2（四期）

787/SH233：8（四期）

788/SH236：4（四期）

789/SH242：26（四期）

790/SH248：5（四期）

791/SH252：1（四期）

彩版一六八　第一类范·爵（角）范

792/SH252：17（四期）

793/SH255：9（四期）

794/SH255：22（四期）

795/SH268：29（四期）

796/SH269：6（四期）

797/SH269：7（四期）

彩版一六九　第一类范·爵（角）范

798/SH269：44（四期）

799/SH269：54（四期）

801/SH269：81（四期）

800/SH269：77（四期）

802/SH356⑦：1（四期）

803-1/SH362：2（四期）

803-2/SH362：5（四期）

805/SH481③：58（四期）

804/SH481③：55（四期）

806/SH481③：71（四期）

807/SH493①：25（四期）

808/SH493①：27（四期）

809/SH493①：31（四期）

810/SH493①：37（四期）

811/SH493①：40（四期）

812/SH493①：43（四期）

彩版一七二　第一类范·爵（角）范

813/SH493①：123（四期）

814/SH493②：48（四期）

815/SH493②：50（四期）

816/SH493②：52（四期）

817/SH493②：58（四期）

818/SH493②：126（四期）

彩版一七三　第一类范·爵（角）范

820/SH493③：136（四期）

821/SH493④：62（四期）

822/SH493④：69（四期）

823/SH493④：70（四期）

824/SH493④：71（四期）

825/SH493④：82（四期）

826/SH493④：133（四期）

827/SH493⑤：85（四期）

828/SH493⑤：131（四期）

829/SH493⑥：96（四期）

830/SH493⑥：97（四期）

831/SH493⑥：99（四期）

彩版一七五　第一类范·爵（角）范

832/SH493⑥：100（四期）

833/SH493⑥：103（四期）

834/SH493⑦：107（四期）

835/SH550：1（四期）

836/SH648：4（四期）

837/SH648：5（四期）

838/SH648：7（四期）

839/SH648：11（四期）

840/SH648：15（四期）

841/SH648：16（四期）

842/SH648：18（四期）

彩版一七七　第一类范·爵（角）范

843-3/SH648：27（四期）

843-1/SH648：23+24（四期）

843-4/SH648：28（四期）

843-2/SH648：25（四期）

844/SH648：35（四期）

彩版一七八　第一类范·爵（角）范

845/SH648：36（四期）

846-1/SH648：37（四期）

846-2/SH648：38（四期）

847/SH648：44（四期）

848-1/SH648：49（四期）

848-2/SH648：54（四期）

848-3/SH648：55（四期）

848-4/SH648：63（四期）

849-1/SH648：50（四期）

849-2/SH648：64（四期）

850/SH649：26（四期）

851/SH649：27（四期）

彩版一八〇　第一类范·爵（角）范

852/SH649：28（四期）

853/SH649：30（四期）

854/SH649：33（四期）

855/SH649：46（四期）

856/SH649：114（四期）

857/SH649：117（四期）

彩版一八一　第一类范·爵（角）范

858/SH649①：51（四期）

859/SH649①：52（四期）

860/SH649②：54（四期）

861/SH649④：62（四期）

862/SH649④：63（四期）

863/SH649⑤：73（四期）

864/SH649⑤：78+86（四期）

865/SH649⑤：81（四期）

866-1/SH649⑤：87（四期）

866-2/SH649⑤：100（四期）

867/SH649⑤：88（四期）

868/SH649⑤：89（四期）

彩版一八三　第一类范·爵（角）范

869/SH649⑤：91（四期）

870/SH649⑤：92（四期）

871/SH649⑤：97（四期）

872/SH664③：98（四期）

873/ST1806④：4（四期）

874/ST1806⑤：7（四期）

彩版一八四　第一类范·爵（角）范

875/ST1906③：8（四期）

876/ST1906③：14（四期）

877/ST1906③：17（四期）

878/ST1906④：8（四期）

879/ST1906④：15（四期）

880/ST1906④：20（四期）

彩版一八五　第一类范·爵（角）范

881/ST2006③：10+25（四期）

882/ST2006③：24（四期）

883/ST3007②：1（四期）

884/ST3007②：2（四期）

885/ST3107②：4（四期）

886/ST3107③：2（四期）

彩版一八六　第一类范·爵（角）范

887/ST3107③：8（四期）

888/ST3107③：16（四期）

889/ST3203⑥：2（四期）

890/ST3205⑥：3（四期）

891/ST3205⑥：8（四期）

892/ST2506B③：5（无期）

彩版一八七　第一类范·爵（角）范

893/SH290②：39（二期）　　　　894/SH416③：10（二期）　　　　896/ST1907⑦：35（三期）

895/SH225：69（三期）　　　　　　　　　　897/SH233：5（四期）

898/SH236：17（四期）　　　　　　　　　899/ST1906⑤：23（四期）

900/ST2812⑪：9（二期）

901/SH225：35（三期）

902/SH427：5（三期）

903/ST2711③：9（三期）

904-1/SH232：1（四期）

904-2/SH232：3+SH255：7（四期）

905/SH232：7（四期）

906/SH232：9（四期）

907/SH252②：30（四期）

908/SH269：21（四期）

909/SH298③：1（四期）

910/SH493①：125（四期）

911/SH649④：60（四期）

912/SH649④：69（四期）

913/SH649④：70（四期）

914/SH664：194（四期）

彩版一九一　第一类范・觯范

915/SH664③：83（四期）

916/ST2312③：6（四期）

917/ST3107③：9（四期）

918/ST3205⑦：7（四期）

919/SH213：2（无期）

920/ST1906②：1（无期）

921/SH225②：93（三期）

922/SH255：19（四期）

923/SH269：4（四期）

924/ST1906④：13（四期）

925/ST1906④：28（四期）

926/ST2006④：1（四期）

927/ST2108③：2（四期/觥范）

928/SH436①：1（无期/觥范）

929/ST2114：02（无期/盂范）

930/ST2811⑮：10（二期/盘范）

931/SH225：66（三期/盘范）

932/SH573③：57（三期/盘范）

933/SH603：14（三期）

934/ST1906⑦：11（三期）

935/ST2312⑨：18（三期）

936/ST2711⑤：29（三期）

937/ST1906④：21（四期）

938/SH214：3（无期）

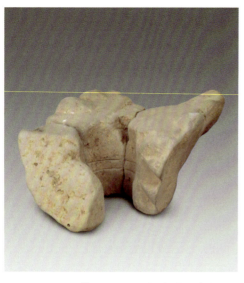  

939/SH570④：19、20合范（三期）　　　939-1/SH570④：19（三期）　　　939-2/SH570④：20（三期）

940/SH570④：24（三期）　　　　　　　　　941/SH683：58（三期）

942/SH362：3（四期）　　　　　　　　　943/SH664⑧：119（四期）

944/SH416③：12（二期）

945/SH416⑦：28（二期）

946/ST2811⑮：11（二期）

947/SH24：1（三期）

彩版一九七　第一类范·盖范

948/SH24：10（三期）（三期）

949/SH225：16（三期）（三期）

951/SH225：68（三期）

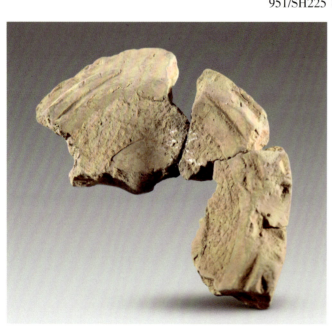

950/SH225：31（三期）

952/SH225②：101（三期）

953/SH242：17（三期）

954/SH277：5（三期）

955/SH371⑩：22（三期）

956/SH411：2（三期）

957/SH425：7（三期）

958/SH427：12（三期）

959/SH491：20（三期）

960-1/SH570②：3（三期）

560-2/SH570④：8（三期）

961/SH681①：2（三期）

962/ST2007⑥：10（三期）

963/ST2007⑨：2（三期）

964/ST2212⑤：23（三期）

965/ST2506B④：4（三期）

966/SH201：2（四期）

967/SH227：12（四期）

968/SH232：31（四期）

969/SH252②：24（四期）

彩版二〇一　第一类范·盖范

970/SH252③A：44（四期）

971/SH252④：43（四期）

972/SH255：21（四期）　　　　　973/SH268：9（四期）

974/SH269：22（四期）

975/SH269：53（四期）

976/SH275：6（四期）

977/SH493④：74（四期）

978/SH493④：81（四期）

979/SH610：2（四期）

980/SH648：8（四期）

981/SH648：14（四期）

982/SH648：41（四期）

983/SH649④：67（四期）

984/SH664③：68（四期）

985/SH664③：191（四期）

986/SH664⑧：125（四期）

987/SH664⑧：126（四期）

988/SH664⑧：130（四期）

989/SH664⑩：144（四期）

990/SH678①：1（四期）

991/SH679①：10（四期）

992/ST1906④：3（四期）

993/ST1906④：14（四期）

994/ST1906④：18（四期）

995/ST1906④：23（四期）

996/ST2006③：3+5（四期）

997/ST2008③：13（四期）

998/ST2212④：43（四期）

999/ST2212④：44（四期）

1000/SH214：14（无期）

1001/SH359：4（无期）

1002/ST2114：04（无期）

1003/ST2409②：1（无期）

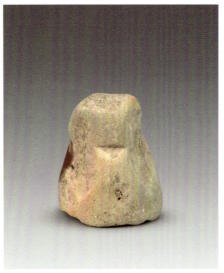

1004/SH639：34（二期）　　　　　　　　　　1005/SH225：20（三期）

1006/SH225：22（三期）　　1007/SH225：43（三期）　　1008/SH225：128（三期）

1009/SH225③：127（三期）　　　　　　　　　1010/SH259：1（三期）

彩版二〇八　第一类范・帽范

1011/SH294②：1（三期）

1012/SH475：2（三期）

1013/SH475：4（三期）

1014/SII491：60（三期）

1015/ST2006⑦：2（三期）

1016/ST2212⑥：13（三期）

1017/SH217⑤：6（四期）

1019/SH242：28（四期）

1020/ST2007③：3（四期）

1018/SH232：28（四期）

1021/ST2212④：5（四期）

1022/SH225：15（三期）

1023/SH242：10（三期）

1024/SH440③：4（三期）

1025/SH456③：18（三期）

1026/SH467：10（三期）

1027/ST1906⑦：12（三期）

彩版二一一　第一类范·纽范

1028/ST2007⑦A：6（三期）

1029/ST2007⑫：5（三期）

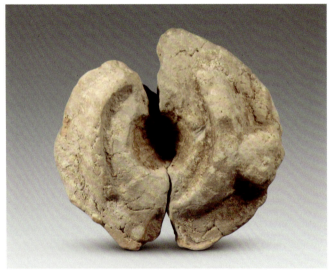

1030/ST2212⑤：37（三期）

1032/SH232：24（四期）

1033/SH249：2（四期）

彩版二一二　第一类范·纽范

1034/SH664⑧：117（四期）

1035/SH664⑩：147（四期）

1036/SH664⑩：151（四期）

1037/ST1906⑤：20（四期）

1038/SH212：2（无期）

1039/ST2311②：1（无期）

1040/SH473①：17（二期）

1041/SH225：42（三期）

1042/SH225：44（三期）

1043/SH225：63（三期）

1044/SH411：9（三期）

1045/SH423①：4（三期）

1046/SH427：14（三期）

1047/SH456②：13（三期）

1048/ST1906⑥：15（三期）

1049/ST1907⑦：15（三期）

1050/ST2006⑥：5（三期）

1051/ST2007⑦A：18（三期）

彩版二一五　第一类范·兽头范

1052/ST2807⑪：12（三期）

1053/SH201：10（四期）

1054/SH232：29（四期）

1055/SH252①：20（四期）

1056/SH252③B：105（四期）

1057/SH255：8（四期）

彩版二一六　第一类范·兽头范

1058/SH268：15（四期）

1059/SH493①：33（四期）

1060/SH649：36（四期）

1061/SH664：11（四期）

1062/SH664：12（四期）

1063/SH664⑥：112（四期）

1064/SH679②：27（四期）

1065/SH689：4（四期）

1066/ST1806③：6（四期）

1067/ST1806⑤：3（四期）

1068/ST2007④：1（四期）

1069/ST2008③：12（四期）

彩版二一八　第一类范·兽头范

1070/SH214：4（无期）

1071/SH498：5（无期）

1072/SM778：04（无期）

1073/SM778：06（无期）

1074/ST2008②：6（无期）

1075/ST2811⑮：9（二期）

1076/SH225：61（三期）

1077/SH225：124（三期）

1078/SH427：6（三期）

1079/ST2711③：5（三期）

1080/ST2811③：22（三期）

1081/SH242：27（四期）

1082/ST1806③：9（四期）

1083/ST1906⑤：22（四期）

1084/ST1907⑤：11（四期）

1085/ST2412②A：7（四期）

彩版二二一　第一类范·鍪（耳）范

1086/SH442③：7（二期）

1087/SH681①：4（二期）

1088/SH23①：3（三期）

1089/SH23①：4（三期）

1090/SH225：26（三期）

1091/SH225：41（三期）

彩版二二二　第一类范·不辨器形容器范

1092/SH225：67（三期）

1094/SH225：125（三期）

1095/SH225②：129（三期）

1093/SH225：83（三期）

1096/SH225②：131（三期）

彩版二二三　第一类范·不辨器形容器范

1097/SH225③：107（三期）

1098/SH225③：126（三期）

1099/SH226②：183（三期）

1100/SH254：8（三期）

1101/SH264：2（三期）

1102/SH315④：28（三期）

1103/SH352：1（三期）

1104/SH411：1（三期）

1105/SH413⑥：7（三期）

1106/SH425：6（三期）

1107/SH427②：30（三期）

1108/SH431：5（三期）

彩版二二五　第一类范・不辨器形容器范

1109/SH453：8（三期）

1110/SH468：10（三期）

1111/SH475：8（三期）

1112/SH475：9（三期）

1113/SH491：59（三期）

1114/SH538③：89（三期）

彩版二二六　第一类范·不辨器形容器范

1115/SH570②：42（三期）

1116/SH573：220（三期）

1117/SH573①：30（三期）

1118/SH573①：211（三期）

1119/SH573②：225（三期）

1120/SH582②：8（三期）

彩版二二七　第一类范・不辨器形容器范

1122/SH683：270（三期）

1123/SH685：14（三期）

1124/ST2007⑥：37（三期）

1125/ST2007⑥：39（三期）

1126/ST2007⑥：40（三期）

1127/ST2007⑦A：16（三期）

彩版二二八　第一类范·不辨器形容器范

1128/ST2212⑤：34（三期）

1129/ST2212⑤：53（三期）

1130/ST2212⑤：83（三期）

1131/ST2212⑤：84（三期）

1132/ST2212⑤：85（三期）

彩版二二九　第一类范·不辨器形容器范

1133/ST2212⑥：10（三期）

1134/ST2212⑥：22（三期）

1135/ST2212⑦：11、12合范（三期）

1136/ST2212⑦：34（三期）

1137/ST2311⑩：6侧面（三期）

1138/ST2312⑧：17（三期）

1139/ST2711③：8（三期）

1140/ST2811③：20（三期）

1141/SH201：9（四期）

1142/SH220：18（四期）

1143/SH227：10（四期）

1144/SH232：8（四期）

彩版二三一　第一类范·不辨器形容器范

1145/SH232：12（四期）

1146/SH232：44（四期）

1147/SH232：45（四期）

1148/SH232：46（四期）

1149/SH232：47（四期）

1150/SH233：1（四期）

彩版二三二　第一类范·不辨器形容器范

1151/SH233：24（四期）

1152/SH233：25（四期）

1153/SH241：1（四期）

1154/SH255：23（四期）

1155/SH262：1（四期）

1156/SH268：10（四期）

彩版二三三　第一类范·不辨器形容器范

1157/SH268：30（四期）

1158/SH269：42（四期）

1159/SH269：74（四期）

1160/SH269：78（四期）

1161/SH493①：124（四期）

1162/SH493⑤：94（四期）

1163/SH546：9（四期）

1164/SH648：40（四期）

1166/SH664④：100（四期）

1165/SH649⑤：108（四期）

1167/SH691②：4（四期）

彩版二三五　第一类范·不辨器形容器范

1168/SH691② : 5（四期）

1169-1/ST1806④ : 11（四期）

1169-2/ST1806④ : 14（四期）

1170/ST1806⑤ : 6（四期）

1171/ST1806⑤ : 12（四期）

1172/ST1906⑤ : 28（四期）

1173/ST1906⑤：72（四期）

1174/ST2007⑤：10（四期）

1175/ST2008③：10（四期）

1176/ST2212③：27（四期）

1177/ST2212④：9（四期）

1178/ST2212④：42（四期）

彩版二三七　第一类范·不辨器形容器范

1179/ST2212④：45（四期）

1180/ST2212④：55（四期）

1181/ST2312③：18（四期）

1182/ST2312④：5（四期）

1183/ST2312⑦：4（四期）

1184/ST3007②：3（四期）

彩版二三八　第一类范·不辨器形容器范

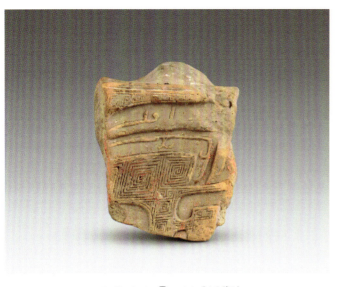

1185/ST3107③：24（四期）

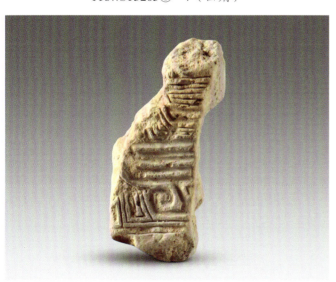

1187/ST3205⑥：7（四期）

1188/SH209：4（无期）

1186/ST3107③：25（四期）

彩版二三九　第一类范·不辨器形容器范

1189/SH214：11（无期）

1190/J1：1（无期）

1191/ST1906：04（无期）

1192/ST2007②：3（无期）

1193/ST2008：05（无期）

1194/ST2008②：15（无期）

彩版二四〇　第一类范·不辨器形容器范

1195/ST2108②：8（无期）

1196/ST3004⑤：2（无期）

1197/03AXS：087（无期）

1198/03AXS：088（无期）

1199/03AXS：089（无期）

1200/03AXS：093（无期）

彩版二四一　第一类范·不辨器形容器范

1201/SH603：1（三期/戈范）

1202/SH513③：1（无期/戈范）

1203/ST1906⑦：6（三期/矛范）

1204/SH315④：29（三期/镞范）

1205/ST2212⑤：56（三期/镞范）

1206/SH664⑨：1（四期/镞范）

彩版二四二　第一类范·戈、矛、镞范

1207/SH475：6（三期）

1208/SH683：57（三期）

1209/SH683：60，残（三期）

1210/ST2212⑨：22（三期）

1211/ST2212④：1（四期）

1212/ST3204⑥：2（四期）

彩版二四三　第一类范·刀范

1213/SH491：26（三期/锛范）　　1214-1/SH428⑧：13（三期/刻针范）　　1214-2/SH428⑧：14（三期/刻针范）

1215-1/SH636：13（三期/刻针范）　　　　　　　1215-2/SH636：15（三期/刻针范）

1216/SH636：7（三期/不辨器形工具范）　　1217/SH683：273（三期/不辨器　　1218/SH683：276（三期/不辨器
　　　　　　　　　　　　　　　　　　　　　　　　形工具范）　　　　　　　　　　　　形工具范）

彩版二四四　第一类范·锛、刻针及不辨器形工具范

1219/SH639：32（二期）

1220/SH639：33（二期）

1221/SH639：35（二期）

1222/ST3004⑨：1（三期）

1223/ST3004⑨：2（三期）

1224/SH632：1（四期）

1225/ST3203⑤：2（四期）　　　　　1226/ST3203⑥：1（四期）

1227/ST3204⑥：1（四期/泡范）

1228/ST3204⑥：7（四期/泡范）

1230/ST2811⑩：3（三期/兽面衡饰范）

1229/G7③：1（无期/泡范）

彩版二四七　第一类范·泡、兽面衡饰范

1231/SH628：1（三期/车軎范）

1232/ST2006⑤：5（四期/车軎范）

1233/ST3204⑥：6（四期/车軎范）

1234/ST3204⑥：10（四期/车軎范）

1235/03AXS：022（无期/车軎范）

1236/SH236：1（四期/策范）

彩版二四八　第一类范·车軎、策范

1237/ST2812⑪：7（二期/夔龙范）

1239/SH636：2（三期/夔龙范）

1238/SH448：1（三期/夔龙范）

1241-1/SH683：50+61（三期/夔龙和凤鸟范）

1240/SH269：16（四期/夔龙范）

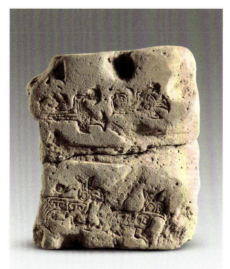

1241-2/SH683：54（三期/夔龙和凤鸟范）

1241/SH683：50+61、54合范

1242/SH491：7（三期/鱼范）

1243/ST2312③：5（四期/鱼范）

1244/ST1806③：5（四期/不辨器形小件范）

1245/ST1906③：12（四期/不辨器形小件范）

1246/SH573⑤：219（三期）　　　1247/ST1907⑦：24（三期）　　　1248/ST2007⑦A：9（三期）

1249/SH217⑤：3（四期）　　　　　　　　1250/SH232：20（四期）

1251/SH493：119（四期）　　　　　　1252/SH493①：36（四期）

彩版二五一　第一类范·字范

1253/SH493②：51（四期）

1254/ST1806④：1（四期）

1255/ST2212④：21（四期）

1256/ST3107③：5（四期）

1257/ST3205⑦：1（四期）

1258/F57：3（无期）

彩版二五二　第一类范·字范

1260/ST1907⑦：34（三期/易卦范）

1259/SH315④：16（三期/易卦范）

1262/SH431：1（四期/数字范）

1263/SH611①：16（四期/数字范）

1261/SH214：1（无期/易卦范）

1264/SH611③：26（四期/数字范）

1265/ST2006③：22（四期/数字范）

彩版二五三　第一类范·易卦、数字范

1266/SH225：17（三期）

1267/ST2007⑥：100（三期）

1268/SH269：55（四期）

1269/SH493①：35（四期）

1270/SH290② : 40＋SH416① : 27
（二期）

1271/SH427 : 4（三期）

1272/SH467 : 13（三期）

1273/ST1906⑦ : 13（三期）

1274/SH227 : 31（四期）

1275/SH664⑧ : 183（四期）

1276/ST1806⑤ : 28（四期）

1277/ST1906③ : 23（四期）

1278/ST2006⑤ : 4（四期）

1279/SH416①：22（二期/方鼎范）

1281-1/SH290③：15（二期/圆鼎范）

1281-2/SH290③：28（二期/圆鼎范）

1280/ST2807⑭：3（三期/方鼎范）

彩版二五六　第二类范·方鼎、圆鼎范

1282/SH290③：25）（二期）

1283/SH290③：26（二期）　　　　　　　　　1284/SH290③：27（二期）

1285/SH382：4（二期）　　　　　　　　　1286/SH277：13（三期）

1287/SH599⑤：5（三期）

1289/SH252②：42（四期）

1290/SH664③：175（四期）

1288/ST2007⑨：15（三期）

1291/ST2412④：10（四期）

彩版二五八　第二类范·圆鼎范

1292/ST2812⑮：5（二期）

1293/ST2811⑮：24（二期）　　　1294/SH683：269（三期）　　　1297/ST2812⑥：1（三期）

1295/ST2312⑩：12（三期）　　　　　　1296/ST2711④：38（三期）

1298/SH456②：19（三期/瓿范）

1299/SH217⑥：5（四期/瓿范）

1301/ST2312⑩：11（三期/尊范）

1300/SH573⑤：63（三期/尊范）

1302/SH664③：63（四期/尊范）

1303-2/SH664④：179（四期/尊范）

1304/SH416①：7（二期/卣范）

1305/SH416①：21（二期/卣范）

1303-1/SH664④：178（四期/尊范）

1306/SH442②：1（二期/卣范）

1307-2/SH442③：4（二期）

1307-1/SH442③：3（二期）

1307-3/SH442③：5+6（二期）

彩版二六二　第二类范·卣范

1308/SH453：7（三期/卣范）　　　　　　　1309/ST1907⑦：46（三期/卣范）

1310/SH217②：1（四期/卣范）　　　　　　1311/SH290③：12（二期/瓠范）

1312/SH416①：9（二期/瓠范）　　　1313/SH416①：25（二期/瓠范）　　　1314/SH442③：10（二期/瓠范）

彩版二六三　第二类范·卣、瓠范

1315/SH442③：12（二期/瓠）　　1316/ST2812⑲：9（二期）　　1318/SH225：56（三期）

1317/SH7：16（三期）

1319/SH225：120（三期）　　　　　1320/SH261：4（三期）

彩版二六四　第二类范・瓠范

1321/SH427：25（三期）　　　　　　　　　　1322/SH456①：25（三期）

1323/SH467：12（三期）　　　1324/SH468：8（三期）　　　1325/SH473①：2（三期）

1326/SH491：58（三期）　　　　　　　　　　1327/SH491：86（三期）

彩版二六五　　第二类范・瓠范

1328/ST1806⑥：6（三期）

1329/ST2007⑥：15（三期）

1330/ST2007⑦A：1（三期）

1331/ST2212⑤：42（三期）

1332/ST2212⑤：82（三期）

彩版二六六　第二类范・觚范

1333/ST2212⑥：21（三期）

1335/ST2312⑧：10（三期）

1334/ST2212⑨：21（三期）

1336/ST2711④：37（三期）

1337/SH242：23（四期）

1338/SH252①：41（四期）

1339-1/SH269：71（四期）　　　　　　　　1339-2/SH269：72（四期）

1340/SH289②：13（四期）

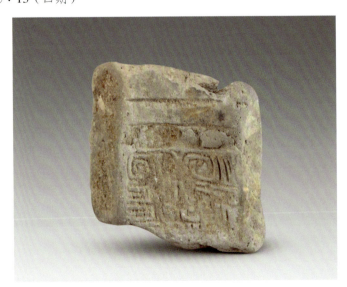

1341/SH426：7（四期）　　　　　　　　1342/SH664：21（四期）

1343/SH664③：65（四期）

1344/SH664③：72（四期）　　　　　1345/ST1806⑤：4（四期）

1346/ST1907③：4（四期）　　　　　1347/SH509：2（无期）

1348/SH290②：5（二期）

1349/SH290②：7（二期）　　　　1350/SH290②：32（二期）　　　　1351/SH290②：34（二期）

1352/SH290③：24（二期）　　　　　　　1353/SH290③：38（二期）

1354/SH416①：8（二期）

1355/SH416①：19（二期）

1356/SH416④：15（二期）

1357/SH442③：1（二期）

1358/SH442③：2（二期）

1359/SH442③：8（二期）

1360/SH442③：9（二期）

1361/SH442③：11（二期）

1362/SH442③：14（二期）

1363/SH217①：9（三期）

彩版二七二　第二类范·爵范

1364/SH217①：16（三期）

1365/SH217⑥：15（三期）

1366/SH225：79（三期）

1367/SH225：80（三期）

1368/SH261：13（三期）

彩版二七三　第二类范·爵范

1369-1/SH264：3（三期）

1370-1/SH264：4（三期）

1370-2/SH264：5（三期）

1369-2/SH264：7（三期）

1371/SH264：6（三期）

彩版二七四　第二类范・爵范

1372/SH277：19（三期）

1374/SH427：10（三期）

1373/SH413②：4（三期）

1375/SH429：1（三期）

彩版二七五　第二类范・爵范

1376/SH440⑦：8（三期）　　　　　　　1378/SH491：14（三期）

1377/SH491：13（三期）　　　　　　　1379/SH491：85（三期）

1381/SH683：46（三期）

彩版二七六　第二类范・爵范

1382/SH685：13（三期）

1384/ST1906⑦：10（三期）

1383/ST1906⑦：9（三期）

1385/ST2007⑥：13（三期）

彩版二七七　第二类范・爵范

1386/ST2007⑦A：12（三期）

1387/ST2007⑬：10（三期）

1389/ST2212⑤：31（三期）

1388/ST2007⑬：11（三期）

1390/ST2212⑧：5（三期）

彩版二七八　第二类范·爵范

1391/ST2311④：2（三期）

1393/ST2711⑤：27（三期）

1392/ST2711④：48（三期）

1394/ST2807⑪：4（三期）

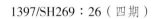

1395/SH227：13（四期）

1397/SH269：26（四期）

1396/SH269：19（四期）

彩版二八〇　第二类范·爵范

1398/SH269：69（四期）

1399/SH269：73（四期）

1400/SH275：5（四期）

1401/SH480①：2（四期）

1402/SH480①：3（四期）

彩版二八一　第二类范·爵范

1403/SH481③：27（四期）

1404/SH664③：81（四期）

1405/SH664③：84（四期）

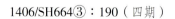

1406/SH664③：190（四期）

1407/SH664⑤：104（四期）

彩版二八二　第二类范·爵范

1408/SH664⑤：173（四期）　　　　　　1409/SH679①：5（四期）

1410/ST1906⑤：26（四期）

1411/ST2412⑤：20（四期）

彩版二八三　第二类范・爵范

1412/SH359：1（无期/爵范）

1413/ST2505D③：1（无期/爵范）

1414/SH473①：10（二期/觥范）

1415/SH269：68（四期/兽头范）

1416/SH427：28（三期/涡纹范）

彩版二八四　第二类范·爵、觥、兽头、涡纹范

1417/SH283：3（二期）

1418/SH290③：21（二期）

1419/SH416①：20（二期）

1420/SH416①：23（二期）

1421/SH416①：24（二期）

彩版二八五　第二类范・不辨器形容器范

1422/SH442③：15（二期）

1423/SH473①：4（二期）

1424-1/SH473①：11+12（二期）

1424-2/SH473①：13（二期）

1424-3/SH473①：14（二期）

1424-4/SH473①：15+16（二期）

彩版二八六　第二类范·不辨器形容器范

1425/ST2711⑬：3（二期）

1427/SH24：14（三期）

1428/SH24：28（三期）

1426/ST2811⑱：5（二期）

1429/SH225：27（三期）

1430/SH225：28（三期）

1433/SH225：57（三期）

1431/SH225：29（三期）

1432/SH225：33（三期）

1434/SH225：81（三期）

1435/SH225：84（三期）

1436/SH225：119（三期）

1437/SH225：121（三期）

1438/SH225：122（三期）

1439/SH225②：91（三期）

1440/SH225③：108（三期）

彩版二八九　第二类范·不辨器形容器范

1442/SH277：15（三期）

1443/SH277：16（三期）

1444/SH284：1（三期）

1445/SH427：7（三期）

1446/SH427：27（三期）

1447/SH440⑤：6（三期）

彩版二九〇　第二类范·不辨器形容器范

1448/SH468：7（三期）

1449/SH468：9（三期）

1450/SH491：9（三期）

1451/SH492：2（三期）

1452/SH573④：217（三期）

彩版二九一　第二类范·不辨器形容器芯

1453/SH599⑤：4（三期）

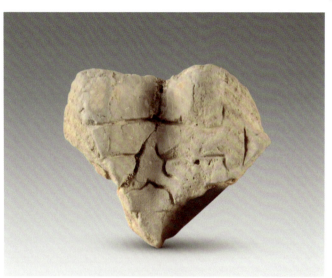 

1454/SH683：268（三期）　　　　1455/ST1906⑦：8（三期）

1456/ST1907⑦：17（三期）　　　　1457/ST1907⑦：19（三期）

1458/ST2006⑥：4（三期）

1459/ST2007⑥：14（三期）　　　　　　1460/ST2212⑤：39（三期）

1461/ST2212⑤：43（三期）　　　　　　1462/ST2312⑩：14（三期）

1463/ST2312⑪：3（三期）

1464/ST2711⑤：6（三期）

1465/ST2711⑤：7（三期）

1466/SH222：7（四期）

1467/SH233：23（四期）

1468/SH269：20（四期）

1470/SH269：70（四期）

1471/SH426：6（四期）

1469/SH269：39（四期）

1472/SH664③：64（四期）

1473/SH664③：176（四期）

1474/SH664④：177（四期）　　　　1475/SH664⑧：172（四期）

1476/SH664⑩：174（四期）

彩版二九六　第二类范·不辨器形容器范

1477/ST2008③：9（四期）

1478/ST2212③：7（四期）　　　　　1479/ST2412③：9（四期）

1480/SH213：5（无期）

1482/ST2108：07（无期）

1481/SH214：2（无期）

彩版二九八　第二类范·不辨器形容器范

1483-1/SH683：56（三期/不辨器形工具范）

1484/ST2711⑥：5（三期/不辨器形工具范）

1485/SH261：10（三期/车害范）

1483-2/SH683：67（三期/不辨器形工具范）

1486/SH636：5（三期/车害范）

彩版二九九　第二类范・不辨器形工具、车害范

1487/SH636：9（三期） 1488/SH636：22（三期）

1489/SH636：24（三期） 1490/SH636：27（三期）

1491/ST3203⑦：1（四期） 1492/ST3203⑦：2（四期）

1493/SH456④：29（三期）

1494/SH653①：4（三期）

1495/SH232：34（四期）

1496/SH232：35（四期）

1497/SH269：58（四期）

1498/SH648：32（四期）

彩版三〇一　鼎芯

1499/SH648：33（四期）

1500/SH664：196（四期）

1501/ST3204⑥：3（四期）

1502/SH212：3（无期）

1503/SH239：1（无期）

彩版三〇二　鼎芯

1504/SH456①：28（三期）

1506/SH546：15（四期）

1505/SH570④：39（三期）

彩版三〇三　罍芯

1507/SH680②：6、7复合芯（三期）

1508/ST1906⑦：1（三期）

彩版三〇四　卤芯

1509/SH486③：7（二期）

1510/SH225③：138（三期）

1511-1/SH277：7（三期）

1511-2/SH277：20（三期）

1512/SH315④：19（三期）

1513/SH445⑤：1（三期）

彩版三〇五　瓠芯

1514/SH685：10（三期）

1516/ST2212④：24（四期）

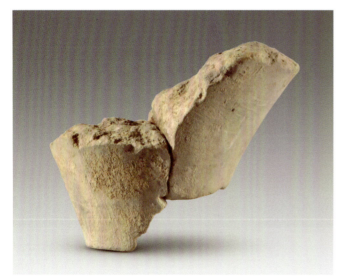

1515/SH220①：8（四期）

1517/ST2212④：25（四期）

彩版三〇六　瓿芯

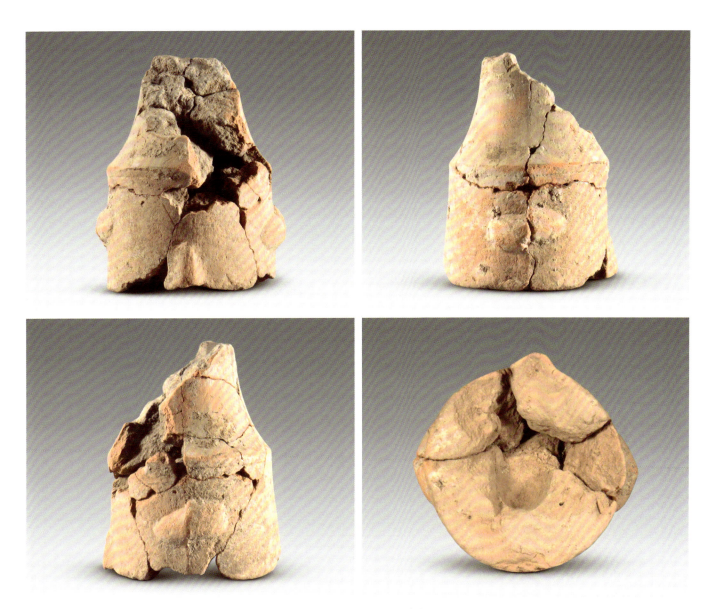

1518/03AXS：01（无期）

1519/03AXS：02（无期）

1520/03AXS：070（无期）

彩版三〇七　瓿芯

1521/ST2007⑥：43（三期/爵芯）　　　　　　　1522/SH232：33（四期/爵芯）

1523/SH546：1（四期/爵芯）　　1524/ST2112③：6（四期/爵芯）　　1525/SH277：12（三期/盉芯）

1526/SH664：206（四期/觥芯）

彩版三〇八　爵、盉、觥芯

1527/SH225：50（三期）

1528-1/SH227：21（四期）

1528-3/SH227：33（四期）

1528-2/SH227：22（四期）

1529/ST2007②：8（无期）

彩版三〇九　盘芯

1530/SH630：1（二期）

1531/SH225：137（三期）

1532/SH225：150（三期）

1533/SH225③：144（三期）

1534/SH253：10（三期）

1535/SH261：16（三期）

彩版三一〇　不辨器形容器芯

1536/SH411∶11（三期）

1537/SH427∶35（三期）

1538/SH456∶30（三期）

1539-1/SH491∶29（三期）

1539-2/SH491∶37（三期）

1540/SH491∶54（三期）

彩版三一一　不辨器形容器芯

1541/SH517：5（三期）

1542/SH543：3（三期）

1543/SH573③：227（三期）

1544/SH573③：229（三期）

1545-1/SH573⑤：228（三期）

彩版三一二　不辨器形容器芯

1545-2/SH573⑥：232（三期）

1546/SH573⑥：233（三期）

1547/SH680②：8（三期）

1548/SH680②：10（三期）

1549/ST1806⑥：10（三期）

1550/ST1907⑦：48（三期）

1551/ST2007⑥：41（三期）

1552/ST2007⑥：55（三期）　　　　　1553/ST2212⑤：88（三期）

1554/ST2212⑤：90（三期）　　　　　1555/ST2711③：11（三期）

彩版三一四　不辨器形容器芯

1556/SH201：13（四期）

1558/SH227：34（四期）

1557/SH201：14（四期）

1559/SH227：41（四期）

彩版三一五　不辨器形容器芯

1560/SH227：43（四期）　　　　　　　　1561/SH232：54（四期）

1562/SH233：11（四期）

1563/SH242：30（四期）　　　　　　　　1564/SH242：43（四期）

彩版三一六　不辨器形容器芯

1565/SH252：48（四期）

1566/SH255：28（四期）

1567/SH268：20（四期）

1568/SH268：31（四期）

1569/SH298④：2（四期）

1570/SH298④：3（四期）

1571/SH413⑦：21（四期）

1572/SH481②：106（四期）

1573/SH481③：63（四期）

1574/SH481④：85（四期）

1575/SH493：118（四期）

彩版三一八　不辨器形容器芯

1576/SH493①：141（四期）

1577/SH546：29（四期）

1578/SH546：34（四期）

1579/SH546：38（四期）

1580/SH611①：101（四期）

1581/SH615：1（四期）

1582/SH648：30（四期）

1583/SH648：57（四期）

1584/SH664：161（四期）

1585/SH664：214（四期）

1586/SH664：223（四期）

1587/SH664：237（四期）

彩版三二〇　不辨器形容器芯

1588/SH664③：157（四期）

1589/SH664③：230（四期）

1590/SH664③：234（四期）

1591/SH664⑧：198（四期）

1592/SH664⑨：208（四期）

彩版三二一　不辨器形容器芯

1593/SH664⑨：228（四期）

1594/SH664⑩：106（四期）

1595-2/SH664⑩：159（四期）

1595-1/SH664⑩：158（四期）

1596/ST1806③：11（四期）

彩版三二二　不辨器形容器芯

1597-1/ST1906④：34（四期）

1597-2/ST1906④：35（四期）

1598/ST1906⑤：32（四期）

1599/ST2006④：8（四期）

1600/ST2007④：5（四期）

1601/ST3107③：26（四期）

彩版三二三　不辨器形容器芯

1602/SH213：6（无期）　　　　　　　　　　　1604/03AXS：065（无期）

1603/03AXS：04（无期）

彩版三二四　不辨器形容器芯

1605-1/SH683：4（三期/矛芯）　　　　　　　　1605-2/SH683：87（三期/矛芯）

1605-3/SH683：89（三期/矛芯）　　1605-4/SH683：91（三期/矛芯）　　1605-5/SH683：94（三期/矛芯）

1605-6/SH683：97（三期/矛芯）　　1605-7/SH683：101（三期/矛芯）　　1606/SH664③：202（四期/锛芯）

1607/SH427：31（三期）

1608/SH571①：8（三期）　　　1609-1/ST2007⑥：46+50（三期）　　　1609-2/ST2007⑥：47+48（三期）

1609-3/ST2007⑥：49+54（三期）　　　1609-4/ST2007⑥：51（三期）　　　1609-5/ST2007⑥：52（三期）

1610/SH275：8（四期）

1612/SH649④：118（四期）

1611/SH481④：34（四期）

彩版三二七　不辨器形工具芯

1613-1/SH639：1（二期）

1613-2/SH639：9（二期）

1613-3/SH639：11（二期）

1613-4/SH639：13（二期）

1613-5/SH639：22（二期）

1613-6/SH639：27（二期）

1614-1/SH648：68（四期/泡芯）　　　　　　　　1614-2/SH648：69（四期/泡芯）

1615/SH255：24（四期/铭文芯）

1616/SF73：23（三期/回炉芯）　　1617/SH397④：2（三期/回炉芯）　　1618/SH455：7（三期/回炉芯）

彩版三二九　泡、铭文、回炉芯

1619/SH456④：31（三期/回炉芯）　　1620/SH573④：213（三期/回炉芯）　　1621/SH599③：7（三期/回炉芯）

1622/ST2811③：21（三期/回炉芯）　　1623/SH269：67（四期/回炉芯）　　1624/SM860：01（四期/回炉芯）

1625/SH680③：9（三期/其他）　　　　　　1626/SH222：11（三期/其他）

彩版三三〇　回炉及其他芯

1627/SH639：40（二期）　　1628/ST2711⑭：10（二期）　　1629/ST2711⑯：15（二期）

1630/ST2812⑪：10（二期）　　1631/SH24：27（三期）　　1632/SH277：10（三期）

1633/SH277：11（三期）　　1634/SH455：1（三期）　　1636/ST2212⑥：1（三期）

彩版三三一　A型陶管

彩版三三二　A型陶管

1637/ST2312⑩：7（三期）　　　1638/ST2711④：6（三期）　　　1639/SH220①：14（四期）

1640/SH233：20（四期）　　　1641/SH255：44（四期）　　　1642/SH268：26（四期）

1643/SH481⑤：135（四期）　　　1644/SH693：4（四期）　　　1645/ST3204⑧：3（四期）

彩版三三二　A型陶管

1646/ST3205⑦：14（四期/A型）

1647/NH82：1（四期/A型）

1648/NT1823③：1（四期/A型）

1649/SH309①：1（无期/A型）

1650/ST2812：01（无期/A型）

1651/SH651⑥：1（二期/B型）

1652/SH24：26（三期/B型）

1653/SH225：88（三期/B型）

1654/SH517：10（三期/B型）

彩版三三三　A、B型陶管

1655/SH573①：108（三期）

1656/SH573④：109（三期）

1657/SH232：84（四期）

1659/SH248：3（四期）

1660/SH269：182（四期）

1661/SH493①：223（四期）

1662/SH546：20（四期）

1663/SH664④：353（四期）

1665/SH503：1（无期）

彩版三三四　B型陶管

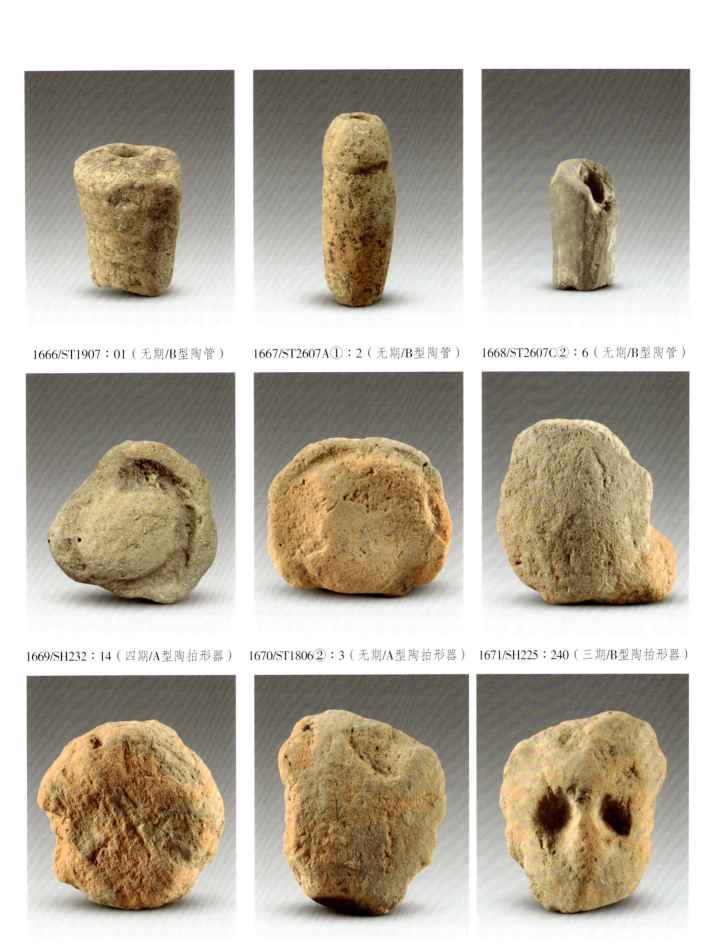

1666/ST1907：01（无期/B型陶管）　　1667/ST2607A①：2（无期/B型陶管）　　1668/ST2607C②：6（无期/B型陶管）

1669/SH232：14（四期/A型陶拍形器）　1670/ST1806②：3（无期/A型陶拍形器）　1671/SH225：240（三期/B型陶拍形器）

1672/SH225③：147（三期/B型陶拍形器）　　　　　　1673/SH571①：6（三期/B型陶拍形器）

彩版三三五　　B型陶管及A、B型陶拍形器

1674-1/SH493①：220（四期）

1674-2/SH493①：221（四期）

1674-3/SH493①：222（四期）

1674-4/SH493④：137（四期）

1675/ST3107③：28（四期）

彩版三三六　B型陶拍形器

1676/ST2711⑲：1（二期）　　　1677/ST1906③：35（四期）　　　1678/SH240：21（无期）

1679/SH247：1（无期）　　　1680/SH247：2（无期）　　　1681/SH376③：4（无期）

1682/SH376③：5（无期）　　　1683/ST2606BD②：1（无期）　　　1684/ST2607A①：3（无期）

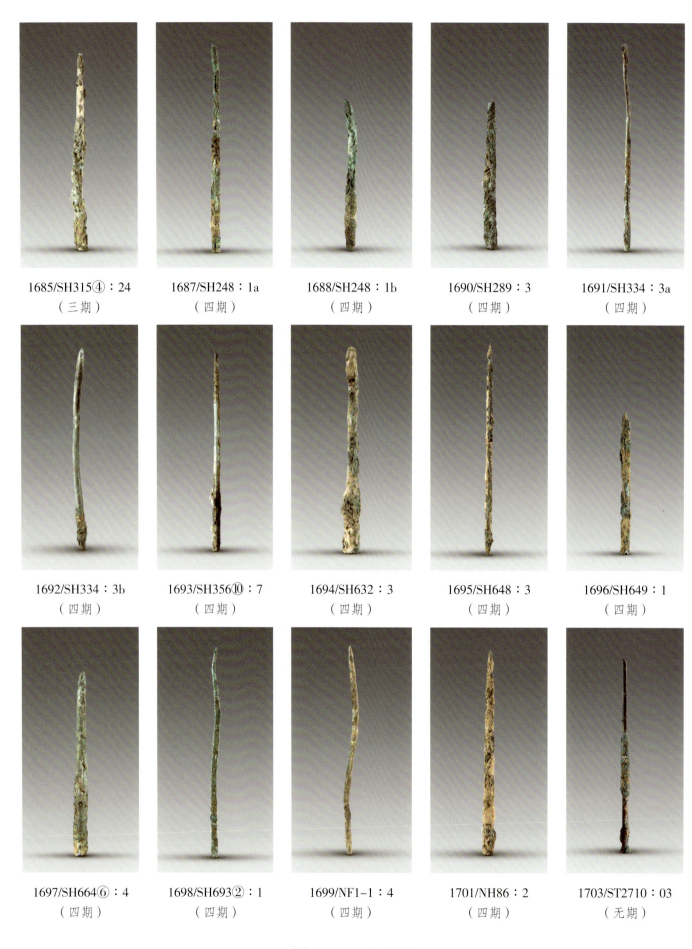

1685/SH315④：24	1687/SH248：1a	1688/SH248：1b	1690/SH289：3	1691/SH334：3a
（三期）	（四期）	（四期）	（四期）	（四期）
1692/SH334：3b	1693/SH356⑩：7	1694/SH632：3	1695/SH648：3	1696/SH649：1
（四期）	（四期）	（四期）	（四期）	（四期）
1697/SH664⑥：4	1698/SH693②：1	1699/NF1-1：4	1701/NH86：2	1703/ST2710：03
（四期）	（四期）	（四期）	（四期）	（无期）

1704/SH375④：6（二期）　　　1705/SH651①：27（二期）　　　1706/ST2711⑭：26（二期）

1707/ST2811⑭：25（二期）　　　1708/ST2812⑯：2c（二期）　　　1709/SH371①：1a（三期）

1710/SH397④：41（三期）　　　1711/SH455：10（三期）　　　1712/SH457②：4（三期）

彩版三三九　Aa型粗砂岩磨石

1713/SH603：3（三期）　　1714/SH665：17（三期）　　1715/ST1907⑦：61（三期）

1716/ST2007⑫：13（三期）　　1717/ST2212⑦：24（三期）　　1718/ST2212⑧：19（三期）

1719/ST2212⑧：25（三期）　　1720/ST2609⑤：4（三期）　　1721/SH233：41（四期）

彩版三四〇　　Aa型粗砂岩磨石

1722/SH233：43（四期） 1723/SH255：11（四期） 1724/SH422：8（四期）

1725/SH493③：166（四期） 1726/SH611①：51（四期） 1727/SH611③：68（四期）

1728/SH649：152（四期） 1729/ST1906③：27（四期） 1730/ST2006③：52（四期）

彩版三四一　Aa型粗砂岩磨石

1731/ST2008③：24（四期/Aa型）　　1732/ST3205⑥：10（四期/Aa型）　　1733/ST1907②：2（无期/Aa型）

1734/ST2008②：22（无期/Aa型）　　1735/ST2606A③：1（无期/Aa型）　　1736/ST2703②：1（无期/Aa型）

1737/SH651⑥：33（二期/Ab型）　　1738/SH651⑥：35（二期/Ab型）　　1739/ST2811⑳：6（二期/Ab型）

1740/SH425：12（三期）　　1741/SH455：8（三期）　　1742/SH457②：6（三期）

1743/SH510⑥：12（三期）　　1744/SH665：20（三期）　　1745/SH671①：3（三期）

1746/ST1907⑦：67（三期）　　1747/ST2212⑥：32（三期）　　1748/ST2312⑨：21（三期）

彩版三四三　　Ab型粗砂岩磨石

1749/SF66-1：6（四期/Ab型）　　　　　　1750/SH233：63（四期/Ab型）

1751/SH252②：76（四期/Ab型）　　1752/SH269：145（四期/Ab型）　　1753/SH426：13（四期/Ab型）

1754/ST2006③：48（四期/Ab型）　　1755/ST2811⑭：34（二期/Ac型）　　1756/ST2811⑰：4（二期/Ac型）

彩版三四四　　Ab、Ac型粗砂岩磨石

1757/SH202④：44（三期）　　　1758/SH217①：13（三期）　　　1759/SH226③：43（三期）

1760/SH428⑧：8（三期）　　　1761/SH430：6（三期）　　　1762/SH445①：19（三期）

1763/SH573②：272（三期）　　　1764/ST2212⑤：66（三期）　　　1765/ST2212⑤：125（三期）

彩版三四五　Ac型粗砂岩磨石

1766/SF66-1：7（四期）　　　1767/SH6⑥：62（四期）　　　1768/SH493①：185（四期）

1769/SH493①：195（四期）　　　1770/SH493①：199（四期）　　　1771/SH610：19（四期）

1772/SH611③：70（四期）　　　　　　1773/ST1906⑤：38（四期）

彩版三四六　Ac型粗砂岩磨石

1774/ST2711⑬：15（二期/Ad型）　　1775/SH7⑤：24（三期/Ad型）　　1776/SH427：63（三期/Ad型）

1777/ST2007⑫：10（三期/Ad型）　　1778/ST2212⑥：33（三期/Ad型）　　1779/SH413①：22（四期/Ad型）

1780/SH611③：72（四期/Ad型）　　1781/ST1806⑤：37（四期/Ad型）　　1782/ST2811⑭：27（二期/Ae型）

彩版三四七　Ad、Ae型粗砂岩磨石

1783/SH427：67（三期）　　1784/SH457②：5（三期）　　1785/SH491：73（三期）

1786/SH597：1（三期）　　1787/SH599③：9（三期）　　1788/SH606③：6（三期）

1789/ST1806⑥：21（三期）　　1790/ST2212⑤：126（三期）　　1791/ST2212⑦：32（三期）

彩版三四八　Ae型粗砂岩磨石

1792/ST2212⑧：30（三期）　　　1793/ST2811⑧：4（三期）　　　1794/SH268：64（四期）

1795/SH481①：127（四期）　　　1796/SH493①：173（四期）　　　1797/SH546：58（四期）

1798/SH611③：62（四期）　　　1799/SH649：144（四期）　　　1800/ST1906③：30（四期）

彩版三四九　Ae型粗砂岩磨石

1801/SH486①：9（二期）　　　　　1802/SH606④：32（三期）　　　　　1803/ST1906⑦：22（三期）

1804/ST2212⑤：104（三期）　　　　　　　　　　1805/ST3205⑨：3（三期）

1806/SH232：68（四期）　　　　　1807/SH268：44（四期）　　　　　1808/SH268：45（四期）

彩版三五〇　Af型粗砂岩磨石

1809/SH269：112（四期/Af型）　　1810/SH269：113（四期/Af型）　　1811/SH611③：52（四期/Af型）

1812/ST2312③：21（四期/Af型）　　1813/SH226②：190（三期/Ag型）　　1814/ST1906⑦：19（三期/Ag型）

1815/SH268：55（四期/Ag型）　　　　1816/SH289①：16（四期/Ag型）

彩版三五一　Af、Ag型粗砂岩磨石

1817/SH422：9（四期/Ag型）

1818/SH649：147（四期/Ag型）

1819/SH226②：186（三期/Ah型）

1820/ST2609⑤：9（三期/Ah型）

1821/ST2711⑤：22（三期/Ah型）

1822/SH286：1（无期/Ah型）

彩版三五二　Ag、Ah型粗砂岩磨石

1823/SH283：1（二期）　　　　1824/SH622：3（三期）　　　　1825/SH665：7（三期）

1826/ST2212⑤：81（三期）　　1827/ST2212⑧：18（三期）　　1828/ST2212⑨：27（三期）

1829/ST2312⑩：17（三期）　　1830/ST2312⑪：5（三期）　　1831/SH546：50（四期）

彩版三五三　　Ba型粗砂岩磨石

1832/SH691①：10（四期/Ba型）　　1833/SH633：1（三期/Bb型）　　1834/SH665：13（三期/Bb型）

1835/ST2312⑧：18（三期/Bb型）　　1836/SH226③：194（三期/Bc型）　　1837/SH266：3（三期/Bc型）

1838/SH510：11（三期/Bc型）　　1839/SH651①：26（二期/Bd型）　　1840/SH603：22（三期/Bd型）

彩版三五四　Ba、Bb、Bc、Bd型粗砂岩磨石

1841/SH252③：61（四期/Be型）　　　　　1842/ST2811⑲：7（二期/C型）

1843/SH665：21（三期/C型）　　1844/SH683：186（三期/C型）　　1845/ST2807⑮：1（三期/C型）

1846/SH426：15（四期/C型）　　1847/ST1921①：33（无期/C型）　　1848/ST2711：5（无期/C型）

彩版三五五　Be、C型粗砂岩磨石

1849/ST2711⑮：19（二期/A型）　　1850/SH665：8（三期/A型）　　1851/SH649：155（四期/A型）

1852/G8：9（无期/A型）　　1853/ST2812⑲：12（二期/B型）　　1854/SH226：191（三期/B型）

1855/SH573③：216（三期/B型）

彩版三五六　A、B型细砂岩磨石

1856/SH606⑥：46（三期/B型）

1857/ST2711⑭：38（二期/C型）

1858/SH573⑥：271（三期/C型）

1859/SH600⑥：53（三期/C型）

1860/SH647①：5（四期/C型）

1861/SH649①：4（四期/C型）

1862/SH649①：6（四期/C型）

1863/SH649④：104（四期/C型）

1864/ST1921①：31（无期/C型）

彩版三五七　B、C型细砂岩磨石

1865/SH283：9（二期/D型）　　　1866/SH269：126（四期/D型）　　　1867/SH651①：40（二期/E型）

1868/SH611③：58（四期/E型）　　　1869/SH649：163（四期/E型）　　　1870/ST2212⑧：35（三期/F型）

1871/SH481③：125（四期/F型）　　　1872/ST3204⑥：14（四期/G型）

彩版三五八　D、E、F、G型细砂岩磨石

1873/SH375⑩：21（二期）

1874/SH415：1（二期）

1875/SH651⑥：48（二期）

1876/ST2711⑭：12（二期）

1877/ST2711⑯：16（二期）

1878/ST2812⑬：4（二期）

1879/SF27：10（三期）　　　　　　1880/SH202②：30（三期）

1881/SH445①：28（三期）　　　　　1882/SH453（a）：15（三期）

1883/SH456⑤：85（三期）　　　　　1884/SH606⑥：65（三期）

1885/SH665：23（三期）

1886/SH683：236（三期）

1887/SH683：248（三期）

1888/SH683：249（三期）

1889/ST1907⑦：83（三期）

1890/ST2007⑬：6（三期）

彩版三六一　铜渣

1891/ST2212⑧：49（三期）

1892/ST2312⑨：33（三期）

1894/SH664④：170（四期）

1893/SH289③：40（四期）

彩版三六二　铜渣

1895/SH664⑨：360（四期）

1896/ST3207④：1（四期）

1897/SH237：2（无期）

1898/SH347：3（无期）

彩版三六三　铜渣

Alluvium [11% silt]
冲积土（含11%的粉砂）

Loess [22% silt]
黄土（含22%的粉砂）

1. 安阳地区两种古土壤的显微图像

Grade	Size, mm	Name	Depositional Agent
5	>2.0	Gravel 砾石	
4	1.0-1.99	Very coarse sand 特粗砂	
3	.5-.99	Coarse sand 粗砂	Water 水成
2	.25-.499	Medium Sand 中砂	[Alluvium]
1	.0625-.25	Fine Sand 细砂	
—	.002-.0625	Silt 粉砂	Wind 风成
—	<.002	Clay 粘土	[Loess]

2. 矿物包含物的粒级

AG08-22

Fine
细粒

Sandy
粗粒

1. 孝民屯双层范细料与粗料的显微图像

SEM BSE Image of Ceramic Mold from Xiaomintun
孝民屯出土陶范扫描电子显微镜BSE影像

2. 孝民屯陶范的显微图像

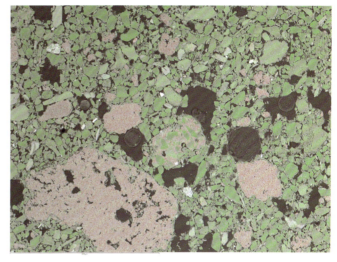

3. 红色部分为隐晶钙质物

X射线能量散射谱元素扫描

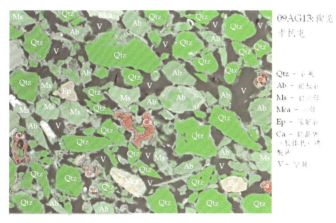

4. 殷墟陶范的矿物成分

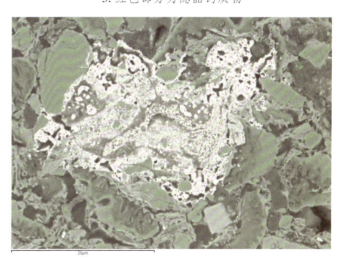

5. 粉色部分为磷、铁、钙的隐晶质物

彩版三六五　殷墟范、模、芯的材料

1. 兽头模（1961APNH40：1）

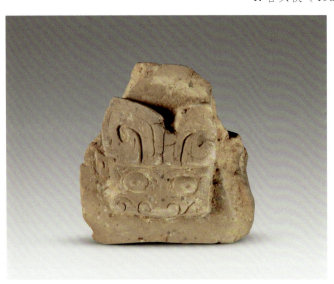

2. 兽头模（2000AGT15扰坑：1）

3. 圆泡模（2000AGT10③：3）

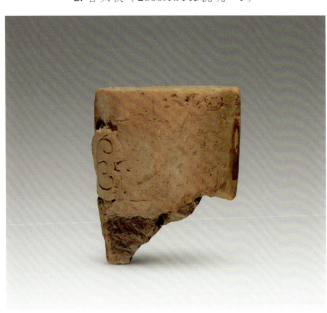

4. 鼎足模（2000AGH31：25）

彩版三六六　陶模的制作工艺

1. 觚范（2003AXST1906⑤：13）

3. 陶范阴干坑（2003AXSH453）

4. 烘范窑（2016AXDH33）

2. 鼎范（397/ST2212⑤：20）

彩版三六七　陶范的制作工艺

1. 容器芯（2003AXSH214：15）

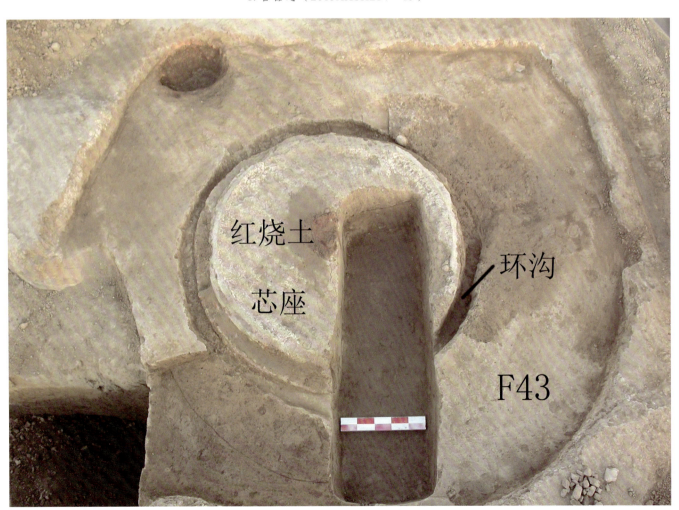

2. 孝民屯浇注场所F43与其内的大型芯座

彩版三六八　泥芯的制作工艺

1. 容器芯（2003AXSH546：35）

2. 铭文芯（2001AGH2：2）

3. 铜卣圈足上的十字形镂空

4. 铜鼎足部孔洞封闭情况

5. 爵底范（1984APNH5：3）浇口

彩版三六九　泥芯的制作工艺

1. 铜鼎范线(花园庄西M20：2)

2. 鼎合范（2003AXST2007⑥：9、
H481③：1）

3. 分裆鼎范（2005AGLBH32②：1）

彩版三七〇　殷墟青铜器的铸型分范技术——分范方式

1. 大圆鼎（1990AGNM160：62）

2. 鼎范（2000AGH31：3）

3. 铜鼎（苗南M47：1）

4. 鼎足范（2001AGH28：7）

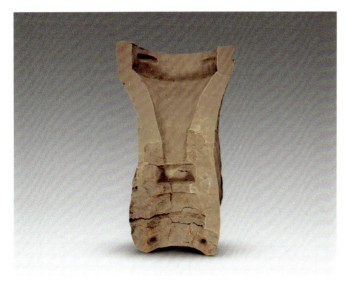

5. 觚范（1960APNT207④A：41）

6. 铜觚（2001AHDM60：2）

彩版三七一　殷墟青铜器的铸型分范技术——分范方式

1. 爵底范线（1970AGM137∶1）

1. 爵盖范（1984APNH16：17）

2. 铜爵帽下范线

5. 铜斝柱（1990AGNM160：173）

3. 铜斝（2001ADHM54：43）柱帽

4. 铜斝（2001ADHM54：43）柱帽

6. 玉璧（1983ASM662：2）上的铸
（焊）接现象

7. 盖范（1961APNH19：6）

8. 盖范（2001AGH25：1、2、3）

彩版三七三　殷墟青铜器的铸型分范技术——附件与器身的铸接方式

1. 铜卣（1994ALNM637∶7）

2. 罍范（2001AGH28∶4）

3. 爵范（2000AHGH31∶45）

4. 罍肩部（2001AGH28∶8）与兽头
（2001AGH28∶13）合范

5. 铜盂局部
（2001HDM54∶157）

6. 簋耳和垂珥范
（2000AGH31∶12）

彩版三七四　殷墟青铜器的铸型分范技术——附件与器身的铸接方式

1. 铜盂（2001HDM54：169）錾内外侧

2. 铜卣（2008ALNH326：1）

3. 铜卣（1990ASM991：5）

4. 铜镂形器（1995AGNM26：28）

1. 卣合范（691/SH679②：21、22）

2. 铜方尊局部（1990AGNM160：128）

彩版三七六　殷墟青铜器的铸型分范技术——附件与器身的铸接方式

凹弦纹
（刻划）

1. 分裆鬲范（2003AXSH233：7）

2. 盖范（2000AGH13：4）

凸棱

3. 帽模（2001AGT7扩扰坑：1）

4. 带状纹饰范（1431/SH225：29）背面

彩版三七七　殷墟陶范的施纹方法

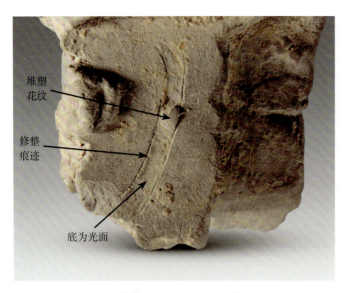

堆塑
花纹

修整
痕迹

底为光面

1. 尊范（2001AGH1：7）

云雷纹
（刻划）

2. 鼎范（2000AGT10③：1A）

光面
有凹槽

4. 鼎范（2000AGT10③：1C）

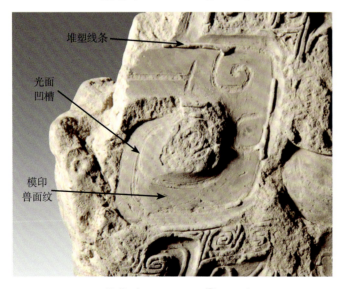

堆塑线条

光面
凹槽

模印
兽面纹

3. 鼎范（2000AGT10③：1B）

耳部
（模印）

光面
有凹槽

5. 鼎范（2000AGT10③：10）

彩版三七八　殷墟陶范的施纹方法

1. 铜方尊（2001HDM54：84）
上铸铭（模作铭）

2. 铜戈（2001HDM54：285）鋬部
铸铭（模作铭）

3. 铜矛（2001HDM54：129）骹部
铸铭（模作铭）

4. 铜勺（2001HDM54：149）柄部
铸铭（模作铭）

5. 铜箕形器（1994ALNM793：1）柄部
铸铭（模作铭）

6. 铜钺（2001HDM54：582）柄部
铸铭（模作铭）

7. 铜弓形器（2001HDM54：393）
铸铭（模作铭）

8. 铜觚（1999ALNM1046：11）圈足
铸铭（芯作铭）

9. 铜觚（1982戚东M63：10）圈足
铸铭（芯作铭）

10. 爵錾范（2001AGH1：3）铸铭
（范作铭）

彩版三七九　殷墟青铜器铭文的制作方法

1. 铜鼎（1982戚东M63：11）上刻铭

2. 铜簋（1982戚东M63：17）上刻铭

3. 铜瓿（1982戚东M63：12）上刻铭

4. 铜斝（1982戚东M63：15）上刻铭

苗圃北地ⅣF1内的大方鼎范

彩版三八一　大型青铜器的浇注方式——建造青铜器铸造场所

2. 人工皮囊鼓风

1. 新建熔炉剖面

4. 铜液从金门流出情况

3. 电动鼓风

5. 新熔炉炉衬熔融状态

6. 新熔炉炉衬"起泡"现象

彩版三八二　熔铜实验

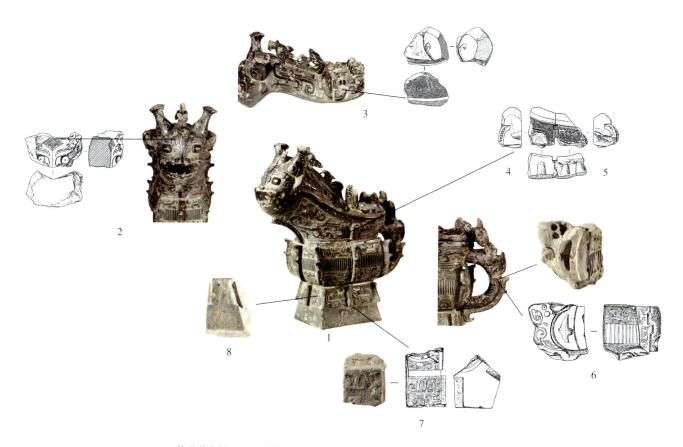

1. 传世夒鸟觥　2~8. 觥范（2005ACLBH32②：37、24、23、22、38、27、25）

1. 觥和觥范

1. 禁范（2000AGH31：6）　2. 传世告田觥禁

2. 觥禁和禁范

彩版三八三　殷墟晚期大胆创新的青铜器风格

1. 铜觥盖（1991HGM9：1a）

2. 铜觥盖（1991HGM9：1b）

2. 铜卣残片（2008ALNJ31：11）

3. 铜尊（2011ALNH2498：1）

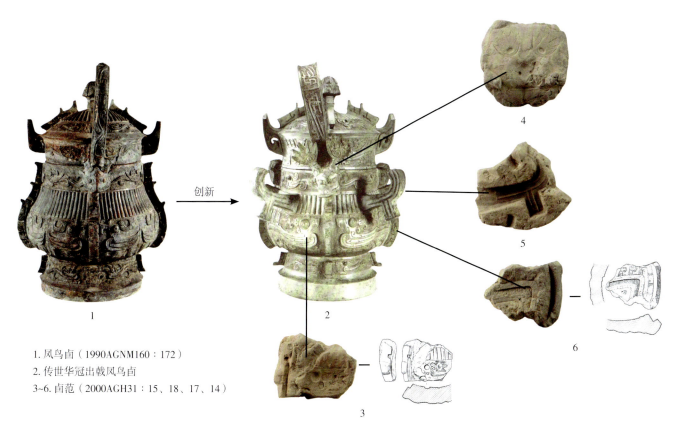

创新→

1. 凤鸟卣（1990AGNM160：172）
2. 传世华冠出戟凤鸟卣
3~6. 卣范（2000AGH31：15、18、17、14）

1. 凤鸟纹卣和卣范

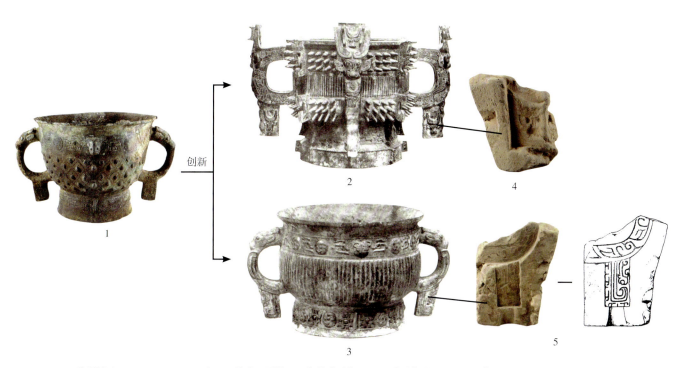

创新

1.垂珥簋（1999ALNM1046：60）　2.传世四耳簋　3.传世垂珥簋　4、5.垂珥范（2000AGT14③：33、5.2000AGH31：12）

2. 垂珥簋和簋范

彩版三八五　殷墟晚期大胆创新风格的青铜器铸造技术的来源、传承和发展